# 서비스 마케팅

# Essentials of Services Marketing

2nd Edition

# 서비스 마케팅

Jochen Wirtz · Patricia Chew · Christopher Lovelock 지음
김재욱 · 김종근 · 김준환 · 이서구 · 이성근 · 이종호 · 최지호 · 한계숙 옮김

Σ 시그마프레스

## 서비스 마케팅, 제2판

**발행일** | 2014년 3월 20일 1쇄 발행

**저자** | Jochen Wirtz, Patricia Chew, Christopher Lovelock
**역자** | 김재욱, 김종근, 김준환, 이서구, 이성근, 이종호, 최지호, 한계숙
**발행인** | 강학경
**발행처** | (주)시그마프레스
**편집** | 우주연
**교정 · 교열** | 김은실

**등록번호** 제10-2642호
**주소** 서울특별시 영등포구 양평로 22길 21 선유도코오롱디지털타워 A401~403호
**전자우편** sigma@spress.co.kr
**홈페이지** http://www.sigmapress.co.kr
**전화** (02)323-4845, (02)2062-5184~8
**팩스** (02)323-4197
ISBN 978-89-6866-156-3

## Essentials of Services Marketing, 2nd edition



* 책값은 책 뒤표지에 있습니다.

* 이 도서의 국립중앙도서관 출판시도서목록(CIP)은 서지정보유통지원시스템 홈페이지(http://seoji.nl.go.kr)와 국가자료공동목록시스템(http://www.nl.go.kr/kolisnet)에서 이용하실 수 있습니다.(CIP제어번호: CIP2014007581)

# 역자 서문

이 책은 Lovelock, Wirtz, Chew의 *Essentials of Service Marketing*을 번역한 것이지만, 서비스 마케팅에 평생을 보내 온 Lovelock 교수의 마지막 저서이기도 하다. Lovelock 교수의 사후에 나머지 두 분의 저자가 초판을 개정한 것이다. 개정판은 초판의 내용을 완전히 바꾸었다기보다는 초판의 내용을 일부 보완하고 문맥을 수정한 것이다. 예를 들어 논리적 비약이 있어 보이는 부분에 약간의 설명을 추가하였고, 부족한 설명을 강화한 것이다. 그러나 눈에 띄는 차이점은 역시 사례의 변화이다. 그 동안의 변화된 환경과 기업의 여건을 다시 반영하였고, 초판에서는 없었던 사례들이 추가되었다.

번역의 측면에서는 초판 번역의 시간적 압박에서 사소하게 다루었던 부분들이나 일부 독자의 이해에 혼란을 주었던 부분들을 많이 개선하였다. 아마 초판에 비해 가독력은 현저히 나아졌을 것이다. 또한 초판에 있었던 응용문제를 2판에서는 삭제하였다. 학생들이 응용문제를 해결하는 데 어려움이 있었을 것이며, 나아가 대부분 외국의 사례였기 때문에 접근성에서 한계가 있었을 것이다. 따라서 혼란을 줄이기 위해 초판의 응용문제는 번역에서 제외하였다.

초판과 마찬가지로 2판에서도 원서 맨 뒤로 21개의 서비스 마케팅 사례가 있다. 이 사례의 번역 또한 책을 읽어가는 독자들의 능력과 시간을 고려하여 삭제하였다. 그러나 교수들에게는 이 사례를 해설과 함께 제공할 예정이며, 출판사에서 확보할 수 있을 것이다.

초판과 마찬가지로 2판에서도 번역자들은 다음과 같은 점을 고려하여 번역에 임하였다.

첫째, 원문의 뜻을 가능하면 잘 살리려고 노력하였다. 자칫 번역이 가지는 오류란 원문을 떠나 역자의 뜻을 지나치게 강조하는 경우가 있다. 이런 경우 저자의 생각을 제대로 반영하는 데 반드시 실패하고 만다.

둘째, 저자의 생각을 잘 전달하기 위하여 독자가 이해하기 어려운 부분은 설명을 추가하거나 주석을 다는 데 노력하였다. 책의 내용에는 많은 기업의 이름과 용어가 등장한다. 어떤 기업은 잘 알려진 기업이기 때문에 독자가 기업의 실체를 아는 데 어려움이 없지만, 어떤 기업은 생소하여 기업의 실체를 알기가 어려운 경우가 있다. 이런 경우 약간의 주석을 첨가하였다. 나아가 전문적인 경영학 용어도 알기 쉽게 주석을 달아 독자의 편의성을 최대한 높였다.

셋째, 여러 역자의 번역 일관성을 높이기 위해 노력하였다. 여러 명의 역자가 동시에 번역에 임하는 경우, 사용하는 번역용어에서 일관성을 가지기 어렵다. 따라서 용어 일관성을 높이기 위하여 노력하였다.

넷째, 강의를 위한 강의보조자료(ppt)를 제공하였다. 이 자료는 이 번역서를 출간한 (주)

시그마프레스에서 얻을 수 있다.

다섯째, 원문의 번역에서는 제외한 추가적인 사례보조 자료를 교수들에게 제공하였다. 이 사례는 초판의 내용과 약 50% 정도가 바뀌었는데, 사례의 번역과 함께, 학생들과의 토론을 위한 사례 강의 지침도 아울러 교수들에게 제공하였다.

이 책은 다음과 같은 체계를 가지고 있다. 제1부에서는 서비스에 대한 기본적인 이해를 다루고 있고, 제2부에서는 전통적인 마케팅의 개념을 서비스에 응용하고 있으며, 제3부에서는 서비스 고유의 마케팅 요소를 다르고 있다. 제2부와 제3부를 합하면 서비스 마케팅의 7Ps가 완성되는 것이다. 제4부에서는 마케팅의 목표 중 하나인 고객과의 관계 관리를, 그리고 제5부에서는 우수한 서비스 제공을 위한 조직의 문제를 다루고 있다. 제5부의 내용이 초판과의 체계에서 약간 달라진 내용이다.

번역은 참으로 고된 작업이었다. 2판의 번역도 나름대로 노력을 많이 기울였지만 부족한 점이 있었을 것이다. 이러한 점은 독자들과, 그리고 강의자들과의 계속된 교신을 통해 해결해 나갈 것이다.

2014년 2월 역자들 씀

# 저자 서문

서비스는 급속하게 팽창하는 세계 경제에서 과거 어느 때보다 큰 중요성을 갖고 있다. 기술이 지속적으로 급속하게 발전하고 있으며, 기존의 산업과 해당 산업에서 오랫동안 군림했던 기업이 쇠퇴하기도 하고 새로운 비즈니스 모델과 산업이 각광 받으며 기존의 산업과 기업이 사라지기도 한다. 변화하는 고객의 욕구, 기대와 행동에 대해 대처하기 위해 새로운 전략과 전술을 활용하면서 경쟁은 더욱 격화되고 있다. 이 책은 서비스 마케팅과 관리에서의 기술이 더욱 중요해지고 있는 시점에서 국제적으로 경제가 서비스로 이전되는 상황에 대응할 수 있도록 쓰였다.

서비스 마케팅 영역이 발전하면서 이 책도 그러한 부분을 충분히 반영하였다. 새로운 개정판은 초판 이후로 많은 부분을 수정하였다. 현재의 세계 현실을 반영하고 최근의 학문적이고 실무적인 사고를 추가하였고 최신 서비스 개념들을 설명하고 있다.

## 개정판의 새로운 내용은?

개정판은 이 책을 처음 성공하게 만들었던 요소는 그대로 간직한 채 학생들이 서비스 마케팅을 보다 효과적으로 이해하는 데 도움을 줄 수 있는 교과서적인 요소들을 개선하였고, 그것은 다음과 같다.

1. **개선된 체계**
   이 책은 모든 장들을 통합하는 체계가 명확해지도록 개선되었다. 각 부의 앞부분에서 학생들은 각 내용들이 전체 체계 속에 어떻게 자리 잡고 있는지 명확히 이해할 수 있도록 시각적인 체계를 참조할 수 있다. 각 장은 책의 전체적인 체계 속에서 장의 내용을 시각적으로 보여주는 통합적인 체계를 가지므로 주요 개념과 아이디어들을 신속히 파악할 수 있다.
2. **업데이트된 내용 : 기술과 산업 발전**
   우리는 기술적인 발전(예 : 소셜미디어), 산업 발달(예 : 서비스 관리, 서비스 과학에서 성공사례 등장) 등을 포함하여 서비스 마케팅 분야의 가장 최근의 발전과 추세를 개정판에 반영하였다.
3. **국제적 관점 : 미국, 유럽, 아시아 사례들의 균형 잡힌 사용**
   학생들은 국제적인 브랜드와 기업들의 사례를 접했을 때 배운 것을 더 쉽게 기억하고 연관지을 수 있다. 우리는 사례 및 보기 등에서 미국 40%, 유럽 30%, 아시아 30%의 비율을 유지하여 국제적 관점을 가질 수 있도록 세심한 배려를 했는데, 이것은 초판부터 견지해온 정책이다. 또한 이 책의 사례와 보기들은 매우 잘 알려진 브랜드와 서비스 기업들의 것을 사용하였다.

4. **단순화한 표현과 시각적 교육**

이 책은 개념과 사례를 소개하는 데 직접적이고 직설적인 표현을 사용하여 학생들에게 간결하면서 독자 친화적인 경험을 전달하고자 하였다. 학생들이 주요 개념들을 이해하기 쉽도록 그림과 도표 등의 시각적 표현물들을 많이 포함시켰으며 많은 색상을 사용하여 학습 동기를 높이도록 노력하였다.

5. **쉬운 관련 사례와 보기들**

이 책에 나오는 서비스 보기와 사례들은 주변과 쉽게 연관시킬 수 있다는 것을 독자들은 느낄 수 있다. 개정판은 친숙한 상황들을 많이 포함하고자 하였다. 일례로 미국, 유럽, 아시아 등에서 홍미롭고 재미있는 광고 등을 인용하였다. 사례들은 가급적 간단하게 정리하였고 제시된 상황을 분석하기 좋도록 자료 분석에 초점을 맞추었다. 이런 식으로 독자들은 이론을 현실에 적용할 수 있다.

6. **학습에 최적화된 내용**

- 최근 학술 연구 경향과도 일치하는 관리적 관점에 초점
- 체계적인 학습 접근—각 장은 명확하고 이해하기 쉽도록 조성되었다.
- 학습에 도움을 주는 요소

   i. 도입 사례는 각 장에서 논의되는 주요 이슈들을 조명한다.

   ii. 학습목표와 학습 표시들은 교과 내에서 학습목표가 어디에서 논의되고 있는지 명확하게 인지할 수 있도록 도움을 준다.

   iii. 각 장에 있는 글상자는 수업에서의 토론거리를 제공해 준다.

   iv. 홍미로운 그래픽, 사진, 광고물 등은 학생들의 학습을 증진시키고 토론의 기회를 제공한다.

   v. 중요한 용어들은 학생들이 서비스 마케팅의 언어를 체득하도록 돕기 위하여 학습 키워드로 꼬리표를 달았다. 각 장의 마지막에 학생들은 학습 문제를 통해 이러한 주요 용어들을 얼마나 이해하였는지 테스트할 수 있다.

   vi. 각 장의 마지막에 요약을 두어, 학습목표를 복습할 수 있도록 하였다.

   vii. 학습 문제는 토론과 학습을 통하여 주요 개념의 이해를 강화하도록 디자인되었다.

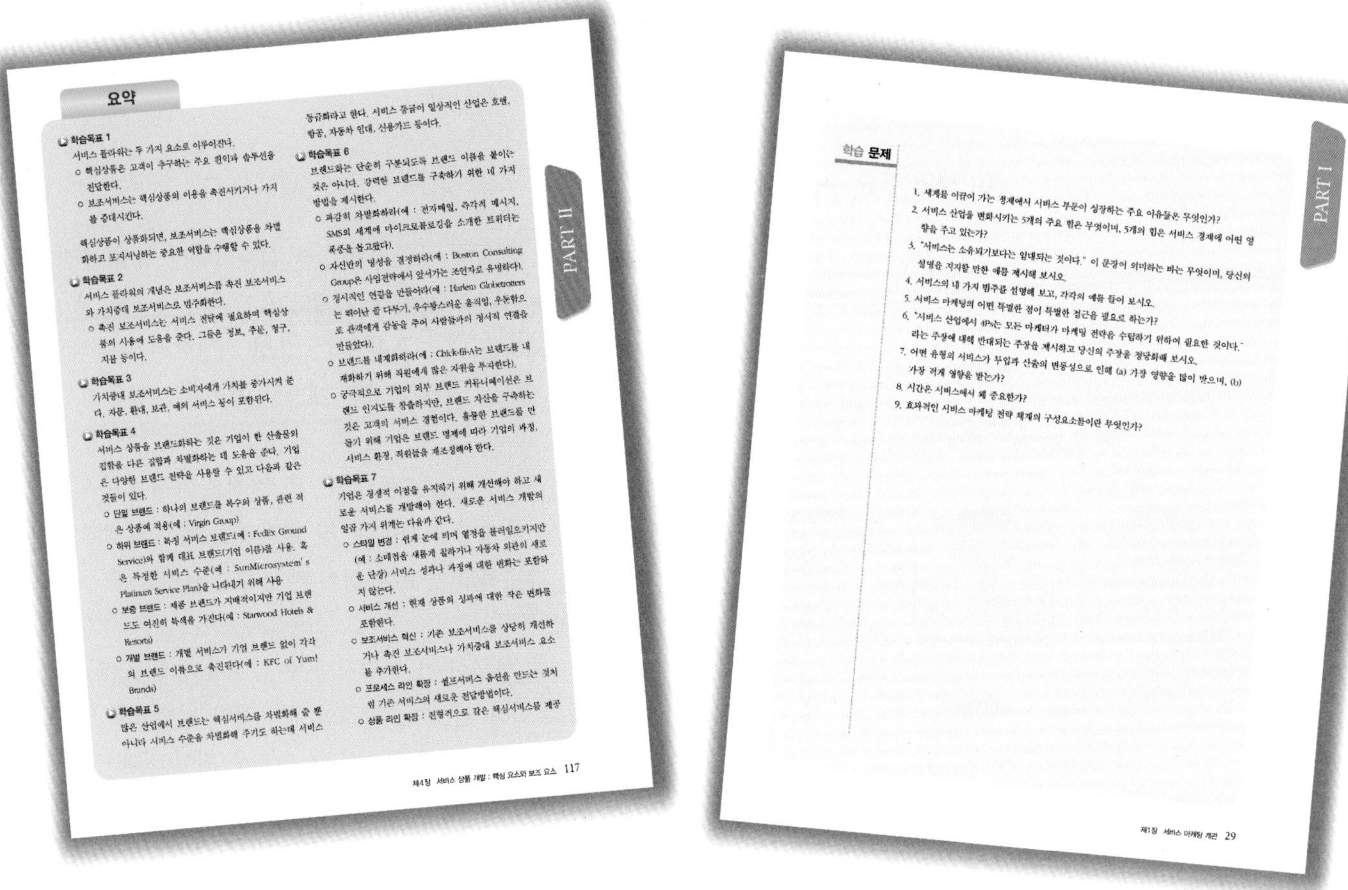

## 요약

**학습목표 1**
서비스 플라워는 두 가지 요소로 이루어진다.
- 핵심상품은 고객이 추구하는 주요 편익과 솔루션을 전달한다.
- 보조서비스는 핵심상품의 이용을 촉진시키거나 가치를 증대시킨다.

핵심상품이 상품화되면, 보조서비스는 핵심상품을 차별화하고 포지셔닝하는 중요한 역할을 수행할 수 있다.

**학습목표 2**
서비스 플라워의 개념은 보조서비스를 촉진 보조서비스와 가치증대 보조서비스로 범주화한다.
- 촉진 보조서비스는 서비스 전달에 필요하며 핵심상품의 사용에 도움을 준다. 그들은 정보, 주문, 청구, 지불 등이다.

**학습목표 3**
가치증대 보조서비스는 소비자에게 가치를 증가시켜 준다. 자문, 환대, 보관, 예외 서비스 등이 포함된다.

**학습목표 4**
서비스 상품을 브랜드화하는 것은 기업이 한 산출물의 집합을 다른 집합과 차별화하는 데 도움을 준다. 기업은 다양한 브랜드 전략을 사용할 수 있고 다음과 같은 것들이 있다.
- 단일 브랜드 : 하나의 브랜드를 복수의 상품, 관련 적은 상품에 적용(예 : Virgin Group)
- 하위 브랜드 : 특정 서비스 브랜드(예 : FedEx Ground Service)와 함께 대표 브랜드(기업 이름)를 사용. 혹은 특정한 서비스 수준(예 : SunMicrosystem's Platinum Service Plan)을 나타내기 위해 사용
- 보증 브랜드 : 제품 브랜드가 지배적이지만 기업 브랜드도 여전히 특색을 가진다(예 : Starwood Hotels & Resorts)
- 개별 브랜드 : 개별 서비스가 기업 브랜드 없이 각각의 브랜드 이름으로 촉진된다(예 : KFC of Yum! Brands)

**학습목표 5**
많은 산업에서 브랜드는 핵심서비스를 차별화해 줄 뿐 아니라 서비스 수준을 차별화해 주기도 하는데 서비스 등급화라고 한다. 서비스 등급이 일상적인 산업은 호텔, 항공, 자동차 임대, 신용카드 등이다.

**학습목표 6**
브랜드화는 단순히 구분되도록 브랜드 이름을 붙이는 것은 아니다. 강력한 브랜드를 구축하기 위한 네 가지 방법을 제시한다.
- 과감히 차별화하라(예 : 전자메일, 즉각적 메시지, SMS의 세계에 마이크로블로깅을 소개한 트위터는 폭풍을 불고왔다).
- 자신만의 명성을 결정하라(예 : Boston Consulting Group은 사업전략에서 앞서가는 조언자로 유명하다).
- 정서적인 연결을 만들어라(예 : Harlem Globetrotters는 뛰어난 볼 다루기, 우스꽝스러운 움직임, 우둔함으로 관객에게 감동을 주어 사람들과의 정서적 연결을 만들었다).
- 브랜드를 내재화하라(예 : Chick-fil-A는 브랜드를 내재화하기 위해 직원에게 많은 자원을 투자한다).
- 궁극적으로 기업의 외부 브랜드 커뮤니케이션은 브랜드 인지도를 창출하지만, 브랜드 자산을 구축하는 것은 고객의 서비스 경험이다. 훌륭한 브랜드를 만들기 위해 기업은 브랜드 명제에 따라 기업의 과정, 서비스 환경, 직원들을 재조정해야 한다.

**학습목표 7**
기업은 경쟁적 이점을 유지하기 위해 개선해야 하고 새로운 서비스를 개발해야 한다. 새로운 서비스 개발의 일곱 가지 위계는 다음과 같다.
- 스타일 변경 : 쉽게 눈에 띄며 열정을 불러일으키지만 서비스 성과나 과정에 대한 변화는 포함하지 않는다(예 : 소매점을 새롭게 칠하거나 자동차 외관의 새로운 단장).
- 서비스 개선 : 현재 상품의 성과에 대한 작은 변화를 포함한다.
- 보조서비스 혁신 : 기존 보조서비스를 상당히 개선하거나 촉진 보조서비스나 가치증대 보조서비스 요소를 추가한다.
- 프로세스 라인 확장 : 셀프서비스 옵션을 만드는 것처럼 기존 서비스의 새로운 전달방법이다.
- 상품 라인 확장 : 전형적으로 같은 핵심서비스를 제공

PART II

제4장 서비스 상품 개발 : 핵심 요소와 보조 요소 117

## 학습 문제

1. 세계를 이끌어 가는 경제에서 서비스 부문이 성장하는 주요 이유들은 무엇인가?
2. 서비스 산업을 변화시키는 5개의 주요 힘은 무엇이며, 5개의 힘은 서비스 경제에 어떤 영향을 주고 있는가?
3. "서비스는 소유되기보다는 임대되는 것이다." 이 문장이 의미하는 바는 무엇이며, 당신의 설명을 지지할 만한 예를 제시해 보시오.
4. 서비스의 네 가지 범주를 설명해 보고, 각각의 예를 들어 보시오.
5. 서비스 마케팅의 어떤 특별한 점이 특별한 접근을 필요로 하는가?
6. "서비스 산업에서 4Ps는 모든 마케터가 마케팅 전략을 수립하기 위하여 필요한 것이다."라는 주장에 대해 반대되는 주장을 제시하고 당신의 주장을 정당화해 보시오.
7. 어떤 유형의 서비스가 투입과 산출의 변동성으로 인해 (a) 가장 영향을 많이 받으며, (b) 가장 적게 영향을 받는가?
8. 시간은 서비스에서 왜 중요한가?
9. 효과적인 서비스 마케팅 전략 체계의 구성요소들이란 무엇인가?

PART I

제1장 서비스 마케팅 개관 29

- 추가적인 학습물
  - i. 부록에 있는 약 20개의 사례 연구들은 학생들이 개인 혹은 팀 단위로 학습하고 연습할 수 있도록 디자인되었다.
  - ii. 사례의 시작 부분에 학생들에게 제안하는 메모를 추가하였다.
  - iii. 용어목록, 사진출처, 이름목록, 주제목록

## 어떤 과정에 이 책이 활용될 수 있는가?

이 책은 학부생이나 전문학교의 학생을 위한 과정에 활용할 수 있으며, 보다 포괄적이고 일반적인 경영상황에서 마케팅 이슈를 제시하였다. 그래서 이 책은 지위와 상관없이 서비스 분야에서의 경력을 지향하는 학생에게 적합하다.

서비스 산업에서 맡게 되는 업무와 상관없이 서비스 기업 내의 마케팅 운영 및 인적자원 관리 등과 같은 다양한 분야 간에 존재하는 긴밀한 관련성을 이해해야 한다. 이러한 관점에서 다양한 길이와 형태의 과정을 운영하면서 선택적으로 해당 장을 이용할 수 있도록 책을 구성하였다.

# 이 책의 특징

## 이 책의 주요 구성요소

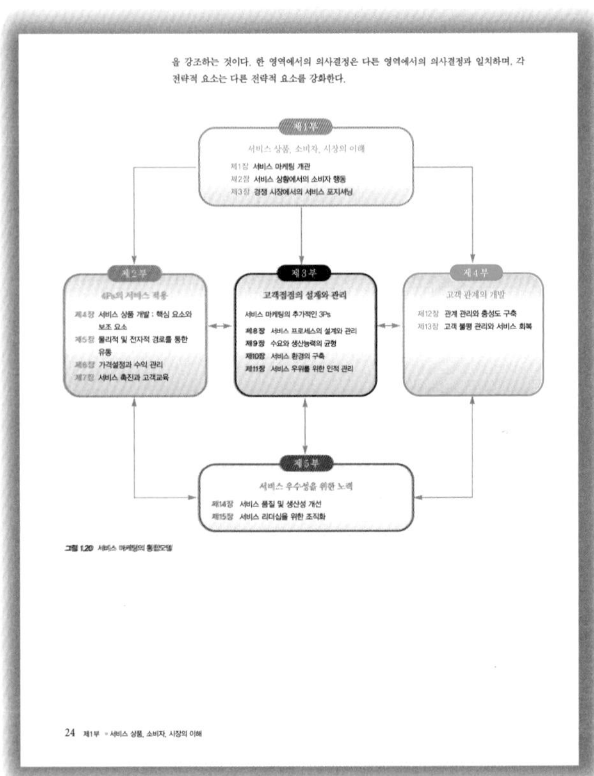
을 강조하는 것이다. 한 영역에서의 의사결정은 다른 영역에서의 의사결정과 일치하며, 각 전략적 요소는 다른 전략적 요소를 강화한다.



그림 1.20 서비스 마케팅의 통합모델

24 제1부 • 서비스 상품, 소비자, 시장의 이해

▶ 최신의 학문적 연구에 기초한 실무지향적 경영 관점. 이러한 관점은 서비스 마케터가 고객의 욕구와 행동을 이해하는 데 도움을 주며, 또한 시장에서 효과적으로 경쟁하기 위한 전략을 개발할 경우에도 활용될 수 있다.

▶ 풀 컬러의 학습보조물. 이는 풀 컬러로 제작된 유일한 서비스 마케팅 교재이다. 잘 디자인된 책은 학생의 몰입을 유도하고 중요한 점이 생생하게 드러날 수 있도록 해 준다.

▶ 이 책은 학생이 잘 연결시킬 수 있도록 통합된 체계로 조직화되어 있으며, 일련의 순차적인 방법으로 주제를 순서에 따라 잘 학습할 수 있도록 되어 있다.

▶ 중요한 개념들은 이해하기 쉽게 그림과 본문이 잘 조화가 이루어지도록 하였다.

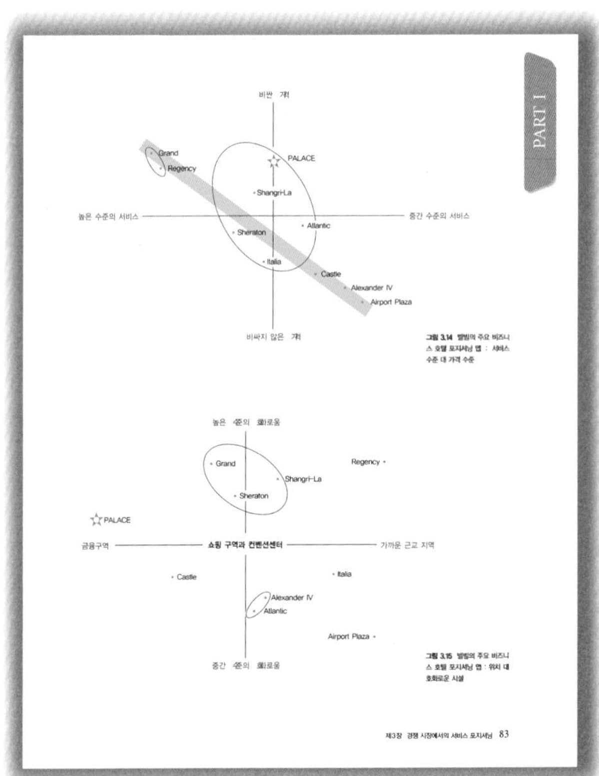


그림 3.14 벨빌의 주요 비즈니스 호텔 포지셔닝 맵 : 서비스 수준 대 가격 수준



그림 3.15 벨빌의 주요 비즈니스 호텔 포지셔닝 맵 : 위치 대 호화로운 시설

제3장 경쟁 시장에서의 서비스 포지셔닝 83

▶ 체계적인 학습 접근. 각 장은 이해하기 쉽고 명확한 방식으로 구성되어 있다. 각 장에는 다음과 같은 요소가 포함되어 있다.

- 해당 장에서 학습할 개념을 소개하는 '도입 사례'
- 학습목표와 관련된 내용이 다루어질 위치를 표시하는 학습 표시
- 서비스 마케팅 용어를 내재화할 수 있도록 중요한 용어들은 학습 키워드로 강조하여 표시하였다.

- 이론과 실무를 연결하는 흥미로운 사례의 사용
- 주의 깊게 선정된 미국, 유럽, 아시아 사례들은 국제적 시각을 제공한다.

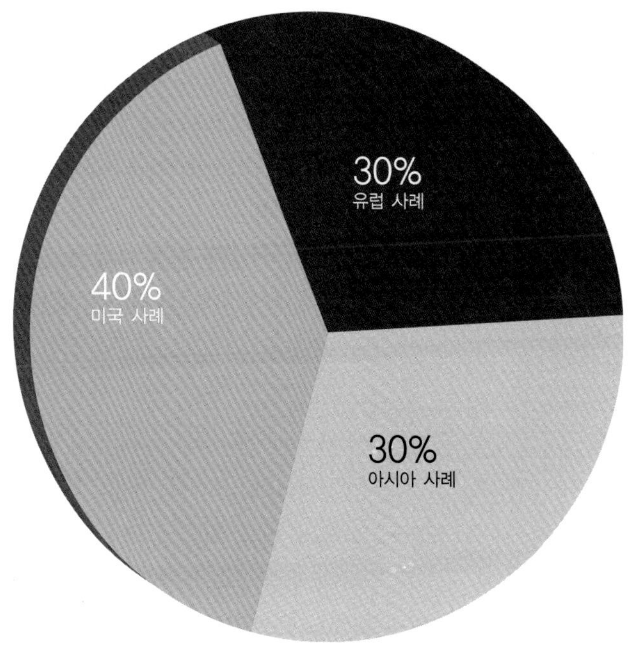

# 감사의 글

몇 년 동안 학계와 실무의 많은 동료가 출판물 학회 세미나 또는 사적인 대화 등을 통해 서비스 마케팅과 서비스 관리에 대한 가치 있는 통찰력을 우리에게 제공하였다. 또한 우리는 수업 중과 수업 후에 학생과 경영 프로그램 참가자와 진행했던 토론을 통해 많은 도움을 받았다.

우리는 서비스 마케팅과 서비스 관리 분야의 연구를 개척하는 과정에서 많은 학자와 강의를 진행했던 분에게 감사하며, 이들을 통해 지속적으로 많은 영감을 얻었음을 밝힌다. 이들을 열거하면 다음과 같다. John Bateson(Granada Learning), Leonard Berry(Texas A&M University), Mary Jo Bitner와 Stephen Brown(Arizona State University), Richard Chase (University of Southern California), Pierre Eiglier(Université d' Aix-Marseille III), Raymond Fisk(Texas State University), Christian Grönroos(Hanken School of Economics in Finland), Stephen Grove(Clemson University), Evert Gummesson(Stockholm University), James Heskett과 Earl Sasser(Harvard University), Benjamin Schneider(University of Maryland). 또한 우리는 이미 고인이 된 Eric Langeard와 Daryl Wyckoff에게 경의를 표한다.

또한 다음의 다섯 분께 특별한 감사를 드린다. 이들은 이 책에 인용된 많은 중요한 논문의 출판에 도움을 주었으며, 학자와 강사로서 그리고 저널 편집인으로서의 역할을 수행하며 지대한 공헌을하였다. Bo Edvardsson(University of Karlstad and former editor of *Journal of Service Research*(JOSM), Robert Johnson(University of Warwick and Founding Editor of JOSM), Jos Lemmink(Maastricht University and former Editor, JOSM), A. 'Parsu' Parasuraman[University of Miami and former editor, *Journal of Service Research*(JSR)], Roland Rust(University of Marlyland and editor of the *Journal of Marketing* and Founding Editor of JSR).

우리의 생각에 영향을 준 모든 사람을 열거하는 것이 불가능하지만 특히 다음에 열거한 이 들에게 감사를 표현하고 싶다. Tor Andreassen(Norwegian School of Management), David Bowen(Thunderbird Graduate School of Management), John Deighton, Jay Kandampully(Ohio State University), Theodore Levitt(Harvard Business School), Leonard Schlesinger(Harvard Business School), Loizos Heracleous(University of Warwick), Douglas Hoffmann(Colorado State University), Sheryl Kimes(Cornell University), Jean-Claude Larréché of INSEAD, David Maister(Maister Associates), Anna Mattila(Pennsylvania State University), Lia Patricio(University of Porto), Anat Rafaeli(Technion-Israeli Institute of Technology), Frederick Reichheld(Bain & Co), Bernd Stauss(formerly of Katholische Universität Eichstät), Charles Weinberg(University of British Columbia), Lauren

Wright(California State University, Chicago), George Yip(China Europe International Business School), Valarie Zeithaml(University of North Carolina).

우리는 또한 다음에 열거한 분들의 우정과 협력에 진심으로 감사하며, 이들로 인해 국제적인 관점에서 서비스 마케팅에 대한 많은 통찰력을 얻을 수 있었다. Guillermo D' Andrea (Universidad Austral, Argentina), Harvir S. Bansal(Wilfrid Laurier University, Canada), Fan Xiucheng(Fudan University, China), Keh Hean Tat(University of Queensland, Australia), Luis Huete(IESE, Spain), Laura Iacovone(University of Milan and Bocconi University), Jayanta Chatterjee(Indian Institute of Technology at Kanpur, India), Miguel Angelo Hemzo(Universidade de São Paulo, Brazil), Denis Lapert(Telecom École de Management, France), Barbara Lewis(Manchester School of Management, UK), Lu Xiongwen(Fudan University, China), Annie Munos(Euromed Marseille École de Management, France), Javier Reynoso(Tec de Monterrey, Mexico), Paul Patterson(University of New South Wales, Australia), Sandra Vandermerwe(Imperial College, London, UK), Yoshino Shirai(Takasaki City University of Economics, Japan).

이 책을 검토해 주면서 영감과 도움을 주는 조언을 주신 분들을 언급하는 것도 큰 즐거움이다. 그들은 Leung lai-Cheung Leo(Lingnan University, Hongkong), Bernardette Jacynta Henry(University Teknologi MARA(UiTM), Sabah, Malaysia)이다. 그들은 우리의 생각에 의문을 던지고 많은 중요한 변화를 끌어내도록 격려해 주었다.

이 책을 저술하고 수정하는 과정에서 우리 저자 외에 많은 분이 도움을 주었다. 우리의 원고가 멋진 책이 되도록 지난한 작업을 해 준 편집팀과 인쇄팀에게 감사드린다. Gloria Seow(원고검토 편집인), Kimberly Yap(출판전 관리인), Chelsea Cheh(프로젝트 편집인), Lo Hwei Shan(카피 편집인), Ang Poh Tin과 그 팀(Superskill Graphics Pte Ltd, Singapore)에게 고마움을 전한다.

끝으로 흥미롭고 빠르게 진화하고 있는 서비스 마케팅 분야에 대해 관심을 갖고 있는 이 책의 독자에게 감사드린다. 만약 여러분들이 이 책의 다음 판에 반영되었으면 하는 연구주제나 사례 또는 광고물 사진, 만화, 일화 등을 포함한 다양한 피드백을 하고 싶다면 이 주소(www.JochenWirtz.com)로 연락주기 바란다. 우리는 여러분들의 의견을 적극적으로 경청할 것이다.

Jochen Wirtz
Patricia Chew

# 저자 소개

*이 사진은 저자들이 책을 쓰기 위하여 2008년 1월 25일 만났을 때 찍은 것이다.*

이 책의 저자인 Christopher Lovelock, Jochen Wirtz, Patricia Chew는 권위 있고 매력적이며 독자에 친근한 서비스 마케팅 교재를 쓰는 데 가장 적절한 기법과 경험을 잘 결합할 수 있는 하나의 팀이다. 이 책은 서비스 마케팅에 관한 Christopher Lovelock과 Jochen Wirtz의 세 번째 공동 작품이며, Patricia Chew에게는 이들과 함께 한 첫 번째 작품이다.

## Jochen Wirtz

Jochen Wirtz는 국립싱가포르대학교의 교수이며 캘리포니아주립대학교(UCLA)와 국립싱가포르대학교의 이중 학위 MBA 프로그램의 설립자이다. 이 프로그램은 2011년 파이낸셜 타임스에서 세계 10위로 평가되었다. 그는 국립싱가포르대학교의 교육관련 싱크탱크인 NUS Teaching Academy의 집행위원이다. Wirtz 박사는 옥스퍼드대학교의 새드경영대학원(Saïd Business School), 스웨덴 칼스테드대학교의 국제협력 서비스 연구센터의 협동 연구위원이다. 그는 런던경영대학원에서 박사학위를 받았다.

그는 서비스 마케팅 분야에서 하버스 비즈니스 리뷰(Harvard Business Review) 등에 80개 이상의 논문을 발표하였고 100건의 컨퍼런스, 50개 이상의 장(chapters), 10권의 책을 저술하였다. Lovelock 박사와 함께 서비스 마케팅 분야에서 세계적인 저서인 *Services Marketing: People, Technology, Strategy,* 7th edition(Prentice Hall, 2011)를 펴냈으며, Heracleous, Pangarker와 함께 *Flying High in a Competitive Industry: Secrets of the World's Leading Airline*(McGraw Hill, 2009)을 저술하였다.

Wirtz 박사는 *Journal of Service Management, Journal of Service Research, Cornell Hospitality Quarterly* 등 11개 학술지의 편집위원으로 활동하고 있으며, *Journal of Consumer Research, Journal of Marketing, Journal of the Academy of Marketing Science*의 비상임 편집자이기도 하다. Wirtz 박사는 싱가포르에서 격년으로 개최되는 미국마케팅협회의 Service Research Conference의 의장직을 역임하였다. 교육과 연구의 우수성을 인정받아 30개가 넘는 상을 수상하였는데, 2012년 Academy of Marketing Science의 Outstanding Marketing Teacher Award, NUS의 교육자상, Emerald Group Publications가 후원하는 'Outstanding Service Researcher Award 2010'과 'Best Practical implications Award 2009'를 수상하였다.

Wirtz 박사는 Accenture, Arthur D, Little, KPMG 등 전략, 사업개발, 소비자 피드백시스템 등과 같은 분야에서 주요 서비스를 하는 국제 컨설팅 기업들과 함께 일을 하는 활동적인 매니지먼트 컨설턴트이다. 독일 출신이며 아시아로 이주하기 전에 런던에서 7년을 살았다. 추가적인 정보는 www.JochenWirtz.com을 참고하라.

## Patricia Chew

Patricia Chew는 국립싱가포르대학교에서 서비스 마케팅 분야의 박사학위를 받았다. 그녀는 SIM대학교(Singapore Institute of Management)의 중견교수이자 경영대학 부학장이며 교수 임용에 관여하며 프로그램의 품질을 관리하는 역할을 하고 있다. Chew 박사는 SIM대학교에서 서비스 마케팅을 가르치고 있으며, 국립싱가포르대학과 RMIT대학의 MBA와 BBA 프로그램에서 서비스 마케팅을 강의하고 있다.

Chew 박사의 연구는 서비스 마케팅 분야에 초점을 맞추고 있으며, 학술지와 학술대회에서 인센티브 기반의 소개(referral)와 구전(WOM)에 관한 다수의 논문을 발표하였다. 인센티브 기반의 구전에 관한 그녀의 논문 중 하나는 *International Journal of Service Industry Management*에서 주관하는 올해의 우수논문으로 선정되어 'Emerald Literati Club Award' 상을 받았다. 그녀는 Journal of Business Research의 비상임 편집위원으로 활동하고 있다.

Chew 박사는 LG 캐피탈, 국립싱가포르 도서관위원회(National Library Board in Singapore), SK Telecom, Singapore Pools와 같은 기업의 서비스 마케팅 관련 컨설팅 프로젝트를 수행한 바 있다.

## Christopher Lovelock

고인이 된 Christopher Lovelock은 서비스 마케팅 분야의 개척자 중 한 사람이었다. 그는 서비스의 전략 수립과 고객 경험관리에 관하여 세계의 많은 관리자와 세미나, 워크숍을 개최하였고 수많은 컨설팅을 수행하였다.

Lovelock 교수의 뛰어난 학문적 업적에는 하버드 경영대학원에서의 11년간의 교수 생활이 포함되어 있으며, 스위스 IMD에서 2년간의 방문 교수 생활이 포함되어 있다. 그는 또한 버클리, 스탠퍼드, MIT의 슬론 경영대학원, 프랑스의 INSEAD, 오스트레일리아 퀸즐랜드대학교에서도 교수로서의 지위를 가지고 있었다.

60편이 넘는 논문, 100편 이상의 강의사례 그리고 26권의 저서에서 주저자와 공저자였으며, 그의 업적은 12개 언어로 번역되기도 하였다. 그는 *Journal of Service Management, Journal of Service Research, Service Industries Journal, Cornell Hospitality Administration Quarterly, Marketing Management*의 편집위원이었으며, *Journal of Marketing*의 비상임 심사위원이기도 하였다.

서비스에서 아이디어 선도자로 잘 알려진 Christopher Lovelock은 미국마케팅학회(American Marketing Association)에서 주는 가장 권위 있는 서비스 분야의 학문 공로상(Award for Career Contributions in the Services Discipline)을 받기도 하였다. 2005년에는 Evert Gummesson과 함께 쓴 논문 "Whither Services Marketing? In Search of a New Paradigm and Fresh Perspectives"이 미국마케팅학회의 서비스 분야 최우수 논문상을 받았으며, *Journal of Service Research*가 주는 IBM상의 최종 후보가 되기도 하였다. 초기에 그는 *Journal of Marketing*이 주는 최우수 논문상을 받기도 하였다 사례저술에서도 탁월함을 인정받아 *Business Week*에서 주는 '올해의 유럽사례(European Case of the Year)'를 두 번이나 수상하였다.

# 요약차례

# 차례

## 제15장 서비스 리더십을 위한 조직화 / 468

# 서비스 마케팅 체계

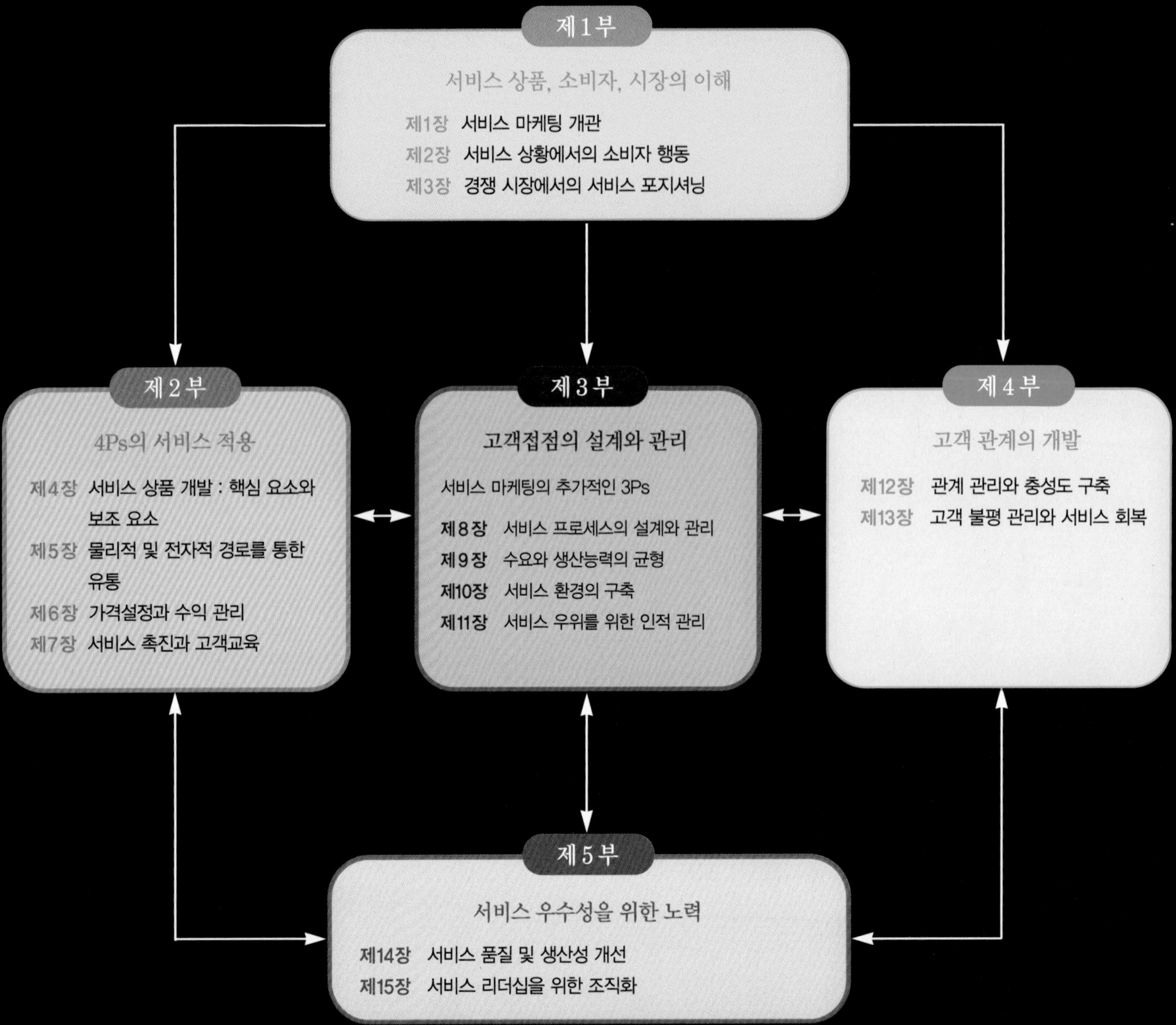

**제1부**

서비스 상품, 소비자, 시장의 이해

제1장 서비스 마케팅 개관
제2장 서비스 상황에서의 소비자 행동
제3장 경쟁 시장에서의 서비스 포지셔닝

**제2부**

4Ps의 서비스 적용

제4장 서비스 상품 개발 : 핵심 요소와 보조 요소
제5장 물리적 및 전자적 경로를 통한 유통
제6장 가격설정과 수익 관리
제7장 서비스 촉진과 고객교육

**제3부**

고객접점의 설계와 관리

서비스 마케팅의 추가적인 3Ps

제8장 서비스 프로세스의 설계와 관리
제9장 수요와 생산능력의 균형
제10장 서비스 환경의 구축
제11장 서비스 우위를 위한 인적 관리

**제4부**

고객 관계의 개발

제12장 관계 관리와 충성도 구축
제13장 고객 불평 관리와 서비스 회복

**제5부**

서비스 우수성을 위한 노력

제14장 서비스 품질 및 생산성 개선
제15장 서비스 리더십을 위한 조직화

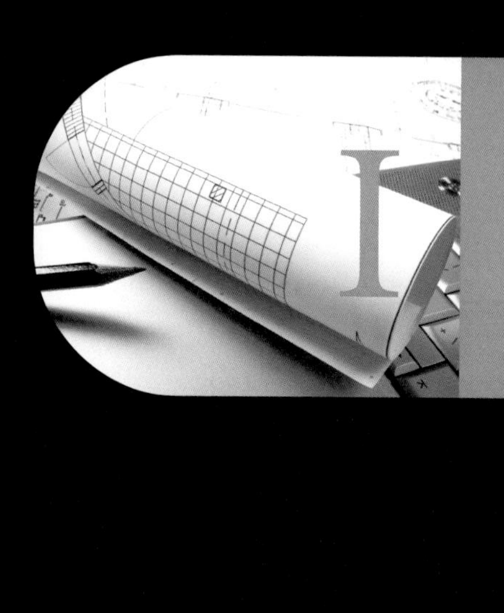


# 서비스 상품, 소비자, 시장의 이해

제1부에서는 서비스 학습을 위한 기초와 훌륭한 서비스 마케터가 되고 싶은 사람을 위한 학습방법을 제시한다. 제1부는 세 장으로 구성되어 있다.

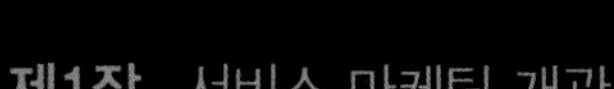

## 제1장 서비스 마케팅 개관

이 장은 경제 내에서 서비스가 갖는 중요성을 설명한다. 또한 서비스의 본질을 정의하고 소유 이전 없이 어떻게 서비스가 고객들을 위한 가치를 창출하는지 설명한다. 이 장은 서비스 마케팅과 관련된 몇 개의 과제들과 서비스 마케팅의 7P를 소개한다. 이들은 이 책의 다섯 파트의 기초를 형성하는 통합된 서비스 마케팅 모델로 구성된다. 이에 대한 프레임워크는 맞은편 페이지에 그림으로 제시되어 있다.

## 제2장 서비스 상황에서의 소비자 행동

이 장은 높은 접촉과 낮은 접촉 서비스 모두에서 고객 욕구와 행동을 이해하기 위한 기초 지식을 제공한다. 이 장은 서비스 대안들에 대한 검색 및 평가, 의사결정, 서비스 실행에 대한 경험과 반응, 마지막으로 서비스 성과에 평가하는 과정에 대한 3단계 서비스 소비 모형에 따라 구성된다.

## 제3장 경쟁 시장에서의 서비스 포지셔닝

이 장은 고객 중심의 서비스 마케팅 전략을 수립하는 방법과 기업의 경쟁력을 높이기 위한 가치 제안의 포지셔닝 방법에 대해 논의한다. 이 장은 흔히 3C라 불리는 고객(customer), 경쟁자(competitor), 기업(company) 분석을 기업의 포지셔닝 전략과 연계시킨다. 이 장의 핵심은 흔히 STP라 불리는 시장세분화(segmentation), 표적시장 선정(targeting), 그리고 포지셔닝(positioning) 등 포지셔닝의 세 가지 핵심 요인에 따라 구성된다. 그리고 기업이 서비스 시장을 세분화하고, 가치 제안을 포지셔닝하며, 표적시장을 공략하는 방법에 대해 설명한다.

CHAPTER 1

# 서비스 마케팅 개관

## 학습목표

이 장을 학습하게 되면 학생들은 다음의 내용을 이해하게 될 것이다.

- **학습목표 1** 서비스는 어떻게 국가 경제에 기여하는가?
- **학습목표 2** 서비스 시장을 변화시키는 강력한 힘이란 무엇인가?
- **학습목표 3** 비소유 서비스 체계를 사용하여 어떻게 서비스를 정의할 것인가?
- **학습목표 4** 서비스의 네 가지 큰 '처리(processing)' 범주는 무엇인가?
- **학습목표 5** 서비스의 특징과 그러한 서비스 특징에 따른 서비스 마케팅의 과제는 무엇인가?
- **학습목표 6** 전통적인 마케팅 믹스의 구성요소를 어떻게 서비스에 적용할 것인가?
- **학습목표 7** 고객접점을 관리하는 확장된 서비스 마케팅 믹스의 구성요소는 무엇인가?
- **학습목표 8** 효과적인 서비스 마케팅 전략을 개발하기 위한 체계란 무엇인가?

**그림 1.1** 3단계 교육, 즉 고등교육은 인생에서 가장 큰 서비스 구매이다.

# 도입 사례

## 서비스 마케팅 세계의 소개

이 책의 모든 독자들처럼, 당신은 하나의 경험 있는 서비스 소비자이다. 당신은 매일 다양한 서비스를 사용한다. 당신은 전화로 이야기하고, 신용카드를 사용하며, 버스를 타고, ATM에서 현금을 인출한다. 이러한 서비스들의 일부는 너무 일상적이어서 뭔가 잘못되지 않으면 당신이 거의 알아차리지 못한다. 반면 어떤 서비스의 구매는 더욱 많은 계획을 필요로 하고, 더욱 기억에 남기도 한다. 그러한 서비스들은 크루즈 휴가 예약, 재무적인 상담, 의료검진과 같은 것들이다.

대학이나 대학원에 등록하는 것은 당신이 앞으로 해야 할 가장 큰 서비스 구매다. 전통적인 대학은 교육서비스 이외에도 도서관, 학생기숙사, 건강관리, 운동시설, 박물관, 보안, 상담, 경력개발 서비스 등도 제공한다. 대학 캠퍼스에서 당신은 서점, 우체국, 복사점, 인터넷, 은행, 식당, 오락 등과 같은 다양한 서비스를 발견하기도 한다.

불행하게도 소비자들은 그들이 받는 서비스의 가치와 질에 대하여 항상 만족하는 것은 아니다. 개인 고객이든 아니면 기업고객이든 제대로 지켜지지 않는 서비스, 낮은 가치의 서비스, 고객들의 욕구에 대한 불충분한 이해, 무례한 서비스 직원, 불편한 서비스 시간, 융통성 없는 관료적인 절차, 시간낭비, 셀프서비스 기기의 오작동, 복잡한 웹사이트, 기타 다른 많은 문제점들에 대하여 불평을 하게 된다.

당신은 아마도 선호해서 자주 이용하는 몇 개의 서비스 기업을 가지고 있을 것이다. 당신은 당신의 기대를 충족시키거나 기대를 넘는 성공적인 서비스에 대하여 생각해 본 적이 있는가? 이 책은 어떻게 서비스 기업들이 고객의 만족과 수익성을 얻어낼 수 있도록 관리되어야 하는지를 보여준다. 서비스 마케팅의 핵심 개념, 체계의 구성, 전략적 수단들을 학습하는 것 이외에도 당신은 미국 이외에 세계의 많은 기업들의 사례를 만나게 될 것이다. 다른 기업들의 경험을 통해 당신은 더욱 경쟁적인 서비스 시장에서 중요한 교훈을 얻게 될 것이다.

이 도입 장에서 우리는 오늘날 끝없이 변하는 서비스 경제의 전체적인 모습을 제공할 것이며, 서비스의 본질을 정의하고, 서비스 마케팅과 관련된 주요 과제들을 중점적으로 다룰 것이다. 끝으로 우리는 또한 서비스 마케팅 전략을 개발하고, 실행하기 위한 체계를 제시할 것이다. 이 체계는 이 책의 구조를 의미하기도 한다.

그림 1.2 크루즈 휴가를 즐기며 행복해하는 사람들

**학습목표 1**
서비스는 어떻게 국가 경제에 기여하는가?

# 왜 서비스를 공부해야 하는가

여기 하나의 역설이 있다. 우리는 서비스 지향적인 세계에 살고 있지만 많은 비즈니스 스쿨에서는 제조업 관점에서 마케팅을 가르친다. 만약 당신이 마케팅 강의를 수강했다면 서비스에 대한 마케팅이 아닌 제조품에 대한 마케팅이었을 것이다. 그러나 다행히 이 책을 쓴 우리를 포함하여 서비스에 대해 많은 관심을 가진 학자, 컨설턴트, 그리고 교수가 늘어나고 있다. 지난 30년간 이들은 서비스 마케팅에 관한 폭넓은 연구를 동시에 수행해 왔다. 그러한 의미에서 이 책은 여러분들에게 미래의 기업환경에 적합한 지식과 기술을 제공할 수 있을 것이라고 믿는다.

## 대부분의 국가에서 서비스 산업은 경제를 지배한다

서비스 부문의 규모는 선진국이나 개발도상국가 등 세계 대부분의 국가에서 증가하고 있다. 이미 잘 알려진 이야기지만 태국은 의료관광을 기초로 서비스 산업을 키워오고 있으며, 그림 1.3은 세계적으로 서비스 부문이 국내총생산(GDP)에 얼마나 기여하고 있는가를 보여주고 있다.

그림 1.4는 서비스 부문의 국내총생산 비중을 국가별로 세분화한 것이다. 이 그림은 큰 규모의 경제를 가진 국가와 작은 규모의 경제를 가진 국가 모두에서 서비스 부문의 적절한 규모를 보여준다. 대부분 선진국의 경우 서비스 부문이 국내총생산의 67~75%이다. 단 하나의 예외가 바로 한국인데, 한국은 제조업 지향적인 국가로서 서비스 부문이 GDP의 58% 정도를 차지하고 있다. 어느 나라가 세계에서 서비스 부문의 비중이 가장 높은가? 관광과 역외 금융 및 보험 서비스로 유명한 서부 카리브 해의 영국령인 케이먼 제도(95%)이다. 유사한 경제구조를 가진 소규모 섬인 저지, 바하마, 버뮤다들도 서비스 지향적인 국가들이다. 룩셈부르크(86%)는 EU에서 가장 서비스 지향적인 국가이다. 파나마가 높은 서비스 비중을 보이는 것은 파나마 운하가 크루즈선과 수송선에 의해 이용되기 때문이다. 이 배들은 컨테이너 항 서비스, 기함등록, 선박수리, 식량공급, 급유와 보험 등과 같은 서비스를 제공받는

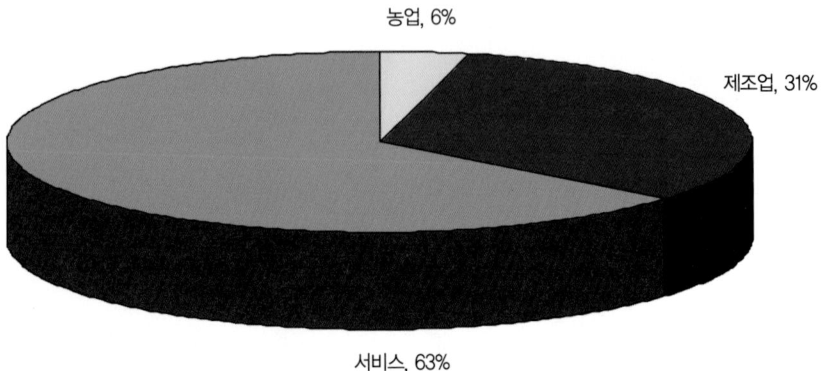


**그림 1.3** 세계 GDP에 대한 서비스 산업의 기여

출처
*The World Factbook 2009*, Central Intelligence Agency, https://www.cia.gov/library/publications/the-world-factbook/fields/2012.html, accessed March 12, 2012.

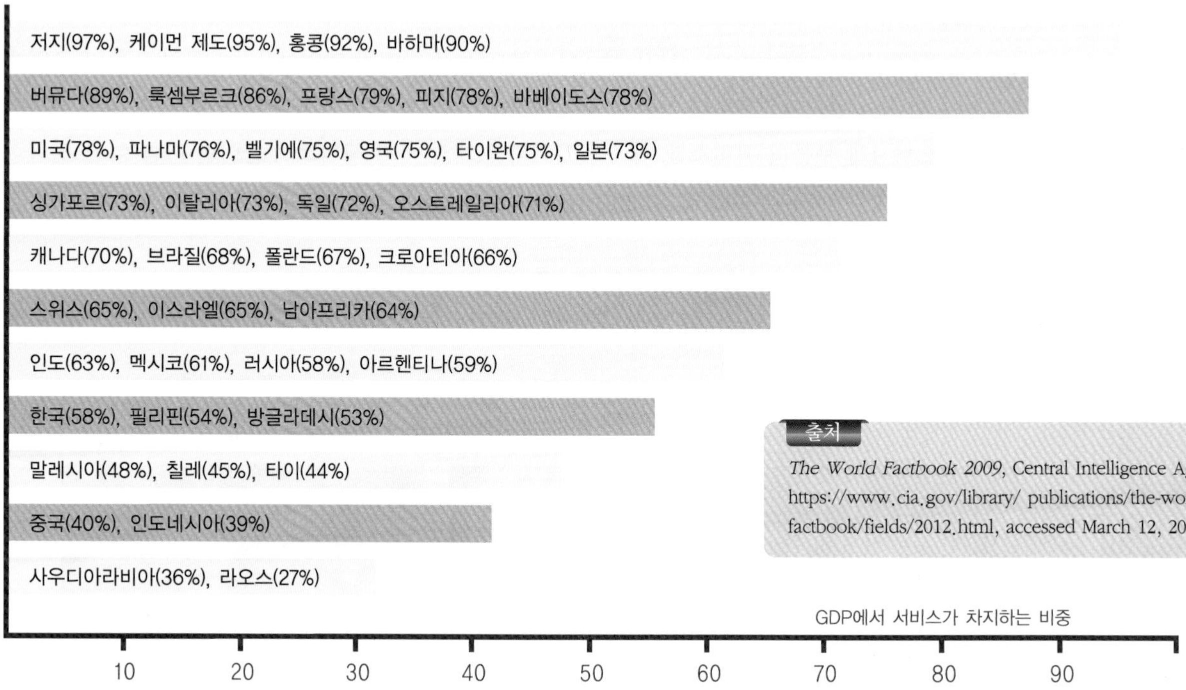

저지(97%), 케이먼 제도(95%), 홍콩(92%), 바하마(90%)
버뮤다(89%), 룩셈부르크(86%), 프랑스(79%), 피지(78%), 바베이도스(78%)
미국(78%), 파나마(76%), 벨기에(75%), 영국(75%), 타이완(75%), 일본(73%)
싱가포르(73%), 이탈리아(73%), 독일(72%), 오스트레일리아(71%)
캐나다(70%), 브라질(68%), 폴란드(67%), 크로아티아(66%)
스위스(65%), 이스라엘(65%), 남아프리카(64%)
인도(63%), 멕시코(61%), 러시아(58%), 아르헨티나(59%)
한국(58%), 필리핀(54%), 방글라데시(53%)
말레이시아(48%), 칠레(45%), 타이(44%)
중국(40%), 인도네시아(39%)
사우디아라비아(36%), 라오스(27%)

GDP에서 서비스가 차지하는 비중

10 20 30 40 50 60 70 80 90

출처

*The World Factbook 2009*, Central Intelligence Agency, https://www.cia.gov/library/ publications/the-world-factbook/fields/2012.html, accessed March 12, 2012.

**그림 1.4** 주요국 GDP에서 서비스 부문이 차지하는 비중

다(그림 1.5).

서비스 부문의 비중이 작은 나라가 중국이다(41%). 이 나라의 경제성장은 농업, 제조업, 그리고 건설업이 주도하고 있다. 그러나 중국의 경제성장은 기업 서비스와 소비자 서비스에 대한 수요를 증가시키고 있다. 중국 정부는 선적시설과 새로운 공항터미널을 포함한 서비스의 인프라에 많은 투자를 하고 있다. 상대적으로 부유한 국가 중에서 서비스 부문의 비중이 가장 낮은 나라가 바로 사우디 아라비아이다. 이 나라는 오일주도의 경제구조를 가지고 있어서 서비스 부문의 비중이 국내총생산의 36%에 지나지 않는다.

**그림 1.5** 파나마 운하는 파나마 경제의 중추를 이루고 있다.

### 새로운 직업의 대부분이 서비스에 의하여 창출된다

전 세계적으로 서비스 부문이 급격하게 성장함에 따라 새로운 직업이 서비스로부터 창출되고 있다. 새로운 서비스가 항상 출현하고 있는 것이다. 서비스 직업은 식당이나 콜센터처럼 상대적으로 낮은 급여의 일선직업만을 의미하는 것은 아니다. 오히려 가장 빠른 경제성장의 일부분은 전문직이나 비즈니스 서비스, 교육, 건강관리 등과 같은 지식기반의 산업에 있다.[1] 이 직업들은 많은 새로운 서비스 직업이 양질의 교육을 필요로 하며, 높은 수준의 급여를 받는다.

실제로 많은 제조업체가 보조서비스를 유형제품과 묶음으로 취급하다가 개별서비스를 분리하여 마케팅하고 있다. Rolls-Royce가 어떻게 그러한 변화를 시도했는가를 서비스 인사이

트 1.1통해 살펴보라.

Rolls-Royce처럼 IBM도 이전에는 제조업으로 잘 알려진 기업이다. 이 기업 또한 제조업에서 서비스 제공기업으로의 전환을 했으며, IBM 글로벌 서비스(IBM Global Service)의 하위부문으로 4개 부문의 서비스를 제공하고 있다. 4개의 하위 서비스 부문이란 다름 아닌 전략적 아웃소싱, 비즈니스 컨설팅, 통합적 기술 서비스, 그리고 유지보수 분야이다.[2] IBM은 서비스

## 서비스 인사이트 1.1

### Rolls Royce는 엔진 가동 시간에 따라 서비스 비용을 받는다

많은 제조기업들은 그들의 경쟁우위를 고객들에게 서비스의 형태로 제공함으로써 높이고 있다. Rolls-Royce가 그러한 하나의 사례이다. Rolls-Royce는 기술적 혁신에 초점을 맞추어 비행기 엔진을 만들어 성공한 기업이다. Rolls-Royce 엔진은 오늘날 동체의 폭이 넓은 제트 여객기의 50%와 단일통로(소형) 여객기의 25%를 가동시키고 있다. 그러한 성공의 가장 큰 요인은 제조로부터 '엔진 가동 시간' ―고객의 엔진을 무리 없이 가동시키는 유형재와 서비스의 결합상품이며―에 따른 서비스로의 이동이다.

다음을 상상해 보자. 태평양 상공에서 승객이 동경에서 LA로 가는 장거리 비행기에서 잠을 자고 있다. 갑자기 비행기에 번개가 쳤다. 승객들은 이것을 잘 모르지만 반대편에 있는 영국 더비의 Rolls Royce 엔지니어들은 바빠진다. 비행기에 번개가 치는 것은 일상적이고 보통 큰 피해는 없다. 그러나 이것은 어느 한 엔진에 약간의 문제를 야기할 수 있다. 비행기는 문제가 있는 엔진으로도 여전히 잘 착륙할 수 있다. 문제는 LA에서 완전 점검을 받아야 할것인가이다. 이것은 일상적인 일이지만 많은 승객들이 출발 라운지에서 기다리게 하는 불편을 만들어 낸다.

대량의 데이터가 비행기에서 더비로 보내진다. 스크린에 많은 숫자가 나타나고, 그래프가 만들어진다. 엔지니어는 그들의 머리를 긁적인다. 비행기가 착륙하기 전에 엔진이 무리 없이 작동되고 있고, 정시에 이륙할 수 있다는 문구가 나타난다.

산업의 전문가들은 제트 엔진 제조업체들은 엔진을 파는 것보다 엔진에 대한 서비스와 부품 판매로 약 7배의 수익을 얻을 수 있다고 추산한다. 그러한 서비스와 부품 판매가 수익성이 높기 때문에 많은 독립 서비스 기업들이 Rolls-Royce와 경쟁하기 위해 원 제조업체들이 부과한 가격의 1/3 수준으로 낮게 부품을 공급한다. 이러한 독립기업들의 공격을 막기 위해, 독립기업들이 고객을 빼앗아 가지 못하도록 기술과 서비스를 결합하여 사용하였다. Rolls Royce는 엔진을 먼저 팔고, 나중에 부품과 서비스를 판매하는 대신에, '토탈 케어' 라고 하는 매력적인 결합상품을 만들었다. 그 상품을 광고하는 웹사이트에는 그러한 솔루션을 엔진 내구 기간 동안의 '마음의 평화(peace of mind)' 라 부르고 있다. 고객들은 엔진이 가동 시간만큼만 비용을 부과받는다. Rolls-Royce는 엔진을 유지보수해 주고 고장나면 교체해 준다. 더비의 운영사무실에는 3,500개의 엔진 성능을 모니터하고 있으며, 엔진이 문제가 생기는 시점을 예측하고, 여객기 운행 스케줄과 엔진 교체시점을 효율적으로 만들어 수리와 승객들의 불만을 줄여나가고 있다. 오늘날 엔진의 80%가 그러한 계약을 통해 고객에게 인도된다. Rolls-Royce가 380엔진에 대하여 문제를 가지고 있기는 하지만, 문제를 신속하게 해결할 수 있었고, 사고 이후 엔진 주문량을 회복하였다.

출처

*The Economist*, "Briefing Rolls-Royce. Britain' s Lonely High Flyer" January 10, 2009, pp. 58-60; www.rolls-royce.com, March 12, 2012. *The Economist*, "Per Ardua," February 5, 2011, p. 68. Source of photo: www.roll-royce.com, accessed March 12, 2012.

제공으로 이동했을 뿐만 아니라, 직원들을 서비스 경제를 위해 훈련하여 전환시킨 선두기업이다. IBM은 서비스 경제에서 가치 창출을 위한 긴밀한 통합을 의미하는 서비스 사이언스 경영공학(Service Science, Management and Engineering), 줄여서 서비스 사이언스 라는 용어를 만들어 냈으며, 이것은 서비스 시스템을 디자인하고, 개선하고 변화시키는 데 필요한 주요 분야를 통합하는 것이다. *Harvard Business Review*의 최근 논문은 서비스 사이언스가 그 자체로서 하나의 연구 영역이라고 밝히고 있다.[3] IBM은 오늘날 서비스 주도의 경제에서 효과적이기 위해서는 미래의 대학 졸업생들은 'T' 모양이 되어야 한다고 믿는다. 즉 경영, 공학, 또는 컴퓨터 사이언스와 같은 그들 자신의 학문영역(T자의 수직부분)뿐만 아니라 서비스에 관련된 다른 학문 분야(T자의 수평적 부분)에 대한 깊은 이해가 필요하다.[4]

## 강력한 힘이 서비스 시장을 변화시킨다

**학습목표 2**
서비스 시장을 변화시키는 강력한 힘이란 무엇인가?

서비스의 급격한 성장에 영향을 주는 원인은 무엇인가? 정부 정책, 사회 변화, 비즈니스 트렌드, 정보기술의 발달, 글로벌화 등이 오늘날 서비스 시장을 변화시키는 강력한 힘

| 정부 정책 | 사회 변화 | 비즈니스 트렌드 | 정보기술의 발달 | 글로벌화 |
|---|---|---|---|---|
| • 규제 변화<br>• 민영화<br>• 고객, 종업원, 정부 보호를 위한 새로운 규제<br>• 서비스 거래의 새로운 협약 | • 고객 기대의 상승<br>• 풍요로움<br>• 시간 부족<br>• 소유보다는 경험 구매 욕구 증가<br>• 컴퓨터, 셀룰러 폰, 하이테크 제품의 소유 증가<br>• 정보에 대한 손쉬운 접근<br>• 이민<br>• 노년 인구의 증가 | • 주주 가치 증대에 대한 압력<br>• 생산성과 원가 절감의 강조<br>• 제조업체의 서비스를 통한, 서비스 판매를 통한 부가가치의 창출 노력<br>• 전략적 제휴와 아웃소싱의 증가<br>• 품질과 고객 만족의 중요성<br>• 프랜차이즈 증가<br>• 비영리 기관의 마케팅 강조 | • 인터넷 증가<br>• 증대된 전송 용량<br>• 모바일 기기의 소형화<br>• 무선 네트워킹<br>• 빠르고 강력한 소프트웨어<br>• 문자, 그래프, 오디오, 비디오의 디지털화 | • 초국가 기업 증가<br>• 해외 여행 증가<br>• 국제 간 합병과 제휴<br>• 고객서비스의 역외화<br>• 해외 경쟁자의 국내 진입 |

↓

기존의 많은 시장에서 새로운 시장과 상품카테고리가 서비스에 대한 수요를 증대시키고, 나아가 경쟁을 심화시킴

↓

새롭고 개선된 기술의 응용을 통한 서비스 상품과 전달시스템의 혁신

↓

고객이 더 많은 대안을 갖게 되고, 더 많은 힘을 행사

↓

성공의 요체는 (1) 고객과 경쟁자에 대한 이해, (2) 유연한 비즈니스 모델, (3) 고객과 기업 모두에 이익이 되는 가치의 창조, (4) 서비스 마케팅과 서비스 경영에 대한 중요성 증대이다.

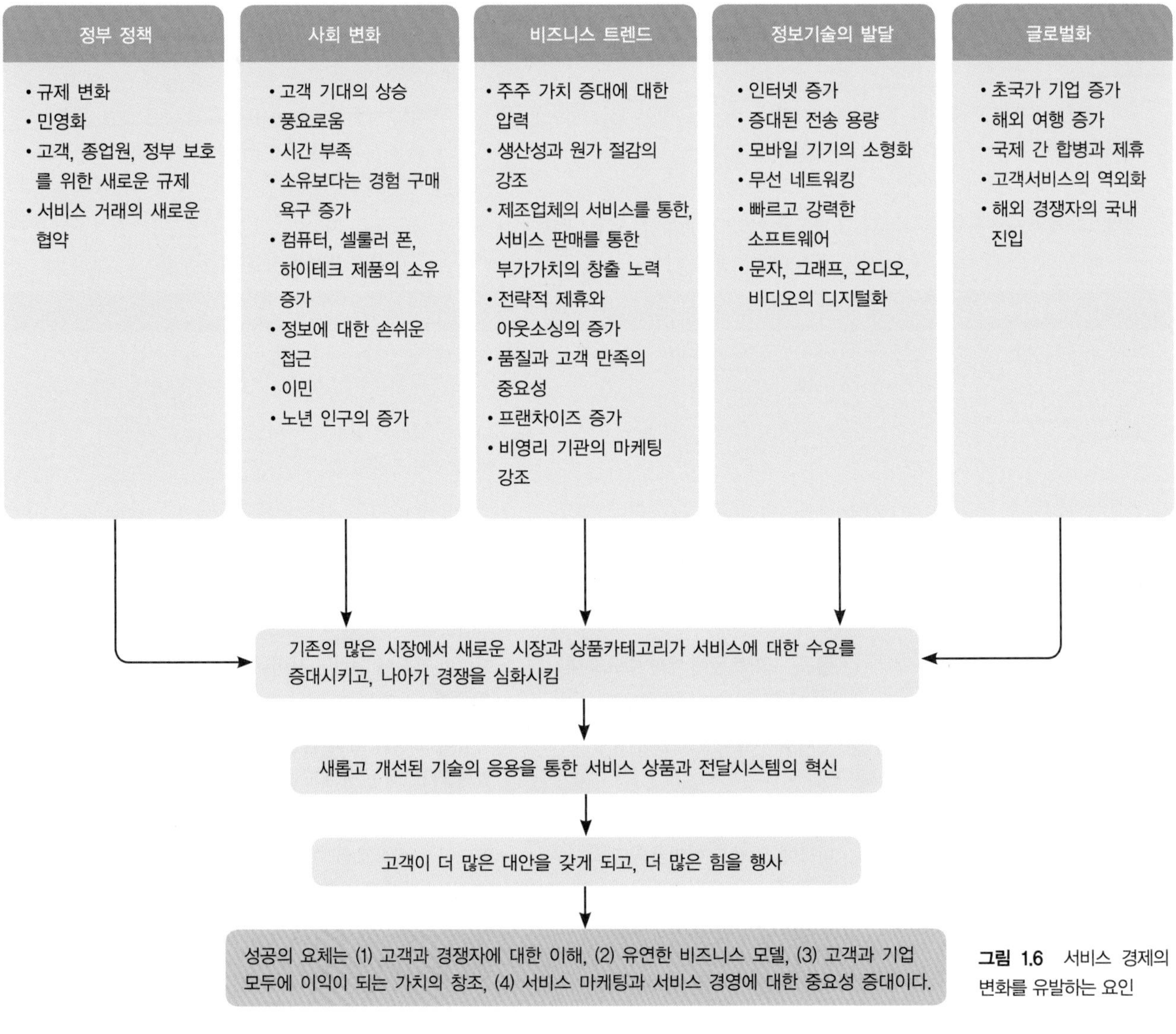

**그림 1.6** 서비스 경제의 변화를 유발하는 요인

들이다(그림 1.6). 예를 들어 인터넷은 특히 소비자 시장에서 힘을 공급자에서 고객으로 이동시킨다. 여행산업에서 여행자들은 그들의 여행상품을 손쉽게 확인하고 예약할 수 있다. 전자적 유통은 전통적인 중간상들이 Expedia, Travelocity, Priceline과 같은 새로운 중간상으로 대체됨에 따라 공급자, 중간상, 고객들 간의 관계관 역할을 변화시키고 있다.[5] 인터넷 또한 추가적인 아웃소싱의 기회를 가질 수 있도록 하고 있다. 많은 교수들은 그들의 학점부여를 EduMetry와 같은 기업들에게 아웃소싱하고 있다. 그 기업에서 학점을 부여하는 전문가들은 학점을 잘 부여할 수 있고, 학생들이 약점을 보완할 수 있도록 도움을 주는 훈련을 받는다.[6] 표 1.1은 서비스 경제에 영향을 주는 이러한 힘들과 영향에 대한 구체적인 사례를 제시하고 있다. 이러한 힘들은 서로 결합해서 경쟁구조와 고객의 서비스 구매와 사용방법에 영향을 준다.

**표 1.1** 서비스 경제를 변화시키고 영향을 주는 힘의 구체적인 사례

| 정부 정책 | 사례 | 서비스 경제에 대한 영향 |
|---|---|---|
| • 규제 변화 | • 식당에서의 금연, 음식의 트랜스 지방 제한 | • 식당에서 고객의 편안함, 건강 관련 측정치를 개선한다면 외식의 증가를 촉진시킬 것임 |
| • 민영화 | • 공익 시설, 운송 시설 등과 같은 인프라의 민영화 | • 더욱 경쟁적인 환경 하에서 기존 공급자들이 잠재적인 위기가 오겠지만, 새로운 진입자에 의한 직업기회의 창출과 투자는 이루어질 것임 |
| • 고객, 직원, 정부 보호를 위한 새로운 규제 | • 유해가스 배출에 대한 항공산업에 대한 세금 증가 | • 항공 여행의 비용 증가는 수요를 감소시킬 것임. 정부의 정책은 연료 효율적이고, 오염이 덜 되는 제트엔진의 개발을 촉진하는 방향으로 갈 것임 |
| • 서비스 거래의 새로운 협약 | • 외국계 기업에 대한 물, 건강, 운송, 교육 사업의 인수 가능 | • 국경을 넘어 전문 지식이 이전될 것임. 새로운 투자는 인프라의 개선과 질적 개선을 만들어 낼 것임 |
| **사회 변화** | **사례** | **서비스 경제에 대한 영향** |
| • 고객 기대의 상승 | • 서비스 질과 편리성에 대한 높은 기대 | • 양질의 서비스를 제공하기 위한 서비스 직원의 훈련, 서비스 시간의 확대는 파트타임 직업의 확대를 가져옴 |
| • 풍요로움 | • 여행에 대한 소비 확대 | • 다양한 형태의 상품과 서비스, 새로운 지역에서 새로운 서비스 지역 경제를 활성화시킴 |
| • 인력의 아웃소싱 | • 홈클리닝 서비스, 영유아 케어 서비스 | • 지역 기반의 기업, 전국 규모의 체인 모두에서 새로운 서비스 제공 |
| • 제품보다는 경험에 대한 구매 욕구증가 | • 스파 치료와 같은 고급 서비스에 대한 소비 증가 | • 스파 치료를 전문으로 하는 새로운 형태의 기업이 출현하거나, 건강 관련 클럽과 리조트 호텔이 스파 서비스를 추가 |
| • 컴퓨터, 셀룰러 폰, 하이테크 제품의 소유 증가 | • 랩톱, 스마트폰에 대한 수요증대 | • 이러한 제품에 대한 디자이너, 마케터, 엔지니어에 대한 수요 증가 |
| • 정보에 대한 손쉬운 접근 | • 인터넷과 인터넷을 통한 방송 | • 기업이 고객과 더욱 긴밀하고 집중화된 관계를 구축할 수 있게 되고, 이동 중에도 실시간으로 고객과 접촉할 수 있는 기회가 만들어짐 |
| • 이민 | • 미국에 온 인도 이민자의 귀국 | • 인도인 모국으로의 지식 이전은 이루어지지만, 선진국가(미국)의 경제에서 고용 시장은 공동화될 것임 |
| • 노년 인구 증가 | • 고령화된 유럽 국가와 중국 | • 건강관리와 은퇴 후의 공동체 사회 건설 등과 같이 노인을 위한 급식서비스의 증대 |

| 비즈니스 트렌드 | 사례 | 서비스 경제에 대한 영향 |
|---|---|---|
| • 주주 가치 증대에 대한 압력 | • 더 높은 수익을 올리라는 주주들의 기업 이사회에 대한 압력 | • 추가 요금, 고가격, 수입 관리 전략의 채택, 원가를 줄이기 위한 고객 서비스의 축소 등과 같은 새로운 수익원 탐색 |
| • 생산성과 원가 절감 강조 | • 셀프서비스 기술로의 이동 | • 서비스 제공 시스템의 재고, 종업원을 대체할 수 있는 새로운 기술에의 투자 |
| • 제조업체의 서비스를 통한 그리고 서비스 판매를 통한 부가가치 창출 노력 | • 금융 시장에 대한 IBM 컨설팅과 IT 서비스 | • 전통적인 경영컨설팅 기업 등과 같은 다른 산업으로부터의 서비스 제공과의 경쟁 |
| • 전략적 제휴 증가 | • Star Alliances와 Oneworld와 같은 항공사의 전략적 제휴 | • 중복 노선을 줄이기 위해 항공사 간에 비행 스케줄, 탑승권 판매를 조정하여 비행관리 시스템을 합리화. 이에 따라 마케팅 노력의 성과를 극대화하고, 운영 비용을 줄여나감 |
| • 품질과 고객 만족의 중요성 | • 호텔과 모텔이 모든 단계의 표준을 설정하고, 이를 충족하려 노력함 | • 필요한 기술을 갖출 수 있도록 서비스 직원에게 훈련 프로그램 제공, 기존 시설을 현대화하고, 더 나은 분위기를 제공하기 위해 새로운 시설 투자 |
| • 프랜차이즈 증가 | • 세계적으로 패스트푸드 체인이 확대 | • 지역의 음식 선호와 문화에 적응하면서도 세계적으로 일관된 서비스 표준을 유지할 수 있도록 노력 |
| • 비영리 기관의 마케팅 강조 | • 박물관은 새로운 관람객들을 창출하고, 기존의 고객들은 더 많이 방문할 수 있도록 노력 | • 더 나은 시설을 위한 기금 모금, 식당이나 시설임대를 통해 더 나은 서비스를 통한 더 많은 수입을 창출 |
| **정보기술의 발달** | **사례** | **서비스 경제에 대한 영향** |
| • 인터넷 증가 | • 고객이 손쉽고 빠르게 이용할 수 있는 정보와 그 정보를 이용하여 더 많은 지식과 정보를 얻게 됨 | • 다양한 정보원을 얻을 수 있는 새로운 서비스의 창출과 해당 서비스를 재구성하여 고객에게 새로운 가치 제공 |
| • 증대된 전송 용량 | • 보다 세련되고 상호적인 교육 콘텐츠의 제공이 가능 | • 서비스 제공 프로세스를 재설계 |
| • 모바일 기기의 소형화 | • 많은 하이테크 기능을 통합하는 스마트폰 | • 발전된 마케팅 서비스와 보수 서비스를 필요로 함 |
| • 무선 네트워킹 | • 공공 도서관, 카페, 호텔이 무료로 또는 고객을 유인할 수 있는 수준의 낮은 가격으로 이러한 서비스 제공 | • 더 많은 전통 기업들이 경쟁력을 갖기 위해 유사한 혜택을 제공 |
| • 빠르고 강력한 소프트웨어 | • 인포시스(인도의 다국적 IT서비스 기업)와 같은 소프트웨어 컨설팅 기업에 의해 고객화된 소프트웨어 발달 | • 단편적인 서비스 대신 패키지화된 서비스를 개발하기 위한 소프트웨어 엔지니어의 훈련 증가 |
| • 문자, 그래프, 오디오, 비디오의 디지털화 | • 온라인 다운로드 서비스 제공자의 증가 | • 바이러스가 없는 파일을 다운로드할 수 있도록 안전하고 신뢰성 있는 웹사이트를 유지하는 데 투자하는 서비스 제공자의 필요성 증대 |

| 글로벌화 | 사례 | 서비스 경제에 대한 영향 |
|---|---|---|
| • 초국가 기업 증가 | • 은행이나 4대 회계 기업과 같은 다국적 기업들이 더 많은 지역에서 사업을 영위함 | • 제공 가능한 서비스 범위가 확대. 지역 시장에서 기술, 능력, 서비스 표준을 업그레이드 하기 위한 직원의 훈련 |
| • 해외 여행 증가 | • 더 많은 지역에서 더 많은 서비스를 제공 | • 더 높은 수준의 경쟁을 유발할 수 있는 항공, 페리, 크루즈 선박, 버스 여행, 국경 기차 등을 제공하는 서비스 증가 |
| • 국제 간 합병과 제휴 | • 다른 국적의 항공사(예 : KLM과 Air Francee), 은행, 보험사 간의 합병 | • 운영 효율과 마케팅 효과를 높이기 위한 기업 합병이 증가하지만 이는 사람들에게 직업 기회를 잃을 수 있게 함 |
| • 고객 서비스의 역외화 | • 영어가 가능한 인도, 필리핀 등의 국가에 국제콜센터가 재배치됨 | • 기술과 인프라에 대한 투자는 지역 경제를 활성화시키고, 생활 수준을 높여 주며, 관련 산업을 유치할 수 있도록 해줌 |
| • 해외 경쟁자의 국내 진입 | • HSBC, ING와 같은 국제은행이 미국에서 사업을 영위 | • 지역의 은행을 인수하여 지점망을 확대함. 새롭고, 발전된 지점과 서비스 교역의 전자적 전달에 더 많은 투자 |

## 서비스란 무엇인가

지금까지 서비스에 대한 논의의 초점은 서비스 산업의 다른 유형에 관한 것이었다. 그러나 이제는 정확히 "서비스란 무엇인가?" 에 대하여 질문을 할 때이다.

### 비소유의 편익

서비스는 정의하기가 어려울 정도로 방대한 종류의 다양한 활동을 포괄하며, 때로 매우 복잡한 활동을 포함하기도 한다.[7] 서비스에 관한 초기의 마케팅 정의는 서비스를 '행동, 행위, 수행, 노력' 등으로 설명하고 있으며, '상품, 장치, 원재료, 물건' 등으로 정의되는 재화와 여러 면에서 그 특징을 대비하고 있다.[8] 이후로 이러한 사고는 더욱 발전되어 왔으며, 지금은 서비스 구매 시 '비소유권' 이라는 개념에 초점을 맞추고 있다. 당신이 호텔에 머무르거나, 손상된 무릎을 치료하기 위해 물리치료를 받거나 또는 콘서트에 갔다고 가정해 보자. 이러한 구매는 어느 것도 실질적인 소유권이란 없다. 만약 당신이 서비스를 구매한 마지막 순간에도 소유권을 이전받지 못한다면 당신은 무엇을 구매한 것인가? 소유권과 비소유권의 차이는 여러 서비스 분야의 선도 학자들에 의하여 강조되어 왔다.[9]



**그림 1.7** 오늘날 서비스는 빠르게 인건비가 저렴한 지역으로 아웃소싱되고 있다. 따라서 당신의 직업을 유지하려면 생산성을 유지해야 한다.

**학습목표 3**
비소유 서비스 체계를 사용하여 어떻게 서비스를 정의할 것인가?

Christopher Lovelock과 Evert Gummesson은 고객이 편익을 얻을 수 있는 임대의 형태라고 주장을 한다.[10] 고객이 가치를 부여하고, 그에 대해 돈을 지불하는 것은 일종의 경험이나 해결책(솔루션)에 대한 기대이다. 우리가 사용하는 임대(렌트)라는 말은 직접적인 구매가 아니라(많은 경우에 가능하지 않다) 무엇인가를 사용하고, 또는 시설이나 네트워크에 대한 접근(보통 일정한 기간 동안)을 하고 지불하는 과정을 설명하는 일반적인 용어이다.

우리는 서비스를 (1) 노동, 기술, 전문성의 이용, (2~4) 재화와 시설의 다양한 이용 정도(배타적인 사용, 제한적인 이용, 공동이용), (5) 네트워크와 시스템에 대한 접근과 이용에 초점을 둔 비소유라는 체계 내에서 크게 다음과 같은 5개의 카테고리를 확인할 수 있다.

1) 노동력, 전문성의 임대. 고객들이 자신들이 할 수 없거나, 하기를 원치 않을 때, 특정의 직무를 수행하기 위하여 다른 사람을 고용할 때를 의미하며, 그 예는 다음과 같다.
   - 자동차 수리
   - 의료진단
   - 경영컨설팅

2) 유형재화의 임대. 이 서비스는 고객들이 소유를 선호하지 않기 때문에 유형제품의 배타적인 사용권을 가질 수 있도록 해주는 것이다. 그 예는 다음과 같다.
   - 보트
   - 파티복
   - 건설중장비
3) 공간과 시설의 임대. 건물, 교통수단 또는 일정지역 처럼 방대한 시설의 일부분을 사용하고자 할 때를 의미한다. 보통 다른 고객들과 이 시설을 공유하는 경우가 많으며, 그러한 예는 다음과 같다.
   - 비행기의 좌석
   - 사무용 건물의 사무실 공간
   - 창고의 보관 컨테이너
4) 공유 시설에 대한 접근. 고객들이 물리적인 환경을 공유할 권리를 임대하고자 할 때이며, 그 위치는 실내가 될 수도 있고 실외가 될 수 도 있으며, 가상공간이 될 수도 있다. 그 예는 다음과 같다.
   - 테마파크
   - *World of Warcraft*의 가상공간
   - 유료도로(그림 1.8)

**그림 1.8** 고객들은 유료도로를 이용할 권리를 임대한다.

5) 네트워크와 시스템에 대한 접근과 사용. 고객들이 특정 네트워크에 참여할 수 있는 권리를 임대하는 경우를 의미한다. 서비스 제공자는 고객의 욕구에 따라 접근과 사용에 대한 다양한 조건을 사용하게 된다. 그 예는 다음과 같다.
   - 통신
   - 시설
   - 금융

소유와 비소유 간의 차이는 마케팅과업과 마케팅 전략의 본질에 영향을 준다. 예를 들어 서비스에 대한 고객 선택의 기준은 소유되는 것이 아닌 임대될 때 달라진다. 만약 당신이 휴가를 위해 자동차를 렌트하는 경우, 당신의 선택기준은 예약의 용이성, 렌트 장소와 시간, 서비스 직원의 태도와 업무수행, 자동차의 청결성과 유지보수에 초점을 맞추게 될 것이다. 그러나 만약 당신이 자동차를 소유하기 위하여 자동차를 찾는다면, 가격, 브랜드 이미지, 유지보수의 용이성, 유지비, 디자인, 색깔, 외장 등과 같은 요인들을 더욱 고려할 것이다.

### 서비스의 정의

서비스의 비소유적 개념에 근거하여 서비스를 다음과 같이 포괄적으로 정의할 것을 제안한다.

**서비스 정의**

서비스는 어느 한쪽이 다른 한쪽에게 제공하는 경제적 행위이다. 때로 시간기반의 이러한 활동은 서비스 수혜자 자신이나 서비스 대상물 또는 자산에 원하는 결과를 가져온다.

금전, 시간, 노력에 대한 반대급부로 고객은 재화, 노동력, 전문기술, 시설, 네트워크, 그리고 시스템에 접근함으로써 가치를 얻는다. 그러나 고객은 보통 관련된 물리적 요소를 소유하지는 않는다.[11]

**학습목표 4**
서비스의 네 가지 큰 처리 범주는 무엇인가?

## 서비스의 네 가지 범주 – 과정 관점

서비스의 정의가 임대와 접근을 통한 가치창출 이외에도 서비스 수혜자, 서비스 대상물, 기타 자산에 원하는 결과를 강조하고 있다는 것을 이해했는가? 이것들이 바로 무엇이 처리되고 있는가에 따른 서비스 간의 차이이다. 서비스에서는 사람, 물리적 대상물, 데이터, 정보가 처리될 수 있다. 처리의 본질은 유형적일 수도 있고 무형적일 수도 있다. 유형적 행동은 사람의 신체나 물리적 소유물에 수행된다. 무형적 행동은 사람들의 마음이나 무형적 자산에 수행된다. 이것이 바로 서비스의 네 가지 범주를 만들어내게 하는 것이다. 서비스의 네 가지 범주란 바로 사람에 대한 처리(people processing), 소유물에 대한 처리(possession processing), 정신적 자극에 대한 처리(mental stimulus processing), 정보에 대한 처리(information processing)이다(그림 1.9).[12]

### 사람에 대한 처리

이 서비스는 사람 자체를 서비스 대상으로 하는 것이다. 여기에는 이동, 식사, 뷰티케어 등이 있다(그림 1.10). 물론 때로 서비스 제공자가 고객이 선호하는 위치에서 원하는 편익을

| 서비스 행위의 본질 | 누가 또는 무엇이 서비스의 직접적인 수혜자인가? 사람 | 소유물 |
|---|---|---|
| 유형적 행위 | **사람에 대한 처리**<br>(사람의 신체에 대한 서비스)<br>• 이발소<br>• 승객 수송<br>• 건강관리 | **소유물에 대한 처리**<br>(물리적 소유물에 대한 서비스)<br>• 연료 교체<br>• 폐기물 처리/재활용<br>• 수리 및 유지보수 |
| 무형적 행위 | **정신적 자극에 대한 처리**<br>(사람의 마음에 대한 서비스)<br>• 교육<br>• 광고<br>• 심리치료 | **정보에 대한 처리**<br>(무형 자산에 대한 서비스)<br>• 회계<br>• 금융<br>• 법률 서비스 |

**그림 1.9** 서비스의 네 가지 범주

만들어서 거래하는 데 필요한 도구를 가져와서 고객에게로 이동해야 한다. 사람에 대한 서비스에 관한 몇 가지 의미는 다음과 같다.

그림 1.10 더욱 아름답게 보이기 위해 고객들은 잘 관리받으려고 한다.

- ▶ 서비스 생산과 소비가 동시에 이루어지며, 이것은 고객이 서비스 제공의 물리적 현장(서비스 공장)에 있어야 한다는 것을 의미한다. 이것은 서비스 운영에 대한 기획, 서비스 처리와 서비스 환경에 대한 주의 깊은 설계, 수요와 생산능력 관리를 필요로 한다.
- ▶ 고객의 적극적인 협조가 서비스 제공 과정에서 필요하다. 예를 들어 매니큐어 살롱에서는 당신이 원하는 것을 서비스 직원에게 정확히 전달해야 하며, 조용히 앉아 있어야 하며, 매니큐어를 칠하기 위해 직원이 원할 때 손가락을 적절히 바꾸어 주어야 한다.
- ▶ 관리자는 고객 관점에서 서비스 과정과 성과를 생각하는 것이 중요하다. 금전적인 비용 이외에도 비금전적인 비용, 예를 들면 시간, 정신적 · 신체적 노력 심지어는 두려움과 고통 등이 고려되어야 한다.

### 소유물에 대한 처리

고객은 기업에게 자신이 소유하고 있는 물리적인 제품에 대한 서비스를 요구하는 경우가 있다. 이러한 물리적 제품이란 해충의 피해가 있는 집, 더러운 세탁물, 고장 난 엘리베이터 등이다(그림 1.11). 이러한 서비스에 대한 의미는 다음과 같다.

- ▶ 사람에 대한 처리와 다르게 소유물에 대한 처리는 생산이나 소비가 동시에 이루어지지 않는다. 이것은 서비스 기업으로 하여금 원가효율성을 위해 서비스를 설계할 때 더 큰 융통성을 가질 수 있도록 한다.
- ▶ 소유물에 대한 처리에 있어서 고객의 관여는 사람에 대한 처리보다 덜 관여된다. 이 관여는 물건을 가져다준다든지, 물건을 모아 준다든지 정도로 제한된다. 때로 고객은 서비스를 전달한 현장에 있기를 선호하기도 한다(예 : 애완견이 동물병원에서 치료를 받을 때 애완견 주인은 현장이 있기를 원한다).

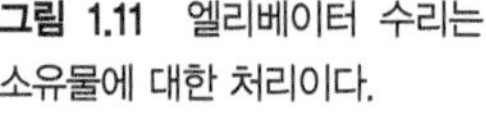

그림 1.11 엘리베이터 수리는 소유물에 대한 처리이다.

### 정신적 자극에 대한 처리

이 서비스는 사람의 마음에 감동을 주는 것이며, 태도 형성, 행동에 대한 영향을 주기 위한 것이다. 이러한 서비스에는 교육, 뉴스와 정보, 그리고 전문적 조언, 그리고 특정의 종교적 활동 등이 있다. 이러한 서비스의 핵심 내용은 정보기반적이다. 따라서 이는 (음악, 소리, 영상이미지) 디지털이나 아날로그 형태로 변환하여 저장될 수 있다(그림 1.12). 이러한 서비스가 가지는 의미는 다음과 같다.

- ▶ 고객은 서비스의 제공 현장에 있을 필요가 없다. 정보가 제공될 때 정보를 취하기만 하면 된다.
- ▶ 이 범주의 서비스는 나중의 소비를 위하여 저장되거나 반복적으로 사용될 수 있다.

**그림 1.12** 오케스트라 콘서트는 정신적 자극과 즐거움을 준다.

### 정보에 대한 처리

정보는 정보처리와 자료집을 만들기 위하여 그들의 두뇌를 이용하는 전문가나 기계에 의해 처리된다. 정보는 서비스 산출물(output)의 가장 유형적인 형태이다. 그러나 이는 편지나 리포트, 책, CD-ROM, DVD와 같은 보다 영구적이고 유형적인 형태로 전환될 수 있다. 정보의 효과적인 수집과 처리에 많이 의존하는 일부 서비스는 회계(그림 1.13), 법, 마케팅 조사, 경영컨설팅, 의료진단과 같은 재무적인 서비스나 전문적인 서비스이다.

때때로 정보에 대한 서비스와 정신에 대한 서비스를 구분하는 것이 어렵다. 예를 들면 주식 중개인이 고객의 주식거래를 분석해 주는 경우 그것은 정보에 대한 서비스처럼 보인다. 그러나 이러한 분석의 결과는 미래에 있어서 적절한 형태의 투자전략에 대하여 조언을 하는 데 사용되기 때문에 정신에 대한 서비스가 될 것이다. 그러므로 단순하게 보면 정신에 대한 서비스와 정보에 대한 서비스는 정보기반의 서비스라고 표현될 수 있다.

## 서비스는 일반적인 마케팅과는 다른 새로운 마케팅 과제를 제시한다

**학습목표 5**
서비스의 특징과 그러한 서비스 특징에 따른 서비스 마케팅의 과제는 무엇인가?

서비스는 유형상품과 다르기 때문에 제조기업을 위하여 개발된 마케팅 개념과 실행방안을 그대로 서비스 조직에 적용할 수 있는가? 이러한 의문에 대한 답은 종종 '아니다' 이다. 서비스는 보통 4개의 특징, 종종 IHIP로 알려진 무형성(intangibility), 이질성(heterogeneity, 변동성), 생산과 소비의 비분리성(inseparability), 산출물의 소멸성(perishability) 등에서 유형의 상품과 다른 특징을 가진다.[13, 14] 표 1.2는 서비스와 유형상품에 있어서 이러한 차이를 특징과 차이를 설명한 것이며, 이 차이는 서비스 마케팅과 제조상품의 차이를 만들어 내는 중요한 원인이 된다.

**그림 1.13** 회계사가 노부부의 연금을 위하여 재무적인 조언을 해 주고 있다.

유용한 일반화이기는 하지만 이러한 차이가 모든 서비스에 동등하게 적용되지 않는다는 것을 인지하는 것이 중요한다. 예를 들어 무형성의 경우, 유형성 높은 경우와 무형성이 높은 경우로 폭넓게 나타난다(다양한 사례를 보여주는 척도를 보기 위해서는 그림 1.14를 참고하라).[15] 이전의 절에서 논의했던 네 가지 범주의 서비스 간에는 큰 차이가 존재한다. 예를 들어 사람(요소)은 고객이 서비스 직원과 직접적인 접촉을 하는 경우에만 서비스 경험의 일부가 된다. 이것은 보통 사람에 대한 처리에 해당하

**표 1.2** 서비스와 상품의 여덟 가지 차이와 마케팅적 의미

| 차이 | 의미 | 마케팅 관련 주제 |
|---|---|---|
| 대부분의 서비스는 저장되지 않는다.(예 : 산출물이 소멸성이 있다.) | • 고객이 서비스 구매를 중단하든지 기다려야 한다. | • 촉진, 탄력적 가격결정, 예약 시스템의 활용을 통해 수요를 평준화시키는 것이 필요하다.<br>• 생산능력을 조정하기 위한 운영과정이 필요하다. |
| 무형적 요소가 가치 창출을 지배한다.(예 : 서비스는 물리적인 실체가 없다.) | • 고객은 이러한 요소를 맛볼 수도 냄새 맡을 수도 만져볼 수도 없다.<br>• 서비스를 평가하기도 경쟁자들과 구별하기도 어렵다. | • 물리적 단서를 강조함으로써 서비스를 유형화하는 것이 필요하다.<br>• 광고와 브랜드 전략에 있어서 구체적인 은유와 생생한 이미지의 전달이 필수적이다. |
| 서비스는 가시화하기 어려우며, 이해시키기도 힘들다.(예 : 서비스는 정신적인 실체가 없다.) | • 고객들은 높은 수준의 위험과 불확실성을 느낀다. | • 고객이 최선의 선택을 할 수 있도록 교육하고, 무엇을 기대해야 하는지 설명하고, 서비스의 성과를 문서화하여, 보증을 하도록 할 필요가있다. |
| 고객이 공동생산 과정에 관여한다.(예 : 만약 사람에 대한 처리에 관한 경우라면, 서비스는 분리 불가능하다.) | • 고객이 서비스 제공자, 설비, 시설, 시스템과 상호작용한다.<br>• 고객의 낮은 서비스 실행 과정에 대한 참여는 생산성을 떨어뜨리고 서비스 경험을 나쁘게 만들며, 편익을 감소시킨다. | • 사용자가 친숙한 설비 시설, 그리고 시스템을 개발할 필요가 있다.<br>• 효과적 수행하도록 고객을 훈련할 필요가 있다. 즉 고객지원을 제공하라. |
| 사람이 서비스 경험의 일부분이다. | • 서비스 제공 직원과 고객의 외모, 태도, 행위가 경험을 형성하며, 만족에 영향을 준다. | • 계획된 서비스 개념을 강화할 수 있도록 직원을 고용, 훈련하고, 보상하라. |
| 운영적 투입과 산출이 매우 폭넓게 변화한다.(예 : 서비스는 이질적이다.) | • 서비스 품질, 신뢰성, 일관성을 유지하기가 어려우며, 높은 생산성을 통한 원가 절감이 어렵다.<br>• 서비스 실패의 결과로부터 고객을 보호하기가 어렵다. | • 고객의 기대에 근거하여 품질기준을 정하라. 즉 상품요소를 단순하고, 실패가 없도록 재설계하라.<br>• 좋은 서비스 회복 시스템을 구축하라.<br>• 고객-서비스 제공자 상호작용 시스템을 자동화하라. 즉, 고객이 부재중일 때 업무를 실행하라. |
| 시간 요소가 매우 중요하다. | • 고객은 시간을 현명하게 사용해야 할 희소적 자원으로 생각한다. 즉 기다림을 싫어하며, 편리한 시간에 서비스를 받기를 원한다. | • 서비스의 전달속도를 높일 수 있는 방법, 대기시간을 줄일 수 있는 방법을 찾아내고, 서비스 시간을 연장하라. |
| 유통이 비물리적 경로를 통하여 발생한다. | • 정보기반의 서비스가 인터넷이나 음성통화와 같은 전자경로를 통하여 전달될 수 있지만 물리적 활동이나 상품과 관련된 핵심상품은 그러한 경로를 통하여 전달될 수 없다. | • 사용자 중심의 웹사이트를 구축하고, 비용이 발생되지 않는 전화접근 시스템을 구축하라. |

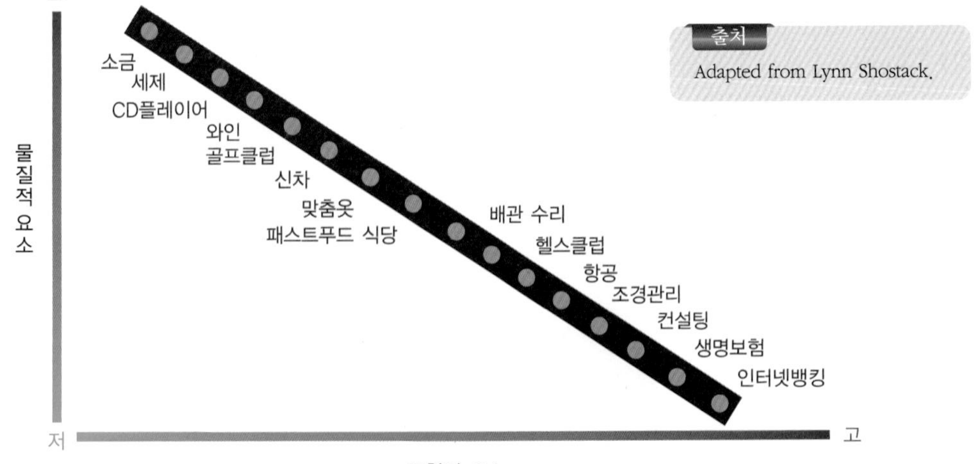


**그림 1.14** 유형상품과 서비스에서 물리적 요소와 무형적 요소에 의한 상대적 부가가치

며, 온라인 금융과 같은 많은 정보에 대한 처리에는 해당되지 않는다. 당신은 이 장의 맨 끝에서, 그리고 이 책 전체에서 우리가 서비스를 위한 마케팅 믹스에서 대하여 논의하게 되면 이러한 차이를 알게 될 것이다.

## 서비스 마케팅의 7Ps

제조상품을 마케팅하기 위해 방법을 개발할 때, 마케터는 보통 제품, 가격, 유통, 프로모션(커뮤니케이션)에 초점을 둔다. 이들은 하나의 집단으로 보통 마케팅 믹스의 '4Ps' 라고 부른다.[16] 그러나 표 1.2에서 볼 수 있듯이, 서비스의 본질은 다른 마케팅 과제를 제시한다. 따라서 유형상품의 마케팅에 사용되는 4Ps는 서비스를 마케팅할 때 발생되는 이슈들을 다룰 수 없기 때문에 이들을 응용하고 확장해야 한다. 그러므로 우리는 여기에서 전통적인 마케팅 믹스의 4Ps를 살펴보고, 그것들을 서비스 이슈에 맞게 응용하는 데 초점을 둘 것이다.

나아가 전통적인 마케팅 믹스는 고객접점을 관리하는 개념을 포함하고 있지 않다. 따라서 이러한 점을 고려하여 서비스 전달과 관련된 3개의 Ps—**프로세스**(process), **물리적 환경**(physical environment), **사람**(people)—을 추가하여 확장할 필요가 있다.[17] 따라서 우리는 전통적인 마케팅의 4Ps와 서비스 고유의 3Ps를 합쳐 서비스 마케팅의 7Ps로 부를 것이다. 7Ps에 대하여 간략이 살펴보자.

### 서비스에 응용되는 전통적인 마케팅 믹스

**학습목표 6**
전통적인 마케팅 믹스의 구성요소를 어떻게 서비스에 적용할 것인가?

#### 상품요소

서비스 상품은 기업 마케팅 전략의 핵심이다. 만약 상품이 잘못 설계되어지면, 다른 나머지 7개의 P들이 잘 실행된다고 하더라도 고객에게 가치를 창출해 주기는 어려울 것이다. 따라서 마케팅 믹스의 시작은 가치를 제공하는 서비스의 개념을 만드는 일로부터 시작해야 한다. 서비스 상품은 고객의 기본적인 욕구를 충족시켜 주는 핵심상품과 고객이 핵심상품을 더욱 효과적으로 사용할 수 있도록 가치를 더해 주고 서로 강화시켜 주는 보조요소로 이루어진다. 보조서비스 요소는 정보의 제공, 자문, 주문수령, 환대, 예외적 서비스의 처리 등을 포함한다.

#### 유통과 시간

서비스 유통은 물리적 경로나 전자적 경로를 통해 또는 양쪽 모두를 통해 일어난다(표1.2). 예를 들어 오늘날의 은행은 금융거래를 위해 은행의 지점방문, ATM(자동인출기) 네트워크, 전화를 통한 비즈니스 수행, 인터넷을 통한 금융거래 등 다양한 경로를 제공한다. 특히 많은 정보기반의 서비스는 인터넷을 통해 전달된다. 기업들은 서비스를 고객에게 직접 전달하거나 사용료나 수수료를 받는 소매상과 같은 간접적인 방법을 통해 전달한다. 서비스 요소를 고객에게 전달하기 위해 기업들은 유통경로와 방법 이외에도 이러한 서비스들이 언제 그리고 어디에서 전달될 것인가를 결정해야 한다.

그림 1.15 시간은 핵심이다. 서비스 제공자는 그들 고객과의 상호작용에서 신속하고 현명해야 한다.

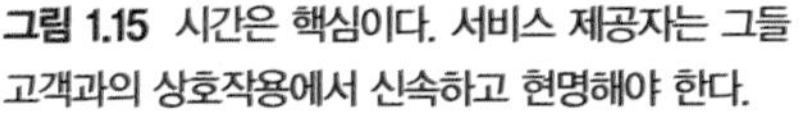

그림 1.16 금전만이 서비스의 원가를 결정하는 유일한 요소는 아니다.

핵심서비스와 보조서비스의 유통. 인터넷은 많은 산업에서 유통을 변화시키고 있다. 우리는 정보기반의 핵심상품(고객의 일차적 필요조건에 대응하는 것으로서)의 전달과 유형상품의 구매와 사용을 촉진시키는 보조서비스를 구분할 필요가 있다. 정보기반의 핵심서비스의 예는 피닉스대학교가 제공하는 온라인 교육 프로그램과 Progressive Casualty Co(프로그레시브 손해보험사)의 자동차 보험 등이 있다.[18]

시간요소의 중요성(표.1.2 참조). 많은 서비스가 고객이 존재하는 장소에 실시간으로 전달된다. 결과적으로 속도와 시간과 장소의 편의성이 효과적인 서비스 전달을 위해 중요한 결정요소가 되어 왔다. 많은 고객들이 오늘날 시간낭비를 피하려고 한다(당신도 역시 그럴 것이다). 고객들이 같은 경로로 버스를 타고 시티투어를 하는 경우, 버스를 이용하지 않고 택시를 타게 된다면 시간을 절약하기 위해 추가적인 비용을 기꺼이 지불하는 것이다(그림 1.15). 많은 바쁜 고객들이 공급자에 적합한 서비스가 아닌 고객에게 적합한 서비스를 기대한다. 만약 어떤 기업이 시간을 연장하는 경우 그 경쟁자들도 같은 대응을 해야 한다고 느낀다. 오늘날 많은 서비스가 항상(24/7) 이용 가능하다.

### 가격과 기타 이용자 지출

유형의 제품처럼, 지불은 기업과 고객 간에 가치 교환을 만들어 내는 데 있어서 매우 중요하다. 기업들에게 있어서 가격전략은 얼마나 많은 수익을 만들어 낼 수 있는가에 영향을 준다. 이것은 서비스를 제공하는 원가를 충당하고, 이익을 만들어 내는 데 사용된다. 어떤 기업의 가격전략은 종종 고객의 유형, 전달 시간과 장소, 이용 가능한 생산능력과 같은 요인에 따라 시간에 따라 가격수준이 변화하는 동적 특성을 가진다.

고객의 관점에서 보면 가격은 원하는 편익을 얻기 위해 필수적으로 발생시키는 원가의 중요한 부분이다. 특정 서비스의 가치를 계산하기 위해서 고객은 서비스 자체 이외에 시간이나 노력과 같은 금전 이상의 것을 평가해야 한다(그림 1.16). 그러므로 서비스 마케터는 가격을 정할 때 표적고객이 지불하고자 하는 그리고 지불할 수 있는 가격만을 정해서는 안 된다. 고객들은 그들의 기타 경비를 이해하고자 하고, 그들을 최소화하기를 바란다. 이러한 경비는 추가적인 금전적 비용(서비스 위치까지의 이동비용 등과 같은), 서비스 구매과정에 있어서 시간소비(서비스 위치까지의 이동시간)를 포함한다.

대부분의 서비스 상품은 저장되지 않는다. 서비스는 행동이나 수행(실행)을 포함하기 때문에 일시적이며 소멸 가능하다. 그러므로 서비스는 보통 미래의 시용을 위하여 저장될 수 없다(표 1.2). 비록 시설, 설비, 노동력은 서비스 창출을 위하여 준비될 수 있지만, 각 각은 생산능력을 나타내는 것이지 서비스 자체는 아닌 것이다. 만약 수요가 없다면 미사용 생산능력은 낭비될 것이며, 기업은 이러한 자산을 이용하여 가치를 창출하는 기회를 잃을 것이다. 수요가 생산능력을 초과하는 경우 고객들은 실망해서 돌아가거나 기다리도록 요구받게 될 것이다. 그러므로 서비스 마케터에게 있어서 중요한 과업은 동적 가격 전략과 같은 방법을 통하여 기업의 이용 가능한 생산능력과 대응될 수 있도록 수요수준을 평준화시키는 것이다.

### 촉진과 교육

서비스의 고객과 잠재고객에게 무엇을 이야기할 것인가? 어떠한 마케팅 프로그램도 효과적인 커뮤니케이션 없이 성공할 수 없다. 이 요소는 세 가지 결정적인 역할을 하는데, (1) 고객에게 필요한 정보와 조언을 제공해 주고, (2) 서비스 상품이나 브랜드의 이점에 대해 설득하고, (3) 적절한 시점에 행동을 하도록 유도한다. 서비스 마케팅에서 대부분의 커뮤니케이션은 본질적으로 교육적이다. 특히 새로운 고객에게는 더욱 그렇다. 공급자들은 그들의 고객들에게 서비스의 편익과 어디에서 언제 얻을 수 있으며, 가장 좋은 결과를 얻기 위해 어떻게 서비스 과정에 참여할지에 대하여 가르칠 필요가 있다.

서비스는 무형적 요소가 가치창출을 지배하기 때문에 종종 가시화하기 어렵고 이해하기도 어렵다. 무형성이란 정신적 차원과 물리적 차원의 두 가지로 구성되어 있다. 정신적 무형성은 쉽게 가시화되기도 어렵고 이해되기도 어렵다. 반면 물리적 무형성은 오감에 의하여 느껴지거나 경험될 수 없는 것이다.[19] 인터넷기반의 거래, 서비스 직원의 전문성과 태도 같은 과정(process)과 같은 무형적 요소는 서비스의 성과에서 가장 많은 가치를 창출한다. 서비스가 물리적으로 무형적일 때에는 고객이 구매 전에 이러한 중요한 서비스 특징을 평가하기가 어렵고 성과자체의 질도 평가하기가 어렵다(표 1.2).

기업들은 서비스 편익을 강조하기 위해, 그리고 기업의 강점을 나타내기 위해 물리적인 이미지와 은유를 사용한다(그림 1.17). 나아가 많은 서비스에 있어서 고객은 구매 이전에 미리 서비스 경험을 가시화하기가 어려우며, 자신들이 무엇을 얻을 수 있을 것인가를 이해하기도 어렵다. 이 상황은 서비스 구매가 고객으로 하여금 위험을 느끼게 한다. 그러므로 서비스 기업의 커뮤니케이션이 가지는 중요한 역할은 기업의 경험에 대한 확신, 신뢰성, 그리고 서비스 직원의 전문성을 만들어 내는 것이다. 잘 훈련된 서비스 직원은 잠재고객을 서비스 전달 중에 그리고 서비스 전달 후에 무엇을 기대할 수 있는지를 교육함으로써, 그리고 그들을 서비스 과정을 순조롭게 이동하게 함으로써 잠재고객이 훌륭한 선택을 할 수 있도록 할 수 있다.

**그림 1.17** 보험 서비스는 무형적인 것이지만, Nationwide는 글들의 신뢰성을 일부 창의적인 광고를 통해 보여주고 있다.

일반적으로 서비스 기업은 고객들을 더욱 경쟁력 있고 생산적으로 만듦으로써 더욱 많이 얻을 수 있다.[20] 결국 당신이 서비스를 어떻게 잘 사용하는가를 알게 된다면 당신은 더 나은 서비스 경험과 결과를 얻을 뿐만 아니라 더 높은 효율성이 기업의 생산성을 높이고, 비용을 낮추고, 결과적으로 당신이 지불하는 가격을 낮출 수 있

도록 하게 될 것이다.

**고객 간의 상호작용이 서비스 경험에 영향을 준다.** 당신이 서비스 시설에서 다른 고객들을 만나게 되면 그들 역시 당신의 만족이 영향을 준다. 그들이 어떤 옷을 입고, 그들이 누구이며, 그들이 어떻게 행동을 하는가는 기업이 나타내려고 하는 이미지와 기업이 만들고자 하는 경험을 높이기도 하고 없애기도 한다. 이것이 가지는 의미는 명백하다. 우리는 적절한 세분 시장이 서비스 시설에 오도록 마케팅 커뮤니케이션을 할 필요가 있으며, 그들로 하여금 적절한 행동을 하도록 교육할 필요가 있다.

**학습목표 7**
고객접점을 관리하는 확장된 서비스 마케팅 믹스의 구성요소는 무엇인가?

## 고객접점을 관리하기 위한 확장된 서비스 마케팅 믹스

### 프로세스

현명한 관리자는 서비스가 관련된 곳에서는 기업이 무엇을 수행하는가 만큼이나 어떻게 하는가가 중요하다는 것을 알고 있다. 그러므로 상품요소를 창출하고, 전달할 때에는 효과적인 서비스 전달과정을 설계하고 실행하는 것이 필요하다. 만약 서비스 과정이 잘못 설계된다면 스태프들에게 서비스 전달이 늦어지고 비효과적으로 될 수 있다. 고객들에게 있어서 이것은 시간낭비와 실망스러운 경험을 의미한다.

**그림 1.18** 전문적인 서비스는 환대산업에서 고객 만족의 핵심이다.

**운영상의 투입과 산출은 매우 폭넓게 변화한다.** 서비스에 있어서 운영상의 투입과 산출은 폭넓게 변화하며, 이것은 고객 서비스 과정 관리를 하나의 과제로 만든다(표 1.2). 서비스가 대면으로 전달되고, 생산시에 소비되는 경우, 최종 '조립'은 실시간으로 일어난다. 그러나 운영은 수많은 장소나 지점에서 분산되어 있다. 운영이 (한 공장에 집중되지 않고) 분산되어 있는 경우 서비스 조직에게는 생산성이 개선되지 않는다면 신뢰할 만한 전달의 담보, 품질통제, 유지가 어렵다. Holiday Inn로 새롭게 자리를 옮긴 한 이전의 포장소비재 마케터는 다음과 같이 설명하다.

> 우리는 Procter and Gamble이 생산라인에서 엔지니어를 통제하듯이 우리 상품의 품질을 잘 관리할 수 없다… 당신이 분말세제 Tide를 한 박스 구입할 때 당신은 당연히 99%와 44/100%라고 확신할 것이며, 당신의 옷은 깨끗해질 것이라고 생각한다. 당신이 Hoiliday Inn의 방을 하나 빌리는 경우에는 호텔에서 일어나는 다툼이나 옆방의 소음이 없이 좋은 하룻밤을 보낼 것이라 확신은 Tide의 경우보다 훨씬 낮다.[21]

그럼에도 불구하고 최고의 서비스 기업은 표준화된 절차의 채택, 서비스 품질에 대한 엄격한 관리, 직원에 대한 철저한 교육, 인력에 의존하던 업무의 자동화 등을 통하여 서비스의 변동성을 줄이는 데 발전을 해왔다.

**고객들은 종종 공동생산 과정에 관여한다.** 어떤 서비스들은 서비스 상품을 공동생산하는 데 적극적으로 참여한다(표 1.2). 예를 들어 당신은 은행의 투자담당 직원에게 당신의 욕구가 무엇인지, 당신이 어느 정도 투자하기를 원하는지, 당신이 감내할 수 있는 위험은 어느 정도인지, 예상수익은 어느 정도인지 등을 이해시킬 필요가 있다. 이것은 은행직원으로 하여금 무엇에 투자할지에 대한 조언을 가능하게 한다. 실제로 서비스를 연구하는 학자들은 고객이 보통 부분직원으로서의 기능을 한다고 주장한다.[22] 점차로 당신의 관여는 셀프서비스의 형태를 띠며, 보통 스마트한 기계, 통신, 인터넷이 제공하는 셀프서비스 기술(Self-Service Technology, SST)을 이용하게 한다.[23] 고객이 공동생산을 할지 또는 SST를 사용할지는 서비스를 고객에게 전달하기 위한 잘 설계된 서비스 과정이 필요하다.

수요와 생산능력 간의 균형이 필요하다. 제조는 사용 가능한 원재료와 부품 재고를 보유함으로써 원만한 과정의 흐름이 가능해진다. 그러나 서비스에 있어서의 재고는 서비스 과정에 있어서의 대기를 의미한다. 그러므로 효과적인 서비스 과정 관리는 수요와 생산능력의 균형화, 대기 형태와 대기 시스템의 설계, 고객의 대기심리 관리와 밀접한 관련이 있다.

### 물리적 환경

만약 당신의 직무가 고객이 서비스 공장 안으로 들어오게 해야 하는 서비스 비즈니스라면, 당신은 또한 '서비스 환경(서비스케이프)'이라고 불리는 물리적 환경의 설계에 시간을 투자해야 할 것이다.[24] 빌딩의 모양, 조경, 이동수단, 인테리어 가구, 설비, 스태프의 복장, 사인, 인쇄물, 기타 가시적인 단서들은 모두 서비스 질을 위한 유형의 증거가 된다. 서비스 기업은 서비스 환경이 고객 만족[25]과 서비스 생산성에 큰 영향을 주기 때문에 이를 잘 관리할 필요가 있다.

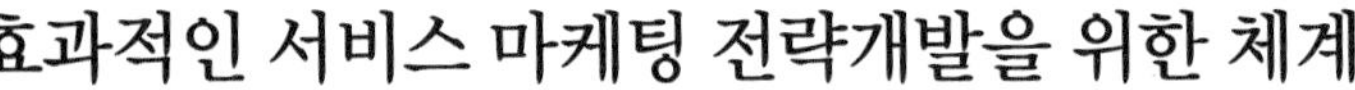

그림 1.19 환대는 잘 맞는 제복과 미소를 통해 보여진다.

### 사람

기술의 발전에도 불구하고 많은 서비스들이 항상 고객과 서비스 직원 간의 상호작용을 필요로 한다(표 1.2). 당신은 서비스 제공자 간의 차이가 서비스 직원의 태도와 기술에 있어서 차이에 있다는 것을 잘 알고 있다. 서비스 기업들은 그들의 인적자원 부서와 긴밀하게 일할 필요가 있으며, 직원의 선발, 교육, 동기부여에 특별한 노력을 기울여야 한다(그림 1.19). 해당 직무가 필요로 하는 기술을 보유하는 것 이외에도 각 개인들은 좋은 대인기술과 태도를 가져야 한다. 각 팀에서 독립적으로 그리고 잘 협력해서 일할 수 있는 충성적이고, 기술이 있으며, 잘 동기부여된 직원을 보유하고 있다는 것은 서비스 기업에게 있어서 경쟁우위를 의미한다.

## 효과적인 서비스 마케팅 전략개발을 위한 체계

**학습목표 8**
효과적인 서비스 마케팅 전략을 개발하기 위한 체계란 무엇인가?

7Ps는 이 책의 전체적인 체계에서 통합될 것이다. 책의 체계는 어떻게 각 장이 관련된 주제와 이슈를 설명하면서 서로 다른 장과 잘 연결되는가를 보여준다. 그림 1.20은 이 책의 체계를 보여주는데, 다음의 5개의 부로 나누어진다. (1) 서비스 상품, 소비자, 시장의 이해, (2) 4Ps의 서비스 적용, (3) 고객접점의 설계와 관리, (4) 고객 관계의 개발, (5) 서비스 우수성을 위한 노력. 이 모델에서 책의 다른 박스를 연결하는 화살표는 서로 다른 부의 연결

을 강조하는 것이다. 한 영역에서의 의사결정은 다른 영역에서의 의사결정과 일치하며, 각 전략적 요소는 다른 전략적 요소를 강화한다.

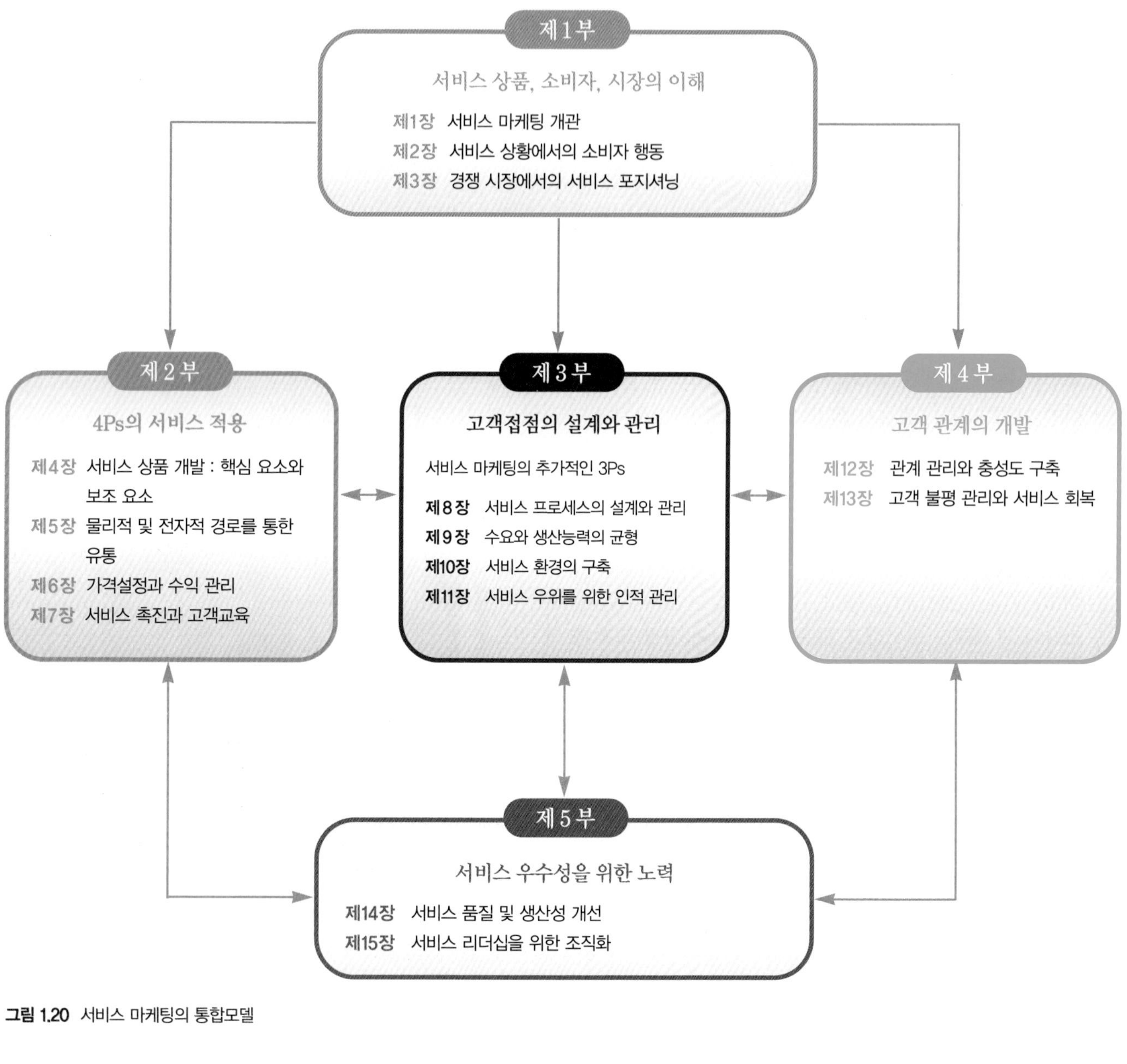


**그림 1.20** 서비스 마케팅의 통합모델

제1부

## 서비스 상품, 소비자, 시장의 이해

제1부는 서비스 연구와 효과적인 서비스 마케터가 되기 위한 부분이다.

- 제1장—서비스를 정의하고, 소유권의 이전 없이 어떻게 가치를 창출할 것인가를 보여준다.
- 제2장—저접촉 서비스와 고접촉 서비스에 있어서 소비자행동을 논의한다. 고객이 어떻게 서비스 대안을 탐색 및 평가하고, 구매 의사결정하며, 서비스 대면에 경험하고 반응하여, 서비스의 성과를 평가할 것인가에 서비스 소비의 3단계 모델이 이용될 것인가를 논의한다.
- 제3장—기업을 위한 경쟁우위를 만들기 위해 방법으로 어떻게 가치제안을 포지셔닝할 것인가를 논의한다. 이 장은 어떻게 기업이 서비스 시장을 세분하고, 그들의 가치 제안을 포지셔닝하며, 표적 고객을 끌어들이는가를 보여준다.

제2부

## 4Ps의 서비스 적용

제2부는 당신이 기본적인 마케팅 과정에서 배웠던 전통적인 마케팅의 4Ps 믹스를 다시 한 번 생각해 본다. 그러나 4Ps를 유형의 상품과는 다른 서비스의 특성을 고려하여 확장해 보는 것이다.

- 제4장—상품은 핵심 요소와 보조 요소를 포함한다. 보조 요소는 핵심서비스 제안을 이용 가능하게 하고, 가치를 증대시켜 준다.
- 제5장—장소와 시간 요소는 상품 요소를 고객에 전달하는 것을 의미한다.
- 제6장—서비스의 가격은 원가, 경쟁과 가치, 수익관리 등을 동시에 고려해야 한다.
- 제7장—촉진과 교육은 어떻게 기업이 그들의 서비스에 관한 정보를 고객에게 전달할 것인가를 설명한다. 서비스 마케팅에서, 많은 커뮤니케이션이 고객에게 어떻게 효과적으로 서비스 과정에서 이동할 것인지를 가르치는 본질적으로 교육적인 측면이 있다.

제3부

## 고객접점의 설계와 관리

제3부는 고객과 서비스 기업 사이의 접점을 관리하는 데 초점이 있다. 따라서 제3부에서는 유형재화의 마케팅에서 발견할 수 없는 서비스 마케팅 고유의 3Ps를 다루고 있다.

- **제8장**—프로세스는 상품 요소를 창출하고 전달하는 것이다. 이 장은 효과적인 전달과정의 설계로부터 시작되는데, 어떻게 가체제안을 창출하기 위하여 운영 시스템과 전달 시스템을 구체적으로 연결할 것인가를 다룬다. 종종 고객은 공동생산자로서 이 과정에 참여하며, 잘 설계된 과정이란 바로 공동생산을 잘 반영하는 것이다.
- **제9장**—이 장은 프로세스 관리에 관한 것이며, 고객 서비스 과정의 각 단계에서 기복이 심한 수요를 어떻게 관리하며, 생산 능력에 대비하여 어떻게 균형을 맞출 것인가에 초점을 맞추고 있다. 수요관리를 위한 마케팅 전략은 예약 시스템과 대기의 공식화를 통해 수요변동성과 재고를 균등화시키는 것이다.
- **제10장**—서비스 스케이프라고도 불리는 물리적 환경은 효과적인 서비스 전달을 가속화하기 위해 그리고 고객에게 적절한 인상을 만들어 낼 수 있도록 설계되고 만들어질 필요가 있다. 이 서비스 스케이프는 기업의 이미지와 서비스 질을 위한 유형의 증거를 제공한다.

- **제11장**—사람은 서비스 마케팅에서 중요한 역할을 한다. 많은 서비스가 고객과 접촉직원의 직접적인 상호작용을 요구한다. 이러한 상호작용의 본질은 고객의 서비스 품질 지각에 강하게 영향을 주기 때문에 기업은 서비스 직원의 채용, 훈련, 동기부여에 많은 노력을 투자한다. 어떻게 이런 것들을 적절하게 만들 것인가는 통합적 체계인 서비스 인재 순환(Service Talent Cycle)을 이용하여 설명하였다.

## 제4부

### 고객 관계의 개발

제4부는 어떻게 고객 관계를 개발하고, 충성도를 구축할 것인가에 초점을 맞추고 있다.

- **제12장**—수익성을 얻기 위해서는 적절한 표적시장으로부터 고객과의 관계를 형성하여 하고, 충성도 바퀴를 통하여 충성도를 구축하고, 강화할 수 있는 방법을 발견해야 한다. 이 장은 충성도 바퀴를 소개하고 있으며, 이것은 고객 충성도를 구축하는 체계적인 단계를 보여준다. 이 장은 고객 관계관리 시스템(CRM)으로 마무리한다.
- **제13장**—충성 고객 기초는 이 장에서 논의될 효과적인 불평관리와 서비스 회복으로부터 구축된다. 이 서비스 보증을 효과적인 서비스 회복을 제도화하는 강력한 도구로, 고품질 서비스를 나타내는 효과적인 마케팅 도구로 논의하였다.

## 제5부

### 서비스 우수성을 위한 노력

제5부는 서비스 우수성을 위해 기업을 어떻게 발전시키고 변화시킬 것인가에 초점을 맞추고 있다.

- **제14장**—생산성과 품질은 서비스의 재무적 성과와 밀접한 관련이 있다. 이 장에서는 서비스의 품질과 갭 모델을 이용한 품질 실패 진단, 그리고 품질 갭을 줄이기 위한 전략을 다루고 있다. 고객으로부터 체계적으로 듣고 배울 수 있는 수단으로 고객 피드백시스템을 소개하였다. 생산성은 품질과 밀접한 관련이 있으며, 오늘날의 경쟁시장 환경에서 생산성과 품질 둘 중의 하나를 선택하고 다른 하나를 희생하는 방식이 아니라 둘 다 동시에 개선하도록 강조되고 있다.
- **제15장**—서비스 이익체인이 성공적인 서비스 조직을 운영하기 위하여 관련되는 전략적 연결을 설명하기 위하여 통합적 모델로서 사용되었다. 서비스 이익체인의 실행은 마케팅, 운영, 인적자원의 세 가지 기능의 통합을 필요로 한다. 이 장은 서비스 조직을 각 기능 영역에서 고성과 조직으로 이동시킬 것인가를 논의하고 있으며, 서비스를 위한 조직 분위기를 만들고 유지하기 위하여 리더십의 역할에 대한 논의로 끝을 맺는다.

## 요약

**학습목표 1**

대부분의 세계 경제에서 서비스의 공헌은 중요하며, 그 중요도가 증가하고 있다. 경제가 발전할수록 GDP가 차지하는 비중은 크다. 세계적으로 가장 새로운 직업이 서비스 영역에서 만들어지고 있다.

**학습목표 2**

많은 힘들이 우리 경제를 변화시키고 있으며, 더욱 서비스 지향적으로 만들고 있다. 이러한 힘이란 정부의 정책, 사회변화, 비즈니스 트레드, 정보기술의 발전, 글로벌화 등이다.

**학습목표 3**

서비스란 정확히 무엇인가? 서비스의 주요 특징은 소유보다는 임대의 형태이다. 서비스 고객은 직원의 전문성이나 노동력, 기술을 고용하거나 공유된 물리적 환경, 네트워크나 시스템에 대한 접근할 권리를 얻는 것이다. 서비스는 고객의 경험과 원하는 결과를 만들어 내는 성과인 것이다.

**학습목표 4**

서비스는 과정의 본질에 따라 다양하게 변화하며 나누어질 수 있다. 서비스가 고객 지향인가, 소유물 지향인가? 서비스 행위가 본질적으로 유형적인가 무형적인가? 이러한 차이에 따라 중요한 마케팅 시사점을 가지며, 네 가지 형태로 나누어진다.

- 사람에 대한 처리
- 소유물에 대한 처리
- 정신 자극에 대한 처리
- 정보에 대한 처리

**학습목표 5**

서비스는 유형의 상품과 다른 고유의 특징을 갖는다.

- 대부분의 서비스는 저장되지 않는다.(예 : 소멸가능하다.)
- 무형의 요소가 종종 가치창출을 지배한다.(예 : 물리적으로 무형적이다.)
- 서비스는 종종 가시화되거나 이해되기 어렵다.(정신적으로 무형적이다.)
- 고객이 공동생산과정에 관여한다.(예 : 만약 사람에 대한 처리에 관련된다면, 서비스는 분리 불가능하다.)
- 사람은 서비스 경험의 일부이다.
- 운영적 투입과 산출은 폭넓게 변화한다.(예 : 이질적이다.)
- 종종 시간요소가 중요하다.
- 유통은 비물리적 경로를 통해 발생한다.

**학습목표 6**

서비스 고유의 특징 때문에 전통적인 마케팅의 4Ps는 수정이 필요하다. 중요한 수정내용은 다음과 같다.

- 상품요소들은 핵심상품 이외의 요소를 포함하고 있다. 상품요소들은 자문의 제공, 환대, 예외의 처리와 같은 보조적 요소를 가지고 있다.
- 장소와 시간요소는 상품요소의 고객전달을 위미한다. 많은 정보에 대한 처리요소들은 전자적으로 전달된다.
- 가격은 고객의 비금전적 비용을 포함하며, 수익관리를 고려해야 한다.
- 촉진은 또한 광고와 촉진이 아닌 서비스 과정을 통해서 고객을 안내하는 커뮤니케이션과 교육의 형태로 보아야 한다.

**학습목표 7**

서비스 마케팅은 고객접점 관리를 위한 3개의 추가적인 Ps를 필요로 한다.

- 프로세스란 수요와 생산능력, 관련된 고객대기를 포함한 고객서비스 과정을 설계하고 관리하는 것이다.
- 물리적 환경은 또한 서비스케이프라고 알려져 있으며, 과정 전달을 촉진하고, 기업의 이미지와 서비스 질에 대한 유형적 증거를 제공하는 것이다.
- 사람이란 서비스의 질과 생산성을 전달하는 서비스 직원의 모집, 훈련, 동기부여를 포함한다.

**학습목표 8**

서비스 마케팅 전략의 체계가 이 책의 구조이다. 이 체계는 서로 연결된 다음의 5부로 구성된다.

- 제1부는 서비스 기업 사업, 고객, 시장을 이해하기 위한 서비스 기업의 욕구로부터 시작된다.
- 제2부는 어떻게 전통적인 4Ps의 개념을 서비스 마케팅에 적용할 것인가를 보여준다.
- 제3부는 확장된 서비스 마케팅믹스의 3Ps를 포함하고 있으며, 고객의 접점을 어떻게 관리할 것인가를 이해할 수 있게 해 준다.
- 제4부는 효과적인 불평관리와 서비스 보증을 위해 충성도 바퀴에서 CRM과 같은 다양한 방법을 통해 지속적인 고객관계를 어떻게 개발할 것인가를 보여준다.
- 제5부는 서비스 질과 생산성의 개선을 논의하며, 어떻게 변화관리와 리더십이 기업으로 하여금 서비스 리더가 되도록 만들것인가에 관한 논의로 마감한다.

## 학습 키워드

이 키워드들은 각 학습목표 절에서 확인할 수 있다. 그들은 각 절에서 학습하는 서비스 마케팅 개념을 이해하기 위하여 필수적인 것이다. 이 키워드들의 개념과 어떻게 이들을 이용할 것인가를 잘 아는 것이 이 과정을 잘 마치고, 실제 외부의 경쟁시장 환경에서 실무적으로 실행하는 데 필수적이다.

**학습목표 1**

1. 지식기반 산업
2. 서비스 과학
3. 서비스 부문
4. 서비스 지향 경제
5. 보조서비스

**학습목표 2**

6. 정보기술의 발전
7. 비즈니스 트렌드
8. 글로벌화
9. 정부정책
10. 사회변화

**학습목표 3**

11. 행동(Acts)
12. 행위(deeds)
13. 경제행위
14. 노력
15. 비소유
16. 성과
17. 임대

**학습목표 4**

18. 자장됨
19. 정보처리
20. 정보기반 서비스
21. 무형적 행동
22. 정신 자극에 대한 처리
23. 사람에 대한 처리
24. 소유물에 대한 처리
25. 유형적 행위

**학습목표 5**

26. 4Ps
27. 이질성
28. 비분리성
29. 무형성
30. 무형적 지배
31. 소멸성
32. 유형적 지배

**학습목표 6**

33. 7Ps
34. 핵심상품
35. 장소와 시간
36. 가격
37. 상품요소
38. 프로모션과 교육
39. 서비스 산출
40. 사용자 지출

**학습목표 7**

41. '서비스케이프'
42. 생산능력
43. 공동생산
44. 수요
45. 운영적 투입
46. 사람
47. 물리적 환경
48. 과정

**학습목표 8**

49. 불평처리
50. 고객피드백 시스템
51. 고객접점
52. 고객관계관리(CRM) 시스템
53. 고객 관계
54. 전달과정
55. 갭 모델
56. 고접촉 서비스
57. 인적자원
58. 저접촉 서비스
59. 마케팅
60. 동기부여
61. 운영
62. 생산능력
63. 생산성
64. 품질
65. 모집
66. 서비스 우수성
67. 서비스 이익체인
68. 서비스회복
69. 유형적 증거
70. 표적시장
71. 훈련
72. 가치제안
73. 충성도 바퀴

## 학습 문제

1. 세계를 이끌어 가는 경제에서 서비스 부문이 성장하는 주요 이유들은 무엇인가?
2. 서비스 산업을 변화시키는 5개의 주요 힘은 무엇이며, 5개의 힘은 서비스 경제에 어떤 영향을 주고 있는가?
3. "서비스는 소유되기보다는 임대되는 것이다." 이 문장이 의미하는 바는 무엇이며, 당신의 설명을 지지할 만한 예를 제시해 보시오.
4. 서비스의 네 가지 범주를 설명해 보고, 각각의 예를 들어 보시오.
5. 서비스 마케팅의 어떤 특별한 점이 특별한 접근을 필요로 하는가?
6. "서비스 산업에서 4Ps는 모든 마케터가 마케팅 전략을 수립하기 위하여 필요한 것이다." 라는 주장에 대해 반대되는 주장을 제시하고 당신의 주장을 정당화해 보시오.
7. 어떤 유형의 서비스가 투입과 산출의 변동성으로 인해 (a) 가장 영향을 많이 받으며, (b) 가장 적게 영향을 받는가?
8. 시간은 서비스에서 왜 중요한가?
9. 효과적인 서비스 마케팅 전략 체계의 구성요소들이란 무엇인가?

## 참고문헌


1 Marion Weissenberger-Eibl and Daniel Jeffrey Koch, "Importance of Industrial Services and Service Innovations," *Journal of Management and Organization*, no. 13 (2007): 88-101; Jochen Wirtz and Michael Ehret, "Creative Restruction-How Business Services Drive Economic Evolution," *European Business Review*, 21, no. 4 (2009), 380-394.

2 http://www.ibm.com/us/en/, accessed March 12, 2012.

3 Henry Chesbrough, "Towards a New Science for Services," *Harvard Business Review*, February 2005, 43-44.

4 For more information on SSME, see IFM and IBM, *Succeeding through Service Innovation: A Discussion Paper*. Cambridge, UK: University of Cambridge Institute for Manufacturing, 2007; Paul P. Maglio and Jim Spohrer. "Fundamentals of Service Science," *Journal of the Academy of Marketing Science*, 36, no. 1 (2008): 18-20; R. C. Larson, "Service Science: At the Intersection of Management, Social, and Engineering Sciences," *IBM Systems Journal*, 47, no. 1 (2008); R. J. Glushko, "Designing a Service Science Discipline with Discipline," *IBM Systems Journal*, 47, no. 1 (2008): 15-27; Roberta S. Russell. "Collaborative Research in Service Science: Quality and Innovation," *Journal of Service Science*, 2, no. 2 (2009): 1-7.

5 Bill Carroll and Judy Siguaw, "The Evolution of Electronic Distribution: Effects on Hotels and Intermediaries," *Cornell Hotel and Restaurant Administration Quarterly* 44, (August 2003): 38-51.

6 Audrey Williams June, "Some Papers are Uploaded to Bangalore to Be Graded," *The Chronicle at Higher Education*, April 4, 2010; http://edumetry.com/, accessed March 12, 2012.

7 Robin G. Qiu, "Service Science: Scientific Study of Service Systems," *Service Science*. Retrieved at http://www.sersci.com/ServiceScience/paper_details.php?id=1, published on November 22, 2008.

8 John M. Rathmell, "What Is Meant by Services?" *Journal of Marketing* 30 (October 1966): 32-36.

9 Robert C. Judd, "The Case for Redefining Services," *Journal of Marketing* 28 (January 1964): 59; John M. Rathmell, *Marketing in the Service Sector*. Cambridge, MA: Winthrop, 1974; Christopher H. Lovelock and Evert Gummesson, "Whither Services Marketing? In Search of a New Paradigm and Fresh Perspectives," *Journal of Service Research* 7 (August 2004): 20-41.

10 Christopher H. Lovelock and Evert Gummesson, "Whither Services Marketing? In Search of a New Paradigm and Fresh Perspectives," *Journal of Service Research* 7 (August 2004): 20-41.

11 Adapted from a definition by Christopher Lovelock (identified anonymously as Expert 6, Table II, p. 112) in Bo Edvardsson, Anders Gustafsson, and Inger Roos, "Service Portraits in Service Research: A Critical Review," *International Journal of Service Industry Management* 16, no. 1 (2005): 107-121.

12 These classifications are derived from Christopher H. Lovelock, "Classifying Services to Gain Strategic Marketing Insights," *Journal of Marketing* 47, (Summer 1983): 9-20.

13 Valarie A. ZeithamI, A. Parasuraman, Leonard L. Berry, "Problems and Strategies in Services Marketing." *Journal of Marketing* 49, (Spring 1985): 33-46.

14 Christopher H. Lovelock and Evert Gummesson, "Whither Services Marketing? In Search of a New Paradigm and Fresh Perspectives," *Journal of Service Research* 7 (August 2004): 20-41.

15 G. Lynn Shostack, "Breaking Free from Product Marketing," *Journal of Marketing* 41 (April 1977): 73-80.

16 The 4 Ps classification of marketing decision variables was created by E. Jerome McCarthy, *Basic Marketing: A Managerial Approach* (Homewood, IL: Richard D. Irwin, Inc., 1960). It was a refinement of the long list of ingredients included in the marketing mix concept created by Professor Neil Borden at Harvard in the 1950s. Borden got the idea from a colleague who described the marketing manager' s job as being a "mixer of ingredients."

17 An expanded 7 Ps marketing mix was first

proposed by Bernard H. Booms and Mary J. Bitner, "Marketing Strategies and Organization Structures for Service Firms," in J. H. Donnelly and W.R. George, eds. *Marketing of Services* (Chicago: American Marketing Association 1981, 47-51).

18 Philip J. Coelho and Chris Easingwood, "Multiple Channel Systems in Services: Pros, Cons, and Issues," *The Service Industries Journal* 24 (September 2004): 1-30.

19 John E. G. Bateson, "Why We Need Service Marketing" in *Conceptual and Theoretical Developments in Marketing*, ed. O. C. Ferrell, S. W. Brown and C. W. Lamb Jr. (Chicago: American Marketing Association, 1979), 131-146.

20 Bonnie Farber Canziani, "Leveraging Customer Competency in Service Firms," *International Journal of Service Industry Management* 8, no. 1 (1997): 5-25.

21 Gary Knisely, "Greater Marketing Emphasis by Holiday Inns Breaks Mold," *Advertising Age*, January 15, 1979.

22 The term "partial employee" was coined by P. K. Mills and D. J. Moberg, "Perspectives on the Technology of Service Operations," *Academy of Management Review* 7, no. 3: 467-478. For further research on this topic, see: Karthik Namasivayam, "The Consumer as Transient Employee: Consumer Satisfaction through the Lens of Job-performance Models, *International Journal of Service Industry Management* 14, no. 4 (2004): 420-435. An-Tien Hsieh, Chang-Hua Yen, and Ko-Chien Chin, "Participative customers as partial employees and service provider workload" *International Journal of Service Industry Management* 15, no. 2 (2004): 187-200.

23 For research on SST, see Matthew L. Meuter, Mary Jo Bitner, Amy L. Ostrom, and Stephen W. Brown, "Choosing Among Alternative Delivery Modes: An Investigation of Customer Trial of Self Service Technologies," *Journal of Marketing* 69, (April 2005): 61-84. A. Parasuraman, Valarie A. Zeithaml, and Arvind Malhotra, "E-S-QUAL: A Multiple Item Scale for Assessing Electronic Service Quality," *Journal of Service Research* 7, (February 2005): 213-233. Devashish Pujari, "Self-service with a Smile: Self-service Technology (SST) Encounters among Canadian Business-to-business," *International Journal of Service Industry Management* 15, no. 2 (2004): 200-219. Angus Laing, Gillian Hogg, and Dan Winkelman, "The Impact of the Internet on Professional Relationships: The Case of Health Care," *The Service Industries Journal* 25, (July 2005): 675-688.

24 The term "servicescape" was coined by Mary Jo Bitner, "Servicescapes: The Impact of Physical Surroundings on Customers and Employees," *Journal of Marketing* 56, (April 1992): 57-71.

25 Hei-Lim Michael Lio and Raymond Rody, "The Emotional Impact of Casino Servicescape," *UNLV Gaming Research and Review Journal* 13, no. 2 (October 2009): 17-25.

CHAPTER 2

# 서비스 상황에서의 소비자 행동

## 학습목표

**이 장을 학습하게 되면 학생들은 다음의 내용을 이해하게 될 것이다.**

- **학습목표 1** 서비스 소비의 3단계 모델이란 무엇인가?
- **학습목표 2** 서비스 대안을 평가하고 선택하기 위해 고객은 어떻게 다속성 모델을 사용하는가?
- **학습목표 3** 고객은 서비스를 평가할 때 왜 종종 어려움을 겪는가? 특히 경험속성과 신뢰속성이 있을 때는 왜 더욱 그런가?
- **학습목표 4** 서비스를 구매할 때 고객들이 직면하는 지각된 위험이란 무엇인가? 그리고 기업은 지각된 위험을 줄여주기 위해 어떠한 전략을 사용하는가?
- **학습목표 5** 고객은 어떻게 기대를 형성하고, 그 기대를 구성하는 요소란 무엇인가?
- **학습목표 6** 고객들은 어떻게 경험을 형성하는가? 고접촉 서비스와 저접촉 서비스는 어떻게 다른가?
- **학습목표 7** 서비스 생산 모델이란 무엇이며, 서비스 경험을 창출하기 위하여 어떻게 상호작용하는가?
- **학습목표 8** 극장의 한 형태로 서비스 전달을 살펴보면 어떠한 통찰력을 얻을 수 있는가?
- **학습목표 9** 역할이론과 대본이론은 서비스 경험을 더 잘 이해하기 위해 어떻게 기여하는가?
- **학습목표 10** 고객이 어떻게 서비스를 평가하고, 고객 만족에 영향을 미치는 요인은 무엇인가?

**그림 2.1** 뉴욕대학교는 Susan Munro와 같은 학생들에게 더 크고 더 좋은 것을 얻기 위한 관문이다.

## 도입 사례

### 서비스 고객, Susan Munro

경영학과 4학년에 재학 중인 Susan Munro는 아침 식사를 하고 날씨를 확인하기 위해 인터넷에 접속했다. 비가 내릴 것이라는 일기예보를 듣고 그녀는 아파트를 나서기 전에 우산을 챙겼다. 버스 정류장으로 가는 길에 그녀는 우체통에 편지 한 통을 넣었다. 버스는 정시에 도착했다. 버스운전기사는 그녀가 통학카드를 보이자 그녀를 알아보며 상쾌한 인사를 건넸다. 종착점에 이르자 Susan은 버스에서 내려 경영대까지 걸어갔다. 다른 학생들 무리에 끼어 Susan은 마케팅 수업이 있는 대형 강의실에서 자리를 잡았다. Susan은 수업 시간 중 토론에서 약간의 기여를 하였고, 그녀는 다른 학생들의 분석이나 의견을 통해 많은 것을 배웠다고 느꼈다.

수업 후에 Susan과 그녀의 친구들은 최근 리모델링한 학생회관에서 점심식사를 하였다. 학생회관은 작은 점포들이 모여 있는 밝고 화려한 장식을 한 새로운 푸드코트였다. 그 곳에는 다양한 음식을 제공하는 유명한 패스트푸드 체인들과 지역 공급자가 있었다. 이들은 샌드위치, 크레페, 건강식, 아시아 음식, 디저트를 판매하고 있다. Susan은 샌드위치를 먹고 싶었지만 샌드위치 가게에 줄이 너무 길었다. 그래서 Susan은 친구들과 버거킹에서 합류하여 가까운 Have-a-Java 커피숍에 가서 과시하듯 카페라테를 샀다. 푸드코트는 그날따라 이상하게 사람들로 붐비었는데 그건 아마도 그날 밖에 비가 내리고 있었기 때문이었다. 마침내 Susan과 그녀의 친구들이 겨우 빈 테이블을 찾았을 때, 그들은 더러운 쟁반들을 치워야 했다. Susan의 친구 Mark는 그 테이블에 앉았던 고객들을 빗대어 '게으름뱅이들'이라고 말하였다.

점심식사 후 Susan은 현금인출기에 카드를 넣고 돈을 찾았다. 그녀는 이번 주 말경에 구직 면접이 있다는 것을 기억하고는 미용실에 전화를 걸었고, 예약을 할 수 있어 운이 좋다고 스스로 생각했다. 왜냐하면 다른 고객의 취소 덕분에 그녀가 예약을 할 수 있었기 때문이다. 그녀가 학생복지 매장을 떠날 때도 비는 여전히 내리고 있었다.

Susan은 미용실 가는 것을 손꼽아 기다렸다. 밝은 분위기와 최신 유행하는 장식으로 꾸며진 미용실에는 친절한 미용사들이 있었다. 안타깝게도 미용사가 늦어지는 바람에 Susan은 20분을 기다려야만 했다. Susan은 20분 동안 인적자원 강의를 복습하였다. 몇몇 기다리고 있는 다른 고객들은 미용실에 비치된 잡지를 읽고 있었다. 마침내 샴푸를 하였고, 샴푸 후에 미용사가 약간 다른 머리 스타일을 제안하였다. Susan은 그의 의견에 동의하였지만, 한 번도 해본 적이 없고 또 어떻게 보일지 모르는 좀 더 밝은 머리 색으로 바꾸는 것은 거부하였다. 특히 직장 면접을 바로 앞두고 그녀는 모험을 하고 싶지 않았다. 그녀는 얌전히 앉아 거울에서 진행되고 있는 상황을 지켜보았다. 미용사가 머리를 손질하기 위해 고개를 돌리라고 요청하자, 미용사가 시키는 대로 하였다. Susan은 결과에 만족하였고 미용사에게 칭찬을 아끼지 않았다. 그녀는 미용사에게 팁을 주었고, 계산대에서 계산을 하였다.

Susan이 미용실을 떠날 때에 비는 그쳤고 해가 빛나고 있었다. Susan은 집으로 가는 길에 이전에 맡긴 옷을 찾기 위해 세탁소에 들렀다. 세탁소는 약간 어두웠고 세제 냄새가 났으며, 벽은 다시 칠을 해야 할 것처럼 보였다. 실크 블라우스는 약속대로 세탁이 완료됐지만 구직 면접에 입고가야 할 정장은 준비가 안 되어서 Susan은 짜증이 났다. 더러운 손톱의 세탁보조원이 솔직하지 못한 어조로 중얼거리듯 사과하였다. 세탁소는 편리하고 세탁도 잘되는 편이었지만 Susan은 직원이 불친절하고 도움이 되지 않는다고 생각하였고, 그들의 서비스에 불만족스러워 했다. 그러나 주변에는 다른 세탁소가 없었고 Susan은 그 세탁소를 이용할 수밖에 없었다.

**그림 2.2** Susan은 밖에서 많은 서비스 대안에 직면한 또 다른 고객이다.

**학습목표 1**
서비스 소비의 3단계 모델이란 무엇인가?

## 서비스 소비의 3단계 모델

Susan Munro의 이야기는 다양한 상황과 단계에서의 소비자 행동을 보여준다. 마케팅에서는 왜 소비자들이 그런 방식으로 행동하는가를 이해하는 것이 중요하다. 서비스의 구매와 사용에서 그들은 어떻게 의사결정을 하는가? 상품을 소비하고 난 후에 만족에 영향을 주는 요인은 무엇인가? 이러한 이해가 없다면, 어떠한 기업도 소비자를 만족시키는 서비스를 창출하고 전달할 수 없다.

서비스 소비는 구매 전 단계, 서비스 대면 단계, 구매 후 단계의 세 가지 중요 단계로 나누어 볼 수 있다. 그림 2.3은 각 단계가 다시 몇 단계로 나누어져 있음을 보여준다. 구매 전 단계에는 욕구의 인식, 정보 탐색, 대안 평가, 그리고 서비스 구매 의사결정 단계가 있다. 다음으로 서비스 대면 단계는 고객이 서비스를 시작하고 경험하며 소비하는 단계이다. 마지막

| 고접촉 서비스 | 저접촉 서비스 | | 주요 개념 |
|---|---|---|---|
| 물리적 장소의 방문, 관찰(+저접촉 대안) | 웹서핑, 전화 걸기, 도서관 방문 | **1. 구매 전 단계**<br>욕구의 인식<br>• 정보 탐색<br>• 욕구의 명확화<br>• 해결책 탐색<br>• 대안 서비스 상품과 공급자 확인 | 욕구 각성<br>환기상표군(evoked set) |
| 직접 방문하여 시설, 장비, 작동 중인 운영을 관찰(테스트도 가능), 직원도 만나고, 다른 고객 살펴보기(+원거리 대안) | 주로 멀리 떨어진 접촉(웹사이트, 블로그, 전화, 이메일, 출판물 등) | 대안의 평가(해결책과 공급자)<br>• 서비스 제공자 정보의 검토(예 : 광고, 브로셔, 웹사이트 등)<br>• 제3자로부터 얻은 정보의 검토<br>(예 : 공표된 평가, 순위, 웹사이트나 블로그에 나타난 견해, 공공기관에 대한 불평, 고객 만족 순위, 수상경력)<br>• 서비스 직원과의 대안에 대한 상의<br>• 제3의 조언자나 구매자로부터 조언이나 피드백 구하기 | 고려상표군(consideration set)<br>다속성 모델<br>탐색, 경험, 신뢰속성<br>지각된 위험<br>기대 형성<br>-바람직한 서비스 수준<br>-예상되는 서비스 수준<br>-적절한 서비스 수준<br>-허용의 범위 |
| 물리적 장소(또는 원거리 대안) | 원거리 | 서비스 구매에 대한 의사결정과 일부의 경우에는 예약 | |
| 물리적 장소만 | 원거리 | **2. 서비스 대면 단계**<br>선택된 서비스 공급원으로<br>서비스 요청하기 혹은 셀프 서비스<br>시작하기(선불제 혹은 후불제)<br>직원이나 셀프서비스로부터 서비스 전달 | 진실의 순간<br>서비스 대면 단계<br>서비스 생산 시스템<br>역할/대본 이론<br>극장은유 |
| | | **3. 구매 후 단계**<br>서비스 성과의 평가 | 기대의 일치/불일치<br>불만족/만족과 기쁨 |
| | | 미래 의사결정 | 재구매<br>구전 |

**그림 2.3** 서비스 소비 모델의 세 단계

으로 구매 후 단계는 서비스 성과를 평가하고, 서비스 성과 평가는 같은 서비스 기업의 서비스에 대한 재구매와, 친구들에 대한 추천과 같은 미래의 의사결정에 영향을 미친다.

그림 2.3의 왼쪽에서 나타난 바와 같이 서비스가 서비스 직원과 고객과의 높은 상호작용을 하는 고접촉 서비스(보통 사람에 대한 처리)와 서비스 직원과 고객과의 낮은 상호작용을 하는 저접촉 서비스(보통 가까이 있는 정보에 대한 처리 서비스)인가에 따라 각 단계는 달라진다. 그림 2.3의 오른쪽에는 이 장에서 논의될 주요 개념이 나타나 있다. 이 장은 고객 구매 의사결정 과정의 세 단계와 주요 개념으로 구성되어 있다.

## 구매 전 단계

구매 전 단계는 욕구 인식으로 시작하여 정보를 탐색하고 대안을 평가하며, 특정 서비스의 구매할지 또는 안 할지를 결정하는 과정을 포함한다.

### 욕구 인식

개인이나 조직의 서비스 구매나 사용은 잠재되어 있는 욕구나 욕구 각성에 의하여 촉발된다. 욕구 인식은 의사결정에 도달하기 전에 정보 탐색과 대안평가 과정으로 이어진다. 욕구 인식은 다음과 같은 요인에 의해서 발생한다.

- ▶ 사람들의 무의식(예 : 개인의 정체성, 열망)
- ▶ 신체적 상태(예 : Susan Munro의 배고픔이 결국엔 그녀를 버거킹으로 가도록 한 것)
- ▶ 외부적 요소(예 : 마케팅 활동, 그림 2.4 참조)

**그림 2.4** Hertz는 환경친화적인 자동차의 필요성을 인지하는 환경의식적 소비자를 표적시장으로 하고 있다.

사람들은 욕구를 인식하면, 그 욕구를 해결하기 위해 해결책을 찾으려 한다. Susan Munro의 이야기에서 그녀의 머리손질은 주말에 있는 면접에 대한 기억과 면접에서 최선을 다해 잘 보이고 싶은 그녀의 욕구에 의해 촉발된 것이다. 선진국의 경제에서 고객은 휴가나 오락, 그리고 점차로 고급스럽고 혁신적인 서비스 경험을 가지고자 하는 욕구가 있다. 고객 행동이나 태도에 있어서의 이와 같은 변화는 변화하는 욕구를 이해하고 충족시키려는 서비스 공급자들에게 기회를 제공한다. 예를 들어 몇몇 서비스 공급자들은 가이드가 동반하는 등산, 패러글라이딩, 래프팅, 산악자전거 타기 등과 같은 서비스를 제공함으로써 익스트림 스포츠에 대한 증가된 관심을 이용해 왔다(그림 2.5).

## 정보 탐색

욕구나 문제가 인식되면 소비자들은 욕구를 만족시키는 해결책을 찾으려고 한다. 이 때 고객의 머릿속에는 몇 가지 의사결정을 위한 대안들이 떠오르게 되는데, 이는 **환기상표군**(evoked set)을 형성하게 된다. 이 환기상표군은 과거의 경험이나 광고, 소매 진열, 뉴스, 온라인 탐색, 서비스 직원, 친구, 가족으로부터의 조언과 같은 외부 정보원으로부터 나올 수 있다.[1] 그러나 소비자는 의사결정을 위해 환기상표군에 있는 모든 대안을 사용하지는 않는다. 대신 소비자는 환기상표군을 진지하게 고려하는 소수의 대안으로 좁히는데, 이 대안들의 집합은 바로 **고려상표군**(consideration set)이다. Susan에게 있어서 고려상표군은 샌드위치 가게와 버거킹이었다. 탐색과정 동안 소비자들은 그들이 고려하는 서비스 속성들에 대하여 학습하게 되고, 고려상표군에 있는 서비스 기업들이 그러한 속성들을 어떻게 구현할지를 기대하게 된다.

## 서비스 대안의 평가

고려상표군과 속성들에 대해 이해가 되면, 소비자들은 보통 구매 의사결정을 한다. 마케팅에서 우리는 종종 다속성 모델(multi-attribute model)을 이용하여 소비자 의사결정을 확인해 볼 수 있다.

 **학습목표 2**
서비스 대안을 평가하고 선택하기 위해 고객은 어떻게 다속성 모델을 사용하는가?

### 다속성 모델

이 모델은 소비자들이 자신들의 고려상표군에서 대안을 평가하고 비교하는 데 사용하는 중요한 상품속성을 보여주고 있다. 각 속성은 중요도 가중치를 가지고 있다. 높은 가중치를 가진 속성이더 중요하다는 것을 의미한다. 예를 들어 Susan이 고려상표군에서 3개의 세탁소 대안을 가지고 있다고 가정하자. 표 2.1은 대안들과 그 대안들을 비교하는 데 사용하는 속성들이다. 표에 의하면 세탁의 질이 그녀에게 가장 중요하며, 그 다음이 위치의 편리성, 그리고 가격이다(표 2.1). Susan은 의사결정에 있어서 2개의 일반적인 규칙을 가지고 있다. 그 중 하나는 매우 단순한 선형적인 보상규칙(linear compensatory rule)이고, 다른 하나는

**그림 2.5** 익스트림 스포츠 애호가들이 세계적으로 증가함에 따라 더 많은 서비스 제공자들은 급류 래프팅과 같은 격렬한 활동을 제공하고 있다.

**표 2.1** 소비자 선택의 모델링 – 세탁소를 선택하는 Susan Munro의 다속성 모델

| | 현재 세탁소 | 캠퍼스의 세탁소 | 새로운 세탁소 | 중요도 |
|---|---|---|---|---|
| 세탁의 질 | 9 | 10 | 10 | 30% |
| 위치의 편리성 | 10 | 8 | 9 | 25% |
| 가격 | 8 | 10 | 8 | 20% |
| 영업시작 시간 | 6 | 10 | 9 | 10% |
| 정시 배달의 신뢰성 | 2 | 9 | 9 | 5% |
| 직원의 친절성 | 2 | 8 | 8 | 5% |
| 점포 디자인 | 2 | 7 | 8 | 5% |
| 총점 | 7.7 | 9.2 | 9.0 | 100% |

좀 복잡하지만, 더욱 현실적인 결합적 규칙(conjunctive rule)이다. 같은 정보를 이용하여, Susan은 다른 의사결정 규칙을 이용하면 다른 대안을 선택할 수 있다. 그러므로 기업들에게 있어서 그들의 소비자들이 어떤 규칙을 사용하는지 신중한 시장조사를 통하여 이해할 필요가 있다.

선형적 보상규칙을 사용하는 경우 Susan은 각 세탁소의 전체 점수를 머릿속으로 계산한다. 이 점수는 세탁소의 속성점수에 각 속성의 중요도를 곱하고, 곱해진 점수를 더해서 얻어진다. 예를 들어 현재 세탁소의 점수는 세탁의 질에 대해 9×30%, 위치의 편리성에 대해 10×25%, 가격에 대해서는 8×20%, 기타 같은 방법으로 모든 점수에 중요도를 곱한 후 합하여 계산된다. 만약 3개의 모든 대안을 이러한 방법으로 계산하면 현재 세탁소의 점수는 7.7, 캠퍼스의 세탁소는 9.2, 새로운 세탁소는 9.0이다. 그러므로 선택은 캠퍼스의 세탁소가 될 것이다.

결합적 규칙을 사용하는 경우, 하나 또는 여러 속성에 있어서의 최소 점수(cut off point)를 결합한 전체점수에 기초하여 결정이 것이다. 예를 들어 Susan은 위치의 편리성에 대하여 최소 9점을 정하게 되면, 멀리 있는 세탁소에 그녀의 세탁물을 가져가고 싶어하지 않을 것이다. 그 경우 현재의 세탁소와 근처의 새로운 세탁소 사이에서 선택을 하게 된다. 2개 가운데에서는 전체 점수가 높기 때문에 새로운 세탁소를 선택하게 된다. 만약 결합적인 모델에 의하여 선택할 때 모든 대안들이 최소점수를 넘지 못하게 되면, Susan은 선택을 연기하든지, 의사결정규칙을 변경하거나, 최소점수를 수정할 것이다.

표적 고객들이 어떻게 의사결정을 하는지를 이해하는 서비스 제공자들은 그들이 서비스 제공자로 선택될 가능성을 높이기 위해 몇 가지 방법으로 의사결정 과정에 영향을 행사할 수 있다.

▶ 먼저 기업들은 그들의 서비스를 고려상표군에 포함되도록 할 필요가 있다. 왜냐하면 고려되지 않는 상표군은 선택되지 않기 때문이다. 이는 광고나 바이럴 마케팅을 통해 가능하다(제7장 참조).

▶ 다음은 소비의 지각을 변화하거나 수정할 수 있다(예 : 만약 병원이 의사의 개인화되고 특별한 케어에서 아주 뛰어난 성과를 가지고 있는데도 고객들이 이를 생각하지 않는다면, 고객지각을 수정하기 위한 커뮤니케이션에 초점을 두어야 한다).

▶ 기업들은 또한 중요도를 변화시킬 수 있다(예 : 기업이 우수성을 가지고 있는 속성의 중요도를 증대시키고, 강점을 가지지 않는 속성의 중요도를 감소시키는 메시지를 전달한다).

▶ 기업들은 자동차 렌트 기업은 Hertz가 환경친화적인 차를 광고한 것처럼 새로운 속성들을 도입할 수 있다. 그러면 환경을 중시하는 소비자들은 어떤 자동차 렌트 기업을 선택할 것인가에 환경적인 측면을 고려할 것이다.

이러한 전략들의 목표는 기업들의 표적 고객들이 의사결정을 할 때 '적절한(right)' 선택을 하도록, 즉 그 기업의 서비스 제공물을 선택하도록 하는 것이다.

**학습목표 3**
고객은 서비스를 평가할 때 왜 종종 어려움을 겪는가? 특히 경험속성과 신뢰속성이 있을 때는 왜 더욱 그런가?

## 서비스 속성

다속성 모델은 소비자들이 구매 전에 모든 속성들을 평가할 수 있다는 점을 가정하고 있다. 그러나 종종 이렇게 할 수 없는 경우가 있다. 왜냐하면 어떤 속성들은 다른 속성들보다 평가하기 어렵기 때문이다. 속성에는 세 가지 유형이 있으며,[2] 그들은 다음과 같다.

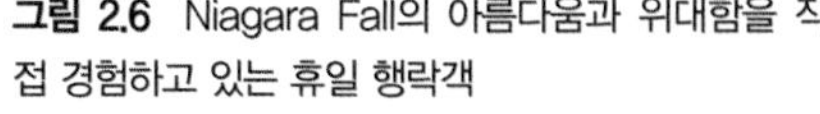
**그림 2.6** Niagara Fall의 아름다움과 위대함을 직접 경험하고 있는 휴일 행락객

▶ **탐색속성**(search attributes)은 고객이 구매 전 평가할 수 있는 유형적 특징이다. 탐색속성은 많은 서비스 환경에서 찾을 수 있다. 예를 들어 식당의 탐색속성은 음식의 종류, 식당의 위치와 유형(정식, 가벼운 식사, 또는 패밀리), 가격 등이 있다. 당신은 또한 구매 의사결정을 하기 전에 호텔에서 다른 방을 보여달라고 요구할 수 있으며, 헬스클럽을 살펴볼 수 있고, 설비의 한두 개는 시범적으로 사용해 볼 수 있다. 이러한 유형의 탐색속성이 고객들에게 더 나은 이해를 하게 하고, 서비스를 평가하게 함으로써 구매와 관련된 불확실성과 위험을 줄일 수 있다.

▶ **경험속성**(experience attributes)은 구매 전까지는 평가될 수 없는 속성이다. 신뢰성, 이용편리성, 고객지원 등과 같은 속성은 고객이 구매하려고 하는 서비스에 대해 평가하기 위해서는 반드시 '경험'해야 한다. 식당의 예를 다시 생각해 보자. 음식, 웨이터가 제공하는 서비스, 식당 분위기는 당신이 그 서비스를 사용하기 전까지는 정확히 알 수 없다.

휴가(그림 2.6), 라이브 공연은 높은 경험속성을 가지고 있다. 특정 휴가지를 설명하는 웹사이트를 탐색하고, 여행전문가의 리뷰를 읽어 보고, 가족이나 친구들의 경험에 대하여 들어 본다고 하더라도 사람들은 그 활동들을 경험하기 전에는 실제로 캐나다로키의 하이킹, 캐리비언의 스노쿨링의 아름다움을 제대로 평가하거나 느낄 수 없다.

▶ **신뢰속성**(credence attributes)은 고객이 서비스를 경험하고 나서도 서비스를 평가하기 어려운 특징이다. 이 속성에서 고객들은 특정의 과업이 약속된 품질 이상으로 수행되었다고 믿을 수밖에 없다. 앞의 식당의 예를 다시 살펴보면, 신뢰속성은 주방의 위생 상태 그리고 재료들의 신선도를 의미한다.

고객들에게 있어서 저동차의 수리와 유지보수의 품질을 결정하는 것은 용이하지 않다. 환자들은 치과의사가 복잡한 치과치료 과정을 잘 수행했는지 평가할 수 없다. 어떻게 일이 최고로 수행되었는지를 확신할 수 있는가? 때로 그것은 서비스 제공자의 기술과 전문성을 확신하는가의 문제이다.

모든 상품들은 탐색속성, 경험속성, 신뢰속성인가에 따라 '평가의 용이성'에서 '평가의 난이성'까지 연속선상에 있다. 그림 2.7에 나타나 있는 것처럼, 가장 물리적인 재화가 탐색속성이 높기 때문에 연속선상의 왼쪽에 위치해 있다. 대부분의 서비스들은 경험속성과 신뢰속성이 높기 때문에 연속선상의 중간이나 오른쪽에 위치한다.

서비스가 평가하기가 어려우면 어려울수록 의사결정과 관련된 지각된 위험은 높아진다. 우리는 이 지각된 위험을 다음에 논의하고자 한다.

## 지각된 위험

만약 당신이 불만족스러운 유형의 제품을 구매하면, 당신은 그 제품을 반품하거나 교체할 수 있다. Susan Munro는 이전에 머리염색을 해 본 적이 없기 때문에 그 결과가 어떨지에 대하여 확신할 수 없었다. 그래서 미용사가 그녀에게 밝은색으로 염색하는 것을 제안했을 때,

**학습목표 4**
서비스를 구매할 때 고객들이 직면하는 지각된 위험이란 무엇인가? 그리고 기업은 지각된 위험을 줄여주기 위해 어떠한 전략을 사용하는가?

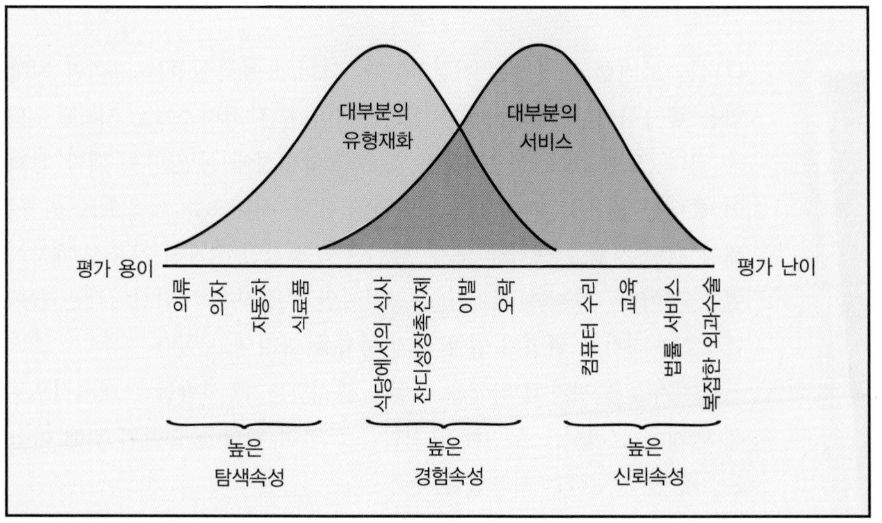


**그림 2.7** 상품 특성은 어떻게 평가의 용이성에 영향을 주는가?

출처
Adapted from Valarie A. Zeithaml, "How Consumer Evaluation Processes Differ Between Goods and Services," in J. H. Donnelly and W. R. George, Marketing of Services (Chicago: American Marketing Association, 1981).

**표 2.2** 서비스 구매 시와 사용 시의 지각된 위험

| 위험의 종류 | 고객 관심 예시 |
|---|---|
| 기능적(불만족스러운 결과) | • 이 연수 과정이 좋은 직장을 얻는 데 필요한 기술을 얻게 해줄까?<br>• 이 신용카드가 언제 어디서든지 구매하려고 할 때 가능할까?<br>• 이 자켓에 있는 얼룩을 세탁소가 제거할 수 있을까? |
| 재무적(재정적 손실, 예상 밖의 비용) | • 내 증권 중개인이 추천한 투자를 했다가 돈을 잃을까?<br>• 온라인 구매를 했다가 내 신용을 도난당할까?<br>• 휴가를 갔다가 예상 밖의 비용이 들까?<br>• 기존의 예상보다 차 수리비가 더 많이 나올까? |
| 시간적(시간낭비, 지연의 결과) | • 전시회 관람을 위해 줄을 서야 할까?<br>• 식당의 서비스가 느려서 오후 회의에 늦을까?<br>• 친구가 우리 집에 묵기 전에 욕실 개조가 끝날까? |
| 신체적(소유물에 대한 손해나 개인적 부상) | • 이 리조트에서 스키를 타면 부상을 입을까?<br>• 소포 안의 내용물이 우편으로 보내면 손상될까?<br>• 휴가 때 외국으로 여행 갔다가 아프면 어쩌지? |
| 심리적(개인 공포나 감정) | • 이 항공기가 충돌하지 않을 거라는 보장 있나?<br>• 상담자가 내 자신을 멍청하게 느끼도록 하려나?<br>• 의사의 진단이 나를 속상하게 할까? |
| 사회적(사람들의 생각이나 반응) | • 내가 싼 모텔에 머물렀단 사실을 친구들이 알면 그들은 나를 어떻게 생각할까?<br>• 내 친척들은 가족 재회를 위한 저녁식사를 위해 선택한 이 식당을 좋아할까?<br>• 내 동료들이 잘 알려지지 않은 법률 회사를 선택한 것에 대해 승인하지 않을까? |
| 감각적(오감에 대한 원치 않았던 효과) | • 식당 테이블에서 해변이 보이지 않고 주차장이 보일까?<br>• 호텔 침대가 불편할까?<br>• 옆방 손님의 소음 때문에 잠을 잘 수 없는 것은 아닌가?<br>• 내 방에서 담배 찌든 냄새가 날까?<br>• 아침식사에 포함된 커피가 맛이 없을까? |

**그림 2.8** 상을 받는 것은 서비스 우수성의 유형적 단서이다.

그녀는 고민했고 결국은 거절하였다. 그녀의 불확실성은 고객의 지각된 위험을 증가시킨다. 경험속성과 신뢰속성이 높은 서비스들은 지각된 위험이 더욱 크다. 또한 최초 사용자들은 높은 불확실성에 직면한다. 대학 선택과 같이 중대한 결과를 가져오는 친숙하지 않은 서비스를 처음으로 의사결정을 해야 했던 경험을 생각해 보자. 당신은 부정적인 결과의 가능성 때문에 걱정했을 것이다. 가능한 결과가 부정적이면 부정적수록 위험지각은 높아진다. 표 2.2는 지각된 위험의 일곱 가지 종류를 나타내고 있다.

소비자들은 지가된 위험을 어떻게 관리하는가? 사람들은 대체적으로 구매 전 단계에서 위험으로 인해 불편함을 느끼며 위험을 줄이기 위해 다음과 같은 다양한 방법들을 사용한다.

- ▶ 가족이나 친구, 동료와 같이 믿을 만한 사람들로부터 정보를 얻는다.
- ▶ 서비스 비교와 서비스의 구매 후기, 서비스 순위에 대해서 인터넷을 통해 알아본다.

▶ 좋은 평판을 가진 기업에 의존한다.
▶ 품질보증에 대해 알아본다.
▶ 구매 전 서비스 기관을 방문하거나 서비스의 여러 가지 측면을 시용해 본다. 서비스 환경의 분위기나 기업 혹은 직원이 받은 상과 같이 물리적 증거나 가시적인 신호를 평가한다(그림 2.8과 2.9).
▶ 서비스에 대해 많이 아는 직원에게 경쟁 서비스에 대한 자문을 구한다.

**IEP WINS AUSTRALIAN BUSINESS AWARD FOR EXCELLENCE**

2009 WINNER AUSTRALIAN BUSINESS AWARDS INTERNATIONAL EXCHANGE PROGRAMS Service Excellence

International Exchange Programs (IEP) is thrilled to have been honoured with an Australian Business Award (ABA) in the category of Service Excellence.

The non-profit organisation specialises in sending young Australians on working holidays overseas while also helping working holiday makers from overseas settle in Australia. With a small team of young, well travelled professionals, IEP prides itself on providing personal and friendly assistance to enquirers and participants alike.

IEP's Australian Business Award application highlighted their efforts to stay on top of advancements in communication technology in order to reach their targeted customers, Generation Y.

The IEP team are trained to provide prompt, friendly and upfront responses to their customers' queries via traditional methods such as phone, email and face to face but increasingly via social networking sites such as Facebook and Twitter, mediums which insist on transparency and honesty.

With the staff at IEP being a part of Gen Y themselves, they are able to communicate on the same level as their customers with a true understanding of the concerns and questions their enquirers have.

IEP's Company Director Brad Holland is thrilled with the award but admits he never had any doubt about the high level of customer service his team provided.

"IEP regularly receives positive feedback from customers who are satisfied with the assistance and personal service we provide so it's fantastic to be recognised with this award," Mr Holland said, "Gen Y expect nothing less than prompt, straight forward and friendly assistance, they are used to having many choices and don't hesitate to spread the word if they are unsatisfied, this encourages us to interact with our customers in a way that suits their lifestyle-which is proving to be successful."

IEP works closely with their international partners around the world to assist working holiday makers with all facets of their travel planning from visas, travel insurance and flights through to helping them find a job, a place to live, set up bank accounts and tax-file numbers as well as providing ongoing assistance throughout their entire stay.

This year's award for Service Excellence is IEP's second Australian Business Award in three years, their first was an award for Innovation in 2006 recognising their Work Canada program.

**About the Awards**

Established in 2003, the Australian Business Awards is an independent organisation incorporated in Australia as a proprietary limited company. Specialising in Quality Management, the Australian Business Awards administer and coordinate The Australian Business Awards™ program. As a private sector initiative, the Australian Business Awards is not affiliated with any larger or controlling entity to avoid any potential conflict of interest and does not rely on the financial support of government or other organisations.

The Awards are a national, all-encompassing awards program honouring organisations that demonstrate the core values of business excellence, product excellence, sustainability and commercial success in their respective industries. Entries are judged on specific criteria underpinned by the program's values of success, innovation and ethics. The judging panel is carefully selected and coordinated by the Australian Business Awards to ensure that the

**그림 2.9** 오스트레일리아의 일과 여행 기관인 국제교류프로그램(IEP : International Exchange Program)은 오스트레일리아의 우수기업상을 받았다.

고객들은 위험을 싫어한다. 다른 모든 조건이 동일하다면 고객은 좀 더 낮은 위험을 가진 서비스를 선택한다. 그러므로 기업들은 적극적으로 고객의 위험지각을 줄이는 데 노력해야 한다. 기업은 서비스의 본질에 따라 적당한 전략을 사용하는 것이 필요하며, 다음은 서비스의 위험지각을 줄이기 위한 몇 가지 전략의 예들이다.

▶ 예상고객에게 브로셔, 웹사이트, 비디오 등을 통해 사전에 점검하도록 한다.
▶ 예상고객들이 구매 전에 서비스 시설을 방문하게 하도록 한다.
▶ 높은 경험속성을 가진 서비스에 적당한 무료 샘플을 제공한다. 많은 외식업체들과 중국식당업체들은 고객들의 결혼 예식 피로연을 예약하기 전에 잠재고객에게 무료 시식을 해보도록 한다(그림 2.10).

中文 English

China Bridal

Home | Shopping | Custom & Culture | Wedding Coordinator | Message Board | Site Map | Contact Us

Why A Wedding Planner
Wedding Planning Packages
Restaurants & Catering
Asian Bridal Show & Food Tasting
Reception Sites
Marriage License
Photographer & Videographer
Florist
Weddings in Shanghai
Chair Covers & Linen
Hair & Salon
Decorations
DJ, MC & Sound
Dragon & Lion Dance
Limo Rental

**Free Food Tasting**

Some of the best known restaurants and caterers hold periodic food tasting event for potential wedding clients. The next upcoming Food Tasting
Friday, March 23, 2012
5:00 pm event starts
6:00 pm dinner starts
Garden Grove, CA

- Full course wedding banquet
- Free Wedding Consultation
- Live band entertainment

**Free Admission**
for Bride and Groom
$40 for each additional family member

*Limited seating, register now*

**그림 2.10** 뉴저지에 있는 호텔은 결혼파티를 예약하지 않은 커플들을 위해 연간 무료 시식회를 열고 있다.

▶ 광고한다. 광고는 고객에게 특정 서비스가 무엇인지, 그 서비스의 가치가 어떠한지에 대한 아이디어를 제공해 줄 수 있다. 높은 신뢰속성과 높은 소비자 관여가 있는 서비스들의 경우 광고는 서비스의 편익, 사용 방법, 고객이 어떻게 하면 좀 더 유형의 상품을 즐길 수 있는지 전달해 준다. 보험사 Zurich는 매우 재미있는 광고를 통하여 고객으로 하여금 Zurich가 어떤 일을 하고 있

**그림 2.11** Zurich는 회사가 고객들을 위해서 무엇을 할 수 있는지는 보여주고 있다.

**그림 2.12** 의사는 그의 자격을 전달하기 위해 허가증을 전시하고 있다.

는지 이해하도록 돕는다(그림 2.11).

▶ 자격증을 전시한다. 의사나 건축가, 그리고 변호사들과 같이 많은 전문가들은 고객들이 그들이 전문적인 서비스를 제공하는 데 자격이 있다는 것을 알리기 위하여 종종 그들의 학위와 자격증을 전시한다(그림 2.12). 많은 전문적인 기업들의 웹사이트들은 잠재고객에게 많은 정보를 제공하는 데 큰 관심을 기울이며, 그들의 전문성을 강조하고, 과거의 성공사례를 공개하기도 한다(그림 2.13).

▶ 증거관리를 이용한다. 기업의 목표 이미지와 가치제안을 보여주는 가구 비치나 장비, 시설의 외형, 그리고 직원들의 의상이나 행동을 사용하는 조직화된 접근을 말한다.[3] 예를 들어 Susan Munro가 방문했던 미용실의 밝고 유행에 맞는 분위기의 인테리어는 그녀가 처음으로 미용실을 선택하는 데 도움을 주었다. 또한 그녀가 머리를 자르기 위해 20분을 기다렸음에도 불구하고 그것은 아마도 결국에는 만족감에 기여했을 것이다.

- ▶ 확신과 신뢰를 주는 가시적인 안전 절차를 제공한다.
- ▶ 주문 과정의 진행 상황을 고객이 인터넷에서 확인할 수 있도록 정보를 제공한다. 많은 택배 기업들이 이를 사용한다(예 : FedEx, DHL, UPS).
- ▶ 환불제도와 성능보증제도와 같은 품질 보증서를 제공한다.
- ▶ 사전방문 기회를 제공한다. 구매 전, 미래의 고객에게 서비스 기관을 방문하도록 장려한다.

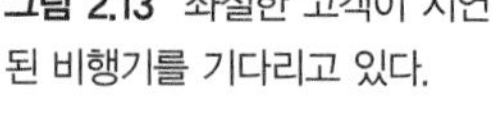

**그림 2.13** 좌절한 고객이 지연된 비행기를 기다리고 있다.

기업이 고객의 위험지각을 관리하게 되면 고객의 불확실성은 감소한다. 이는 곧 고객들이 선호하는 서비스 제공자로 선택될 가능성이 높아진다는 것을 의미한다. 소비자 선택(나중에는 만족)에 기여하는 중요한 요인은 기대(expectation)이며, 이것은 다음에 논의될 것이다.

### 서비스 기대

**학습목표 5**
고객은 어떻게 기대를 형성하고, 그 기대를 구성하는 요소란 무엇인가?

고객은 서비스 제공물의 위험과 속성에 대해서 평가한다. 그 과정에서 고객은 그들이 선택한 서비스가 어떻게 수행될지에 대해 기대를 만든다. 만약 그 기대가 선택과정에서 중요하게 생각했던 속성들과 관련이 되었다면 기대는 더욱 확고해진다. 예를 들어 만약 고객이 350달러의 프리미엄 요금을 지불하고 경유항공경로 대신 직항을 선택하여 4시간을 절약하려고 했다고 하자. 그런데 만약 6시간의 지연이 있었더라면 고객은 그것을 가볍게 넘기려 하지 않을 것이다. 또한 만약 고객이 좀 더 나은 서비스를 위해 프리미엄 요금을 지불했다면 고객은 높은 기대를 할 것이며, 서비스 실패가 발생하는 경우(그림 2.13) 고객은 크게 실망할 것이다. 앞으로 우리는 구매 후 만족 과정에서 기대에 대해 좀 더 논의해 볼 것이다. 여기에서는 기대의 형성과 유형에 대해 중점을 두고 설명할 것이다.

기대는 의사결정 단계와 정보 탐색의 과정에서 형성되며, 정보 탐색과 대안평가에 의하여 상당 부분 만들어진다. 만약 당신이 서비스에 대한 이전의 경험이 없다면, 당신은 구매 전의 기대를 구전, 뉴스, 또는 기업의 마케팅 노력에 기초하여 형성하게 된다. 기대는 특정 상황에 영향을 받는다. 예를 들어 성수기 때의 서비스 전달의 기대수준은 성수기가 아닌 시기의 기대수준보다 낮다. 또한 다속성 모델에서도 논의했듯이 기대는 시간에 따라서도 변화한다. 기업들은 광고나 가격, 새로운 기술 혹은 서비스 혁신 등을 통해서 기대를 형성하려고 한다. 인터넷과 매체를 통한 정보 접근의 증가도 또한 기대를 변화시킨다. 예를 들어 건강관리를 원하는 고객은 현재 더 나은 정보를 얻고 있으며, 종종 의료 치료와 관련된 결정에 좀 더 참여하려 한다. 서비스 인사이트 2.1은 심각한 질병을 가진 아이들의 부모들 사이의

## 서비스 인사이트 2.1

### 부모들이 그들의 아이들에게 영향을 미치는 의료 서비스의 결정에 관여하려고 한다

많은 부모들이 아이들의 의료 치료와 관련된 결정에 적극적으로 참여하길 원한다. 고객 옹호자들의 교육적 노력과 의료 발전이나 건강 관련 문제에 깊이 관여하는 미디어 방송 때문에 요즘 부모들은 이전 세대보다 좀 더 적극적이며, 더 나은 정보를 얻는다. 부모들은 더 이상 의료 전문가들의 추천을 단순히 받아들이지 않는다. 특히 선천적 결함이나 생명을 위협하는 병을 가진 아이들의 부모는 아이에게 해 줄 수 있는 모든 것을 배우기 위해 엄청난 시간과 노력을 투자한다. 심지어 몇몇 부모들은 같은 질병을 가진 아이를 가진 가족들을 모아 비영리 단체를 세우기도 하며, 연구와 치료를 위해 모금을 하기도 한다.

인터넷은 보건에 관련된 정보나 연구 결과에 좀 더 쉽게 접근할 수 있도록 만들었다. 텍사스의 심장연구센터에서는 심장병을 가진 아이를 가진 부모들이 인터넷 검색을 통하여 아이의 진단에 대한 정보를 얻어낸 비율이 160명 중 58%나 된다는 연구 결과를 발표하였다. 심장병 관련 정보를 검색해 본 5명 중 4명은 정보를 찾는 것은 쉽다고 했으며, 이들 중 절반은 좋아하는 심장병 관련 웹사이트의 이름도 기억하고 있었다. 이들 대부분은 아이들의 상태를 이해하는 데 많은 도움이 되는 정보들이 있다고 느꼈다. 연구는 또한 여섯 부모들은 심지어 그들 아이들의 선천적 심장결함에 대한 상호작용형 개인 웹사이트를 만들었다고 보고하였다.[4]

이처럼 잘 아는 부모들 현상에 대해 언급하면서 Yale-New Haven Children' s Hospital의 전 소아과 과장인 Norman J. Siegel은 다음과 같은 내용을 관찰하였다.

> 이것은 오늘날의 관행이다. 예전처럼 "엄마, 아빠를 믿어. 우리가 다 해결해 줄게."라고 말하는 것은 이제 완전히 사라졌다. 나는 많은 부모들이 인터넷으로부터 출력한 자료들의 폴더를 가지고 와서 이 의사는 왜 이런 말을 하였고, 저 의사는 왜 저런 말을 하였는지를 묻는 것을 보게 된다. 그들은 또한 채팅방에도 간다. 만약 질병이 만성적이라면 부모들은 또한 병의 진행과정에 대해서도 알고 싶어 한다. 어떤 부모들은 어린 의대학생들이나 인턴들만큼의 정보를 알고 있다.

Siegel 박사는 이 추세를 환영하고 부모들과의 상담을 즐기지만 어떤 의사들은 이 추세에 적응하기 힘들어한다고 말했다.

**출처**
Christopher Lovelock and Jeff Gregory, "Yale New Haven Children' s Hospital," New Haven, CT: Yale School of Management, 2003 (case).

주장에 대해 설명하고 있다.

고객 기대의 구성요소는 무엇인가? 기대는 원하는 서비스(desired service), 적절한 서비스(adequate service), 예측된 서비스(predicted service)와 허용수준을 포함한 여러 요소로 구

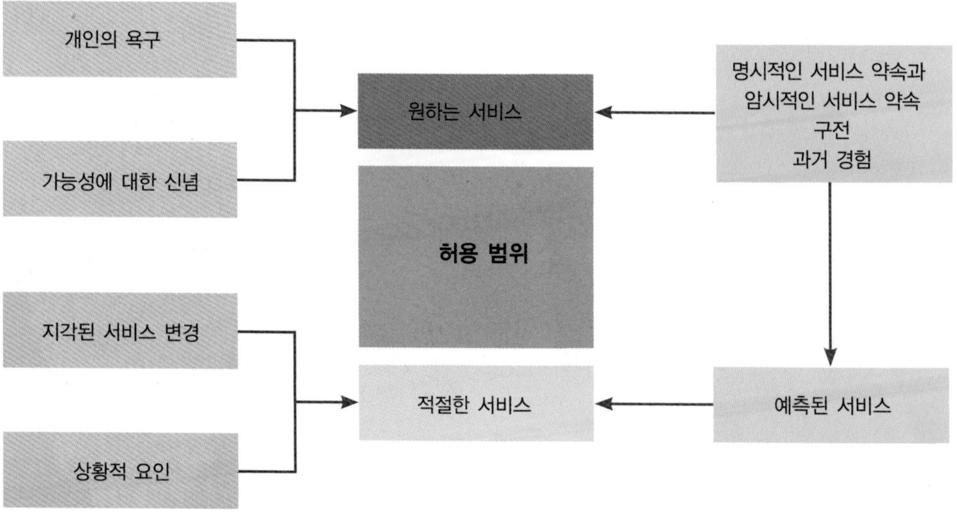


**그림 2.14** 고객의 서비스 기대에 영향을 미치는 요인

출처
Adapted from Valarie A. Zeithaml, Leonard A. Berry, and A. Parasuraman, "The Nature and Determinants of Customer Expectations of Service," *Journal of the Academy of Marketing Science*, 21, 1, 1993, 1-12.

성되어 있다.[5] 그림 2.14는 고객의 각기 다른 기대의 다른 수준에 영향을 미치는 요인들에 대해 보여주고 있다. 이 요인들은 다음과 같다.

- ▶ **원하는 서비스**(desired service). 고객이 받기를 원하는 서비스 유형을 말한다. 이것은 고객이 '희망하는' 서비스 수준이며, 고객은 자신의 개인적 욕구에 기반하여 고객이 믿을 수 있는 서비스와 전달되어야 한다고 생각하는 서비스의 결합이다. 또한 원하는 서비스는 서비스 제공자의 명시적이고 암시적인 약속, 구전, 과거의 경험 의하여 전달된다.[6] 그러나 대부분의 고객은 현실적이다. 그들은 항상 원하는 서비스의 수준이 가능하지 않다는 것을 알고 있다. 그러므로 적절한 서비스라 불리는 최소한의 기대 수준과 예측된 서비스 수준을 가지고 있다.
- ▶ **적절한 서비스**(adequate service). 불만족 없이 고객이 받아들일 수 있는 최소 수준의 서비스를 말한다.
- ▶ **예측된 서비스**(predicted service). 이 수준의 서비스는 고객이 실질적으로 받게 될 것이라고 예측하는 서비스이다. 예측된 서비스는 서비스 제공자의 약속, 구전, 과거의 경험에 의해 영향을 받는다(그림 2.15). 예측된 서비스의 수준은 그 상황에서 그들이 어떻게 적절한 서비스를 정의 내리는가에 영향을 미친다. 만약 고객이 좋은 서비스를 예측했더라면 나쁜 서비스를 예측했을 때보다 적절한 서비스의 정도가 높아질 것이다.

  서비스에 대한 고객의 기대들도 종종 상황특수적이다. 예를 들어 과거의 경험으로부터 여름날에 박물관을 박문한 고객들은 날씨가 나쁠 때보다도 좋을 때 사람이 더 붐빌 것이라고 예측할 수 있다. 그래서 여름에 선선하고 비가 오는 날에 티켓을 사기 위해 10분을 기다리는 것은 적절한 서비스 수준 이하로 떨어지지 않을 것이다. 이 기대를 형성하는 또 다른 요인은 다른 서비스 제공자 대안으로부터 기대되는 서비스 수준이다.
- ▶ **허용 범위**(zone of tolerance). 기업들에게 있어서 많은 서비스 전달 경로, 서비스 지

**그림 2.15** 이 광고는 A380에어버스에 대한 Singapore Airlins의 고급객실을 광고하고 있다.

점, 때로는 수많은 서비스 직원에서의 모든 접점에서 일관된 서비스 전달을 달성하는 것은 어렵다. 심지어는 같은 직원의 서비스 성과도 매일매일 달라진다. 허용 범위란 고객이 받아들일 수 있는 서비스 전달의 변동 정도를 말한다. 고객의 기대 이하로 서비스를 수행하는 것은 고객의 좌절과 불만족을 야기하며, 반면 원하는 서비스 수준을 넘어 서비스를 수행하게 되면 놀라움(surprise)과 기쁨(delight)을 주게 된다. 허용 범위를 보는 또 다른 방법은  고객이 서비스 수행에 특별한 주의를 기울이지 않는 서비스의 범위이다.[7] 서비스가 이러한 범위를 벗어나게 되면 고객은 긍정적이거나 부정적인 방법으로 반응을 하게된다.

허용 범위의 크기는 개인 고객에 따라 작을 수도 있고 클 수도 있다. 그것은 지불되는 가격, 경쟁강도, 그리고 특정의 서비스 속성이 얼마나 고객에게 중요한가와 같은 요인에 따라 달라진다.

이러한 각 요인들은 적절한 서비스 수준에 영향을 준다. 이와 대조적으로 원하는 서비스 수준은 누적된 고객경험에 기초하여 서서히 증가하는 경향이 있다. 회계사로부터의 조언이 필요한 소규모 기업의 오너를 생각해 보자. 전문적인 서비스에 대한 이상적인 수준은 그 다음날까지 사려 깊은 응대를 받는 것이다. 그러나 만약 기업과 개인을 위한 세금조정을 위해 모든 회계사들이 바쁜 연말에 회계적인 조언을 구한다면, 경험에 따라 신속한 응대를 받지 못할 것이라고 알고 있다. 비록 기업 오너의 이상적인 서비스 수준이 변하지 않는다고 하더라도 1년 중 바쁜 시간으로 인한 낮아진 적절한 서비스 수준으로 인해 대응시간에 대한 허용 범위는 더 커질 것이다.

예측된 서비스 수준은 소비자의 구매 의사결정에 영향을 주는 가장 중요한 수준일 것이다. 그리고 우리는 다음 절에서 구매결정을 논의할 것이다. 바람직한 서비스와 적절한 서비스 수준, 허용 범위는 고객 만족을 결정하는 데 더욱 중요하다. 이 주제는 구매 후 단계에서 논의할 것이다.

### 구매 결정

구매 결정에 이르기 위해서 소비자들은 가능한 대안들을 평가할 것이다. 예를 들어 그들은 경쟁서비스 제공물의 중요한 속성들의 성과를 비교할 것이며, 각 제공물과 관련된 지각된 위험을 평가하고, 그들의 원하는 서비스 수준, 적절한 서비스 수준, 예측된 서비스 수준을 만들어 낼 것이다. 고객이 가능한 대안들의 평가를 완료하게 되면, 그들은 이제 가장 좋다고 생각되는 대안을 하나 선택할 준비가 된 것이다.

그림 2.16 소비자는 더 나은 좌석을 위해 더 많은 돈을 지불해야 할지를 결정해야 한다.

자주 구매되는 서비스를 위한 구매 결정은 지각된 위험이 낮고, 대안들이 명확하며, 서비스들이 이전에 사용된 적이 있다면, 매우 단순하고, 많은 생각을 거치지 않고 이루어진다. 그러나 많은 예에서처럼, 구매 의사결정 단계는 트레이드 오프(상쇄, trade off)가 있다. 가격은 종종 중요한 요인으로 작용한다. 예를 들어 좀 더 가까이에서 공연을 보기 위해 더 많은 비용을 지불하는 것이 가치가 있을까(그림 2.16)?

어떤 복잡한 의사결정은 우리가 이전에 다속성 모델에서 보았듯이 트레이드오프에 많은 속성들이 관여된다. 항공사를 선택할 때, 소비자들은 일정의 편리함, 신뢰, 좌석의 편안함, 승무원의 배려, 기내식의 질과 종류 등을 고려할 것이며, 이것들은 같은 항공요금이라고 하더라도 항공사에 따라 달라질 것이다.

결정이 이루어지고 나면 고객은 서비스 대면 단계(service encounter stage)로 이동할 준비가 된다. 다음 단계는 패스트푸드에 가는 것을 결정할 때처럼 즉각 발생할 수 있다. 다른 때는 사전 예약이 먼저 일어나기도 한다. 이것은 비행기를 탈 때나 극장공연을 갈 때 보통 발생한다.

## 서비스 대면 단계

구매 결정이 이루어지면, 고객들은 서비스 경험의 핵심으로 이동하게 된다. 서비스 대면은 고객이 서비스 기업과 상호작용할 때를 의미한다. 서비스를 대면하는 동안에 고객이 서비스를 소비하고 경험할 때 고객의 행동을 좀 더 잘 이해할 수 있는 많은 모델과 체계가 있다. 먼저 '진실의 순간(moment of truth)' 은유는 효과적인 접촉(touchpoints) 관리의 중요성을 보여주는 것이다. 두 번째 체계는 고/저 접촉 서비스 모델(high and low contact service)은 바로 접촉 시점의 본질과 범위를 이해하도록 해 준다. 세 번째 개념인 서비스생산 모델(survuction model)은 고객 서비스의 경험을 같이 창출하는 다양한 상호작용

그림 2.17 서비스 제공자는 기술적으로 서비스 구매를 관리하는 투우사이다.

의 형태에 초점을 두는 모델이다. 마지막으로 극장 은유(theater metaphor)는 대본이론과 역할이론과 더불어 고객이 바라는 경험의 창출을 위해서 어떻게 '무대(staging)' 서비스 공연을 바라보아야 하는지를 효과적으로 전달한다.

## 서비스 대면은 '진실의 순간'이다

Richard Normann은 고객과의 접촉 순간의 중요성을 보여주기 위해 투우로부터 '진실의 순간'이라는 은유를 빌려 왔다(그림 2.17).

> 우리는 서비스 고객과 서비스 제공자가 경기장에서 만나는 순간인 진실의 순간에서 지각된 품질이 실현된다고 말할 수 있다. 이 순간에 그들은 그들의 역할에 최선을 다한다. 기업의 대표(서비스 직원)가 사용하는 기술, 동기, 그리고 도구와 고객의 기대와 행동이 모여 같이 서비스 전달 과정이 창출되는 것이다.[8]

투우에서 소 또는 투우사(또는 양쪽 모두가 될 수도 있음)의 생명은 위기에 처해 있다. 서비스 상황에서의 메시지는 '진실의 순간'에서 고객과 기업 간의 관계가 위기에 있다(매우 중요하다)는 것이다.

SAS(Scandinavian Airlines System)의 전 회장인 Jan Carlzon은 '진실의 순간' 은유를 SAS를 운영 중심의 기업에서 고객 중심의 항공사로 변화시키는 기준으로 사용하였다. Carlzon은 그의 항공사에 대해 다음과 같은 견해를 밝혔다.

그림 2.18 계약자와 집의 청사진을 상의하는 것은 진실의 순간이다.

> 지난 해 우리의 1,000만 고객이 대략 5명의 SAS 직원들과 접촉하였고, 이 접촉은 평균 각각 15초 정도 지속되었다. 그러므로 SAS는 1년 동안 한 번에 15초 정도 되는 5,000만 번의 시간을 '창출'해 낸 것이다. 5,000만 번의 '진실의 순간'은 SAS가 회사로서 성공할 것인지 실패할 것인지를 궁극적으로 결정하는 순간이었다. 그 순간들은 우리가 고객에게 SAS가 그들에게 최선의 대안이라는 것을 입증하는 순간이었다.[9]

이제 각 서비스 기업은 고객과 마주치게 되는 진실의 순간을 분명히 나타내고 관리해야 하는 유사한 도전에 직면하게 된다(그림 2.18).

**학습목표 6**
고객들은 어떻게 경험을 형성하는가? 고접촉 서비스와 저접촉 서비스는 어떻게 다른가?

## 서비스 대면은 고접촉과 저접촉의 범위를 가지고 있다

서비스에는 다양한 수준의 접촉이 있다. 어떤 서비스 대면은 고객이 고객센터에 전화를 거는 것과 같이 간단한 몇 단계로 이루어질 수 있다. 다른 경우에는 다양하고 복잡한 상호작

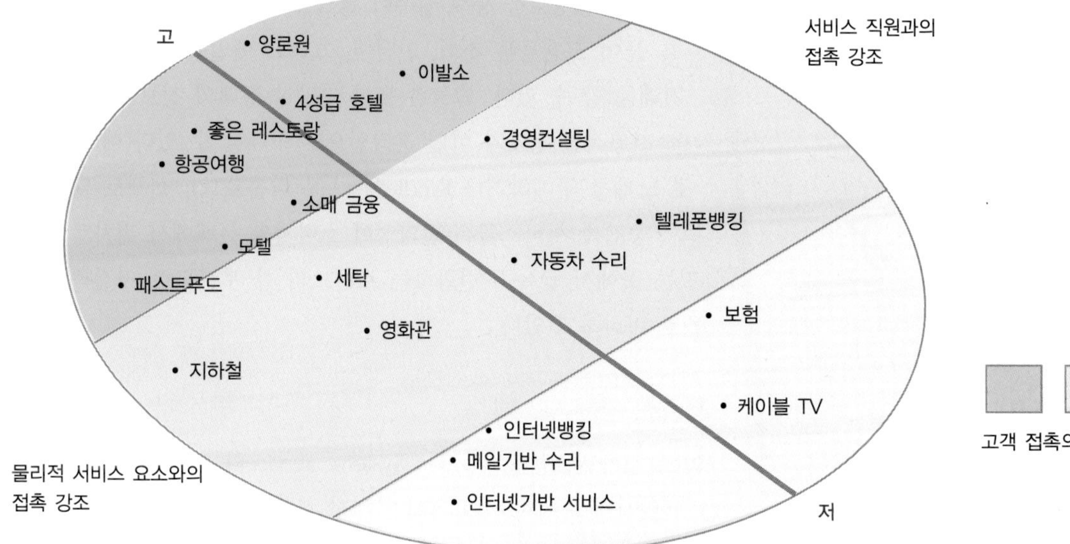


**그림 2.19** 서비스 기업에 따른 고객의 접촉 정도

용을 포함할 수도 있고 오랜 시간이 걸릴 수도 있다. 예를 들어 테마 공원을 방문하는 것은 하루 종일 걸릴 것이다. 그림 2.19에서 서비스를 고객 접촉에 따라 세 가지 수준으로 나누어 보았다. 이것은 고객이 얼마나 서비스 직원, 물리적인 서비스 요소 혹은 양자와 상호작용하는가를 나타낸다. 우리는 고객 접촉 정도가 스펙트럼으로 나타나 있다는 것을 확인할 수 있지만, 가장 높은 수준의 고객 접촉과 낮은 수준의 고객 접촉 수준 간의 차이점을 살펴보는 것이 유용할 것이다. 예를 들어 당신은 전통적인 소매금융, 대인전화금융, 인터넷을 통한 금융이 같은 자금이체를 하더라도 그림에서는 아주 다른 부분에 위치하고 있다는 것을 알게 될 것이다.

- **고접촉 서비스.** 고접촉 서비스를 사용한다는 것은 서비스 전달 과정에서 고객들과 기업간에 직접적인 접촉을 의미한다. 고객이 서비스 시설을 방문할 때, 그들은 '공장(factory)' 에 들어가는 것이다. 제조환경에서는 거의 발생하지 않는 무엇인가가 있다. 이러한 관점으로 볼 때, 모텔은 숙박공장을 의미하며 병원은 건강을 다루는, 항공사는 날아다니는 이동의, 식당은 음식 서비스 공장이다. 이 각각의 산업은 무생물의 사물이 아니라 사람을 '처리' 하는 데 초점을 맞추고 있기 때문에 마케팅 과제는 물리적인 환경과 서비스 직원과의 상호작용 모두에서 고객에게 경험을 어필하는 것이다. 서비스 전달 과정에서 고객은 기업에 대한 많은 물리적인 단서에 노출된다. 물리적 단서란 건물의 내부나 외부 장식, 장비나 가구, 서비스 직원의 외모나 행동 그리고 심지어는 다른 고객을 의미한다. 서비스 대면의 속도조차도 고객 만족에 영향을 준다.[10] Susan Munro의 경우 침울한 분위기의 인테리어나 페인트 칠이 필요한 벽 등과 같이 세탁소의 단서들이 좋지 않은 서비스 경험에 기여하였다.
- **저접촉 서비스.** 스펙트럼의 반대편에 있는 저 접촉 서비스에서는 고객과 서비스 제공자간에 있다고 하더라도 매우 적은 물리적인 접촉이 있게 된다. 대신 전자적 혹은 물

Copyright 2005 by Randy Glasbergen.
www.glasbergen.com

당신에게 오늘 이메일을 발송하였고, 당신의 PDA, 핸드폰, 컴퓨터로 그 내용의 복사본을 보냈습니다. 또한 당신의 사무실에 있는 직원에게 팩스로 복사본을 보냈습니다. 그 후에 다시 복사본을 종이문서와, 플로피 디스켓, CD를 만들어 당신에게 우편으로 보냈습니다. 그러나 만약 당신이 그것을 받지 못하면 그 내용이 무엇인지 다시 말씀드리겠습니다.

**그림 2.20** 오늘날의 기술은 서비스가 전자적 혹은 물리적인 유통경로를 통해 원격으로 이루어지는 것을 의미한다.

리적 유통경로를 통해 접촉이 원격으로 이루어진다(그림 2.20). 예를 들어 고객들은 전화, 인터넷, 그리고 메일을 통해 보험과 은행 거래를 할 수 있다. 그들은 또한 다양한 형태의 정보기반 서비스들을 전통적인 점포가 아닌 온라인으로 구매할 수 있다(예 : i-Tunes로 노래를 구매하거나 Kindle에 e-북 다운로드). 실제로 많은 고접촉·중접촉 서비스들은 편의성이 소비자의 선택에서 점차로 중요해지는 곳에서 급속히 변화하는 트렌드의 한 부분으로 저접촉 서비스들로 변화하고 있다.

## 서비스 생산 시스템

**학습목표 7**
서비스 생산 모델이란 무엇이며, 서비스 경험을 창출하기 위하여 어떻게 상호작용하는가?

서비스 생산 시스템(Servuction System, *Service*와 *Production*의 결합어)은 고객에게 보여지고, 고객에 의해서 경험되는 서비스 조직의 물리적인 환경 부분이다(그림 2.21).[11] 이 서비스 생산 시스템은 고접촉 서비스에서 전형적인 고객 경험을 형성하는 모든 상호작용을 나타낸다. 고객들은 서비스를 대면하는 동안 서비스 환경, 서비스 직원, 그리고 심지어는 다른 고객과도 상호작용한다. 모든 종류의 상호작용은 가치를 창출(쾌적한 환경, 친절하고 능숙한 직원, 구경하느라 바쁜 고객)하는 동시에 파괴(영화관에서 당신의 관람을 방해하는 다른 고객)시키기도 한다. 기업은 고객이 원하는 서비스 경험을 하도록 하기 위해 모든 상호작용을 조화롭게 조정해야 한다.

서비스 생산 시스템은 고객의 눈에 보이지 않는 기술적 핵심과 고객의 눈에 보이는 서비스 전달 시스템, 그리고 고객의 경험으로 구성되어 있다.

- **기술적 핵심**(technical core)—투입요소가 처리되고 서비스 상품 요소가 창출되는 기술적 핵심을 의미한다. 이 기술적 핵심은 대체로 무대 뒤(후방)에 있으며 고객에게 보이

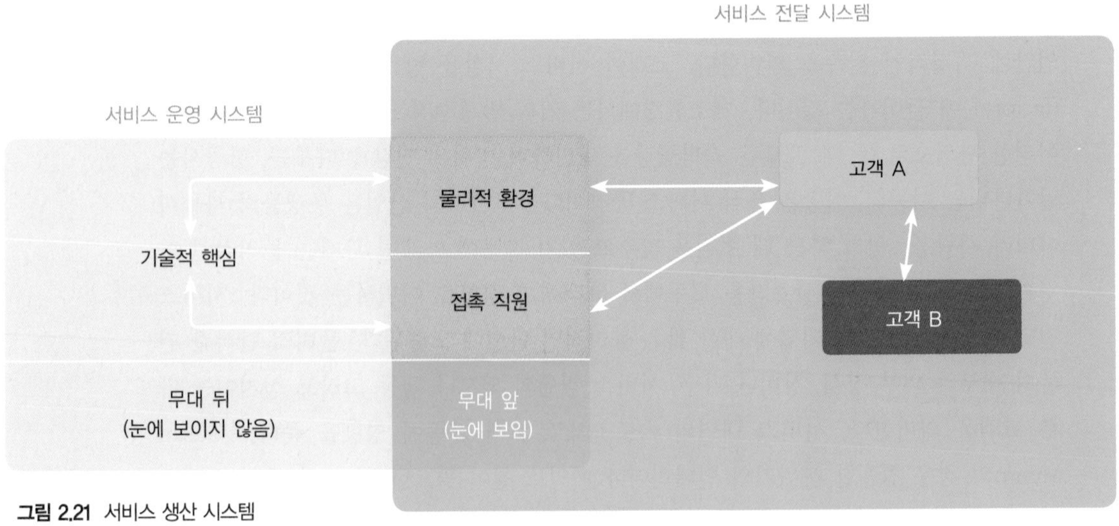

서비스 전달 시스템
서비스 운영 시스템
물리적 환경
기술적 핵심
접촉 직원
고객 A
고객 B
무대 뒤
(눈에 보이지 않음)
무대 앞
(눈에 보임)

**그림 2.21** 서비스 생산 시스템

출처
Adapted and expanded from an original concept by Eric Langeard and Pierre Eiglier [12]

지 않는다(예 : 식당의 부엌). 극장처럼 눈에 보이는 요소들은 '무대 앞(전방)' 또는 '프론트 오피스'로 불리고, 반면에 보이지 않는 요소들은 '무대 뒤(후방)' 또는 '백 오피스'로 불린다.[13] 그러나 고객은 무대 뒤에서 어떤 일이 일어나는지에 대해서는 관심이 없다. 그러나 무대 뒤에서 일어나는 일이 무대 앞 활동의 질에 영향을 주는 경우, 고객들은 알게 될 것이다. 예를 들어 부엌에서 주문서를 잘못 읽게 되면 저녁식사 고객은 화가 날 것이다.

그림 2.22 백 오피스 운영은 대개 고객이 볼 수 없다.

- **서비스 전달 시스템**(service delivery system)—최종 조립이 일어나고 상품이 고객에게 전달되는 것이다. 이 하위 시스템은 서비스 운영 시스템의 가시적인 부분이다—건물, 설비, 직원, 심지어 다른 고객들을 포함한다. 극장에 비유한다면, 가시적인 프론트 오피스는 우리들의 고객들을 위하여 서비스 경험을 무대에 올리는 라이브 극장과 같은 것이다.

전반적인 서비스 운영에서 고객의 눈에 보이는 비중은 고객과의 접촉의 정도에 달려 있다. 고접촉 서비스에서 서비스 운영은 많은 상호작용—진실의 순간—이 상당히 발생한다. 반면 저접촉 서비스는 보통 대부분의 운영 시스템이 메일과 통신접촉으로 제한된 무대 앞 요소를 가지고 무대 뒤에서 이루어 진다. 여기에서 고객들은 보통 그러한 시설들을 보다 용이하게 설계하고 관리하도록 만드는, 작업이 수행되는 '공장'을 보지 못한다(그림 2.22).

**학습목표 8**
극장의 한 형태로 서비스 전달을 살펴보면 어떠한 통찰력을 얻을 수 있는가?

## 서비스 전달의 은유로서의 극장 : 통합적 관점

극장은 서비스와 서비스 생산 시스템을 통한 서비스 창출을 이해할 때 안성맞춤인 은유이다. 왜냐하면 서비스 전달은 고객이 일종의 공연을 경험하는 일련의 사건으로 구성되기 때문이다(그림 2.23).[14] 이 은유는 호텔, 병원, 오락과 같은 고접촉 서비스에 특히 유용하다. 무대(서비스 시설)와 등장인물(배우, 일선 직원)에 대해서 살펴보자.

그림 2.23 서비스 시설과 직원이 모두 한 자리에 있을 때, 무대는 고객을 위해 기억에 남을 만한 서비스 공연을 위한 세트이다.

- **서비스 시설.** 서비스 시설은 드라마가가 펼쳐지는 무대가 있는 서비스 시설을 상상해 보자. 때때로 세트는 하나의 막에서 다른 막으로 바뀐다(예 : 여객기의 승객이 입구에서 체크인 카운터로, 그리고 다시 탑승구로, 마지막으로 비행기로 이동하는 경우). 어떤 무대는 택시처럼 간단한 소품만을 필요로 한다. 반면에 건축물과 인테리어 그리고 아름다운 풍경을 한 리조트 호텔과 같이 정교한 소품들을 필요로 하는 무대들도 있다.
- **직원.** 무대 앞 직원들은 드라마에서 무대 뒤 생산침의 지원을 받아 배우역할을 하는 등장인물과 같다. 어떤 경우에 있어서 서비스 직원은 무대 위에서 특별히 제작된 의상

을 입어야 한다(화려한 유니폼을 입은 호텔 문지기, 기본적인 유니폼을 입은 UPS운전기사)(그림 2.24).

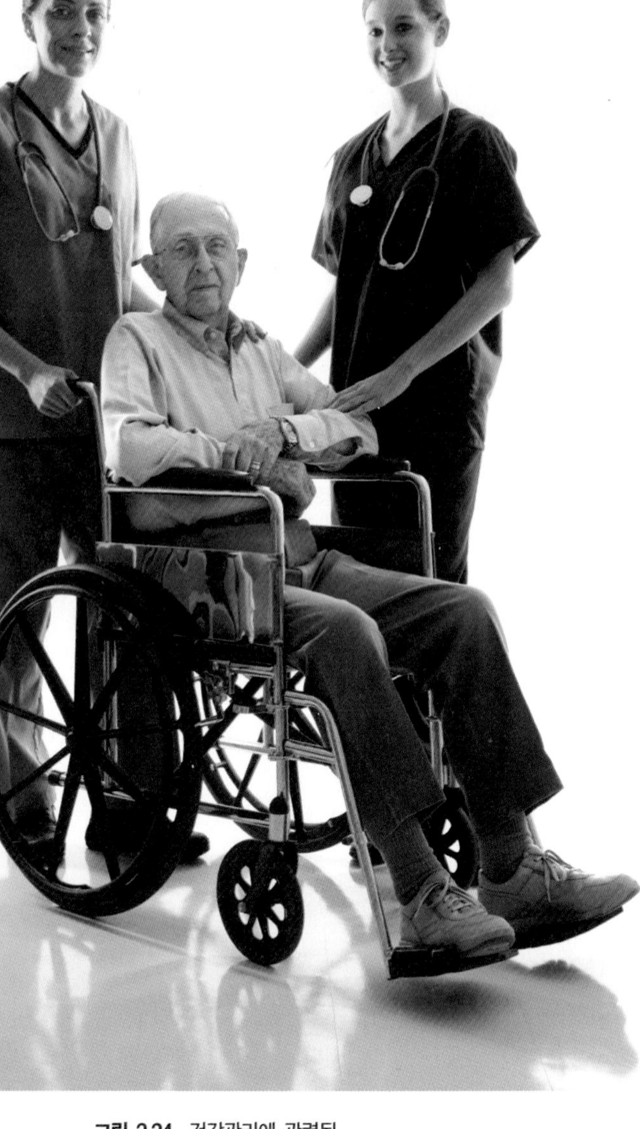

그림 2.24 건강관리에 관련된 서비스 제공자들은 간호복을 입고 있기 때문에 쉽게 알아볼 수 있다.

극장은유는 무대 위에서 연기하는 사람들의 역할과 그들이 따라야 하는 대본을 포함한다. 우리는 이들을 다음에 설명할 것이다.

극장에서의 배우는 그들이 해야 하는 역할을 이해할 필요가 있고, 대본에 친숙할 필요가 있다. 비슷하게, 서비스 대면에 있어서 역할과 대본에 대한 지식은 조직으로 하여금 서비스를 대면하는 동안 직원과 고객행동을 더 잘 이해하고, 설계하고, 관리할 수 있도록 해 준다.

- **역할이론**(role theory). Stephen Grove와 Ray Fisk는 역할을 '최대의 목표달성을 위해 특정의 사회적 작용 내에서 개개인에 의해 수행되는 경험과 의사소통에 의해 학습되는 행동패턴' 을 의미한다.[15] 또한 특정 상황이나 배경에서 행동을 이끌어 내는 사회의 기대로 정의되기도 한다.[16] 서비스 대면에 있어서 서비스 직원과 고객은 모두 수행해야 할 역할을 가지고 있다. 만약 어느 한쪽이라도 역할이 불편하다고 느끼거나 역할에 적합하지 않은 연기를 하게 되면 직원과 고객 모두의 만족과 생산성에 영향을 미칠 것이다.
- **대본이론**(script theory). 영화 대본처럼, 서비스 대본은 서비스 대면 전달 과정에서 직원과 고객이 따라야 하는 행동의 순서를 명시한다. 직원들은 서비스 대본에서 공식적인 훈련을 받는다. 고객은 경험, 교육, 그리고 사람들과의 소통을 통해 대본에 대해 배운다.[17] 고객이 서비스 기업에 대하여 더 많은 경험을 가지면 가질수록 대본에 대해서 더욱 친숙하게 된다. 새로운 대본학습에 대한 고객의 비자발성은 경쟁기업으로 전환하지 않게 하는 원인이 된다. 아무리 익숙한 대본이지만 조금이라도 대본으로부터 벗어나게 되면 직원과 고객 모두를 실망시키고 불만족을 낳게 된다. 만약 기업이 서비스 대본을 바꾸기(예 : 고접촉 서비스를 기술을 이용하여 저접촉 서비스로 변경)로 결심했다면 서비스 직원과 고객 모두 새로운 접근법과 새로운 대본이 제공할 이점에 대해서 알아야 한다.

**학습목표 9**
역할이론과 대본이론은 서비스 경험을 더 잘 이해하기 위해 어떻게 기여하는가?

많은 서비스의 대본은 꼼꼼히 짜여 있다(비행기 이코노미 클래스를 위한 승무원 대본처럼). 이것은 변동성을 줄이고 일관된 품질을 보장해 준다. 그러나 모든 대본이 서비스의 수행에 대하여 꼼꼼히 짜여진 것은 아니다. 디자이너, 교육자, 컨설턴트들처럼 고객화의 수준이 높은 서비스들의 대본들은 유연하며, 상황과 고객에 따라 달라진다.

그림 2.25은 치아스케일링과 간단한 치아 검사를 위한 대본을 보여준다. 환자, 접수자, 그리고 치과위생사라는 3명의 배우가 등장한다. 각자 연기해야 하는 역할이 정해져 있다. 고객의 역할(이러한 대면을 기대하지 않았을) 2명의 다른 배우의 역할이 다르다. 접수자의 역

| 환자 | 접수자 | 치과위생사 |
|---|---|---|
| 1. 진료 예약 | | |
| | 2. 날짜 정하기 | |
| 3. 치과 도착 | | |
| | 4. 인사, 목적 확인, 대기실 안내, 의사한테 환자의 도착 알리기 | |
| | | 5. 환자의 서류 검토 |
| 6. 대기실에서 대기 | | |
| | | 7. 환자에게 인사하고 치료실로 안내 |
| 8. 진료실에 들어가서 의자에 앉기 | | |
| | | 9. 환자의 치아에 대해 듣기, 이전 방문 이후 특별한 사항이 없나 묻기 |
| 10. 의사의 질문에 답하기 | | |
| | | 11. 환자에게 보호의 착용 |
| | | 12. 치료 의자 낮추고 마스크, 장갑, 안경 착용 |
| | | 13. 환자의 치아 관찰(질문 가능) |
| | | 14. 환자의 입에 흡입장치 투입 |
| | | 15. 순서대로 치료하기 위해 빠른 속력의 장비와 도구 사용 |
| | | 16. 흡입장치 제거, 치료 마침 |
| | | 17. 앉는 자세로 의자를 세우고 화자에게 입 헹구도록 함 |
| 18. 입 헹굼 | | |
| | | 19. 마스크와 장갑, 안경 제거 |
| | | 20. 서류작성, 환자의 서류 접수 자에게 건네 주기 |
| | | 21. 환자의 보호의 제거 |
| | | 22. 환자에게 무료 칫솔 제공, 미래를 위한 치아관리 조언 |
| 23. 의자에서 일어나기 | | |
| | | 24. 환자에게 고맙다 말하고 인사 |
| 25. 치료실 나오기 | | |
| | 26. 환자에게 인사, 치료 내역 확인해 주기, 요금 청구하기 | |
| 27. 요금 지불 | | |
| | 28. 영수증 주기, 다음 진찰 예약, 진찰 날짜 작성하기 | |
| 29. 진료 카드 받기 | | |
| | 30. 환자에게 고맙다 말하고 인사하기 | |
| 31. 귀가 | | |

**그림 2.25** 치아세정 및 단순 치과 검사를 위한 대본

할은 그들의 직무가 다른 것처럼 위생사의 역할과 다르다. 이 대본은 부분적으로는 치과병원을 효율적으로 운영하고자 하는 욕구에 의해서 만들어진다. 더욱 중요한 것은 기술적인 과업을 풍부하게, 그리고 안전하게(마스크와 시술장갑) 수행할 필요가 있다는 것이다. 치아검사와 스케일링의 핵심서비스는 환자가 서비스 전달 과정에서 협력하는 경우 만족스러운 결과를 얻을 수 있다.

역할이론과 대본이론은 서비스 대면 중에 소비자와 직원 행동 모두를 이해하는 데 서로 보완적이다. 예를 들어 당신이 현재 수강하고 있는 수업 중의 교수와 학생의 역할을 생각해 보자. 무엇이 교수의 역할인가? 보통은 그날에 할당된 중요한 주제에 초점을 둔, 학생들에게 관심을 불러일으키고, 토론에 학생 참여를 높이는 잘 구조화된 강의이다. 학생의 역할은 무엇인가? 기본적으로 준비된 강의에 정시에 도착하고, 수업을 잘 듣고, 토론에 참여하고, 수업을 방해하지 않는 것이다. 그에 반해서 강의를 위한 공개된 대본에는 교수와 학생이 취해야 할 구체적인 행동을 설명한다. 예를 들어 학생들은 강의가 시작되기 전에 강의에 도착해야 하고, 자리를 선택해야 하고, 노트북 컴퓨터를 펴야 한다. 교수는 수업에 들어와 노트북을 테이블 위에 놓고, 노트북 컴퓨터과 LCD 프로젝터를 켜고, 학생들에게 인사를 하고 필요한 내용을 사전에 공지를 하고, 제시간에 수업을 시작한다. 당신이 보듯이 역할과 대본이론은 서비스 대면 중의 행위를 두 가지 관점에서 설명한다. 탁월한 서비스 마케터는 높은 고객 만족과 서비스 생산성을 만들 수 있는 성과를 얻기 위하여 양쪽의 관점을 이해하여, 그들의 역할과 대본에서 그들의 직원과 고객들을 정의하고, 커뮤니케이션하며, 훈련시킬 몇 가지 적극적인 단계를 취한다.

우리는 이 책의 뒷장에서 서비스 전달 시스템의 핵심적인 구성요소와 대본과 역할의 설계를 자세히 탐색할 것이다. 구체적으로 제7장 '서비스 촉진과 고객교육' 은 서비스 전달 과정에서 어떻게 이동해서 서비스 수행에서 어떤 역할을 담당할 것인가에 대해 고객들을 교육시키는 데 초점을 맞추고 있다. 제8장 '서비스 프로세스의 설계와 관리' 는 어떻게 대본과 역할을 설계할 것인가를 다루고 있다. 제10장 '서비스 환경의 구축' 은 서비스 환경의 설계 과정을 논의한다. 제11장 '서비스 우위를 위한 인적 관리' 는 어떻게 서비스 직원을 관리할 것인가를 탐색한다.

**학습목표 10**
고객이 어떻게 서비스를 평가하고, 고객 만족에 영향을 미치는 요인은 무엇인가?

## 구매 후 단계

서비스 소비의 구매 단계 다음에는 구매 후 평가가 이루어진다. 구매 후 단계에서 고객들이 경험한 서비스의 성과에 대하여 평가하고, 이전의 기대와 비교한다. 우리는 서비스에 대한 기대가 고객 만족과 기쁨에 어떻에 연결되는지를 자세히 살펴본다. 만족이란 고객과 제품 간 일련의 상호작용 후의 태도와 같은 판단이다. 소비자 만족에 대한 대부분의 연구는 만족의 고객의 기대–불일치 모델에 기반을 두고 있다(그림 2.26).[18] 이 모델에서 소비자 기대의 일치 또는 불일치는 만족의 중요한 결정요소인 것이다.[19] 고객의 기대는 보통 특정의 서비스를 언제 구매할지를 결정하는 탐색과 선택과정의 결과이다. 따라서 중요한 속성들에 대한 기대는 종종 선택과정 중에 형성된다. 예를 들어 "나는 음식과 서비스가 최고 수준일 것이라고 생각하기 때문에 이 식당을 선택했다." 또는 "나는 이 수리점이 신뢰할 만하고, 수리가 신속하며, 합리적인 가격을 부과하기 때문에 선택했다." 소비 중에 그리고 소

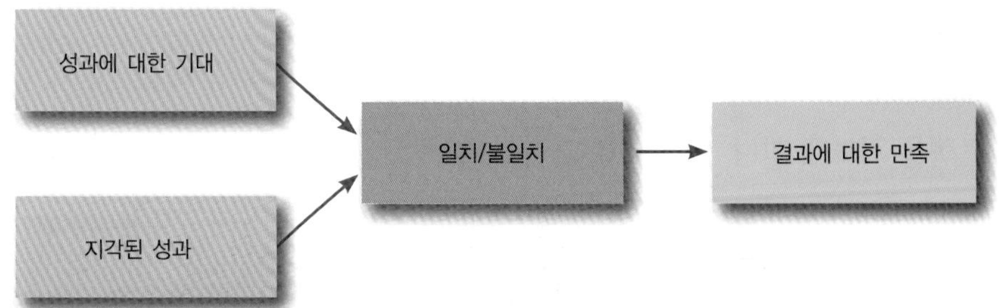


**그림 2.26** 만족의 기대–불일치 모델

출처
Adapted from Richard L. Oliver, *Satisfaction: A Behavioral Perspective on the Consumer*, 1997, New York: McGraw-Hill, p. 110.

비 후에 소비자는 서비스의 성과를 경험하고, 이것을 그들의 기대와 비교한다. 만족 판단은 이러한 비교에 기초하여 그 때 형성된다. 만약 성과 지각이 기대보다 나쁘면, **부정적 불일치**(negative disconfirmation)라고 한다. 세탁소에서 Susan Munro는 부정적인 불일치를 경험했다. 왜냐하면 그녀의 옷이 세탁이 완료되어 가져 갈 준비가 되지 않았기 때문이다. 이것은 그녀에게 불만족을 주며, 차후에 다른 세탁소를 이용할 의도를 만들어 낸다. 그러나 만약 서비스가 기대 이상이라면 **긍정적 불일치**(positive disconfirmation)라고 하며, 간단히 **기대일치**(confirmation of expectation)라고 한다.

고객들은 지각된 성과가 허용범위 내에 있다면, 즉 적절한 수준보다 높으면 합리적으로 만족할 것이다. 성과 지각이 바람직한 수준에 근접하거나 넘으면, 고객들은 기쁨을 느끼게 된다. 이 고객들은 반복구매하게 되며, 공급자에게 충성적으로 남아 있게 되고, 긍정적인 구전을 퍼뜨린다.[20] 그러나 서비스 경험이 그대를 충족시키지 못하게 되면, 고객은 나쁜 서비스에 대하여 불만을 느끼게 되고,[21] 불만족 스러운 서비스에 대하여 벙어리 냉가슴 앓듯 하거나 미래에는 서비스 제공자를 전환한다.[22]

기대–일치 모델은 탐색속성과 경험속성(예 : "나는 당신이 당신의 약속을 지켜 오후 1시까지 배달할지 알고 있다.")에서 잘 작동하지만, 신뢰속성에서는 덜 작동한다. 여기에서 고객들은 이러한 속성들을 직접적으로 평가할 수 없기 때문에 만족을 형성하기 위해서는 유형의 단서(예 : 시선, 외과의사의 명료한 설명), 기대(예 : " 나는 최고의 수술을 받을 것을 기대했다.")에 의존한다. 만약 유형의 증거가 그들의 기대와 다르다면, 고객들은 신뢰속성을 기대를 충족시키는 것으로 평가하고 만족하게 될 것이다.

고객기쁨(customer delight)은 다음 세 가지 요소들의 함수이다. (1) 기대했던 것보다 훨씬 높은 성과, (2) 각성(놀람, 흥분), (3)긍정적 감정(쾌감, 기쁨, 행복).[23] 일부 혁신적이고 고객중심적인 기업들은 보험(서비스 인사이트 2.2)과 같이 일상적인 서비스 분야에서 조차 고객을 기쁘게 한다. 그러나 한 가지 알아두어야 할 점은 고객이 기쁨을 경험한 뒤에는 그들의 기대가 높아진다는 것이다. 만약 서비스 수준이 이전과 같다면 고객은 불만족할 것이고 후에 고객을 기쁘게 하려면 더 많은 노력이 필요할 것이다.[24]

## 서비스 인사이트 2.2

### Progressive 보험사는 고객을 기쁘게 한다

보험사는 독특한 고객 서비스를 제공하고 인상적인 고객요청 처리 과정에서 자부심을 가지고 있다. 가격은 낮추고 서비스에 대한 고객의 만족은 높이며, 고객을 유지하기 위해 회사는 즉각적인 대응 서비스를 도입하여, 고객요청 처리를 위해 상시 접근(24/7)할 수 있는 서비스를 고객에게 제공하였다. 보험사정인들은 사무실보다는 이동식 요청처리 밴에서 일하는 시간이 더 많다. Progressive 보험사는 손상된 차량을 사정인들이 9시간 이내에 점검한다는 목표를 가지고 있다. 많은 예에서 보듯이 요청을 받고 출동한 보험회사 대리인들은 실제로 증거가 생생히 현장에 남아 있을 때 사고 현장에 도착한다.

다음의 상황을 생각해 보자. 플로리다 주 템파의 교통사고 현장은 혼란스럽고 심각하다. 두 대의 차량이 손상되었고 다행히 차에 탔던 사람들은 피는 흘리지 않았지만 상처를 입고 혼란스러워 한다. Progressive 보험사의 고위 대리인인 Lance Edgy는 충돌 후 불과 몇 분 후에 사고현장에 도착한다. 그는 사고를 당한 희생자를 안정시키고 의료치료, 자동차 수리점, 경찰 조사서 작성, 그리고 법적 절차에 대해 조언을 해 준다. Edgy는 Progressive 보험 가입자인 William McAllister를 냉방이 되고, 안락한 의자와 책상, 두 대의 전화기를 구비하고 있는 승합차로 불러들인다. 견인차가 사고 현장을 정리하기 전에, Edgy는 그의 고객에게 파손된 Mercury(역주 : 자동차 모델 중 하나)의 시장 가치에 대한 해결을 제공할 수 있다. 이번 사고에 책임이 없는 것으로 밝혀진 McAllister는 놀라움에 다음과 같이 말했다. "대단합니다. 누군가 즉시 사고현장으로 왔고 사건을 해결해 주었어요. 전혀 예상 못했던 일이에요."

짧아진 시간 주기 또한 Progressive 보험사가 가지고 있는 이점 중 하나이다. 합의를 하면 변호사 선임비용이 들지 않기 때문에 비용은 절감되고, 사기를 당할 위험이 줄어든다. Progressive 보험사는 고객을 기쁘게 하기 위해 끊임없이 노력한다.

Gomez.com에 따르면 Progressive 보험사의 웹사이트 www.progressive.com은 교육, 구매, 서비스 이용가능성을 중요한 평가 요소로 생각했을 때 인터넷 보험회사 중 계속해서 최고로 손꼽히고 있다. Progressive 보험은 또한 고객친화를 위한 혁신과 독특한 고객 서비스로 고객에게 즐거운 놀라움을 주기로 유명하다.

출처

R. Henkoff, "Service is Everybody' s Business," *Fortune*, June 27 1994, p. 50; M. Hammer, "Deep Change: How Operational Innovation can Transform Your Company," *Harvard Business Review*, 82 (April 2004), 84 - 95; www.progressive.com, accessed March 12, 2012.

## 요약

**학습목표 1**

서비스 소비는 다음의 세 단계로 나누어진다. (1) 구매 전 단계, (2) 서비스 대면 단계, (3) 구매 후 단계

- 구매 전 단계는 다음의 네 단계로 이루어진다. (1)욕구의 인식, (2) 정보 탐색, (3) 대안 평가, (4) 구매 의사결정. 다음의 이론들은 구매 전 단계에서의 고객 행동을 이해하는 데 도움을 준다.

**학습목표 2**

- 욕구는 고객들로 하여금 욕구를 충족시킬 수 있는 대안을 탐색하도록 한다. 몇몇 대안들이 마음속에 떠오르고, 이것은 환기상표군을 형성한다. 이 환기상표군은 심각하게 고려하는 소수의 대안들로 좁혀지며, 이것을 고려상표군이라고 한다.
- 탐색 과정 중에 소비자들은 서비스 속성들에 대하여 알게 된다. 소비자들은 이 속성들을 고려해야 하며, 또한 이들은 어떻게 기업들이 이러한 속성들에 대하여 고려상표군 내에서 성과를 보여줄지 기대를 형성한다.
- 다속성 모델. 많은 의사결정들이 여러 속성 간에 복잡한 트레이드 오프를 수반한다. 다속성 모델은 고려상표군 내에서 각 기업에 대한 소비자들의 속성 성과에 대한 기대와 각 속성의 중요도를 결합하여 평가점수를 만들어 낸다.
- 다속성 모델에서 2개의 일반적인 소비자 의사결정 규칙이 있는데, 하나는 선형적 보상규칙이며, 다른 하나는 결합적 규칙이다. 같은 속성평가라고 하더라도다른 의사결정 규칙이 적용되면 다른 의사결정에 도달한다.
- 기업들은 그들의 서비스가 선택될 가능성을 높이기 위해 다속성 모델에서의 중요한 변수들을 적극적으로 관리한다. 이것은 기업의 서비스들이 고려상표군에 들어가게 해야 하고, 그들의 표적 고객의 속성 성과 지각, 속성 중요도, 기업의 강점을 잘 살릴 수 있는 있도록 하는 의사결정 규칙을 만들어야 한다.

**학습목표 3**

- 서비스 속성. 사람들은 종종 서비스 속성들이 낮은 비중의 탐색속성과 서비스의 평가를 어렵게 만드는 높은 비중의 경험속성과 신뢰속성을 가지고 있기 때문에 구매 전에 서비스를 평가하는 데 어려움을 느낀다. 유형의 단서들이 중요해지며, 기업들은 고객의 기대를 형성하고 고객의 경험과 신뢰 속성지각을 형성하기 위하여 이들을 주의 깊게 관리할 필요가 있다.

**학습목표 4**

- 지각된 위험. 많은 서비스들은 평가하기 어렵기 때문에 고객들은 서비스를 구매할 때 위험을 지각한다. 고객들은 위험 감수를 싫어 한다. 그러므로 기업은 무료사용 , 보증과 같이 지각된 위험을 줄이기 위한 전략을 사용해야 한다.

**학습목표 5**

- 서비스 기대. 이것은 정보 탐색과 서비스 속성에 대한 평가를 통해서 형성된다. 서비스 기대의 구성요소들은 원하는 서비스, 적절한 서비스, 예측된 서비스를 포함한다. 원하는 서비스와 적절한 서비스 사이에는 허용 범위가 있으며, 이것은 변동성이 높은 서비스 수준에 대해 고객이 인내할 수 있는 서비스 수준의 범위를 의미한다.
- 구매 결정. 구매 전 단계의 결과는 중요한 속성과 관련된 위험지각에 대한 서비스의 가능한 성과에 기초하여 대체로 형성되는 구매 결정이다.
- 서비스 대면 단계에서는 고객이 서비스를 시작하고, 경험하고, 소비한다. 많은 개념과 모델들이 이 단계에서의 고객행동을 더 잘 이해하게 한다.
- 진실의 순간 은유는 고객 관계를 만들거나 깨뜨리는 고객과의 접촉점을 의미한다.

**학습목표 6**

- 우리는 서비스를 고접촉 서비스와 저접촉 서비스로 분류한다. 고접촉 서비스는 관리해야 할 접촉점과 진실의 순간이 많기 때문에 도전적이다. 반면 저접촉 서비스는 상대적으로 고객접점이 적은 웹사이트나 장비(예 : ATM) 또는 고객센터를 통해 전달된다.

**학습목표 7**

- 서비스 생산 모델은 기술적 핵심과 서비스 전달 시스템을 포함한다.
- 기술적 핵심은 무대 뒤이며, 고객에게 보이지 않는다. 그러나 무대 뒤에서 일어나는 일은 무대 앞의 활동에 영향을 줄 수 있다. 따라서 무대 뒤의 활동은 무대 앞의 활동과 조정이 되어야 한다.
- 서비스 전달 시스템은 무대 앞이며, 고객에게 보인다.

이것은 서비스 경험을 창출하기 위해 일어나는 모든 상호작용을 포함한다. 고접촉 서비스에서는 고객과 서비스 환경, 서비스 직원, 기타 다른 고객과의 상호작용을 포함한다. 각 상호작용의 형태는 가치를 창출하기도 하고 파괴하기도 한다. 기업들은 만족스러운 서비스 경험을 창출하기 위한 이러한 모든 상호작용을 관리해야 한다.

**학습목표 8**

o 극장은 서비스 전달의 은유로 사용된다. 그리고 기업들은 서비스를 무대 위에서 펼쳐지는 소품들과 배우들의 연기가 있는 공연으로 볼 수 있다. 소품들은 서비스 시설과 장비들이며, 배우들은 서비스 직원과 고객이다.

**학습목표 9**

o 각 배우들은 자신의 역할과 대본의 이해를 통해 서비스에서 그들의 역할이 잘 수행될 수 있도록 해야 한다. 기업들은 또한 서비스 구매 시 직원과 고객의 행동을 관리하고 설계하기 위해 역할이론과 대본이론을 활용할 수 있다.

**학습목표 10**

구매 후 단계에서는 고객이 서비스 성과를 평가하고 이전의 기대와 성과를 비교한다.

o 만족의 기대-불일치 모델은 만족 판단이 기대와 성과지각에 기초하여 형성된다고 간주한다. 고객들은 지각된 성과가 허용 범위 내에 들어오면, 즉 적절한 서비스 수준보다 높으면 합리적으로 만족할 것이다. 적절한 수준보다 성과가 낮은 경우 불만족을 만들어 낼 것이다. 고객들은 예상하지 못한 높은 수준의 성과에 기쁨을 느낄 것이다.

## 학습 키워드

이 키워드들은 각 학습목표 절에서 확인할 수 있다. 그들은 각 절에서 학습하는 서비스 마케팅 개념을 이해하기 위하여 필수적인 것이다. 이 키워드들의 개념과 어떻게 이들을 이용할 것인가를 잘 아는 것이 이 과정을 잘 마치고, 실제 외부의 경쟁시장 환경에서 실무적으로 실행하는 데 필수적이다.

**학습목표 1**

1. 고려상표군
2. 대안의 평가
3. 환기상표군
4. 정보 탐색
5. 욕구의 각성
6. 욕구 인식
7. 구매 후
8. 구매 전
9. 구매 결정
10. 서비스 소비
11. 서비스 대면(service encounter)

**학습목표 2**

12. 결합적 규칙
13. 선형적 보상규칙
14. 다속성 모델

**학습목표 3**

15. 신뢰속성
16. 경험속성
17. 탐색속성

**학습목표 4**

18. 증거관리
19. 재무적 위험
20. 기능적 위험
21. 지각된 위험
22. 신체적 위험
23. 심리적 위험
24. 감각적 위험
25. 사회적 위험
26. 시간적 위험

**학습목표 5**

27. '진실의 순간'
28. 적절한 서비스
29. 원하는 서비스
30. 예측된 서비스
31. 구매 결정
32. 서비스 대면
33. 서비스 기대
34. 허용범위

**학습목표 6**

35. 고접촉 서비스
36. 저접촉 서비스

**학습목표 7**

37. 무대 뒤
38. 무대 앞
39. 서비스 전달 시스템
40. 서비스 생산 시스템
41. 기술적 핵심

**학습목표 8**

42. 성과
43. 직원
44. 서비스 시설
45. 은유로서의 극장

**학습목표 9**

46. 역할이론
47. 대본이론

**학습목표 10**

48. 일치
49. 기쁨
50. 만족의 기대-불일치 모델
51. 부정적 불일치
52. 긍정적 불일치
53. 만족

## 학습 문제

1. 서비스 소비의 세 단계에 대해서 설명하시오.
2. 고려상표군 내에 있는 서비스들에서 고객의 선택은 어떻게 모델화될 수 있는가?
3. 선형적 보상규칙과 결합적 규칙의 차이는 무엇인가?
4. 탐색 · 경험 · 신뢰 속성을 예를 들어서 설명하시오.
5. 고객이 유형상품에 비해 서비스를 평가할 때 왜 더 어려운가를 설명하시오.
6. 고객의 위험지각이 서비스를 선택하고 구매하고 사용하는 데 있어 왜 중요한지 설명하시오. 기업은 고객의 지각된 위험을 어떻게 줄일 수 있을까?
7. 고객의 기대의 어떻게 형성되는가? 당신이 최근 경험한 서비스 경험을 예로 들어 고객의 원하는 서비스와 적절한 서비스 간의 차이점이 무엇인지 설명하시오.
8. '진실의 순간' 이란 무엇인가?
9. 고접촉 서비스와 저접촉 서비스 간의 차이를 설명하시오. 그리고 그 둘 간에 어떻게 고객 경험의 본질이 다른지를 설명하시오.
10. 당신이 친숙한 서비스를 선택하시오. 그리고 서비스 생산 시스템을 설명할 수 있도록 도식화하시오. '무대 앞' 과 '무대 뒤' 활동들을 정의하시오.
11. 극장 개념, 역할이론, 대본이론과 극장 관점의 개념이 어떻게 서비스 구매 시 고객 행동에 대한 통찰력을 제공하는가?
12. 고객 기대와 고객 만족의 관계에 대해서 설명하시오.

## 참고문헌


1 Information search behavior is influenced by a variety of factors. For more information on information search behavior, see Linda Osti, Lindsay W. Turner, and Brian King, "Cultural Differences in Travel Guidebooks Information Search," *Journal of Vacation Marketing* 15, no. 1 (January 2009): 63-78; Cazilia Loibl, Soo Hyun Cho, Florian Diekmann, and Marvin T. Batte, "Consumer Self-Confidence in Searching for Information," *The Journal of Consumer Affairs* 3, no. 1 (Spring 2009): 26-55; Robin S. Poston, Katie J. Suda and Colin Onita, "Information Sources Consulted and Found Useful in Answering Drug-Related Questions," *e-Service Journal* 6, no. 3 (Winter 2009): 3-73.

2 Valarie A. Zeithaml, "How Consumer Evaluation Processes Differ between Goods and Services," in J. A. Donnelly and W. R. George, eds. *Marketing of Services* (Chicago: American Marketing Association, 1981, 186-190).

3 Leonard L. Berry and Neeli Bendapudi, "Clueing in Customers," *Harvard Business Review* 81, (February 2003): 100-107.

4 C. M. Ikemba *et al.*, "Internet Use in Families with Children Requiring Cardiac Surgery for Congenital Heart Disease," *Pediatrics* 109, no. 3 (2002): 419-422.

5 Valarie A. Zeithaml, Leonard L. Berry, and A. Parasuraman, "The Behavioral Consequences of Service Quality," *Journal of Marketing* 60, (April 1996): 31?46; R. Kenneth Teas and Thomas E. DeCarlo, "An Examination and Extension of the Zone-of-Tolerance Model: Comparison of Performance-Based Models on Perceived Quality," *Journal of Service Research* 6, no. 3 (2004): 272-286.

6 Cathy Johnson and Brian P. Mathews, "The Influence of Experience on Service Expectations," *International Journal of Service Industry Management* 8, no. 4 (1997): 46-61.

7 Robert Johnston, "The Zone of Tolerance: Exploring the Relationship between Service Transactions and Satisfaction with the Overall Service," *International Journal of Service Industry Management* 6, no. 5 (1995): 46-61.

8 Normann first used the term "moments of truth" in a Swedish study in 1978. Subsequently, it appeared in English in Richard Normann, *Service Management: Strategy and Leadership in Service Businesses*, 2nd ed. Chichester, UK: John Wiley & Sons, 1991, 16-17.

9 Jan Carlzon, *Moments of Truth*, Cambridge, MA: Ballinger Publishing Co., 1987, 3.

10 Breffni M. Noone, Sheryl E. Kimes, Anna S. Mattila, and Jochen Wirtz, "Perceived Service Encounter Pace and Customer Satisfaction," *Journal of Service Management* 20, no. 4 (2009): 380-403.

11 Pierre Eiglier and Eric Langeard, "Services as Systems: Marketing Implications," in Pierre Eiglier, Eric Langeard, Christopher H. Lovelock, John E. G. Bateson, and Robert F. Young, eds. *Marketing Consumer Services: New Insights.* (Cambridge, MA: Marketing Science Institute), Report # 77-115, November 1977, 83-103; Eric Langeard, John E. Bateson, Christopher H. Lovelock, and Pierre Eiglier, *Services Marketing: New Insights from Consumers and Managers*, Marketing Science Institute, Report # 81-104, August 1981.

12 Adapted from Pierre Eiglier and Eric Langeard, "Services as Systems: Marketing Implications," in Pierre Eiglier, Eric Langeard, Christopher H. Lovelock, John E. G. Bateson, and Robert F. Young, eds. *Marketing Consumer Services: New Insights.* (Cambridge, MA: Marketing Science Institute), Report # 77-115, November 1977, 83-103; Eric Langeard, John E. Bateson, Christopher H. Lovelock, and Pierre Eiglier, *Services Marketing: New Insights from Consumers and Managers*, Marketing Science Institute, Report # 81-104, August 1981.

13 Richard B. Chase, "Where Does the Customer Fit in a Service Organization?" *Harvard Business Review*, 56, (November?December 1978): 137-142. Stephen J. Grove, Raymond P. Fisk, and Joby John, "Services as Theater: Guidelines and Implications," in Teresa A. Schwartz and Dawn Iacobucci, eds. *Handbook of Services Marketing and Management* (Thousand Oaks, CA: Sage, 2000, 21-36).

14 Stephen J. Grove, Raymond P. Fisk, and Joby John, "Services as Theater: Guidelines and Implications," in Teresa A. Schwartz and Dawn Iacobucci, eds. *Handbook of Services Marketing and Management* (Thousand Oaks, CA: Sage, 2000, 21-36); Steve Baron, Kim Harris, and Richard Harris, "Retail Theater: the 'Intended Effect' of the Performance," *Journal of Service Research* 4, (May 2003): 316-332; Richard Harris, Kim Harris, and Steve Baron, "Theatrical Service Experiences: Dramatic Script Development with Employees," *International Journal of Service Industry Management* 14, no. 2 (2003): 184-199.

15 Stephen J. Grove and Raymond P. Fisk, "The Dramaturgy of Services Exchange: an Analytical Framework for Services Marketing," in L. L. Berry, G. L. Shostack, and G. D. Upah, eds. *Emerging Perspectives on Services Marketing* (Chicago, IL: The American Marketing Association, 1983, 45-49).

16 Michael R. Solomon, Carol Suprenant, John A. Czepiel, and Evelyn G. Gutman, "A Role Theory Perspective on Dyadic Interactions: the Service Encounter," *Journal of Marketing* 49, (Winter 1985): 99-111.

17 See R. P. Abelson, "Script Processing in Attitude Formation and Decision-Making," in J. S. Carrol and J. W. Payne, eds. *Cognitive and Social Behavior* (Hillsdale, NJ: Erlbaum, 1976, 33-45); Richard Harris, Kim Harris, and Steve Baron, "Theatrical Service Experiences: Dramatic Script Development with Employees," *International Journal of Service Industry Management* 14, no. 2 (2003): 184-199; John Bateson, "Consumer Performance and Quality in Services," *Managing Service Quality* 12, no. 4 (2003): 206-209.

18 Richard L. Oliver, "A Cognitive Model of the Antecedents and Consequences of Satisfaction Decisions," *Journal of Marketing Research* 17 (November 1980), 460-469; Richard L. Oliver and John E. Swan, "Consumer Perceptions of Interpersonal Equity and Satisfaction in Transactions: a Field Survey Approach," *Journal of Marketing* 53 (April 1989): 21-35; Eugene W. Anderson and Mary W. Sullivan, "The Antecedents and Consequences of Customer Satisfaction for Firms," *Marketing Science* 12, (Spring, 1993): 125-143.

19 Richard L. Oliver, "A Cognitive Model of the Antecedents and Consequences of Satisfaction Decisions ", *Journal of Marketing Research* 17 (November 1980): 460?469; Richard L. Oliver, "Customer Satisfaction with Service", in Teresa A. Schwartz and Dawn Iacobucci, *Handbook of Service Marketing and Management* (Thousand Oaks, CA: Sage Publications, 2000, 247-254); Jochen Wirtz and Anna S. Mattila, "Exploring the Role of Alternative Perceived Performance Measures and Needs-Congruency in the Consumer Satisfaction Process," *Journal of Consumer Psychology* 11, no. 3 (2001): 181-192.

20 Gour C. Saha and Theingi, "Service Quality, Satisfaction and Behavioral Intentions," *Managing Service Quality* 19, no.3 (2009): 350-372; Jochen Wirtz and Patricia Chew, "The Effects of Incentives, Deal Proneness, Satisfaction and Tie Strength on Word-of-Mouth Behavior," *International Journal of Service Industry Management* 13, no, 2 (2002): 141-162; Chiung-Ju Liang, Wen-Hung Wang and Jillian Dawes Farquhar, "The Influence of Customer Perceptions on Financial Performance in Financial Services," *International Journal of Bank Marketing* 27, no. 2 (2009): 129-149.

21 Jaishankar Ganesh, Mark J. Arnold, and Kristy E. Reynolds, "Understanding the Customer Base of Service Providers: an Examination of the Differences between Switchers and Slayers," *Journal of Marketing* 64, no. 3 (2000): 65-87.

22 Uday Karmarkar, "Will You Survive the Service Revolution?" *Harvard Business Review* (June 2004): 101-108.

23 Richard L. Oliver, Roland T. Rust, and Sajeev Varki, "Customer Delight: Foundations, Findings, and Managerial Insight," *Journal of Retailing* 73, (Fall 1997): 311-336.

24 Roland T. Rust and Richard L. Oliver, "Should We Delight the Customer?," *Journal of the Academy of Marketing Science* 28, no. 1 (2000): 86-94.

CHAPTER 3

# 경쟁 시장에서의 서비스 포지셔닝

## 학습목표

이 장을 학습하게 되면 학생들은 다음의 내용을 이해하게 될 것이다.

- **학습목표 1** 고객(Customer), 경쟁자(Competitor), 기업(Company)(즉 **3Cs**)에 대한 분석이 고객 중심의 서비스 마케팅 전략을 개발하는 데 어떤 도움을 줄 수 있는가?
- **학습목표 2** 포지셔닝 전략의 주요 요소들(예 : STP)이란 무엇인가? 그리고 이 요소들이 서비스 기업들에게 중요한가?
- **학습목표 3** 세분 시장을 확인하고 설명하기 위해 일반적인 기준들을 사용하기 전에 먼저 욕구에 의해 고객을 세분화할 수 있는가?
- **학습목표 4** 서비스 시장을 세분화하는 데 중요한 속성과 결정적 속성의 차이란 무엇인가?
- **학습목표 5** 서비스 시장의 세분화를 위해 서비스 수준의 차이를 어떻게 사용할 것인가?
- **학습목표 6** 경쟁우위를 위한 네 가지 집중 전략을 이용하여 어떻게 서비스 고객을 표적화할 것인가?
- **학습목표 7** 경쟁자와 차별화할 수 있도록 어떻게 서비스를 포지셔닝할 것인가?
- **학습목표 8** 효과적인 포지셔닝 전략이란 무엇인가?
- **학습목표 9** 경쟁 전략을 분석하고 개발하는 데 포지셔닝 맵은 어떻게 도움을 주는가?

## 도입 사례

### 경쟁력 있는 탁아소 체인의 포지셔닝

경영관리 컨설턴트로서의 경력을 가지고 있는 Roger Brown과 Linda Mason은 경영자 교육을 받으면서 만났다. 졸업 후에 그들은 캄보디아의 난민 아이들을 위한 프로그램을 운영했고, 동아시아에서 '어린이 구조(Save the Children)'라는 원조 프로그램을 운영했다. 그들이 1986년 미국으로 돌아왔을 때, 아이들을 돌봐주고 교육적인 환경을 제공해 주며 부모들이 믿을 만한 탁아소에 대한 수요가 있음을 알게 되었다.

그들은 시장 조사를 통해, 탁아소 시장의 많은 문제점 발견할 수 있었다. 탁아소 시장은 진입 장벽이 없었고, 이익은 매우 낮은 노동 집약적인 산업이었다. 산업에 대한 법규도 부족했고, 규모의 경제도 기대할 수 없었으며, 눈에 띄는 브랜드도 존재하지 않았다. Brown과 Mason은 이러한 문제점들을 참고하여 자신들의 회사인 BH(Bright Horizons)가 탁아소 시장에서 강점을 가진 회사가 될 수 있는 서비스 콘셉트를 개발했다. 그들은 서비스를 부모와 같은 탁아소 고객에게 직접 마케팅하지 않고, 대신 어린아이가 있는 직원을 위해 직장 내 탁아소 운영을 원하는 기업들과 파트너십을 체결했다. 이러한 대응은 다음과 같은 장점이 있었다.

- 강력하면서도 저렴한 마케팅 채널을 확보할 수 있다.
- 탁아소 시설을 갖추고 있거나 탁아소를 건립할 자금을 제공할 수 있는 파트너(고객)는 BH가 높은 질의 서비스를 전달할 수 있도록 도움을 줄 수 있다.
- 부모 입장에서는 직장과 가까워서 아이를 데려다 주는 시간을 절약할 수 있고 마음이 놓인다는 점 때문에 BH센터에 끌리게 된다.

BH는 높은 임금과 매력적인 복지 정책 등을 가지고 있어서 양질의 직원을 구할 수 있었으며, 다른 경쟁자들은 갖추지 못한 높은 품질의 서비스를 제공할 수 있었다. 일반적인 탁아소는 적절한 교육계획을 가지고 있지 못했고, 수업계획도 너무 획일적이고 엄격했기 때문에 BH는 '당신이 마음대로 움직이는 세상(world at their fingertips)'으로 불리는 융통성 있는 교육계획을 개발했다. 이 계획은 대략의 윤곽만을 제시하고 있고, 선생님에게 매일의 수업계획에 대해 결정권을 준다.

회사는 미국유아교육협회(NAEYC)의 인증을 받기 위해 적극적으로 노력했다. BH는 정부가 요구하는 기준에 상응하거나 상회하는 서비스를 제공하기 위해 서비스 품질을 강조하였다. 결과적으로 법규의 부족은 BH에게 기회로 작용했고 BH에게 경쟁우위의 원천을 제공해 주었다.

BH는 많은 하이테크 산업의 기업을 포함한 고객(기업)의 후원과 도움으로, 교실에서의 교육을 부모의 컴퓨터로 직접 제공할 수 있는 다양한 혁신적인 기술을 개발하였다. 즉 디지털 스캔되거나 사진화된 학생들의 작품과 수업장면을 실시간 동영상으로 전송한다든지, 온라인으로 학생 평가라든지, 메뉴, 수업일정, 학생 평가를 전자적으로 게시한다든지 등과 같은 혁신적인 기술을 개발하였다. 이런 모든 사항들이 BH를 차별화시키고 경쟁에서 앞설 수 있게 해 주었다.

BH는 직원을 경쟁우위 요소로 판단하고, 최적의 인력을 선발 · 유지하려고 노력했다. 2008년에는 『포춘』이 선정한 미국에서 일하고 싶은 100대 기업 중에서 9번째로 선정되었고, 영국에서는 『파이낸셜 타임스』에 의해 2007년 영국 내 50개 최고 직장 중의 하나로 선정되었다. 2007년 중반에는 BH는 전 세계에 걸쳐 18,000명의 직원을 보유하게 되었다. BH는 세계적인 기업, 병원, 대학, 정부기관 등 400개소 이상의 단체(고객)를 위해 미국, 캐나다, 유럽 등에 500개 이상의 센터를 운영 중이다. 이 회사를 이용하고 싶어하는 기업(고객)들은 BH가 믿을 수 있는 직원을 가지고 있다는 사실을 알기 때문에 그를 동반자로 생각한다.

## 고객 중심의 서비스 마케팅 전략

낮은 진입장벽과 경쟁자가 많은 시장에서 BH는 틈새시장을 발견했고, 자신을 경쟁에서 차별화할 수 있었다. 그들은 자녀를 둔 일반 가정보다는 자녀를 가진 직원이 있는 기업 시장에 진입했으며, 서비스 품질과 정부 승인을 강점으로 활용하였다. 서비스 분야에서 경쟁이 치열해짐에 따라, 서비스 기업은 고객에게 의미 있도록 제품을 차별화하는 것이 매우 중요해지고 있다. 이 점은 성숙시장에 있으면서도 여전히 성장을 원하고 경쟁자의 시장을 빼앗기를 희망하고 새로운 시장으로 확장하기를 원하는 많은 서비스 산업(은행, 보험, 병원, 교육 등)에게 특히 중요하다. 다른 서비스 산업의 관리자들에게 그들이 어떻게 경쟁하고 있는지 물어보면, 단순히 잘하고 있다고 응답할 가능성이 매우 높다. 좀 더 성의 있는 대답을 요구하면, 아마도 '높은 가치', '서비스 품질', '충성 고객', '편리함' 등의 단어가 들어간 문구를 사용하여 설명하려고 할 것이다. 그러나 이들 중 어떤 것도 시장에서 경쟁력 있는 수익률을 약속해 주는 가치 제안이나 실용적인 비즈니스 모델을 갖추려고 노력하는 마케팅 전문가들에게는 도움이 되지 않는다.

소비자나 기관 구매자들이 특정 공급업자를 선택하고 충성 고객으로 남게 만드는 것이 무엇일까? '서비스'라는 단어는 다양하고 독특한 성격을 가진다. 여기에는 전달되는 서비스의 속도에서부터 고객과 서비스 전달자 간의 상호작용의 질까지 다양한 범위가 존재하며, 실수를 피하는 것에서부터 핵심서비스를 보조해 주는 바람직한 '추가 서비스'를 제공하는 것까지 다양한 범위가 있을 수 있다. 이와 유사하게 '편리함'도 편리한 장소에 전달되거나 편리한 시간에 이용 가능한 서비스, 혹은 사용하기 쉬운 서비스 등 다양한 것을 의미할 수 있다. 고객에게 어떤 제품 특성이 특별한 의미를 주는지 제대로 파악하지 못하는 관리자는 적절한 전략을 세우기 어려울 것이다. 매우 경쟁적인 환경에서는, 고객들이 대안들 간의 질적인 차이를 알아챌 가능성이 낮으며 그런 상황에서 고객은 가장 적은 비용으로 제공되는 서비스를 선택할 가능성이 높아진다.

이러한 사실들은 관리자들이 제공되는 서비스의 모든 면에 대하여 체계적으로 생각할 필요가 있고 표적 시장의 소비자들에게 가치 있는 속성들에게 대하여 자신들의 서비스가 경쟁적 우위를 가지고 있다는 것을 강조할 필요가 있음을 시사해 준다. 그렇게 하기 위한 체계적인 방법은 소비자(*C*ustomers), 경쟁자(*C*ompetitors), 기업(*C*ompany)에(3Cs) 대한 분석을 필요로 한다. 이러한 분석은 기업이 서비스 포지셔닝 전략의 주요 요소들을 결정하는 데 도움을 주는데, 주요 요소들은 시장세분화(*S*egmentation), 표적시장 선정(*T*argeting), 포지셔닝(*P*ositioning)인데 마케팅 전문가들은 흔히 STP라고 부른다. 적절한 시장 위치를 규정하는 것과 관련된 기본 단계들을 그림 3.1에서 보여준다. 바람직한 포지셔닝이란 서비스 마케팅의 7Ps의 구축(이 책의 제2부와 제3부에서 논의됨)을 포함하며 소비자 관계 전략(제4부에서 논의)과 서비스 품질 및 생산성 전략(제5부에서 논의)도 포함하므로 기업의 서비스 마케팅 전략에서 매우 광범위한 의미를 포괄하고 있다.

**학습목표 1**
고객(Customer), 경쟁자(Competitor), 기업(Company)(즉 3Cs)에 대한 분석이 고객 중심의 서비스 마케팅 전략을 개발하는 데 어떤 도움을 줄 수 있는가?

### 고객, 경쟁자, 기업 분석(3Cs)

#### 고객 분석

고객 분석은 일반적으로 가장 먼저 이루어지는데, 시장의 전반적 측면에 대한 조사가 이루어

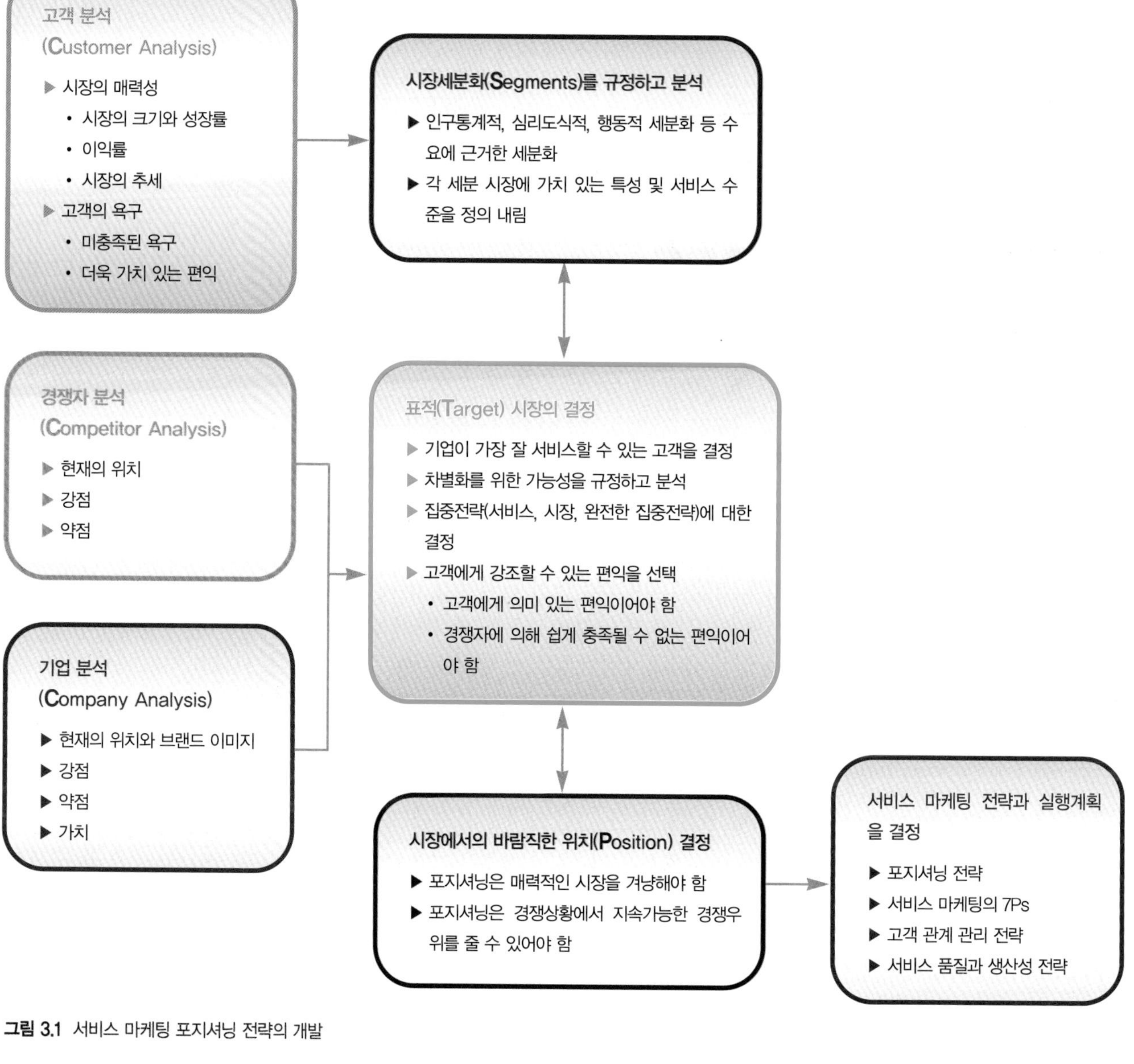


**그림 3.1** 서비스 마케팅 포지셔닝 전략의 개발

지며 고객의 욕구에 대한 깊이 있는 조사와 더불어, 관련된 고객들의 특성이나 행동들에 대한 조사들도 행해진다.

시장 분석은 전반적 시장의 매력도와 시장 내에 세분화되어 존재하는 잠재고객을 발견하기 위하여 이루어진다. 특히 시장의 전반적 규모와 성장력, 이익률, 잠재적 이익, 수요 수준, 시장에 영향을 줄 만한 변화 등을 관찰하게 된다. 기업이 제공하는 서비스가 약속하는 편익에 대한 수요가 증가하고 있는가 감소하고 있는가? 다른 세분 시장에 비해 어떤 세분 시장이 빨리 성장하고 있는가? 여행산업을 예를 들면, 개인 가이드가 동행하고 너무 피곤하지 않은 맞춤형 여정의 여행을 원하는 부유한 은퇴자의 시장이 성장하고 있을 것이다. 기업은 시장을 세분화하는 다양한 방법을 고려해야 하고 각기 다른 세분 시장들의 규모와 잠재성 등에 대하여 평가해야 한다.

고객수요 분석은 몇 가지 질문에 대한 대답들과 관련된다. 인구통계적 측면과 소비자 심리

도식적(psychographic) 측면에서 시장의 소비자들은 어떠한 특성을 보이는가? 그들이 가진 욕구와 문제들은 무엇인가? 다른 욕구를 가져서 다른 서비스 제품이나 다른 수준의 서비스를 요구하는 소비자집단이 잠재적으로 존재하는가? 이들 각각의 집단들이 가장 중요하게 여기는 서비스 편익은 무엇인가? 여행 산업을 예로 든다면, 부유한 은퇴자들은 편안함과 안전을 가장 중요하게 여길 것이고 젊은 가족들에 비해 가격에는 민감하지 않을 것이다.

그림 3.2 SWOT 분석은 비즈니스에서 일반적인 방법이다.

### 경쟁자 분석

경쟁자 분석은 기업이 경쟁자가 가지고 있는 장점과 약점을 이해할 수 있도록 한다(그림 3.2). 이러한 분석 결과를 기업 내부 분석과 연결시키면 차별화와 경쟁적 우위를 얻을 수 있는 기회도 알게 해 준다. 이러한 사실은 관리자가 어떤 표적 시장에 서비스의 어떤 편익이 강조되어야 하는지를 결정할 수 있게 도와준다. 이 분석은 직접 경쟁과 간접 경쟁 모두를 고려해야 한다.

### 기업 내부 분석

기업 내부 분석의 목적은 현재의 브랜드 위상과 이미지, 조직의 자원(재정, 인력, 노하우, 물적 자산)과 관련한 조직의 강점을 규정하는 것이다. 그것은 또한 조직의 한계와 제약사항을 살펴보고 사업 방식을 통한 기업 가치를 형성하는 방법을 규정한다. 이러한 분석으로 얻은 통찰을 이용하여 경영진은 기존의 상품과 새로운 상품으로 서비스할 제한된 수의 표적 세분 시장을 선택할 수 있어야 한다. 결국 핵심 질문은, 우리 기업과 서비스가 각각의 고객 세분 시장에서 직면하게 되는 고객 욕구와 문제점들을 얼마나 잘 다룰 수 있는가이다.

**학습목표 2**
포지셔닝 전략의 주요 요소들(예 : STP)이란 무엇인가? 그리고 이 요소들이 서비스 기업들에게 중요한가?

## 시장세분화, 표적시장 선정, 포지셔닝(STP)

고객과 경쟁자 분석을 기업 분석과 연계시키면 서비스 조직은 효과적인 포지셔닝 전략을 만들어 낼 수 있다. 적절한 시장 포지션을 찾아내고 전략을 개발하는 것과 관련된 기본적 단계들은 다음과 같다.

- 시장세분화 — 소비자 그룹을 가능한 여러 개의 소그룹으로 나누는 것을 의미한다. 같은 세분 시장 내에 존재하는 소비자들은 공통된 서비스 관련 욕구를 공유하게 된다. 유사한 욕구를 가진 소비자로 분류된 소비자 그룹을 설명하기 위해 인구통계학적, 지리학적, 심리도식적, 행동적 변수들이 사용된다. 같은 세분 시장에 소비자들은 유사한 욕구를 가지고 있어야 하고 서로 다른 세분 시장에 있는 소비자들은 서로 다른 욕구를 가지고 있어야 한다.
- 표적시장 선정 — 전체 고객이 여러 세분 시장으로 분류되면 기업은 각 세분 시장의 매력도를 파악하고 어떤 시장이 기업에게 가장 많은 관심을 보이는지를 알아내고 그들에게 서비스하는 데 집중해야 한다.

## 서비스 인사이트 3.1

### 소시민에게 다가서는 Banko Azteca Caters

멕시코에서 2002년 문을 연 Banko Azteca는 최근 10년 이내에 가장 젊은 은행이다. 이 기업은 택시 운전사, 공장 노동자, 교육자들과 같은 월 수입이 250~1,300달러 정도인 가구를 대상으로 영업을 하는데 당시 약 1,600만 가구 정도가 존재했다. 그들의 수입을 모두 합하면 1,200억 달러에 달할 정도로 매우 규모가 컸지만 개개인의 수입은 너무 소규모라 이들에게 계좌를 열어주는 것에 일반 은행들은 관심을 갖지 않았을 뿐 아니라 도리어 귀찮게 생각하였다. 그 결과 이들 가구 중 12분의 1만이 은행에 예금계좌를 갖고 있었다.

Banko Azteca는 멕시코의 가장 큰 가전기업인 Grupo Elektra를 소유하고 있는 유통, 언론, 통신 사업을 아우르는 Ricardo Slinas Pliego 그룹의 자회사였다. 은행의 지점은 900개가 넘는 가전 점포 내에 설치되어 멕시코 내에 어디에서도 소비자가 쉽게 접근할 수 있었다. 은행은 '당신에게 친절하고 잘 응대해 주는 기업'이라는 슬로건을 내세워 고객이 환대받는 분위기를 느끼게 하려고 노력했다.

Elektra와 Azteca와의 협력은 소비자 금융과 관련된 50년 이상 축적된 소매 관련 자료들(그중 70% 이상이 신용거래를 통해 이루어짐)을 이용할 수 있게 해 주었다. Elektra는 신용판매에 있어서 훌륭한 실적을 보이고 있었는 데 완납률이 97%에 달했고 소비자의 신용정보에 대한 풍부한 데이터베이스를 보유하고 있었다. 그래서 최고 경영자는 Elektra의 각 점포에 있는 신용판매 부서를 서비스 확장을 원하는 Azteca의 지점으로 전환하는 것이 좋겠다고 생각하였다.

은행은 신분증이나 증명서를 제시해야 하는 고객의 불편을 제거하기 위해 지문인식장치와 같은 정보기술에 많은 투자를 하였다. 그리고 3,000명의 대출 모집인을 채용하여 서비스의 영업력과 기동성을 높였다. 은행은 개인대출, 정기예금을 다루었고 중고차 신용거래와 저임금 대상 담보대출, 체크카드 분야까지 사업영역을 확장했다. 대출에는 담보로 소비자가 이전에 취득한 소유물을 종종 사용되었다.

2003년 Grupo Elektra는 개인보험 기업을 구매해서 Seguros Azteca라는 회사를 만들었다. 이 기업은 그동안 멕시코의 보험산업에서 무시되어 오던 소비자 그룹에게 저렴한 가격에 보험을 제공하였다. 보험증권은 Banko Azteca의 지점망을 통해서 배포되었다. 다음해 은행은 사업영역을 소규모 사업을 시작하거나 확장하기를 원하는 개인사업자들에게 재정적 지원을 해 주는 데까지 확대하였다.

그러나 최근에는 Banko Azteca는 지나치게 높은 이자율(연 50~120%)을 가난한 사람들에게 부과하여 이익을 얻으며 종업원들에게 2년 이상의 장기 대출의 실적 달성을 위한 과도한 압력을 행사한다고 비난받고 있다. 은행은 소비자를 대상으로 폭리를 취하는 것인가? 이 기업에 대한 최근 자료를 찾기 위해 온라인으로 조사해 보시오.

**출처**

Geri Smith, "Buy a Toaster, Open a Banking Account," *Business Week*, January 13, 2003, p. 54; Keith Epstein and Geri Smith, "The Ugly Side of Microlending: How Big Mexican Banks Profit as Many Poor Borrowers Get Trapped in a Maze of Debt," *Business Week*, December 12, 2007, http://www.businessweek.com/magazine/content/07_52/b4064038915009.htm, accessed March 12, 2012. https://www.gruposalinas.com, accessed March 12, 2012.

▶ 포지셔닝 — 기업 또는 그들의 서비스가 고객의 마음속에 자리잡고 있는 독특한 위치. 기업은 자신들의 서비스로 고객의 마음속에 특정 위치를 마련하기 전에 먼저 경쟁자들의 서비스와 차별화할 수 있는 방법을 생각해야 한다. 결국 차별화가 서비스의 독특한 위상을 만드는 첫 번째 단계가 된다.

표 3.1은 서비스 포지셔닝 전략의 주요 요소를 제시하고 있다. 표의 왼쪽은 주요 요소이며 오른쪽은 그와 관련된 개념들이다. 이 장의 나머지 부분은 이 서비스 포지셔닝 전략의 각 요소를 설명하게 될 것이다.

**표 3.1** 서비스 포지셔닝 전략의 요소와 주요 개념

| 포지셔닝 전략의 요소 | 주요 개념 |
|---|---|
| 시장세분화 | • 서비스 시장의 세분화<br>• 세분화와 관련 있는 서비스 속성과 수준<br>–중요한 속성과 결정적 속성<br>–서비스 수준의 설정 |
| 표적시장 선정 | • 네 가지 집중전략을 통해 서비스 시장을 선정<br>–완전한 집중<br>–시장 집중<br>–서비스 집중<br>–비집중 |
| 포지셔닝 | • 경쟁적 시장에서의 포지셔닝 서비스<br>• 효과적인 포지셔닝 전략의 개발<br>• 경쟁적 전략을 세우기 위해 포지셔닝 맵 사용 |

**학습목표 3**
세분 시장을 확인하고 설명하기 위해 일반적인 기준들을 사용하기 전에 먼저 욕구에 의해 고객을 세분화할 수 있는가?

## 서비스 시장의 세분화

시장세분화(market segmentation)는 마케팅에서 가장 중요한 개념 중 하나이다. 서비스 기업은 서로 다른 유형의 소비자에게 서비스할 수 있도록 그들의 능력에서 다양하다. 기업은 자신이 제일 잘 서비스할 수 있는 세분 시장을 정해야 한다. 시장을 세분화하기 위해서 기업은 시장 분석을 할 필요가 있다.

시장을 세분화하는 데는 여러 가지 방법이 있다. 전통적으로 인구통계학적 기준(나이, 성별, 소득 등)의 세분화가 자주 사용되어 왔다. 그러나 정확히 동일한 인구통계적 특성을 가진 소비자라도 서로 다른 구매 행동을 보일 수 있기 때문에 인구통계학적 세분화가 항상 의미 있는 세분화 결과를 보여주는 것은 아니다. 예를 들어 20대 중산층의 모든 남자가 같은 느낌을 가지고 행동하는 것은 아니다. 결과적으로 심리도식을 기준으로 한 세분화가 사람들의 라이프스타일이나 태도, 열망 들을 반영해 주기 때문에 더 많이 선호된다. 심리도식 세분화는 브랜드 정체성을 강화하거나 브랜드와 정서적 연결을 만들 때 매우 유용하지만 고객의 행동과 구매 등에 대한 정확한 예상을 하기는 어렵다. 고객 행동 기준 세분화는 관찰 가능한 행동에 대해 초점을 맞추기 때문에 앞의 방법의 단점을 보완할 수 있다. 욕구 기준 세분화는 고객이 서비스에서 진정으로 원하는 것에 초점을 두기 때문에 제2장에서 다루었던 다속성 의사결정 모델에 근거하여 이미지 맵을 그릴 수 있다.

사람들은 다음과 같은 서로 다른 욕구와 의사결정 기준들을 가지고 있다는 점을 인식해야 한다.

- ▶ 서비스 이용 목적
- ▶ 의사결정자
- ▶ 사용 시간(일자, 주일, 계절 등)
- ▶ 소비자가 서비스를 개인적으로 이용하는지 아니면 단체로 이용하는지 여부, 단체로 이용할 경우 그룹의 성격

다음의 상황에서 점심을 위한 식당을 선택할 경우, (1) 가족이나 친구와 휴가를 보내는 상황, (2) 비즈니스 고객이 될 사람과 만남을 갖는 상황, (3) 동료와 빨리 식사를 하려는 상황 중 어떤 속성이 중요한 영향을 주는지 생각해 본다. 앞의 각각의 상황에서 합리적인 대안의 선택이 이루어진다고 가정했을 때 같은 음식점은 고사하고 같은 유형의 음식점이 선택될 가능성은 낮다. 상대방에게 의사결정을 맡겼다면 또 다른 결정이 이루어질 수도 있다. 그래서 서비스의 구매가 이루어지는 상황과 전후사정이 아주 중요하게 고려되어 하나의 세분 시장이 명확하게 구분되고 설명될 수 있어야 한다.

시장을 효과적으로 세분화하려는 기업들은 고객의 욕구에 대한 깊은 이해를 하는 것이 가장 최상의 방법이다. 마케터는 이러한 이해를 통해 얻은 지식을 인구통계적, 심리도식적, 구매행동적, 구매상황 변수들과 혼합하여 시장에 존재하는 주요한 세분 시장들을 더욱 잘 정의하고 구분할 수 있다.[1]

Contiki Holiday는 우선적으로 고객 욕구를 기준으로 시장을 세분화하고 다른 형태의 세분화를 사용하여 미세 조정을 하는 대표적인 기업이다. 싱글들은 다른 가족들과 같이 여행하게 되는 것을 원치 않는다는 것을 알게 되었고 그들은 자신들과 유사한 선호(욕구 기준의 시장세분화)를 가진 사람들과 만날 수 있는 휴가를 선호한다는 것을 파악한 Contiki는 이런 특별한 성격을 가진 그룹의 소비자들에게 다가설 수 있었다. Contiki Holidays는 18~35세(인구통계적 세분화)를 위한 휴가 서비스 분야에서 세계적인 리더이다(그림 3.3). 그들의 휴일 패키지 상품은 즐거움을 추구하는 젊은 고객을 겨냥한다.

다른 라이프스타일과 저렴한 이용 요금(심리도식적 세분화)에 대한 욕구를 충족시키기 위해, Contiki는 패키지 상품을 더 세분화하였다. 예를 들어 유럽을 여행하는 소비자는 '캠핑(Camping)' 과 '개념/실속(Concept/Budget)' , '정지/최상급(Time out/Superior)' 라는 상품

그림 3.3 Contiki는 젊고 즐거움을 추구하는 여행자를 겨냥한다.

들 사이에서 선택할 수 있다. 캠핑은 외향적이며 가꾸는 것에 신경을 쓰지 않는 여행자들을 위한 상품이고 개념/실속은 배낭여행 유형의 숙박으로 좀 더 많은 시간과 금전적 여유를 원하는 여행자를 위한 상품이며, 정지/최상급은 많은 볼거리, 자유시간, 추가 관광 등을 선호하고 상급 여행자 호텔에서 숙박하길 원하는 여행자를 위한 상품이다.

### 중요한 속성과 결정적 속성

**학습목표 4**
서비스 시장을 세분화하는 데 중요한 속성과 결정적 속성의 차이란 무엇인가?

세분 시장에서 고객의 욕구를 정확히 충족시키는 서비스 속성들을 선택하는 것은 중요하다. 기업들은 경쟁사가 제안하는 상품들과 자신들의 상품들을 차별화시키는 데 도움이 되는 속성들을 알고 싶어 한다. 그러나 경쟁하는 서비스들을 차별화하는 속성이 항상 **가장 중요한 속성**(most important attribute)은 아닐 수 도 있다. 예를 들어 안전은 항공서비스의 선택에서 가장 중요한 속성으로 간주될 수 있다. 소비자는 안전에 문제가 있다는 평판을 듣는 항공사를 이용하는 것은 피할 것이다. 그러나 그런 문제가 될 만한 대안들을 제외하면, 대부분의 항공 서비스는 기본적으로 안전에서는 동등한 높은 수준의 서비스를 제공할 것이라고 기대되기 때문에, 안전이라는 속성이 최종 선택에 큰 영향을 미치지 못한다.

그림 3.4 편리한 출발은 비즈니스 여행자에게는 결정적 속성이다.

**결정적 속성**(determinant attribute, 특정 대안을 결정하도록 만드는 속성)이 의사결정에 중요한 서비스 특성의 목록 상단에 오르지 못하는 경우도 가끔 발생한다. 그러나 이것들은 소비자가 경쟁적 대안들 속에서 중요한 차이라고 여기는 속성들이다. 예를 들어 출발과 도착시간의 편리함(그림 3.4), 마일리지 이용가능성, 단골고객 라운지 서비스, 기내 서비스 수준 등이 비즈니스 석을 이용하는 여행자에게는 항공사를 선택할 때 결정적인 속성으로 작용한다. 반대로 염가추구형 여행자에게는 가격이 결정적인 속성이 될 수 있다.

제2장에서, 중요한 속성은 동일한데도 불구하고 소비자가 다른 의사결정 규칙을 사용하고 결과적으로 다른 선택을 하게 되는 것을 볼 수 있었다. 예를 들어 표 2.1에서 가장 중요한 속성은 세탁의 질이다. 그러나 소비자가 결합식 규칙을 사용하면 최소 점수가 어디냐에 따라서 세 번째로 중요한 속성인 가격이 결정적 속성이 될 수도 있다. 소비자의 마음속에 기업의 서비스가 두드러지도록 만드는 효과적 포지셔닝을 하려면 결정적 속성을 정의하는 것이 가장 중요하다.

### 서비스 수준에 따른 세분화

**학습목표 5**
서비스 시장의 세분화를 위해 서비스 수준의 차이를 어떻게 사용할 것인가?

세분화에 사용되는 속성들을 정의하는 것과는 별도로, 각 속성의 성과 수준에 대한 의사결정이 이루어져야 한다.[2] 어떤 서비스 속성은 쉽게 정량화될 수 있지만 다른 속성은 정성적인 것도 있다. 예를 들어 가격은 정량적인 속성이다. 반면에 인적 서비스의 질, 호텔의 호화스러움 등과 같은 속성은 정성적인 특성을 많이 지니고 있다. 소비자는 저렴한 가격에 몇몇 서비스의 수준을 포기할 수 있는 정도에 따라서 종종 분류되기도 한다. 가격에 덜 민감한 소비자는 그들에게 중요한 속성에 높은 수준의 서비스를 얻기 위해 비교적 높은 가격을 낼 용의가 있다. 반대로 가격에 민감한 소비자는 대부분의 중요한 속성에서 낮은 성과가 예상됨에도 불구하고 저렴하다는 이유로 해당 서비스를 찾을 것이다(서비스 인사이트 3.2).

시장세분화는 주요 세분 시장과 관련성을 가지는 여러 가지 잠재적 속성들과 서비스 수준을 판단하는 데 도움을 준다. 하나의 세분 시장의 구조가 이해되면, 기업은 그들 세분 시장 중에 어떤 곳을 표적으로 할지 결정하는 데 집중할 수 있게 된다.

## 서비스 인사이트 3.2

### Capsule Hotels

Capsule 호텔은 거의 벽장 크기의 작은 방으로 이루어져 있다. 이러한 벽장 같은 방은 하룻밤 이용하는 데 단돈 18달러면 가능하다. 이러한 호텔의 주요 장점은 편리함과 가격이다. 이 사업은 1980년대에 공간이 협소한 일본에서 시작되었으나 최근까지 다른 나라에서는 유행하지 않았다. 현재는 뉴욕의 Pod 호텔, 런던의 Yotel, 암스테르담의 Citizen M과 Qbic, 말레이지아 쿠알라룸푸르의 StayOrange.com 호텔 등과 같은 Capsule 호텔 체인이 많은 나라에서 시작되고 있다. 상하이도 이러한 흐름에 동참했다. Xitai Capsule 호텔이라 불리는 첫 번째 캡슐 호텔이 2011년 1월에 문을 열었다.

이러한 새로운 체인들은 일본에서의 초기 Capsule 호텔과 차별화를 위해 몇 가지 서비스를 수정했다. 예를 들어 Yotel 그룹은 캐빈(Cabin)이라고 부르는 다른 등급의 방을 제공한다. 이러한 콘셉트는 일본의 Capsule 호텔과 British Airline의 일등석 캐빈을 융합한 것이었다. 예를 들어 고급 객실에서는 더블침대가 버튼 하나를 누르면 소파로 변하며 여행용 손가방을 넣을 수 있는 테이블, 호화로운 목욕탕, 펼칠 수 있는 책상, 자유로운 인터넷 이용과 평면 TV, 24시간 서비스와 같은 하이테크 시설 등이 준비되어 있다. 런던 히스로(Heathrow) 공항의 고급 캡슐객실의 사용료는 4시간 기준으로 40파운드이며, 그 이후부터는 시간당 6.5파운드가 추가된다.

Yotel과 Qbic은 공격적인 성장 전략을 가지고 있으며, 우리는 Capsule 호텔이 미래에 저렴한 서비스를 중요하게 여기는 여행자들이 이용할 주요 서비스가 될 것으로 기대한다.

출처

http://www.stayorange.com/; www.yotel.com; http://en.wikipedia.org/wiki/Capsule_hotel, accessed on March 12, 2012; *The Economist*, "Capsule Hotel: Thinking Small," November 17, 2007.

학습목표 6
경쟁우위를 위한 네 가지 집중 전략을 이용하여 어떻게 서비스 고객을 표적화할 것인가?

# 표적 서비스 시장 선정

서비스 기업들은 다양한 유형의 소비자들을 대하는 능력에서 매우 많은 편차를 보인다. 경쟁적 우위를 보유한다는 것은 결국 더욱 집중해야 한다는 것을 의미한다.[3] 전체 시장에서 경쟁하려고 노력하는 것보다는 가장 잘 서비스할 수 있는 시장(표적 시장)의 고객들에게 노력을 집중하는 것이 바람직하다. 거의 모든 성공적인 서비스 기업들은 이러한 개념을 잘 활용하고 있다.

## 집중을 통한 경쟁우위 달성

마케팅 용어 중 '집중(focusing)' 은 특정 시장 분야에 대한 비교적 좁은 상품 믹스를 제공하는 것을 의미한다. 기업의 집중 정도는 시장 집중(market focus)과 서비스 집중(service focus)이라는 두 가지 차원으로 설명될 수 있다.[4] **시장 집중**은 기업이 활동하는 시장의 많고 적은 정도를 나타내고, **서비스 집중**은 기업이 제공하는 서비스의 폭이 넓고 좁은 정도를 의미한다. 이 두 가지 차원은 그림 3.5에 보이는 네 가지 기본적 집중 전략을 만들어 낸다. 네 가지 기본적 집중 전략은 다음과 같다.

▶ 완전한 집중(fully focused). 완전한 집중을 하는 기업은 좁고 특정한 시장에 제한된 범위의 서비스(아마도 하나의 핵심상품)를 제공한다. 예를 들어 개인 전세비행기 서비스는 초부유층이나 기업에 집중할 것이다(그림 3.6). 기업이 특정 시장에 특화된 전문집단이라는 이미지를 만드는 데 성공한다면, 그것은 잠재 경쟁자의 진입에 대해 보호장치 역할을 할 것이고, 기업은 높은 가격대를 유지할 수 있을 것이다. Shouldice Hospital은 완전한 집중 전략의 예인데, 이 병원은 탈장 문제만 있는 건강한 40에서 60

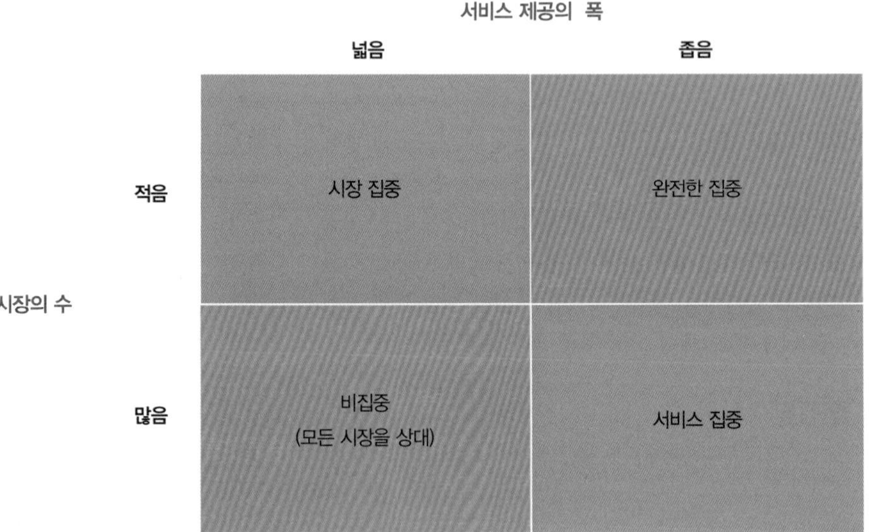


**그림 3.5** 서비스의 기본적인 집중 전략

출처
Achieving Focus in Service Organization, Johnson, R. The Service Industries Journal 16 (January): 10-20. January 1, 1996, reprinted by permission of Taylor & Francis Ltd, http://www.tandf.co.uk/journals

대 환자의 수술에만 집중한다. 그들의 집중 덕분에 병원의 외과수술과 서비스 수준의 질은 최상급으로 평가받는다.

가장 큰 위험은 시장 규모가 너무 작아서 재무적인 성공을 위해 필요로 하는 최소한의 사업 규모를 가질 수 없다는 것이다. 대체재의 등장이나 경기의 침체로 인해 서비스에 대한 수요가 줄어들 위험도 존재한다.

그림 3.6 VIP들을 위한 개인 전세비행기 서비스

▶ 시장 집중(market focused). 시장에 집중하는 기업은 좁은 세분 시장에 집중하지만 폭넓은 서비스를 제공한다. 서비스 인사이트 3.3은 B2B 서비스 제공자인 Rentokil Initial 기업의 사례를 보여준다. Rentokil은 시설 관리와 관련된 서비스에서 아웃소싱의 증가 트렌드를 통해 수익을 올렸고, 그 결과 기업이 고객을 위해 다양한 범위의 서비스를 개발할 수 있게 되었다.
시장 집중 전략을 채택하는 것은 기업이 한 고객에게 다양한 서비스를 판매할 수 있기 때문에 매력적으로 보이기도 한다. 그러나 시장 집중 전략을 선택하기 전에 경영자는 그들의 기업이 각기 다른 서비스를 전달하는 데 뛰어난 성과를 보일 수 있는 운영 능력을 가지고 있는지를 확인할 필요가 있다. 그들은 또한 소비자의 구매행동과 선호에 대해 이해하고 있어야 한다. B2B 상황에서는 같은 고객에게 추가적인 서비스를 판매하는 것이 항상 쉬운 일만은 아니다. 새로운 서비스 구매의 의사결정이 고객 기업 내의 (거래하던 부서가 아닌) 전혀 다른 부서에 의해 검토되는 것을 발견하게 되면 많은 기업들은 실망에 빠지게 된다.

▶ 서비스 집중(service focused). 서비스에 집중하는 기업은 아주 넓은 시장에 좁은 범위 의 서비스를 제공한다(그림 3.7). 매우 표준화된 제품으로 광범위한 고객에게 서비스하고 있는 라식 눈 수술 클리닉이나 스타벅스 커피와 같은 점포들은 서비스 집중전략을 채택하고 있다. 그러나 새로운 시장이 추가되면, 회사는 각 세분 시장에 서비스할 기술과 지식을 개발할 필요가 있다. 이 전략은 마케팅 커뮤니케이션에의 많은 투자와 광범위한 판매 노력을 요구하기도 한다.

그림 3.7 창고 서비스 기업은 넓은 시장에 물류 서비스를 제공한다.

▶ 비집중(unfocused). 많은 서비스 제공 기업은 넓은 시장과 다양한 범위의 서비스를 제

## 서비스 인사이트 3.3

### Rontokil Initial의 다양한 서비스에 대한 시장 집중 브랜드 전략

2010년 25억 파운드(약 3조 8천억 원)의 이익을 낸 Rentokil Initial은 세계에서 가장 큰 B2B 서비스 기업 중 하나이다. 이 회사는 50개국 이상에서 약 68,000명의 직원을 가지고 있다. 해당 국가에서 'Rentokil' 과 'Initial' 이라는 브랜드는 혁신과 전문지식, 지속적인 품질 높은 서비스 제공을 의미한다. 처음에는 쥐약과 삼림 파괴 벌레를 죽이는 살충제를 만드는 영국 국적의 회사였다. 고객이 해충을 제거하기 위해 사용할 제품을 판매하는 것보다는 설치류를 제거해 주는 서비스를 제공하는 것이 더 많은 돈을 벌 수 있다는 것을 깨닫게 되었을 때, 이 회사는 발 빠르게 해충 통제와 박멸 회사로 전환하였다.

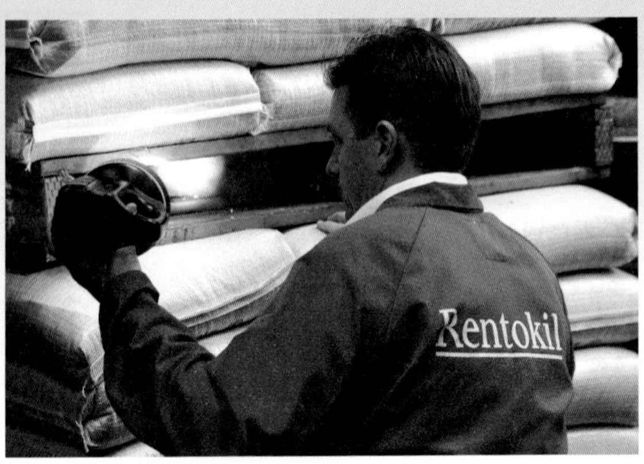


회사 자체의 성장과 다른 회사들을 인수함으로써 Rentokil은 점검, 비상전원설비, 보안, 소포 전달, 실내 식물조경, 특화된 청소 서비스, 해충 통제, 유니폼 임대와 세탁, 병원 쓰레기 수거와 처리, 대인서비스, 화장실 청소서비스 등 다양한 영역의 서비스 상품을 갖추었다.

기존의 소비자에게 추가적인 서비스 사용을 홍보하는 것이 회사 전략의 중요한 부분이다.이니셜 통합서비스(Initial Integrated Service)는 고객에게 완전한 통합서비스를 제공한다. 고객은 다양한 서비스를 이용하지만 하나의 계산서, 1명의 거래상대, 단일 창구, 단일 계약, 하나의 서비스팀이라는 특성을 지닌 독특한 서비스를 이용하게 된다.

이 기업의 최고경영자였던 Clive Thomson에 따르면, "우리 기업의 목표는 덕망 있는 서비스 그룹으로 인정받는 것이다. 우리는 동일한 브랜드 이름 아래, 산업적 · 상업적 영역에서 품질 높은 서비스를 제공하므로, 하나의 서비스에 만족한 고객은 잠정적으로 또 다른 서비스 영역에서 만족한 고객이 될 가능성이 높다. 우리가 빌딩 인테리어용 열대식물의 공급과 관리 사업에 뛰어든 당시에는 이상한 결정이라고 간주되었다. 그러한 결정을 한 이유 중 하나는 의사결정자(잠재고객)에게 우리의 브랜드를 보여주기 위해서였다. 식물을 관리하는 우리의 서비스 직원이 (고객)기업의 문앞을 계속 지나 다녔고, 결국 우리의 브랜드가 고객의 눈에 띌 수 있었다. 우리의 존재를 쉽게 인식할 수 없는 해충관리 서비스와는 반대로 열대식물 서비스는 우리의 존재를 쉽게 인식 가능하게 하는 것이었다. 우리의 브랜드는 정직, 신뢰성, 꾸준함, 통합성, 기술적인 리더십 등을 의미한다."

연구 개발에 대한 투자는 많은 서비스 분야의 지속적 개선을 가져왔다. 예를 들어 레이더(RADAR)라는 아주 지능적인 쥐덫을 만들었다. 쥐덫은 밀폐된 공간으로 쥐를 유인해 이산화탄소를 주입하는 잔인해 보이지 않는 방법으로 죽인다. Rentokil만의 독특한 '페스트커넥트(pestconnect)' 기술을 사용하여, 설치류가 덫에 잡혔을 때 고객과 지사에 이메일을 보낸다. 페스트커넥트는 매 10분마다 RADAR 유닛을 체크해 준다. Rentokil의 기술자는 해당 고객, 설치된 덫의 유형, 위치 등에 대한 메시지를 받고 즉각 죽은 설치류를 치워서 해당 덫이 계속 기능을 발휘하도록 조치한다.

Rentokil Initial은 기업의 핵심 브랜드 가치를 이용하여 많은 사업적 · 상업적 서비스를 포지션할 수 있는 능력으로 성공할 수 있었다. 뛰어난 수준의 고객 관리 서비스를 제공하고 가장 기술적으로 진보된 서비스와 제품을 사용함으로써 핵심 브랜드는 더욱 빛이 났다. 눈에 띄는 유니폼, 차량 색깔, 기업 로고의 사용과 같은 물리적 증거 등을 통해 브랜드 이미지는 더욱 강화될 수 있었다.

출처

Clive Thompson, "Rentokil Initial: Building a Strong Corporate Brand for Growth and Diversity," in F. Gilmore (ed.) *Brand Warriors* (London: HarperCollinsBusiness, 1997), 123?124; TXT Technology 4 Pest Control, press release, December 6, 2005, www.rentokil-initial.com, accessed March12, 2012.

공하려고 노력하다 보면 결국 비집중 기업이 되기도 한다. 이 전략의 위험은 비집중 기업이 종종 어느 시장에서도 지배적인 위치를 차지하지 못하는 어중간한 위치에 놓일 수 있다는 것이다. 일반적으로는 비록 공공사업이나 정부관계기관은 이러한 전략이 필요하다고 생각되기도 하지만 일반적인 관점에서 비집중 전략은 좋은 아이디어라고 할 수 없다. 몇몇 백화점이 이 전략을 채택하고 있는데 더욱 집중화된 경쟁자(하이퍼 마켓과 전문점들)와 계속 경쟁하는 어려움을 겪고 있다.

기업은 세분 시장이든 서비스든 특정한 곳에 집중하는 전략을 추천받는다. 그러면 세 가지 집중전략 중에서 어떤 것을 선택해야하는가? 이러한 결정은 3Cs, 시장 세분화, 표적시장 분석 등과 관련된다. 예를 들어 시장 집중전략은 (a) 고객이 원스톱 쇼핑의 편리함에 더 가치를 둘 때, (b) 기업이 다수의 서비스를 경쟁자보다 더 잘 전달해 줄 수 있을 때, (c) 동일한 고객에게 다수의 서비스를 판매하는 것이 상당한 시너지를 발생시킬 때(B2B 상황에 적합, 서비스 인사이트 3.3 Rentokil Initial 참조) 적절하며 고객에게 더 나은 서비스 혹은 더 저렴한 가격을 제공할 수 있게 해 준다.

서비스 집중전략은 기업이 특정 서비스를 아주 잘 그리고 저렴하게 전달할 수 있는 독특한 설비와 자원을 보유하고 있을 때 제일 잘 작동할 수 있다. 그런 기업은 보다 넓은 시장(동시에 많은 고객 시장)에 서비스를 제공하는 기회를 갖게 되기를 바란다.

마지막으로 완전한 집중전략은, 특정 시장이 매우 특정한 욕구를 가지고 있고 독특한 서비스 환경, 서비스 과정, 기업의 최전선에 있는 종업원과의 상호작용 등을 요구할 때 잘 작동한다. 완전한 집중전략은 집중과 경험 덕분에 뛰어난 품질과 저렴한 비용으로 제공될 수 있다. Shouldice Hospital이 좋은 예이다. 병원은 다른 곳은 건강하고 침상에 머무를 필요 없는 탈장환자들의 요구에 맞게 디자인 되었다. 환자는 매우 낮은 가격에 뛰어난 품질의 수술을 받을 수 있다. 병원은 다른 종류의 환자는 받을 수 없지만, 이러한 환경은 탈장 치료를 받기 원하는 환자들에게 Shouldice Hospital이 완벽한 병원으로 인식되도록 만든다.

집중에 대한 결정은 서비스 기업에게 매우 중요하다. 추가 서비스의 제공은 수행비용과 과정의 복잡성을 심각하게 증가시킬 수 있다. 비슷한 맥락으로, 기업이 동일한 기본 서비스를 다른 세분 시장에 팔려고 할 때, 새로운 세분 시장은 그들의 욕구와 요구사항을 충족시키도록 기업의 설비나 프로세스의 변경을 요구할 수 있다는 점을 고려해야 한다.

## 서비스 포지셔닝

**학습목표 7**
경쟁자와 차별화할 수 있도록 어떻게 서비스를 포지셔닝할 것인가?

포지셔닝 전략은 기업이 장기적인 관계를 맺기를 원하는 고객에 의하여 주목받고 가치를 인정받도록 해 주는 명확한 차별성을 만들어 내고 의사소통하고 유지하는 것과 관련된다. 성공적인 포지셔닝을 위해서 관리자는 고객의 선호, 고객의 가치, 경쟁자 상품의 특성 등을 잘 이해해야 한다. 가격과 제품 속성은 포지셔닝 전략에서 가장 일반적으로 사용되는 마케팅의 4P 중 두 가지이다. 그러나 서비스 분야에서 포지셔닝은 서비스 마케팅 믹스의 다른 것들과 관련이 되기도 한다. 그것들은 서비스 직원(Personnel), 서비스 프로세스(Processes), 서비스 일정, 위치, 서비스 환경 등이다.

Jack Trout는 포지셔닝의 정수를 담은 다음과 같은 네 가지 원칙을 언급하였다.[5]

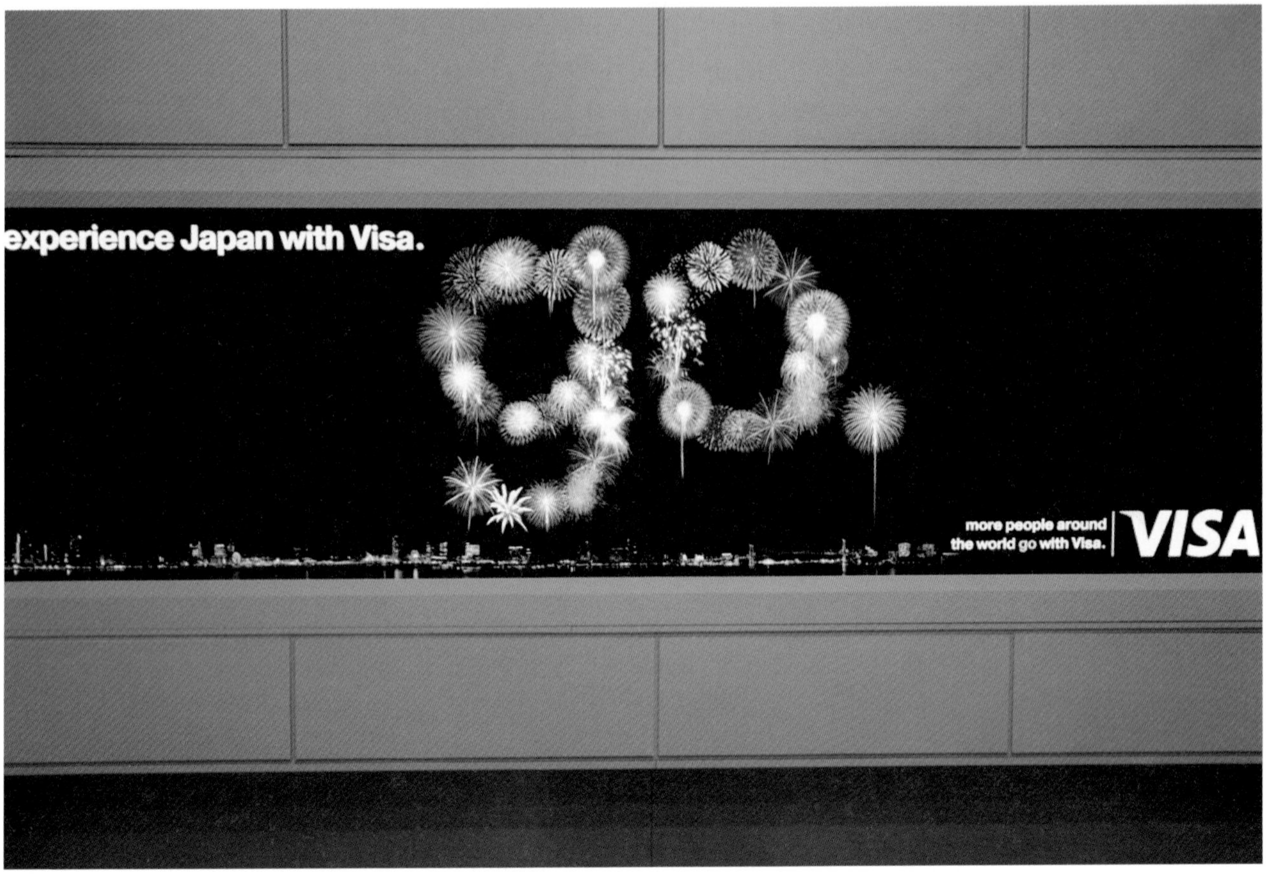

그림 3.8 Visa는 국제적으로 하나의 단순한 메시지만 전달한다.

"내 결정적 실수는 경쟁자가 내 웹사이트에서 광고하게 한 것이라는 것을 난 뒤늦게 알았지."

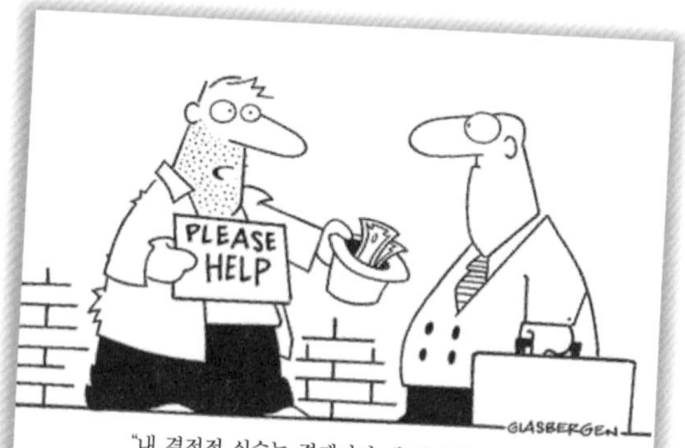

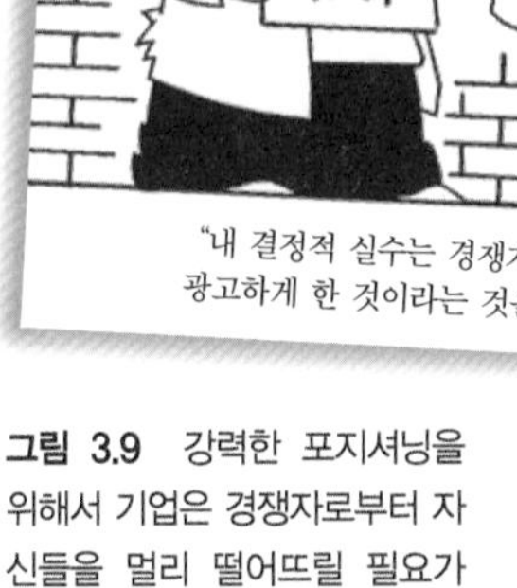

그림 3.9 강력한 포지셔닝을 위해서 기업은 경쟁자로부터 자신들을 멀리 떨어뜨릴 필요가 있다.

1. 기업은 표적 소비자의 마음속에 특정 위치를 차지해야 한다.
2. 포지션은 한 가지 단순하면서도 지속적인 메시지를 지녀야 한다(그림 3.8).
3. 포지션은 기업을 경쟁자로부터 멀리 떨어뜨려야 한다(그림 3.9).
4. 기업은 모든 사람들에게 받아들여질 수는 없다. 따라서 노력을 집중해야만 한다.

이러한 원칙은 소비자를 놓고 경쟁하는 어떤 유형의 기업에도 적용 가능하다. 기업은 경쟁력 있는 포지션을 구축하기 위해 포지셔닝 원칙을 이해해야 한다. 효과적인 포지셔닝 전략을 위해서 서비스 관리자는 먼저 기업이 현재 고객에게 어떻게 받아들여지는지 분석한 후 다음에 제시하는 여섯 가지 질문에 대한 대답을 할 수 있어야 한다.

1. 현재 및 잠재 소비자의 마음속에서 우리 기업은 어떤 의미로 받아들여지고 있는가?
2. 지금 우리는 어떤 소비자에게 서비스하고 있으며, 미래의 고객으로 표적화할 수 있는 소비자는 누구인가?

**그림 3.10** 세계 4대 회계기업은 PricewaterhouseCoopers, Deloitte Touche Tohmatsu, Ernst & Young, KPMG이다.

3. 현재 우리 서비스 상품의 포지셔닝은 얼마나 가치 있으며, 어떤 세분 시장을 겨냥하고 있는가?
4. 우리 서비스 상품은 경쟁사의 상품과 어떻게 차별화되고 있는가?
5. 표적 시장의 고객은 우리의 서비스 상품이 그들의 욕구를 얼마나 충족시킨다고 생각하고 있는가?
6. 표적 시장에서 경쟁적인 포지션을 강화하려면 서비스 상품에 어떤 변화가 필요한가?

포지셔닝 전략을 개발하는 데 고려해야 할 것 중 하나는, 경쟁자와 차별화할 수 있지만 쉽게 모방할 수 있는 위치에 너무 많은 투자를 하게 되는 함정을 조심하는 것이다. Kevin Keller, Brian Sternthal, Alice Tybout와 같은 연구자들은 "포지셔닝은 경쟁자를 밖으로 몰아내는 것이지, 그들을 안으로 끌어들이는 것이 아니다."라고 지적한다.[6] 탁아소 체인인 BH의 창업자인 Roger Brown, Linda Mason은 그들의 서비스 콘셉트와 비즈니스 모델을 개발하면서 해당 산업을 면밀히 살펴보았다.[7] 탁아기업이 수익을 내기 위해서는 저비용 전략을 채택해야 한다는 것을 발견하고는 경쟁자들이 모방하기 매우 어려운 전략을 선택하게 되었다.

회계감사 서비스를 찾는 대기업들에서도 유사한 점이 발견된다. 그들은 전형적으로 4대 회계기업들(그림 3.10) 중 하나와 거래를 했다. 요즘은 많은 기업들이 좀 더 나은 서비스, 저렴한 비용 등을 찾아서 새로운 회계기업으로 거래를 전환하고 있다.[8] 해당 산업에서 5위 기업인 Grant Thornton은 자신을 접촉하기 쉬운 기업이며 회계 사업에 대한 열정을 가지고 있는 기업으로 포지션하는 데 성공하였다. 회사의 광고는 매년 수익이 120억 달러 이상되는 기업들을 상대로 감사 서비스를 제공하는 기업들 중에 가장 높은 성과를 보여준 기업으로 J.D. Power에서 수상한 것을 홍보하고 있다.

**학습목표 8**
효과적인 포지셔닝 전략이란 무엇인가?

### 효과적인 포지셔닝 전략의 개발

집중의 중요성과 포지셔닝 원칙을 이해하였으므로, 이제 포지셔닝 전략을 어떻게 만드는지에 대해 논의해 본다. 제3장의 앞 부분 그림 3.1에서 보여지는 대로, 서비스 마케팅 전략과 실행계획을 위해서는 STP가 3Cs 분석과 연결되어야 한다. 그에 따라 포지션 문구가 만들어질 수 있고 서비스 기업은 다음과 같은 질문에 대답을 할 수 있게 된다. 우리의 제품이 무엇이며 서비스 콘셉트는 무엇인가? 우리의 소비자는 누구인가? 우리는 무엇이 되고 싶은가? 그곳에 도달하기 위해 우리는 무엇을 해야 하는가?

좋은 포지셔닝 문구를 쓰기 위해서는 다음의 네 가지 요소가 있어야 한다.[9]

- 표적 청중—기업이 판매하고 서비스하기를 원하는 특정 사람들의 그룹(예 : 복잡하지 않은 휴일을 즐기기 원하는 부유한 은퇴자들, 그림 3.11)
- 준거 기준—기업이 경쟁하고 싶은 범위(일례로 여행사)
- 차별점—경쟁으로부터 기업을 돋보이게 만드는 가장 강력한 편익(일례로 가이드가 동반되고 배우자끼리 여유롭게 보낼 수 있도록 디자인된 맞춤형 여행 패키지, 그림 3.12)
- 신뢰할 수 있는 이유—기업이 약속된 편익을 전달할 수 있다는 증거(예 : 휴일에 은퇴자들이 무엇을 원하는지 잘 알고 있는 은퇴자들로 구성된 기업)

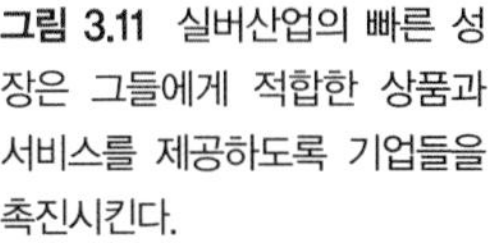

**그림 3.11** 실버산업의 빠른 성장은 그들에게 적합한 상품과 서비스를 제공하도록 기업들을 촉진시킨다.

**그림 3.12** 경쟁 분석을 하고 있는 경영진

3Cs와 STP 분석을 통합하여 완성된 포지셔닝 문구는 시장에서 조직의 바람직한 위치를 규정해 준다. 이러한 이해를 바탕으로 마케팅 관리자는 다음과 같은 다양한 행동계획을 세울 수 있다. 서비스 마케팅의 7P로 이루어진 포지셔닝 전략, 고객관계 관리, 충성고객 전략, 서비스 품질과 생산성 전략이다.

## 경쟁 위치를 분석하기 위한 포지셔닝 맵의 사용

**학습목표 9**
경쟁 전략을 분석하고 개발하는 데 포지셔닝 맵은 어떻게 도움을 주는가?

포지셔닝 맵(positioning map)은 경쟁 위치를 시각화하거나 시간의 경과에 따른 발전을 도식화하는 것이며, 잠재적인 경쟁자의 반응에 대한 시나리오를 만드는 데 아주 훌륭한 도구이다. 포지셔닝 맵(종종 지각도라고 불린다)을 만드는 것은 시장에 존재하는 경쟁제품에 대한 소비자의 지각을 도식적으로 표현하는 데 유용한 방법이다. 세 가지 속성을 보여 주기 위해 3차원 모델이 사용될 수도 있지만 보통 지도는 2개의 속성(축)을 가진다. 시장에서 제품의 성과를 보여주기 위해 세 가지보다 많은 속성이 이용된다면, 한꺼번에 보여주기 불가능하므로 개별적인 지도가 그려져야 한다.

제품이나 기업의 상대적 위치에 대한 정보는 시장에서 수집되는 자료나 소비자들에 의한 평가로부터 얻어질 수 있다. 서비스 특성에 대한 소비자의 지각이 현실과 많이 다르다면,

지각을 바꾸기 위하여 의사소통 노력이 필요하다. 이 부분은 제7장에서 다룰 것이다.

### 호텔산업의 포지셔닝 맵 적용 사례

호텔사업은 매우 경쟁적이다. 특히 객실의 공급이 수요를 넘어서는 계절에는 더욱 그렇다. 대도시를 방문하는 고객은 여러 등급의 호텔 중에서 객실을 선택하는 데 몇 가지 옵션이 있다는 것을 알게 된다. 어떤 고객은 화려함과 편안함의 정도를 가지고 선택할 것이고, 어떤 고객은 위치, 안전, 청결, 단골고객 우대 등과 같은 속성에 근거하여 선택하기도 한다(그림 3.13).

실제 상황에서 포지셔닝 맵을 어떻게 적용하는지 살펴보자. 성공적인 4성급 호텔인 Palace 호텔의 경영진은 그들과 경쟁호텔의 포지셔닝 맵을 만들었다. 이것은 우리가 벨빌(Belleville)이라고 부르는 대도시에서 영업하는 호텔의 현재 시장 위치와 미래의 위협 요소에 대해 잘 이해할 수 있도록 도와준다.

금융지역의 끝에 위치한 Palace 호텔은 몇 년 전에 상당히 많은 부분을 리노베이션하여 현대화시킨 우아하고 유서 깊은 곳이다. Palace의 경쟁자는 8개의 4성급 호텔과 도시에서 가장 오래된 5성급 Grand 호텔이다. Palace는 현재 수익성이 좋으며, 평균 이상의 객실 점유율을 보여준다. 한 해 중 여러 달 동안 100%의 주말 예약률을 달성하고 있다. 이러한 결과는 여행자나 컨퍼런스 참석자에 비해 높은 객실료를 낼 수 있는 비즈니스맨들이 Palace를 선호하기 때문이다. 그러나 경영진은 앞으로의 문제점을 예상하고 있다. 도시에는 4개의 큰 호텔이 신설될 예정이며 Grand 호텔은 리노베이션과 호텔 공간을 확장하는 신규 건물공사를 동시에 시작했다. 그 때문에 Palace 호텔이 경쟁에서 뒤쳐지는 것처럼 소비자가 인식할 위험이 생긴 것이다.

**그림 3.13** 두바이의 Burj Al Arab 같은 고급 호텔은 개인서비스, 물리적 시설의 화려함, 위치와 같은 속성에서 결정적인 우위를 점하고 있는 것으로 포지션되어 있다.

경쟁 위협의 실상을 더 잘 이해할 필요를 느낀 호텔의 경영팀은 새로운 경쟁자의 등장 전후로 비즈니스 여행자 시장에서 Palace 호텔의 위치가 어떻게 변화하는지를 보여주는 도표를 만들기 위해서 전문 컨설턴트와 작업을 하였다. 객실료, 개인서비스 수준, 시설의 화려함, 위치라는 네 가지 속성이 연구에 반영되었다.

### 자료원

이번 경우에, Palace의 경영진은 새로운 소비자 조사를 실시하지 않고 다음과 같은 다양한 정보원을 통해 소비자의 의견에 대한 자료를 수집하였다.

- ▶ 인쇄, 출판된 정보
- ▶ 과거 조사를 통한 자료
- ▶ 여행사와 소비자와 자주 접촉하는 호텔 직원들로부터의 보고서

이미 위치가 파악된 경쟁 호텔에 대한 정보는 얻기 쉬웠다. 정보는 다음과 같은 방법을 통하여 수집되었다.

- ▶ 유형의 시설물들은 방문하여 평가
- ▶ 판매부에서 경쟁사의 가격정책과 할인정책에 대해 지속적으로 모니터링
- ▶ 서비스 수준 측정을 위해 직원대비 객실의 비율 사용
- ▶ 여행사를 대상으로 이루어졌던 Palace 호텔의 조사 결과를 활용하여 경쟁사 인적 서비스의 질에 대한 추가 정보 확보

### 척도와 호텔 평가

각 속성에 대한 척도가 만들어지고 각 호텔은 속성에 따라 평가되어서 포지셔닝 맵이 그려질 수 있었다.

- ▶ 가격은 간단하게 비즈니스 여행자를 위한 표준 싱글 룸의 평균 가격을 비교하여 각 호텔의 가격 등급을 계산하였다.
- ▶ 서비스 수준은 직원당 객실 수 비율을 이용하였다. 비율이 낮을수록 높은 서비스를 의미한다. 이 척도는 주요 경쟁자에 의해 제공되는 실제 서비스의 질에 대한 정보에 따라 약간 수정(조정)되었다.
- ▶ 호화로움의 수준에 대한 판단은 주관적으로 진행했다. 관리팀은 가장 호화로운 호텔로 Grand 호텔을 선정하였고, 가장 수수한 호텔로 Airport Plaza 호텔을 선정하였다. 이 두 호텔을 양극단의 기준점으로 하여, 나머지 4성급 호텔의 호화로운 정도를 수치화하였다.
- ▶ 위치와 관련된 준거점으로 금융구역의 중심부에 있는 주식거래소 건물을 사용하였다. 과거 연구는 Palace 호텔 비즈니스 고객의 대부분은 금융구역 안에 있는 목적지를 방문하기 위해 왔다는 사실을 알려준다. 10개의 경쟁 호텔은 모두 지름 4마일 안에 위치해 있다. 이 지역은 주식거래소에서부터 컨벤션센터가 위치한 쇼핑 지역을 지나 가까운 근교 지역과 공항까지를 포함한다.

현재의 경쟁 상황을 묘사하기 위해 2개의 포지셔닝 맵이 만들어졌다. 첫 번째(그림 3.14)는 가격과 서비스 수준이라는 차원에서 10개 호텔의 위치를 보여준다. 두 번째(그림 3.15)는 위치와 호화로운 시설 정도에 따른 각 호텔의 위치를 보여준다.

### 시사점

몇몇 결과들은 다소 직관적인 이해가 필요하지만 대부분 주목할 만한 시사점을 보여준다.

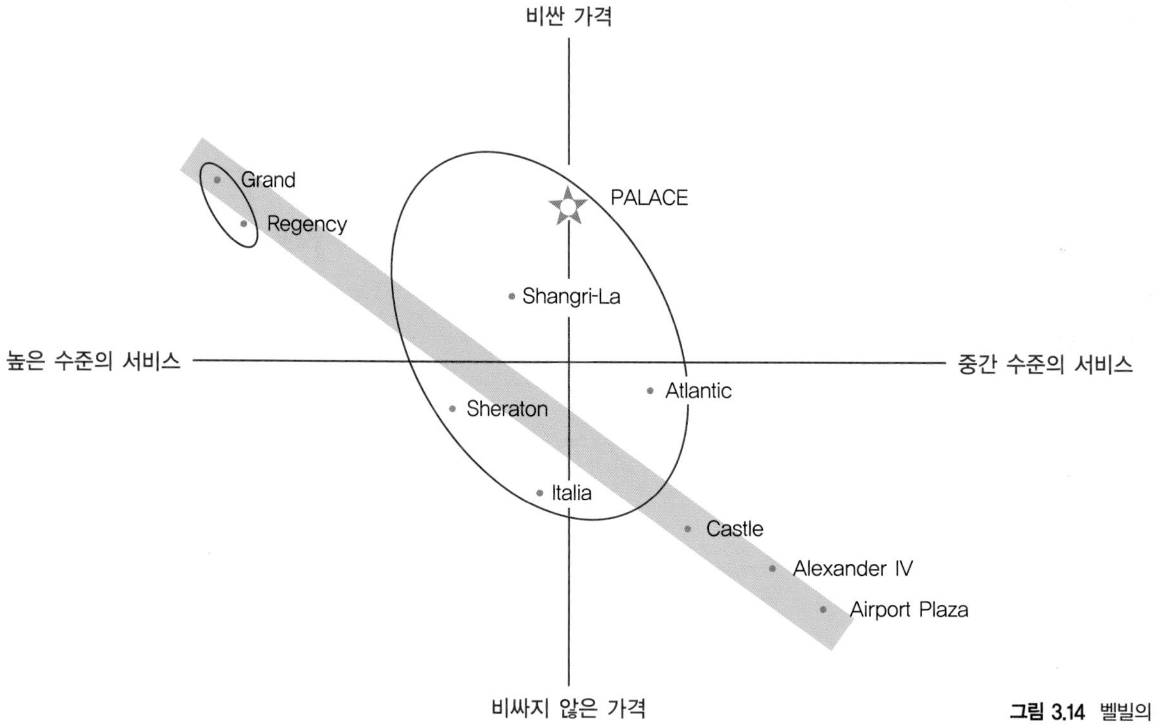


**그림 3.14** 벨빌의 주요 비즈니스 호텔 포지셔닝 맵 : 서비스 수준 대 가격 수준

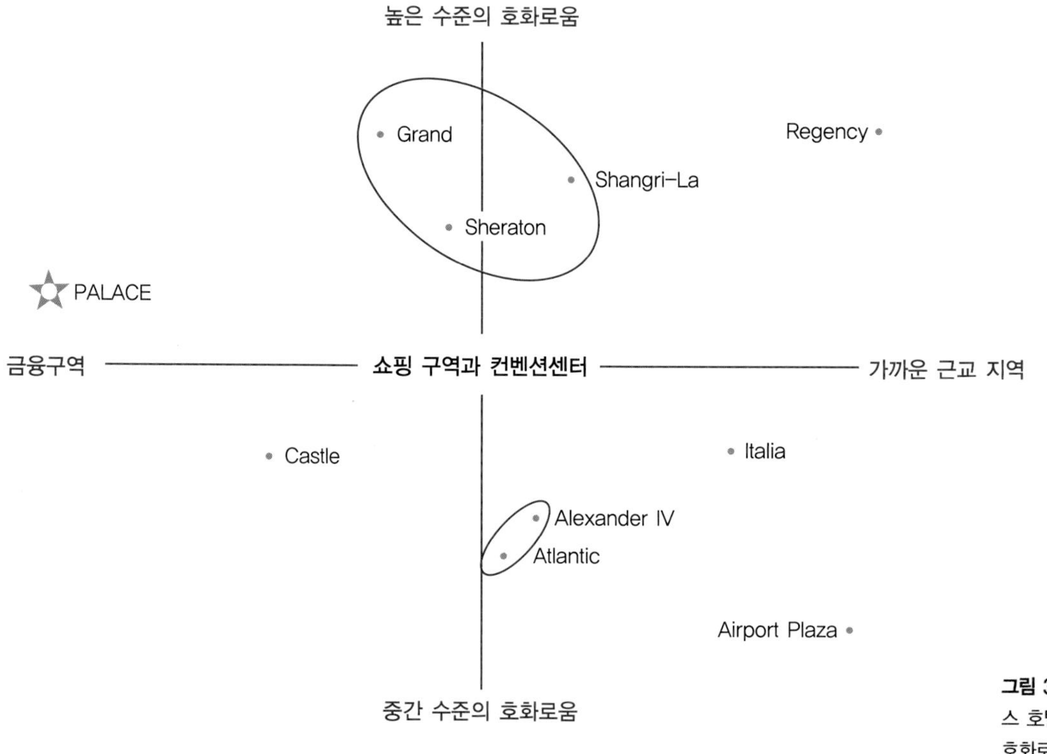


**그림 3.15** 벨빌의 주요 비즈니스 호텔 포지셔닝 맵 : 위치 대 호화로운 시설

**그림 3.16** 몬트리올 컨벤션센터의 만화경 같은 유리들은 호텔과 다른 서비스 제공자를 위한 거대한 인기장식물이다.

- 첫 번째 그림 3.14는 가격과 서비스 속성의 명확한 관련성을 보여준다. 높은 수준의 서비스를 제공하는 호텔은 비교적 비싼 요금을 받는다. 좌상에서 우하로 이어진 막대 모양은 이러한 관계를 의미한다.
- 추가 분석은 호텔이 이미 3개의 그룹으로 형성되는 것을 보여준다. 최고 그룹에는 4성급 Regency 호텔이 5성급의 Grand 호텔과 함께 있다. 중간 그룹에는 Palace 호텔이 다른 4개 호텔과 같이 있다. 나머지 3개 호텔은 별도의 하위 그룹을 형성한다. 이 지도에 의하면 Palace 호텔은 서비스 수준에 비해 더 많은 요금을 받고 있다고 보인다. 그러나 고객들은 Palace 호텔의 투숙률이 매우 높기 때문에 더 높은 요금을 낼 수밖에 없는 것으로 보인다.
- 그림 3.15는 위치와 시설의 호화로움이라는 차원에서 Palace 호텔의 위치를 보여준다. 두 가지 차원은 이전 그림과는 달리 서로 관련된 것처럼 보이지 않는다. Palace 호텔은 지도에서 비교적 빈 공간을 많이 차지하는 것(경쟁자가 없는 것으로)으로 나타난다. 금융구역 내에 있는 유일한 호텔이기 때문이다. 이러한 사실은 서비스 수준에 비해 더 높은 요금을 받을 수 있는 부분을 설명해 준다.
- 쇼핑지역과 컨벤션센터의 주변에는 2개의 호텔그룹이 존재한다(그림 3.16). Grand 호텔을 선두로 한 3개의 고급 호텔그룹이 존재하고 중간 정도의 시설을 가진 두 번째 그룹은 2개의 호텔로 이루어진다.

### 잠재적 경쟁자 반응을 확인해 주는 미래 시나리오 맵

미래 시장은 어떠할 것인가? Palace 호텔 경영진은 Grand 호텔의 재포지셔닝뿐 아니라 벨빌에 건설되고 있는 4곳의 새로운 호텔의 포지션을 예상해 보았다(그림 3.17과 그림 3.18 참조). 새로운 호텔들의 위치를 예상하는 일은 현업에 있는 전문가들에게는 그리 어려운 일은 아니었다.

호텔들이 들어설 위치는 이미 정해져 있었다. 두 호텔은 금융구역 안에 세워지고 다른 두 호텔은 확장 중에 있는 컨벤션센터 인근에 들어설 것이다. Grand 호텔은 배포된 홍보자료를 통해 호텔의 향후 관리 의도를 천명하고 있다. 새로운 Grand 호텔은 규모가 더 커질 뿐 아니라 리노베이션을 통해 더욱 호화로워지고 새로운 서비스도 추가될 예정이다. 새로 진입하는 호텔 중 세 곳은 국제적인 체인과 연결되어 있다. 그들이 향후 구사할 전략은 최근 다른 도시에서 오픈한 동일 체인의 호텔들을 살펴보면 짐작할 수 있다. 두 호텔의 소유주들은 5성급 호텔을 추구한다는 것을 선언했는데 그런 목표를 달성하기 위해서는 몇 년이 걸릴 것으로 예상된다.

가격은 예측하기 쉬웠다. 새로운 호텔은 다음과 같은 공식으로 가격(성수기의 주말 요금을 기준으로)을 정한다. 객실 이용료는 건설비 1,000달러가 들어갈 때, 하루에 1달러라는 비율로 객실당 평균 건설 비용에 따라 산출된다. 예를 들어 200개의 객실을 가진 호텔을 건설하는 데 총 8,000만 달러(토지 구입 비용 포함)가 투자되었으면, 객실 1개당 평균 건설 비용은 40만 달러가 된다. 이러한 결과를 앞의 공식에 대입하면 호텔은 하루 투숙에 객실당 400달러의 가격을 책정해야 한다. 이러한 계산 공식을 이용하여 Palace의 관리자들은 새로 건설되는 4곳의 호텔이 Grand나 Regency 호텔보다 더 높은 가격을 받을 수밖에 없다는 결론

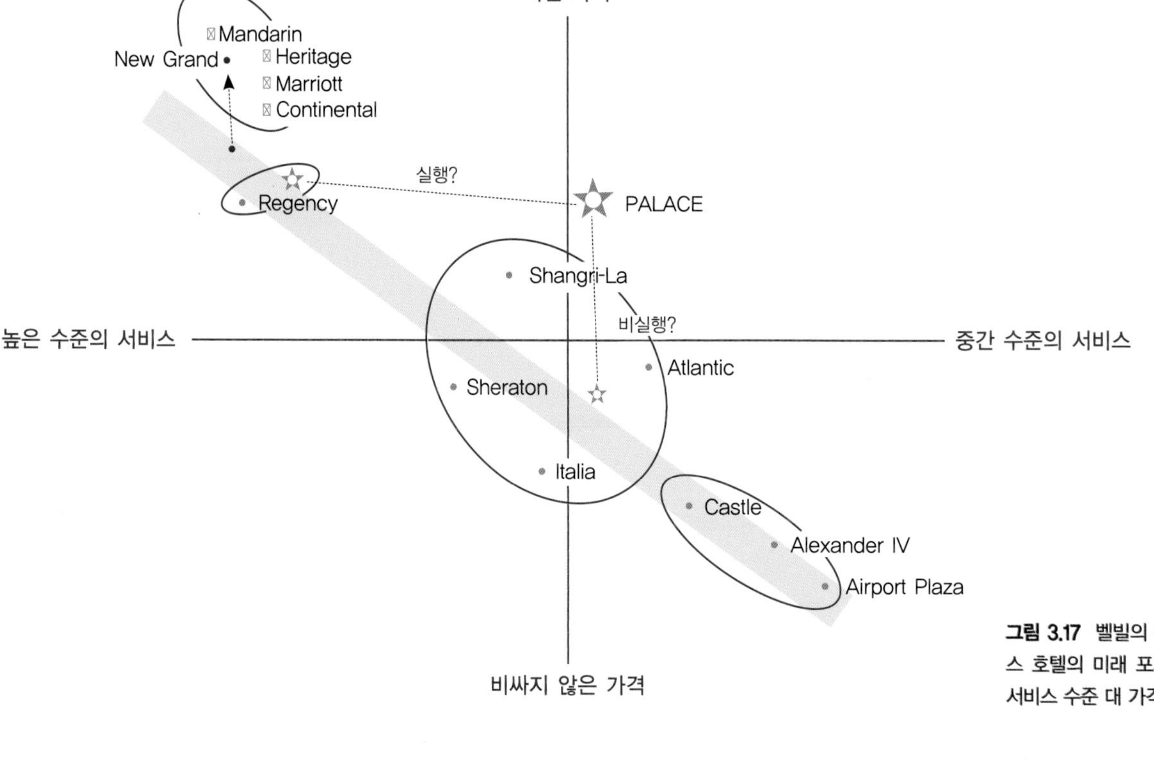


**그림 3.17** 벨빌의 주요 비즈니스 호텔의 미래 포지셔닝 맵 : 서비스 수준 대 가격 수준

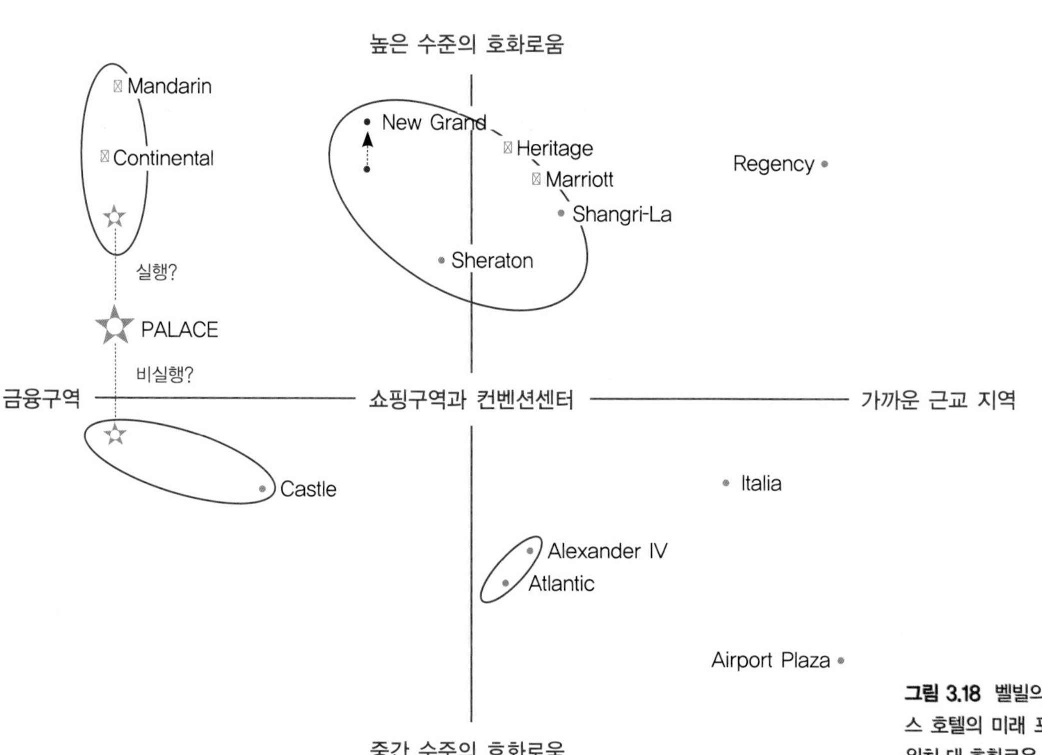


**그림 3.18** 벨빌의 주요 비즈니스 호텔의 미래 포지셔닝 맵 : 위치 대 호화로운 시설

을 내렸다. 그러면 가격우산(price-umbrella)이라는 것이 형성되어 신규 호텔의 가격이 기존의 가격 수준을 상회하게 되고 기존 경쟁자들은 자신의 가격 수준을 높일 수 있는 옵션을 갖게 된다. 새로운 호텔들은 상대적으로 높은 가격을 정당화하기 위해서 고객에게 경쟁자보다 더 높은 수준의 서비스와 시설을 제공해야만 한다. 새롭게 단장하는 Grand 호텔도 리노베이션과 새로운 건설, 서비스 수준의 재고를 위해서 종전 가격을 높일 필요가 있다고 예상된다(그림 3.17).

Palace 호텔과 다른 기존의 호텔이 변하지 않는다는 가정 하에, 시장에서 새로운 경쟁자의 등장은 Palace 호텔에 큰 위협이 될 것이다.

가까운 장래에 2개의 신규 호텔이 금융지역 내에서 영업을 할 것이므로, Palace는 독특한 특징이었던 입지적 이점을 잃어버릴 것이다(그림 3.18).

판매직원들은 Palace 호텔의 기존 고객 중 많은 사람들이 새로운 Continental 호텔과 Mandarin 호텔에 관심을 가질 것으로 믿고 있으며, 그들이 제시하는 더 높은 수준의 비스를 받기 위해 더 많은 요금을 기꺼이 지불할 것으로 믿고 있다.

새로 생기는 다른 두 호텔은 쇼핑 지역과 컨벤션센터 그룹에 속하는 Shangri-La, Sheraton, New Grand 호텔에 더욱 위협이 될 것으로 보인다. 결국 New Grand와 새로운 진입자들은 고급시장에서 고가격 · 고서비스 그룹을 만들 것이고 Regency 호텔은 외딴 공간에 떨어져 남을 것으로 예상된다.

## 경영자가 전략을 시각화하는 데 도움을 주는 포지셔닝 맵

포지셔닝 맵을 이용하여 경쟁 환경을 파악하는 것이 사업의 큰 그림을 이해하는 데 도움을 준다는 것을 Palace 호텔의 사례로 보았다. 전략을 구사하는 데 직면하는 어려움 중 하나는 변화에 대한 논의를 하기 전에 먼저 현재 상태에 대해 명확한 이해를 하고 있는지에 대한 확신을 갖는 것이다. Chan Kim과 Renée Mauborgne는 기업의 개요와 제품의 위치를 도표로 제시하는 것이 정량적인 데이터로 이루어진 표나 기술적 문장보다는 훨씬 이해하기 쉽다고 주장한다. 도표와 지도는 '시각적 이해(visual awakening)' 를 높이는 데 도움을 준다. 상급 관리자가 기업의 사업과 경쟁자의 사업을 비교하고 경쟁 위협과 기회 등을 이해하도록 도와줄 뿐 아니라, 시

**그림 3.19** 포지셔닝 차트에서 관련 기업들의 위치를 확인하는 작업은 기업이 다른 위치로 옮기려 할 때, 어떤 접근 방법이나 전략이 가장 효과적일지 알게 해 준다.

각적 제시물은 고객(잠재적 고객 포함)이 조직을 보는 면과 관리자가 조직을 보는 면과의 차이를 명확히 보여준다. 이를 통해 기업이나 서비스 업체가 시장에서 독특한 위치를 점유하고 있다는 믿음을 확인할 수도 있고 버릴 수도 있다[10](그림 3.19).

Palace 호텔의 경영팀은 경쟁적인 환경에서 예상되는 미래 변화가 현재 포지셔닝 맵을 어떻게 바꿔 놓을지를 관찰하였고 자신이 위치상의 장점을 잃어 버리면 현재와 같은 시장 위치에 머무를 수 없다는 것을 알게 되었다. 시설과 서비스 수준을 개선하고 그러한 개선을 위해 요금 수준을 상향 조정하지 않으면 호텔은 스스로를 낮은 가격경쟁의 함정으로 떨어뜨릴 것이고, 연쇄적으로 그러한 상황은 호텔 서비스와 시설 수준을 현재와 같은 정도로 유지하는 것조차 어렵게 만들 것이다.

## 요약

**학습목표 1**

효과적인 포지셔닝 전략을 개발하기 위해서는 3Cs라 불리는 고객, 경쟁자, 기업 분석을 연계시켜야 한다.

- 시장 분석은 시장의 매력도(시장 규모, 성장률, 추세 등), 고객의 욕구(바람직한 서비스 수준, 접촉 수준, 유통 채널, 소비 시간, 가격 민감도 등)를 관찰한다.
- 경쟁자 분석은 기업의 기회를 발견하기 위하여 경쟁자의 현재 위치, 강점, 약점을 파악한다.
- 기업 분석은 기업의 브랜드 위상, 이미지, 기업의 강약점(기업의 자원과 한계) 등을 알아보고 기업의 가치가 사업방식에 어떤 영향을 주는지에 초점을 맞춘다.

**학습목표 2**

고객 지향 서비스 마케팅 전략을 개발하는 주요 요소는 일반적으로 STP라고 불리는 시장세분화, 표적시장 선정, 포지셔닝이다.

**학습목표 3**

시장세분화는 시장을 소그룹으로 분할하는 것이다. 같은 세분 시장 내의 소비자는 동일한 서비스 관련 욕구를 공유한다. 시장세분화는 종종 우선적으로 고객 욕구에 기초하여 이루어진다. 소비자가 진정으로 원하는 것이 무엇이고 그들을 구매하도록 이끄는 요인에 대해 기업이 집중하도록 해 준다. 그 외에도 주요 세분 시장을 정의하거나 설명하고자 할 때 인구통계적, 심리도식적, 행동적 변수들이 사용된다.

**학습목표 4**

소비자의 구매 결정에 중요한 속성과 결정적 속성 간의 차이를 이해하는 것이 소비자를 세분화하는 데 중요하다.

- 소비자에게 중요한 속성이 실제 구매 시에는 중요하지 않을 수도 있다(예 : 안전은 중요하다. 그러나 모든 항공기 여행자는 안전은 당연한 것으로 여긴다). 이런 경우라면, 그런 속성이 세분화의 기준으로 사용될 수 없다.
- 결정적 속성은 소비자에게 중요한 서비스 속성들의 목록에 들어가지 못할 수도 있다. 그러나 그들은 경쟁적 대안과의 중요한 차이점을 만드는 속성들이 될 수 있고 제품 구매를 결정적 역할을 할 수 있다. 그러므로 결정적 속성들에 대한 소비자 간 차이는 시장세분화에 중요하다.

**학습목표 5**

중요한 속성과 결정적 속성에 대해 이해하게 된 관리자는 각 속성에 대하여 다른 소비자들이 어느 정도 수준을 선호하는지 결정할 필요가 있다. 고객이 가격과 서비스 수준 중 어떤 것을 더 중요시 여기느냐에 따라 서비스 수준은 고객을 세분화하는 데 사용되기도 한다.

**학습목표 6**

기업들은 자신들이 가장 잘 서비스 할 수 있는 소비자(표적 시장)들에게 노력을 집중할 필요가 있다. 기업들은 표적 시장에서 중시되는 속성들에 대해 경쟁적 우위를 가지고 있어야 한다. 이를 달성하기 위해서는 집중이 필요하다. 기업이 경쟁적 우위를 달성하기 위해 따라야 하는 세 가지 집중전략이 있다.

- 완전한 집중 : 기업은 좁은 표적 시장(예 : Shouldice Hospital)에 제한된 영역의 서비스(대부분 한 가지)를 제공한다.
- 시장 집중 : 기업은 좁은 표적 시장에 집중하지만 해당 시장의 다양한 욕구를 충족시키기 위해 넓은 영역의 서비스를 제공한다(예 : Rentokil).
- 서비스 집중 : 기업은 매우 넓은 시장을 대상으로 한 가지 좁은 영역의 서비스만을 제공한다(예 : 라식 안과 수술 크리닉, 스타벅스 카페).
- 비집중 전략 : 비집중 전략은 경쟁력을 유지하기 위해 자신의 서비스를 너무 광범위하게 확산시키기 때문에 권장할 만한 옵션은 아니다(예 : 몇몇 백화점).

**학습목표 7**

결정적 속성과 관련된 서비스 수준을 이해한다면, 시장에서 우리의 서비스를 가장 잘 위치시키는 결정을 할 수 있다. 포지셔닝은 기업이 제공하는 서비스와 관련하여 시장에서 구분되는 위치를 확립하고 유지하는 것이다. 포지셔닝의 본질들은 다음과 같다.

- 기업은 목표하는 소비자들의 마음속에 위치를 확립해야 한다.
- 그 위치는 하나여야 하고 단순하고 일관적인 메시지를 전달해야 한다.

- 기업의 위치는 경쟁자와 일정 간격을 두어야 한다.
- 하나의 기업이 모든 소비자에게 어필할 수는 없다. 그것이 기업의 노력을 집중해야 하는 이유이다.

**학습목표 8**

분석 결과로 기업은 시장에서 기업의 바람직한 위치를 분명하게 할 포지션 문구를 얻게 된다. 이와 같은 이해를 바탕으로 마케팅 관리자는 포지셔닝 전략을 위해서 서비스 마케팅의 7Ps, 고객 관계 관리, 단골 전략, 서비스 품질 및 생산성 전략 등에 대한 구체적인 행동 계획을 세우게 된다.

**학습목표 9**

기업이 포지셔닝 전략을 개발하는 데 도움을 주는 중요한 도구인 포지셔닝 맵은 조사 결과를 시각적으로 요약하는 방법을 제공해 주며 다른 서비스들이 결정적 속성들에서 어떤 성과를 보여주는지를 알려준다. 그리고 기업이 재포지셔닝해야 하는가를 알려주며 경쟁자의 행동을 예측하는 데 도움을 줄 수 있다.

## 학습 키워드

이 키워드들은 각 학습목표 절에서 확인할 수 있다. 그들은 각 절에서 학습하는 서비스 마케팅 개념을 이해하기 위하여 필수적인 것이다. 이 키워드들의 개념과 어떻게 이들을 이용할 것인가를 잘 아는 것이 이 과정을 잘 마치고, 실제 외부의 경쟁시장 환경에서 실무적으로 실행하는 데 필수적이다.

**학습목표 1**

1. 기업 분석
2. 경쟁자 분석
3. 소비자 분석
4. 고객 욕구 분석
5. 내부 기업 분석
6. 시장 분석

**학습목표 2**

7. 시장 위치
8. 포지셔닝
9. 포지셔닝 전략
10. 시장세분화
11. 표적 시장 선정

**학습목표 3**

12. 행동중심 시장세분화
13. 인구통계적 시장세분화
14. 욕구 기준 시장세분화
15. 심리도식 시장세분화

**학습목표 4**

16. 경쟁적 대안
17. 의사결정 규칙
18. 결정적 속성
19. 중요한 속성
20. 서비스 속성

**학습목표 5**

21. 정성적 속성
22. 정량적 속성
23. 세분화 구조
24. 서비스 수준

**학습목표 6**

25. 경쟁우위
26. 집중
27. 집중전략
28. 완전 집중전략
29. 시장 집중전략
30. 서비스 집중전략
31. 표적 시장
32. 비집중 전략

**학습목표 7**

33. 명확한 차이
34. 포지셔닝 서비스

**학습목표 8**

35. 효과적인 포지셔닝 전략
36. 준거체계
37. 차이점
38. 포지션
39. 신뢰 원인
40. 표적청중

**학습목표 9**

41. 경쟁적 반응
42. 미래 시나리오
43. 인지적 지도
44. 포지셔닝 도식
45. 포지셔닝 맵
46. 시각화 전략

## 학습 문제

1. 소비자를 움직이는 서비스 마케팅 전략의 요소들은 무엇인가?
2. 시장세분화에서 어떤 기준들을 많이 사용하는가? 각 기준들에 대한 예를 들어 보시오.
3. 소비자 구매 의사결정에서 중요한 속성과 결정적 속성의 차이는 무엇인가?
4. 결정적 속성의 서비스 수준은 서비스를 포지셔닝하는 것과 어떤 관련이 있는가?
5. 서비스 기업은 어떻게 그들의 노력을 집중하는가? 기본적인 네 가지 전략을 기술하고 이들이 어떻게 작용하는지 예를 들어 보시오.
6. 효과적인 포지셔닝 전략을 개발하기 위한 여섯 가지 질문은 무엇인가?
7. 포지셔닝 전략이 무엇이고 시장, 고객, 기업 내부, 경쟁적 분석이 포지셔닝 전략과 어떤 관련이 있는가?
8. 포지셔닝 맵은 관리자가 경쟁자를 이해하고 반응을 보이는 데 어떻게 도움을 주는가?

## 참고문헌


1 This section is adapted from the ideas presented in: Daniel Yankelovich and David Meer, "Rediscovering Marketing Segmentation," *Harvard Business Review* 84, no. 2 (2006): 122?131. A best-practice example in a B2B context is discussed in: Ernest Waaser, Marshall Dahneke, Michael Pekkarinen, and Michael Weissel, "How You Slice It: Smarter Segmentation for Your Sales Force," *Harvard Business Review* 82, no. 3 (2004): 105-111.

2 Frances X. Frei, "The Four Things a Service Business Must Get Right," *Harvard Business Review* (April 2008): 70-80.

3 George S. Day, *Market Driven Strategy*, New York: The Free Press, 1990, 164.

4 Robert Johnston, "Achieving Focus in Service Organizations," *The Service Industries Journal* 16, (January 1996): 10-20.

5 Jack Trout, *The New Positioning: The Latest on the World's #1 Business Strategy*. New York: McGraw-Hill, 1997.

6 Kevin Lane Keller, Brian Sternthal, and Alice Tybout, "Three Questions You Need to Ask about Your Brand," *Harvard Business Review* 80, (September 2002): 84.

7 Roger Brown, "How We Built a Strong Company in a Weak Industry," *Harvard Business Review* 79, (February 2001): 51-57.

8 Nanette Byrnes, "The Little Guys Doing Large Audits," *BusinessWeek* (August 22/29, 2005): 39.

9 http://www.brandeo.com/positioning%20statement, accessed March 12, 2012.

10 W. Chan Kim and RenÈ Mauborgne, "Charting Your Company' s Future," *Harvard Business Review* 80, (June 2002): 77-83.

PART II

# 서비스 마케팅 체계

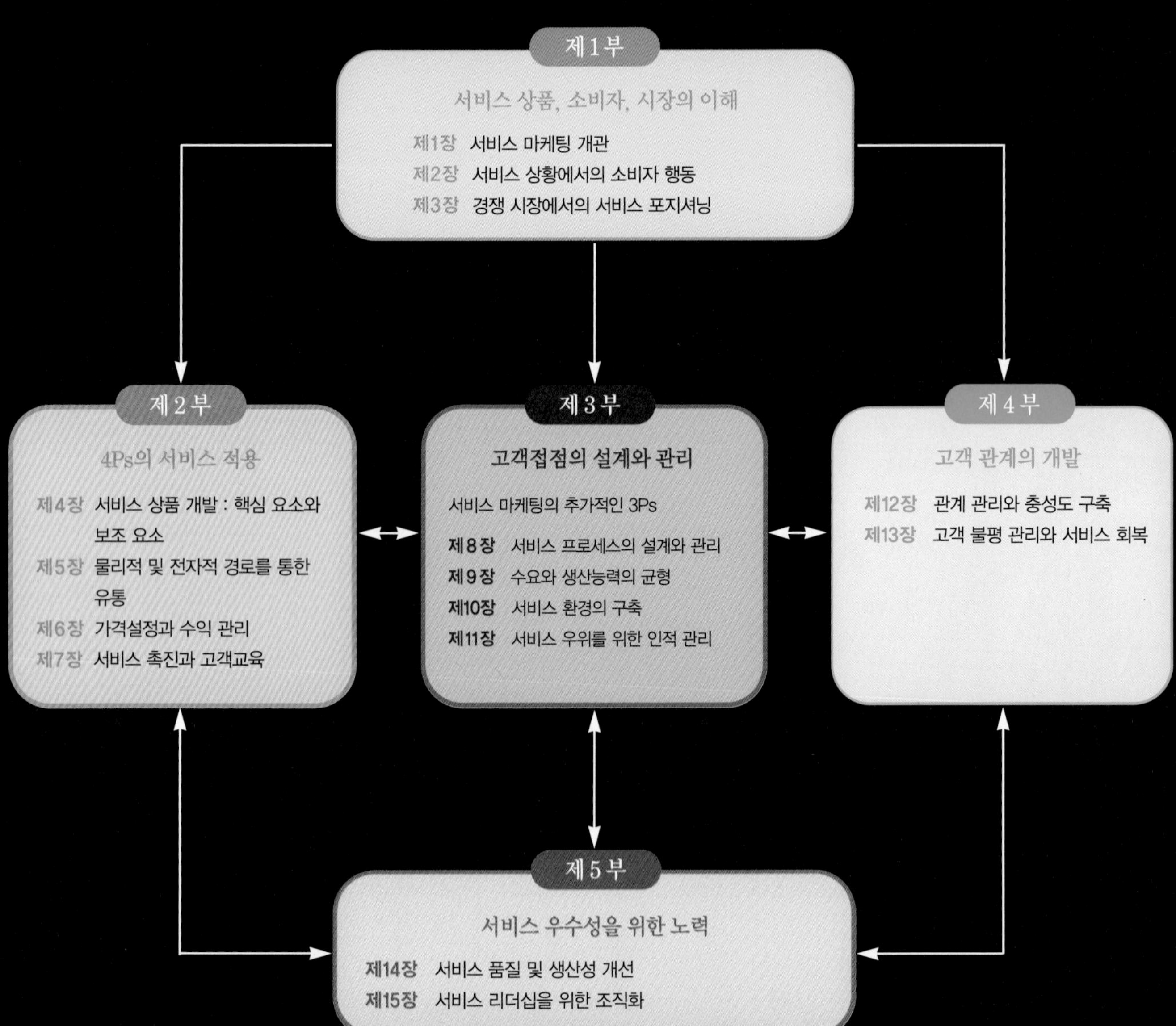

PART II

## 4Ps의 서비스 적용

제2부에서는 전통적 마케팅 믹스인 4P(Product, Place, Price, Promotion)를 다룬다. 그러나 상품 마케팅과는 달리 서비스의 특수한 성격이 고려되도록 4P는 확장된다. 이 파트는 네 장으로 구성된다.

### 제4장 서비스 상품 개발 : 핵심 요소와 보조 요소

이 장은 핵심 및 보조 요소를 모두 포함하는 서비스 개념에 대해 논의한다. 보조 요소는 핵심 서비스의 실행을 도와주고 가치를 높여준다.

### 제5장 물리적 및 전자적 경로를 통한 유통

이 장은 시간과 장소 요소를 다룬다. 통상적으로 제조업자는 그들의 상품을 다루는 물리적 유통채널을 요구한다. 그러나 어떤 서비스 사업은 서비스의 전부 혹은 일부를 전달하기 위해 전자적 경로를 사용할 수도 있다. 고객에게 직접 실시간으로 전달되는 서비스를 위하여, 장소와 시간에 대한 속도와 편의성은 서비스를 효과적으로 전달하기 위한 중요한 요소가 되었다.

### 제6장 가격설정과 수익 관리

이 장은 기업과 고객 관점에서 가격에 대한 이해를 제공한다. 기업 측면에서는 가격전략은 수입 발생을 결정한다. 서비스 기업은 언제든지 가능한 시설에서 발생되는 수익을 극대화하기 위하여 수익 관리를 실행할 필요가 있다. 고객 관점에서 가격은 원하는 혜택을 얻기 위하여 지불하는 비용의 핵심 부분이다. 그러나 고객의 비용에는 비금전적 비용이 포함되는 경우가 많다.

### 제7장 서비스 촉진과 고객교육

이 장은 기업이 서비스에 대해 고객과 판촉과 교육을 통해 커뮤니케이션하는 방법을 다룬다. 고객은 공동제작자이기도 하고 타인이 서비스 실행을 경험하는 데 기여하기 때문에, 서비스 마케팅 커뮤니케이션의 상당 부분은 서비스 프로세스를 통해 고객이 효과적으로 이동할 수 있도록 가르치는 것을 의미한다.

# CHAPTER 4 서비스 상품 개발 : 핵심 요소와 보조 요소

## 학습목표

이 장을 학습하게 되면 학생들은 다음의 내용을 이해하게 될 것이다.

- **학습목표 1** 서비스 플라워의 두 가지 요소란 무엇인가?
- **학습목표 2** 촉진 보조서비스가 핵심상품과 어떤 연관이 있는가?

- **학습목표 3** 가치증대 보조서비스는 핵심상품과 어떤 연관이 있는가?
- **학습목표 4** 서비스 기업은 어떻게 서비스 상품 라인에 다른 브랜드 전략을 사용하는가?
- **학습목표 5** 브랜드가 서비스 상품을 등급화하는 데 어떻게 사용될 수 있는가?
- **학습목표 6** 기업은 어떻게 브랜드 자산을 구축하고 브랜드화된 고객 경험을 제안하는가?
- **학습목표 7** 단순한 형태 변화부터 주요 혁신까지 신규 서비스 개발에는 어떠한 범주가 있는가?
- **학습목표 8** 기업은 어떻게 신규 서비스 개발에서 성공할 수 있는가?

**그림 4.1** 스타벅스는 전통차 고객도 즐기는 친숙한 브랜드이다.

## 도입 사례[1]

특별한 커피 브랜드를 생각하면 마음속에 떠오르는 이름은 스타벅스이다. 스타벅스는 높은 품질의 커피를 판매하고 서비스하는데 성공했다. 향상된 고객 서비스를 제공하고 매력적인 분위기를 연출하여 고객이 조금 더 머물고 싶은 장소가 되었다.

그러나 스타벅스가 커피와는 전혀 상관없는 많은 유통 서비스 혁신을 도입해 온 것을 아는 사람은 많지 않다. 스타벅스는 전 세계 점포들에서 무료 무선 통신 서비스를 제공한 첫 번째 커피체인이었다. 그 이후로 고객들이 커피를 즐기는 동안 사용하기를 원하는 혁신적인 서비스를 소개하고 있다. 스타벅스는 Apple의 'iTunes Wifi Music Store'와 제휴하여 음악을 제공한다. 고객은 매장 안에서 10곡까지 자유롭게 선곡하여 들을 수 있고, 구매를 원한다면 그들의 아이팟이나 아이폰, 아이패드에 다운로드 받을 수 있다. 이 음악들은 나중에 휴대기기가 소비자의 맥이나 PC에 연결될 때 동기화될 것이다. 스타벅스는 영화 DVD나 유명한 작가나 신인작가의 책을 팔기도 한다. 언젠가 고객은 스타벅스에 대해 단지 맛있는 바닐라모카커피나 초코렛 파르페를 위한 장소로 생각하기보다 편안하게 쉴 수 있고 최근 음악, 영화, 서적 등을 뒤져보는 장소로 보게 될 것이다.

스타벅스의 또 다른 혁신은 보조서비스인 지불방식의 개선이다. 소비자는 Starbucks Card Mobile iPhone 애플리케이션을 통해 이제 스타벅스에서 구매한 것을 아이폰을 사용하여  결제할 수 있다.

스타벅스는 서비스 혁신에 성공했다. 그러나 경쟁이 심화됨에 따라 시장 경쟁력을 유지하기 위하여 끊임없는 재창조에 힘써야 한다.

**학습목표 1**
서비스 플라워의 두 가지 요소란 무엇인가?

# 서비스 플라워[2]

서비스 플라워는 두 구성요소인 핵심상품(core product)과 보조서비스(supplementary service)를 가지고 있다. 핵심상품은 고객에게 제공되는 핵심적인 편익과 솔루션에 기초한다. 핵심상품은 바람직한 경험(예 : 활력을 찾아주는 스파 치료, 신나는 롤러코스터 타기)과 고객이 찾는 문제 해결 편익(예 : 경영 컨설턴트는 성장전략을 계획하는 방법에 대한 조언을 주고 수리 서비스 제공자는 장비를 적절한 동작상태로 회복시켜 준다)을 제공하는 주요 요소이다.

핵심상품 주변에는 보조서비스라 불리는 다양한 형태의 서비스 관련 프로그램이 둘러싸고 있다. 보조서비스는 두 종류가 있다. **촉진** 보조서비스(facilitating supplementary service)는 서비스 전달(예 : 지불)에 필요하거나 본 상품(예 : 정보)의 사용을 도와준다. **가치증대** 보조서비스(enhancing supplementary service)는 고객에게 추가적 가치를 제공한다. 예를 들어 자문과 정보는 헬스케어 상황에서는 매우 중요한 보조서비스가 될 수 있다(표 4.1). 핵심상품은 종종 상품화되고 보조서비스는 경쟁자 서비스에 비해 핵심상품을 차별화하고 포지셔닝해 주는 중요한 역할을 한다.

**표 4.1** 촉진 보조서비스와 가치증대 보조서비스는 핵심상품에 가치를 제공한다.

| 촉진 보조서비스 | 가치증대 보조서비스 |
|---|---|
| • 정보(information)<br>• 주문(order-taking)<br>• 청구(billing)<br>• 지불(payment) | • 자문(consultation)<br>• 환대(hospitality)<br>• 보관(safekeeping)<br>• 예외서비스(exception) |

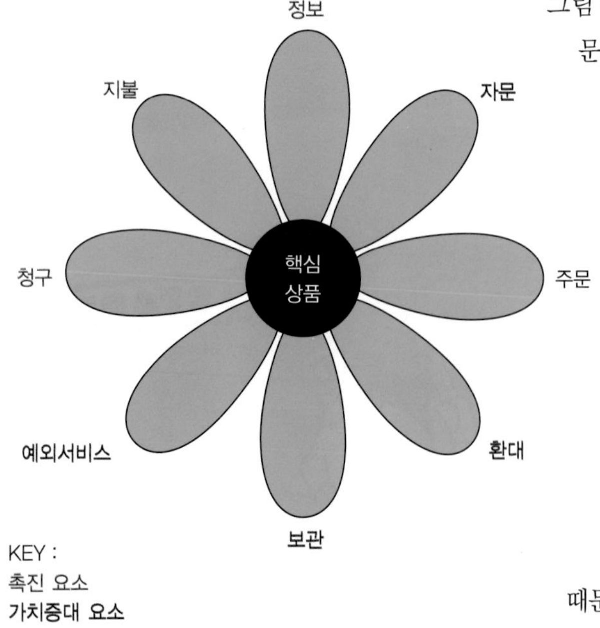


**그림 4.4** 서비스 플라워 : 보조서비스에 둘러싸여 있는 핵심상품

그림 4.2는 8개의 보조서비스 유형을 마치 꽃잎처럼 표현하였기 때문에 서비스 플라워(Flower of Service)라 불린다. 각 꽃잎은 고객이 서비스를 접하는 순서에 따라 시계 방향으로 정리되어 있다. 그러나 이와 같은 서비스 순서가 항상 일정한 것은 아니다. 예를 들어 요금 지불이 서비스 전달 이전에 이루어질 수도 있다. 훌륭히 설계되고 관리되는 서비스기업일수록 플라워의 중심부와 각 꽃잎이 신선하고 잘 구성되어 있다. 이와 반대로 잘못 설계되었거나 품질이 열악한 서비스인 경우에는 꽃잎이 빠지거나 꽃이 시들거나 색깔이 변색된 것과 같다. 심지어 핵심상품이 완벽하다 할지라도 꽃이 매력적이지 않게 보일 수도 있다. 당신의 서비스 경험 중에서 불쾌한 서비스를 받았던 경우를 생각해 보자. 당신이 불만족했을 때, 그것은 핵심상품 때문이었는가 아니면 꽃잎 때문이었는가?

## 촉진 보조서비스

학습목표 2
촉진 보조서비스가 핵심상품과 어떤 연관이 있는가?

### 정보

어떤 상품이나 서비스로부터 완전한 가치를 얻으려는 소비자는 관련 정보가 필요하다. 그 정보는 다음을 포함한다.

- 서비스 장소에 대한 안내
- 일정/서비스 시간
- 가격
- 주의사항
- 경고사항
- 판매/서비스 조건
- 변경안내
- 예약확인
- 계좌상태 요약
- 영수증과 티켓

신규 고객은 특히 많은 정보를 필요로 한다. 기업은 그들이 제공하는 정보가 시기적절하고 정확한지 확인해야만 한다. 만약 그렇지 못하다면 그런 정보는 고객을 짜증하게 만들 것이고 불편함을 일으킬 것이다.

고객에게 정보를 제공하는 전통적 방법으로는 고객과 빈번히 접촉하는 일선 직원, 인쇄된 안내문, 브로셔, 설명서 등이 있다. 정보는 또한 동영상, 소프트웨어 형태의 설명서, 터치스크린, 홈페이지 등을 통해서 제공되기도 한다. 많은 물류 관련 기업은 고객이 화물 운송 번

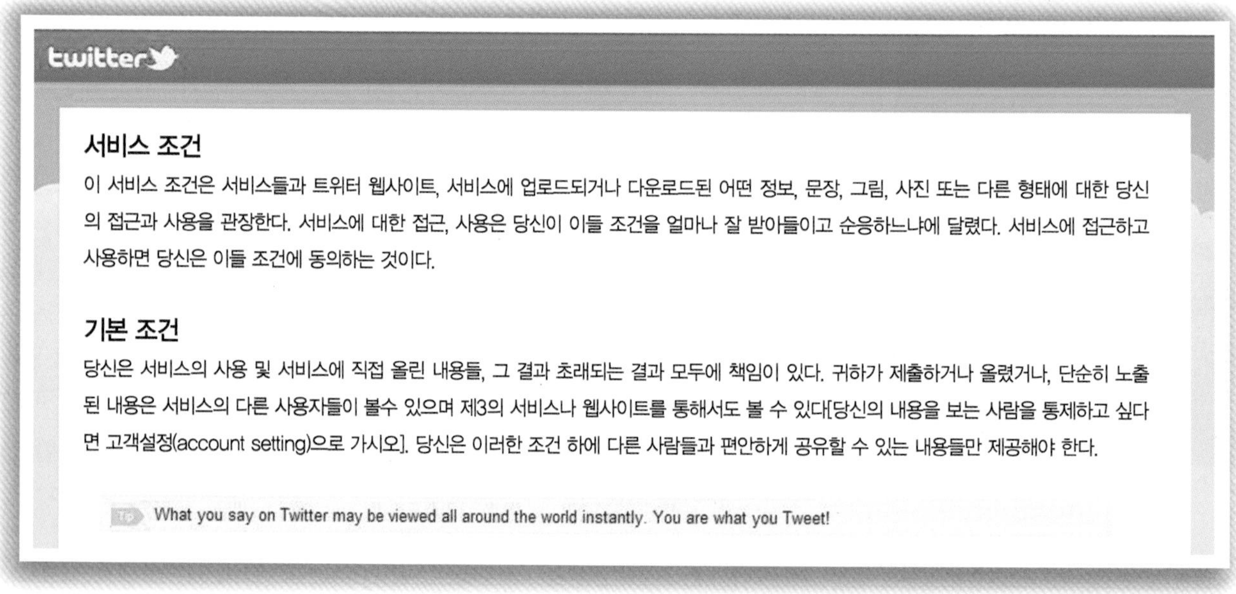

twitter

**서비스 조건**

이 서비스 조건은 서비스들과 트위터 웹사이트, 서비스에 업로드되거나 다운로드된 어떤 정보, 문장, 그림, 사진 또는 다른 형태에 대한 당신의 접근과 사용을 관장한다. 서비스에 대한 접근, 사용은 당신이 이들 조건을 얼마나 잘 받아들이고 순응하느냐에 달렸다. 서비스에 접근하고 사용하면 당신은 이들 조건에 동의하는 것이다.

**기본 조건**

당신은 서비스의 사용 및 서비스에 직접 올린 내용들, 그 결과 초래되는 결과 모두에 책임이 있다. 귀하가 제출하거나 올렸거나, 단순히 노출된 내용은 서비스의 다른 사용자들이 볼수 있으며 제3의 서비스나 웹사이트를 통해서도 볼 수 있다[당신의 내용을 보는 사람을 통제하고 싶다면 고객설정(account setting)으로 가시오]. 당신은 이러한 조건 하에 다른 사람들과 편안하게 공유할 수 있는 내용들만 제공해야 한다.

Tip What you say on Twitter may be viewed all around the world instantly. You are what you Tweet!

**그림 4.3** Twitter.com은 사용자에게 서비스의 조건을 제시한다.

호를 이용해서 운송 상황을 실시간으로 파악할 수 있는 서비스를 제공하고 있다(그림 4.4). 예를 들어 Amazon.com은 온라인 고객에게 운송장 번호를 제공하여 고객이 구입한 상품의 배송이 어디에 있는지, 그리고 언제 받을 수 있는지 알 수 있게 해 준다.

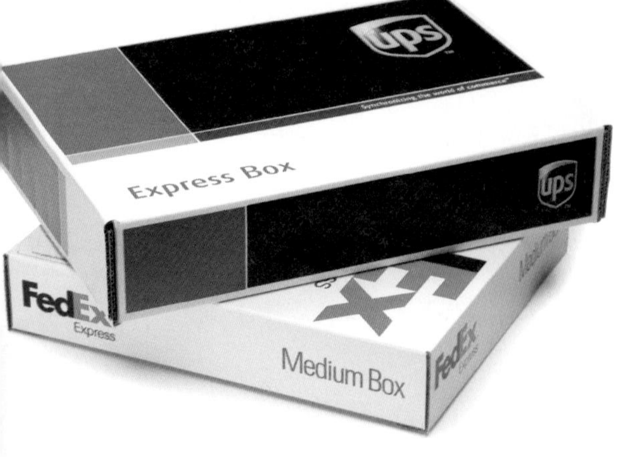

**그림 4.4** 운송장 번호만 있으면 소포는 전 세계 어디서나 배송 추적이 가능하다.

## 주문

고객이 구매할 준비가 되면, 주요 보조 요소인 주문접수가 역할을 하게 된다. 주문접수는 다음과 같은 것을 포함한다.

- ▶ 신청
  - ○ 클럽이나 프로그램의 회원가입
  - ○ 편의시설 이용 계약
  - ○ 금융거래, 대학 입학 등의 자격취득
- ▶ 주문접수
  - ○ 현장 주문
  - ○ 우편, 전화, 이메일, 온라인 주문
- ▶ 예약과 체크인
  - ○ 좌석, 테이블, 방
  - ○ 장비 임대
  - ○ 전문가 이용(그림 4.5)

**그림 4.5** 전문 사회자 서비스는 미리 예약해야 한다.

은행, 보험사, 공공기관은 신청과정으로 진행하기 위해서 자격이 있는 소비자를 요구한다. 그들은 고객에 대한 정보를 모으고 기본적인 자격 조건을 충족하지 못하는 고객(신용이 나쁘다거나 심각한 건강 문제가 있는)을 거른다. 대학도 입학허가 신청에 자격이 있는 학생을 요구한다.

예약은 특정한 서비스 이용에 고객에게 자격을 주는 특별한 형태의 주문이다. 항공좌석, 식당 테이블, 호텔방, 자격이 있는 전문가와의 시간, 극장과 같은 시설 입장, 경기장 지정석과 같은 것이 예약의 대상이 된다.

주문접수는 영업사원, 전화, 이메일, 온라인과 같은 다양한 매체를 통하여 받을 수 있다(그림 4.6). 주문접수 과정이 공손하고 빠르고 정확해야만 고객이 시간을 낭비하지 않고 불필요한 정신적 · 육체적 노력을 소모하지 않게 된다. 고객과 공급자 모두에게 더 쉽고 빠른 주문접수가 되기 위해서는 기술이 사용되기도 한다. 예를 들어 항공사는 전화와 웹사이트에 기반하여 주문을 접수하는 종이 없는 시스템을 이용하고 있다. 고객이 예약을 하게 되면 확인번호를 받는데 공항에서 좌석번호를 요구하거나 탑승권을 받으려 할 때 번호 확인만 하면 된다.

## 청구

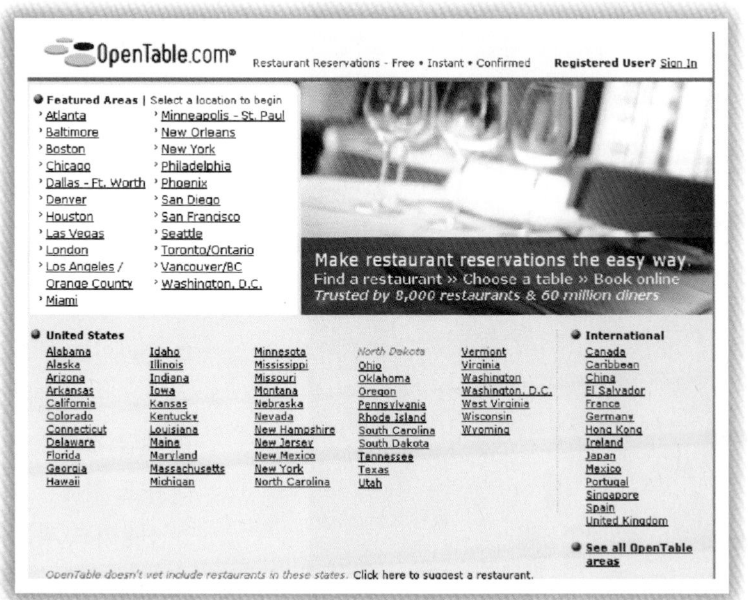


**그림 4.6** OpenTable은 고객이 전통적으로 전화를 해서 예약하는 방식이 아닌 단지 클릭만으로 저녁 예약이 가능하게 만들어 완전히 새로운 수준의 주문 방식을 채택하였다.

청구는 거의 모든 서비스(무료가 아니라면)에서 당연히 발생하는 것이다. 부정확하고 알아보기 힘들거나 불완전한 계산서는 그 당시까지 만족스러웠던 고객을 한 번에 불만족 고객으로 탈바꿈시킬 수 있다. 만약 고객이 이미 불만족한 상태라면 잘못된 청구는 고객을 더욱 화나게 만들 것이다. 빠르고 정확한 계산은 고객의 지불 과정을 촉진시키기 때문에 계산은 시의적절해야 한다. 청구는 다음과 같은 형태를 가진다.

- 정기적 계좌상태 확인
- 개인 거래청구서
- 지불액 구두 전달
- 정산기에 지불액 표시

가장 단순한 형태는 고객이 직접 계산하는 것이다. 이것은 고객이 주문금액을 합산 후 신용카드나 수표로 지불하는 방식이다. 비록 정확을 기하기 위해 여전히 판매원이 필요하지만, 그런 상황에서는 지불과 결제가 하나의 행동으로 합쳐진다.

바쁜 고객이라면 호텔, 식당, 렌트카 지점에서 계산서가 발행되는 시간을 기다리는 것을 싫어할 것이다. 많은 호텔이나 렌터카 기업은 급행처리계산 옵션(express check-out option)을 만들고 있다. 미리 고객의 신용카드 정보를 받아놓고 나중에 메일로 부과된 요금을 알려주는 것이다. 그러나 정확성은 중요하다. 고객이 시간을 절약하기 위해 급행처리계산을 이용했다 하더라도 나중에 정정하거나 돈을 되돌려받기 위해 시간을 낭비하는 것은 원하지 않기 때문이다. 그 대안이 되는 급행처리계산 과정이 어떤 렌터카 업체에 의해 사용되고 있다. 고객이 자동차를 반납하러 방문하면 체크아웃 전담 직원이 기름과 거리 등을 체크한 후 그 자리에서 무선 단말기를 통해 바로 계산서를 발급해 준다(그림 4.7).

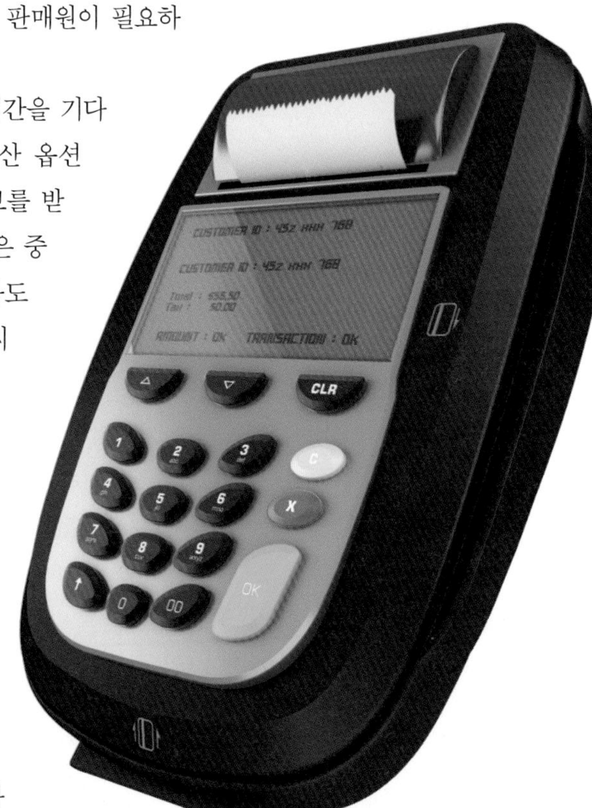


**그림 4.7** 무선 휴대용 단말기는 현장에서 계산서를 프린트해 준다.

많은 호텔이 퇴실 예정일의 아침에 투숙객이 지불할 내용을 확인하도록 방문 밑으로 계산서를 넣어 둔다. 어떤 호텔은 룸에 있는 TV를 통해서 계산서를 확인할 수 있는 서비스를 제공하기도 한다.

## 지불

대부분의 경우 계산서는 고객이 지불 행동을 할 것을 요구한다. 예외가 있다면, 고객 계좌에서 인출한 여러 수수료에 대해 은행이 발급해 주는 계산서 정도일 것이다.

그림 4.8 토큰은 셀프서비스 지불을 가능하게 해 준다.

고객이 지불하는 방법은 여러 가지가 있지만 모든 고객은 지불 과정이 더 쉽고 편리해지길 기대한다. 지불은 다음과 같은 것을 포함한다.

- ▶ 셀프서비스
  - ○ 기계에 카드, 현금, 토큰 주입(그림 4.8)
  - ○ 전자 금융거래
  - ○ 전신환거래
  - ○ 온라인으로 신용카드 번호 입력
- ▶ 수취인 또는 중개인에게 직접 지불
  - ○ 현금 결제
  - ○ 수표 결제
  - ○ 신용카드/직불카드 결제
  - ○ 쿠폰 상각
- ▶ 결제계좌에서 자동이체
  - ○ 자동화 시스템(예 : 하이패스)
  - ○ 후불 시스템(계좌에서 사용량만큼 자동으로 차감)

셀프서비스의 경우 고객은 동전, 토큰, 신용카드를 기계에 삽입하여 지불한다. 만약 설비가 고장 나거나 기술적 문제가 생기면 시스템을 갖춘 목적은 상실된다. 그래서 정기적인 관리와 즉각적인 수리가 중요하다. 대부분의 지불은 아직까지 현금이나 신용카드의 형태를 띠고 있다. 다른 대체적인 형태가 바우처, 쿠폰, 선불 티켓 등이다. Paypal과 같은 전자적 형태의 지불은 온라인 쇼핑 시에 간편하고 안전한 지불 방법을 제공한다.

**학습목표 3**
가치증대 보조서비스가 핵심상품과 어떤 연관이 있는가?

## 가치증대 보조서비스

### 자문

가장 기초적인 수준의 자문은 고객이 욕구에 대한 해결책을 물어볼 때 서비스 제공자가 제시하는 즉각적인 조언이다. 예를 들어 미용실에서 고객이 다른 헤어스타일을 원할 경우 미용사가 제시하는 조언이 이에 해당한다. 효과적인 자문은 적절한 행동를 제안하기 전에 각 고객이 현재 직면하고 있는 상황에 대한 정확한 이해를 필요로 한다(그림 4.9).

- ▶ 맞춤형 조언
- ▶ 개인 자문
- ▶ 제품사용에 대한 교습/훈련
- ▶ 경영 혹은 기술 자문

그림 4.9 감사자(auditor)가 자문 과정에서 인간적인 면을 보여주고 있다.

상담(counseling)은 고객이 처한 상황을 쉽게 이해하도록 도와서 고객이 직접 해결책을 수립할 수 있도록 도와주는 데 관여하기 때문에 자문보다 덜 직접적이다. 이러한 접근은 건강 관리와 같은 서비스에서 유용할 것이다. 가장 힘든 부분은 고객에게 생활방식을 변경하고 건강하게 살도록 유도하는 것이므로 고객이 직접 참여하지 않으면 성공하기 어렵다. 예를 들어 Weight Watcher 같은 식이요법 센터는 고객이 식이요법 치료 후에도 체중이 늘지 않도록 고객의 생활양식을 변화시키는 상담을 제공하고 있다(그림 4.10).

기업고객에게 경영과 기술적 자문을 제공하기 위한 더욱 공식화된 노력은 값비싼 장비와 서비스가 수반되는 '솔루션(solution) 판매'를 포함한다. 판매 기술자는 고객의 상태를 분석하고 최상의 결과를 산출할 수 있는 특정 장비와 시스템 패키지를 제안한다. 어떤 자문 서비스는 자문 결과로 발생될 대량 구매를 희망하여 무료로 제공되기도 한다. 마지막으로 자문의 한 형태인 조언은 개별지도, 집단훈련 프로그램, 공개시연의 형태로 제공될 수 있다.

**그림 4.10** 체중 감소를 위한 상담은 자문의 한 형태이다.

PART II

### 환대

이론적으로 고객 환대 서비스는 새로운 고객을 기쁘게 맞이해야 하고, 기존 고객이 재방문했을 때 반갑게 인사해야 한다. 잘 관리된 서비스 기업은 직원들이 고객을 초대손님처럼 대우하도록 확신시켜야 한다. 고객 욕구에 대한 존중과 배려는 대면 서비스와 전화 의사소통 모두에게 요구된다. 환대는 다음과 같은 요소를 포함한다.

- ▶ 인사
- ▶ 음식과 음료
- ▶ 화장실과 세면실
- ▶ 대기실과 편의시설
  - ○ 라운지, 대기실, 의자
  - ○ 날씨 관련 장비
  - ○ 잡지, 오락, 신문
- ▶ 교통

환대는 면대면 서비스에서 더욱 분명하게 나타나는 요소이다. 어떤 상황에서 환대는 고객을 위한 셔틀버스를 제공하는 것에서부터 시작한다. 만약 고객이 서비스를 제공받기 위해 건물 외부에서 기다릴 경우, 사려 깊은 서비스 제공자라면 날씨를 고려한 대비책을 고객에게 제공할 것이다. 만약 고객이 건물 내부에서 기다린다면, 고객이 기다리는 시간 동안 앉아서 쉴 수 있는 대기 장소나 시간을 보낼 수 있는 오락거리(TV, 신문, 잡지)가 제공되어야 한다. 성격이 따뜻하고, 싹싹하며, 예의 바른 고객접점의 직원은 매장을 따뜻한 분위기로 만

그림 4.11 Giordano는 미소로 고객을 환대한다.

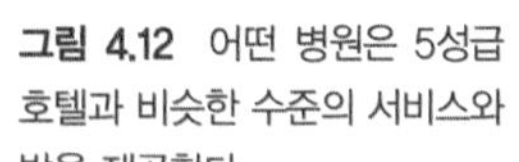

그림 4.12 어떤 병원은 5성급 호텔과 비슷한 수준의 서비스와 방을 제공한다.

드는 데 기여한다. 아시아와 중동 시장을 대상으로 하는 의류 소매업체인 Giordano의 고객은 구매 여부와 관계없이 그들이 매장을 방문하거나 떠날 때 마다 즐거운 목소리의 "어서 오세요."와 "안녕히 가세요."를 듣는다(그림 4.11).

기업에 의해 제공되는 환대 서비스의 품질은 고객의 만족도에 중요한 영향을 줄 수 있다. 이러한 현상은 사람에 대한 처리 서비스의 경우 특히 많이 발생한다. 고객은 핵심서비스의 전달이 완료될 때까지 서비스 시설을 쉽게 벗어날 수 없기 때문이다. 개인 병원들은 종종 고급 호텔 룸 서비스 수준의 서비스를 제공함으로써 그들의 경쟁력을 높이려고 시도한다(그림 4.12). 여기에는 양질의 식사도 포함된다. 어떤 항공사는 양질의 식사를 제공하고 더욱 친절한 승무원을 배치함으로써 경쟁자와 차별화를 시도한다. Singapore Airlines은 두 영역의 중요성을 잘 인지한 항공사이다.[3]

### 보관

서비스를 제공받는 동안, 고객은 그들의 소지품이 안전하게 보관되길 원한다. 실제로 안전하고 편리한 주차 서비스 같은 보관 서비스를 제공하지 않는 업체는 방문하지 않는 고객도 있다. 서비스 장소에서 제공되는 보관 서비스는 다음과 같은 품목을 대상으로 한다.

- 아이와 애완동물 돌봄(그림 4.13)
- 주차장 제공, 주차 대행

그림 4.13 애완동물 돌봄은 보관의 한 형태이다.

- ▶ 외투보관
- ▶ 여행가방 운반
- ▶ 여행가방 보관
- ▶ 안전금고
- ▶ 보안요원

책임 있는 업체들은 그들의 업소를 찾는 고객들의 안전과 보안에 대한 많은 주의를 기울인다. Wells Fargo Bank는 고객들에게 자사의 ATM기를 홍보하는 책자를 보낼 때 고객들의 안전을 배려하고 있다는 내용을 알리고 있다. ATM기가 있는 장소는 밝은 조명이 비추며 주변에서 잘 보이는 곳이어서 도둑 등에게 신변의 안전을 위협받을 일이 적다는 것을 명시하고 있다.

### 예외 서비스

예외 서비스는 일반 서비스 전달에 들어가지 않는 특별한 보조서비스를 의미한다. 예외 서비스에는 다음과 같은 영역들이 포함된다.

그림 4.14 맥도날드의 잘 설계된 과정은 직원이 고객의 요구에 즉각적이고 효과적으로 반응하도록 해 준다.

- ▶ 서비스 제공 이전 특별 요청
  - ○ 아이들을 위한 요구사항, 식이요법 관련 요청
  - ○ 의료 혹은 장애와 관련된 사항
  - ○ 종교적 준수사항
- ▶ 특별한 커뮤니케이션 처리
  - ○ 불평
  - ○ 칭찬
  - ○ 제안
- ▶ 문제 해결
  - ○ 보증
  - ○ 상품 사용에 따른 어려움 해결
  - ○ 사고나 잘못된 서비스 전달에 따른 어려움 해결
  - ○ 사고나 응급 치료가 필요한 고객 구호
- ▶ 보상
  - ○ 반환 및 보상
  - ○ 하자 상품의 무료 수선

서비스 기업은 항상 예외 서비스에 대비해야 하며, 이를 위한 계획과 가이드라인을 미리 수립해야 한다. 그래야만 고객이 예외적 요청을 할 경우 직원이 어찌할 줄 모르거나 놀라지 않는다. 잘 설계된 서비스 수행 과정은 직원이 즉각적이고 효율적으로 대처할 수 있도록 해준다(그림 4.14).

관리자는 예외 서비스 요청에 유의해야 한다. 너무 많은 요청은 현재의 서비스 제공 절차에 문제가 있으므로 서비스 수준에 변화가 필요함을 의미한다. 예를 들어 만약 식당에서 메뉴에는 없는 특정 채식 음식에 대한 요청을 자주 받는다면, 이제는 그와 같은 음식을 한 두 가지 추가하는 형태로 메뉴를 수정할 때가 되었음을 의미한다. 예외 서비스 요청에 대한 융통성 있는 접근법은 매우 좋은 아이디어가 된다. 왜냐하면 그 것은 곧 고객 욕구에 직원이 잘 반응하고 있다는 증거이기 때문이다. 반면에 너무 많은 예외 서비스 요청은 다른 고객에게 부정적인 영향을 줌과 동시에 직원의 업무 처리에도 많은 부담이 된다.

### 관리적 시사점

서비스 플라워를 구성하는 여덟 가지 보조서비스는 핵심상품의 품질을 향상시킬 수 있는 여러 가지 좋은 대안을 제공하고 있다. 앞서 언급한 대로, 어떤 보조서비스(정보와 예약)는 고객이 핵심상품을 잘 사용할 수 있도록 촉진시킨다. 또한 어떤 보조서비스는 핵심상품의 가치를 증대시키거나 비금전적 비용을 감소시키는 역할(예 : 식사, 잡지, 오락 등은 시간을 보내는 데 도움을 주는 환대적 요소)을 한다. 서비스 제공자에 의해 부과되는 청구나 지불 같은 보조서비스는 소비자가 원하는 것들은 아니지만, 전반적인 서비스 경험의 일부분을 형성한다. 잘 처리되지 못한 보조서비스는 고객의 서비스 품질 지각에 부정적인 영향을 미칠 것이다.

그림 4.15 보안 요소는 온라인 거래가 안전함을 보장해 준다.

모든 핵심상품이 8개의 꽃잎에서 생성된 많은 보조서비스로 둘러싸여 있는 것은 아니다. 사람, 소유물, 정신적 자극, 정보처리와 같은 네 가지 범주의 과정들이 제1장에서 소개되었다. 그들은 각각 수행과정, 서비스 수행자나 설비와의 고객 접촉 정도, 보조서비스에 대한 요구에 따라 다른 영향을 준다. 사람에 대한 처리는 고객과의 친밀한 상호작용을 기초로 하기 때문에 환대 같은 보조서비스를 더 많이 필요로 한다. 많은 접촉을 동반하는 서비스는 낮은 접촉 서비스보다 고객과의 상호작용을 더 많이 필요로 한다. 고객이 서비스 제공자를 방문하지 않는다면, 환대 서비스는 편지나 전화와 같은 단순한 형태로 제한된다. 소유물에 대한 처리의 경우 보관 서비스가 중요한 의미를 갖는다. 그러나 정보에 대한 처리 서비스를 제공할 때처럼 고객과 서비스 제공자가 가까운 거리를 두고 상호작용을 하는 경우라면, 보관 서비스는 그다지 필요 없다. 반면 전자 금융서비스에는 보관 서비스가 중요한 의미를 갖는다. 금융서비스 제공자는 전화나 온라인상으로 이루어지는 금융거래시 고객의 무형 자산이나 개인 정보가 안전하게 보호될 수 있도록 최선을 다해야 한다(그림 4.15).

기업의 시장 포지셔닝 전략은 어떤 보조적인 서비스가 추가되어야 하는지 결정하는 데 도움을 준다. 서비스 품질에 대한 고객의 인식을 높이려는 전략을 가진 기업은 낮은 가격에 승부하려는 기업보다 더 많은 보조적인 서비스를 요구할 것이고 각 보조서비스에서는 높은 수준의 성과를 요구할 것이다. 일반적인 제품일지라도 높은 수준의 보조서비스들을 공격적으로 제안하면 그들의 제품을 차별화시키는 데 도움이 된다. 항공사에서 제공하는 다양한 클래스의 좌석 제공이 이에 해당된다.

기존의 핵심제품을 증가시키거나 새로운 제안을 디자인하는 새로운 방법을 계속 찾을 때 서비스 플라워와 꽃잎들은 체크리스트로 활용될 수 있다. 기업이 어떤 보조적인 서비스를 제공할 것을 결정했던, 잘 고안된 서비스 수준을 충족시키려면 각 꽃잎의 모든 요소들에는 세심한 주의가 기울여져야 한다. 그래야만 꽃(서비스 상품)은 항상 싱싱하고 매력적인 모습을 유지할 수 있을 것이다.

## 서비스 상품과 경험의 브랜드화

**학습목표 4**
서비스 기업은 어떻게 서비스 상품 라인에 다른 브랜드 전략을 사용하는가?

PART II

최근 들어 많은 서비스 기업이 자사 상품(product)에 대한 이야기에 열을 올리고 있다. 그렇다면 서비스와 상품의 차이는 무엇인가? 상품은 '산출물의 집합(bundle of output)' 이다. 기업은 특정 산출물의 집합과 다른 산출물의 집합을 차별화할 수 있다. 제조라는 맥락에서 그 개념은 이해하기 어렵지 않다. 제조업자는 단순히 그들의 상품을 다양한 '모델' 을 사용하여 차별화한다. 예를 들어 패스트푸드 식당에서는 그들의 상품을 메뉴로 전시하는데 이것들은 서비스라는 측면에서 보면 '모델' 인 셈이다. 당신이 햄버거를 무척 좋아한다면, 당신은 버거킹의 '산출물의 집합' 인 와퍼와 맥도날드의 '산출물의 집합' 인 빅맥 간의 차이를 쉽게 구분할 수 있을 것이다.

눈에 더 보이지 않는 서비스의 제공자들도 다양한 상품의 '모델' 을 제공한다. 서비스의 구매자들, 특히 신규 고객들은 상표가 얼마나 잘 알려져 있는지를 서비스의 품질과 신뢰성을 판단하는 지표로 의존하게 된다. 이런 현상은 제조상품의 경우보다 서비스 상품에서 더욱 심하다. 상표화는 하나의 산출물을 다른 산출물과 차별화시키는 데 도움을 줄 수 있다. 좋은 예가 Banyan Tree 호텔 & 리조트이다. 이 호텔은 다양한 목표 고객들을 겨냥하여 특정한 상품들을 주의 깊고 정성 들여 만들었고 그 상품들에 "친밀한 순간", "천국의 신혼여행", "온천 즐기기" 등의 상표를 붙였다.[4] 그 중 "친밀한 순간"은 결혼 기념일을 축하하기 위한 커플들을 위해 특별하게 만들어진 상품이다. 배우자를 놀래주는 형태로 제공하는 이 상품은 커플이 묵는 숙소(빌라)를 촛불과 향, 꽃잎으로 치장해주고 수직물로 장식된 침대, 시원한 샴페인이나 와인, 꽃과 촛불, 목욕 오일로 장식된 개인 야외 풀 등으로 이루어진다. 커플은 더 즐거운 순간을 보내도록 다양한 아로마 마사지 오일 서비스등을 제안 받기도 한다. 상품을 상품화(Packaging)하고 브랜드화함으로써 Banyan Tree는 자신들의 상품을 웹페이지와 유통업자, 예약센터에 팔 수 있게 된다. 상품화와 브랜드화의 과정이 없다면 상품의 효과적인 마케팅, 판매, 전달은 어렵게 된다. 서비스의 브랜드 전략에 대한 대안을 다음에서 살펴보자.

### 서비스를 위한 브랜드 전략

서비스 기업은 다음과 같은 네 가지 광범위한 브랜드 대안들 중에 선택하게 된다. 모든 제품과 서비스에 하나의 단일화된 브랜드를 사용하는 '단일 브랜드', 각각의 제공물에 별도의 브랜드를 사용하는 '개별 브랜드', 앞의 극단적인 두 가지 사례가 적절히 혼재되어 있는 '하위 브랜드' 와 '보증 브랜드' 가 있다.[5] 이러한 대안들은 그림 4.16의 스펙트럼 형태로 나열된다.

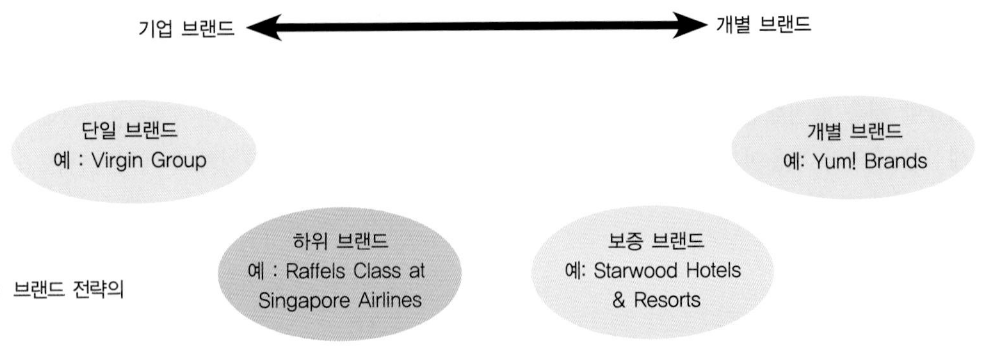

기업 브랜드 ⟷ 개별 브랜드

단일 브랜드
예 : Virgin Group

하위 브랜드
예 : Raffels Class at Singapore Airlines

보증 브랜드
예: Starwood Hotels & Resorts

개별 브랜드
예: Yum! Brands

**그림 4.16** 브랜드 전략의 스펙트럼

### 단일 브랜드

단일 브랜드(brand house)는 브랜드를 다양한 상품(종종 관련이 적은 분야에도)에 적용하는 Virgin Group 같은 기업을 묘사할 때 사용한다.[6] 그러한 브랜드화 전략을 사용하면 브랜드가 과잉팽창되거나 약화될 위험이 있다.

### 하위 브랜드

스펙트럼상에 다음에 있는 것이 하위 브랜드(subbrands)이다. 이 경우 기업의 이름이나 대표 브랜드가 존재하고 역할을 하고 있는데 상품 자체는 구분되는 이름을 별도로 가지고 있게 된다. FedEx는 하위 브랜드 전략을 성공적으로 사용해오고 있다. FedEx가 사들인 육상운송 서비스에 브랜드를 바꾼다는 결정을 했을 때, FedEx Ground라는 하위 브랜드를 만들어 냈고 상표의 색깔도 표준적인 보라색과 오렌지색보다는 보라색과 초록색을 사용하여 다른 느낌을 주도록 하였다. 이 외에도 이 기업은 FedEx Home Delivery(미국 내 주소로 전달), FedEx freight(무거운 화물을 트럭운송보다 저렴하게 운송), FedEx Custom Critical(빠른 배달이 중요한 운송에서 문 앞까지 논스톱으로 운송), FedEx Trade Networks(세관 대행, 국제 운송, 무역 수속 간소화 서비스), Fedex Supply Chain Service(상품의 이동에 동기화해주는 포괄적인 솔루션 상품), Fedex Kinko' s(사무실과 프린팅 서비스, 기술 서비스, 화물 선적, 포장 서비스) 등의 다양한 하위 브랜드를 운영하고 있다.[7]

### 보증 브랜드

보증 브랜드(endorsed brands)에서는 상품의 브랜드가 지배적인 위상을 가지고 있지만 기업의 브랜드도 여전히 고유한 특색을 보여준다. 많은 호텔 기업들이 이러한 전략을 사용하여 보증 브랜드 집단을 보유한다. 예를 들어 Intercontinental Hotel Group이라는 기업 브랜드 자체도 잘 알려져 있다. 하지만 거기에 속한 상품 브랜드가 더 유명하며 다음과 같다. Intercontinental Hotels & Resorts, Crowne Plaza Hotels & Resorts, Hotel Indigo, Holiday Inn Hotels & Resorts, Holiday Inn Express, Staybridge Suites, Candlewood Suites, Forum Hotels & Resorts, Parkroyal Hotels & Resorts, Centra Hotels & Resorts.[8]

복수 브랜드 전략이 성공하려면, 각 브랜드가 독특한 가치 위상을 가져야만 하며 다른 고객 집단을 겨냥해야 한다. 경우에 따라서는 세분 시장이 상황에 따라 분류되기도 한다는 것을 알아야 한다. 동일한 고객이라 하더라도 가족과의 여행과 업무를 위한 여행에 각기 다른 욕구를 가질 수 있다는 것이다. 복수 브랜드 전략은 고객들이 같은 보증 브랜드 집단 내에서 구매를 계속하도록 유도하는 데 목표를 맞추어야 한다. 이러한 목적을 위해 종종 고객충성 프로그램이 사용된다.

### 개별 브랜드

스펙트럼의 한쪽 끝은 개별 브랜드(house of brands)이다. 좋은 예가 Yum! Brands Inc.이다. 이 기업은 110개국에 걸쳐 35,000개 이상의 식당을 소유하고 있다. 많은 사람이 Yum! Brands을 낯설게 느끼겠지만 그들이 보유하고 있는 A&W, Kentucky Fried Chicken, Pizza Hut, Taco Bell, Long John Silver' s와 같은 식당 브랜드에는 익숙할 것이다. 이러한 브랜드들은 각각 개별적으로만 촉진활동을 한다(그림 4.17).

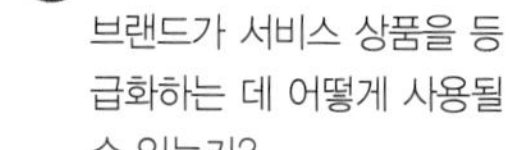

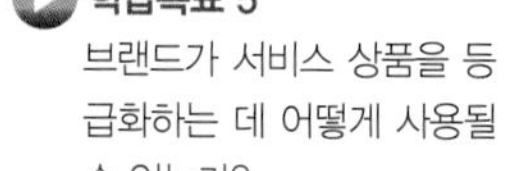

PART II

**그림 4.17** KFC와 Pizza Hut은 Yumi의 패밀리 레스토랑 브랜드 중 일부에 지나지 않는다.

## 브랜드화를 통한 서비스 상품 등급화

많은 서비스 산업에서 브랜드화는 핵심상품을 차별화하기 위해서뿐 아니라 서비스 수준을 명확히 차별화하기 위해서도 사용된다. 서비스 **등급화**(service tiering)라고 불리는 이 방법은 호텔, 항공사, 자동차 임대, 컴퓨터 하드웨어와 소프트웨어 지원 등에 일반적으로 이용된다. 표 4.2는 이러한 산업들에 주요 등급화의 예를 보여준다. 등급화의 다른 예는 건강 보험, 케이블 TV, 신용카드 등에서도 발견된다.

자동차 임대 산업에서 자동차의 크기와 유형은 등급화를 위한 주요 기준이 된다. 항공산업에서는 각 서비스 등급에 따라 어떤 수준의 서비스들이 제공될 지에 대하여 개별 항공사가 결정을 한다. British Airways나 Virgin Atlantic과 같은 혁신적인 항공사들은 야간 비행시에 완전히 침대처럼 편평하게 펼쳐지는 비즈니스 클래스 좌석과 같은 새로운 서비스를 추가하려고 계속 노력한다. 다른 산업에서는 여러 서비스 요소를 종종 몇 개의 패키지로 묶으려는 개별 기업들의 전략에 대해 등급화라고 불리기도 한다. 두 가지 예를 살펴보자.

**학습목표 5**
브랜드가 서비스 상품을 등급화하는 데 어떻게 사용될 수 있는가?

**표 4.2** 서비스 등급화의 사례

| 산업 | 등급화 | 등급화에 사용되는 주요 서비스 속성과 물리적 요소 |
|---|---|---|
| 숙박 | 별, 다이아몬드 순위(5~1) | 건축양식, 경관, 방 크기, 가구, 장식, 식당과 메뉴, 룸 서비스 시간, 서비스 종류와 오락시설, 직원 수준, 직원의 능력과 태도 |
| 항공 | 클래스(intercontinental) : 퍼스트, 비즈니스, 프리미엄 이코노미, 이코노미[a] | 좌석 앞뒤 간격, 좌석 폭, 등받이 각도조절 정도, 식사와 음료 서비스, 직원 비율, 체크인 속도, 출발과 도착 라운지, 화물 회수 속도 |
| 자동차 임대 | 차량의 등급[b] | 차량의 크기에 따라 (초소형부터 대형), 고급의 정도에 따라, 특정한 차량 유형에 따라 (미니밴, SUV, 컨버터블) |
| 하드웨어와 소프트웨어 지원 | 지원 수준[c] | 서비스의 시간과 날짜, 반응 속도, 교체부품의 전달 속도, 기술자 전달 서비스 대 자가 서비스 조언, 추가적인 서비스 가능성 |

a 단지 몇 군데 항공사만이 인터컨티넨탈처럼 네 가지 등급의 서비스를 제공한다. 국내 항공서비스는 보통 한두 가지 등급만 제공한다.
b Avis와 Hertz는 크기와 고급에 따라 일곱 가지 등급을 제공한다. 여기에 몇 가지 특별한 차량 유형이 추가된다.
c Sun Microsystem은 네 가지 지원 수준을 제공한다.

### Avis Car Rental

Avis는 소비자 고객과 기업 고객이라는 두 종류의 고객에게 초점을 맞췄다. 소비자 고객에 대해서 Avis는 자동차 급(초소형차, 소형차, 중소형차, 중형차, 대형차, 프리미엄, 럭셔리, SUV, 컨버터블, 밴)에 따라 그들의 서비스를 등급화하였고 제공하는 서비스에 따라서도 등급화하였다. 예를 들어 고객이 운전하기를 원하지 않는다면 Avis 운전기사 운전이라는 옵션을 선택할 수 있다. 운전기사는 운전뿐 아니라 안내원의 역할도 한다. 기업 고객은 다른 유형의 고객들에게 맞추어진 네 가지 프로그램(중소형 비즈니스, 접대와 생산, 만남과 그룹 서비스, 정부와 군대) 중에서 선택할 수 있다.[9]

### Sun Microsystems Hardware and Software Support

선 마이크로 시스템(Sun Microsystems)은 하이테크 기반의 B2B 상품 라인을 등급화한 브랜드 사례이다. 그 기업은 하드웨어와 소프트웨어 모두를 지원하는 프로그램에 '선 스펙트럼 서포트(Sun Spectrum Support)' 이라는 브랜드를 부착하였다(그림 4.18).[10] 프로그램에 있는 4단계의 지원 중 고객은 자사 조직의 필요와 지불 수준에 적합한 서비스를 선택할 수 있다. 지원 서비스는 기업 수준에서 임무에 특화된 지원을 받을 수 있는 비싼 Platinum Service Plan부터 비교적 덜 비싸면서 셀프 관리로 운영되는 지원 서비스인 Bronze Servie Plan까지 존재한다.

- ▶ 플래티넘 — 일주일 내내 24시간 방문 지원되며 임무 특화된 지원 가능, 2시간 안에 응대
- ▶ 골드 — 월~금요일, 오전 8시~오후 8시까지 방문 지원되며 사업 특화된 지원 가능, 전화는 일주일 내내 24시간 가능, 4시간 안에 응대
- ▶ 실버 — 월~금요일, 오전 8시~오후 5시까지 방문 지원되며 기본 지원 가능, 전화는 월~금요일 오전 8시~오후 8시 가능, 4시간 안에 응대
- ▶ 브론즈 — 오전 8시~오후 5시까지 전화에 의한 자가 정비

**학습목표 6**
기업은 어떻게 브랜드 자산을 구축하고 브랜드화된 고객 경험을 제안하는가?

## 브랜드 자산의 구축과 브랜드 경험의 형성

브랜드화(branding) 거의 모든 서비스 사업의 기업이나 상품에 적용할 수 있다. 관리가 잘 되는 기업에서는 기업 브랜드가 고객에게 쉽게 인지될 수 있을 뿐만 아니라 의미까지 잘 전달된다. 브랜드는 기업이 어떻게 사업을 수행하는가를 나타내 준다. 개별 상품이나 서비스 등급에 독특한 브랜드를 적용하는 것은 기업이 특정 서비스와 관련된 독특한 경험과 혜택을 목표 고객에게 전달하도록 해 준다. 달리 말하면 마케터가 고객의 마음에 서비스 이미지를 형성하고, 가치제안의 본질을 명확화하는 데 도움을 준다는 것이다.

성공적인 서비스 브랜드의 일반적인 특성은 무엇인가? Texas A&M 대학교의 마케팅 교수인 Leonard L. Berry에 따르면, 서비스 기업들이 강한 브랜드를 구축할 수 있는 네 가지 주요 방법이 있다고 한다.[11]

- ▶ 과감히 차별화하라. 차별화되는 기업은 그들 자신의 명확한 브랜드 개성을 만들 수 있다. 예를 들어 전자메일, 즉각적인 메시지, SMS의 세계에 트위터는 마이크로블로깅(Microblogging)을 소개하였고 세상에 폭풍을 몰고 왔다. 사람들은 페이스북과 SMS의

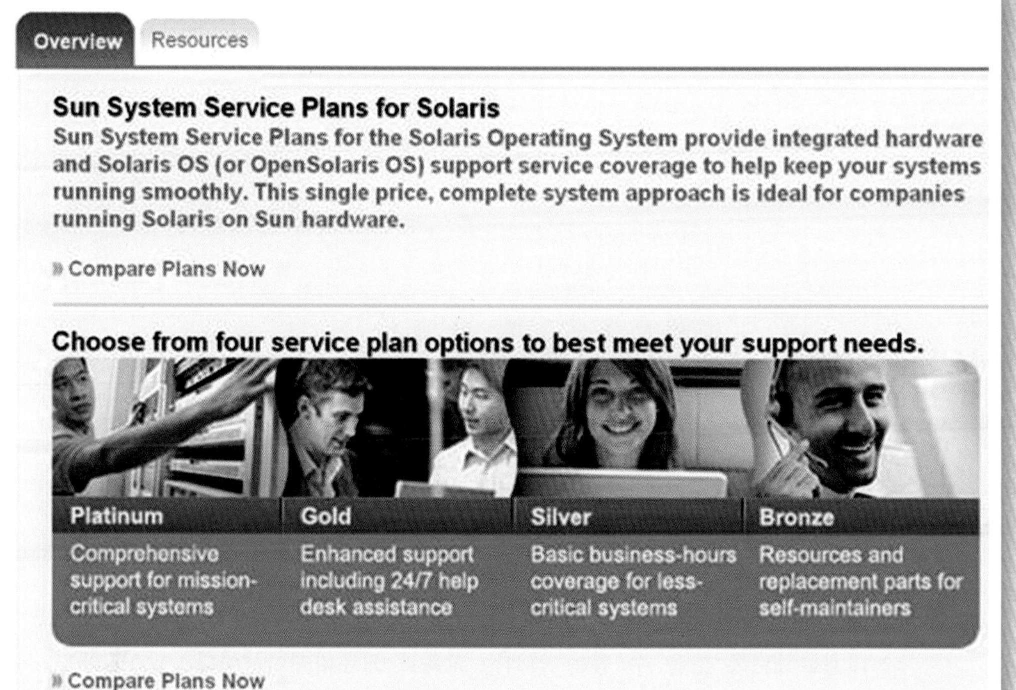


**그림 4.18** Sun Microsystem의 Solaris를 위한 서비스 계획은 서비스 수준을 명백하게 차별화해 준다.

중간 정도인 140자 이내의 메시지로 온라인을 통해 생각을 공유할 수 있었다. 2010년에 트위터는 매달 1억 9,000만 명의 방문자를 갖게 되었고 매일 6,500만의 트윗이 만들어지고 있다.[12]

▶ 자신만의 명성을 결정하라. 시간이 지나면서 유명해지는 기업들은 고객이 진정으로 가치있게 생각하는 서비스를 제공하고 경쟁자보다 더 효과적으로 서비스를 하며 소비자의 경험과 구전을 통해 기업의 이야기가 전파되도록 한다. 예를 들어 Boston Consulting Group은 2010년에 『포춘』의 '취업하고 싶은 100대 기업' 명단 8위에 올랐는데, 최근 5년간 계속해서 상위 15위 이내에서 순위를 유지하고 있는 단 3개 기업 중 하나이다. 이 기업은 비즈니스 전략의 선도적 조언자로 유명하다. 기업들이 자신의 사업 속에서 새로운 통찰력을 갖도록 도움을 주며 독특한 경쟁 우위를 만들어 내고 보다 나은 수익을 달성하도록 도와준다.[13]

▶ 정서적인 연결을 만들어라. 이 것은 친밀함, 매력, 신뢰와 같은 강한 느낌을 포함한다. Harlem Globetrotters는 뛰어난 공 다루기, 우수꽝스러운 움직임, 우둔함으로 관객에게 감동을 주어 사람들과의 정서적 연결(emotional connection)을 만든다. 그들을 보는 것은 즐거운 경험이며 그들은 관객들을 웃게 만든다. 그 팀은 열심히 일하고 존경과 예절, 좋은 가치를 보여준다.

▶ 브랜드를 내재화하라. 서비스 직원은 기업이고 브랜드이다. 그들은 브랜드 자산을 만드는데 도움을 주는 사람들이며 고객을 위한 경험을 만드는 사람들이다. 그래서 직원들은 서비스의 개념과 가치를 내재화해야만 그것을 수행할 수 있다. 직원이 브랜드를

PART II

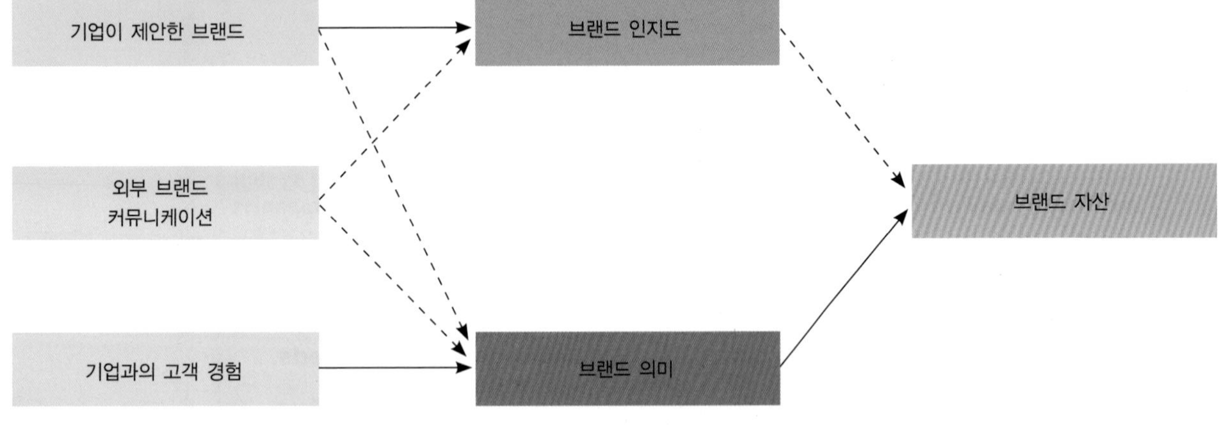


**그림 4.19** 서비스-브랜드 모델

출처
The bold arrows represent strong relationships and the dotted arrows represent weaker relationships.
Taken from Leonard L. Berry, "Cultivating Service Brand Equity," *Journal of the Academy of Marketing Science* 28, no. 1: 128-137.

내재화하도록 도울 수 있는 열쇠는 교육과 커뮤니케이션이다. 패스트푸드 식당인 Chick-fil-A는 독립적인 점포 운영자가 시장에 브랜드를 구축하도록 돕기 위해 많은 자원을 투자했다. 교육과 시장조사, 맞춤형 충고, 각 시장 성과의 추적 등의 조합을 통해 브랜드는 내재화된다.

강한 브랜드를 만들 수 있기 전에, 우리는 브랜드 자산에 기여하는 것이 무엇인지 이해할 필요가 있다. 브랜드 자산이 무엇인가? 브랜드 자산은 브랜드와 동반되는 프리미엄 가치이다. 고객이 서비스를 위해 기꺼이 지불하고자 하는 것이며 유사한 브랜드 없는 서비스와의 가격 차이를 설명해 준다. 그림 4.19는 다음의 여섯 가지 주요 요소들을 보여준다.

- 기업이 제안한 브랜드—주로 광고, 서비스 시설, 개인을 통해 전달
- 외부 브랜드 커뮤니케이션—구전과 홍보를 통해 전달. 이들은 기업의 통제 밖에 있다.
- 기업과의 고객 경험—고객이 기업의 단골이 되었을 때 경험하게 되는 것
- 브랜드 인지도—단서가 제공될 때 브랜드를 인식하고 기억해 낼 수 있는 정도
- 브랜드 의미—브랜드가 언급되었을 때 고객의 마음속에 떠오르는 것
- 브랜드 자산—하나의 브랜드가 경쟁자에 대해 갖게되는 마케팅적 강점의 정도

그림 4.19로부터, 기업이 마케팅과 외부적 의사소통 노력으로 브랜드 인지도를 만들 수 있음을 알 수 있다. 그러나 브랜드 자산을 만드는 데 더욱 중요한 것은 고객의 실제 브랜드 경험(진실의 순간)이다. 사실 소비자 지향적인 기업은 브랜드 자산보다는 소비자 자산을 향하여 움직이고 있다.[14] 기업들은 소비자에 집중하고 좋은 경험을 전달하고 그들과 정서적인 연결을 만들 필요가 있다. 어떻게 그렇게 할 수 있을까?

먼저 브랜드 경험을 디자인하는 것으로 시작한다. 그러기 위해서 브랜드 명제에 따라 기업의 과정들, 서비스 환경들, 직원들을 재조정해야 한다. 우선적으로 현장에서 훌륭한 과정

들을 가질 필요가 있다(제8장 서비스 과정의 디자인과 관리 참조). 추가로 정서적 경험을 만드는 것이 서비스 환경들을 통해 효과적으로 이루어질 수 있다(제10장 서비스 환경 만들기 참조). 정서적 경험을 만드는 데 가장 어려운 것은 고객과 기업 직원 간의 형성된 신뢰를 바탕으로 개인 간 관계를 구축하는 것이다.[15] 이러한 일이 가능하기 위해서, 우리는 고객의 충성심을 만들어 내는 브랜드 경험을 고객에게 전달하는 사람들인 직원에 대해 많은 투자를 하여야 한다(제11장 서비스 이점을 위한 인력 관리 참조).

## 신규 서비스 개발

**학습목표 7**
단순한 형태 변화부터 주요 혁신까지 신규 서비스 개발에는 어떠한 범주가 있는가?

극심한 경쟁과 갈수록 높아지는 소비자 기대는 서비스 산업 전반에 영향을 미치고 있다. 따라서 훌륭한 브랜드는 기존 서비스만 잘 제공하는 것뿐 아니라 혁신을 통해 계속하여 개선해야 하고 서비스에 대한 새로운 접근을 시도해야 한다.

### 신규 서비스 개발의 위계

서비스 제공자가 혁신하기 위해서는 많은 방법이 있을 수 있다. 다음은 단순 스타일 변경에서 주요 혁신까지 일곱 가지 신규 서비스의 유형이다.

1. **스타일 변경**(style change)은 혁신의 가장 단순한 형태이며 통상적으로 프로세스나 성과에 대한 변화는 포함하지 않는 형태이다. 그러나 스타일 변경은 종종 쉽게 눈에 띌 수 있으며, 열정을 불러일으키는 동시에 직원에게 동기부여를 제공하곤 한다. 예를 들어 소매점을 새롭게 칠하거나 자동차 외관의 새로운 단장, 서비스 직원을 위한 새로운 복장 디자인, 새로운 은행 수표 디자인, 직원을 위한 서비스 메뉴얼의 작은 수정 등을 들 수 있다.
2. **서비스 개선**(service improvement)은 혁신의 가장 일반적인 형태이다. 서비스 개선은 현재 상품의 성과에 대한 작은 변화를 포함해서 핵심상품이나 보조서비스의 개선까지도 포함한다. 문제가 되는 작은 부분들이지만 소비자가 인지하고 있는 부분들이다. 예를 들어 스톡홀름의 Lydmar Hotel의 엘리베이터에는 버튼을 선택하여 게러지, 펑크, 리듬 앤 블루스 음악을 선택할 수 있다. 아주 간단한 개선일 수도 있지만 고객에게 독특하고 놀라운 경험을 선사해준다.[16]
3. **보조서비스 혁신**(supplementary service innovation)은 기존 핵심서비스에 촉진 보조서비스나 가치증대 보조서비스 요소를 추가하거나, 기존 보조서비스를 상당히 개선하는 형태를 갖는다. FedEx Kinkos는 고객에게 미국과 캐나다 대부분 지역에서 시간대에 상관없이 고속의 인터넷 접속을 제공하고 있다. 기존 서비스에 대한 로우테크(low-tech) 혁신은 소매점에 주차장을 증설하거나 결제 수단으로 신용카드를 추가하는 것처럼 단순한 변화를 의미한다. Rainforest 카페 같은 테마 레스토랑은 고객에게 새로운 경험을 제공함으로써 핵심 음식 서비스의 가치를 증가시켰다(그림 4.20). Rainforest는 수족관이나 살아 있는 앵무새, 폭포, 섬유유리로 만들어진 원숭이, 환경 관련 정보를 알려주는 말하는 나무, 정기적인 천둥소리와 번개 등을 통해 고객에게 즐거움을 선사하고 있다.[17]

**그림 4.20** Rainforest 카페는 고객에게 마치 정글 속에 있는 것 같은 경험을 제공하는 보조 서비스 혁신을 통해 핵심서비스인 식사의 가치를 증대시켰다.

4. **프로세스 라인 확장**(process line extension)은 종종 기존 서비스의 새로운 전달 방법을 보여준다. 주요 목적은 기존 고객에게 새로운 편리함이나 색다른 경험을 제공하거나, 전통적 접근에 식상한 신규 고객에게 어필하기 위해서이다. 일반적으로 프로세스 라인 확장은 기존의 많은 접촉이 일어나는 고객 서비스에 접촉 빈도가 낮은 서비스를 추가하는 것을 의미한다. 직원 서비스 전달을 보완하기 위해 셀프서비스를 추가하거나 전화나 인터넷 기반의 금융 서비스를 만드는 것이 이에 해당된다. 예를 들어 웹사이트는 서비스 전달자와 접촉하기 위한 이메일 주소나 전화번호를 보여주곤 한다. 그러면 고객들은 서비스 직원과 이야기하기 위해 기업에 전화를 걸어야만 한다. 지금 많은 웹사이트들은 직원과 고객이 실시간으로 생생한 접촉을 하도록 대화(chat) 기능을 포함시키고 있다.
5. **상품 라인 확장**(product line extension)은 현재 상품 라인에 추가되는 상품 라인을 의미한다. 이런 형태의 상품을 시장에 첫 선을 보인 기업은 '혁신자' 처럼 보일 것이다. 나머지는 단지 방어적 형태를 취하는 '추종자' 일 뿐이다. 이러한 새로운 서비스는 기존 고객의 다양한 욕구를 충족시키기 위해 개발되거나, 서로 다른 욕구를 가지는 신규 고객에게 어필하기 위해 개발된다. 예를 들어 한 식당은 개와 주인이 같은 장소에서 식사를 할 수 있도록 개를 위한 메뉴를 제공하여 상품 라인을 확장시켰다.

**그림 4.21** E-books는 아이폰과 아이패드로부터 다운로드 받고 읽을 수 있다.

6. **주요 프로세스 혁신**(major process innovation)은 새로운 편익이 추가된 새로운 방식으로 기존 핵심상품을 전달하는 새로운 프로세스를 의미한다. 예를 들어 유형의 책을 구매하기 위하여 서점에 가는 대신에 iPhone이나 iPad를 소유한 소비자는 같은 책을 e-book의 형태로 Apple의 iBookstore에서 구입할 수 있다(그림 4.21).

   Amazon의 Kindle DX 무선 전자책은 또 다른 예가 된다. 이 기기의 9.7인치 화면을 통해 소비자는 신문을 편안하게 읽을 수 있으며 전 세계에서 3G를 자유로이 접근/이용할 수 있다(그림 4.22). 뉴욕 타임스 가입자는 가판대에 문제가 생기더라도 Kindle을 사용하여 무선으로 자동 전송된 신문을 볼 수 있다.[18]

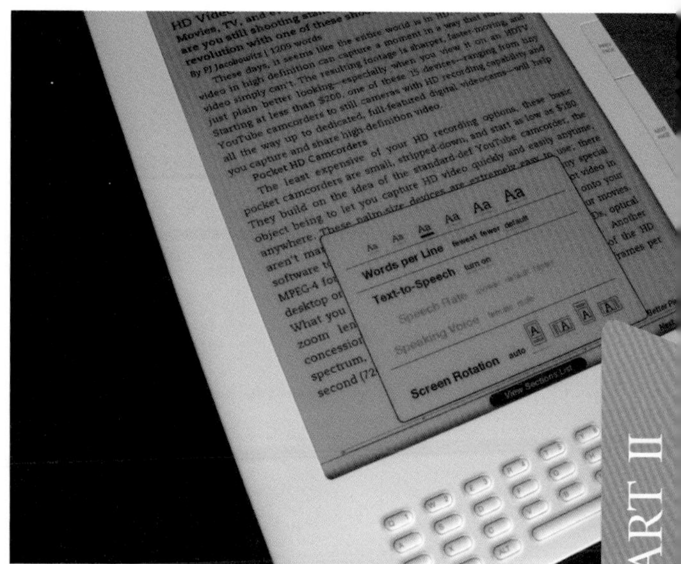


**그림 4.22** Kindle DX는 고객이 신문을 편하게 읽을 수 있도록 해 준다.

PART II

7. **주요 서비스 혁신**(major service innovation)은 이전에 없던 전혀 새로운 핵심상품의 등장을 의미한다. 주요 서비스 혁신에는 보통 새로운 서비스 특성과 급진적인 새로운 프로세스가 포함된다. 우주비행 산업의 선두주자인 Space Adventures는 2001년 러시아 Soyuz 우주선으로 첫 번째 우주 관광객을 태우고 국제 우주 정거장까지 비행했다. 오늘날 그들은 달 임무, 우주 궤도 비행, 준궤도 우주 비행, 우주유영 등 다양한 우주 경험을 제공한다 (그림 4.23). 10만 2,000달러의 준 궤도 우주 비행에서부터 좌석당 1억 달러 하는 달 임무까지 이런 경험들은 매우 고가이다.[19]

**그림 4.23** Space Adventures는 고객들에게 우주 여행자가 될 수 있는 기회를 제공한다.

주요한 서비스 혁신들은 비교적 드물다. 기존의 서비스를 새로운 방식으로 전달하기 위해 새로운 기술의 사용, 새로운 보조적인 서비스를 만들어 내거나 증가시킴, 과정을 재 디자인하여 기존의 상품들에 대한 성과를 대폭 개선하는 것이 더 보편적이다. Singapore Airline이 그러한 회사로 영리한 서비스 혁신을 통해 비용 효과뿐 아니라 뛰어나 서비스를 추구한다.[20]

## 신규 서비스의 성공 조건

▶ **학습목표 8**
기업은 어떻게 신규 서비스 개발에서 성공할 수 있는가?

소비재는 실패율이 매우 높아서 매년 새로 소개된 제품 3만 개 중에서 90% 이상이 실패로 끝나게 된다. 서비스도 역시 높은 실패율을 보이고 있다.[21] 예를 들어 Delta Airlines는 Jet Blue나 Southwest Airlines 등과 같은 저가 항공사와 경쟁하기 위해 별도의 저가 상품을 기획하여 출시한 대형 항공사 중 하나였으나 그런 시도는 모두 성공하지 못했다. 은행산업에서 많은 은행들은 기존 고객과의 수익적 관계를 좀 더 증가시키고 싶어서 보험 상품을 판매하려고 시도했지만 이러한 연장상품의 대부분도 실패하였다.

실패에는 다양한 이유가 있다. 고객의 욕구를 충족시키지 못했거나 비용이 수익보다 더 많이 들었거나 시도가 서툴렀을 수도 있다. 식당 사업에 대한 연구 결과 첫 해에 약 26%가 실패하게 되고 3년 이내 실패율은 거의 60%까지 올라가게 된다. 흥미롭게도 그 비율은 취급하는 음식의 유형에 따라 매우 큰 차이를 보인다. 해산물이나 버거 식당은 33%에 그친데 비해 샌드위치 가게나 제과점은 76%에 이르고 멕시칸 음식 식당은 86%까지 올라간다.[22]

어떻게 하면 새로운 상품을 성공시킬 수 있을까? 수많은 연구 결과에 의하면 성공하기 위해서는 다음의 세 가지 요소가 다음과 같아야 한다.[23]

1. 마켓 시너지—신상품은 기존 기업의 이미지, 전문지식, 자원 등과 잘 부합한다. 기업이 고객의 구매행동을 잘 이해하고 신상품 출시 후에 고객에게서 강력한 지지를 받게 된다면 경쟁 제품들보다 고객의 욕구를 더 잘 충족시킬 수 있다.
2. 조직 요인—조직 내 기능 사이에 강한 협력과 조정이 있다. 개발자는 그들이 왜 참여하고 있는지와 신상품 개발의 중요성을 잘 알고 있다. 출시 전에 직원들은 직접적인 경쟁자의 자세한 사항뿐 아니라 신상품을 잘 이해하고 기본적인 과정들을 알고 있다.
3. 시장 조사 요인—신상품 개발 전에 세밀하고 정확하게 설계된 시장 조사가 수행된다. 조사시 수집될 정보에 대해 충분한 논의가 이루어진다. 명확한 아이디어 형태의 정보가 얻어진다. 시장 조사 전에 잘 정의된 상품 개념이 수립된다.

## 요약

**학습목표 1**

서비스 플라워는 두 가지 요소로 이루어진다.

- ㅇ 핵심상품은 고객이 추구하는 주요 편익과 솔루션을 전달한다.
- ㅇ 보조서비스는 핵심상품의 이용을 촉진시키거나 가치를 증대시킨다.

핵심상품이 상품화되면, 보조서비스는 핵심상품을 차별화하고 포지셔닝하는 중요한 역할을 수행할 수 있다.

**학습목표 2**

서비스 플라워의 개념은 보조서비스를 촉진 보조서비스와 가치증대 보조서비스로 범주화한다.

- ㅇ 촉진 보조서비스는 서비스 전달에 필요하며 핵심상품의 사용에 도움을 준다. 그들은 정보, 주문, 청구, 지불 등이다.

**학습목표 3**

가치증대 보조서비스는 소비자에게 가치를 증가시켜 준다. 자문, 환대, 보관, 예외 서비스 등이 포함된다.

**학습목표 4**

서비스 상품을 브랜드화하는 것은 기업이 한 산출물의 집합을 다른 집합과 차별화하는 데 도움을 준다. 기업은 다양한 브랜드 전략을 사용할 수 있고 다음과 같은 것들이 있다.

- ㅇ 단일 브랜드 : 하나의 브랜드를 복수의 상품, 관련 적은 상품에 적용(예 : Virgin Group)
- ㅇ 하위 브랜드 : 특정 서비스 브랜드(예 : FedEx Ground Service)와 함께 대표 브랜드(기업 이름)를 사용. 혹은 특정한 서비스 수준(예 : SunMicrosystem's Platinum Service Plan)을 나타내기 위해 사용
- ㅇ 보증 브랜드 : 제품 브랜드가 지배적이지만 기업 브랜드도 여전히 특색을 가진다(예 : Starwood Hotels & Resorts)
- ㅇ 개별 브랜드 : 개별 서비스가 기업 브랜드 없이 각각의 브랜드 이름으로 촉진된다(예 : KFC of Yum! Brands)

**학습목표 5**

많은 산업에서 브랜드는 핵심서비스를 차별화해 줄 뿐 아니라 서비스 수준을 차별화해 주기도 하는데 서비스 등급화라고 한다. 서비스 등급이 일상적인 산업은 호텔, 항공, 자동차 임대, 신용카드 등이다.

**학습목표 6**

브랜드화는 단순히 구분되도록 브랜드 이름을 붙이는 것은 아니다. 강력한 브랜드를 구축하기 위한 네 가지 방법을 제시한다.

- ㅇ 과감히 차별화하라(예 : 전자메일, 즉각적 메시지, SMS의 세계에 마이크로블로깅을 소개한 트위터는 폭풍을 몰고왔다).
- ㅇ 자신만의 명성을 결정하라(예 : Boston Consulting Group은 사업전략에서 앞서가는 조언자로 유명하다).
- ㅇ 정서적인 연결을 만들어라(예 : Harlem Globetrotters는 뛰어난 골 다루기, 우수꽝스러운 움직임, 우둔함으로 관객에게 감동을 주어 사람들과의 정서적 연결을 만들었다).
- ㅇ 브랜드를 내재화하라(예 : Chick-fil-A는 브랜드를 내재화하기 위해 직원에게 많은 자원을 투자한다).
- ㅇ 궁극적으로 기업의 외부 브랜드 커뮤니케이션은 브랜드 인지도를 창출하지만, 브랜드 자산을 구축하는 것은 고객의 서비스 경험이다. 훌륭한 브랜드를 만들기 위해 기업은 브랜드 명제에 따라 기업의 과정, 서비스 환경, 직원들을 재조정해야 한다.

**학습목표 7**

기업은 경쟁적 이점을 유지하기 위해 개선해야 하고 새로운 서비스를 개발해야 한다. 새로운 서비스 개발의 일곱 가지 위계는 다음과 같다.

- ㅇ 스타일 변경 : 쉽게 눈에 띄며 열정을 불러일으키지만 (예 : 소매점을 새롭게 칠하거나 자동차 외관의 새로운 단장) 서비스 성과나 과정에 대한 변화는 포함하지 않는다.
- ㅇ 서비스 개선 : 현재 상품의 성과에 대한 작은 변화를 포함한다.
- ㅇ 보조서비스 혁신 : 기존 보조서비스를 상당히 개선하거나 촉진 보조서비스나 가치증대 보조서비스 요소를 추가한다.
- ㅇ 프로세스 라인 확장 : 셀프서비스 옵션을 만드는 것처럼 기존 서비스의 새로운 전달방법이다.
- ㅇ 상품 라인 확장 : 전형적으로 같은 핵심서비스를 제공

하지만 다른 욕구를 만족시키도록 특화된 새로운 서비스의 추가이다.

- ㅇ 주요 프로세스 혁신 : 전통적인 교실 강의에 온라인 코스를 추가하는 것과 같이, 현재 상품을 전달하기 위한 새로운 과정을 사용한다.
- ㅇ 주요 서비스 혁신 : 이전에 없던 전혀 새로운 핵심 상품의 개발이다.

주요한 서비스 혁신들은 비교적 드물다. 기존의 서비스를 새로운 방식으로 전달하기 위해 새로운 기술의 사용, 새로운 보조적인 서비스를 만들어 내거나 증가시킴, 과정의 재디자인을 통해 기존 상품들의 성과를 대폭 개선시키는 일이 더 흔히 발생한다.

**학습목표 8**

새로운 서비스 개발에 성공 기회를 증대시키는 주요 요소는 다음과 같다.

- ㅇ 마켓 시너지 : 신상품은 기업의 기존 이미지, 전문지식, 자원 등과 잘 부합한다. 경쟁 상품보다 고객의 욕구를 더 잘 충족시킨다. 신상품 출시 중이나 후에 고객에게서 강력한 지지를 받는다.
- ㅇ 조직 요인 : 기업 내 다른 기능적 분야 간 강한 협력, 직원은 기업의 신상품 중요성을 잘 알고 있다. 새로운 상품과 기본적인 과정들을 이해한다.
- ㅇ 시장 조사 요인 : 세밀하고 정확하게 설계된 시장조사가 개발 과정 초기에 수행된다. 명확한 아이디어 형태의 정보가 얻어진다. 시장 조사 전에 잘 정의된 상품 개념이 수립된다.

## 학습 키워드

이 키워드들은 각 학습목표 절에서 확인할 수 있다. 그들은 각 절에서 학습하는 서비스 마케팅 개념을 이해하기 위하여 필수적인 것이다. 이 키워드들의 개념과 어떻게 이들을 이용할 것인가를 잘 아는 것이 이 과정을 잘 마치고, 실제 외부의 경쟁시장 환경에서 실무적으로 실행하는 데 필수적이다.

**학습목표 1**

1. 핵심상품
2. 가치증대 보조서비스
3. 촉진 보조서비스
4. 서비스 플라워
5. 보조서비스

**학습목표 2**

6. 청구
7. 정보
8. 주문
9. 지불
10. 예약
11. 셀프서비스

**학습목표 3**

12. 자문
13. 상담
14. 예외 서비스
15. 환대
16. 보관
17. 특별요청
18. 보조서비스

**학습목표 4**

19. 단일 브랜드
20. 브랜드 전략
21. 산출물의 집합
22. 보증 브랜드
23. 개별 브랜드
24. 복수 브랜드 전략
25. 하위 브랜드

**학습목표 5**

26. 서비스 등급화

**학습목표 6**

27. '진실의 순간'
28. 브랜드 인지도
29. 브랜드 커뮤니케이션
30. 브랜드 자산
31. 브랜드 의미
32. 브랜드 경험
33. 브랜드화
34. 자신만의 명성을 구축
35. 과감히 차별화하라
36. 감정적 연결
37. 브랜드를 내재화하라
38. 제안한 브랜드
39. 서비스 브랜드 모델

**학습목표 7**

40. 주요 프로세스 혁신
41. 주요 서비스 혁신
42. 신규 서비스 개발
43. 프로세스 라인 확장
44. 상품 라인 확장
45. 서비스 개선
46. 스타일 변경
47. 보조서비스 혁신

**학습목표 8**

48. 시장 조사 요인
49. 마켓 시너지
50. 조직 요인
51. 신규 서비스 개발의 성공

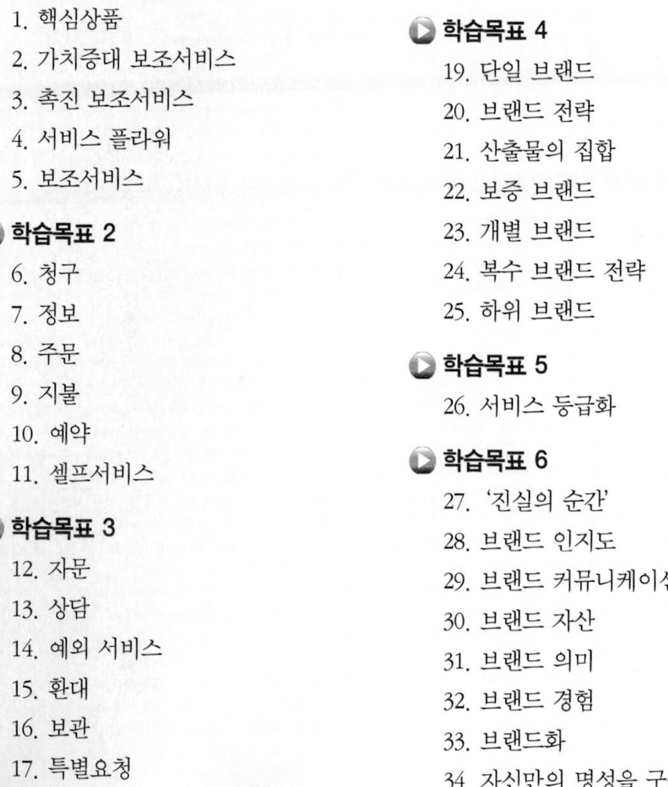

PART II

## 학습 문제

1. 핵심상품과 보조서비스가 무엇을 의미하는지 설명하시오.
2. 서비스 플라워의 개념과 꽃잎의 개념을 설명하시오. 이 개념은 서비스 마케터에게 어떤 시사점을 줄 수 있는가?
3. 가치증대 보조서비스와 촉진 보조서비스의 차이를 설명하시오. 당신이 최근에 경험한 서비스에 기초하여 각 서비스에 대해 몇 가지 사례를 제시하시오.
4. 브랜드화는 서비스 마케팅에서 어떻게 활용될 수 있는지 설명하시오. Marriott와 같은 기업 브랜드는 Marriott 계열의 모텔이나 호텔에 부착된 다른 브랜드와 어떤 차이가 있는지 설명하시오.
5. 서비스 기업들은 브랜드 자산을 어떻게 구축하는가?
6. 신규 서비스를 창출하기 위해 기업이 취할 수 있는 방법은 무엇이 있는가?
7. 신규 서비스가 종종 실패하는 이유는 무엇인가? 새로운 서비스의 성공적 개발에 중요한 요인은 무엇인가?

## 참고문헌


1 Bruce Horovitz "Starbucks Aims Beyond Lattes to Extend Brand," *USA Today*, May 18, 2006; Youngme Moon and John Quelch, "Starbucks: Delivering Customer Service," Harvard Business School, Case Series, 2003; Joseph A. Michelli, *The Starbucks Experience: 5 Principles for Turning Ordinary into Extraordinary*. New York: McGraw Hill, 2007. www.starbucks.com and www.hearmusic.com, accessed March 12, 2012.

2 The "Flower of Service" concept was first introduced in Christopher H. Lovelock, "Cultivating the Flower of Service: New Ways of Looking at Core and Supplementary Services," in P. Eiglier and E. Langeard, eds. *Marketing, Operations, and Human Resources: Insights into Services* (Aix-en-Provence, France: IAE, Universit d'Aix-Marseille III, 1992, 296-316).

3 Loizos Heracleous and Jochen Wirtz (2010), "Singapore Airlines' Balancing Act?Asia's Premier Carrier Successfully Executes a Dual Strategy: It Offers World-class Service and Is a Cost Leader," *Harvard Business Review* 88, no. 7/8: 145-149.

4 See /www.banyantree.com, accessed March 12, 2012.

5 James Devlin, "Brand Architecture in Services: The Example of Retail Financial Services," *Journal of Marketing Management* 19, (2003): 1043-1065.

6 David Aaker and Erich Joachimsthaler, "The Brand Relationship Spectrum: The Key to the Brand Challenge," *California Management Review* 42, no. 4 (2000): 8-23.

7 http://images.fedex.com/us/services/pdf/Our_Services_Index.pdf, accessed March 12, 2012.

8 http://www.ichotelsgroup.com/, accessed March 12, 2012.

9 http://www.avis.com/car-rental/avisHome/home.ac, accessed March 12, 2012.

10 http://www.sun.com/service/serviceplans/sunspectrum/index.jsp, accessed March 12, 2012.

11 Leonard L. Berry, "Cultivating Service Brand Equity," *Journal of the Academy of Marketing Science* 28, no. 1 (2000): 128-137.

12 Erick Schonfeld, Costolo "Twitter Now Has 190 Million Users Tweeting 65 Million Times a Day", http://techcrunch.com/2010/06/08/twitter-190-million-users/, accessed March 12, 2012.

13 http://www.bcg.com/about_bcg/default.aspx, accessed December 2011.

14 Roland T. Rust, Christine Moorman and Gaurav Bhalia, "Rethinking Marketing", *Harvard Business Review* 88. no. 1 (2010): 94-101.

15 Sharon Morrison and Frederick G. Crane, "Building the Service Brand by Creating and Managing an Emotional Brand Experience," *Brand Management* 14, no. 5 (2007): 410-421.

16 Talk by Rory Sutherland: Sweat the Small Stuff, http://www.ted.com/talks/lang/eng/rory_sutherland_sweat_the_small_stuff.html, accessed March 12, 2012.

17 Chad Rubel, "New Menu for Restaurants: Talking Trees and Blackjack," *Marketing News* 30, (July 29, 1996): 1. www.rainforestcafe.com, accessed March 12, 2012.

18 See Brad Stone, "Looking to Big-Screen E-Readers to Help Save the Daily Press," *The New York Times*, May 3, 2009 and Jane Walls, "Amazon's New Kindle DX Wireless Reading Device," *The First Reporter* (July 8, 2010). http://www.thefirstreporter.com/technology/review-amazons-kindle-dx-wireless/, accessed July 8, 2010.

19 http://www.spaceadventures.com/, accessed, March 12, 2012.

20 Loizos Heracleous and Jochen Wirtz, "Singapore Airlines' Balancing Act," *Harvard Business Review* (July?August 2010): 1-7.

21 Clayton M. Christenson, Scott Cook, and Taddy Hall, "Marketing Malpractice: The Cause and the Cure," *Harvard Business Review* (December 2005): 4-12.

22 H. G. Parsa, John T. Self, David Njite, and Tiffany King, "Why Restaurants Fail," *Cornell Hotel and*


PART II

*Restaurant Administration Quarterly* 46, (August 2005): 304-322.

23 Scott Edgett and Steven Parkinson, "The Development of New Financial Services: Identifying Determinants of Success and Failure," *International Journal of Service Industry Management* 5, no. 4 (1994): 24-38; Christopher D. Storey and Christopher J. Easingwood, "The Impact of the New Product Development Project on the Success of Financial Services," *Service Industries Journal* 13, no. 3 (July 1993): 40-54; Michael Ottenbacher, Juergen Gnoth, and Peter Jones, "Identifying Determinants of Success in Development of New High-Contact Services," *International Journal of Service Industry Management* 17, no. 4 (2006): 344-363.

CHAPTER 5

# 물리적 및 전자적 경로를 통한 유통

## 학습목표

**이 장을 학습하게 되면 학생들은 다음의 내용을 이해하게 될 것이다.**

- **학습목표 1** 서비스 유통 전략의 기초가 되는 네 가지 질문인 'What? How? Where? When?' 이란 무엇인가?
- **학습목표 2** 어떤 서비스가 유통되는가?
- **학습목표 3** 서비스의 다양한 유통과정에는 어떠한 것들이 있는가?
- **학습목표 4** 고객들의 경로 선호를 결정하는 요인은 무엇인가?
- **학습목표 5** 물리적 경로의 장소와 시간에 관한 의사결정을 어떻게 할 것인가?
- **학습목표 6** 사이버 공간을 통한 서비스 전달의 성장에 기여한 요인은 무엇인가?
- **학습목표 7** 서비스 전달에 있어서 중간상의 역할은 무엇인가?
- **학습목표 8** 글로벌 진출을 위한 기업의 시장진입 전략은 무엇인가?

# 도입 사례

## 글로벌화는 즉시 가능한가? … 아니면 오래 걸리는가?

어떤 서비스는 산불처럼 맹렬한 속도로 퍼진다. 예를 들어, Lauren Luke의 'panacea81'은 1년도 안 되는 시간에 세계에서 가장 유명한 유튜브 채널 중 하나가 되었다. 그 채널은 8,800만이 넘는 조회수를 기록했고, 다양한 상황에서 메이크업 연출방법을 알려주는 짧은 동영상 강좌 덕분에 루크는 인터넷 유명인사가 되었다. 2010년에 그녀는 유명 매거진인 *Allure*에 의해 가장 영향력 있는 메이크업 강사로 소개되기도 했다. 영국 메이크업 아티스트 웹사이트를 포함한 관련 서비스는 현재까지 매우 성공적인 것으로 알려져 있다.[1]

그러나 어떤 서비스는 전 세계로 전파되는 데 몇십 년이 걸리기도 한다. 국제 배송업체인 FedEx와 DHL이나 스타벅스가 현재의 글로벌 지위를 확보하기까지 걸린 기간을 생각해 보라. 이렇듯 대조적인 사례는 서비스 분야의 다양성을 보여주는 동시에 정보처리 서비스와 사람이나 소유에 의한 서비스를 차별화하는 것의 중요성을 보여준다. 정보처리 서비스는 빠르게 유통될 수 있다. 반면 사람이나 소유에 의한 서비스는 진출을 원하는 모든 시장에 시설 투자를 요구한다. 또한 지역 노동력, 건물, 음식물 처리규정, 그리고 이외에 많은 것들을 처리해야 한다.

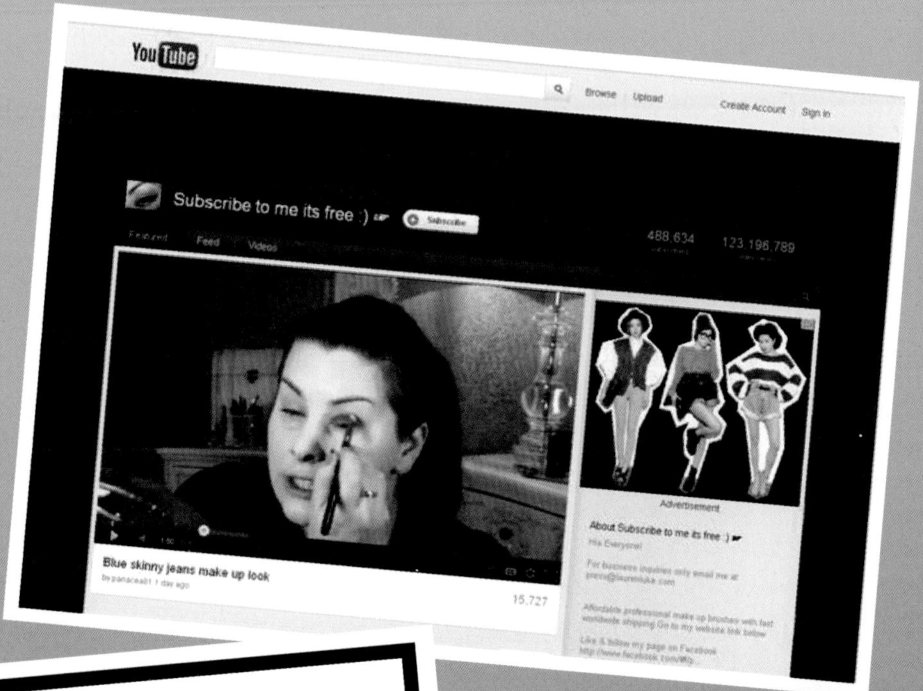

**그림 5.1** Lauren Luke의 메이크업 동영상은 유튜브를 통해 전 세계 수백만 명이 시청했다.

**그림 5.2** 유튜브에서 메이크업 동영상이 성공한 후, Lauren Luke는 화장품 전문기업인 Sephora와 손잡고 By Lauren Luke라는 화장품을 런칭했다.

PART II

**학습목표 1**
서비스 유통 전략의 수립에 필요한 네 가지 질문인 'What? How? Where? When?' 이란 무엇인가?

## 서비스 상황에서의 유통

*What? How? Where? When?* 이러한 네 가지 질문에 대한 답은 서비스 유통 전략의 근간을 이룬다. 고객의 서비스 경험은 물리적 그리고 전자적 경로를 통해 서비스 플라워의 요소들이 유통되고 전달되는 과정에 의해 결정된다.

**학습목표 2**
어떤 서비스가 유통되는가?

### 무엇이 유통되는가?

사람들이 유통을 언급할 땐 도 · 소매업자들이 물리적 경로를 통해 최종 소비자에게 상자를 전달하는 것으로 생각하기 쉽다. 서비스의 경우엔 옮길 대상이 없다. 경험, 성과, 그리고 솔루션은 물리적으로 저장되고 배송되지 않는다. 그렇다면 서비스의 유통은 어떻게 이루어지는 것일까? 유통은 상호관련된 세 가지 플로우(flow)를 갖는다. 이 플로우들을 이해하면 '무엇을 유통하는가' 에 관한 답을 얻을 수 있을 것이다.

- 정보와 촉진 플로우—서비스 제공과 관련된 정보와 촉진의 유통. 목표는 서비스 구매에 관심이 있는 고객 확보에 있다.
- 협상 플로우—서비스 특징, 사양, 그리고 구매 계약에 필요한 조건들에 대한 합의 도출. 목표는 서비스 사용 권리의 판매에 있다(예 : 예매나 예약 서비스).
- 상품 플로우—인적 처리나 소유권 처리를 포함한 많은 서비스는 배송에 필요한 물리적 시설을 요구한다. 그러나 인터넷 금융거래나 원격 학습 같은 정보처리 서비스의 경우, 상품 플로우는 하나 또는 다수의 집중화된 사이트를 활용하는 전자적 경로를 통해 가능하다.

플로우 관점은 서비스 플라워의 핵심서비스뿐만 아니라 보조서비스에도 적용 가능하다. 정보 플로우는 정보와 컨설팅 꽃잎에 적용 가능하다. 협상 플로우는 주문 접수에 적용 가능하고, 잠재적으로 청구와 지불 꽃잎에 관련지을 수 있다. 마지막으로 상품 플로우는 유지 꽃잎과 핵심서비스에 적용 가능하다.

**학습목표 3**
서비스의 다양한 유통과정에는 어떠한 것들이 있는가?

## 고객을 위한 유통 대안 : 접촉 유형의 결정

서비스의 유통과 전달 전략에 영향을 미치는 몇 가지 요인들이 있다. 핵심 질문은 다음과 같다. 서비스나 기업의 포지셔닝 전략이 고객에게 직원이나 장비, 혹은 시설과의 직접적인 접촉을 요구하는가?(제1장에 언급한 대로 이것은 사람에 대한 처리에서는 필수적이지만 다른 유형의 서비스에서는 필수적인 것은 아니다.) 만약 그렇다면 고객들은 서비스 기업을 방문해야 하는가 아니면 서비스 기업이 인력과 장비를 고객에게 보내야 하는가? 혹은 대안적으로 서비스 제공자와 고객과의 상호작용이 통신이나 물리적 유통경로를 통해 이루어질 수 있는가?(이에 대한 세 가지 대안이 표 5.1에 제시되어 있다.) 세 가지 옵션을 위해 기업은 단지 한 개의 유통지점만을 유지할 것인가 아니면 다양한 지역에 복수의 유통지점을 제공할 것인가?

**표 5.1** 서비스 전달을 위한 여섯 가지 옵션

| 고객과 서비스 기업 사이의 상호작용 유형 | 서비스 지점의 유무 | |
|---|---|---|
| | 단일 지점 | 복수 지점 |
| 고객이 서비스 기업을 방문 | 극장<br>자동차 정비업체 | 카페 체인<br>렌트카 지점들 |
| 서비스 기업이 고객을 방문 | 주택 인테리어<br>출장 세차 | 우편 배달<br>자동차 출장 정비 |
| 고객과 서비스 기업이 만나지 않고 서비스 전달(우편이나 온라인) | 신용카드 회사<br>지역 방송국 | 방송 네트워크<br>통신 회사 |

PART II

### 고객이 서비스 기업을 방문하는 경우

고객이 서비스 기업을 방문해야 할 때, 두 가지 주요 요인을 고려해야 한다.

- ▶ 서비스 기업 입지의 편리성–소매 중력 모델(소매 중력 모델이란 규모가 큰 소매점이 넓은 상권을 가지며, 많은 고객을 유인한다는 소매점의 입지에 관한 이론이다) 등을 이용한 정교한 통계분석은 잠재고객들의 집이나 직장 인근에 마트나 대형 상점의 최적 입지를 찾고자 하는 기업들의 의사결정에 도움을 준다.
- ▶ 운영 시간–예를 들어, 은행 영업 시간 내에는 도저히 시간을 낼 수 없는 바쁜 전문직 종사자들을 위해 많은 은행들이 영업시간을 점점 연장해 나가는 추세이다.

### 서비스 기업이 고객을 방문하는 경우

어떤 유형의 서비스는 서비스 제공자가 고객을 방문한다. 영국과 아일랜드의 최대 식품 서비스 기업인 Compass Group은 7,000개가 넘는 지역에 출장 연회 서비스를 제공한다. 출장 연회에 대한 욕구가 고객마다 다양하므로 그들은 고객을 방문해야만 한다. 서비스 기업은 어느 경우에 고객을 방문해야 하는 것인가?

**그림 5.3** 조경 서비스는 고객을 방문해야 가능한 서비스이다.

- ▶ 서비스 대상이 조경 서비스(그림 5.3), 기계장비 수리, 혹은 방충 · 방제 서비스처럼 서비스 대상이 이동 불가능한 경우 고객을 방문하는 것은 필수적이다.
- ▶ 알래스카나 캐나다의 북서쪽 경계처럼 먼 지역의 고객들은 서비스 기업을 방문하기 힘들기 때문에 서비스 기업이 비행기를 이용하여 고객을 방문하는 경우가 많다. 오스트레일리아의 로열 플라잉 의료 서비스(Royal Flying Doctor Service)는 오지에 있는 농장이나 목장에서 요청 시 왕진을 가는 것으로 유명한 서비스이다.
- ▶ 일반적으로 서비스 제공자는 대규모로 이루어지는 B2B 거래의 영향으로 개인 고객보다는 기업 고객을 방문하

는 경우가 더 많다. 그러나 방문에 따른 추가 비용을 기꺼이 지불할 의지가 있는 개인 고객이라면 방문하는 것이 이익일 수 있다. 한 젊은 수의사가 아픈 애완동물들을 위한 왕진 서비스를 시작하였다. 그 수의사는 고객들이 애완동물의 진료를 위해 혼잡한 동물병원에서 장시간 기다리는 것보다는 애완동물의 건강을 위해 스트레스도 덜 받고 시간도 절약되는 서비스에 추가 비용을 기꺼이 지불할 수 있다는 것을 발견했다. 이런 유형의 또 다른 서비스로는 출장 세차 서비스, 출장 요리, 그리고 직장인을 위한 출장 양복재단 서비스 등이 있다.

서비스 유형의 성장은 특별한 상황, 혹은 성수기에 생산량 증대 욕구가 있는 고객의 요구에 부응해서 장비나 노동력을 임대해 주는 서비스까지로 확장되었다. 서비스 인사이트 5.1은 전 세계에 발전설비와 냉장설비를 대여해 주는 글로벌 기업인 Aggreko의 B2B 서비스에 관한 내용이다.

## 서비스 인사이트 5.1

### 전력과 공조시설 임대

여러분은 전력은 원거리에 있는 발전소로부터 공급되고, 공조 시스템은 고정된 설비로 알고 있을 것이다. 만약 그렇다면 다음과 같은 상황에서 여러분은 어떻게 대응하겠는가?

- 남아프리카 공화국에서 개최된 2010 월드컵 때 전 세계 30억 명이 시청할 64개 시합의 원활한 중계를 지원하기 위해 임시 전력이 필요했다.
- 열대성 사이클론이 오스트레일리아 서부의 작은 광산 마을인 파나와니카를 강타하여 폭풍의 진행경로에 있던 모든 것을 파괴했는데 여기에는 전력선도 포함되었다. 도시와 기반시설이 복구되기 위해서는 전력 공급이 가능한 빨리 재개되어야 했다.
- 암스테르담에서 열리고 있는 실내 윈드서핑 월드 챔피언십의 조직위원회는 시속 32~48km의 바람을 만들기 위해 거대한 실내풀의 주변에 설치된 27개의 풍력 터빈에 전력공급이 필요하다.
- 미군 잠수함 한 대가 노르웨이의 항구에 정박하기 위해 해안으로부터 끌어올 전력이 필요하다.
- 스리랑카에서 2년여에 걸친 강우량 부족으로 주요 수력발전 댐의 수위가 낮아져 발전 용량이 현저하게 부족하다.
- 플로리다의 호텔들은 허리케인으로 인한 침수 때문에 건조가 필요하다.
- 오클라호마의 대규모 발전소는 전날 토네이도에 의해 파괴된 냉각 타워 중 하나를 대체하기 위한 임시 대책을 급하게 찾고 있다.
- 서인도 제도에 위치한 보네르는 주요 발전소 화재에 따른 대규모 정전사태를 복구하기 위해 임시 발전소가 필요하다.

PART II

이상은 자신을 '임시 전력시설 대여 솔루션의 글로벌 리더'라 묘사하는 기업인 Aggreko가 직면했던 상황들이다. Aggreko는 133개가 넘는 지점에서 약 100여 개 국가의 고객들을 위해 총액 10억 달러가 넘는 장비들을 임대하는 사업을 영위 중이다. Aggreko는 이동 발전시설, 오일이 필요없는 에어 컴프레서, 그리고 제빙기와 산업용 에어컨으로부터 거대 히터나 건조기에 이르는 냉공조 설비를 임대한다.

Aggreko의 고객은 보통 대기업이나 정부기관들이다. 비록 사업의 상당 부분이 예정된 공장 보수 기간이나 007 영화 촬영 등 예상된 욕구로부터 발생하지만, 자연재해나 응급상황으로부터 예상치 못하게 발생할 수 있는 문제 역시 Aggreko는 해결할 준비가 되어 있다.

고객이 요구하는 특별한 형태와 수준의 전력이나 공조 성능을 만들어 내기 위해 전 세계 어느 곳에나 배송할 수 있도록 그들의 임대장비는 방음처리된 상자같은 구조에 보관된다. 자문, 설치, 그리고 지속적인 기술지원은 핵심 서비스에 부가가치를 더해 준다. 그들은 단순한 장비 임대보다 고객 문제의 해결을 더 중요시한다. 어떤 고객은 그들이 필요한 해결책에 대한 아이디어를 갖고 있지만, 어떤 고객은 창의적이고 비용 효율적인 해결책에 대한 조언을 요구한다. 또한 일부 고객은 예기치 못한 재해로 손실된 전력의 복구에 대해 회의적이다. 이런 상황에서는 작업속도가 생명이다. 왜냐하면 공장의 가동 중단은 곧 높은 비용을 의미하고, 재난현장의 인명구조는 아그레코가 얼마나 빨리 대응하는가에 따라 달라질 수 있기 때문이다.

서비스 전달은 Aggreko가 설비를 고객에게 배송할 것을 요구한다. 파나와니카의 사이클론 강타 이후 오스트레일리아 서부의 Aggreko팀은 발전 용량이 60~750kVA에 이르는 30대의 발전기, 케이블 연결작업, 재급유 탱크, 그리고 기타 장비 등을 신속하게 설치하였다. 발전기는 13m짜리 트레일러 3대를 견인할 수 있는 거대한 트랙터가 설치된 4대의 운반차에 의해 수송된다. 기술자와 다른 장비는 2대의 허큘리스 수송기를 통해 공수된다. Aggreko의 기술자들은 6주 동안 현장에 머물며 타운이 복구될 때까지 24시간 쉼 없이 서비스를 제공하였다.

출처

Aggreko's "International Magazine," 1997, www.aggreko.com, accessed March 12, 2012.

### 서비스 거래가 원격으로 수행되는 경우

고객이 원격 거래를 통해 서비스 기업과 접촉할 때는 서비스 시설을 보지 못하거나 서비스 직원을 만나지 못할 수 있다. 서비스 직원과의 접촉은 콜센터, 혹은 더 원격이라 할 수 있는 우편 혹은 이메일에 의해 발생되기 쉽다.

- 장비의 작은 부분에 대한 수리를 위해 고객이 서비스센터로 제품을 보내야 하는 상황이 종종 발생한다. 수리가 끝나면 고객은 우편이나 택배를 통해 제품을 돌려받는다. 많은 서비스 기업이 택배회사와 제휴된 솔루션을 제공한다. 이러한 솔루션은 보관과 항공편을 이용한 부품 배송 서비스(B2B 배송)부터 개인 고객의 휴대폰 수리를 위해 방문하고 픽업하여 수리 후 배송까지 해 주는 서비스(B2C 픽업 및 배송)에 이르기까지 다양하다.
- 정보 기반 상품은 지구상 어디든지 인터넷을 통해 즉시 배달될 수 있다(그림 5.4).

**그림 5.4** 금융 상담은 인터넷을 통해 이루어질 수 있다.

**학습목표 4**
고객들의 경로 선호를 결정하는 요인은 무엇인가?

## 유통채널에 대한 선호는 고객에 따라 다르다

동일한 서비스라 할지라도 서로 다른 유통채널을 이용하여 전달할 때 소요되는 비용은 같지 않다. 그것은 또한 고객의 서비스 경험에도 영향을 미친다. 비록 전자식 셀프서비스 유통채널이 가장 비용효율적인으로 알려져 있으나, 모든 고객이 셀프서비스 유통채널을 좋아하지는 않는다. 만약 여러분이 고객들을 새로운 전자식 유통채널로 옮기고 싶다면, 여러분은 기존과는 다른 새로운 전략이 필요할지도 모른다.[2] 여러분은 또한 일부 고객은 그들이 선호하는 방식인 접촉이 빈번한 전통적 서비스 전달 방식을 절대 포기하지 않을 것을 간과해서는 안 된다. 인적, 비인적, 그리고 셀프서비스 유통채널에 대한 선택과정을 조사한 최근의 연구결과 다음과 같은 주요 요인이 선택에 영향을 미치는 것으로 나타났다.[3]

- 복잡하고 지각된 위험이 높은 서비스의 경우, 고객들은 인적 채널에 의존하는 경향이 있다. 예를 들어, 고객들은 신용카드를 신청할 때는 원격 채널을 이용하는 것을 선호하는 반면, 모기지를 신청할 때는 서비스 제공자와 대면으로 이야기하는 방식의 인적 채널을 선호한다.
- 서비스와 유통채널에 대한 확신과 지식이 상당한 고객은 비인적 채널이나 셀프서비스 채널을 더욱 선호한다(그림 5.5).
- 거래의 기능적 측면을 중시하는 고객은 편리함을 선호한다. 이는 비인적 채널이나 셀프서비스 채널이 선호됨을 의미한다. 반면 사회적 동기를 가진 고객들은 인적 채널을 선호한다.
- 편리함은 대다수 고객들이 중요하게 여기는 채널 선택 요인이다. 서비스의 편리함은 비용 절감보다는 시간과 노력의 절감을 의미한다. 고객의 편리함 추구는 핵심상품 구

**그림 5.5** 여행 빈도가 높은 고객은 혼잡함을 피하기 위해 셀프 체크인 사용에 호의적이다.

매에만 국한되는 것은 아니며, 구매 시간이나 구매 장소의 편리함으로 확장될 수 있다. 사람들은 또한 정보, 예약, 문제해결 등의 보조서비스 역시 편리하게 이용할 수 있기를 원한다.

유통채널의 이용가격이 서로 다를 경우 서비스 제공자는 주의해야 한다. 고객들은 점점 스마트해지고 유통채널과 시장에서의 가격차등에 따른 장점을 취하고 있다. 이러한 전략을 경로 차익(channel arbitrage, 재정거래라고도 함)이라 한다.[4] 예를 들어, 고객들은 고비용이지만 풀 서비스를 제공하는 금융 브로커에게는 자문만 구하고(혹은 소규모의 거래를 하거나), 실제 거래는 저비용의 브로커에게 맡길 수 있다. 따라서 서비스 제공자는 적절한 채널을 통해 가치를 전달하거나 획득할 수 있도록 효과적인 전략을 수립해야 한다.

PART II

**학습목표 5**
물리적 경로의 장소와 시간에 관한 의사결정을 어떻게 할 것인가?

## 장소와 시간에 대한 의사결정

서비스 기업은 서비스가 제공되는 장소와 서비스가 가능한 시간에 관한 의사결정을 어떻게 내려야 하는가? 정답은 다음과 같다. 먼저 고객의 욕구와 기대, 경쟁자 활동, 서비스 운영의 본질을 이해해야 한다. 앞에서 언급했듯이, 보조서비스에 대한 유통전략은 핵심상품의 유통전략과 다를 수 있다. 예를 들어, 고객으로서 여러분은 스포츠 경기나 가수 콘서트의 관람을 위해 지정된 시간에 지정된 장소로 방문할 의향은 충분할 것이다. 그러나 관람 예약은 가급적 융통성 있고 편리하게 하고 싶을 것이기 때문에 예매가 언제나 가능하고, 전화나 인터넷을 통한 신용카드 결제가 가능하며(그림 5.6), 우편이나 인터넷을 통해 티켓이 배송될 수 있는 예약 서비스를 원할 것이다.

**그림 5.6** 신용카드를 이용한 예매처럼 온라인 거래는 편리하다.

### 전통적인 상황에서 서비스는 어디로 전달되어야 하는가?

고객을 위한 서비스 시설의 설치장소에 대한 의사결정은 기업 운영에 필요한 기반시설 설치장소에 대한 의사결정과는 다르다. 고객 측면에서는 편리함과 유통채널 선호도가 주요 고려요인일 것이며, 기반시설 측면에서는 비용, 생산성, 그리고 노동력에의 접근성이 주요 고려

**그림 5.7** 전 세계 수백만의 고객들이 World Expo를 관람하기 위해 상하이를 방문하였다.

요인이다. 만약 고객이 자주 구매하는 서비스에 대한 기업 간 경쟁이 치열하다면 기업은 고객이 서비스에 접근하기 쉽도록 해 주어야 한다.[5] 은행이나 패스트푸드 식당 등이 이런 범주에 속한다. 그러나 전문 서비스(기업 자문 등과 같이 전문적인 지식이 필요한 서비스의 경우—역주)의 경우 고객은 그들의 집이나 직장으로부터 장거리 이동을 감수할 용의가 충분히 있다(그림 5.7).

그림 5.8 우표를 판매하는 자동화된 키오스크는 미니스토어의 유형 중 하나이다.

### 미니스토어

지리적 커버리지를 극대화할 수 있는 소규모 서비스 지점의 등장은 다점포 기반의 서비스 비즈니스 업계에서 흥미로운 혁명에 속한다.

- 한 예로 자동화된 키오스크(kiosk)를 들 수 있다. 은행의 많은 기능을 셀프서비스로 제공하는 금융자동화기기 (ATM)는 상점, 병원, 공항, 그리고 업무 빌딩 등에 설치가능하다. 우표 자동판매기는 또 다른 사례이다(그림 5.8).
- 다른 접근법은 서비스 운영의 전방(고객을 접하는 영역)과 후방(지원 영역)을 분리하는 것이다. Taco Bell의 혁신적인 K-Minus 전략은 주방 없는 식당을 포함하고 있다. 음식 준비는 중앙 센터에서 담당한다.[6] 준비된 음식은 식당(덕분에 식당은 주방이었던 공간을 고객을 위해 사용할 수 있게 된다)으로 배송되거나 이동 음식 카트 같은 장소로 배송되어 데운 후 고객에게 제공된다.

### 다목적 시설의 입지

고객 서비스를 위한 최적의 입지는 고객이 거주하는 곳이나 직장 근처일 것이다. 현대식 빌딩은 업무시설 이외에 은행(최소한 ATM), 식당, 미용실, 다수의 상점들, 그리고 헬스클럽(그림 5.9) 등을 포함하는 다목적으로 설계되는 것이 일반적이다. 어떤 기업들은 심지어 바쁜 맞벌이 부부들을 위해 어린이 보육시설을 설치하기도 한다.

버스, 철도, 공항 내에서, 그리고 대중교통 이동 경로상에 소매 서비스를 위치시키는 것에 대한 관심이 높아지고 있다. 대부분의 주요 정유회사는 주유소의 주유 서비스를 보조하기 위해 소규모 소매점을 개발하여 고객들이 주유, 자동차 부품, 식품, 그리고 기본적인 가정용품에 이르기까지 원스톱 쇼

그림 5.9 현재는 많은 업무용 빌딩에서 상점들을 발견할 수 있다.

핑을 할 수 있는 편의를 제공하고 있다(그림 5.10). 주요 고속도로에 있는 트럭 휴게소는 차량 정비 서비스 외에 세탁시설, 화장실, ATM, 인터넷 서비스, 식당, 그리고 저렴한 숙박시설 등을 갖추고 있다. 항공 운송 서비스의 인프라 구조 중 하나로 설계된 개념인 공항 터미널은 점차 활기찬 쇼핑몰로 변모하고 있다.

그림 5.10 베이징에 위치한 슈퍼마켓이 있는 주유소

### 입지의 제약조건

고객 편의성이 중요하지만, 서비스 운영에 필요한 조건 역시 서비스의 위치결정에 영향을 미친다.

- 병원의 다양한 의료 서비스는 한 장소에서 제공되므로 요구되는 시설규모가 크다. 입원치료가 요구되는 환자는 병원을 방문해야 한다. 그러나 환자 이송을 위해 때로는 앰블런스나 심지어 헬리콥터까지 이용되기도 한다.
- 예를 들어, 공항은 여행자의 집이나 직장, 그리고 목적지 대비 상대적으로 먼 거리에 위치하여 편의성이 떨어진다. 소음과 환경적 요인 때문에 새로운 공항건설이나 기존 공항의 확장에 적합한 위치를 찾는다는 것은 매우 어려운 일이다(메사추세츠 주지사는 제2 보스톤 공항의 최적지가 어디냐는 질문에 잠시 생각한 후 다음과 같이 답했다. "네브라스카!"). 공항 접근의 편의성을 증가시키는 한 가지 방법은 샌프란시스코의 BART나 런던의 Heathrow Express 같은 급행열차를 설치하는 것이다(그림 5.11).

그림 5.11 샌프란시스코의 BART는 고객들이 공항에서 도심으로 더욱 편리하게 이동할 수 있도록 해 준다.

PART II

**그림 5.12** 아름답기로 소문난 칠레의 Viña del Mar 해변에 위치한 뛰어난 경관을 가진 Reñaca Resort는 위치 선정 시 지리적 여건에 따른 제약을 받을 수밖에 없다.

▶ 또 다른 입지 제약조건은 지형이나 기후 같은 지리적 여건이다. 스키 리조트는 산 속에 위치해야 하며, 해양 리조트는 해변에 위치해야 한다(그림 5.12).

### 서비스는 언제 전달되어야 하는가?

전통적으로 산업화된 나라의 대부분 소매 및 전문적 서비스는 일주일에 약 40~50시간을 운영하는 스케줄을 따랐다. 그러나 이런 상황은 점심시간이나 주말에만 쇼핑을 해야만 하는 근로자들을 매우 불편하게 만들었다. 오늘날 상황은 변했다. 일부 고객응대가 많은 서비스의 경우 운영지침은 전 세계적으로 24/7 서비스(하루 24시간, 일주일 내내)가 되었다(운영시간 확장에 영향을 미친 요인에 관해서는 서비스 인사이트 5.2 참조). 그러나 어떤 기업은 일주일 운영지침에 반발하고 있다. 애틀랜타 기반의 성공적인 식당 체인인 Chick-fil-A는 "일요일 휴무는 우리의 운영 지침 중 하나입니다."라고 말한다. 아울러 관리자와 직원들을 주중 하루 쉬게 해 주는 정책은 그 기업이 매우 낮은 이직률을 기록하는 데 기여했을 것이라고 주장한다.

## 서비스 인사이트 5.2

### 영업시간 확대를 촉진하는 요인

최소한 다섯 가지 요인이 일주일 영업 등 영업시간 확대에 긍정적 영향을 미치는 것으로 나타났다. 미국과 캐나다에서 시작된 이런 추세는 전 세계로 확산되고 있다.

- **고객으로부터의 경제적 압력**(Economic pressure from consumers). 갈수록 증가하는 맞벌이 가구와 독신 가구는 근무 시간 내에는 쇼핑을 하거나 서비스를 이용하기 힘들다. 만약 어떤 기업이나 상점이 이러한 고객들을 위해 영업시간을 확대한다면, 경쟁자들이 따라 할 가능성이 높다. 이러한 정책은 주로 체인화된 소매점들에 의해 주도된다.
- **규제의 변화**(Changes in legislation). 전통적인 종교적 관점에 의해 일요일은 법적으로 쉬어야 한다는 주장에 대한 지지가 종교적 신념과는 별개로 점점 줄어들고 있다. 종교의 자유가 있는 나라에서는 어느 날이 특별한 날인가 정하기 어렵다. 이슬람교도에게는 금요일이 신성한 날이다. 이러한 추세를 반영하여 최근 서구 문화에서는 일요일 휴무에 대한 강제성이 점차 없어지고 있다.
- **자산 활용에 따른 경제적 보상**(Economic incentives to improve the use of assets). 서비스 시설 유지에 많은 비용이 들어가는 경우가 종종 있다. 이에 비해 영업시간 확대에 소요되는 비용은 상대적으로 작다. 만약 영업시간 확대가 매장의 혼잡함을 줄이고 수익을 증대시킨다면 영업시간 확대는 매력적인 대안이 될 수 있다. 예를 들어 슈퍼마켓 같은 경우 개장과 폐장에 고정적으로 소요되는 비용이 있다. 냉공조 시스템이나 일부 조명은 밤새 가동되어야 하고, 보안 인력은 24/7 고용 기준으로 급여가 지급되어야 한다. 따라서 영업시간을 24시간 운영으로 확대했을 때 설령 추가 고객의 수가 적을지라도 운영 면에서나 마케팅 면에서 장점은 분명히 있는 셈이다.
- **'비사회활동' 시간대에 가능한 근무자 확보**(Availability of employees to work during 'unsocial' hours). 라이프스타일의 변화와 시간제 근로에 대한 욕구가 증가함에 따라 야간 혹은 심야근무를 희망하는 인력이 증가하고 있다. 여기에는 학교 수업 후 시간제 아르바이트를 희망하는 학생, 부업을 원하는 직장인, 그리고 주간보다는 원래 야간근무를 선호하는 사람들이 속한다.
- **자동화된 셀프서비스 시설**(Automated self-service facilities). 셀프서비스 장비는 갈수록 신뢰도가 증가하고 고객 친화적이 되어가고 있다. 현재 많은 셀프서비스 시설들이 현금 이외에 다양한 지불수단(신용카드, 교통카드 등)을 허용하고 있다. 그러므로 특별히 관리자가 관리하기 힘든 입지라면 셀프서비스 장비는 좋은 대안이 될 수 있다. 만약 셀프서비스 장비가 빈번한 유지보수를 요하거나 쉽게 파손되지 않는다면, 제한된 영업시간을 24시간 운영으로 확대하는 것은 그리 큰 비용을 요구하지 않을 것이다. 사실 셀프서비스 장비를 주기적으로 끄고 켜는 것보다 24시간 켜진 채 그냥 놔두는 것이 덜 귀찮은 일이기도 하다.

## 사이버공간에서의 서비스 전달

**학습목표 6**
사이버 공간을 통한 서비스 전달의 성장에 기여한 요인은 무엇인가?

통신과 컴퓨터 기술의 발달로 서비스 전달에 대한 새로운 방법들이 지속적으로 등장하고 있다. 해당 병원의 웹사이트를 이용하여 진료 예약을 하는 서비스는 점차 증가하고 있다. 예를 들어, Swissôtel Hotels & Resorts은 주요 사업출장 고객을 대상으로 온라인 예약을 장려하는 프로모션을 진행했다(그림 5.13). 그

swissôtel
Hotels & Resorts

**그림 5.13** Swissôtel Hotels & Resorts은 전 세계 고객들에게 높은 수준의 서비스를 제공하는 것을 긍지로 여긴다.

정보 프로세스
정보
지불
자문
청구
핵심 상품
주문
예외 서비스
환대
보관
물리적 프로세스

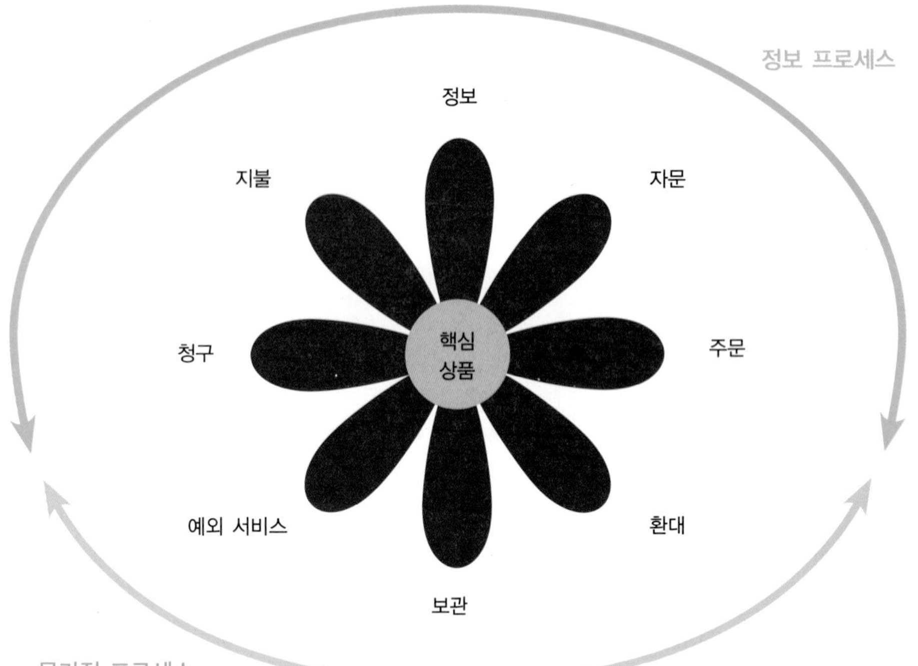

**그림 5.14** 서비스 플라워의 정보 프로세스와 물리적 프로세스

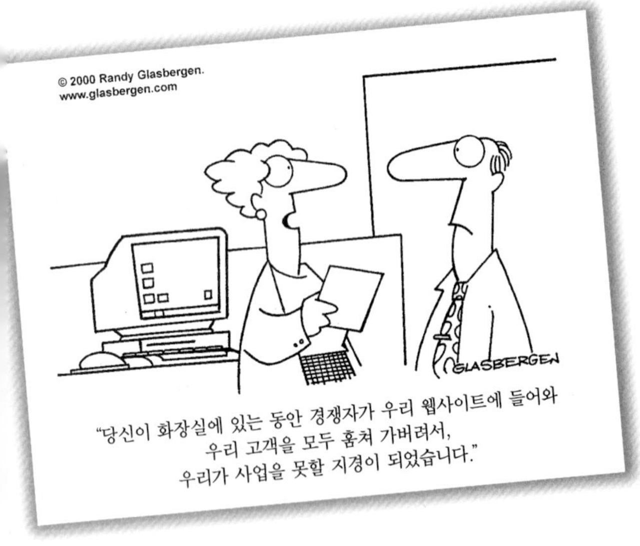

© 2000 Randy Glasbergen.
www.glasbergen.com
GLASBERGEN
"당신이 화장실에 있는 동안 경쟁자가 우리 웹사이트에 들어와
우리 고객을 모두 훔쳐 가버려서,
우리가 사업을 못할 지경이 되었습니다."

**그림 5.12** 많은 기업들이 그들의 고객을 인터넷 채널로 인도하고 있다.

후 개선된 웹사이트를 통해 이루어진 7개월 동안의 예약 건수는 종전의 두 배에 이르렀다.[7]

서비스 플라워의 8개 꽃잎 중에서 5개의 보조서비스는 정보기반임을 알 수 있다(그림 5.14). 정보, 주문, 자문, 청구, 그리고 지불(예 : 신용카드 이용) 등의 보조서비스는 인터넷으로 제공 가능하다. 사실상 많은 기업들이 대부분의 고객들을 인터넷 채널로 인도하고 있다(그림 5.15).

호텔, 항공사, 그리고 렌터카 같은 글로벌 서비스 산업의 정보, 자문, 그리고 주문(혹은 예약이나 예매) 서비스는 매우 정교한 수준에 이르렀다. 이를 위해 기존의 핵심 고객을 위한 몇 개의 채널들이 통합되어야 했다. 예를 들어, St. Regis, W 호텔, Westin, Le Méridian, Sheraton 포함 1,000여 개의 호텔을 운영 중인 Starwood Hotel & Resort Worldwide는 전 세계에 기업 출장 전문 여행사, 도매상, 미팅 플래너, 그리고 주요 여행사 등의 고객에게 원스톱 솔루션을 제공하는 고객관계 관리 업무를 담당하도록 30개 이상의 해외영업소(global sales office, GSO)를 두고 있다.[8] Starwood는 또한 모든 시각대와 주요 언어를 커버하도록 전략적으로 배치된 12개의 고객 서비스 센터(customer servicing centers, CSCs)를 통해 전 세계 호텔예약, 스타우드 멤버십 프로그램 관리, 그리고 일반적 고객 서비스 등의 원스톱 고객 서비스를 제공하고 있다. 스타우드의 어떤 호텔이라도 여러분은 단지 무료 전화번호로 연락하여 예약하면 된다. 혹은 인터넷에 의한 예약도 가능하다.

### 기술에 의한 서비스 전달 혁신

최근 들어 혁신적 기업들은 신규 서비스 창출에 인터넷을 활용하고 있다. 흥미로운 세 가지 혁신은 다음과 같다.

- ▶ 고객이 어디에 있든 인터넷과 연결시켜 주는 스마트폰, 태블릿 PC, 노트북, 그리고 광대역 와이파이 기술의 개발(그림 5.16, 5.17).
- ▶ 단지 전화나 마이크에 이야기함으로써 정보를 제공하거나 주문할 수 있는 음성인식 기술의 사용
- ▶ 마이크로칩이 내장되어 다양한 고객정보가 저장 가능하고, 전자지갑으로 쓸 수 있는 스마트 카드의 상용화. 셀프서비스 은행업무의 궁극은 스마트 카드를 다양한 거래에서 전자지갑 용도로 사용하고 부족한 잔액은 집의 PC에 설치된 특수한 카드리더를 통해 충전하는 형태가 될 것이다.

**그림 5.16** PDA와 스마트폰은 원격지에서 인터넷 이용을 가능하게 해 준다.



전자 채널은 물리적 채널과 독립적으로 제공되거나 정보 기반 서비스를 전달하도록 물리적 채널에 포함되어 있을 수 있다. 서비스 인사이트 5.3은 전자 금융을 위한 복수채널 전략을 설명하고 있다.

**그림 5.17** Cisco는 통합 네트워크 솔루션과 서비스를 제공하는 선도회사 중 하나이다.

## 서비스 인사이트 5.3

### 퍼스트 다이렉트의 무지점 멀티채널 은행

HSBC의 사업부 중 하나인 퍼스트 다이렉트는 무지점 은행 개념을 최초로 도입한 것으로 유명하다. 2010년에 퍼스트 다이렉트는 '2010 Which 상' 중 최고 금융 서비스 기업상을 수상하였다. 퍼스트 다이렉트는 콜센터, 웹사이트, 휴대폰 문자 서비스, 그리고 HSBC의 대규모 ATM망을 통하여 영국과 해외에서 120만이 넘는 고객을 확보하였다.

2000년 1월, 그 때까지 자신을 '세계 최대규모의 가상 은행'이라고 표현하였던 퍼스트 다이렉트는 향후 자신들을 전자은행(e-bank)으로 변화시키고 전자금융(e-banking)에 대한 표준을 마련할 것이라고 발표하였다. 그들 전략의 핵심에는 은행 서비스를 위한 멀티채널 구축이 있었다. 그들은 매우 저렴한 가격에 서비스를 전달하기 위하여 기존 퍼스트 다이렉트의 폰뱅킹 서비스에 휴대폰 기술뿐만 아니라 인터넷까지 결합하였다. 대표이사인 Alan Hughes는 다음과 같이 기술하였다.

"우리는 사이버 시대(e-age)를 위해 전체 사업을 재설계한 세계 최초의 은행입니다. 이러한 결단은 전자금융(e-banking)에 대한 새로운 영역을 개척했을 뿐만 아니라 세계 표준이 되었습니다. www.firstbank.com은 일반 은행을 넘어서는 최초의 인터넷 은행이 될 것입니다."

2008년까지 전 고객 중 80%가 퍼스트 다이렉트의 전자채널을 이용하였으며, 매출의 43%는 e채널을 통해 발생했다. 약 890,000명의 고객은 인터넷 뱅킹을 이용하였으며, 370,000명은 SMS 서비스를 이용하였다. 은행은 한 달에 약 260만 건의 문자를 보낸다.

이러한 전략의 핵심은 대부분의 영국 성인 남녀가 휴대폰을 소유하고 있다는 사실에 기인하여 영국에서 가장 광범위한 모바일 뱅킹 서비스를 제공한 것이었다. 퍼스트 다이렉트의 고객은 문자 메시지를 통해 3개 계좌까지 조회할 수 있고, 신용카드 이용과 입출금 내역을 통보받을 수 있다. 또한 계좌의 잔액이 모자랄 경우 고객에게 자동으로 통보해 주기도 한다. 퍼스트 다이렉트는 아이폰을 활용한 스마트폰 뱅킹을 도입한 최초의 은행이 되었다.

비록 상담원과의 전화연결이 여전히 은행과 고객을 연결시키는 핵심 시스템이지만, 2005년 8월에 퍼스트 다이렉트는 전화 대신 키보드나 마우스를 통해 은행직원과 상담할 수 있는 새로운 웹 채팅 서비스를 선보였다. 은행은 이 서비스가 전화의 즉시성에 이메일의 편리성을 결합한 것이라고 광고하였다.

이러한 비전통적인 전략은 통했을까? 몇몇 근거는 '매우 그렇다' 임을 보여준다. 전 세계 영업망을 가진 은행들의 고객 중 25,000명에 대한 조사 결과, 퍼스트 다이렉트가 가장 추천하고 싶은 은행으로 나타났다. 또한 지난 16년 동안 영국 은행들 중 고객 만족도가 가장 높은 은행 역시 퍼스트 다이렉트였다.

출처

Anne-Marie Cagna and Jean-Claude Larreche, "First Direct 2005: The Most Recommended Bank in the World." Fontainebleau, France: INSEAD, 2005; press releases distributed on www.firstdirect.com, accessed March 12, 2012.

### e-커머스 : 사이버 공간으로의 이동

Amazon.com은 인터넷 상점을 개척한 이래 지금은 전 세계에 많은 인터넷 상점이 존재한다. 고객을 인터넷 상점으로 끌어들이는 요인은 다음과 같다.

- 편리함
- 쉬운 검색(원하는 상품이나 서비스에 대한 정보탐색)
- 폭넓은 구색
- 낮은 가격 잠재성
- 빠른 배송 및 24/7 서비스. 이 서비스는 바쁜 생활로 인해 시간이 부족한 고객들에게 특히 매력적이다(서비스 인사이트 5.4 참조).

여러분과 여러분의 가족, 그리고 여러분의 친구들이 인터넷으로 구매하는 상품에 대해 생각해 보라. 왜 여러분은 서비스 전달을 위해 다른 채널이 아닌 인터넷 채널을 선택했는가?

웹사이트는 점차 정교해지는 동시에 이용자 친화적으로 되어가고 있다. 그들은 고객들이 관심상품을 잘 찾아가도록 도와주는 영업 도우미 서비스를 실험하곤 한다. 심지어 어떤 사이트는 유능한 고객 서비스 상담원이 즉시 응답해 주는 이메일 교신이나 채팅 서비스를 제공하기도 한다. 특정 작가의 소설을 검색하거나 원하는 날짜의 왕복 항공권을 찾을 때 사용되는 검색 서비스 역시 사이트가 제공하는 유용한 서비스이다.

최근 개발된 시스템 중 흥미로운 것은 웹사이트, 고객관계관리 시스템(Customer Management System, CRM), 그리고 모바일을 통합시킨 것이다. 모바일 기기를 서비스 전달의 기반 시스템에 통합시키면 (1) 서비스에의 '접속'(서비스 인사이트 5.5 참조), (2) 적시에

## 서비스 인사이트 5.4

### 온라인 대 오프라인 : 위대한 쇼핑 경쟁

월스트리트 저널은 온라인 쇼핑 대 오프라인 쇼핑의 결과를 비교하기 위해 연중 쇼핑이 가장 활발한 날인 추수감사절(소매상들은 최대 이익을 올려 흑자로 돌아서는 이 날을 블랙 프라이데이라 부른다)에 2명의 기자를 취재 보냈다. 그들에겐 2,000달러의 예산과 구매를 위한 12가지 선물 목록이 동일하게 주어졌다. 선물 목록은 여러 무상표 상품(누이를 위한 캐시미어 스웨터, 남편을 위한 스포츠 시계 등)부터 4세 여아를 위한 바비 인형과 11세 남아를 위한 Xbox 360 게임기까지 다양했다. 그 당시 이 Xbox 360은 신상품이어서 파는 곳이 많지는 않았다. 한 기자는 뉴저지의 숏힐에 위치한 대형 쇼핑몰을 방문하였고, 다른 기자는 집에서 온라인으로 검색하고 빠른 배송 옵션으로 주문하였다. 이 실험의 목적은 기자들이 얼마나 빨리 주어진 과업을 완수하는 가와 누가 최소의 비용으로 최적의 선물을 구매하는 가를 보려는 것이었다.

추가적으로 전문 쇼핑객과 웹 전문가가 기자들과 동일한 과제를 부여받았다. 전문 쇼핑객은 동일한 대형 쇼핑몰로 보내졌다. 결과는 어떻게 됐을까? 웹 전문가는 3시간이 안 걸려 과업을 완수하고 800달러를 남겼다. 그러나 구매한 선물들 중 일부는 오프라인에서 구매한 것들보다 품질이 안 좋았다. 전문 쇼핑객은 2등을 차지했다. 그는 500달러를 아꼈으며 쇼핑은 7시간 15분이 소요됐다. 두 기자는 가장 꼴찌였다. 온라인으로 쇼핑한 기자는 1,906달러를 지출했으며 7시간 40분이 걸렸다. 오프라인으로 쇼핑한 기자는 8시간이 걸렸으며 1,836달러를 썼다. 그러나 둘 모두 Xbox 360을 구매는 실패했다.

출처

Ellen Gamermann and Reed Albergotti, "The Great Holiday Shopping Race," *The Wall Street Journal*, December 3-4, 2005, P6-P7.

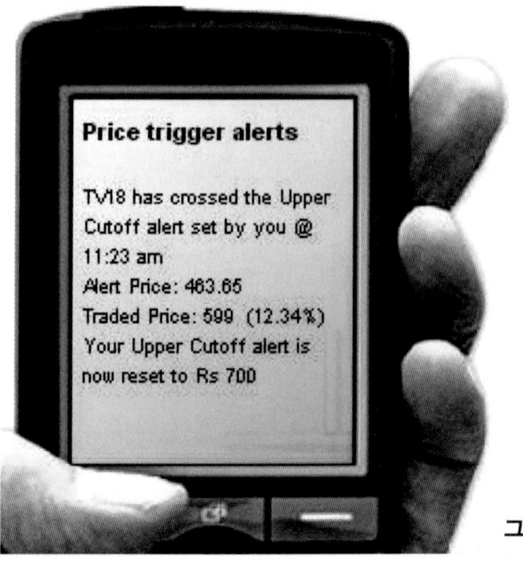


적절한 정보 전달을 통해 고객에게 기회 혹은 문제점을 '알림', (3) 지속적으로 정확하고 필요한 정보가 되도록 실시간으로 정보 '갱신' 등을 할 수 있다.[9] 예를 들어, 고객은 증권회사 웹사이트에서 특정 주식에 대한 알림 서비스를 설정하고, 주가가 원하는 수준에 도달하거나 매매가 체결되면 이메일이나 문자메시지로 통보받을 수 있다(그림 5.18). 그들은 또한 주가 정보를 실시간으로 확인하고 전화나 문자메시지를 이용해 매매할 수 있다.

**그림 5.18** 설정한 주가에 도달하면 알려주는 문자알림 서비스

## 서비스 인사이트 5.5

### WIZZIT : 남아프리카 공화국의 은행 비이용 고객에게 다가가기

일반적으로 은행들은 빌딩과 영업점, 그리고 ATM망 등으로 구성되어 있다. 그러나 WIZZIT Payment Ltd.는 그들의 서비스를 통상적인 채널로 전달하지 않는다. WIZZIT의 광고문구는 "Live.life.anywhere: WIZZIT와 함께라면 여러분은 주머니에 은행을 넣어다는 것입니다. 언제 어디에서든지 거래하십시오". 그것은 지점이 없는 '사이버 은행'이다. 대신에 WIZZIT는 유통 기반으로 휴대폰을 사용한다. 남아프리카 공화국에서 1,600만 명은 은행을 이용하지 않는다. 왜냐하면 은행에서 계좌를 개설하려면 먼 길을 여행해야 해서 불편하고, 시골에서는 은행 이용이 비싸다고 인식되기 때문이다. 그러나 남아프리카 공화국의 은행 비이용 고객 중 35%는 이미 휴대폰을 소유하고 있다.

고객에게 다가가기 위해 WIZZIT는 지방을 방문하여 마을사람들에게 전자 화폐가 어떻게 사용되고 고객들이 전자 화폐를 사용함으로써 어떤 편익을 얻을 수 있는지 보여주었다. 그들은 또한 잠재고객들에게 WIZZIT를 알려주기 위해 저소득층의 청소년들로 구성된 'WIZZ Kids'를 활용하였다. WIZZ Kids는 그들이 담당한 잠재고객이 신규 가입할 때 커미션을 받는다.

저소득 고객들에게 서비스를 홍보하기 위해 WIZZIT는 최저 잔고 요구액, 월별 고정 수수료, 그리고 미사용 위약금을 요구하지 않는다. 수수료는 거래 시 발생하며 금액은 거래 유형에 따라 달라진다. 고객들은 휴대폰을 지불이나 계좌이체, 그리고 전기 요금이나 이동통

신 요금을 내는 데 사용할 수 있다. 또한 고객들은 상품을 구매하거나 남아프리카 공화국의 모든 ATM에서 현금을 인출할 수 있는 Maestro 직불카드를 제공받는다.

처음 2년 동안 50,000명의 고객을 확보한 WIZZIT는 2008년까지 250,000명의 고객을 확보할 것으로 예상되었다. 고객들이 WIZZIT를 사용하는 이유는 편리하고, 적당한 가격과 안전하기 때문이다.

**출처**

Gautam Ivatury, and Mark Pickens, "Mobile Phone Banking and Low-Income Customers: Evidence from South Africa," white paper, *Consultative Group to Assist the Poor/The World Bank and United Nations Foundation*, 2006; "Cell Phone Banking Reinvented" *SA Computer Magazine*, October 2005; Duncan McLeod "Waving the Wand," *Financial Mail*, 25 November 2005, http://www.wizzit.co.za/, accessed March 12, 2012.

PART II

## 중간상의 역할

**학습목표 7**
서비스 전달에 있어서 중간상의 역할은 무엇인가?

많은 서비스 기업은 특정 업무들을 아웃소싱하는 것이 비용 효율적이라는 것을 알고 있다. 이러한 업무는 대부분 보조서비스인 경우가 많다. 예를 들어, 전화 콜센터와 인터넷 사용의 증가에도 불구하고 크루즈 여행사와 호텔 리조트들은 여행상담, 예약, 결제, 그리고 발권 등 고객 서비스의 많은 부분을 여전히 여행사에 의존하고 있다.

고객에게 완벽한 서비스를 제공하기 위하여 서비스 기업은 하나 또는 다수의 중간상과 어떻게 협업해야 하는 것일까? 그림 5.19는 핵심상품과 정보제공, 자문, 그리고 예외적 서비스 등과 같은 보조서비스가 최초 서비스 제공자에 의해 전달되는 과정을 서비스 플라워 모형으로 표현한 사례이다. 이들을 제외한 나머지 보조서비스는 중간상에 의해 제공됨으로써 서비스 전달은 완성된다. 또 다른 사례에서는 몇몇 아웃소싱 전문가가 특정 서비스 요소를 위한 중간상에 포함될 수도 있을 것이다. 최초 서비스 제공자는 서비스 전달의 전체 과정을

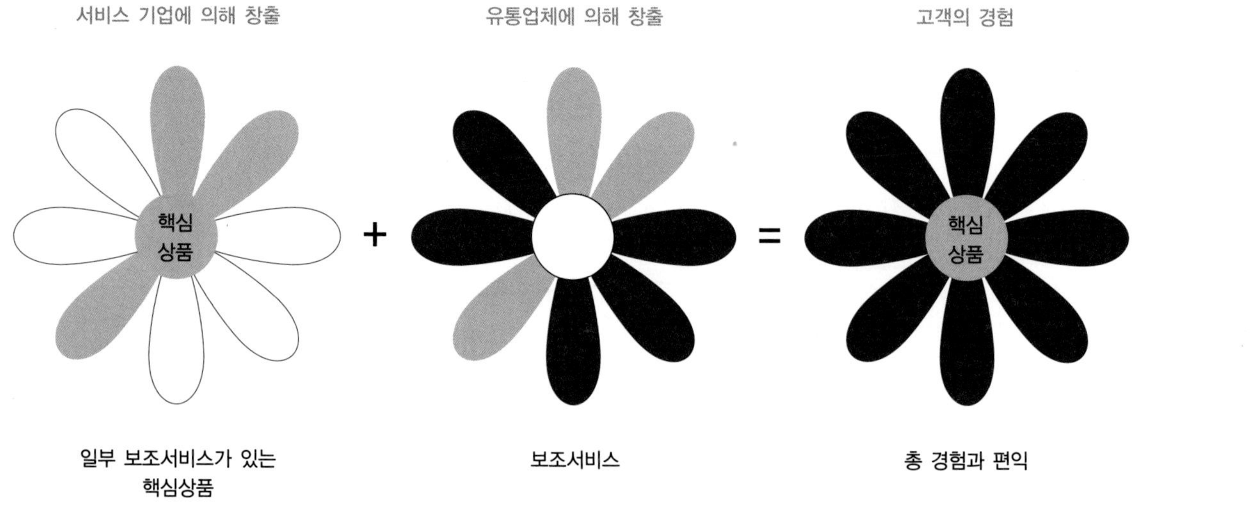

**그림 5.19** 서비스 전달을 위한 책임 배분

주시해야 한다. 즉 중간상에 의해 제공되는 서비스가 일관된 서비스 경험 창출이라는 전반적 서비스 개념에 잘 부합하는지 최초 서비스 제공자는 확인해야 한다.

### 프랜차이징

심지어 핵심상품의 전달까지 중간상에 의해 처리될 수 있다. 프랜차이징은 모든 보조서비스를 포함하는 서비스의 전달을 복수의 지점으로 확장할 수 있는 유용한 방법이다. 이는 직영 영업점을 빠르게 확장하려면 반드시 필요한 대규모 투자 없이 이루어질 수 있다. 본부는 서비스 개념 관리에 본인의 시간과 자금을 기꺼이 투자할 수 있는 가맹점을 모집한다. 본부는 가맹점에게 사업의 운용이나 마케팅에 필요한 교육을 제공하고, 필요한 자재를 공급하고, 전국 수준의 프로모션 혹은 지역 마케팅 활동을 돕는 프로모션을 제공한다. 지역 마케팅 활동은 가맹점들이 직접 수행하지만 본부의 프로모션 운영방침을 따라야 한다.

그림 5.20 샌드위치 전문점인 Subway는 미국의 유명한 패스트푸드 프랜차이즈 중 하나이다.

훌륭한 고객 서비스나 고품질의 서비스 운영 등에 대한 가맹점들의 동기부여가 잘되어 있기 때문에 성장지향적인 서비스 기업들은 프랜차이징을 선호한다.[10] 이런 현상을 반영하듯 매 8분마다 새로운 프랜차이즈가 생겨나고 있다.[11] 일반적으로 패스트푸드 사업에서 프랜차이즈를 많이 발견할 수 있지만(그림 5.20 참조), 그 개념은 B2C와 B2B의 다양한 서비스 분야에 적용되고 있으며 약 75개가 넘는 상품군으로 확장 적용되고 있다.[12] 가장 빠른 성장 중인 분야는 헬스케어, 출판, 보안, 그리고 고객 서비스 등이다. 프랜차이즈 산업은 미국 내 소매업 매출과 서비스의 약 50%를 차지하고 있다. 12개 사업 중 하나는 프랜차이즈 사업이다.[13] 고객으로써 여러분은 생각 이상으로 많은 프랜차이즈를 이용하고 있을 것이다. 그럼에도 불구하고 전체 프랜차이즈 중 4년 내 실패하는 프랜차이즈 시스템의 비율은 1/3에 이르고, 12년 넘게 운영되는 시스템은 1/4밖에 안 된다.[14] 프랜차이즈 본부의 성공 요인은 다음과 같다.

- ▶ 기억되기 쉬운 브랜드명과 함께 대규모를 달성할 능력
- ▶ 가맹점 지원 서비스는 적게 제공하지만 계약은 장기적으로 체결
- ▶ 가맹점당 낮은 간접비
- ▶ 가맹점 운영과 본부 지원에 대한 정확하고 현실적인 정보 제공
- ▶ 가맹점과의 관계에 대해 통제가 아닌 협력체계 구축[15]

규모의 경제를 이룩하기 위해서는 가맹점 수가 중요하기 때문에, 일부 프랜차이즈 시스템은 '마스터 프랜차이징(master franchising)'이라 불리는 전략을 사용하기도 한다. 마스터 가맹점은 가맹점 운영을 이미 성공시켜 본 사람들에게 부여된다. 따라서 그들은 맡은 지역 내에서 가맹점들에 대한 고용, 교육, 지원을 책임지게 된다.

프랜차이징이 많은 성공 스토리를 갖고 있기는 하지만, 다음과 같은 문제점을 가지고 있다.

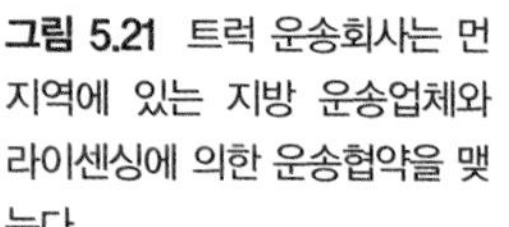

그림 5.21 트럭 운송회사는 먼 지역에 있는 지방 운송업체와 라이센싱에 의한 운송협약을 맺는다.



- 가맹점에게 서비스 전달 및 다른 활동들의 많은 부분을 위임하는 것은 유통 시스템의 통제권을 잃는 결과를 초래할 수 있으며, 결과적으로 고객에게 제공되는 서비스까지 통제가 안될 가능성이 존재한다.
- 본부가 설정한 우선순위나 절차를 가맹점들이 수용하기란 쉽지 않으므로 효과적인 품질관리가 필요하다. 본부는 일반적으로 계약조항을 통해 서비스 성과의 모든 것을 통제하려고 한다. 이러한 계약은 본부가 정한 서비스 표준, 절차, 스크립트, 그리고 외관까지 가맹점이 따라야 한다는 문구를 대부분 포함하고 있다. 본부는 또한 인테리어, 직원 성과, 그리고 서비스 시간계획 같은 요소들까지 통제하려고 한다.
- 고질적인 문제 중 하나는 가맹점의 경험이 많아짐에 따라 본부에 더 이상 각종 로열티를 지불할 필요가 없다는 것을 느낄 때이다. 그들은 계약 때문에 어쩔 수 없이 따라야 하는 제약만 없으면 본부보다 운영을 더 잘할 수 있을 것이라고 생각할 수 있다. 물론 이런 경우 상당수는 법적 분쟁으로 간다.

프랜차이징의 대안 중 하나는 원래의 서비스 제공자 대신 핵심상품 전달이 가능한 다른 서비스 제공자와 계약을 맺는 것이다. 일반적으로 트럭 운송회사는 여러 도시에 직영 영업소를 설치하는 대신에 지역 업체들을 이용한다(그림 5.21). 또한 그들은 개인 트럭 사업자들과 계약할 수도 있다.[16]

다른 형태의 서비스 유통으로는 금융 서비스가 있다. 투자은행이 되고 싶은 은행의 경우 대규모 유통채널을 보유하지 못한 투자은행이 발행한 펀드의 유통을 대신하는 경우가 있다. 또한 은행들은 보험회사의 보험 상품을 판매하기도 한다. 이 경우 은행들은 판매 수수료는 취하지만 고객 불만처리는 담당하지 않는다.

## 서비스의 글로벌 유통

학습목표 8
글로벌 진출을 위한 기업의 시장진입 전략은 무엇인가?

CNN, Reuters, Google, Amex, Starbucks, Hertz, Citibank, McKinsey 등 많은 서비스 기업이 해외영업을 하고 있다. 서비스 기업은 해외 시장에 언제, 어떻게 진입해야 하는가?

### 해외시장 진입방법

해외시장 진입에 가장 적합한 전략은 (1) 기업이 지적 재산(intellectual property, IP)을 어떻게 보호하는가와 가치 창조의 주요 원천을 어떻게 통제하는가, (2) 고객들이 원하는 상호작용 수준이 높은가 혹은 낮은가(그림 5.22 참조)에 달려 있다.

기업의 지적 재산과 가치 창조 원천이 특허나 기타 법적 장치에 의해 보호되고 고객과의 상호작용 수준이 높을 필요가 없다면(즉 서비스를 인터넷이나 전화 등으로 제공해도 된다면), 서비스 기업은 해당 시장에 그냥 진입하면 된다. 이 경우 해당 시장의 경쟁자나 유통업자, 혹은 제휴업자 등에게 서비스 사업을 뺏길 위험은 낮다. 이런 유형의 서비스로는 데이

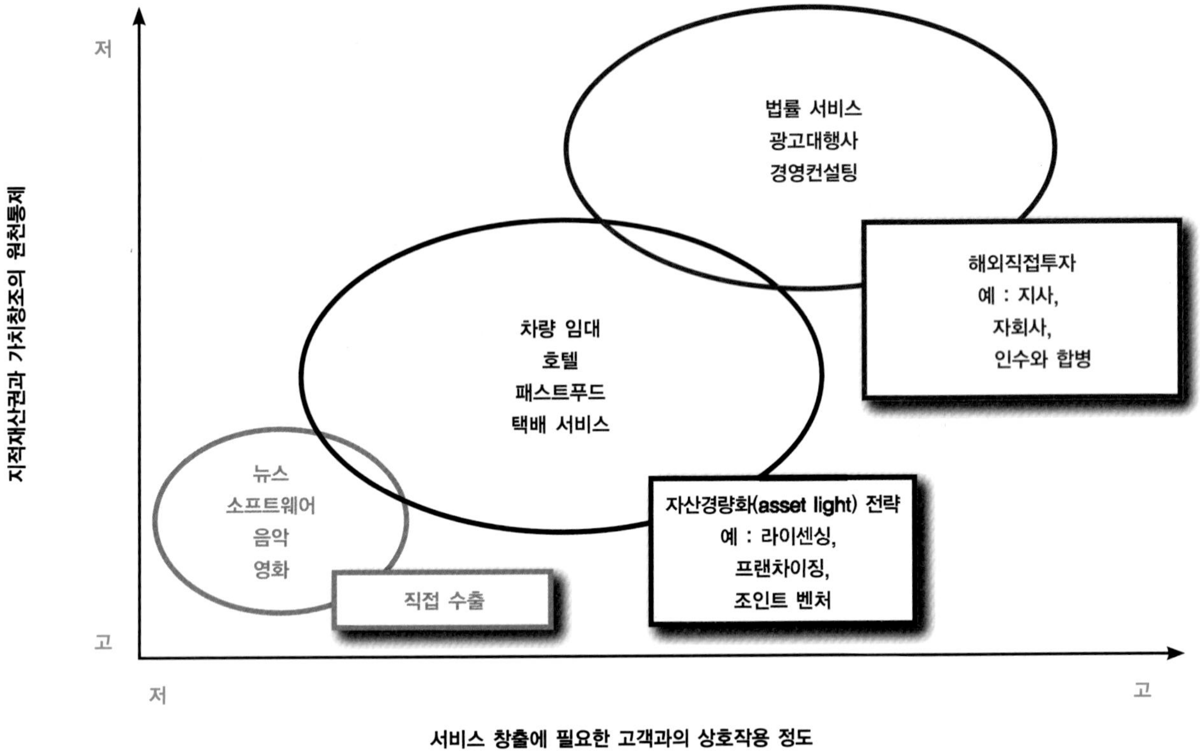

**그림 5.22** 국제화 방법

터베이스 사업(예 : 논문검색 서비스인 Thomson Reuters' Social Sciences Citation Index-related services), 온라인 뉴스(예 : CNN 혹은 Financial Times가 제공하는 온라인 뉴스), 온라인 광고(예 : 야후나 구글의 광고서비스), 그리고 다운로드 서비스(예 : 음악, 영화, e북, 그리고 소프트웨어 등)가 있다. 이러한 기업들의 해외시장 진입은 서비스를 직접 판매하는 것보다 대부분 지역 영업부(예 : 야후와 구글은 여러 나라에 광고 서비스 영업팀을 두고 있다)를 설치함으로써 이루어진다.[17]

패스트푸드, 글로벌 호텔체인, 그리고 글로벌 배송업체 같은 서비스의 경우 기업이 지적재산을 보호하고 가치창조의 원천을 통제할 수 있다. 이는 상표화, 글로벌 고객 기반, 그리고 글로벌 수준의 자원, 업무능력, 네트워크의 보유를 통해 가능해진다. 이런 기반이 없으면 고객이 기대하는 수준의 서비스를 전달하기 어렵거나 못하게 된다. 이러한 서비스에서 고객과의 상호작용은 중간 수준으로 발생한다. 기업들은 라이센스, 프랜차이즈, 또는 조인트 벤처 등의 방법을 이용하여 통제능력을 잃지 않고 해외시장에 진입할 수 있다. 예를 들어, 상표화의 경우 스타벅스나 Hard Rock Café 같은 상표의 유무에 따라 커피점의 집객능력은 차이가 있다. Starwood Hotels & Resorts나 Hilton과 같은 큰 규모의 글로벌 호텔체인은 자신들의 로열티 프로그램에 속한 수백만 회원을 대상으로 고객관계를 관리하거나 고객을 해당 지역 내 자사 숙박시설로 연결시켜주는 해외 영업소를 통해 고객관계를 관리하고 있다. 이들 시설들은 글로벌 체인이 공급하는 고객들을 필요로 한다. 또 다른 예로, 글로벌한 자원, 업무능력, 네트워크를 갖춘 글로벌 배송 업체와 달리 지역배송 업체는 해외에서 국내로 보내오는 배송물품을 처리하지 못한다. 그들은 또한 국내에서 해외로 보내는 물품 역시 처리할 수준이 못된다. 따라서 글로벌 배송업체는 미래에 경쟁자가 될 가능성에 대한 우려 없이 지역 내 배송업체를 선정하여 업무를 위탁할 수 있다.

마지막으로 서비스 가치의 대부분이 서비스 기업의 기술과 지식에서 창출되고 고객과의 상호작용도 높은 수준이 요구되는 서비스 유형이 있다. 이는 대부분 지식기반의 전문적 서비스이다. 창의력이 필요한 광고 디자인이나 경영 컨설팅이 사례에 속한다. 이런 서비스의 경우 서비스 기업의 지식 및 서비스 기업이 고객과 구축한 관계에 의해 가치가 창출된다. 이런 이유로 파트너와의 협업을 통해 가치 창출의 원천을 통제하기 어렵다. 예를 들어, 만약 어떤 기업이 지역 파트너와 라이센스나 조인트 벤처로 협업하고 있고 몇 년 후 파트너에의 기술전수가 이루어졌을 때, 파트너가 그 기업의 지원 없이 혼자서 서비스를 제공할 수 있을 위험에 직면할 수도 있다. 이런 일이 발생한다면 파트너는 더 이상 로열티를 지급하거나 이익을 공유하는 것을 싫어할 수도 있다. 또한 파트너는 협업조건에 대한 재협상을 요구하거나 심지어 서비스 기업을 배제한 독립적 운영을 하겠다는 위협을 할 수도 있다. 따라서 이런 유형의 서비스를 제공하는 기업은 다른 지역의 영업을 엄격히 통제할 수 있는 수단을 가져야 한다. 이런 수단으로는 일반적으로 서비스 기업의 지적 자산과 고객기반을 보호할 수 있는 계약서와 더불어 서비스 기업의 직원을 파트너 기업에 파견하는 것이 있다. 글로벌 신규 시장에 진입할 수 있는 가장 효과적인 방법은 해외 지사나 자회사 설립, 또는 인수·합병을 통한 직접 투자를 하는 것이다.[18]

PART II

## 요약

**학습목표 1**

What? How? Where? When? 이 네 가지 질문에 대한 답은 서비스 기업 유통전략의 근간이다.

**학습목표 2**

유통이란 무엇인가? 유통의 플로우(flow) 모형은 서비스 플라워 모형과 유사하며 다음과 같은 유통 플로우를 갖는다.

- ㅇ 정보와 초진 플로우(정보 및 잠재적으로 자문 꽃잎)
- ㅇ 협상 플로우(주문과 잠재적으로 청구와 지불 꽃잎)
- ㅇ 상품 플로우(서비스 플라워의 나머지 꽃잎과 핵심 상품)

**학습목표 3**

서비스는 어떻게 유통되는가? 서비스는 다음의 세 가지 주요 모형을 통해 유통될 수 있다.

- ㅇ 고객이 서비스 기업을 방문(예 : MRI 등의 인적 서비스)
- ㅇ 서비스 기업이 고객을 방문(예 : 프라이빗 뱅킹 서비스)
- ㅇ 원격에 의한 서비스 거래(즉 Skype 또는 온라인을 통한 여행보험 구입)

**학습목표 4**

고객 선호에 의해 채널 선택이 이루어진다. 고객은 편리함 때문에 원격 채널을 선호할 수 있고, 상품에 대한 지식이 해박하거나 확신이 있을 때, 그리고 기술을 좋아할 때 원격채널을 선호한다. 그러나 고객은 지각된 위험이 높거나 사회적 동기 때문에 서비스를 구입하는 경우엔 인적 채널을 선호한다.

**학습목표 5**

서비스는 언제 어디에서 전달되어야 하는가? 시간과 장소에 대한 의사결정은 고객의 욕구와 기대를 반영해야 한다.

- ㅇ 고객 편의성과 운영에 필요한 요인들은 주요 고려요인이다.
- ㅇ 입지에 관한 최근의 추세는 미니스토어, 보완관계에 있는 서비스 기업과 소매점 공유, 그리고 다목적 시설 입지(예 : 사무빌딩 내 현금인출기)이다.
- ㅇ 셀프서비스 기술의 발달과 더불어 연중무휴로 영업시간을 확대하려는 움직임이 있다.

**학습목표 6**

정보기반의 핵심 및 보조서비스는 인터넷을 통해 24/7 서비스로 제공될 수 있다. 최근의 기술발전은 편리하고 정교한 서비스를 제공하기 위해 CRM(고객관계관리) 시스템, 이동통신, 웹사이트, 그리고 스마트 카드를 통합하는데 이르렀다.

**학습목표 7**

서비스 기업은 일부 보조서비스를 유통하기 위해 중간상을 자주 이용한다(예 : 크루즈 여행사는 여행상담, 예약, 지불, 항공사 연계서비스 등).

- ㅇ 서비스 기업의 특정 업무는 아웃소싱하는 것이 비용효율적일 수 있다.
- ㅇ 서비스 기업은 전반적으로 원활하게 서비스가 제공되고, 또한 고객이 원하는 대로 서비스가 제공되도록 해야 한다.
- ㅇ 프랜차이징은 핵심서비스 유통에 자주 이용된다. 프랜차이즈는 장단점이 있다.
- ㅇ 프랜차이징은 빠른 성장을 가능하게 하고, 가맹점은 고객 지향적인 고품질의 서비스를 제공하고, 또한 비용효율적인 운영을 하고 싶어 한다.
- ㅇ 프랜차이징의 단점으로는 서비스 유통과정이나 고객이 서비스를 경험하는 과정에 대한 통제를 못한다는 것이다. 그러므로 본부는 가맹점 운영의 모든 면을 엄격히 통제하는 경향이 종종 있다.

**학습목표 8**

해외시장으로의 진입전략은 다음의 영향을 받는다.

- ㅇ 지적 재산과 가치창조의 원천에 대한 서비스 기업의 관리방법
- ㅇ 서비스 창출에 필요한 고객과의 상호작용 정도
- ㅇ e-북, 음악, 그리고 소프트웨어처럼 가치가 지적 재산에 포함되어 있는 경우, 서비스는 직접 수출될 수 있다.
- ㅇ 만약 지적재산에 대한 통제와 고객과의 상호작용 수준이 중간이라면 라이센스, 프랜차이즈 혹은 조인트 벤처를 이용하라.
- ㅇ 높은 수준의 고객과의 상호작용이 요구되고 지적 재산에 대한 통제가 어렵다면 해외지사나 자사 설립, 그리고 인수·합병에 의한 해외 직접투자가 좋다.

## 학습 키워드

이 키워드들은 각 학습목표 절에서 확인할 수 있다. 그들은 각 절에서 학습하는 서비스 마케팅 개념을 이해하기 위하여 필수적인 것이다. 이 키워드들의 개념과 어떻게 이들을 이용할 것인가를 잘 아는 것이 이 과정을 잘 마치고, 실제 외부의 경쟁시장 환경에서 실무적으로 실행하는 데 필수적이다.

PART II

**학습목표 2**

1. 정보 플로우
2. 협상 플로우
3. 상품 플로우
4. 촉진 플로우

**학습목표 3**

5. 편리함
6. 고객의 서비스 시설 방문
7. 입지 선정
8. 영업 시간
9. 원격 거래
10. 역재고
11. 서비스 공급자의 고객방문

**학습목표 4**

12. 채널 중재
13. 채널 선택
14. 채널 선호
15. 비인적 채널
16. 인적 채널
17. 셀프서비스 채널

**학습목표 5**

18. 24/7 서비스 (24/7)
19. 자동화 키오스크
20. 지원 시설
21. 전통적
22. 유통 전략
23. 입지 제약
24. 미니스토어
25. 다목적 시설
26. 액세스 지점

**학습목표 6**

27. 사이버공간
28. 전자상거래
29. 전자 채널
30. 이동통신
31. 복수채널
32. 온라인 채널
33. 물리적 채널
34. '스마트 카드'
35. 스마트폰
36. 서비스 전달 혁신
37. 가상 상점
38. 음성인식 기술

**학습목표 7**

39. 상표 경험
40. 가맹점
41. 프랜차이징
42. 프랜차이징 본부
43. 독립 대리인
44. 중간상
45. 라이센싱
46. 마스터 프랜차이징
47. 아웃소싱

**학습목표 8**

48. 지점
49. 통제
50. 고객 접촉
51. 글로벌 서비스 유통
52. 해외 직접 투자
53. 지적 재산
54. 조인트벤처
55. 인수 · 합병
56. 자회사
57. 가치 창출

## 학습 문제

1. '서비스 유통' 은 무엇인가? 경험이나 만질 수 없는 서비스는 어떻게 유통될 수 있는가?
2. 서비스 전달 방법의 유형은? 각 유형에서 서비스 기업이 고려해야 할 요인들은 무엇인가?
3. 서비스 전달의 시간과 장소에 대한 의사결정 시 고려할 요인은 무엇인가?
4. 소매 서비스 기업이 전자 채널을 도입할 때 (a) 기존 오프라인 채널과 병행할 때와 (b) 인터넷과 콜센터를 결합시켜 오프라인 채널을 대체할 때의 기회와 위협 요인은 무엇인가? 사례를 제시하여 설명하시오.
5. 서비스 마케터는 이동통신의 신기술 개발에 관심을 기울여야 하는 이유는 무엇인가?
6. 서비스 산업에서 중간상의 이용을 통해 제시되는 마케팅과 경영의 도전은 무엇인가?
7. 효율적인 서비스 개념의 유통을 확장시키는 방법으로 프랜차이징이 인기있는 이유는 무엇인가? 프랜차이징의 단점과 해결방안은 무엇인가?
8. 해외진출 시 지적 재산과 가치 창출 원천의 통제를 유지할 수 있는 전략을 선택하기 위해 서비스 기업이 고려할 사항은 무엇인가?

PART II

## 참고문헌


1 http://en.wikipedia.org/wiki/Lauren_Luke and ww.bylaurenluke.com, accessed March 12, 2012.

2 Recent research on the adoption of self-service technologies includes: Matthew L. Meuter, Mary Jo Bitner, Amy L. Ostrom, and Stephen W. Brown, "Choosing among Alternative Service Delivery Modes: an Investigation of Customer Trial of Self-Service Technologies," *Journal of Marketing* 69 (April 2005): 61-83; James M. Curran and Matthew L. Meuter, "Self-Service Technology Adoption: Comparing Three Technologies," *Journal of Services Marketing* 19, no. 2 (2005): 103-113.

3 The section was based on the following research: Nancy Jo Black, Andy Lockett, Christine Ennew, Heidi Winklhofer, and Sally McKechnie, "Modelling Consumer Choice of Distribution Channels: an Illustration from Financial Services," *International Journal of Bank Marketing* 20, no. 4 (2002): 161-173; Jinkook Lee, "A Key to Marketing Financial Services: the Right Mix of Products, Services, Channels and Customers," *Journal of Services Marketing* 16, no. 3 (2002): 238-258; and Leonard L. Berry, Kathleen Seiders, and Dhruv Grewal, "Understanding Service Convenience," *Journal of Marketing* 66, no. 3 (July 2002): 1-17. Jiun-Sheng C. Lin and Pei-ling Hsieh, "The Role of Technology Readiness in Customers' Perception and Adoption of Self-Service Technologies," *International Journal of Service Industry Management* 17, no. 5 (2006): 497-517.

4 Paul F. Nunes and Frank V. Cespedes, "The Customer Has Escaped," *Harvard Business Review* 81, no. 11 (2003): 96-105.

5 Michael A. Jones, David L. Mothersbaugh, and Sharon E. Beatty, "The Effects of Locational Convenience on Customer Repurchase Intentions across Service Types," *Journal of Services Marketing* 17, no. 7 (2004): 701-712.

6 James L. Heskett, W. Earl Sasser Jr., and Leonard A. Schlesinger, *The Service Profit Chain.* New York: The Free Press, 1997, 218-220.

7 www.swissotel.com and http://www.eyefortravel.com/node/9187, accessed March 12, 2012.

8 Jochen Wirtz and Jeannette P. T. Ho, "Westin in Asia: Distributing Hotel Rooms Globally," in Jochen Wirtz and Christopher H. Lovelock, eds. *Services Marketing in Asia?A Case Book.* (Singapore: Prentice Hall, 2005, 253-259). www.starwoodhotels.com, accessed March 12, 2012.

9 Katherine N. Lemon, Frederick B. Newell, and Loren J. Lemon, "The Wireless Rules for e-Service," in Roland T. Rust and P. K. Kannan, eds. *New Directions in Theory and Practice.* (New York: Armonk, M.E. Sharpe, 2002, 200-232).

10 James Cross and Bruce J. Walker, "Addressing Service Marketing Challenges through Franchising," in Teresa A. Swartz and Dawn Iacobucci, eds. *Handbook of Services Marketing & Management.* (Thousand Oaks, CA: Sage Publications, 2000, 473?484); Lavent Altinay, "Implementing International Franchising: the Role of Intrapreuneurship," *International Journal of Service Industry Management* 15, no. 5 (2004): 426-443.

11 Quick Franchise Facts, Franchising Industry Statistics, http://www.azfranchises.com/franchisefacts.htm, accessed March 12, 2012.

12 Barry Quinn and Nicholas Alexander, "International Retail Franchising: a Conceptual Framework," *International Journal of Retail & Distribution Management* 30, no. 5 (2002): 264-276.

13 International Franchise Association Educational Foundation Inc., "Franchise Industry Gains 300 Concepts in One Year," November 19, 2007 in http://www.franchise.org/Franchise-News-Detail.aspx?id=36416, accessed March 12, 2012; Quick Franchise Facts, Franchising Industry Statistics, http://www.azfranchises.com/franchisefacts.htm, accessed March 12, 2012; http://www.franchiseek.com/USA/Franchise_USA_S

tatistics.htm, accessed March 12, 2012.

14 Scott Shane and Chester Spell, "Factors for New Franchise Success," *Sloan Management Review* 39, (Spring 1998): 43-50.

15 Firdaus Abdullah and Mohd Rashidee Alwi, "Measuring and Managing Franchisee Satisfaction: a Study of Academic Franchising," *Journal of Modelling in Management* 3, no. 2 (2008): 182-199; for more articles on factors that affect the success of franchises, see Scott Weaven and Debra Grace "Franchisee Personality: an Examination in the Context of Franchise Unit Density and Service Classification," *European Journal of Marketing* 43, no. 1/2 (2009): 90-109.

16 For a discussion on what to watch for when parts of the service are outsourced, see Lauren Keller Johnson, "Outsourcing Postsale Service: Is Your Brand Protected? Before You Spin Off Repairs, or Parts Distribution, or Customer Call Centers, Consider the Cons as well as the Pros," *Supply Chain Strategy* 1, no. 5 (July 2005): 3-5.

17 For more information on foreign market entry modes, read Shawn M. Carraher and Dianne H. B. Welsh, *Global Entrepreneurship*, Kendall Hunt Publishing Inc., 2009.

18 J. J. Boddewyn, Marsha Baldwin Halbrich and A. C. Perry, "Service Multinationals: Conceptualization, Measurement and Theory," *Journal of International Business Studies* (Fall 1986): 41-58; Sandra Vandermerwe and Michael Chadwick, "The Internationalization of Services," *The Services Industries Journal* 9, no. 1 (January 1989): 79-93.

CHAPTER 6

# 가격설정과 수익 관리

## 학습목표

이 장을 학습하게 되면 학생들은 다음의 내용을 이해하게 될 것이다.

- **학습목표 1** 효과적인 가격 결정이 서비스 기업의 재무적 성공의 핵심 요소인가?
- **학습목표 2** 가격정책 삼각대로 묘사되는 가격 전략의 기반은 무엇인가?
- **학습목표 3** 재무비용은 어떠한 유형들이 있으며, 원가기반 가격정책의 문제점은 무엇인가?
- **학습목표 4** 순가치란 무엇이며, 가치기반 가격결정과 제반비용 감소를 통한 총 가치의 증가란 무엇인가?
- **학습목표 5** 경쟁기반 가격결정은 무엇이며, 어떤 상황에서 서비스 시장의 가격 경쟁은 완화될 수 있는가?
- **학습목표 6** 수익관리의 정의와 방법은 무엇인가?
- **학습목표 7** 수익관리에 효과적인 요금 장벽에는 무엇이 있는가?
- **학습목표 8** 서비스 가격결정과 관련된 윤리적 이슈와 소비자 고려사항은 무엇인가?
- **학습목표 9** 수익관리 정책에 공정성을 부여할 방법은 무엇인가?
- **학습목표 10** 효과적인 서비스 가격 전략을 수립하는 데 필요한 7개의 요인은 무엇인가?

**그림 6.1** 동일한 상품을 다양한 시간대의 이질적인 고객에게 차별화된 가격으로 공급하는 전략인 동적 가격정책은 많은 산업에서 환영받고 있다.

# 도입 사례

## 동적 가격정책[1]

서비스 기업은 종종 수익 및 생산능력 극대화에 직면하게 되는데 이것을 가능하게 만드는 것이 동적 가격정책(dynamic pricing)이다. 그렇다면 동적 가격정책이란 무엇인가? 여러분은 비행기 옆좌석 승객과의 대화 중에 같은 등급의 좌석을 서로 다른 가격으로 구입했다는 것을 알게 된 적이 있는가? 그것이 바로 동적 가격정책에 의한 결과이다.

동적 가격정책은 수요측면의 여건에 따라 동일한 상품을 다양한 시간대의 이질적인 고객에게 차별화된 가격으로 공급하는 전략을 의미한다. 항공운송 산업에서 자주 사용되는 동적 가격정책은 다른 산업에서도 점차 사용되고 있다. 예를 들어 미국 역사상 최고의 티켓 파워를 기록한 밴드인 the Eagles는 2010년 초 캘리포니아 새크라멘토 공연 때 좋은 좌석엔 높은 가격을, 그리고 안 좋은 좌석엔 저렴한 가격을 책정하는 시스템을 최초로 가동하였다. 최고가 좌석은 250달러인 반면 최저가 좌석은 단지 32달러에 불과했다. the Eagles는 티켓에 동적 가격정책을 적용하기 위해 Live Nation Entertainment와 협업하였다. 수요 예측에 기반하여 10개의 가격대를 설정하였다. 이러한 전략으로 the Eagles는 더 많은 팬들이 티켓을 구입하기를 희망했다.[1]

스포츠 산업에서도 유사한 현상을 발견할 수 있다. 메이저 리그의 샌프란시스코 자이언츠는 수요 증가에 따라 티켓의 가격을 인상하였고, 티켓은 여전히 잘 팔렸다. 이전 시즌에 샌프란시스코가 동적 가격정책을 실험 적용한 결과 25,000개 티켓을 더 팔았고 550,000달러의 추가 수익을 기록하였다. 메이저 리그와 미국 농구 협회 관계자는 동적 가격정책이 업계 표준이 될 거라고 기대했다.

티켓의 동적 가격정책은 좌석점유율을 높이는 데 성공적이었고 점차 확산될 거라 기대되고 있다. 신생기업인 ScoreBig Inc.은 이러한 현상을 반겼다. 매년 콘서트 티켓의 약 40~50%가 안 팔릴 것으로 예측되었다. 스포츠 경기의 경우 매년 25~35%의 티켓이 팔리지 않는 것으로 예측되었다. ScoreBig은 안 팔린 티켓들을 구매자와 연결시켜 줌으로써 스포츠와 콘서트 업계의 Priceline.com(유명한 호텔 역경매 사이트)이 되고자 했다. 티켓들은 수요 기반의 동적 가격정책에 의해 할인된 가격으로 판매되었다. 이러한 시스템으로 ScoreBig은 투자자들로부터 850만 달러를 유치했다.

오늘날 스포츠, 호텔, 항공, 그리고 렌터카 같은 다양한 영역의 기업들이 동적 가격정책으로 많은 이익을 창출하고 있다. 동적 가격정책은 기업의 수익을 증대시키고, 자원을 효율적으로 배치하고, 궁극적으로 고객의 서비스 경험 만족도를 제고시키는 데 기여하기 때문에 오랫동안 사용될 것이라 예측된다.

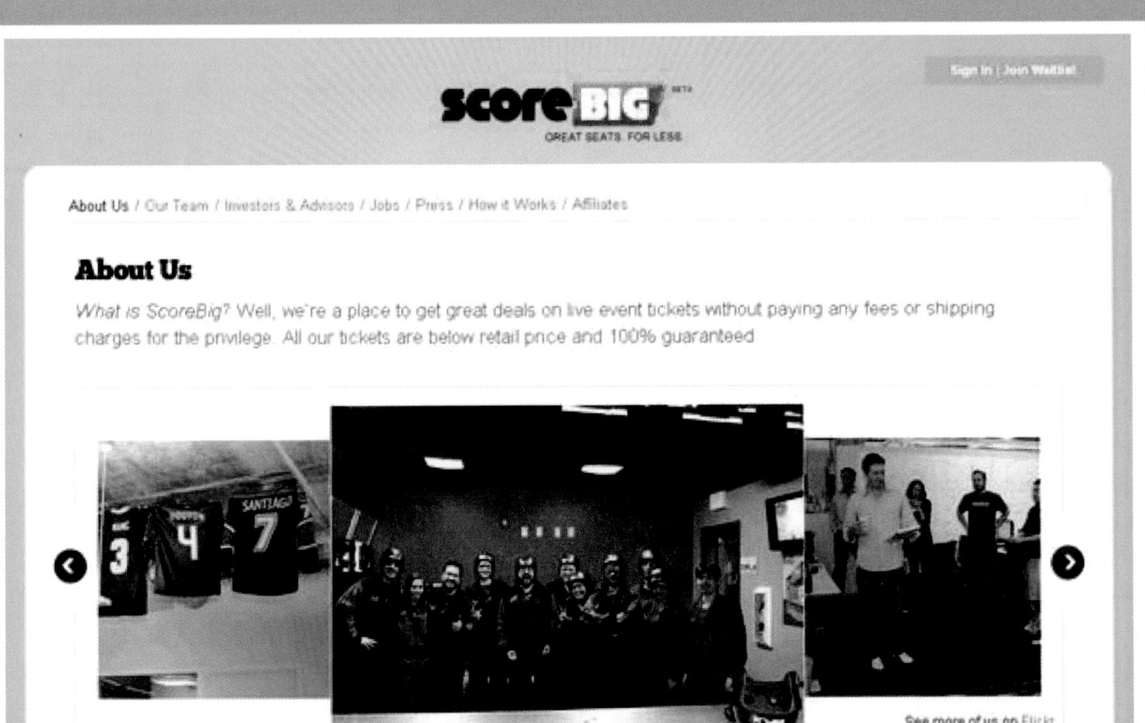


**그림 6.2** LA에 위치한 ScoreBig은 2009년에 설립되었다.

PART II

**학습목표 1**
효과적인 가격 결정이 서비스 기업의 재무적 성공의 핵심 요소인가?

## 효과적인 가격정책은 재무적 성공의 핵심 요인

고객들은 종종 서비스 가격정책이 이해하기 힘들거나(예 : 보험료나 병원진료비), 위험하고(만약 여러분이 국제선 비행기 티켓가격을 서로 다르게 3회를 물어본다면 매회 다른 가격을 안내받을 수 있다), 이는 때로 비윤리적이기도 하다(예 : 은행 고객들은 너무 종류가 많은 수수료와 불공정하다고 느끼는 각종 요금에 대한 불만이 많다). 이 장에서 서비스 마케팅의 다양한 가격정책을 학습하고 효과적인 가격 전략 수립을 위한 가이드라인을 제공할 것이다.

### 가격설정의 목표

모든 가격 전략은 기업의 가격정책 목표에 대한 명확한 이해를 기반으로 수립되어야 한다. 일반적으로 가격정책의 목표는 수익 및 이윤, 그리고 수요 창출 및 고객기반 구축과 관련되어야 한다(표 6.1).

**표 6.1** 서비스 가격정책의 목표

| 수익과 이윤 목표 |
|---|
| **이윤 추구** |
| • 이윤 극대화에 기여<br>• 이윤 극대화가 아닌 특정 수준의 이윤 달성<br>• 시간에 따라 가격과 표적 시장을 다르게 설정하여 한정된 자원으로 최대수익 창출. 이것은 일반적으로 수익관리 시스템으로 구현 가능 |
| **원가 충당** |
| • 모든 서비스 제공에 소요된 비용을 간접비를 포함하여 충당<br>• 한 가지 서비스 제공에 소요된 비용을 간접비를 제외하고 충당<br>• 추가 판매나 고객 추가에 따른 비용 증가분을 충당 |
| **충성도 및 고객기반 관련 목표** |
| **수요 창출** |
| • 최소 수준의 수익이 얻어지는 전제 하에서 수요 극대화(수용능력에 제한이 없을 경우) (예 : 많은 비영리 기관은 비용 관리가 필요하지만 수익보다 고객의 이용을 높이는 것이 목표이다)<br>• 수용능력 활용을 잘할수록 모든 고객에게 가치를 더할 수 있을 때(꽉 찬 관중은 연극이나 농구경기의 열광을 더한다), 최대 수용능력 도달 |
| **고객기반 구축** |
| • 서비스의 시용과 채택 촉진. 높은 시설투자 비용을 수반하는 신규 서비스, 혹은 구입보다 구입 후 사용에 의한 수익이 더욱 큰 멤버십 유형의 서비스(이동통신 서비스, 생명보험 등)의 경우 특히 중요<br>• 시장점유율 증대 혹은 대규모 고객기반 구축. 비용 우위를 확보할 수 있는 규모의 경제 기회가 있을 때(예 : 개발비 혹은 고정비가 높은 경우), 또는 사용자가 증가할수록 서비스 가치가 증대되는 네트워크 효과(예 : 페이스북, Linkdln 등)가 있을 때 유용하다. |

## 가격결정 전략의 세 가지 기반

> **학습목표 2**
> 가격정책 삼각대로 묘사되는 가격 전략의 기반은 무엇인가?

많은 서비스 산업에서 가격은 재무적 혹은 회계적 관점에서 결정하는 것이 보통이다. 따라서 원가기반의 가격정책이 많이 사용된다. 그러나 오늘날 대부분의 서비스 기업은 가치기반의 가격정책과 경쟁기반의 가격정책을 잘 이해하고 있다. 가격정책의 목표가 이해되었다면, 여러분은 가격 전략을 이해해야 한다. 가격 전략의 기반은 삼각대로 설명될 수 있다. 삼각대의 다리는 (1) 서비스 기업에의 비용, (2) 경쟁자의 가격정책, (3) 고객에의 가치이다(그림 6.3). 가격정책 삼각대에서 기업이 특정 서비스의 제공을 위해 지출한 비용은 일반적으로 최저가격 또는 바닥가격(price floor)으로 설정된다. 그리고 해당 서비스에 대해 고객이 지각하는 가치는 최대가격으로 설정된다.

그다음 경쟁 서비스의 가격을 고려하여 최저가격과 최대가격 사이에서 자사 서비스의 가격이 설정될 수 있는 범위를 정한다. 이렇듯 가격정책 삼각대 분석 결과 설정된 가격 범위 내에서 최종적으로 가격정책의 목표에 부합하는 가격을 결정한다. 이하에서 가격정책 삼각대를 자세히 학습하도록 한다.

**그림 6.3** 가격정책 삼각대

### 원가기반 가격정책

> **학습목표 3**
> 재무비용은 어떠한 유형들이 있으며, 원가기반 가격정책의 문제점은 무엇인가?

유형화된 상품의 원가를 계산하는 것보다 무형화된 서비스의 원가를 계산하는 것이 일반적으로 더욱 어렵다. 또한 서비스를 제공하는 데 필요한 노동력과 제반설비 때문에 많은 서비스 기업들은 제조기업보다 변동비 대비 높은 고정비를 갖는다(그림 6.4). 높은 고정비를 갖는 기업은 비싼 물리적 시설(병원이나 대학), 대량의 수송수단(비행기나 트럭 회사), 네트워크(기차, 이동통신, 가스파이프라인 회사) 등을 가진 기업을 포함한다.

**그림 6.4** 열차 운송 서비스는 매우 높은 설비투자 비용이 소요된다. 따라서 고객 1인당 변동비는 무의미하다.

PART II

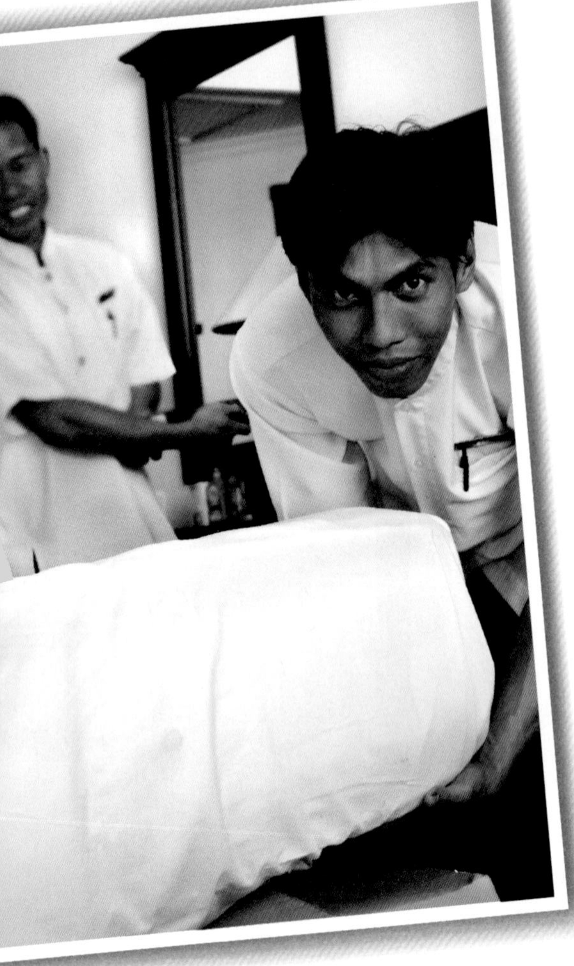

그림 6.5 하우스키핑 서비스는 호텔룸의 원가에 공헌한다.

### 서비스 제공원가의 설정

여러분이 마케팅 과정을 수강했다 해도 고정비, 변동비, 그리고 준변동비를 이용한 서비스 원가 추정방법을 학습하는 것은 매우 유용한 일이 될 것이다. 또한 여러분은 공헌이익이나 손익분기점 분석이 가격결정에 어떻게 유용한지 학습할 수 있다(157쪽 마케팅 리뷰 참조). 전통적인 원가회계 접근법은 변동비나 준변동비의 비중이 매우 높은 서비스(예 : 전문적 서비스)에 적합하다. 높은 고정비와 복잡한 상품 라인을 갖는 서비스 기업은 조금 더 복잡한 ABC 접근법(Activity-Based Costing)을 고려하는 것이 좋다(그림 6.5).

ABC 접근법은 서비스 기업의 간접비를 배분하는 데 유용한 방법이다. 서비스 수행에 필요한 활동(activity)에 소요되는 자원을 관측한 후, 활동(activity)의 양과 유형에 의거하여 간접비를 서비스에 할당하는 방식이다. 따라서 자원 비용(혹은 간접비)은 단순히 재화나 서비스의 수량이 아니라 다양성과 복잡성 정도에 따라 결정된다. 서비스 기업이 ABC 접근법을 잘 활용하면 신규 서비스를 생성할 때, 타지역에 서비스를 제공할 때, 그리고 특정 고객들에게 서비스를 제공할 때 소요되는 비용산출을 손쉽게 할 수 있다.

### 원가분석과 가격결정의 의미

서비스 창출과 마케팅에 필요한 모든 비용을 충분히 커버함은 물론 이윤창출을 위해 기업은 가격을 높게 설정해야 한다. 동시에 목표한 판매량을 달성하고 기대한 만큼의 이윤이 발생해야 한다.

높은 고정비와 낮은 변동비 구조를 가진 기업의 관리자는 가격결정의 유연성이 높다고 생각할 수 있으며, 이에 따라 판매 촉진을 위해 저가격을 책정하기 쉽다(그림 6.6). 그러나 모든 제반비용이 충당되지 않는 한 연말결산 시 이윤은 없을 것이다. 많은 서비스 기업이 이 사실을 무시하기 때문에 파산으로 이르는 경우가 많다. 따라서 저가를 무기로 경쟁하는 서비스 기업은 원가구조와 손익분기점을 이루는 판매량에 대해 정확히 이해하고 있어야 한다.

**학습목표 4**
순가치란 무엇이며, 가치기반 가격결정과 제반비용 감소를 통한 총 가치의 증가란 무엇인가?

### 가치기반 가격결정

가격정책 삼각대의 또 다른 다리는 고객에의 가치이다. 고객이 판단하는 가치 이상으로 서비스 가격을 지불할 고객은 없다. 따라서 적정 가격책정을 위해 마케터는 고객이 서비스 가치를 지각하는 과정에 대해 알아야 한다.[2]

### 순가치의 이해

고객이 서비스를 구매할 때 서비스의 지각된 효용과 지각된 비

그림 6.6 easyJet 같은 저가항공사는 매출 증대를 위해 항공권을 저가로 책정했다. 결과적으로 그들은 손익분기에 이르기 위한 많은 탑승객이 필요하다.

**마케팅 리뷰**

### 비용, 공헌이익, 그리고 손익분기점 분석의 이해

**고정비**(fixed costs)는 서비스가 판매되지 않더라도 서비스 기업이 지속적으로 부담하는 원가를 의미한다. 임대료, 감가상각비, 전기·수도요금, 세금, 보험료, 급여, 보안, 그리고 이자지급액 등이 고정비에 속한다.

**변동비**(variable costs)는 은행 거래를 하거나 항공권을 추가로 판매하는 등 고객 한 명이 추가될 때 소요되는 원가를 의미한다. 많은 서비스에서 변동비는 매우 낮다. 예를 들어 비행기 탑승객 한 명이 늘어난다 해도 추가적인 인건비나 연료비는 거의 들지 않는다. 극장에서 고객 한 명이 추가 입장하여 빈 좌석에 앉는 것은 비용이 제로에 가깝다. 조금 더 명확한 변동비는 음·식료 서빙이나 정비에 따른 부품 교환 같은 활동과 밀접한 관련이 있다. 왜냐하면 이 활동에는 노동력 이외에 비싼 물리적 제품이 제공되기 때문이다. 기업이 충당해야 할 고정비와 준변동비 때문에 단지 변동비를 초과하는 가격으로 서비스를 제공한다고 해서 기업이 이윤을 얻는다고는 볼 수 없다.

**준변동비**(semi-variable costs)는 고정비와 변동비 사이의 성격을 갖는다. 이들은 사업규모의 성장 혹은 축소에 따라 계단식으로 증가하거나 감소하는 비용이다. 예를 들어 특정 항공노선의 수요 증가로 인해 추가로 투입되는 항공편 혹은 레스토랑의 바쁜 주말을 위한 파트타임 근로자 채용 등이 있다.

**공헌이익**(contribution)은 서비스 한 단위 판매 시 발생한 수입에서 변동비를 뺀 것이다. 공헌이익은 고정비와 준변동비를 커버한다.

**원가의 결정과 배분**(determining and allocating economic costs)은 병원 같은 서비스 기업에게는 도전과제이다. 왜냐하면 복합 서비스 시설일 경우 고정비를 배분하기 어렵기 때문이다. 예를 들어 어떤 고정비는 병원의 응급실 운영과 관련이 있다. 그리고 병원 전체의 운영에 따른 고정비도 존재한다. 병원 전체 고정비 중에서 어느 정도가 응급실에 할당되어야 하는 것인가? 병원 관리자는 다음과 같은 방법들을 이용해서 응급실 고정비를 추정할 수 있을 것이다. (1) 전체 병원면적 중 응급실의 면적비율, (2) 응급실 직원들의 근무시간이나 급여 비율, (3) 환자진료 시간의 비율. 각 방법은 서로 다른 결과를 산출할 것이다. 어떤 방법은 응급실 운영을 이익이라 분석할 수도 있고, 어떤 방법은 손실이라 분석할 수 있다.

**손익분기점**(breakeven analysis)은 관리자가 어느 정도 서비스 판매량부터 이윤이 창출되는지 알려준다. 이것을 손익분기점이라 부른다. 손익분기점은 전체 고정비와 준변동비를 각 서비스 단위로 인한 공헌이익으로 나누어 구할 수 있다. 예를 들어 만약 100개의 객실을 가진 호텔이 고정비와 준변동비를 커버하기 위해 1년에 200만 달러가 필요하고, 객실의 평균 공헌이익이 100달러라 할 때, 이 호텔은 연간 36,500개의 객실 중 20,000개를 판매해야 한다. 만약 하루 숙박료가 평균 20달러 인하되면(혹은 변동비가 20달러 상승하면), 공헌이익은 80달러로 감소하며 호텔의 손익분기점은 연간 25,000개로 증가한다. 손익분기점의 판매량은 다음과 관련이 있다.

- 가격 민감도(고객이 이 가격을 충분히 지불 가능한가?)
- 시장 크기(경쟁을 고려했을 때 손익분기점 판매량을 커버할 정도로 시장크기는 충분한가?)
- 최대 수용능력(유지보수나 수리 등의 문제가 없다고 가정할 때 위 사례의 호텔은 연간 36,500개의 객실을 제공할 수 있다.)

용을 저울질할 것이다. 그러나 고객이 가치를 평가하는 것은 매우 주관적이고 고객마다 다르다. Valarie Zeithaml은 가치를 다음과 같은 네 가지로 표현하였다.[3]

▶ 가치는 저가이다.

▶ 가치는 내가 상품에서 얻고자 하는 것이다.

그림 6.7 순가치는 지각된 효익에서 지각된 비용을 뺀 것과 같다.

▶ 가치는 내가 지불한 가격만큼 얻기 원하는 품질이다.

▶ 가치는 내가 준 것만큼 얻기 원하는 것이다.

이 책은 가치에 대한 네 번째 표현에 초점을 맞춰, 서비스에 대해 지각된 전체 효익의 총합(총 가치)에서 지각된 모든 비용의 총합을 뺀 순가치(net value)로 표현하기로 한다. 총 가치와 비용의 차이가 양의 부호(+)로 증가할수록 순가치는 증가한다. 만약 지각된 서비스 비용이 지각된 효용보다 클 경우, 서비스는 부(−)의 순가치를 갖게 되며 고객은 서비스를 구매하지 않는다. 고객이 마음속으로 행하는 가치 계산은 마치 천칭형 저울로 무게를 재는 것처럼, 저울의 한쪽에는 서비스 효용을 얹고 다른 쪽에는 효용획득에 소요되는 비용을 올려놓고 계산하는 것과 유사하다(그림 6.7). 고객들이 경쟁 상품을 평가할 때, 그들은 기본적으로 상대적 순가치를 비교한다. 4장에서 논의한 것처럼 마케터는 핵심상품에 효익을 추가하거나 보조서비스 개선을 통해 서비스 가치를 증대시킬 수 있다(그림 6.8).

Copyright 2006 by Randy Glasbergen.
www.glasbergen.com

GLASBERGEN

전통적으로 많이 사용하는 30년 모기지 대신 이자만 지불하는 모기지(interest-only mortgage), 벌룬 모기지(balloon mortgage, 낮은 이자율과 최소한의 금액만 지불하는 단기 모기지의 일종. 보통 5~10년 만기 도래 상품들이 있고, 마지막에 남은 원금과 이자를 일시에 지불), 역모기지(reverse mortgage, 62세 이상의 노인층을 위한 프로그램으로서, 집을 담보로 일정액을 매월 지불), 부채가 자산가치를 초월하는 모기지(upside down mortgage, 담보물로 제공된 집값이 모기지 액수보다 더 낮은 상황에 처할 때 해당 모기지 지칭), 뒤집은 모기지, 빙긍빙글 모기지 등을 당신에게 제공할 수 있습니다.

그림 6.8 대안의 추가는 항상 가치를 창출하는가? 아니면 고객을 혼란스럽게 만드는가?

## 가치지각의 관리[4]

가치는 주관적이기 때문에 품질이나 가치를 판단할 수 있는 기술이나 지식을 모든 고객이 갖고 있는 것은 아니다. 이것은 고객들이 소비 후에도 서비스 품질의 평가에 어려움을 겪는 신뢰 서비스(credence service, 제2장 참조)에서 특히 잘 나타난다.[5] 그러므로 지각된 가치에 대한 관리가 필요하다.

전기에 문제가 있어 기술자를 요청한 고객을 생각해 보자. 전기 기술자가 공구함을 들고 방문한다. 그가 배전반이 있는 창고로 들어가서 문제점을 찾고 고장난 전기회로를 수리하면 모든 것이 해결된다. 여기까지 고작 20분이 경과했다. 며칠 후 그 고객은 대부분이 기술자 공임인 100달러의 청구서를 받고 까무러쳤다. 당연히 고객들은 종종 자신들이 기만당했다는 감정을 갖게 된다—그림 6.9의 배관공에 대한 Blondie의 반응을 보라.

가치지각을 관리하기 위해, 효과적인 커뮤니케이션 혹은 개인적 설명을 통해 고객이 가치를 이해할 수 있도록 만들어야 한다. 고객이 종종 인식하지 못하는 것은 기업이 감당해야 하는 고정비이다. 앞선 사례의 전기 기술자는 그의 사무실, 전화, 보험, 차량, 도구, 연료, 그리고 사무직원에 대한 비용을 충당해야 한다. 가정 방문에 따른 변동비 역시 보여지는 것 이상으로 높다. 20분 동안의 수리를 위해 왕복 30분 동안 운전을 해야 하며, 승합차에 공구를 싣고 내리는 데 각 5분이 소모된다. 따라서 고객의 요청을 완수하기 위해 60분에 이르는 3배의 작업시간이 소요되었다. 마지막으로 기업은 이윤 창출을 위해 여기에 마진을 더해야 한다.

**그림 6.9** Blondie는 배관공으로부터 자신이 지불한 돈만큼의 가치를 뽑으려 한다.



## 금전적 비용과 비금전적 비용의 감소

여러분이 고객의 순가치를 고려한다면, 고객의 지각된 비용을 이해해야 한다. 고객 관점에서 봤을 때, 서비스 기업이 책정한 가격이란 서비스의 구매와 사용에 드는 비용의 일부이다. 이런 비용 외 **금전적 비용**(related monetary cost)과 **비금전적 비용**(non monetary cost)으로 구성된 다른 형태의 서비스 비용이 존재한다.

### 금전적 비용

고객은 서비스 기업에게 지불하는 가격 이외에 정보탐색, 구매, 그리고 서비스 사용에도 많은 비용을 지불한다. 예를 들어, 어린 자녀가 있는 부부가 극장에서 저녁 영화를 보는 데 소요되는 비용은 영화표 두 장의 가격을 훨씬 상회한다. 비용은 아이들을 돌보는 도우미, 운전, 주차, 식사와 음료를 포함한다.

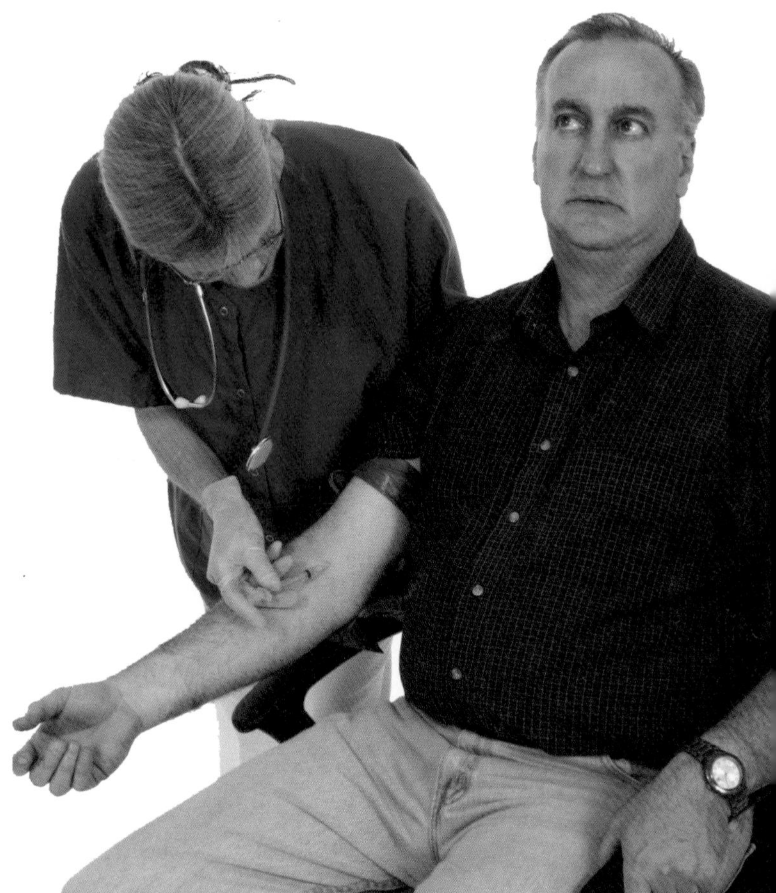

**그림 6.10** 걱정은 의료 과정에서 중요한 심리적 요인이다.

### 비금전적 비용

비금전적 비용이란 정보탐색, 구매, 그리고 서비스 사용에 따른 시간, 노력, 그리고 불편함 등을 의미한다. 이러한 비용은 '노력' 혹은 '번거로움'으로 표현될 수도 있다. 고객들이 서비스 생산(특히 인적 서비스와 셀프서비스에서 중요)에 관여할 때와 서비스 사이트를 방문해야만 할 때 비금전적 비용은 증가하는 경향이 있다. 높은 경험치나 신뢰가 요구되는 서비스는 걱정(anxiety) 같은 심리적 비용을 발생시키기도 한다. 비금전적 비용의 네 가지 유형은 다음과 같다. 시간(time) 비용, 신체적(physical) 비용, 심리적(psychological) 비용, 그리고 감각(sensory) 비용이다.

▶ 시간 비용은 서비스 전달과정의 일부이다. 오늘

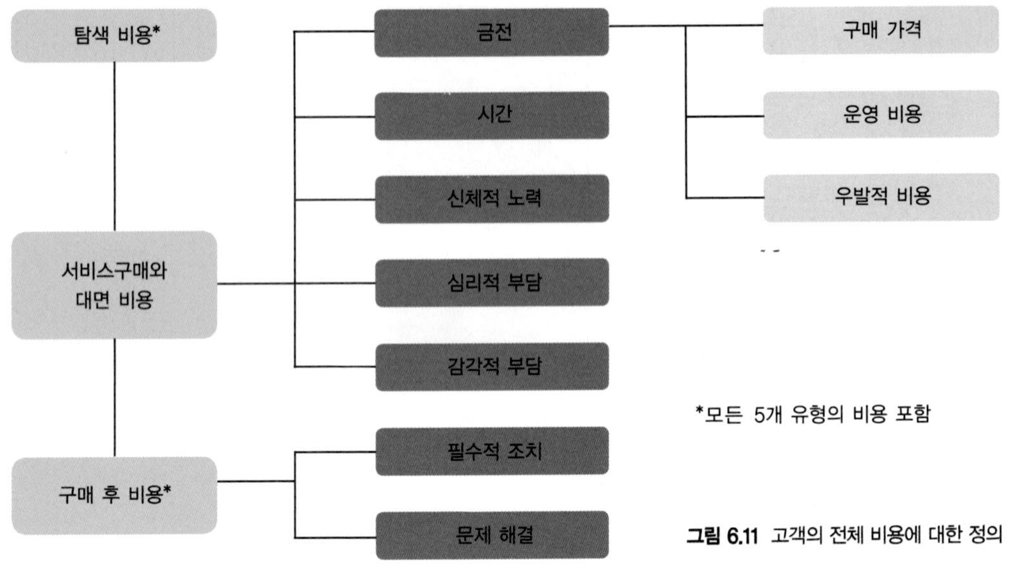


**그림 6.11** 고객의 전체 비용에 대한 정의

날 고객들은 자신들의 시간이 부족하다고 불평하며, 공공기관 방문 혹은 줄 서는 것처럼 즐겁지 않고 무가치한 활동에 시간 낭비하는 것을 싫어한다.

- ▶ **신체적 비용**(피로감이나 불편함 등)은 서비스 구매에 수반되는 비용의 일부이다. 즉 고객이 서비스 기업을 방문해야만 할 때, 대기시간이 길어질 때, 그리고 다수의 조사지에 응답해야 할 때, 그리고 셀프서비스를 이용해 서비스를 전달받을 때 발생한다.
- ▶ **심리적 비용**은 정신적 노력(예 : 은행계좌 신청서 작성), 지각된 위험, 인지 부조화, 불안감, 그리고 두려움 등이며 특정 서비스의 구매와 사용 시 발생한다(그림 6.10).
- ▶ **감각 비용**은 다섯 감각기관에 영향을 주는 불쾌한 감각을 의미한다. 서비스 환경에서 이들 비용은 혼잡함, 소음, 불쾌한 냄새, 바람, 너무 덥거나 추울 때, 불편한 좌석, 그리고 시각적으로 멋없는 환경 등이 있다.

그림 6.11에 나타난 것처럼 제2장에 소개된 서비스 소비 모형의 세 단계 중 어느 단계에서든지 비용이 발생할 수 있다. 따라서 서비스 기업은 (1) **탐색 비용**, (2) **서비스 구매와 대면비용**, (3) **구매 후 비용** 등을 고려해야 한다. 여러분이 대학을 탐색했을 때, 지원할 대학을 결정하기 전 얼마나 많은 비용, 시간, 노력을 소비했는가? 새로운 이동통신 사업자나 은행, 혹은 휴가계획 결정하기 위해 여러분은 얼마나 많은 시간과 노력을 투입하겠는가?

기업은 고객 가치의 증대에 필요한 비금전적 비용과 금전적 비용을 최소화시킴으로써 경쟁우위를 확보할 수 있다. 이를 위한 방법은 다음과 같다.

- ▶ 서비스 구매, 전달, 그리고 사용 완료에 소요되는 시간을 절약하기 위해 운영 전문가와 협업한다.
- ▶ 각 단계에서 서비스에 불필요한 심리적 비용을 제거한다. 이것은 불편한 프로세스의 수정 또는 제거, 무엇을 기대할지에 대한 고객교육, 그리고 더욱 친절해지고 고객을 도울 수 있도록 하는 직원 재교육 등에 의해 이루어진다.
- ▶ 특히 탐색과 전달과정에서 발생 가능한 원하지 않는 신체적 노력을 제거한다.

흉부 X선 촬영이 필요할 때 어느 클리닉을 선택하겠습니까?
(모든 클리닉이 동일한 품질의 서비스를 제공한다고 가정)

| A 클리닉 | B 클리닉 | C 클리닉 |
|---|---|---|
| • 가격 : 65달러<br>• 자동차로 1시간 거리<br>• 다음 진료 : 3주 내 가능<br>• 시간 : 월~금, 9~5시<br>• 진료 대기시간 : 약 2시간 | • 가격 : 125달러<br>• 자동차로 15분 거리<br>• 다음 진료 : 1주 내 가능<br>• 시간 : 월~금, 8~10시<br>• 진료 대기시간 : 약 3~40분 | • 가격 : 185달러<br>• 옆 건물<br>• 다음 진료 : 1일 후 가능<br>• 시간 : 월~토, 8~10시<br>• 예약제 : 0~15분 대기 |

**그림 6.12** 금전적 비용과 비금전적 비용의 트레이드 오프



- 매력적인 시각적 환경을 조성하고, 소음을 줄이고, 안락한 가구와 설비를 설치하고, 불쾌한 냄새를 제거하는 등의 활동을 통해 서비스의 불쾌한 감각비용을 줄일 수 있다.
- 다른 서비스 기업과의 제휴를 통한 할인(예 : 주차)이나 메일 제공, 또는 이전에 개인적인 방문이 요구된 활동의 온라인 전달 등으로 금전적 비용을 줄일 수 있는 다양한 방법을 고객에게 제시한다.

순가치에 대한 지각은 고객마다 매우 다르고, 동일 고객일지라도 상황에 따라 달라진다. 대부분의 서비스는 최소한 2개의 세분 시장으로 구분된다. 한 세분 시장은 돈을 아끼기 위해 시간을 소비한다. 다른 세분 시장은 시간을 절약하기 위해 돈을 소비한다. 따라서 서비스 시장은 시간 절약에 대한 민감도, 그리고 편리성과 가격 민감도에 의해 세분된다.[6] 그림 6.12는 정기 흉부 X선 촬영이 필요한 고객에게 선택 가능한 3개의 클리닉을 보여준다. 대안들 사이에 가격이 다른 것 외에 각 서비스를 사용하는 데 따른 시간과 노력의 비용도 다른 것을 알 수 있다. 고객의 우선순위에 따라 달라질 수 있지만, 비금전적 비용은 X선 촬영의 가격만큼 중요하거나 때로는 더 중요하다.

### 경쟁기반 가격결정

**학습목표 5**
경쟁기반 가격결정은 무엇이며, 어떤 상황에서 서비스 시장의 가격 경쟁은 완화될 수 있는가?

가격정책 삼각대의 마지막 다리는 경쟁이다. 상대적으로 유사한 서비스를 제공하는 기업들은 경쟁자의 가격정책을 모니터링해야 한다.[7] 경쟁 서비스들 사이에 차이가 없다고 느낄 때, 고객들은 그중 최저가로 생각되는 서비스를 선택할 것이다. 이런 상황에서 원가우위에 있는 기업은 경쟁 우위를 누릴 것이며, 가격 선도자(price leadership)가 된다. 만약 어느 기업이 가격 선도자로 행동하면, 다른 기업들은 이 기업의 우위를 빼앗으려 한다. 이러한 해프닝은 가까운 거리에 몰려 있는 주유소들이 경쟁하는 상황을 통해 쉽게 관찰될 수 있다. 어떤 주유소가 가격을 인상 혹은 인하하면 다른 경쟁자들이 따라서 한다.

가격 경쟁은 (1) 경쟁자 수의 증가, (2) 대체 서비스 수의 증가, (3) 경쟁자 혹은 대체재의 폭넓은 분포, (4) 수요 감소, (5) 산업 내 잉여 수용능력의 증가와 함께 심해진다. 비록 일부 서비스 산업은 심각하게 경쟁적이지만(예 : 항공사 혹은 온라인 금융), 다음과 같이 가격경

쟁이 감소되는 상황이라면 모든 산업이 그런 것은 아니다.

그림 6.13 개인화된 미용 서비스는 고객의 이탈을 방지한다.

- 가격과 관련 없는 비용이 높다. 서비스 기업 선택 시 가격보다 시간과 노력의 절감이 더 중요하다면 가격경쟁은 감소한다.
- 개인적 관계. 미용실(그림 6.13)이나 병원처럼 개인화 수준과 고객 맞춤 수준이 높은 서비스의 경우, 고객에게 개별 서비스 제공자와의 관계는 매우 중요하고 고객을 경쟁자로부터 막는 역할을 한다. 예를 들어, 많은 글로벌 은행들은 장기적인 관계를 맺기 위하여 부유층 고객을 선호한다.
- 전환비용이 높다. 서비스 기업을 변경하는 데 상당한 시간, 노력, 그리고 비용이 소요된다면, 고객은 경쟁 서비스로 전환하지 않을 것이다. 이동통신 사업자는 가입자들에게 종종 1년이나 2년 약정 계약을 요구하고, 서비스를 조기에 해지하면 상당한 위약금을 부과한다. 이와 비슷하게, 생명보험은 특정 기간 내에 고객이 해지를 요청하면 관리비나 해지 수수료를 요구한다.
- 시간과 장소의 특별함은 선택을 감소시킨다. 고객이 서비스를 특정 장소나 특정 시간에 사용하길 원한다면, 그들이 선택할 수 있는 대안은 별로 없다.[8]

경쟁자의 가격 변화에 항상 반응하는 기업은 가격을 필요 이상으로 낮게 결정하는 경향이 있다. 관리자는 단지 경쟁자의 가격변화만 고려해서 가격을 결정하는 함정에 빠지지 않도록 주의해야 한다. 이를 위한 좋은 전략은 모든 금전적 · 비금전적 비용, 그리고 잠재적 전환비용까지 포함하여 각 경쟁자의 고객에 소요되는 전체 비용을 고려하는 것이다. 또한 관리자는 적절한 반응을 결정하기 이전에 경쟁자의 수용능력 추정뿐만 아니라 유통, 시간, 그리고 입지 요인 등의 영향까지 고려해야 한다.

**학습목표 6**
수익관리의 정의와 방법은 무엇인가?

## 수익 관리 : 정의와 역할

많은 서비스 사업은 서비스의 가용 생산능력에서 창출되는 수익을 극대화시키는 전략에 관심이 집중되고 있다. 수익관리는 서비스 생산능력의 효용을 증대시키고, 높은 가격을 지불하는 고객의 수요에도 대응할 수 있기 때문에 가치 창조에 매우 중요한 역할을 한다. 수익관리는 다양한 제약 하에서 수요와 공급을 관리할 수 있는 정교한 방법이다.

항공사,[9] 호텔, 그리고 렌터카 기업은 고객의 가격 민감도 혹은 시시각각 변하는 세분 시장의 욕구에 맞춰 가격을 다양하게 책정하는 기술이 잘 발달되어 있다. 최근에는 병원, 식당, 골프장, 주문자 방식 IT 서비스, 자료처리 센터, 연예 기획사, 심지어 비영리 조직에서 수익관리가 많이 사용되고 있다(그림 6.14).[10] 수익관리는 다음과 같은 특징을 갖는 서비스 사업에 적용될 때 가장 효과적이다.

- 높은 고정비와 고정된 생산용량에 의해 부패되는 재고가 남을 때
- 수요의 변화가 심하고 불확실할 때
- 고객들의 가격 민감도가 다양할 때

레스토랑(위의 모든 특성을 지닌)은 할인가격으로 제공하지 않고도 고객들이 괜찮은 거래라고 느끼도록 수익관리가 실행되어야 한다. 한번 할인하면 다시 돌려놓기 힘든 음식 가격을 다변화시키는 대신, 레스토랑에서의 최소 소비수준을 다변화시킬 수 있다. 따라서 만약 수요가 높다면 최소 소비수준은 높을 것이다. 만약 수요가 낮다면 수요를 촉진하도록 최소 소비수준을 낮출 수 있다. 이러한 정책은 레스토랑이 수요를 더욱 유연하게 조정할 수 있도록 한다.[11]

PART II

**그림 6.14** 골프 코스는 고정비가 높은 구조이기 때문에 수익관리가 필요하다.

### 고수익 고객을 위한 생산능력 확보

실무에서의 수익관리는 세분 시장들의 다른 수요에 따라 가격을 달리 책정하는 것을 포함한다. 가격에 가장 둔감한 세분 시장은 최고가를 지불할 수 있으므로 첫 번째 수용 대상이 된다. 이들에 비하면 다른 세분 시장은 상당히 낮은 가격을 지불한다. 고가격을 지불하는 시장은 서비스 이용 직전에 예약을 하는 경향이 있으므로 그들에게는 도착 순서대로 봉사하는 방식 대신 그들을 위한 자리를 미리 확보해 놓는 것이 좋다. 예를 들어, 비즈니스 출장자는 임박해서 항공권, 호텔, 그리고 렌터카를 예약하는 경우가 많다. 그러나 바캉스 여행자들은 몇 달 전에 미리 예약하며, 대규모 이벤트를 앞둔 컨벤션 기획자는 몇 년 전에 호텔 객실들을 예약한다.

훌륭한 수익관리 시스템은 각 가격대별로 특정 시간에 서비스를 이용할 고객 수를 매우 정확하게 예측할 수 있다. 이러한 정보는 인센티브를 활용한 서비스 사용 촉진, 시장 점유율 증대, 혹은 가치 창출에 이용될 수 있다. 통신 사업자는 수요 예측을 위해 이러한 모형을 사용할 가능성이 높다. 이 때 목적은 매일 매일의 수익을 극대화하는 것이다. 서비스 인사이트 6.1은 오랫동안 산업 선도자 역할을 수행한 American Airlines의 수익관리가 어떻게 실행되는지 보여준다.

### 경쟁자의 가격결정이 수익관리 미치는 영향

수익관리 시스템들은 예약 진행속도를 파악할 수 있기 때문에 간접적으로 경쟁자의 가격정책의 영향을 알아낼 수 있다. 만약 어떤 기업의 초기 가격이 너무 낮으면, 예약진행은 빨라지고 값싼 좌석은 빨리 매진될 것이다. 이럴 경우 비록 비싸지만 느긋한 예약을 원하는 고객들 중 상당수는 좌석을 얻지 못할 가능성이 높기 때문에 바람직하지는 않다. 결과적으로 이런 고객들은 경쟁 항공사를 이용할 가능성이 높다. 만약 초기 가격이 너무 높으면 조기 예약 시장(여전히 양호한 수익을 내고 있는)의 점유율이 낮을 것이고, 출발 직전에 남는 좌석들을 대폭 할인된 가격으로 판매할 수밖에 없다. 업계에서 괴로운 재고라 불리는 잉여 좌석들은 Priceline.com 같은 역경매 채널을 통해 판매될 수도 있다.

### 가격탄력성

수익관리가 효과적으로 수행되기 위하여 서비스의 가치도 다르게 평가되고 가격탄력성도 다른 둘 이상의 세분 시장이 필요하다. 가격대를 효과적으로 결정하기 위하여 수익 관리자는 각 표적시장별로 가격 민감도와 가격대별 예상 순수익을 분석해야 한다. 가격탄력성(price elasticity)은 가격에 따라 수요가 변하는 정도를 의미하며 다음과 같다.

$$\text{가격탄력성} = \frac{\text{수요 변화율}}{\text{가격 변화율}}$$

가격탄력성이 1이면, 가격이 인하(또는 인상)되는 비율만큼 서비스 판매는 증가(또는 감소)한다. 만약 가격의 작은 변화가 판매에 큰 영향을 미치면, 해당 상품에 대한 수요는 가격탄력적이라고 할 수 있다. 만약 가격의 변화가 판매에 별로 영향이 없으면, 수요는 가격비탄력적이라고 할 수 있다. 이 개념은 가격탄력성이 높은 시장(가격의 작은 변화가 수요의 큰

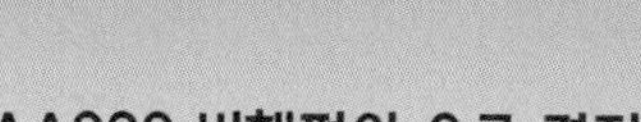

## 서비스 인사이트 6.1

### AA333 비행편의 요금 결정

수익관리부는 고성능 컴퓨터를 활용한 수익관리 프로그램을 통해 날짜별로 비행편을 예측하고, 통제하고, 관리한다. 매일 오후 5 : 30에 시카고를 출발해서 2,317km를 비행하여 애리조나의 피닉스에 도착하는 인기 노선인 American Airlines의 AA333을 보자.

이코노미 클래스의 124개 좌석은 수익관리 전문가가 '버킷 (buckets)' 이라 부르는 7개의 요금구간으로 나뉜다. 이 구간들의 가격차는 매우 크다. 왕복 항공권의 경우, 298달러의 저가 항공권(많은 제약과 취소 위약금이 있는)부터 1,065달러의 아무 제약 없는 프리미엄 항공권이 있다. 조금 더 높은 금액인 1,530달러를 내면 소규모의 일등석도 이용 가능하다. Scott McCartney는 수익관리 프로그램에 의한 이코노미 클래스의 일곱 버킷의 좌석 할당 과정을 설명한다.

시카고-피닉스 항공편의 출발 몇 주 전에, AA의 수익관리 프로그램은 항공권 판매량과 과거 이용 패턴, 그리고 환승 여행객의 수를 고려하여 상시로 각 버킷의 좌석 수를 조정한다.

만약 항공권 예약이 저조하면, AA는 저가 좌석의 수를 증가시킨다. 만약 비즈니스 고객이 예상보다 일찍 프리미엄 항공권을 구입하면, 출발일에 임박해서 항공편을 이용할 가능성이 높은 그들을 위해 수익관리 프로그램은 저가 권역의 좌석을 프리미엄 권역으로 이동시켜 미리 좌석을 확보해 놓는다.

최근 AA333편의 124개 중 69개 좌석이 출발 4주 전에 이미 판매되자, AA의 수익관리 프로그램은 저가 권역의 좌석 수를 제한하기 시작했다. 일주일 후, 컴퓨터는 최저가부터 300달러에 이르는 3개 권역의 좌석을 모두 제한했다. 저가 항공권을 바라는 시카고 고객에게 AA333의 좌석은 '매진' 인 셈이다.

124개 좌석에 130명이 예약한 상태에서, AA는 출발 하루 전에 여전히 5개 좌석을 정가 요금으로 판매하고 있었다. 왜냐하면 컴퓨터에 의한 과거자료 분석 결과 평균 10여 명의 고객은 예약을 취소하거나 다른 비행편을 이용하는 것으로 나타났기 때문이다. AA333은 만석으로 출발했고 좌석이 모자라는 일은 발생하지 않았다.

비록 그날의 AA333 항공편은 이제 과거가 되었지만, 자료로서는 사라지지 않았다. 이 항공편의 예약 실적은 수익관리 프로그램에 저장되어 향후 더 나은 예측을 하는 데 도움이 될 것이다.

출처

Scott McCartney, "Ticket Shock: Business Fares Increase Even as Leisure Travel Keeps Getting Cheaper," *The Wall Street Journal*, November 3, 1997, pp. A1, A10. http://www.aa.com/homePage.do, accessed March 12, 2012.

변화를 가져옴)과 가격탄력성이 낮은 시장(가격의 큰 변화에도 불구하고 수요는 별로 영향 없음) 등 두 세분 시장의 가격탄력성을 보여주는 그림 6.15에 잘 나타나 있다.

### 요금장벽의 설계

**학습목표 7**
수익관리에 효과적인 요금 장벽에는 무엇이 있는가?

수익관리는 동일한 상품에 대해 세분 시장별 다른 가격을 책정하는 것을 의미하는 **가격 맞춤화**(price customization) 개념을 기반으로 설계된다. Hermann Simon and Robert Dolan은 이에 대해 다음과 같이 언급하였다.

> 가격 맞춤화의 기본 아이디어는 단순하다. 고객이 상품에 부여하는 가치에 따라 가격을 지불하게 만드는 것이다. 여러분은 "고객님이 부여한 가치만큼 지불하시죠." 혹은 "만약 가치가 있다고 판단되면 80달러를 주시고, 없다고 판단되면 40달러만 주시죠."처럼 말할 수는

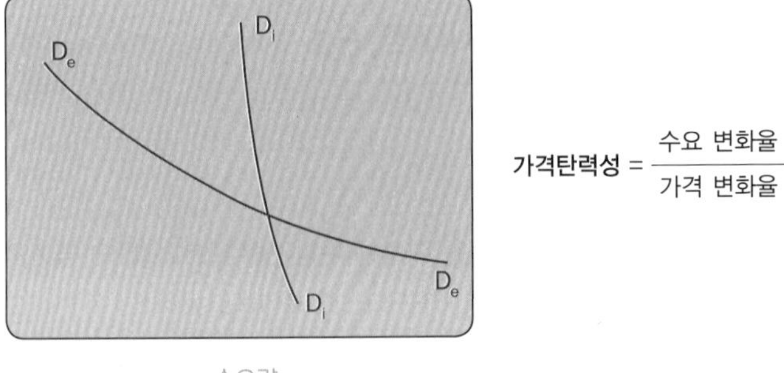


$$\text{가격탄력성} = \frac{\text{수요 변화율}}{\text{가격 변화율}}$$

**그림 6.15** 가격탄력성의 예시

$D_e$ : 수요가 가격탄력적임. 가격에서의 작은 변화가 수요에서 큰 변화를 만들어 냄
$D_i$ : 수요가 가격비탄력적임. 가격의 큰 변화가 수요에 거의 영향을 미치지 못함

> 없다. 여러분은 고객들이 부여하는 가치에 따라 고객들을 세분화해야 한다. 여러분은 고가치 고객과 저가치 고객을 확실히 구분하는 '장벽 구축(build a fence)'을 통해 고가를 지불 가능한 고객이 저가 구입의 이점을 누리지 않도록 해야 한다.[12]

기업의 입장에서 고가를 지불 가능한 고객들이 저가로 구입하는 이점을 누릴 수 없도록 하는 방법은 무엇인가? 정확하게 설계된 요금장벽은 고객으로 하여금 서비스 특성과 지불 가능 금액에 대한 평가를 통해 어떤 세분 시장에 속하는지 명확하게 알게 해 준다. 또한 요금장벽은 서비스의 구매와 사용에 부과되는 특정 제약조건들을 수용하는 고객에게 기업들이 저가로 판매할 수 있도록 해 준다.

**그림 6.16** Cats처럼 당신이 좋아하는 뮤지컬을 더 잘 볼 수 있는 자리를 위해서는 더 높은 가격을 기대한다.

장벽은 유형적일 수도 있고 무형적일 수도 있다. 유형적 장벽은 극장의 좌석위치(그림 6.16), 호텔 객실의 크기와 시설, 또는 상품에 부가된 것들(예 : 일등석은 이코노미보다 부대서비스가 좋다)에 차이가 있는 것처럼 가격 차별화로 인한 상품의 유형적 차이를 의미한다. 무형적 장벽은 서비스는 기본적으로 동일하지만(예 : 이코노미 클래스의 할인 항공권이나 정가 항공권이나 좌석의 차이는 없다) 서비스의 소비, 거래, 혹은 고객 특성의 차이를 의미한다. 예를 들어, 호텔 예약 시 충분히 사전에 예약을 해야 하거나, 취소나 변경이 불가하거나(또는 위약금 부과), 혹은 주말숙박이 포함되어야 하는 조건 등이 있다. 요금장벽의 일반적인 사례는 표 6.2에 제시되어 있다.

요약하면, 상품관리자와 수익관리자는 고객의 욕구, 선호도, 그리고 지불

**표 6.2** 요금 장벽의 주요 분류

| 요금 장벽 | 사례 |
|---|---|
| **유형화된 (상품 관련) 장벽** | |
| • 기본 상품 | • 좌석 등급(비즈니스/이코노미)<br>• 렌터카 크기<br>• 호텔객실의 크기와 시설<br>• 극장, 경기장의 좌석 위치 |
| • 편의시설 | • 호텔의 무료조식, 공항 픽업 서비스 등<br>• 골프장의 무료 카트<br>• 발렛 주차 |
| • 서비스 수준 | • 우선 대기, 전용 체크인 카운터<br>• 양질의 음식료 선택<br>• 서비스 핫라인<br>• 전담 직원<br>• 헌신적 고객관리팀 |
| **무형적 장벽** | |
| *거래 특성* | |
| • 예약 시기 | • 사전예약 할인 |
| • 예약 장소 | • 동일 노선이라도 예약하는 지역에 따라 가격 차등<br>• 온라인 예약고객 할인 |
| • 티켓 사용의 유연함 | • 예약의 취소, 변경에 따른 위약금<br>• 환불불가의 예약 수수료 |
| *소비 특성* | |
| • 사용 시기 | • 식당의 오후 6:00 이전 할인메뉴<br>• 호텔 예약 시 주말 숙박 필수<br>• 최소 5일 이상 숙박 등 |
| • 소비 위치 | • 해외여행 시 출발지에 따른 요금<br>• 위치에 따른 가격 차별화(도시 간, 중심가 대 변두리 등) |
| *구매자 특성* | |
| • 사용 빈도와 사용량 | • 우수고객을 위한 사은품이나 특별할인 |
| • 그룹 멤버십 | • 아이, 학생, 노인 특별할인<br>• 특정 그룹 지원(동창회 모임 등)<br>• 법인고객 요금제 |
| • 고객집단의 크기 | • 단체 할인 |
| • 지리적 위치 | • 지역주민은 관광객보다 할인<br>• 특정 국가로부터의 고객은 고가책정 |

가능 가격에 대한 심도 있는 분석을 통해 핵심서비스, 물리적 상품특성(유형적 장벽), 그리고 무형적 상품 특성(무형적 장벽)으로 이루어진 상품을 효과적으로 설계할 수 있다. 버킷이 고객이 원하는 상품들과 가격대로 구성될 수 있도록 수요곡선에 대한 깊은 이해가 필요하다. 항공산업의 사례는 그림 6.17에 제시되어 있다.

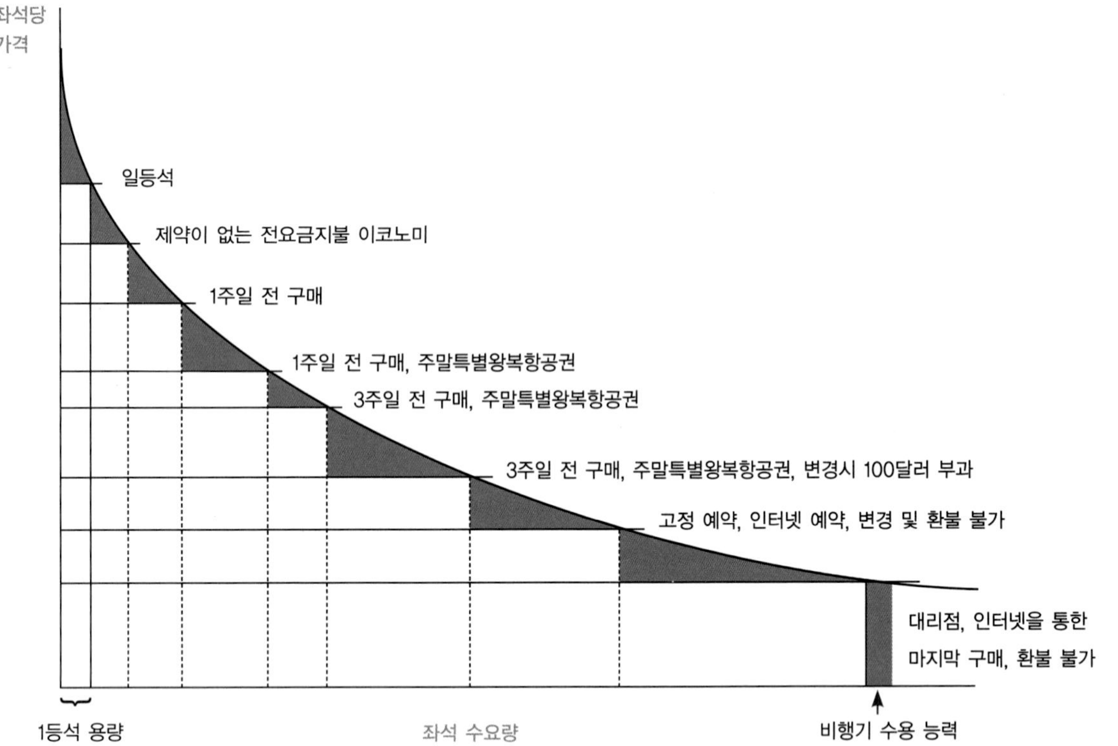


※ 음영 부분이 소비자잉여 부분을 의미(세분 시장별 가격차별화의 목표가 이 부분을 줄이는 것임)

**그림 6.17** 가격버킷과 수요곡선

▶ **학습목표 8**
서비스 가격결정과 관련된 윤리적 이슈와 소비자 고려 사항은 무엇인가?

## 서비스 가격결정의 윤리적 이슈

여러분은 서비스 이용에 어느 정도 비용이 소요될지 알고 있는가? 여러분은 가격들 중 상당수는 불공정하다고 느끼는가? 만약 그렇다면 여러분은 혼자가 아니다.[13] 명확한 사실은, 서비스 사용자가 그들이 지불한 대가로 어떤 결과물을 받을지 항상 확신할 수는 없다는 것이다. 많은 고객들은 서비스 가격이 높을수록 더 많은 효익과 품질을 제공할 것이라고 생각한다. 예를 들어, 변호사가 많은 비용을 청구했을 때, 의뢰인은 이를 상대적으로 덜 비싼 변호사보다 더 능력이 있기 때문이라고 여길 수 있다. 비록 가격이 품질의 척도로 사용될 수 있지만, 실제로 가치가 더 있는지 확신하기는 어렵다.

### 서비스 가격결정은 복잡하다

서비스 가격결정은 복잡하고 이해하기 어려운 경향이 있다. 서비스 기업들의 가격 비교는 복잡한 엑셀 작업이나 계산식을 요구하기도 한다. 이러한 복잡성은 기업이 비윤리적 행동을 하도록 유발시킬 수 있다. 가격 비교를 위해 흔히 사용되는 견적가는 서비스 구매 시 실제 청구될 가격 중 일부일 수도 있다. 예를 들어, 이동통신 회사는 여러 세분 시장의 다양한 니즈와 통화 패턴을 충족시키기 위해 복잡하고 다양한 통화플랜을 제공한다. 통화플랜은 전국, 권역, 혹은 단순히 특정 지역에 국한될 수도 있다. 월별 통신요금은 사전에 지정하는 통화시간에 따라 다양하다. 여기엔 보통 피크시간과 일반시간으로 분리된 할인이 있다. 장

시간 통화나 타 사업자로 로밍해 주는 비용은 높게 받는다. 어떤 플랜은 피크타임이 아닐 때 무제한 통화이다. 어떤 플랜은 수신 통화가 무료이다. 어떤 통신사는 1초당, 6초당, 혹은 1분당 요금을 부과하여 통화마다 다양한 원가를 갖는다. 가족 요금제는 합산 통화시간에 대한 월별 한도를 초과하지 않는 범위에서 각자 휴대폰을 이용한다.

이외에 '종이 청구서 발급 수수료(paper bill fee, 인터넷 메일대신 종이 청구서의 발행 비용)' 에서부터 '연방 통신규정 준수 요금(property tax allotment; 국제 혹은 주들 사이의 통신을 위해 공공 통신 시설을 기업이 사용하는 데 드는 비용-역주)', '통합 청구서 수수료(single bill fee, 복수의 통신 서비스에 대한 청구를 하나의 청구서로 받는데 부과되는 요금-역주)', 그리고 '사업자 비용 회복 수수료(carrier cost recovery fee, 연방 규제 비용과 서비스 프로그램 사용에 드는 비용에 대한 요금-역주)' 등 청구서 자체와 관련된 알 수 없는 신종 수수료들이 청구서에 등장하고 있다(그림 6.18). 이동통신, 유선전화, 그리고 인터넷이 통합된 결합 요금제는 이로 인한 다양한 부가요금이 최종 청구요금을 25%까지 증가시킬 수 있어서 고객을 혼란에 빠뜨릴 수 있다.

**그림 6.18** 많은 서비스 기업들의 청구서에 알 수 없는 신종 수수료들이 등장하기 시작했다.

많은 사람들은 그들의 서비스 사용량이 얼마인지 알지 못한다. 따라서 사용량 기반으로 요금을 책정하는 경쟁 사업자들을 비교하는 것을 힘들어한다. Dilbert의 원작자 Scott Adams는 가격결정의 미래를 '교란의 심리학(confusiology)' 으로 명명할 때 항상 서비스를 사례로 들었다. Scott Adams는 이동통신회사, 은행, 보험회사, 그리고 다른 금융 기관들이 거의 동일한 서비스를 제공하는 것에 주목하면서 이렇게 표현했다.

> 여러분은 이것이 가격전쟁을 일으키고 가격을 원가수준까지 하락시킬 것이라고 생각할 수도 있지만(경제학 시간에 잠깐 졸지 않았을 때 학습한 내용이다), 그런 일은 일어나지 않는다. 기업들은 효율적인 '교란정책(confusopolies)' 을 펼치기 때문에, 고객들은 누가 최저가를 제공하는지 모른다. 기업들은 생활의 복잡성을 경제적 도구로 이용하는 법을 배워왔다.[14]

효과적인 정부 규제의 역할 중 하나는 '교란정책' 으로 진화해가는 특정 서비스 산업들의 경향을 막는 것이라고 Adams는 주장했다.

### 수수료 쌓아올리기

모든 사업 모델이 이익을 매출에서 발생시키는 것은 아니다. 서비스 사용과 별로 관련이 없는 수수료를 부과하는 경향이 증가하고 있다. 미국의 렌터카 산업은 렌탈비를 인하한다고 광고한 후, 방문 고객들에게 대물보험과 대인보험 같은 수수료들이 필수사항이라고 말한다.

그림 6.19 고객들은 당좌대월에 부과되는 고액 수수료를 모를 수 있다.

또한 매우 짧은 무료 운행거리를 초과해서 운행할 경우 부과하는 요금 등 계약서의 '작은 글씨' 조항에 대한 설명이 때때로 생략되기도 한다. 플로리다의 일부 휴양지에서 자동차를 렌탈할 때 '숨겨진 추가요금'은 너무 나빠서 사람들은 다음과 같이 농담한다. "차는 무료입니다만 자동차 키는 추가요금이 붙습니다."[15]

또한 수수료나 위약금을 추가하는(혹은 인상하는) 경향이 있다. 은행은 위약금을 고객의 결제일 준수 등을 위한 교육이 아니라 주요 수익창출 도구로 사용함에 따라 많은 비난을 받고 있다(그림 6.19). 뉴욕대 학생인 Chris Keeley는 크리스마스 선물들을 구입하고 직불카드로 총 230달러를 지불했다. 그러나 거래은행으로부터 잔액을 초과해서 사용했다는 통지서를 받았을 때 그의 기분 좋은 휴일은 망쳤다. 은행은 그의 일곱 번 구매거래를 모두 승인했지만, 거래당 31달러의 수수료씩 총 217달러의 수수료를 단지 230달러 밖에 안 되는 구매금액에 부과하였다. Keeley는 자신의 계좌에 소위 당좌대월 보호(overdraft protection, 당좌대월 수수료 대신 이자를 부담하는 방식)를 신청하지 않았기 때문에 은행이 구매거래 승인을 하지 말았어야 했으며, 그랬으면 직불카드 대신 신용카드로 지불할 수 있었을 것이라고 주장했다. "그들이 수수료를 받아가기 위해 직불카드를 사용하기를 원했다라고밖에 생각 안 돼요."라고 그는 불평했다.[16]

어떤 은행들은 당좌대월 보호에 수수료를 부과하지 않는다. 뉴저지 체리힐에 위치한 Commerce Bancorp Inc.의 소매금융부문 회장인 Dennis DiFlorio는 다음과 같이 말했다. "그것은 날강도 짓입니다. 그것은 고객 편의를 위한 것이 아닙니다. 그것은 단지 은행이 고객으로부터 돈을 빼앗는 길입니다." 현재 일부 은행은 저축예금 계좌 및 기타 계좌, 그리고 심지어 고객의 신용카드로부터 당좌대월을 자동으로 가능한 서비스를 제공하며 이에 대한 수수료를 청구하지 않는다.[17]

고객에게 불공평하게 보이지 않을 수 있도록 수수료와 위약금을 설계할 수 있다. 서비스 인사이트 6.2는 서비스 수수료와 위약금에 대해 고객의 공정성 지각에 영향을 미치는 요인에 관해 보여준다.

▶ 학습목표 9
수익관리 정책에 공정성을 부여할 방법은 무엇인가?

### 공정성을 고려한 수익관리 설계

가격정책과 수수료의 관계처럼 수익관리 역시 불공정한 것처럼 보일 수 있기 때문에 이에 대한 고객의 지각을 잘 관리해야 한다. 따라서 잘 수행된 수익관리 전략은 단기적인 이익 극대화를 추구하면 안 된다. 다음에 제시된 방법들은 기업들이 고객 만족, 신뢰, 그리고 호의를 얻을 수 있는 수익관리 전략을 수립하는 데 도움이 된다.[18]

▶ 명확하고, 논리적이고, 공정한 가격 스케줄과 요금 장벽을 구축하라. 기업들은 고객이 놀라지 않도록 사전에 모든 수수료와 비용(예 : 예약 후 오지 않거나 취소에 따른 수수료)에 대해 충분히 설명해야 한다(그림 6.20). 이를 위해 서비스 기업은 어느 상황에서 어느 정도의 수수료를 내야 하는지 고객들이 쉽게 이해할 수 있는 단순한 수수료 구조

## 서비스 인사이트 6.2

### 범죄와 처벌 : 고객은 어떻게 벌금과 위약금에 반응하는가?

대여 DVD의 지연 연체료에서 호텔 예약의 취소 위약금과 신용카드 연체 수수료까지 다양한 형태의 '위약금(penalties)'이 여러 가격정책에서 사용되고 있다. 위약금에 대한 고객반응은 굉장히 부정적이며, 경쟁 서비스 기업으로 전환하거나 부정적 구전을 할 가능성이 높다. 킴과 스미스(Young Kim and Amy Smith)는 201명을 대상으로 최근 위약금을 지불한 경험을 묘사하고, 그 상황에 대해 느낀 점과 반응에 대해 CIT(Critical Incidence Technique)를 이용한 온라인 조사를 하였다. 조사 결과 부정적인 소비자 반응은 다음과 같은 가이드라인을 통해서 현저히 감소될 수 있음을 보였다.

**1 잘못한 만큼만 위약금을 부과하라.**

조사결과 고객들이 본인의 잘못 대비 위약금이 많다고 느낄수록, 위약금에 대한 고객들의 부정적 감정 역시 매우 증가하는 것으로 나타났다. 고객들의 부정적 감정은 갑작스럽게 부과된 위약금에 의해 고객들이 놀라거나, 고객들이 수수료의 존재나 금액을 모르고 있었을 때 훨씬 증가하였다. 이러한 결과들은 '고객들의 실수(customer lapse)'에 따른 위약금이 합리적이거나 공정하다고 지각시킴으로써 기업들이 고객들의 부정적 반응을 상당히 감소시킬 수 있음을 시사한다. 또한 벌금이나 수수료를 통지하기 전에 고객에게 해당 내용에 대해 명확하게 안내하는 것 역시 고객들의 부정적 반응을 줄일 수 있음을 시사한다. 예를 들어, 은행에서 여러 수수료 체계가 잘 설명된 안내서를 비치하거나, 고객의 계좌 개설 혹은 기타 금융 서비스 구입 시 창구직원이 승인 한도를 초과한 인출, 수표 부도, 또는 연체 등의 '위약(violations)'에 부과되는 벌금이나 위약금 등에 대해 설명해 줄 수 있다.

**2 우연성을 고려하고 위약금을 맞춤화하라.**

조사 결과 고객들이 위약금을 물게된 원인이 그들 자신에게 있지 않고(예 : "수표 보내는 것을 잊었다."), 그들 자신에게 있지 않다고 지각할수록(예 : "나는 수표를 제 시간에 발송했으나 우체국이 늦게 배달했을 것이다.") 고객들의 공정성 지각은 낮아지고 부정적 반응은 증가하는 것으로 나타났다. 고객의 공정성 지각을 증가시키기 위하여 기업들은 고객들이 아닌 다른 원인에서 발생되는 위약금 사례를 정리하고, 창구 직원들에게 그런 위약금은 면제시키거나 줄여줄 수 있도록 권한을 부여할 수 있을 것이다.

조사 결과는 또한 조항들을 모두 읽어보고 현재까지 위약금을 문 적이 없는 고객들이 위약금을 물게 되면 더욱 부정적으로 반응하는 것으로 나타났다. 한 응답자는 "나는 항상 제 시간에 지급했기 때문에 연체된 적이 없습니다—그들은 이 사실을 반드시 참작해서 위약금을 면제시켜 줘야 합니다."라고 말했다. 서비스 기업은 위약금과 관련된 고객들의 과거 기록을 살펴봐야 하고, 과거 행동에 기초하여 다른 방안을 제공할 수 있을 것이다—처음으로 위약금이 부과된 상황이면, 다음엔 위약금이 부과될 것이라는 설명과 함께 면제시켜 줄 수 있다.

**3 공정성에 주목하고 위약금 상황에서 정서를 관리하라.**

공정성 지각은 고객들의 반응에 상당한 영향을 미친다. 공정성 지각을 고려한다는 것은, 예를 들어 DVD 연체 수수료는 연체 기간 동안의 대여료를 넘지 않아야 함을 의미한다.

또한 서비스 기업은 위약금에 대한 충분한 설명과 사유를 고객에게 제공함으로써 위약금에 대한 공정성을 증가시킬 수 있다. 이상적으로는, 위약금은 이윤창출이 아니라 다른 고객의 이익을 위해 부과되어야 한다(예를 들어 "우리는 다른 고객에게 제공할 수 있었던 방을 당신을 위해 유지했습니다"). 마지막으로 창구직원은 위약금에 대해 분노하고, 흥분하고, 불평하는 고객들을 다루는 방법에 대해 교육을 받아야 한다(그러한 상황에 대처하는 방법은 제13장 참조).

출처

Young "Sally" K. Kim and Amy K. Smith, "Crime and Punishment: Examining Customers' Responses to Service Organizations' Penalties," *Journal of Service Research* 8, no. 2 (2005), 162-180.

PART II

**그림 6.20** 리무진 서비스는 예약 후 나타나지 않는 고객에게 수수료를 부과한다.

를 설계해야 한다. 공정하게 지각되어야 하는 가격장벽은 고객들이 쉽게 이해할 수 있어야 하고(즉 가격 장벽은 투명해야 하고 솔직해야 한다) 논리적이어야 한다.

- 정가는 높이고, 할인 위주의 요금 장벽을 구성하라. 경제적 조건이 동일하다면, 고객의 이득(예 : 할인)에 기반한 요금 장벽이 고객의 손실(예 : 추가요금)에 기반한 요금 장벽보다 더 공정하게 지각된다. 예를 들어 주말에 미용실을 방문한 고객이 주말 특별요금을 내야 한다면 그 고객은 이 미용실이 돈을 밝히는 곳이라고 지각할 것이다. 그러나 주말가격이 정가이고 주중에는 5달러 할인된 가격으로 봉사한다고 광고한다면 그 고객은 주말의 높은 가격을 수용할 가능성이 높다. 더구나 높은 정가는 주중에 혜택을 받는다는 느낌과 함께 준거가격을 증가시키고 잠재적으로 고품질로 지각하도록 도와준다.
- 수익관리의 고객 효익에 대해 커뮤니케이션하라. 마케팅 커뮤니케이션은 수익관리를 상생의 개념으로 포지셔닝해야 한다. 서로 다른 가격대 및 그에 적합한 가치 제공은 고객들이 본인에게 알맞은 세분 시장에 알아서 들어가서 서비스를 즐길 수 있도록 하였다. 이를 통해 고객은 자신의 욕구를 가장 잘 충족하는 가격과 효익(또는 가치)을 찾을 수 있다. 예를 들어, 극장의 좋은 자리를 위해 요금을 더 지불할 수 있는 고객이 있다는 것은 극장의 좋은 좌석에 초과요금을 부과해도 된다는 것을 의미하는 동시에 다른 좌석은 낮은 가격으로 판매할 수 있음을 의미한다. 또한 공정성 지각은 고객들이 평균이라 생각하는 지각수준에 의해 영향을 받는다. 그러므로 커뮤니케이션을 통해 고객들이 특정 수익관리 사례에 대해 친숙함을 느낄수록 불공정성 지각은 점차 감소할 것이다.[19]
- 묶음가격(bundling)을 이용하여 할인을 '숨겨라'. 서비스를 묶음가격으로 제공하면 가격할인을 효과적으로 숨길 수 있다. 크루즈 여행 패키지에는 항공요금과 육로요금이

**그림 6.21** 크루즈 패키지는 육로 여행 비용을 전체 패키지 가격에 포함시킨다.



포함되어 있는데(그림 6.21), 고객은 개별 비용은 모르고 전체 비용만 알 뿐이다. 묶음 가격은 개별 상품의 가격과 묶음상품의 가격을 비교하기 불가능하도록 만들며, 이는 불공정성 지각을 감소시킨다.[20]

▶ 충성 고객을 보호하라. 가치가 높은 고객은 거래 시 최대로 깎아주더라도 유지해야 한다. 만약 고객들이 바가지성 가격이라고 지각한다면, 결국 그들은 해당 기업을 신뢰하지 않을 것이다. 충성 고객이 프리미엄 요금을 지불하지 않더라도 예약 시스템이 그들을 위해 성수기에 '특별 대우'를 할 수 있도록, 수익관리 시스템은 일반 고객 외에 '충성 고객을 위한 자리'를 포함하도록 프로그램되어야 한다.

▶ 초과예약을 보완할 수 있도록 서비스 회복을 사용하라. 많은 서비스 기업들은 예약 취소나 오지 않는 경우를 대비해서 초과예약을 실시한다. 이럴 경우 이익은 증가하지만 너무 많은 초과예약 시 고객을 모실 수 없는 상황도 발생한다. 예약했지만 좌석이 없어서 비행기에 못 타는 승객이나 예약했지만 방이 없어서 호텔에서 나온 고객은 분명히 충성도가 감소할 것이고 서비스 기업의 명성에 부정적 영향을 줄 것이다.[21] 따라서 다음과 같이 잘 설계된 서비스 회복 절차를 통해 초과예약 프로그램을 지원할 수 있다.

1. 고객에게 예약을 유지할 것인지 아니면 보상을 받을 것인지 선택하게 하라(예 : 고객의 자발적 예약취소 시 현금 보상 및 다음 비행편 예약 서비스).
2. 고객들이 조치(예 : 출발 하루 전에 예약 취소 및 다른 항공편 예약 서비스를 현금 보상과 함께 제공)를 취할 수 있도록 충분한 사전공지를 제공하라.

3. 가능하면, 고객을 기쁘게 만들 대체 서비스를 제공하라(예 : 다음번 이용 시 좌석 승급 서비스를 1 또는 2와 함께 제공).

웨스틴 비치는 다음날 퇴실예정인 고객들에게 공항 근처나 도심의 특급호텔에서 추가비용 없이 마지막 밤을 묵을 수 있는 선택권을 제공함으로써 수용능력을 더 확보할 수 있었다. 무료 숙박, 업그레이드된 서비스, 그리고 해안의 휴식에 이은 도심에서의 하룻밤에 대한 고객들의 평가는 매우 긍정적이었다. 호텔 관점에서 이 방법은 다른 호텔에서의 하룻밤 숙박을 찾는 탐색비용과, 같은 날 방문했지만 방이 없어 여러 날을 숙박할 고객을 돌려보내야 할 때의 손실을 교환한 것이다.

**학습목표 10**
효과적인 서비스 가격 전략을 수립하는 데 필요한 7개의 요인은 무엇인가?

## 서비스 가격 실행을 위한 고려사항

비록 가격정책의 핵심적 의사결정은 가격 결정이겠지만, 다른 중요한 의사결정 역시 필요하다. 표 6.3은 서비스 마케터가 훌륭한 가격 전략을 수립하고 실행하기 위해 고려

**표 6.3** 서비스 가격정책을 수립할 때 고려해야 할 이슈

| | |
|---|---|
| 1. | **이 서비스의 가격은 얼마로 책정할 것인가?**<br>• 기업이 커버해야 하는 비용은 얼마인가? 원하는 이윤은 얼마인가?<br>• 고객은 가격에 어느 정도 민감한가?<br>• 경쟁사의 서비스 가격은 어떠한가?<br>• 기본 가격에서 어느 정도의 할인을 제공해야 하는가?<br>• 심리적 가격 요인 (예 : 4.95달러 혹은 5.00달러)이 적절하게 사용되었는가? |
| 2. | **가격결정의 기준은 무엇인가?**<br>• 특정 과업의 실행<br>• 서비스 시설에의 입장<br>• 시간 단위(시간, 주, 월, 연)<br>• 거래금액의 일정비율 커미션<br>• 소비된 물리적 자원<br>• 지리적 거리 기반<br>• 서비스 대상의 무게와 크기<br>• 각 서비스 요소는 각자 청구되어야 하는가?<br>• 번들 패키지는 단일가격으로 책정되어야 하는가? |
| 3. | **누가 결제를 담당할 것인가?**<br>• 서비스 제공기업<br>• 전문 유통기관(여행사 혹은 예매대행, 은행, 소매점 등)<br>• 전문 유통기관에 결제대행을 어떻게 보상해야 하는가 – 고정 수수료 혹은 일정비율 커미션? |
| 4. | **고객은 어디에서 결제할 수 있는가?**<br>• 서비스가 제공되는 곳<br>• 편리한 곳에 위치한 소매점 혹은 금융 기관(예 : 은행)<br>• 구매자 집(우편 혹은 전화) |

**표 6.3** 서비스 가격정책을 수립할 때 고려해야 할 이슈(계속)

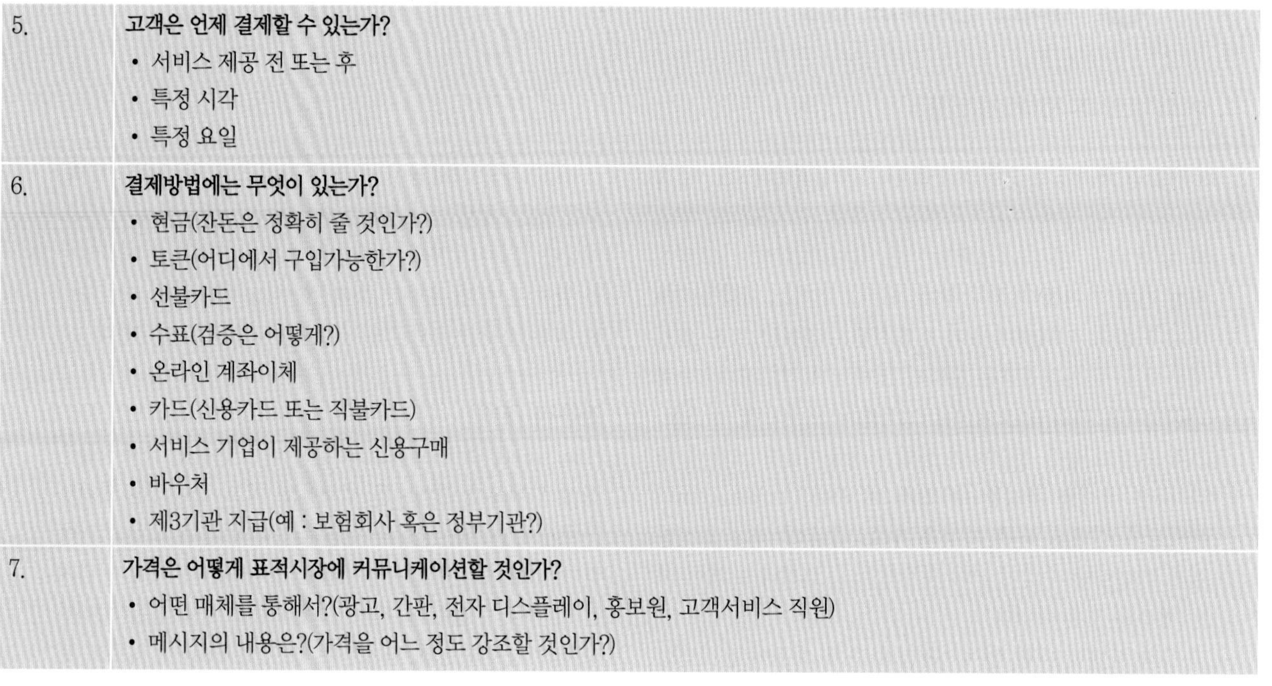

| | |
|---|---|
| 5. | **고객은 언제 결제할 수 있는가?**<br>• 서비스 제공 전 또는 후<br>• 특정 시각<br>• 특정 요일 |
| 6. | **결제방법에는 무엇이 있는가?**<br>• 현금(잔돈은 정확히 줄 것인가?)<br>• 토큰(어디에서 구입가능한가?)<br>• 선불카드<br>• 수표(검증은 어떻게?)<br>• 온라인 계좌이체<br>• 카드(신용카드 또는 직불카드)<br>• 서비스 기업이 제공하는 신용구매<br>• 바우처<br>• 제3기관 지급(예 : 보험회사 혹은 정부기관?) |
| 7. | **가격은 어떻게 표적시장에 커뮤니케이션할 것인가?**<br>• 어떤 매체를 통해서?(광고, 간판, 전자 디스플레이, 홍보원, 고객서비스 직원)<br>• 메시지의 내용은?(가격을 어느 정도 강조할 것인가?) |

해야 할 일곱 가지 원칙을 요약한 것이다.

### 얼마를 부과할 것인가?

기업의 지속적 생존을 위해서 가격에 대한 현실적인 의사결정이 필요하다. 앞에서 설명한 가격정책 삼각대 모형(그림 6.3 참조)은 이에 대한 훌륭한 출발점을 제시한다. 첫째, 어떤 판매수량에서도 관련된 비용은 모두 충당되어야 하고 이 비용이 최적 가격이 된다. 다음, 고객관점과 서비스 기업관점의 서비스 수요탄력성은 주어진 시장에 대해 최고가격으로 설정될 수 있다. 마지막으로 기업은 최종 가격을 결정하기 전에 경쟁자들 사이의 가격경쟁 정도를 분석해야 한다.

가격에 고유의 특징을 부여할 때, 기업은 반올림 가격 설정(단수가격을 반올림한 가격. 예 : 9.99달러 → 10달러)의 장, 단점과 세금, 서비스 수수료 등이 포함되지 않은 가격 설정의 윤리적 문제를 검토해야 한다.

'도입 사례' 에 소개된 사례에서 볼 수 있듯이, 최근 들어 경매와 동적 가격정책이 수요와 고객의 지각된 가치를 반영하여 가격을 설정하는 방법으로 점차 인기를 얻고 있다. 인터넷 환경에서의 동적 가격정책에 대한 사례는 서비스 인사이트 6.3에 소개되어 있다.



PART II

## 서비스 인사이트 6.3

### 인터넷의 동적 가격정책

고객맞춤 가격정책 혹은 개인화된 가격정책이라고도 알려진 동적 가격정책은 가격차별을 실행할 수 있는 또 하나의 방법이다. 이 가격정책은 이윤 증대와 더불어 고객이 원한 만큼 가치를 제공해 주기 때문에 서비스 기업들에게 인기가 좋다. 인터넷에서 가격 표시를 수정하는 것은 쉽기 때문에 동적 가격정책은 온라인 소매상에 적합하다. 동적 가격정책은 온라인 소매상이 고객들의 구매이력, 선호도, 가격 민감도 등을 분석하여 동일한 상품이라도 고객에 따라 다른 가격을 책정할 수 있게 해 준다. Tickets.com이 콘서트와 이벤트 티켓 가격을 수요, 공급에 따라 조정한 결과 이벤트당 수익이 45% 증가하였다. 그러나 고객이 마냥 행복한 것은 아니다.

가격 차별에 대한 법적 · 윤리적 문제 때문에 온라인샵은 동적 가격정책의 실행을 주저할 수 있다. 아마존의 고객들은 동일한 영화에 서로 다른 가격을 지불했다는 것을 알게 되자 불만족을 표시했다. 펜실베이니아주립대학교의 Annenberg Public Policy Center는 온라인 쇼핑고객을 조사한 결과 응답자 중 87%는 동적 가격정책에 대해 부정적인 것으로 나타났다.

#### 역경매

Priceline.com, Hotwire.com, Lowestfare.com 같은 온라인 여행사는 역경매라 불리는 고객위주의 가격 전략을 채택하고 있다. 각 기업은 서비스에 대한 견적을 요청하는 잠재 구매자와 자신들의 최저가를 제시하는 다수의 서비스 공급자 사이의 중간상 역할을 한다. 구매자는 공급자들의 제안을 비교한 후 그중 고객 욕구에 적합한 공급자를 선택한다. 예를 들어, 한 고객이 항공과 호텔 패키지를 검색하면, 검색 결과는 다양한 패키지 조합들을 보여준다. 항공사와 호텔들 패키지는 상표별, 그리고 가격대별로 나열되어 있다.

다른 사업 모델들이 이러한 서비스를 받쳐주고 있다. 비록 일부 서비스는 무료로 제공되지만, 대부분 온라인 소매상은 공급자로부터 커미션을 받거나 고객으로부터 일부를 받는다. 어떤 온라인 소매상들은 고객들에게 고정 수수료 혹은 절약된 금액의 일정비율을 수수료로 요구한다.

#### 전통적 경매

eBay, uBid, Online-Auction 같은 다른 온라인 소매상들은 경매 참여자가 경매가를 입력하고 최고 경매가를 입력한 구매자가 이기는 방식의 전통적 인터넷 경매 모형을 사용한다. 소비재와 산업재 마케터는 오래되거나 재고가 넘치는 아이템, 수집품, 희귀품, 그리고 중고 물품 등을 이러한 방식의 경매를 통해 판매한다. 1995년 eBay가 최초로 런칭된 이래로 이러한 유형의 소매는 매우 성공적이다.

#### 샵봇(shopbot)은 고객이 동적 가격정책에서 이익을 얻도록 돕는다

고객들은 동적 가격정책 실시에 따른 피해자가 되기를 막아주는 자신들만의 도구를 갖고 있다. 한 방법은 가격을 비교하고 최저가를 찾아주는 샵봇을 이용하는 것이다. 샵봇 혹은 쇼핑로봇은 여러 온라인 소매상들로부터 상품과 가격정보를 수집해서 보여주는 지적 기관이다. 고객은 Dealtime.com 같은 샵봇 사이트를 방문해서 검색을 하면 된다. 샵봇은 즉각 재고 여부, 특징, 그리고 가격을 파악하기 위해 관련된 모든 온라인 소매상들을 검색하고 비교 결과를 보여준다. 다른 샵봇은 다른 소매상들과 관련되어 있다. 심지어 베스트 샵봇들 내에서 거래를 찾는 MegaShopBot.com이라 불리는 샵봇도 있다.

동적 가격정책이 오래 지속될 것은 의심의 여지가 없다. 기술 발전과 광범위한 적용에 힘입어 동적 가격정책의 실행은 다른 서비스 분야로 확대될 것이다.

출처

Stephan Biller, Lap Mui Ann Chan, David Simchi-Levi, and Julie Swann, "Dynamic Pricing and Direct-to-Customer Model in the Automotive Industry," *Electronic Commerce Research* 5, no. 2 (April 2005), 309-334; Laura Sydell, "New Pricing Plan Soon to Be at Playing for Online Music," July 27, 2009, http://www.npr.org/templates/story/story.php?storyId=111046679&ft=1&f=1006, accessed March 12, 2012; Mikhail 1. Melnik and James Alm, "Seller Reputation, Information Signals, and Prices for Heterogeneous Coins on eBay," *Southern Economic Journal* 72, no. 2 (2005), 305-328; Jean-Michel Sahut, "The Impact of Internet on Pricing Strategies in the Tourism Industry," *Journal of Internet Banking and Finance*, 14, no. 1 (2009), 1-8; "Dynamic Pricing Schemes?Value Led" *Managing Change: Strategic Interactive Marketing*, www.managingchange.com/dynamic/valueled.htm, accessed March 12, 2012; http://www.megashopbot.com/, accessed March 12, 2012.

## 가격결정의 근간은 무엇인가?

가격결정의 기준으로 사용하기 위하여 서비스 단위를 정의하는 것은 쉽지 않다. 정의는 여러 가지가 가능하다. 예를 들어, 장비 수리나 양복 세탁처럼 서비스 과업의 완수를 기준으로 해야 하는가? 학원 수강, 콘서트, 스포츠 경기처럼 서비스 시설로의 입장이 기준인가? 변호사 상담시간처럼 시간 기준인가? 혹은 위험에 따라 다르게 책정되는 보험료나 주택 매매 가격에 연동한 중개 수수료처럼 서비스의 금전적 가치가 기준이어야 하는가?

일부 서비스의 가격은 음·식료나 유류처럼 물리적 자원의 소비에 연동된다. 전통적으로 승객 운송기업은 거리에 의해 가격이 책정되며, 화물 운송기업은 거리 이외에 무게나 부피를 함께 고려하여 가격이 설정된다(그림 6.22). 어떤 서비스의 가격은 접속할 때와 사용할 때로 구분되어 각각 책정된다. 최근 조사결과에 의하면 사용료는 실제 사용에 많은 영향을 미치는 반면, 접속 혹은 가입비는 서비스의 구매와 고객 이탈방지에 영향을 미치는 중요한 요인이다.[22]



**그림 6.22** 상품 배송은 통상적으로 거리(킬로미터, 마일, 지역 등), 무게 혹은 부피에 의해 결정된다.

### 묶음가격

서비스 마케터를 위한 중요한 질문은 모든 요소를 하나로 묶어 가격을 부과할지(묶음가격) 아니면 각각의 요소에 대해 개별적으로 부과할 것인지 결정하는 것이다. 만약 고객이 적은 금액을 여러 번 지불하는 것을 싫어한다면, 묶음가격이 선호될 것이다. 그러나 그들이 사용하지 않는 요소에 대한 구입을 싫어한다면, 개별요소 별로 가격을 지불하고 싶을 것이다. 묶음가격은 고객들이 지불금액을 예상할 수 있게 해 주는 동시에, 기업들이 개별 고객들로부터 일정 수준의 수익을 얻도록 보장해 준다. 묶음가격이 아닌 경우 고객들은 구매항목을 자유롭게 선택하고 지불한다.[23]

### 할인

특정 세분 시장을 표적으로 하는 선택적 가격 할인은 신규 고객 유인과 수용능력 제고를 위해 매력적인 기회를 제공한다. 그러나 특정 세분 시장에게만 효과가 있도록 요금 장벽이 함께 사용되어야 하며, 그렇지 않다면 유통전략을 주의 깊게 수립해야 한다. 가격할인은 평균가격과 공헌이익을 감소시키는 대신 다음 기회엔 최저가로 구매하고 싶은 고객을 유인할 수 있다. 대규모 기업고객이 여러 서비스 공급자에게서 구매하는 대신 자사에 대한 충성도를 제고시키기 위하여 때때로 수량 할인이 사용된다.

그림 6.23 여행사는 항공권 유통에 기여하는 중간상이다.

### 누가 결제를 담당할 것인가?

4장에서 학습한 것처럼 보조서비스는 정보, 주문, 청구, 그리고 결제 등이 있다. 기업이 가격정보 안내 및 쉬운 예약 시스템을 제공한다면 고객들은 좋아할 것이다. 고객들은 또한 정확한 명세서와 쉽고 편리한 결제과정을 기대한다.

때때로 기업은 호텔 예약과 대중교통 예매, 그리고 결제까지 대행하는 여행사나 영화, 콘서트, 스포츠 경기 입장권을 판매하는 티켓 대행사를 중간상으로 사용한다(그림 6.23). 비록 중간상에게 커미션을 지급하겠지만, 일반적으로 중간상은 결제를 어디서, 언제, 어떻게 할 것인가에 대해 고객에게 상당한 편의를 제공할 수 있다. 중간상 이용은 또한 관리비 절감을 가져올 수 있다. 그러나 현대의 많은 서비스 기업은 최저 가격 혹은 가격 보장을 제공하는 직접 채널인 웹사이트를 활용하기 때문에 중간상 이용과 결제 대행 수수료 지급이 줄어들고 있다.

### 어디에서 결제할 것인가?

서비스가 제공되는 장소는 항상 고객에게 편리한 곳에 위치하지는 않는다. 예를 들어, 공항, 극장, 그리고 경기장은 고객들이 밀집해 있는 거주지나 직장에서 멀리 떨어진 곳에 위치할 수 있다. 고객들이 서비스를 구입해야 할 때, 편리한 곳에 위치한 중간상을 이용하거나 우편이나 계좌이체로 결제할 수 있다면 훨씬 도움이 될 것이다. 많은 수의 기업이 인터넷, 전화, 그리고 이메일을 통한 예약과 신용카드 결제를 제공하고 있다.

## 언제 결제해야 하는가?

**그림 6.24** 어떤 기업들은 연체가 있는 고객들을 융통성 있게 다루지 않는다.

두 가지 기본적 방법은 첫째, 서비스 이용 이전(입장료, 항공권, 우표 등)에 결제하거나 , 서비스 제공이 끝났을 때(레스토랑 청구서, 수리비 등) 결제하는 것이다. 때때로 서비스 기업은 서비스 제공 전에 일부를 결제하고 제공 후 나머지를 결제하기도 한다(그림 6.24). 이것은 서비스 기업—특히 운영자금이 적은 소규모 기업—이 서비스에 필요한 재료나 부품을 구입해야 하는 비싼 유지보수 작업에서 흔히 발견된다.

서비스 이용 전 결제는 고객이 서비스의 효익을 얻기 전에 지불하는 것을 의미한다. 그러나 사전 결제는 서비스 기업뿐만 아니라 고객에게도 이익이다. 예를 들어, 고객들은 대중교통 이용에 따른 시간과 노력을 줄이기 위해 월단위 승차권의 구입을 선호할 수 있다.

마지막으로 결제 시기는 서비스 사용패턴에 영향을 미친다. John Gourville and Dilip Soman이 콜로라도에 위치한 헬스클럽의 결제와 출석 기록을 분석한 결과, 헬스클럽의 이용패턴은 고객들의 결제 일자와 밀접한 관련이 있는 것으로 나타났다. 결제일 직후 몇 달 동안의 헬스클럽 이용률은 최고점을 기록한 후 다음 결제일까지 지속적으로 서서히 감소하는 경향을 보였다. 반면 매달 결제하는 회원들은 각 달의 요금지급이 헬스클럽 사용을 더욱 격려하는 역할을 했기 때문에 더욱 꾸준히 출석했으며 멤버십을 갱신하려는 경향이 높았다(그림 6.25).[24]

**그림 6.25** 일부 기업은 고객의 연체에 관대하지 않다.

PART II

## 어떻게 결제할 것인가?

표 6.3에 보였듯이 결제방법은 여러 가지가 있다. 현금은 가장 단순한 방법이지만 보안에 문제가 있고 기계 이용 시 정확한 잔돈이 필요할 때에는 불편하다. 비록 부도수표에 부과되는 무거운 벌금 등의 방지책이 필요하지만 수표에 의한 결제는 이젠 보편화되고 있다.

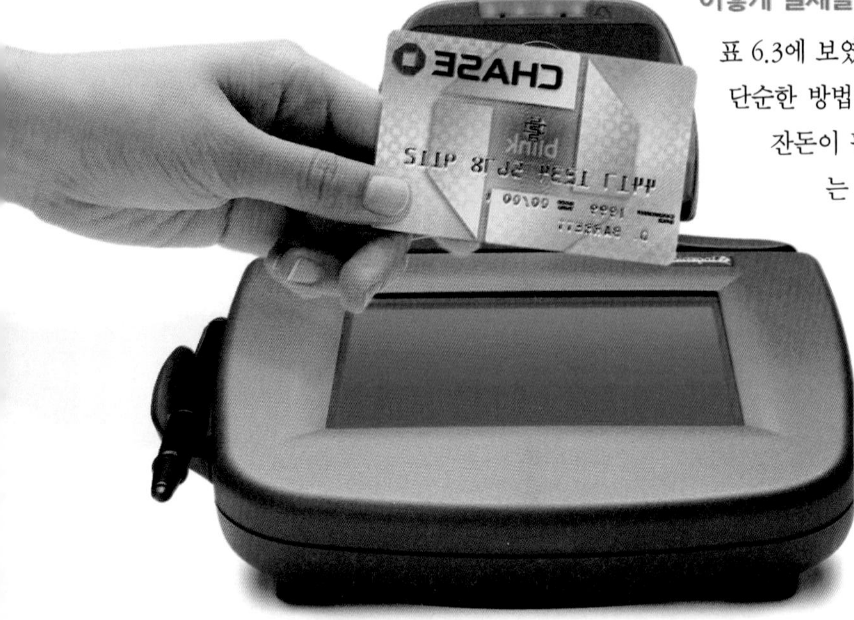

신용카드나 직불카드는 전 세계에서 사용 가능하다. 그들이 널리 사용될수록 이들을 거부하는 사업주들은 점차로 경쟁력을 잃어가고 있음을 발견했다. 또한 많은 기업들은 자사와의 멤버십으로 발전할 수 있도록 고객들에게 신용 계좌를 제공한다(제12장 참조).

그림 6.26 체이스 은행의 새롭고 빠른 신용카드 스캐닝 서비스인 'blink' 광고

사전결제 시스템은 더욱 일반화되고 있다. 이 시스템은 카드의 마그네틱 띠나 마이크로 칩 안에 정보를 담고 있다. 그러나 이런 형태의 결제방법을 제공하고자 하는 서비스 기업은 카드 리더기를 설치해야 한다. 서비스 마케터는 결제방법의 단순함과 속도가 고객들의 전반적 서비스 품질 지각에 영향을 준다는 것을 반드시 알고 있어야 한다. 고객의 시간과 노력을 절감하기 위하여 체이스 은행은 카드를 접촉하지 않고 읽을 수 있는 기술이 탑재된 'blink'라 불리는 신용카드를 출시했다(그림 6.26).

최근의 한 연구는 결제방법은 고객이 카페 같은 곳에서 소비하는 전체 지출에 영향을 준다는 흥미로운 결과를 발견하였다.[25] 고객들은 결제방법이 무형의 것이거나 즉각적일수록 더 많이 소비한다. 고객들은 현금을 사용할 때 최소로 소비하며 신용카드, 선불카드, 마지막으로 휴대폰 소액결제 등의 순으로 소비를 덜 한다.

## 가격은 어떻게 표적시장에 커뮤니케이션할 것인가?

사람들은 구입 전에 지불할 가격에 대해 알고 싶어 한다. 관리자는 서비스를 광고할 때 가격정보를 포함할 것인가의 여부를 결정해야 한다. 이 경우 경쟁사의 상품원가에 연동하게 가격을 책정하면 적합할 것이다. 판매사원과 고객 서비스 직원은 가격, 결제, 그리고 신용거래 등에 대해 고객에게 정확하고 빠른 응답을 줄 수

그림 6.27 고객들은 실제 내야 할 병원 진료비보다 더 많이 지불할 수도 있다.

## 서비스 인사이트 6.4

### 레스토랑의 메뉴 가격결정의 심리학

여러분이 메뉴에서 다른 요리는 놔두고 특정 요리를 선택한 이유에 대해 궁금한 적이 있는가? 그것은 요리가 메뉴에 표기되는 순서 때문일 수 있다. 메뉴 심리학은 떠오르는 조사 분야이다. 메뉴 공학자와 메뉴 컨설턴트는 레스토랑에서 고객들이 더 많이 소비할 수 있도록 요리 배치와 가격정보를 포함한 가장 효과적인 메뉴 설계방법을 찾고 있다. 고객들이 소비를 더 하고 최고 마진의 요리를 주문하도록 만드는 방법은 무엇인가?

- 메뉴에 가격을 표기할 때 달러 표시를 삭제하라. 달러 표시와 함께 표기되는 가격은 그렇지 않을 때보다 고객들의 소비를 감소시킨다.
- 9.99달러처럼 '9'로 끝나는 가격은 고객들을 싸게 구입한 것처럼 느끼게 만든다. 이 방법은 낮은 가격을 가치 있게 보이는 포지셔닝에는 효과가 있지만 고급 레스토랑에서는 사용하면 안 된다.
- 가격을 위치시키는 최적의 장소는 어디인가? 그곳은 요리에 대한 설명이 끝나는 지점이며 어떻게든 강조되어선 안 된다.
- 요리 주문에 관해서 다른 요리의 가격이 상대적으로 저렴하게 보이도록 메뉴의 처음에 비싼 요리를 배치하라.
- 고객들이 가장 먼저 보는 경향이 있는 메뉴의 상단 오른쪽에 가장 마진이 높은 요리를 배치하라.
- 요리에 대한 긴 설명은 고객의 주문을 촉진시킨다. 그러므로 마진이 높은 요리는 가급적 자세하고 식욕을 돋구도록 설명하고, 적은 마진의 요리는 설명을 간략히 한다.
- 요리 이름은 어떻게 명명할 것인가? 엄마, 할머니, 그리고 친척(예 : May 숙모의 소고기 스튜)의 이름은 고객의 선택을 촉진시킨다.

다음에 여러분이 메뉴에서 요리를 고를 때, 여러분은 메뉴가 어떻게 구성되었는지, 그리고 레스토랑이 원하는 요리주문을 하도록 유도하는지 여부를 유심히 볼 것이다.

있어야 한다. 이와 같은 고객접점의 훌륭한 체계는 상위의 관리책임자가 가격 같은 단순하고 기초적인 고객 질문에 응답하지 않아도되도록 보호해 줄 수 있다.

가격을 어떻게 커뮤니케이션할 것인가는 구매에 영향을 미치기 때문에 중요하다. 예를 들어, 레스토랑 이용 시 메뉴 심리학은 메뉴의 가격정보에 고객이 어떻게 반응하는지 관찰한다(서비스 인사이트 6.4).

마지막으로 가격이 거래명세서 안에 제시될 때 마케터는 가격정보들이 정확하고 이해하기 쉽도록 해야 한다. 몇 쪽에 걸친 많은 항목들로 구성된 병원의 진료비 청구서는 부정확함 때문에 많은 비판을 받아왔다. 몇 개 안 되는 항목을 담고 있는 호텔 이용내역서 역시 부정확하다(그림 6.27). 한 연구에 의하면 미국의 사업출장 고객들의 모든 호텔 청구서 중 11.6%는 부정확하고 이에 따라 연간 5,000만 달러의 이용료를 더 지불하고 있다고 추정하였는데 결과적으로 평균 11.36달러씩 더 지불한 셈이다.[26]

## 요약

**학습목표 1**

효과적인 가격결정은 서비스 기업의 재무적 성공의 핵심요인이다. 가격결정의 목적은 이윤을 창출하고 원가를 커버하며 고객기반을 개발하는 데 있다. 가격결정의 목표를 설정한 후 기업은 적합한 가격 전략을 수립해야 한다.

**학습목표 2**

가격 전략 수립의 토대는 가격정책 삼각대의 세 다리이다.

- 회사가 커버해야 할 비용(원가)을 최저 가격으로 설정한다.
- 서비스에 대한 고객의 지각된 가치를 최고 가격으로 설정한다.
- 경쟁자의 가격은 최저가격과 최고가격 사이에서 적정 가격을 결정해 준다.

**학습목표 3**

가격결정 삼각대의 첫 번째 다리는 비용이다.

- 서비스의 원가분석은 대부분 복잡하다. 서비스는 흔히 높은 고정비, 수용능력 활용의 다양함, 그리고 단위 원가분석을 어렵게 만드는 대규모 공유 인프라를 갖는다.
- 만약 서비스가 큰 규모의 변동비나 준변동비를 가지고 있다면, 원가회계 접근법이 좋다(예 : 공헌이익과 손익분기점 분석의 사용).
- 그러나 기반시설을 공유하는 복잡한 서비스는 활동기반 원가분석(activity-based costing, ABC)이 적합하다.

**학습목표 4**

가격결정 삼각대의 두 번째 다리는 고객에의 가치이다.

- 순가치는 서비스에 대한 모든 지각된 효익의 총합(총가치)에서 지각된 비용의 총합을 뺀 것이다. 고객들은 순 가치가 (+)이면 구입할 것이다. 순가치는 가치 증가와 비용 감소에 의해 증대될 수 있다.
- 가치는 지각되는 것이고 주관적이기 때문에 커뮤니케이션과 고객들의 이해를 돕는 교육을 통해 가치는 증대될 수 있다.
- 서비스에 지불하는 가격 이외에 정보탐색, 구매와 서비스 접점, 그리고 구매 후 단계에 소요되는 금전적 비용(예 : 서비스 시설을 방문할 때의 택시비)과 비금전적 비용(예 : 시간, 신체적, 심리적, 그리고 감각적 비용)까지 고려해야 한다.

**학습목표 5**

가격결정의 세 번째 다리는 경쟁이다.

- 유사한 서비스를 제공하는 시장의 가격경쟁은 치열할 수 있다. 따라서 기업들은 경쟁자들의 가격 전략을 잘 살펴 가격정책에 반영해야 한다.
- 그러나 서비스는 장소와 시간에 특화되는 경향이 있고 경쟁자는 자신들만의 금전적, 비금전적 비용구조를 갖는다. 그러므로 실제 가격은 경쟁비교를 위한 용도로만 사용되는 경우가 있다.

**학습목표 6**

수익관리(RM)는 서비스 생산능력의 활용을 증대시키고, 높은 금액을 지불하는 고객의 수용 예약을 통해 기업의 수익을 증대시킨다. 수익관리는

- 물리적 그리고 비물리적 요금장벽을 사용해서 상품을 설계하고 다양한 세분 시장의 유보가격에 맞춰 가격을 결정하고
- 다른 세분 시장의 수요 예측에 따라 가격을 설정하고,
- (1) 높은 고정비와 부패하기 쉬운 재고, (2) 가격민감도가 다른 몇 개의 세분 시장, (3) 다양하고 예측 곤란한 수요가 특징인 서비스 사업에 최적이다.

**학습목표 7**

잘 설계된 요금장벽은 높은 가격을 지불할 용의가 있는 고객이 저가의 이점을 누리지 못하도록 각 세분 시장을 위한 '상품'을 정의하는 데 필요하다. 요금장벽은 물리적 그리고 비물리적일 수 있다.

- 물리적 장벽은 가격을 다르게 만드는 상품의 유형적 차이를 의미한다(예 : 극장의 좌석위치, 호텔의 룸 크기 등).
- 비물리적 장벽은 소비(예 : 주말숙박 포함), 거래(예 : 취소 변경 위약금이 있으며 2주 전 예약 필수), 또는 고객 특성(예 : 학생과 단체 할인)을 의미한다. 비록 가격은 다르지만 서비스 경험은 요금장벽과 관계 없이 동일하다.

**학습목표 8**

고객은 종종 서비스 가격을 이해하기 어려워한다(예 :

수익관리 실행, 많은 요금장벽, 수수료 체계). 서비스 기업은 가격정책 수립 시 고객들이 비윤리적이거나 불공정하다고 오해할 만한 숨겨진 수수료가 없고 가격이 너무 복잡하지 않도록 주의해야 한다.

**학습목표 9**

다음과 같은 방법은 기업들이 고객들의 공정성 지각을 개선하도록 돕는다.

- 가격 체계와 요금 장벽이 명확하고 논리적이고 공정하게 설계하라.
- 정가 요금을 사용하고 할인을 요금장벽으로 구성하라.
- 수익 관리에 관한 소비자 효익에 대해 커뮤니케이션하라.
- 할인을 숨기는 데 묶음가격을 이용하라.
- 충성 고객을 보호하라.
- 예약 초과 시 서비스 리커버리를 사용하라.

**학습목표 10**

서비스 가격결정의 실무 적용을 위해 서비스 마케터는 잘 고안된 가격 전략을 위해 일곱 가지 질문을 고려해야 한다. 질문들은 다음과 같다.

- 이 서비스의 가격은 얼마로 책정할 것인가?
- 가격결정의 기준은 무엇인가?
- 누가 결제를 담당할 것인가?
- 고객은 어디서 결제할 수 있는가?
- 고객은 언제 결제할 수 있는가?
- 결제방법에는 무엇이 있는가?
- 가격은 어떻게 표적시장에 커뮤니케이션할 것인가?

## 학습 키워드

이 키워드들은 각 학습목표 절에서 확인할 수 있다. 그들은 각 절에서 학습하는 서비스 마케팅 개념을 이해하기 위하여 필수적인 것이다. 이 키워드들의 개념과 어떻게 이들을 이용할 것인가를 잘 아는 것이 이 과정을 잘 마치고, 실제 외부의 경쟁시장 환경에서 실무적으로 실행하는 데 필수적이다.

**학습목표 1**

1. 수요
2. 가격정책 목표
3. 가격 전략
4. 이윤
5. 고객기반

**학습목표 2**

6. 최고가격
7. 경쟁
8. 경쟁가격
9. 원가
10. 최저가격
11. 최대가격
12. 바닥가격
13. 가격정책 삼각대
14. 고객에의 가치
15. 가치기반 가격결정

**학습목표 3**

16. 활동기반 원가
17. 손익분기점 분석
18. 공헌이익
19. 원가회계
20. 원가기반 가격결정
21. 경제적 비용
22. 고정비
23. 간접비
24. 가격 민감도
25. 자원 비용
26. 준변동비
27. 변동비

**학습목표 4**

28. 사후 비용
29. 금전적 비용
30. 순가치
31. 비금전적 비용
32. 지각된 효익
33. 지각된 비용
34. 지각된 가치
35. 신체적 비용
36. 구매 후
37. 심리적 비용
38. 구매 비용
39. 조사 비용
40. 감각 비용
41. 서비스 대면 비용
42. 시간 비용
43. 가치기반 가격결정

**학습목표 5**

44. 경쟁기반 가격결정
45. 입지 특이성
46. 비가격 관련 비용
47. 가격 리더십
48. 관계
49. 전환 비용
50. 시간 특이성

**학습목표 6**

51. 유통기한 임박하거나 철 지난 재고
52. 부패하기 쉬운 재고
53. 가격탄력적
54. 가격탄력성
55. 가격비탄력적
56. 수익 관리
57. 역경매
58. 이익관리

**학습목표 7**

59. 버킷
60. 구매자 특성
61. 소비 특성
62. 비물리적 장벽
63. 물리적 장벽
64. 가격 맞춤화
65. 요금장벽
66. 거래 특성

**학습목표 8**

67. '교란의 심리학'
68. '교란정책'
69. 윤리적 관점
70. 공정성 지각
71. 수수료
72. 위약금
73. 비윤리적 행동

**학습목표 9**

74. 묶음가격
75. 보상
76. 장벽
77. 충성도 승수
78. 초과 예약
79. 가격 체계
80. 정가
81. 서비스 회복

**학습목표 10**

82. 경매
83. 할인
84. 동적 가격정책
85. 수요 탄력성
86. 최저 가격
87. 중간상
88. 메뉴 심리학
89. 사전결제 시스템
90. 묶음가격 정책
91. 가격 경쟁
92. 가격 전략
93. 역경매
94. 서비스 가격 실행
95. 샵봇

## 학습 문제

1. 서비스 가격결정이 상품의 가격결정보다 더 어려운 이유는 무엇인가?
2. 특정 서비스의 가격 도출에 가격정책 삼각대는 어떻게 적용될 수 있는가?
3. 서비스 기업은 가격정책 목표를 위한 단위당 비용을 어떻게 계산할 수 있는가? 예상 수용량과 실제 수용량은 단위당 비용과 이윤에 어떻게 영향을 미치는가?
4. 사업모델의 비금전적 비용의 역할은 무엇인가? 그리고 그것이 고객의 지각된 가치에 미치는 영향은 무엇인가?
5. 경쟁사의 서비스 가격들을 금전적으로 비교하기 어려운 이유는 무엇인가?
6. 수익관리는 무엇이고, 어떻게 작용하는가? 훌륭한 수익관리 시스템으로부터 효익을 가장 잘 얻을 수 있는 서비스 운영은 어떤 종류이며 이유는 무엇인가?
7. 적합한 사례를 들어 물리적 그리고 비물리적 요금장벽의 차이점을 설명하시오.
8. 서비스 가격정책과 수익관리 전략을 설계할 때 윤리적 고려가 중요한 이유는 무엇인가? 불공정하다고 지각되는 서비스에 대한 고객들의 반응은 무엇인가?
9. 고객들의 불만 없이 세분 시장들에 서로 다른 가격을 책정할 수 있는 방법은 무엇인가? 동일한 고객에게 다른 시점과 다른 상황에서 서로 다른 가격을 설정하면서도 공정하게 지각시킬 수 있는 방법은 무엇인가?
10. 효과적인 가격정책 수립을 위해 관리자가 고려해야 할 일곱 가지 주요 의사결정은 무엇인가?

## 참고문헌


1 Joshua Brustein, "Star Pitchers in a Duel? Tickets Will Cost More," *The New York Times*, June 27, 2010; Adam Satariano, "Eagles Pinch Scalpers with Live Nation Price Hikes (Update 1), *Businessweek*, February 24, 2010; Ethan Smith, "Start-Up Scoops Up Unsold Tickets," *The Wall Street Journal*, December 16, 2010; "Tango Telecom Wins Global Mobile Award 2011 for Dynamic Pricing Deployment," *M2M (Machine to Machine)*, February 21, 2011, http://m2m.tmcnet.com/news/2011/02/21/5326156.htm, accessed March 12, 2012.

2 Gerald E. Smith and Thomas T. Nagle, "How Much Are Customers Willing to Pay?" *Marketing Research* (Winter 2002): 20-25.

3 Valarie A. Zeithaml, "Consumer Perceptions of Price, Quality, and Value: A Means?End Model and Synthesis of Evidence," *Journal of Marketing* 52, (July 1988): 2-21. A recent paper exploring alternative conceptualizations of value is: Chien-Hsin Lin, Peter J. Sher, and Hsin-Yu Shih, "Past Progress and Future Directions in Conceptualizing Customer Perceived Value," *International Journal of Service Industry Management* 16, no. 4 (2005): 318-336.

4 Parts of this section are based on Leonard L. Berry and Manjit S. Yadav, "Capture and Communicate Value in the Pricing of Services," *Sloan Management Review* 37, (Summer 1996): 41-51.

5 Anna S. Mattila and Jochen Wirtz, "The Impact of Knowledge Types on the Consumer Search Process -An Investigation in the Context of Credence Services," *International Journal of Service Industry Management* 13, no. 3 (2002): 214-230.

6 Leonard L. Berry, Kathleen Seiders, and Dhruv Grewal, "Understanding Service Convenience," *Journal of Marketing* 66, (July 2002): 1-17.

7 Laurie Garrow, "Online Travel Data: A Goldmine of New Opportunities," *Journal of Revenue and Pricing Management* 8, no. 2/3, (2009): 247-254.

8 Kristina Heinonen, "Reconceptualizing Customer Perceived Value: The Value of Time and Place," *Managing Service Quality* 14, no. 3 (2004): 205-215

9 For the latest research in airlines revenue management airline seat inventory control, see: Yoon Sook Song, Seong Tae Hong, Myung Sun Hwang and Moon Gil Yoon, "MILP Model for Network Revenue Management in Airlines," *Journal of Business & Economics Research* 6, no. 2 (2010): 55-62; and for demand for different fare classes, see: Guillermo Gallego, Lin Li, and Richard Ratliff, "Choice-based EMSR Methods for Single-leg Revenue Management with Demand Dependencies," *Journal of Revenue and Pricing Management* 8, no. 2/3 (2009): 207-240.

10 For application of yield management to industries beyond the traditional airline, hotel and car rental contexts, see: Frédéric Jallat and Fabio Ancarani, "Yield Management, Dynamic Pricing and CRM in Telecommunications," *Journal of Services Marketing* 22, no. 6 (2008): 465-478; Sheryl E. Kimes and Jochen Wirtz, "Perceived Fairness of Revenue Management in the US Golf Industry," *Journal of Revenue and Pricing Management* 1, no. 4 (2003): 332-344; Sheryl E. Kimes and Jochen Wirtz, "Has Revenue Management Become Acceptable? Findings from an International Study and the Perceived Fairness of Rate Fences," *Journal of Service Research* 6, (November 2003): 125-135; Richard Metters and Vicente Vargas, "Yield Management for the Nonprofit Sector," *Journal of Service Research* 1, (February 1999): 215-226; Sunmee Choi and Anna S. Mattila, "Hotel Revenue Management and Its Impact on Customers' Perception of Fairness," *Journal of Revenue and Pricing Management* 2, no. 4 (2004): 303-314; Alex M. Susskind, Dennis Reynolds, and Eriko Tsuchiya, "An Evaluation of Guests' Preferred Incentives to Shift Time-Variable Demand in Restaurants," *Cornell Hotel and Restaurant Administration Quarterly* 44, no. 1 (2004): 68-84; Parijat Dube, Yezekael Hayel, and Laura Wynter, "Yield Management for IT Resources on Demand: Analysis and Validation of a New Paradigm for

Managing Computing Centres," *Journal of Revenue and Pricing Management* 4, no. 1 (2005): 24-38; and Sheryl E. Kimes and Sonee Singh, "Spa Revenue Management," *Cornell Hospitality Quarterly* 40, no. 1 (2009): 82-95. Ting Li, Eric van Heck, Peter Vervest, "Information Capability and Value Creation Strategy: Advancing Revenue Management through Mobile Ticketing Technologies," *European Journal of Information Systems* 18 (2009): 38-51.

11 Rafi Mohammed, "A Better Way to Make Deals on Meals," *Harvard Business Review*, January-February 2011, 25.

12 Hermann Simon and Robert J. Dolan, "Price Customization," *Marketing Management* 7, (Fall 1998): 11-17.

13 Lisa E. Bolton, Luk Warlop, and Joseph W. Alba, "Consumer Perceptions of Price (Un)Fairness," *Journal of Consumer Research* 29, no. 4 (2003): 474?491; Lan Xia, Kent B. Monroe, and Jennifer L. Cox, "The Price Is Unfair! A Conceptual Framework of Price Fairness Perceptions," *Journal of Marketing* 68, (October 2004): 1-15. Christian Homburg, Wayne D. Hoyer, and Nicole Koschate, "Customer' s Reactions to Price Increases: Do Customer Satisfaction and Perceived Motive Fairness Matter?" *Journal of the Academy of Marketing Science* 33, no. 1 (2005): 36-49.

14 Scott Adams, *The DilbertTM Future?Thriving on Business Stupidities in the 21st Century*. New York: Harper Business, 1997, 160.

15 Ian Ayres and Barry Nalebuff, "In Praise of Honest Pricing," *Sloan Management Review* 45, (Fall 2003): 24-28.

16 Dean Foust, "Protection Racket? As Overdraft and Other Fees Become Huge Profit Sources for Banks, Critics See Abuses," *Business Week* 5, (February 2005): 68-89.

17 The banking examples and data in this section were from Dean Foust, "Protection Racket? As Overdraft and Other Fees Become Huge Profit Sources for Banks, Critics See Abuses," *Business Week* 5, (February 2005): 68-89.

18 Parts of this section are based on Jochen Wirtz, Sheryl E. Kimes, Jeannette P. T. Ho, and Paul Patterson, "Revenue Management: Resolving Potential Customer Conflicts," *Journal of Revenue and Pricing Management* 2, no. 3 (2003): 216-228.

19 Jochen Wirtz and Sheryl E. Kimes, "The Moderating Role of Familiarity in Fairness Perceptions of Revenue Management Pricing," *Journal of Service Research* 9, no. 3 (2007): 229-240.

20 Judy Harris and Edward A. Blair, "Consumer Preference for Product Bundles: The Role of Reduced Search Costs," *Journal of the Academy of Marketing Science* 34, no. 4 (2006): 506-513.

21 Florian v. Wangenheim and Tomas Bayon, "Behavioral Consequences of Overbooking Service Capacity," *Journal of Marketing* 71, no. 4 (October 2007): 36-47.

22 Peter J. Danaher, "Optimal Pricing of New Subscription Services: An Analysis of a Market Experiment," *Marketing Science* 21, Spring 2002, 119?129; Gilia E. Fruchter and Ram C. Rao, "Optimal Membership Fee and Usage Price Over Time for a Network Service," *Journal of Services Research* 4, no. 1 (2001): 3-14.

23 Avery Johnson, "Northwest to Charge Passengers in Coach for Meals," *Wall Street Journal*, February 16, 2005.

24 John Gourville and Dilip Soman, "Pricing and the Psychology of Consumption," *Harvard Business Review* 9, (September 2002): 90-96.

25 Dilip Soman, "The Effect of Payment Transparency on Consumption: Quasi-Experiments from the Field," *Marketing Letters* 14, no. 3 (2003): 173-183.

26 See, for example, Anita Sharpe, "The Operation Was a Success; The Bill Was Quite a Mess," *Wall Street Journal*, September 17, 1997, 1; Gary Stoller, "Hotel Bill Mistakes Mean Many Pay Too Much," *USA Today*, July 12, 2005 (accessed at *www.news.yahoo.com/s/usatoday*)

CHAPTER 7

# 서비스 촉진과 고객교육

## 학습목표

이 장을 학습하게 되면 학생들은 다음의 내용을 이해하게 될 것이다.

- **학습목표 1** 서비스에서 마케팅 커뮤니케이션의 역할이란 무엇인가?
- **학습목표 2** 서비스의 마케팅 커뮤니케이션의 문제(과제)란 무엇인가?
- **학습목표 3** 마케팅 커뮤니케이션 계획의 5W란 무엇인가?
- **학습목표 4** 서비스 상황에서의 마케팅 커뮤니케이션 도구에는 어떠한 것들이 있는가?
- **학습목표 5** 전통적 마케팅 채널에서의 커뮤니케이션 도구 요소에는 어떠한 것들이 있는가?
- **학습목표 6** 서비스의 마케팅 커뮤니케이션에서 인터넷과 휴대폰 및 다른 전자적 매체의 역할은 무엇인가?
- **학습목표 7** 서비스 전달 채널에서 유용한 커뮤니케이션 도구 요소에는 어떠한 것들이 있는가?
- **학습목표 8** 기업 외부에서 기인한 커뮤니케이션 도구 요소에는 어떠한 것들이 있는가?
- **학습목표 9** 마케팅 커뮤니케이션에서 윤리적인 이슈 및 소비자 프라이버시 관련 이슈란 무엇인가?
- **학습목표 10** 커뮤니케이션에서 기업 디자인의 역할이란 무엇인가?

# 도입 사례

## T-Mobile의 선풍적인 광고 캠페인

어느 목요일 아침, 런던의 리버풀 스트리트 스테이션에 활기가 띠었다. 천천히, 사람들이 춤을 추기 시작했고 전 연령대의 점점 많은 사람들이 춤을 추었다. 출근하는 사람들은 휴대폰 카메라로 비디오와 사진을 찍었고, 많은 사람들이 친구들에게 벌어지는 일에 대해 말하였다. 마지막으로 댄서들은 군중 속으로 사라지며 걸어 가버렸다. 이게 모두 어떻게 된 일인가?

리버풀 스트리트 스테이션 플래시몹은 유럽과 미국에 걸친 GSM 네트워크의 Deutsche Telekom에 의해 소유된 휴대폰 서비스 기업인 T-Mobile에 의한 광고 캠페인의 일부였다. 이 광고의 제작을 위해 이 기업은 이벤트를 계획하는 데 8주간의 시간이 소요되었고, 이를 러시아워 동안 생각지도 못한 대중들에게 발표했다. 그들은 역에서 춤을 추는 400명의 사람들을 선발하기 전에 10,000번의 오디션을 실시했다. 'Dance'라고 불리는 이 광고는 역내에 숨겨진 TV 카메라를 사용하고, 댄서들을 보는 사람들의 다양한 반응들을 포착하며 제작되었다. 이 광고는 텔레비전을 통해 방영되었고, 동시에 즉각적인 조회를 할 수 있는 YouTube에 올려지게 되었다. 이 광고는 개시 후 16개월 내 220만에 달하는 조회수를 기록하게 되었다! 광고 그 자체가 창의적일 뿐만 아니라 런던 내 다른 지하철 역에서의 유사한 이벤트에도 영향을 주었다. 어느 페이스북 멤버는 텔레비전에서 T-Mobile 광고를 본 후 춤을 추기 위해 리버풀 스트리트 스테이션으로 친구를 초대하였다. 구전의 확산으로 더 많은 친구들이 초대되었다. 금요일 밤, 리버풀 스트리트 스테이션에 사람들이 모였고, 그들은 모두 춤을 추었다. 심지어 이것은 트래펄가 광장에서의 댄스 이벤트에도 영감을 주었다!

이 이야기는 예기치 않은 사람들의 보통과 다른 기발한 표현을 담은 광고를 제작한 T-Mobile의 창의적 광고의 성공 사례이다. 이것은 기업 서비스의 인지도와 가시성을 높이는 센세이션을 불러일으켰다.

**그림 7.1** T-Mobile의 혁신적 광고, 'Dance', 대중들에게 기업에 대해 더 많이 알리게 되었다.

## 마케팅 커뮤니케이션의 역할

▶ **학습목표 1**
서비스에서 마케팅 커뮤니케이션의 역할이란 무엇인가?

T-Mobile 캠페인은 혁신적인 광고를 통해 페이스북 플래시몹을 만드는 데 성공하였다. 그것은 기업과 브랜드를 위한 즐거움을 만들었다. 그뿐만 아니라 마케터들은 커뮤니케이션을 통해 기업이 제공하는 상품의 가치제안을 설명하고 촉진시킨다. 그러나 커뮤니케이션은 단순한 미디어 광고, PR(Public Relations), 전문 판매원보다 좀 더 넓게 보아야 한다. 서비스 비즈니스를 위한 현재고객 및 잠재고객과 커뮤니케이션 할 수 있는 많은 방법들이 있다(그림 7.2). 서비스 시설의 위치와 분위기, 색감이나 그래픽 요소의 사용 등 기업 디자인 특징, 직원의 외모와 행동, 웹사이트의 디자인 등—이러한 모든 요소들이 고객 마음속의 인상을 형성한다. 이러한 인상은 공식적인 커뮤니케이션 메시지의 내용을 강화할 뿐만 아니라 부정하는 데도 영향을 미친다.

**그림 7.2** 한 보험회사의 판매대리인이 가망고객에게 이용 가능한 상품에 대하여 설명하고 있다.

**그림 7.3** eBay는 서비스의 가치와 범위에 대하여 잘 커뮤니케이션 하고 있다.

지난 과거 몇 년 동안 인터넷을 통하여 잠재고객에게 다다르기 위한 새롭고 흥미로운 기회들이 나타나기 시작했다. 이러한 모든 매체들은 새로운 고객들을 유인하기 위해 효과적으로 조정되어야 할 뿐만 아니라, 서비스 프로세스를 진행하는 방법을 그들에게 교육시켜야 한다. 이러한 의미에서 이 책에서는 7ps의 하나인 마케팅 커뮤니케이션 요소를 촉진과 교육(promotion and education)으로 정의한다. 마케팅 커뮤니케이션은 서비스 소비 프로세스 각각의 단계에서 특별한 역할을 수행한다.

▶ 서비스를 포지셔닝시키고 차별화한다.
▶ 서비스 직원과 후방운영의 공헌에 대해서 커뮤니케이션한다.
▶ 커뮤니케이션 콘텐츠를 통해 가치를 부가한다.
▶ 서비스 생산에 고객 관여를 촉진시킨다.
▶ 생산능력 일치를 위해 수요를 확대시키거나 혹은 감소시키기도 한다.

이제 각각의 다른 역할들을 자세히 살펴보도록 하자.

### 서비스의 포지셔닝과 차별화

기업은 경쟁업체와 비교하여 자사의 서비스와 제품이 표적고객의 욕구를 충족시키기 위한 최상의 해결책임을 설득하기 위하여 마케팅 커뮤니케이션을 활용한다(그림 7.3). Wausau의 광고인 그림 7.4는 근로현장에서 사고를 예방하고 관리하

**그림 7.4** Wausau는 고용주들을 대상으로 혁신적인 people@work 프로그램을 촉진하고 있다.

는 Wausau의 전문성을 잘 나타내고 있다. 마케팅 커뮤니케이션의 노력은 신규 고객을 유인할 뿐만 아니라 기존 고객을 유지하고 그들과의 밀접한 관계를 형성해 주기도 하며, 표적 고객들에게 자사 제품과 서비스의 핵심속성의 우수함에 대해 확신을 심어주기도 한다(제3장 참조).

고객들이 서비스에 대해 이해한다 할지라도, 여러 공급업체가 제공하는 서비스의 차이를 정확히 설명하기는 다소 어려울 수 있다. 따라서 기업은 서비스 성과를 커뮤니케이션하기 위해 구체적인 단서를 사용해야 한다. 구체적 단서의 예로는 장비나 시설들의 품질, 혹은 직원의 자격 요건과 경험, 몰입도, 전문성 등이 포함된다.

어떤 성과 속성은 다른 것들을 커뮤니케이션하는 것이 더 쉽거나 적절할 수 있다. 항공사는 자사의 안전성에 대한 광고는 하지 않는다. 이는 오히려 이러한 광고가 고객들을 불안하게 만들 수 있기 때문이다. 그 대신 조종사의 전문성, 최신 항공기 도입, 정비 기술과 훈련 등에 대한 광고를 통해 고객들의 불안을 해소하려 한다.

FedEx는 소형 배송 서비스의 우수한 품질과 신뢰성을 증명하기 위해, 고객 만족 연구의 가장 저명한 기관인 J. D. Power and Associates로부터 입증된 항공, 지상, 국제 배송에서의 가장 높은 고객 만족 지수 등 여러 상들을 광고에 전시하였다.[1]

### 서비스 직원과 후방 운영의 공헌에 대한 커뮤니케이션

고품질의 전방인력과 후방인력은 서비스에 있어 중요한 차별점이 될 수 있다. 고객과의 접촉이 높은 서비스의 경우, 전방인력은 서비스 전달에서 중요한 원천이다. 전방인력은 서비스를 더욱 섬세하고 개인화되도록 할 수 있다. 서비스 현장의 직원을 보여주는 광고는 잠재고객들이 서비스 접점의 특징을 이해하는 데 도움을 준다.

광고, 전단, 웹사이트 등은 최상의 서비스를 제공하고 있다는 사실을 확신시키기 위해 후방 지원 부서에서 일어나는 일들을 고객에게 보여줄 수 있다. 고객들이 접하기 어려운 부문에서의 직원의 노력과 전문성을 강조하는 것은 서비스 품질에 대한 충성도와 조직의 능력에 대한 신뢰를 높일 수 있다. 예를 들어 스타벅스에는 자사의 서비스 직원이 이면에서 무엇을 하는지를 보여주는 홍보자료와 웹페이지가 있다. 스타벅스는 자사 커피의 최상의 품질과 신선함을 강조하기 위해 커피원두가 어떻게 경작되고, 수확되며, 생산되는지를 보여준다(그림 7.5).[2]

광고 메시지는 고객의 기대를 형성하기 때문에, 광고주는 서비스 인력을 가장 현실적인 방법으로 보여줄 수 있어야 한다. 또한 특정 태도와 행동을 약속하는 광고 캠페인이나 전단의 내용에 대해 고객들이 기대하는 바를 알 수 있도록 직원들에게 필히 알려주어야 한다.

**그림 7.5** 스타벅스의 웹사이트는 신선한 커피를 만들어 내기 위한 숨겨진 이야기들을 담고 있다.

### 커뮤니케이션 콘텐츠를 통한 가치부가

정보와 자문은 제품에 가치를 부가하는 중요한 방법이다. 잠재고객은 자신에게 필요한 서비스의 종류(그림 7.6), 적정시간과 장소, 서비스 가격, 특정 형태, 서비스에 따른 기능과 혜택 등에 대한 정보가 필요하다(이러한 정보가 어떻게 가치를 부가하는지에 대한 자세한 설명을 위해 제4장의 서비스 플라워 프레임워크를 참조하시오).

그림 7.6 Itau는 전 세계 지점뿐만 아니라 남미에 대한 깊은 지식에 대해 강조하고 있다.

### 서비스 생산에의 고객 관여 촉진

고객이 서비스 생산에 적극적으로 관여하기 위해서는 직원과 마찬가지로 이를 위한 훈련이 필요하다. 고객이 이를 잘 수행하였을 때, 기업 생산성 향상에 도움을 준다.

광고 전문가가 추천하는 고객 훈련의 한 가지 방법은 실제 서비스 전달 과정을 보여주는 것이다. 텔레비전과 비디오는 서비스 전달 과정의 순서를 보여줄 수 있는 좋은 매체가 될 수 있다. 일부 치과의사들은 고객에게 어떤 일이 일어날지 잘 알려주기 위해 수술을 하기 전 수술의 모든 절차를 환자들에게 보여주기도 한다. 토론토의 Shouldice 병원은 탈장 수술 전문 병원이다. 이 병원은 잠재환자들에게 웹사이트에 병원 내 다양한 사례에 대해 설명하고, 탈장 수술의 온라인 시뮬레이션을 볼 수 있도록 제공한다. 이러한 교육 방법은 환자들이 스스로 심리적으로 준비하고, 성공적인 수술과 빠른 회복을 위해 서비스 전달 과정에서 어떤 역할이 필요한지에 대해 보여준다.

### 생산능력 일치를 위한 수요의 확대 또는 감소

금요일 저녁 극장의 좌석이나 화요일 아침 미용시술과 같은 서비스의 경우에는 시간의 제약이 있으며, 재판매를 위한 저장이 어렵다는 특성이 있다. 광고와 판매 촉진은 고객의 서비스 이용 시기를 변화시키며, 이로써 주어진 시간에 수요를 조절하는 데 도움이 된다.

호텔과 같이 높은 고정비를 가지고 있는 서비스 산업의 경우에는 수요가 낮은 비수기가 큰 문제가 되는데, 이에 대한 한 가지 전략은 서비스 이용의 촉진을 위해 가격 할인 없이 룸 업그레이드 혹은 무료 아침식사와 같은 부가가치를 제공하는 것을 들 수 있다. 성수기나 수요가 증가할 때는 그 동안의 촉진을 감소하거나 아예 하지 않아야 한다(제6장의 수익관리와 제9장의 수요공급 관리를 참조하시오).

▶ 학습목표 2
서비스의 마케팅 커뮤니케이션의 문제(과제)란 무엇인가?

## 서비스 커뮤니케이션의 과제

이상 마케팅 커뮤니케이션의 역할에 대해 살펴보았고, 이제 서비스 기업이 직면해 있는 커뮤니케이션 과제를 살펴보자. 전통적인 마케팅 커뮤니케이션 전략은 유형 제품의 마케팅을 위해 개발된 것이었다. 그러나 서비스의 무형적 특성은 서비스 마케팅 커뮤니케이션을 디자인하는 다른 방법에 영향을 미치게 된다.

### 무형성의 문제

서비스는 대상(object)이라기보다는 실행(performance)이다. 그러므로 서비스의 편익을 고객들에게 커뮤니케이션하는 것은 어렵다. 특히 서비스가 고객들 혹은 그들의 소유물에 대해 유형적 행동을 하지 않을 경우는 더욱 그러하다.[3] 서비스의 무형성으로 인해 서비스의 편익과 속성을 설명하는 데 다음과 같은 네 가지 문제점을 갖게 된다. 추상성, 보편성, 비탐색성, 정신적 무형성이 그것이다.[4] 각각의 문제점은 서비스 커뮤니케이션을 위한 시사점을 담고 있다.[5]

**그림 7.7** 스위스의 프라이빗 뱅크인 Julius Bär는 어떻게 프라이빗 뱅크의 무형성을 잘 커뮤니케이션 할 수 있는지를 보여주고 있다.

- **추상성**(abstractness) 은행이나 투자회사와 관련된 문제, 전문가의 조언, 혹은 안전 운송과 같은 추상성의 개념은 물리적 대상과 직접적으로 연결되어 있지 않다. 따라서 마케터들에게는 서비스와 무형적 콘셉트를 연결하는 것이 중요한 과제이다.
- **보편성**(generality) 보편성은 일련의 대상, 사람, 혹은 이벤트를 구성하는 구체적인 항목을 의미한다. 예를 들어 항공산업에서는 항공기 좌석, 승무원, 기내 서비스 등이 이에 해당한다. 이 경우 보통 서비스를 보여줄 수 있는 물리적 대상이 존재하기 때문에 추상성은 문제가 되지 않는다. 그러나 대부분의 소비자들이 서비스를 표현할 수 있는 물리적 대상이 무엇인지 알고 있지만, 그것만으로 충분치 않다. 따라서 마케터의 핵심 과업은 이렇게 대부분의 소비자가 알고 있는 보편적인 구성요소를 경쟁업체보다 차별화된 서비스로 고객에게 커뮤니케이션하는 것이다.
- **비탐색성**(non-searchability) 많은 서비스의 속성이 구매하기 전에 탐색하거나 검증할 수 없다. 헬스클럽의 외형과 설치된 장비와 같은 물리적 서비스 속성은 사전에 확인될 수 있으나, 트레이너의 서비스는 오직 경험을 통해서만 알 수 있다. 제2장에서 설명한 바와 같이 보통의 경우 서비스는 탐색속성보다 더 많은 경험 혹은 신뢰속성을 가지고 있다. 경험속성은 구매 전까지는 알 수 없는 속성으로 고객은 그들이 구매하는 서비스에 대해 알기 위해 반드시 경험해야 한다. 신뢰속성이 높은 서비스, 예를 들어 외과의사의 기술과 같은 서비스의 경우 소비자는 반드시 서비스 제공자에 대해 신뢰해야만 한다.
- **심리적 무형성**(mental impalpability) 대부분의 서비스는 상당히 복잡하고 다차원적이며 새로운 것이다. 따라서 서비스를 사용하는 경험이 어떨지, 어떤 혜택이 주어질지 소비자들이 이해하기 어렵다.

### 무형성 문제의 극복

서비스의 무형성으로 인해 광고의 문제점이 나타나며, 표 7.1은 서비스의 무형성으로 인해 발생되는 네 가지 문제점의 극복을 위한 특정 커뮤니케이션 전략을 제안하고 있다.

표 7.1에서 제시된 전략의 사용 외에 유형적 단서와 은유(metaphor) 또한 서비스의 무형성으로 인해 발생되는 네 가지 문제점을 극복하는 데 사용될 수 있다. 유형적 단서와 은유 모두 서비스의 무형적 속성과 혜택을 잠재고객들에게 명확하게 커뮤니케이션하는 데 도움

**표 7.1** 무형성 극복을 위한 광고 전략

| 무형성 문제 | 광고 전략 | 표현방식 |
|---|---|---|
| 추상성 | 서비스 소비 에피소드 | 서비스의 전형적인 소비자 혜택 제시<br>예 : 직원에 대한 만족으로 미소지음 |
| 보편성 | | |
| • 객관적 주장 | 시스템의 문서화 | 서비스 전달 시스템에 관한 통계자료나 문서 활용<br>예를 들어, UPS 웹사이트에서는 216개의 항공기 보유에 대해 설명 |
| • 주관적 주장 | 성과의 문서화 | 과거 서비스 성과에 관한 통계자료를 문서화하거나 인용(예 : 수많은 소포들이 제시간에 배송되었음) |
| | 서비스 수행 에피소드 | 서비스 직원에 의해 수행된 실제 서비스 전달과정을 제시. 이것을 보여줄 수 있는 비디오 활용 |
| 비탐색성 | 소비 문서화 | 서비스를 경험해 본 소비자에 의한 추천장 활용 |
| | 인지도 문서화 | 높은 신뢰속성을 가진 서비스의 경우 수여받는 상이나 서비스 제공자의 자격요건 등을 제시 |
| 심리적 무형성 | 서비스 프로세스 사례 | 서비스를 경험하는 동안 발생되는 각 단계를 명확하게 제시 |
| | 과거 사례 | 고객의 문제점을 어떻게 해결하였고, 특정 고객을 위해 회사가 무엇을 하였는지 실제 과거 사례 제시 |
| | 서비스 소비 사례 | 서비스에 대한 고객의 경험을 묘사 |

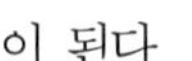


Banwari Mittal and Julie Baker, "Advertising Strategies for Hospitality Services". *Cornell Hotel and Restaurant Administration Quarterly* 43 (April 2002): 53. 

**그림 7.8** Merrill Lynch의 황소는 고객의 재무적 성과에 대한 강한 몰입을 나타내고 있다.

이 된다.

유형적 단서  유형적 단서를 사용하는 것은 광고에서 흔히 사용되는 전략이다. 서비스 산업과 같이 복잡하고 무형적인 산업에서는 소비자의 관심을 끌 수 있고, 강하고 명료한 인상을 줄 수 있는 정보를 담아야 한다.[6] 예를 들어 많은 경영대학은 잠재적 학생에게 학교 교육의 편익을 유형화하고 커뮤니케이션하기 위해 경력개발, 급여인상, 라이프스타일 등을 통한 성공한 졸업생을 보여주기도 한다.

은유  어떤 기업은 서비스에 대한 혜택을 커뮤니케이션하고 다른 기업과의 차이점을 강조하기 위해 은유를 사용한다. 보험회사는 보험 상품과 같은 고도의 무형적 제품을 판매하기 위해 이러한 접근법을 사용하기도 하는데, 예를 들어 Allstate는 '안심하세요(You' re in Good Hands)' 라고 광고하고, Prudential은 기업의 견고함을 보여주기 위하여 '지브롤터의 바위(the Rock of Gibraltar)' (안정성, 견고함을 의미하는 요새–역주)를 상징으로 활용한다. Merrill Lynch의 상징인 황소는 투자 은행의 투자에 대한 강한 몰입, 사업 철학의 확고함을 의미한다(그림 7.8).

가능한 경우, 광고의 은유는 서비스의 편익이 실제로 어떻게 제공되는지에 대해 강조해야 한다.[7] 컨설팅 기업인 AT Kearney는 단지 상급 수준의 관리만이 아닌 모든 관리 수준을 포함하는 솔루션을 갖고 있다는 것을 강조한다. 그들의 광고는 사무실 바닥에 널려 있는 곰덫을 보여주고, 고객 기업 내의 모든 수준의 문제를 해결한다는 것을 보여줌으로써 그들의 서비스를 차별화시킨다(그림 7.9).

## 마케팅 커뮤니케이션 계획

학습목표 3
마케팅 커뮤니케이션 계획의 5W란 무엇인가?

앞서 마케팅 커뮤니케이션의 역할과 서비스의 무형성의 문제점을 극복하는 방법을 논하였다면, 이제는 효과적인 커뮤니케이션 전략을 수립하고 계획하는 방법을 알아보자. 마케팅 커뮤니케이션 계획을 위한 유용한 체크리스트가 다음의 '5Ws 모델'로 제시되어 있다.

표적청중이 누구인가(*who*)?
무엇을 커뮤니케이션하고, 달성해야 하는가(*what*)?
이를 어떻게 커뮤니케이션해야 하는가(*how*)?
이를 어디에서 커뮤니케이션해야 하는가(*where*)?
언제 커뮤니케이션이 이루어져야 하는가(*when*)?

우선적으로 표적 청중을 정의하고(*who*), 커뮤니케이션 대상을 구체화한 후(*what*), 마케터가 사용 가능한 다양한 커뮤니케이션 수단(*how*)을 살펴보아야 한다. 커뮤니케이션 활동의 스케줄링(*when*)이나 위치(*where*)와 관련된 문제들은 상황에 따라 달라질 수 있으므로 이는 고려하지 않는다.

**그림 7.9** AT Kearney는 기업이 당면한 문제에 대한 은유로 곰 덫을 사용한다.

### 표적 청중의 정의

가망고객, 이용고객, 그리고 직원은 서비스 커뮤니케이션 전략의 표적 청중에 해당한다.

▶ 가망고객(prospects)—마케터는 가망고객에 대해 모르기 때문에, 미디어 광고, PR, 이메일 캠페인이나 직접 메일 또는 텔레마케팅을 위한 구매 주소 리스트 활용 등과 같은 전통적인 커뮤니케이션 믹스를 활용해야 한다.

- ▶ 이용고객(users)—가망고객과 달리 이용고객에 대해서는 고객 접촉 직원에 의한 교차판매 혹은 업셀링과 같은 판매 노력, 판매시점(point-of-sale) 촉진, 서비스 접점에서 유통되는 정보와 같은 비용효과적인 채널을 사용하여 커뮤니케이션할 수 있다. 만약 기업이 고객과 멤버십 관계가 있고, 고객 관련 정보가 담겨있는 데이터베이스를 가지고 있다면 이메일, 문자메시지, 직접메일 혹은 전화와 같은 개별화된 정보로 커뮤니케이션할 수 있다.
- ▶ 직원(employees)—직원은 대중매체를 통한 커뮤니케이션 마케팅의 2차적 청중으로 볼 수 있다. 이용고객과 비이용고객을 대상으로 한 광고 캠페인은 직원들 특히 접점에서의 역할을 수행하는 직원들 또한 촉진시킬 수 있다. 특히 광고의 내용이 고객과의 약속을 수행하는 직원들에 대해 담고 있다면 이는 직원의 행동을 형성하기도 한다. 그러나 커뮤니케이션이 직원들에게 달성 불가능하거나 비현실적인 서비스 수행을 요구한다면 오히려 의욕이 상실되어 버릴 위험이 있다.

직원에게 직접적으로 행해지는 커뮤니케이션은 기업 고유의 매체를 활용하는 내부 마케팅 캠페인의 일부이며, 고객에게는 해당되지 않는다. 내부 커뮤니케이션에 대해서는 제11장에서 논한다.

### 커뮤니케이션 목표의 구체화

표적 청중을 명확하게 설정하였다면, 이제는 표적 청중들과 함께 성취하기 원하는 것이 무엇인지를 명확하게 명시할 필요가 있다. 마케터들은 그들의 목표를 명확하게 해야 한다. 커뮤니케이션 목적은 무엇을 커뮤니케이션하고 달성해야 하는지의 질문에 대한 답이다. 커뮤니케이션 목적은 제2장에서 학습한 구매와 소비 프로세스의 3단계(구매 전, 서비스 대면, 구매 후 단계)에서의 고객 행동을 형성하고 관리하는 것을 포함한다. 서비스 조직에 있어 교육 및 촉진의 공통적인 목적은 다음과 같다.

- ▶ 기업과 브랜드에 대한 기억 가능한 이미지 창출
- ▶ 친숙하지 않은 서비스나 브랜드에 대한 흥미와 인지 형성
- ▶ 경쟁사의 서비스와 비교
- ▶ 특정 브랜드의 강점과 편익을 전달함으로써 선호도 형성
- ▶ 경쟁사의 서비스 대비 자사 서비스 재정립
- ▶ 유용한 정보와 조언을 통한 지각된 위험과 불확실성 감소
- ▶ 서비스 보증과 같은 확신 제공
- ▶ 인센티브를 통한 시용 독려
- ▶ 서비스 사용 전 서비스 프로세스에 대한 고객의 친밀감 유도
- ▶ 자사 제공 서비스의 최대 장점을 활용할 수 있도록 하기 위한 고객고육
- ▶ 비수기에는 수요를 자극하고, 성수기에는 비수기로 수요를 전환
- ▶ 가치 있는 고객과 직원을 확인하고 보상

서비스 인사이트 7.1은 UPS가 어떻게 그들의 서비스를 제정립하였는지를 보여주고 있다.

## 서비스 인사이트 7.1

### UPS의 서비스 재정립

1907년에 배달 회사로 설립된 미국의 UPS는 새로운 시장을 개척하고 새로운 서비스를 개발하는 세계 최고의 서비스 브랜드 중 하나이다. 최근 이 회사는 현재고객과 잠재고객들에 대한 인식을 바꾸기 위한 커뮤니케이션 전략을 개발해야만 했다. 비록 차량 택배업의 선두로 인지되고 있기는 하지만, SCM(공급사슬관리), 다양한 운송수단, 재무 서비스와 같은 다른 여러 종류의 서비스에서도 높은 인지도를 갖길 원했다. 이에 따라 모든 UPS의 서비스가 UPS라는 이름과 밀접하게 인식될 수 있도록 재브랜드화와 재포지셔닝 활동을 시작하였다.

조사 결과, UPS는 트럭과 직원 유니폼 디자인에 이용된 갈색의 이미지가 강하게 연상된다는 사실을 보여주었다. 또한 이 갈색은 UPS에게 신뢰 있고 믿을 만한 이미지를 보여주는 것으로 나타났다. 단순히 소포나 서류를 전달하는 차원을 넘어서 UPS는 고객들에게 더욱 많은 것을 전달해 줄 수 있다는 것을 보여주기 위해, UPS는 '갈색이 당신에게 무엇을 해드릴까요?(What Can Brown Do For You)' 라는 표어와 함께 '교역의 동시화(Synchronizing the world of commerce)' 라는 새로운 슬로건을 더하였다.

UPS는 브랜드의 변화가 직원에서부터 우선적으로 시작되어야 한다는 것을 알고 있었다. 비록 기업의 비전에 대한 사람들의 인식을 변화시키기 어려울지라도 UPS는 성공할 수 있다는 것을 보여주었다. 직원들은 새로운 브랜드 포지셔닝 전략을 받아들였고, 사업부 간 상호작용하며 학습했다. 이를 통해 UPS는 고객들에게 더욱 좋은 서비스를 제공할 수 있었다.

현재 UPS는 220여 개 이상의 국가에 걸쳐 전 세계에서 운영되고 있다. 2010년에는 Package Operation, Supply Chain and Freight, UPS Supply Chain Solutions, UPS Freight 등 4개의 주요 서비스를 통해 500억 달러에 가까운 수익을 달성했다. UPS는 또한 4,700개의 소매점, 49개의 우편함, 1,000개의 고객센터, 16,000개의 대리점과 40,000개의 드롭 박스를 보유하는 등 강력한 소매 구조를 가지고 있다. Package Operation의 경우, 그들의 웹사이트는 하루 평균 2,620만 건의 우편물 확인 요청이 이루어지며, UPS는 216대의 항공기를 보유하고 있다. 세계에서 8번째로 크다.

출처
Vivan Manning-Schaffel, "UPS Competes to Deliver," http://www.brandchannel.com/features_effect.asp?pf_id=210, (May 17, 2004) accessed on August 2010; http://www.ups.com/content/us/en/about/facts/worldwide.html, accessed March 12, 201

# 마케팅 커뮤니케이션 믹스

**학습목표 4**
서비스 상황에서의 마케팅 커뮤니케이션 도구에는 어떠한 것들이 있는가?

표적 청중과 구체적인 커뮤니케이션 목적을 이해했다면, 이제는 비용 효과적인 커뮤니케이션 채널을 선택해야 한다. 대부분의 서비스 마케터는 다양한 형태의 커뮤니케이

**그림 7. 10a** 서비스 마케팅 커뮤니케이션 믹스

션을 활용하는데, 이를 총체적으로 마케팅 커뮤니케이션 믹스라고 한다. 각각의 커뮤니케이션 요소는 전달할 메시지의 종류와 노출하고자 하는 세분 시장과 관련된 독특한 특징이 있다. 그림 7.10a에서 제시했듯이, 마케팅 커뮤니케이션 믹스에는 인적 커뮤니케이션, 광고, 홍보 및 공중 관계, 판매 촉진, 교육지침서, 기업 디자인 등이 포함된다.

### 커뮤니케이션 원천

그림 7.10b에서 확인할 수 있듯이 전통적인 커뮤니케이션 믹스는 크게 두 가지 채널, 즉 조직에 의해 통제 가능한 것과 그렇지 않은 것으로 구분할 수 있다. 모든 커뮤니케이션 메시지가 기업, 즉 서비스 제공자로부터 나오는 것은 아니며, 일부 메시지는 조직이 아닌 외부에서 제공되기도 한다. 또한 그림 7.10b와 같이 조직 내부에서 제공된 메시지는 기존의 일반적인 마케팅 채널(전통적 매체 및 인터넷 등)를 통해 전달되는 것과, 서비스 기업 자체의 전달 채널을 통해 전달되는 것으로 구분된다. 이하에서는 이들 각각의 커뮤니케이션 믹스에 대해 구체적으로 살펴보고자 한다.

**학습목표 5**
전통적 마케팅 채널에서의 커뮤니케이션 도구 요소에는 어떠한 것들이 있는가?

### 전통적 마케팅 채널을 통한 메시지 전달

그림 7.10a는 서비스 마케터들이 활용할 수 있는 다양한 커뮤니케이션 도구를 보여주고 있다. 이하에서는 이들에 대해 간략하게 설명하고자 한다.

#### 광고

광고는 소비자 마케팅에서 가장 널리 쓰이는 커뮤니케이션 형태로, 소비자와 서비스 마케터의 첫 번째 접점이 된다. 광고는 소비자의 인지를 형성하고, 알리고, 설득하며, 해당 기업을 상기시키도록 하는 역할을 할 뿐만 아니라, 제품의 형태나 기능을 소비자에게 학습시키고,

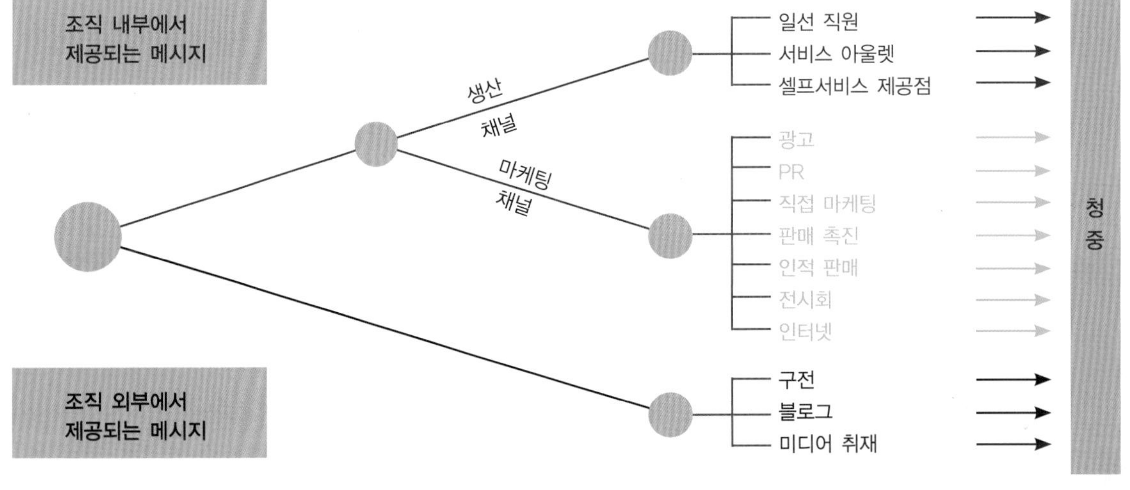


**그림 7. 10b** 표적 청중에게 주어지는 메시지 원천

출처
Adapted from Adrian Palmer, *Principles of Services Marketing*, London: McGraw-Hill, 6th edition, 2011, p. 450.

PART II

서비스에 대한 실제적 정보를 제공하는 중요한 역할을 한다.

광고주가 직면한 문제 중 하나는 어떻게 메시지가 소비자에게 알려지도록 하는가에 대한 부분이다. 일반적으로 대부분의 사람들은 모든 형태의 광고들에 질려 있는 것이 사실이다. Yankelovich Partners(미국의 마케팅 컨설팅 기업)의 최근 연구는 사람들의 65%가 광고 메시지 폭격을 받은듯한 기분을 느끼며, 59%는 자신들과 거의 관계가 없는 광고라고 느낀다는 것을 밝혔다.[8] 크랜필드 경영대학원의 Robert Shaw는 광고를 통한 마케팅 성과(marketing payback) 모니터링과 관련된 포럼을 개최하였는데, 그는 ROI(투자수익률, return on investment)에 긍정적인 영향을 주는 광고는 절반도 채 안 됨을 밝혔다.[9]

**그림 7.11** Sony BMG의 미디어 아일랜드 앞에 있는 아바타. secondlife.com과 같은 가상 비디오 게임은 역동적인 게임 내 광고의 새로운 흐름을 주도한다.

기업은 어떻게 대중들의 눈에 띄게 할 수 있을 것인가? 길고 요란한 상업적 광고가 답은 아니다. 마케터는 대중들에게 메시지를 효과적으로 전달하기 위한 더욱 창의적인 광고를 하려고 애쓴다. 예를 들어, 고객이 서비스에 대해 낮은 관여도를 갖고 있을 때, 기업은 더욱 서비스 경험 그 자체와 감성적인 어필에 초점을 맞춰야 한다.[10] 몇몇 광고주는 획기적인 디자인이나 독특한 포맷을 사용함으로써 눈에 띄려 한다. Comcast와 같은 기업은 경쟁서비스의 느린 인터넷 속도와 자사의 고속 인터넷 케이블 접근을 비교하는 유머를 사용함으로써 청중의 주의를 끌려고 하였다. 어떤 기업은 게임이 인터넷에 연결되면 역동적인 광고가 나타나는 형태로 비디오 게임에 광고를 삽입하려 하고 있다(그림 7. 11).[11] 더욱이 애플의 iPhone과 iPad, 그리고 다른 스마트폰들과 태블릿 PC의 Apple iOS 앱이 잠재고객 및 현재고객들과 커뮤니케이션하는 중요한 방법으로 대두될 것이다.

### PR(공중관계)

PR은 새로운 보도자료 발표, 컨퍼런스 개최, 특별 행사를 개최, 제3자에 의해 개최되는 활동에 후원을 하는 등 제품이나 기업에 긍정적인 인상을 갖도록 하는 모든 노력을 의미한다. PR 전략의 기본적 요소는 기업과 제품, 직원에 대한 이야기를 담고 있는 사진이나 비디오 등을 준비하여 언론에 알리는 것이다.

그림 7.12 FedEx는 두 마리의 판다를 워싱턴 DC의 국립 동물원에 운송하였다.

널리 사용되는 다른 PR 기법으로 특별 이벤트를 통해 조직의 우호적인 공공성을 확보하거나 그 외에 기금활동, 커뮤니티 참여와 지원, 보상프로그램, 대중 표창 등과 같은 방법도 있다. 또한 기업은 올림픽이나 월드컵과 같은 스포츠 이벤트의 배너 광고, 전사인쇄, 그 밖의 다른 방법들을 활용하여 기업 이름이나 상징을 지속적으로 노출함으로써 자사를 널리 알리고 있다. 매우 독특한 기업 활동도 기업의 전문성을 알릴 수 있는 기회를 제공하는데, FedEx는 중국 청도에서 워싱턴 DC의 국립 동물원으로 두 마리의 팬더를 안전하게 운송하면서 매우 긍정적인 평판을 얻었다. 이 팬더들은 특별히 '페덱스 팬더 원(FedEx Panda One)'이라고 이름 지어진 페덱스의 항공기를 통해 운반되었다(그림 7.12). 이러한 일은 언론을 통해 알려짐은 물론, 자사 홈페이지에 독특한 수송물에 대한 정보로 게재되어있다.

### 직접 마케팅

직접 마케팅에는 메일러, 이메일, 문자 메시지와 같은 도구들이 사용된다. 이러한 채널들은 고도로 세분화된 고객들에게 개인화된 메시지를 보낼 수 있다. 이러한 직접 마케팅 전략은 마케터가 고객과 잠재고객의 정보에 대한 자세한 데이터베이스를 가지고 있을 때 더욱 성공적이다.

이메일의 스팸 필터, 티보(TiVo), 팟캐스팅, 팝업 차단과 같은 기술의 진보는 소비자들로 하여금 원하는 것을 언제, 어떻게, 누구에 의해 받고자 하는지를 결정하게 한다. 30초 텔레비전 광고는 시청자들이 좋아하는 프로그램을 방해하며, 텔레마케팅 전화는 식사를 방해하기 때문에 소비자들은 그들의 시간을 보호하기 위한 기술들을 사용한다. 이로 인해 매스 미디어의 효과성이 감소하며, 이는 승인 마케팅(permission marketing)을 유도한다.

승인 마케팅 모델의 목적은 소비자의 관심을 자발적으로 유도하는 데 있으며, 기업의 특정 메시지에 흥미를 보인 고객에게만 전달함으로써 서비스 기업과 고객 간의 더욱 강한 관계를 형성하도록 해 준다. 특히 웹사이트와 함께 이메일은 일대일 승인 기반 매체로 볼 수 있다.[12] 예를 들어, 사람들은 기업의 웹사이트에 등록하고 이메일을 통하여 받고 싶은 정보의 유형을 선택할 수 있다. 이러한 이메일은 관심 있는 주제에 관한 정기적인 자료를 요청하는 쌍방향 커뮤니케이션의 시작으로서 디자인된다. 더욱이 고객들이 특정 정보나 새로운 서비스에 흥미가 있을 때, 소비자들은 시청각 자료나 자신의 이메일에 담겨져 있는 URL 링크를 클릭할 수 있다. 최종적으로 소비자들은 추가적인 서비스를 위한 온라인에 가입하고, 다른 고객들과 커뮤니케이션하며, 친구들에게 서비스를 추천하기도 한다.

### 판매촉진

판매촉진은 인센티브를 동반한 커뮤니케이션으로 간주할 수 있다. 판매촉진은 시간, 가격, 고객층 혹은 이 모두에 따라 달라질 수 있다. 하지만 판매촉진의 전형적 목적은 고객들로 하여금 더욱 빨리 구매하도록 하거나, 특정 서비스를 더욱 빈번하게 이용하도록 하거나, 구매량을 늘리거나 혹을 더 빈번하게 구매하도록 하는 데 있다.[13] 서비스 기업의 판매촉진은 샘플, 쿠폰, 가격 할인, 선물, 상품에 대한 경쟁 등과 같은 형태로 이루어진다. 이러한 형태의 판매촉진은 촉진 인센티브가 없을 때보다 수요가 적은 기간 동안의 판매량을 증가시키고, 새로운 서비스의 수용을 촉진하기도 하며, 고객들이 더욱 빨리 행동하도록 한다.[14] 판매촉진을 통해 확보된 고객은 재구매율이 낮으며, 더 낮은 생애가치(life time values)를 가지고 있기 때문에, 기업은 판매촉진의 실행에 좀 더 주의를 기울일 필요가 있다.[15]

몇 년 전, SAS International Hotel은 고령의 고객을 겨냥한 판매촉진을 고안해냈다. 만약 호텔에 빈방이 있다면, 65세 이상의 고객은 나이와 동일한 비율의 할인을 받을 수 있었다(예 : 75세의 고객은 정상 객실가의 75%를 할인받을 수 있었다). 그런데 스웨덴의 102세의 고객이 비엔나에 있는 SAS chain 호텔에 머물고자 했을 때, 그는 호텔 측으로부터 오히려 2%의 숙박료를 되돌려 받기를 원했다. 그의 이러한 요청은 받아들여졌으며, 또한 총책임자에게 테니스 게임을 요청하기도 했다(그러나 게임의 결과는 밝혀지지 않았다!). 이러한 사례는 호텔의 유쾌한 이야기로 널리 알려졌다.

### 인적판매

인적판매는 특정 제품이나 브랜드에 대한 선호를 촉진하고 고객을 학습하도록 만드는 노력이 이루어지는 대인 서비스 제공 방법이라고 할 수 있다(그림 7.13). 특히 B2B 서비스를 제공하는 기업은 자신의 판매원을 이용하거나 자신의 판매원을 대신 할 수 있는 판매대리상이나 유통업자를 이용하기도 한다. 자산, 보험, 장례 서비스와 같이 구매빈도가 낮은 서비스의 경우, 기업의 판매대리인은 고객의 구매 선택을 돕는 상담자 역할을 한다. 한편 상대적으로 복잡한 서비스를 판매하는 산업재를 판매하는 기업이나 전문 서비스를 판매하는 기업의 경우, 자신의 고객에게 전문적인 조언이나 교육, 상담을 제공할 수 있도록 고객관리자를 두고 있다.

그러나 신규 잠재고객을 위한 면대면 판매는 비용이 상당히 많이 든다. 따라서 신규 잠재고객 발굴을 위한 저렴한 대안이 바로 텔레마케팅이다. 텔레마케팅은 전화를 사용하여 잠재고객을 접하는 방법이다. 텔레마케팅은 주로 저녁시간이나 주말에 고객들이 가정에 있을 때 전화하는 경우가 많기 때문에 고객 입장에서는 텔레마케팅에 대한 불만이 많다(그림 7.14). 요즘은 많은 미국인들이 '스팸성 전화차단(Do Not Call Registry)'에 찬성하며, 이로 인해 잠재고객에게 도달되는 전화 횟수가 급격히 감소하였다.[16]

**그림 7.13** 자신의 브랜드 우월성을 고객에게 설득하기 위해서는 신체 언어 역시 중요한 수단 중 하나이다.

"존슨 여사님, 전화를 끊기 전에 텔레마케터의 이야기에 귀를 기울이면 저녁식사를 먹지 않게 되고, 결국 1년에 50 파운드의 몸무게를 줄일 수 있다는 것을 아십시요!"

그림 7.14 텔레마케터가 저녁에 전화를 걸고 있다.

## 전시회

전시회는(trade show)는 홍보의 특정 형태로, B2B 서비스에서 특히 중요하며, 또한 인적판매의 기회를 가지고 있다(그림 7.15).[17] 많은 산업에서 전시회는 언론의 큰 관심을 받고, 기업 고객은 전시회를 통해 다양한 기업의 최신 제품의 정보를 접할 수 있는 기회를 얻을 수 있다. 서비스 판매자는 잠재고객들에게 알리기 위한 전시, 샘플, 증명서, 브로셔 등을 통해 물리적 증거를 제공한다. 전시회는 대규모의 잠재 구매자들이 마케터에게 다가 올 수 있는 드문 기회를 제공하기 때문에 매우 생산적인 촉진 방법이 될 수 있다. 보통 하루에 4~5명의 고객을 만나던 공급업체 판매 대리인(sales representative, 유통업체의 한 유형으로 공급업체의 서비스를 대신 판매해 주는 역할을 한다—역주)도 전시회에서는 한 시간당 5명 정도의 고객을 만나게 된다.

그림 7.15 박람회는 회사의 상품을 소개하는 좋은 방법 중 하나이다.

### 인터넷을 통한 메시지 전달

인터넷을 통한 광고는 합리적인 비용으로 전통적인 커뮤니케이션 채널을 보완하거나 심지어 대체할 수 있게 한다. 그러나 마케팅 커뮤니케이션 믹스의 요소들과 같이 인터넷 광고는 다른 커뮤니케이션 전략과 함께 더불어 통합적으로 잘 설계된 커뮤니케이션 전략의 일부분으로 존재해야 한다.[18] 기업은 자사의 웹사이트나 온라인 광고를 통해 마케팅할 수 있다.

### 기업 웹사이트

마케터들은 다양한 커뮤니케이션 업무를 수행하기 위하여 인터넷을 활용한다.

학습목표 6
서비스 마케팅 커뮤니케이션에서 인터넷과 휴대폰 및 다른 전자적 매체의 역할은 무엇인가?

- 소비자의 인식과 흥미 창출
- 정보제공과 상담
- 이메일과 채팅공간을 통하여 고객과 쌍방향 커뮤니케이션을 할 수 있도록 유도
- 제품 시용 유도
- 주문 유도
- 특정 광고나 판촉 캠페인의 효과 측정

혁신적인 기업은 자사 웹사이트의 유용성과 매력성을 개선시키기 위한 지속적인 방법을 찾고 있으며, 적합한 커뮤니케이션 내용은 서비스의 종류에 따라 달라진다. B2B 사이트는 방문객들에게 자사의 기술정보에 접근할 수 있도록 하고 있다[예 : Siebel(www.siebel.com) 혹은 SAP(www.sap.com)은 자사 홈페이지에 고객 관계 관리 방법에 대한 다양한 정보를 제공하고 있다]. 또한 대학의 MBA 프로그램의 웹사이트는 대학의 위치, 시설, 동문에 대한

사진과 대학을 보여주는 비디오, 교수진, 시설, 표창장, 졸업식 영상에 이르기까지 다양한 콘텐츠를 담고 있다.

마케터는 웹사이트의 '고착성(stickiness)' (방문자가 사이트에서 머물고자 하는 시간과 미래에 재방문할 의도)에 영향을 미치는 다운로드 속도와 같은 다른 요소들을 설명해야 한다. 고착성이 높은 사이트란 다음의 요소를 포함한다.

- ▶ 콘텐츠의 높은 품질 사이트는 방문자가 찾고자 하는 내용을 담아야 한다.
- ▶ 사용의 편리성 '사용의 편리성'이란 사이트 내에서의 탐색의 편리함을 의미한다. 고객은 좋은 사이트에서는 헤메지 않는다.
- ▶ 빠른 다운로드 방문자들은 기다리는 것을 원치 않으며, 사이트에서 페이지의 다운로드 시간이 너무 길 경우 포기해 버리기도 한다.
- ▶ 잦은 업데이트 좋은 사이트는 최신의 자료로 업데이트 된다. 사이트는 방문자들이 적시의 관련된 자료를 찾을 수 있도록 최신의 자료를 포함한다.[19]

인상적인 웹 주소는 방문자들을 유인하는 데 도움이 된다. 이상적으로는 기업의 이름에 기초한 웹사이트(www.citibank.com 또는 www.aol.com)가 대표적이다. 사람들에게 웹 주소를 알려주기 위해서는 비즈니스 카드에 명시하거나, 편지 윗머리의 주소, 이메일 템플릿, 브로셔, 광고, 촉진 도구, 차량 등을 활용할 수 있다. 유럽 저가 항공 중 가장 큰 회사인 easyJet는 항공기에 커다란 빨간 글씨로 웹 주소를 적어놓았다(그림 7. 16).

### 온라인 광고

온라인 광고에는 배너광고와 검색엔진 광고의 두 가지 형태가 있다.

▶ 배너 광고 많은 기업들이 야후, CNN, 여타 다른 기업의 웹사이트와 같은 포털의 배너와 버튼 광고를 하기 위해 광고비를 지불한다. 이의 기본 목적은 광고주의 자체 웹사이트에 접속하도록 하는 것이다. 보통 배너광고는 직접적인 경쟁은 아니지만 관련된 서비스를 제공하는 다른 기업의 사이트에 탑재된다. 예를 들어, 야후는 주식시세표에 다양한 금융 서비스 업체 광고를 순차적으로 제공한다.

하지만 단순히 배너(웹페이지의 일부분에 얇게 가로로 삽입된 광고), 스카이스크래퍼(웹사이트의 일부분에 길게 수직으로 삽입된 광고), 버튼에 노출이 많이 되었다 할지라도, 소비자의 인지도나 선호도, 판매가 늘어나는 것은 아니다. 방문자가 광고주의 사

**그림 7.16** easyJet는 항공기에 웹사이트 주소를 적어놓았다.

이트를 통해 클릭을 했더라도 이러한 행동은 판매로 연결되지 않는다. 이에 따라 방문자가 어떤 정보를 제공하거나 구매와 같은 특정 마케팅 관련 행동을 보일 경우에만 광고비를 지불하는 광고 계약이 더욱 강조되고 있다. 인터넷 광고주는 자사 사이트와 연결된 사이트에 방문객이 클릭할 때만 광고비를 지불하는 추세가 늘어나고 있다. 이는 스팸메일이 개인에게 읽힐 때 광고비를 지불하는 것과 비슷하다.[20]

▶ 검색엔진 광고 검색엔진은 방송 네트워크의 반대 형태이다. 광고주가 소비자에게 메시지를 전달하는 것 대신, 검색엔진은 키워드 검색을 통해 고객들이 원하는 정보를 정확히 알려주는 것이다. 따라서 광고주들은 이러한 고객들에게 적절한 마케팅 커뮤니케이션을 할 수 있다.[21] 검색엔진 광고의 가장 성공적인 사례가 야후, AOL, MSN, 가장 최근에 대두되고 있는 Blink와 함께 구글에서 나타나고 있다(서비스 인사이트 7.2).

**그림 7.17** 웹 배너는 전통적인 현수막과 비슷한 기능을 한다. 소비자들의 관심을 제품이나 서비스로 돌리고 판매를 촉진시킨다. 서비스 제공자와 소비자와의 상호작용은 온라인 광고의 클릭을 통해서 실현된다.

## 서비스 인사이트 7.2

### 구글 — 온라인 마케팅 발전소

어릴 때부터 수학, 컴퓨터, 프로그래밍에 매료된 Larry Page와 Sergey Brin은 1998년 스탠퍼드대학교의 박사과정 학생일 때 구글을 창립하였다. 7년 후, 구글의 성공적인 상장(public offering)을 통해 그들은 대부호가 되었고, 구글은 세계에서 가장 가치있는 기업 중 하나가 되었다.

구글의 그랜드 비전은 'To organize the world's information and make it universally accessible and useful(세계의 정보를 조직화하라. 전 세계에서 그 정보에 접근하고, 사용할 수 있도록 하라).' 이다. 구글의 검색엔진은 매우 유용하며 사용자 친화적으로 설계되었다. 어떤 기업의 이름도 동사화되지 않았는데, '구글' 은 이제 영어에서 일반적으로 널리 사용하는 동사가 되어 버렸다(구글 검색엔진을 사용하여 웹에서 정보를 찾다).

구글의 인지도는 광고주들이 고객에게 접근하는 두 가지 중요한 방법인 스폰서 링크와 콘텐츠 광고를 통해 구글을 새롭고 고도로 세분화된 광고 매체가 되게 하였다.

스폰서 링크는 구글의 웹사이트에서 검색 결과의 제일

**그림 7.18** 캘리포니아 Mountain View의 구글 본사

상단에 위치하고 있는 것을 말한다. 구글은 스폰서 링크 서비스를 봉인된 입찰 경매(sealed-bid auction)(동일 검색어를 요청한 다른 광고주의 입찰가를 모르는 상태에서 광고주가 검색 단어에 입찰가를 제시하는 것)를 사용한 '클릭당 비용' 으로 가격을 매긴다. 이러한 방법은 광고주가

PART II

링크되길 원하는 검색어의 인지도에 따라 가격이 달라지게 된다. 'MBA'와 같이 자주 사용되는 검색어는 'MSc on Business'와 같이 덜 인기 있는 단어보다 더 비싸다. 광고주는 구글의 온라인 계정 제어 센터의 보고를 사용하여 그들의 광고 실적을 쉽게 찾아볼 수 있다.

구글은 구글의 AdWords 서비스를 통해 다양한 방법으로 고도로 세분화된 콘텐츠 광고를 할 수 있다. 콘텐츠 광고는 Google.com의 검색 결과 옆에 위치해 있다(배너광고와 같은 형태로). 이러한 광고는 사람들이 관련된 주제나 특정 제품 카테고리를 찾는 정확한 순간에 기업이 잠재고객에게 접근할 수 있도록 한다. 여기서 기업은 특정 검색 카테고리나 단어에 연결될 수 있는 기회를 얻게 된다. 구글의 광고 비즈니스 모델을 살펴보기 위해, 구글에 몇몇 단어를 검색하고, 당신의 모니터에 검색 결과 외에 어떤 것들이 나타났는지 살펴보라.

또한 AdWords는 광고주들에게 단지 Google.com이 아닌 구글의 콘텐츠 네트워크의 일부분으로서 웹사이트에서 그들의 광고를 보여준다. 이는 그들의 광고가 검색에 의해 나타나는 것이 아니라 사용자가 단지 웹사이트를 살펴볼 때 나타나는 것을 의미한다. 그러한 광고를 '게재 위치 타겟팅 광고(placement-targeted ads)'라고 부른다. 광고주들은 개별 웹사이트 혹은 웹사이트 콘텐츠(예 : 여행 혹은 야구)에 명시할 수 있다. 게재 위치 타겟팅은 광고주들이 매우 큰 타겟 고객이나(미국 또는 전 세계의 모든 야구 팬들) 또는 작고 세분화된(보스턴에서 멋진 식사에 관심 있는 사람들) 표적 청중을 엄선해서 고를 수 있게 한다. 구글은 구글의 협력 웹사이트의 관련된 내용 옆에 광고를 위치시킨다. 예를 들어, 당신이 협력 웹사이트의 기사를 읽을 때, 당신은 기사의 끝에 광고를 볼 수 있다. 이러한 광고는 구글에 의해 기사의 내용과 적합한 표적에게 보여지는 것이다. Google.com에서도 동일한 광고를 볼 수 있는데, 그러나 Google.com에서는 다른 방법으로 배치되는 것이고, 구글 파트너 네트워크에서 모든 크기의 발행인의 웹사이트에 나타난다.

AdWords는 구글의 광고모델의 다른 한편을 대표하는 AdSense라고 불리는 이차적 서비스에 의해 보완된다. AdSense는 자신의 웹사이트에 광고를 보여줌으로써 돈을 벌고자 하는 웹사이트 오너에 의해 사용된다. 그들의 사이트에 구글이 관련 광고로 보여지는 대가로 이들 웹사이트 오너는 발생된 광고 수익의 일부를 받게 된다. AdSense의 중요한 특징은 수천 개의 크고 작은 온라인 발행인과 블로그의 광고 수입 원천이 되며, 이들을 지속 가능하게 한다는 것이다. 비록 *New York Times*와 CNN과 같은 대형 매체 기업도 AdSense를 사용하지만, 이것은 니치 웹사이트 혹은 블로그와 비교하여 전체 온라인 광고 수입 중 매우 적은 부분만을 발생시킨다.

고도로 세분화된 광고 매체로서의 구글의 능력은 광고주들에게 매우 매력적이며, 빠른 수익 성장을 유도한다. 구글의 성공이 다른 광고 매체를 놀라게 한 것은 어쩌면 당연한 일이다.

출처

Roben Farzad and Ben Elgin, "Googling for Gold," *Business Week*, December 5, 2005, 60?70; www.google.com and http://en.wikipedia.org/wiki/Adwords, both accessed March 12, 2012.

온라인 광고의 핵심 장점은 특히 다른 광고의 형태와 비교하여 매우 명확하고 측정 가능한 ROI를 제공한다는 것이다. 광고주들에게는 다음과 같은 몇 가지 선택사항이 있다.

- 자사와 관련된 키워드 검색에 대한 비용 지불
- 검색 결과와 함께 링크를 통한 단문메시지 지원
- 검색엔진의 최상단 위치 구매(pay for placement). 이용자들은 검색시 키워드와 가장 적합한 순위를 기대하기 때문에, 구글의 정책은 순위의 가장 위에 나타나거나 '스폰서 링크'로 지정된 데 비용을 청구한다. 이러한 광고와 위치의 비용은 검색 결과의 상단 스폰서 링크에 탑재함으로써 눈에 잘 띄는 곳인지 혹은 클릭 수에 따라 달라질 수 있다.

## 서비스 인사이트 7.3

### 마케팅 커뮤니케이션을 위한 새로운 매체와 시사점

기술의 진보는 표적시장선정을 위한 중요한 기회를 제공하는 새롭고 흥미로운 커뮤니케이션 채널을 만든다. TiVo, 팟캐스팅, 모바일 광고, Web 2.0 기술, 유튜브, 소셜네트워크, 커뮤니티와 같은 것들이 이러한 기술적 진보의 결과라 할 수 있다.

#### TiVo

TiVo[Digital Video Recorder(DVR) 혹은 Personal Video로 알려진]는 VCR처럼 프로그램을 디지털 방식으로 하드디스크에 저장할 수 있다. 그러나 VCR과는 달리, TiVo는 TV 프로그램을 항상 지속적으로 저장할 수 있어, 생방송 TV도 다시보기나 일시정지 기능을 수행할 수 있다. 이 때문에 많은 사람들이 광고를 보지 않고 넘긴 채로 TV 프로그램만을 볼 수 있게 되었는데, 흥미롭게도 고객은 광고를 보지 않기 때문에 TiVo를 선호하기는 하지만, 마케터와 광고주도 TiVo의 상호작용성, 측정 가능성, 긴 형태의 광고로 인해 이를 매력적인 것으로 인식하고 있다.

Charles Schwab & Co.는 2004년 6월 골프선수 Phil Mickelson을 30초간 출연(spot featuring)시켜 TiVo의 새로운 상호작용 기술을 사용한 최초의 금융 서비스 기업이 되었다. 그 광고에서 시청자는 프로골퍼에 의해 소개된 3개의 프로그램을 시청하도록 4분간의 비디오를 보게 된다. 동시에 시청자는 Schwab의 골프 프로그램에 대한 정보를 주문할 수 있다. 광고의 효과는 시청자의 반응에 기초하여 즉각적으로 측정된다.

#### 팟캐스팅

팟캐스팅(Podcasting)이라는 용어는 아이팟(iPod)과 브로드캐스팅(broadcasting)에서 기인한다. 이것은 배포자-구독자(publisher-subscriber, 송신자-수신자 모델이라고도 함-역주) 모델을 활용하여 인터넷으로 오디오나 비디오 프로그램을 분배하는 기술이다. 팟캐스팅은 새로운 배포 방식으로 라디오나 TV 프로그램을 제공한다. 일단 누군가 청취나 시청을 하면 새로운 정보를 자동적으로 받게 된다.

팟캐스팅은 비디오 클립, 휴대폰 다운로드 방송 서비스, 블로그를 위한 오디오나 비디오 캐스트 등과 같은 다양성을 갖고 있어 매우 인기가 높다. 기업 마케팅 커뮤니케이션 프로그램으로서 팟캐스팅을 활용하는 것은 가치가 매우 높다. 왜냐하면 어떤 고객이 특정 프로그램을 시청한다면, 이는 곧 그 고객이 해당 주제에 흥미를 가지고 있다는 것을 의미하기 때문이다. 따라서 팟캐스트는 매우 협소한 주제를 가진 많은 수의 청취자들에게 도달할 수 있는 수단으로, broadcasting보다는 narrowcasting이라는 표현이 더욱 적합할 것이다. 광고 메시지가 더욱 세분화되어 제공될 때, 기업은 지출액 대비 더욱 높은 성과를 거둘 수 있을 것이다.

#### 모바일 광고

모바일 광고는 휴대폰이나 다른 모바일 무선 장치를 통해 광고하는 형태이다. 모바일 광고는 인터넷, 비디오, 문자, 게임, 음악 등을 포함하며, 다소 복잡한 형태이며, SMS, MMS, 모바일 게임 광고, 비디오 혹은 음성메일을 녹음하기 전 음악의 형태로 제공된다. 모바일 광고와 전체적 포지셔닝 시스템의 사용을 통해 고객들은 쇼핑몰에 갈 수 있으며, 쇼핑몰 내에서의 특정 점포를 방문하면 할인, 쿠폰 등을 받을 수 있다는 광고를 접하기도 한다. 소비자들에게 있어 이러한 것들은 무엇을 의미하는가? 이는 소비자들에게 편의를 제공하고, 더 표적화된 광고를 제공할 수 있는 반면, 사생활 침해의 소지가 될 수도 있다.

#### Web 2.0

Web 2.0은 사용자가 콘텐츠를 제작하는 기술이다. 이는 P2P 커뮤니케이션의 힘을 사용한다. 위키페디아와 플릭커, 유튜브, 트위터, 다른 소셜네트워크 등 다양한 매체를 총칭하는 용어이다. Web 2.0에서는 다수의 사용자에 의해 콘텐츠가 생성·업데이트·수정되며, 무료로 공유된다. 가장 중요한 것은 마케터가 이곳에서 공유되는 내용에 대해 통제할 수 없다는 것이다. 따라서 마케터들은 Web 2.0의 특성을 이해하여 마케팅 믹스에 이를 신중히 통합시킬 수 있어야 하며, 때로는 Web 2.0에서의 커뮤니케이션에 참여해야 한다.

#### 유튜브

유튜브는 2005년 2월에 창립되어 2006년 후반에 구글에 의해 인수되었다. 유튜브는 등록된 사용자들이 비디오를 업로드할 수 있고, 비등록 사용자들은 비디오를 볼 수 있으며, 평가를 통한 응답을 게시할 수 있는 웹사이트이다. 2010년 중반 하루 2억 명의 이용객이 유튜브 비디오 클립을 보았으며, 매분, 매시간 유튜브에 새로운 비디오가 업로드되었다. 광고주들은 유튜브의 이러한 장점을 마케팅 커뮤니케이션 수단으로 활용하기 위하여 빠른 움직임을 보였다.

Red Hat의 CEO인 Matthew Szulik는 4년 전 기조연설에서 'Truth Happens'라 불리는 비디오를 사용했는데, 사람들은 그 비디오를 유튜브에서 50,000번 이상 보았다. 현재 이 기업은 자사의 마케팅 커뮤니케이션 도구로 블로그, 잡지, 유튜브를 사용하고 있다.

**그림 7.19** 유튜브의 본사는 캘리포니아, San Bruno, 901 Cherry Avenue에 있다.

## 소셜네트워크와 커뮤니티

페이스북과 링크드인과 같은 소셜네트워크는 마케터들을 위한 학습과 커뮤니케이션의 기회를 제공해 준다. 세컨드 라이프에는 여러 커뮤니티에서 실제처럼 가상 광고 기업과 가상 광고 캠페인이 존재한다.

사회적 네트워크가 유명해지면서, 마케터들은 특정 서비스에 대한 단어의 확산에 있어 가장 영향력 있는 사람을 찾기 위해 커뮤니티 내에서의 네트워크를 분석을 활용하기 시작했다. 이러한 네트워크의 이점을 활용하기 원하는 마케터들은 커뮤니티 내에 마케터를 불청객으로 인식하는 사람이 있음을 기억해야만 한다. 따라서 마케터는 이러한 네트워크에 참여하기 위한 여러 가지 창의적인 방법들 예를 들어 페이스북에서 인기 있는 가상 선물을 통해 구전을 발생시키는 방법 등을 고안해야만 한다.

심지어 미국의 육군도 페이스북에 팬 페이지를 개설하였고 트위터를 시작하였다. 육군의 대변인인 Lindy Kyzer는 "요즘의 젊은 사람들은 저녁 뉴스를 보지 않는다. 그들의 친구들은 트위터나 페이스북을 통해 정보를 공유한다. 우리가 그러한 공간에 없다면, 우리는 육군의 이야기에 대해 말할 수 없다." 그러나 몇몇 고위 사령관은 블로그에 글을 올리거나 페이스북 페이지를 갖고 있더라도, 군인은 군대 내에서 페이스북이나 트위터에 접근할 수 없기 때문에 국방부의 컴퓨터 보안 제한은 소셜네트워크 캠페인에 장애물이 된다. 예를 들어, 이라크에서의 미군 총사령관인 Ray Odierno는 그의 페이스북 페이지에 이라크에서의 사진을 보여주며, 5,000명의 친구를 가지고 있지만, 어떠한 논쟁도 없다. Kyzer에 따르면 보안 제한은 군인들이 블로그와 같은 것을 하지 못하도록 금지하는 것이 아니라 블로그에 그들의 상사에 대한 지식을 적지 못하도록 하는 것이라고 하였다. 그녀는 다음과 같이 말하였다. "사령관은 무슨 일을 하려는지를 알아야 한다. 만약 당신이 분산된 공간에서 블로그를 한다면 군인으로서 글을 쓰고, 당신의 사령관에게 그것을 알려야 한다."

**출처**

D. Fichter, "Seven Strategies for Marketing in a Web 2.0 World," *Marketing Library Services* 21, no. 2, March/April 2007 in http://www.infotoday.com/mls/mar07/Fichter.shtml, accessed March 12, 2012; Podcast, http://en.wikipedia.org/wiki/Podcast, accessed March 12, 2012; Mobile Advertising http://en.wikipedia.org/wiki/Mobile_advertising, accessed March 12, 2012; "YouTube Serves Up 1,000 Million Videos a Day Online," *USA Today*, Gannett Co. Inc., July 16, 2006; For YouTube statistics, see http://ksudigg.wetpaint.com/page/YouTube+Statistics?t=anon, accessed August 2, 2010. "US Army Enlists Facebook, Twitter," on http://www.physorg.com/news160077300.html, published on April 27, 2009, accessed March 12, 2012; Thorsten Hennig-Thurau, Edward C. Malthouse, Christian Friege, Sonja Gensler, Lara Lobschat, Arvind Rangaswamy and Bernd Skiera, "The Impact of New Media on Customer Relationships," *Journal of Service Research* 13, no. 3: 311?330, 2010; Michael Zeisser, "Unlocking the Elusisve Potential of Social Networks," *McKinsey Quarterly*, June (2010): 1-3.

PART II

### 비인적 커뮤니케이션에서 인적 커뮤니케이션으로의 변화

커뮤니케이션 전문가들은 비인적 커뮤니케이션과 인적 커뮤니케이션으로 분류하고 있다. 비인적 커뮤니케이션에서 메시지는 보통 큰 그룹의 소비자층 혹은 잠재고객을 대상으로 하며, 오직 한 방향으로만 메시지가 이동한다. 반면 인적 커뮤니케이션은 특정 개인을 대상으로 하며, 인적판매, 텔레마케팅, 구전 등이 그 예이다. 그러나 기술의 진보는 인적 커뮤니케이션과 비인적 커뮤니케이션의 중간 영역을 만들어 냈다. 평소에 받게 되는 이메일을 생각해 보면, 과거에 자신이 사용했던 특정 제품에 대한 정보나 특수한 상황에 적절한 추천 사항에 대한 정보가 담겨 있음을 알 수 있다. 이와 유사하게, 상호작용적 소프트웨어는 양방향 대화 또한 가능하게 한다. 몇몇 기업들은 움직이고, 말하고 심지어 표현까지도 변화하는 화면 시뮬레이션, 웹 기반 대리인을 사용하고 있다.

기술의 진보와 함께, 소비자들의 의사결정 권한이 점점 더 증가하고 있다. 이러한 발전은 인터넷뿐만 아니라 TV와 라디오의 마케팅 커뮤니케이션을 변화시키고 있다.

**학습목표 7**
서비스 전달 채널에서 유용한 커뮤니케이션 도구 요소에는 어떠한 것들이 있는가?

### 서비스 전달 경로를 통한 메시지의 전달

서비스 전달 경로는 서비스 기업에게 강력하고 비용 효과적인 커뮤니케이션 기회를 제공한다. 메시지는 서비스 판매점, 일선 직원, 셀프서비스 제공과 같은 서비스 전달 경로를 통해 커뮤니케이션된다.

그림 7.20 아르헨티나의 Salentein Winery는 매우 독특한 서비스 스케이프를 보여주고 있다.

#### 서비스 판매점(service outlet)

계획되고 의도되지 않은 메시지는 서비스 전달 환경을 통해 고객에게 전달된다. 비인적 메시지는 배너, 포스터, 표지판, 브로셔, 비디오 스크린, 오디오 등의 형태로 전달된다. 제10장에서 논의하는 '서비스 환경 만들기' 서비스 판매점의 물리적 디자인(이를 우리는 서비스 스케이프라고 부른다)은 고객에게 중요한 메시지를 전달한다.[22] 건물 인테리어와 기업 디자인 컨설턴트는 기업의 포지셔닝을 알리고 강화하며 고객이 긍정적인 서비스 경형을 할 수 있도록 건물의 내 · 외부 디자인의 시각적 요소들을 조정하기 위하여 서비스 스케이프를 디자인할 수 있다(그림 7.20).

#### 고객 서비스 직원

일선 직원은 전화 혹은 면대면, 이메일을 통해 고객들을 접하게 된다. 일선 직원의 커뮤니케이션은 핵심서비스뿐만 아니라 정보 제공, 예약서비스, 결제, 문제해결 등 다양한 부가 서비스의 형태를 취한다. 특히 신규고객은 문제를 해결하거나 효과적인 서비스 이용을 위해 고객 서비스 인력에 의존한다.

일선 직원은 매우 중요한 역할을 담당한다. 제4장에서 논의된 바와 같이 브랜드 자산은 서비스 기업에 대한 고객의 개인적인 경험을 통해 형성된다. 반면 매스 커뮤니케이션은 인지도와 홍미를 형성하는 데 더 적합하다고 볼 수 있다.

### 셀프서비스 전달접점

ATM, 자동 판매기, 웹사이트는 모두 셀프서비스 전달접점의 예라 할 수 있다. 셀프서비스를 촉진하기 위해서는 사용자 편의적으로 설계된(다이어그램을 사용하거나 애니메이션을 통해) 명료한 표지판, 단계적 지침 등이 요구된다. 셀프서비스 전달 접점은 현재 및 잠재고객에 대한 커뮤니케이션과 서비스 교차판매, 새로운 서비스 촉진에 효과적으로 사용된다.

## 조직 외부에서 기인한 메시지

**학습목표 8**
기업 외부에서 기인한 커뮤니케이션 도구 요소에는 어떠한 것들이 있는가?

PART II

기업과 제품에 대한 가장 강력한 메시지는 마케터들에 의해 통제되는 것이 아닌 조직의 외부에서 기인할 수도 있다. 여기에는 구전, 블로그, 미디어 취재 등이 포함된다.

### 구전

구전은 소비자의 서비스 이용 여부에 대한 의사결정에 강력한 영향을 미친다. 이는 기업의 촉진활동보다 다른 소비자들의 추천이 더욱 믿을 만한 것으로 여겨지기 때문인데, 사실 서비스 구매에 있어서 소비자가 위험을 더 크게 인식하면 할수록 자신의 의사결정에 있어 구전에 더 의지하게 된다.[23] 또한 소비자가 특정 기업에 대한 긍정적인 구전을 해 줄 것인지에 대한 문제는 기업의 높은 성장을 예측하는 중요한 단서가 된다.[24] 요즘은 구전의 정도를 측정하고 구전이 브랜드 판매와 시장점유율, 개별 촉진 캠페인 등에 미치는 영향을 검증할 수 있도록 한다.[25]

서비스는 높은 경험속성과 신뢰속성을 가지고 있고, 이로 인해 잠재구매자들에게 높은 지각된 위험을 느끼게 하기 때문에 긍정적인 구전은 특히 서비스 기업에게 매우 중요하다. 실제로 스타벅스와 Mayo Clinic과 같은 많은 성공적인 서비스 기업은 그들의 만족한 고객으로부터의 구전에 의존하여 강력한 브랜드를 구축하였다. 베스트셀러 작가이며, UP Your Service! College의 창립자인 Ron Kaufman은 "만족한 고객은 모두가 믿는 유일한 광고이다."라고 말하였다.[26] 구전은 강력하고 높은 신뢰를 가진 판매 대리인과 같은 역할을 수행하기 때문에 마케터들은 현재 고객들이 긍정적이고 설득적인 코멘트를 하도록 다양한 전략을 사용한다.[27] 여기에는 다음과 같은 것이 포함된다.

- 사람들이 서비스 기업에 대해 이야기할 수 있는 흥미로운 프로모션을 만들 것. Virgin Atlantic Airways의 Richard Branson은 사람들이 그의 항공사에 대해 반복적으로 이야기하도록 하였다. 예를 들어, Branson은 Virgin America Airline을 알리기 위해 407피트의 Las Vegas Hotel에서 제임스 본드의 턱시도를 입고 하강하는 이벤트를 실행하였다. 점점 더 많은 기업들이 짧은 시간에 전세계적인 관심을 얻기 위해 소셜미디어에 창의적인 프로모션을 실시하고 있다.
- 고객들로 하여금 다른 고객들에게 자사의 서비스 이용을 설득하도록 판촉할 것.(예 : "2명의 친구를 데리고 오세요. 1인의 식사는 무료입니다." 또는 "2대의 휴대폰이 서비스에 가입하면 모든 가족원의 매달 가입비는 받지 않겠습니다.")

**그림 7.21** 구전은 효과적인 촉진 수단이 될 수 있다.

- ▶ 새로운 고객을 기업에게 소개해 주는 것에 대한 보상으로 무료 서비스, 바우처, 현금 지급 등을 고객에게 제공하고, 이를 기획할 것(그림 7.21)
- ▶ 다른 구매자나 참고인으로서 해당 서비스를 잘 알고 있는 사람을 활용할 것. 예를 들어, "우리는 기업 ABC를 위한 서비스를 효과적으로 잘 수행하였습니다. 만약 원하신다면 이 프로젝트를 수행한 MIS 관리자인 Cabral 씨에게 문의하시기 바랍니다."
- ▶ 증명서를 제시할 것. 때때로 광고와 브로셔에 만족한 고객의 코멘트를 넣어도 좋다.

WOM에는 컴전(word-of-mouse, 구전이라는 의미에 대비하여 컴퓨터를 통한 구전이라는 의미–역주)의 의미도 함축되어 있다.[28] 바이러스성 마케팅은 확산 속도가 매우 빠르기 때문에, 기업은 이를 간과해서는 안 된다. 바이러스 마케팅의 성공사례로 Microsoft의 Hotmail의 무료 이메일 서비스를 들 수 있다. 이 서비스는 최저 예산으로 18개월 동안 1,200만 명의 이용자가 생겼는데, 이는 이용자들에 의해 보내진 모든 이메일과 함께 Hotmail URL의 판촉메시지가 포함되었기 때문이다. eBay와 다른 경매사이트들은 자사 웹사이트의 신뢰를 형성하기 위해 고객들이 판매자와 구매자의 순위를 평가할 수 있도록 하고 있다.

이메일 외에 구전은 며칠 사이 전 세계로 퍼질 수 있는 채팅, 소셜미디어, 온라인 커뮤니티 등에 의해 확산된다. 기업은 이러한 점을 이용한다. Swipely는 이용자들이 결제할 때마다 쉽게 그들의 구매를 업로드하고, 그들의 친구들도 즉각적으로 거래를 보고, 구매를 논의할 수 있도록 한 기업이다.[29]

서비스 인사이트 7.3에서 논의한 Web 2.0과 소셜네트워크 외에 블로그와 트위터도 인터넷을 통해 전달되는 메시지의 두 가지 중요한 채널이다.

### 온라인 구전의 새로운 형태 – 블로그[30]

블로그, 즉 웹 로그의 인기가 높아지고 있다. 이는 사람들이 좋아하는 것은 무엇이든지 개시할 수 있는 온라인 저널, 일기, 신규목록 등의 형태를 취한다. 블로그 제작자들은 '블로거'라 불리며, 주로 범위가 협소한 주제를 대상으로 한다. 몇몇은 특정 분야에서의 자칭 전문가가 되기도 한다. 블로그는 야구, 성, 가라데, 금융, 회계에 이르기까지 다양한 내용을 담을 수 있다. Hotel.chatter.com(주로 부틱 호텔에 집중)과 같은 여행중심 사이트에서 CruiseDiva.com과 같은 크루즈 산업 관련 보고를 하는 사이트나 pestiside.hu(세계적 부다페스트의 일상요리)에 이르기까지 점차 여행자 중심의 사이트가 늘어나고 있다. Tripadvisor.com과 같은 일부 사이트는 이용자가 후기를 올릴 수도 있으며, 다른 이미 경험한 여행자들에게 질문을 하고 답을 얻을 수 있도록 하고 있다.[31]

마케터는 인터넷에서의 새로운 사회적 상호작용으로 블로그가 진화한 것에 대단한 관심을 가지고 있다. 블로그에서의 커뮤니케이션은 서비스 기업에 대한 소비자의 경험과 측정 기업의 구매 혹은 불매와 같은 추천의 내용을 담고 있다. 블로거는 자신의 블로그에 하이퍼링크를 추가하여 이용자로 하여금 링크를 클릭하도록 하고, 함께 공유하고자 하는 정보에 접근할 수 있도록 하고 있다. 'Citibank and Blog'나 'Charles Schwab and Blog'의 단어를 검색하면 이들 서비스 기업과 연결된 블로그나 블로그들의 전체 리스트를 볼 수 있을 것이다. 점점 더 많은 서비스 기업들이 블로그를 모니터하고 있고 즉각적인 시장 조사와 피드백의 한 형태로 블로그를 살펴보고 있다. 심지어 구글과 같은 몇몇 기업은 자사의 블로그를

**그림 7.22** 구글은 자사의 블로그를 가지고 있다.



운영하고 있다(http://googleblog.blogspot.com, 그림 7.22).

### 트위터[32]

트위터는 이용자들이 다른 이용자들이 업데이트하는 내용을 읽거나 보내는 소셜네트워크와 마이크로 블로그 서비스이다. 트위터는 최고 140자까지 쓸 수 있으며, 트위터 웹사이트, SMS, 또는 외부 애플리케이션을 통해 주고받는다. 2006년 Jack Dorsey에 의해 만들어진 트위터는 전 세계적으로 유명해졌고, 2009년 가장 빠른 성장을 기록한 소셜네트워크 서비스가 되었다. 서비스 기업은 다양한 방법으로 트위터를 사용하기 시작했다. 미국의 케이블 서비스 공급자인 Comcast는 실시간으로 고객들의 질문에 답하기 위해 @comcastcares라는 트위터 계정을 만들었다. Zappos의 CEO는 마치 친구가 된 것처럼 고객들과 상호작용한다. 유명 연예인인 Ashton Kutcher는 이동하는 중에도 그의 팬과 상호작용하며, 항공 회사인 SimpliFlying도 특정 세분 시장에서 스스로를 리더로 만들기 위하여 트위터를 사용한다.

### 매스컴의 보도

온라인 세상의 중요성이 급속하게 증가함에도 불구하고 전통적 미디어 취재도 결코 무시할 수 없다. 종종 뉴스가 될 만한 이벤트는 온라인에서 맨 처음 거론되지만, 나중에는 넓은 범위의 대중 전달을 위해 전통적 미디어에서 보고된다. 기업과 서비스의 미디어 취재는 기업

## 서비스 인사이트 7.4

### 온라인 사생활 침해에 대한 소비자들의 걱정

기술이 진보함에 따라 인터넷은 이용자들의 사생활을 침해할 수 있는 강력한 위협이 되었다. 이메일 이용 고객, 쇼핑고객뿐만 아니라 단지 인터넷 서핑을 하는 고객들, 소셜네트워크에 가입되어 있는 사람들, 심지어 블로그 가입자의 정보까지도 수집되고 있다. 개인은 온라인 사생활 침해를 걱정하고 있으며, 고객 정보 데이터베이스에 대해 점차 두려움을 느끼고 있다. 따라서 고객들은 자신을 보호하기 위해 다음의 여러 방법을 사용한다.

- 자신들에 대한 잘못된 정보제공(자신의 정체 왜곡)
- 웹사이트에서 자신들에 대한 정보를 숨기기 위해 쿠키삭제, 이메일 삭제, 안티스팸필터 사용
- 개인정보공개를 요구하는 웹사이트를 피하고 정보제공을 거절함

고객들의 이러한 반응은 부정확하고 불완전한 CRM 정보를 수집하게 하여 기업의 고객 관계 마케팅의 효과성과 더욱 고객화되고 개인화된 그리고 편리한 서비스의 제공 노력을 감소시킨다. 기업은 소비자의 사생활 침해에 대한 문제를 해결할 수 있는 몇 가지 단계를 행할 수 있다.

- 핵심은 고객이 공정성을 지각하도록 하는 것이다. 마케터는 기업이 수집한 정보를 어떻게 활용하는지, 소비자들이 취급과 결과물을 공정하게 보는지에 대한 주의를 기울여야만 한다. 특히 마케터는 정보교환에 대한 공정성 지각의 촉진, 고객화, 편리함, 개선된 제공과 같은 더 나은 가치를 소비자들에게 지속적으로 제공해야만 한다.
- 만약 매우 민감한 정보가 요청된다면, 그 정보는 거래와 관련 있는 정보임을 고객들이 인식하도록 해야 한다. 따라서 기업은 그 정보가 왜 필요한지, 그러한 정보제공을 통해 고객에게 어떤 혜택이 주어지는 지 등에 대해 명확하게 커뮤니케이션해야 한다.
- 직원들이 고객 개인 정보를 잘못 사용하지 않도록 모든 서비스 직원에게 공정한 정보 활동이 필요하다.
- 기업은 데이터 보호에 대한 매우 높은 윤리적 기준을 가지고 있어야 한다. 기업은 TRUSTe, Better Business Bureau(BBB)와 같은 제3자 인증을 활용하고, 웹사이트에서 프라이버시 마크를 확인할 수 있도록 명확히 제시해야 한다.

출처

M. Lwin, J. Wirtz, and J. D. Williams, "Consumer Online Privacy Concerns and Responses: A Power-Responsibility Equilibrium Perspective," *Journal of the Academy of Marketing Science* 35, no. 2, (2007), 572?585; Jochen Wirtz and May O. Lwin, "Regulatory Focus Theory, Trust, and Privacy Concern," Journal of Service Research 12, no. 2, (2009), 199-207.

의 PR 활동의 일환을 통해서도 이루어지만, 방송사와 출판사의 독자적인 취재를 통해 이루어지기도 한다. 기업과 서비스에 관한 새로운 이야기 외에 매스컴의 보도는 다음의 몇 가지 형태를 취하고 있다. 예를 들어, 기자는 소비자가 최상의 구매를 할 수 있도록 다양한 기업의 제품과 서비스를 비교 및 대조하여 이들의 강점과 약점을 파악하여 알리는 데 책임이 있다. 소비자 연합에서 매월 출판되는 *Consumer Reports*는 소비자가 금융서비스와 텔레커뮤니케이션을 포함하여 다양한 서비스를 평가하여 제공한다. 또한 소비자에게 위험을 끼칠 만한 기업, 과장된 광고, 환경 오염, 개발도상국의 노동 착취 등에 대한 내용을 면밀하게 조사하여 제공하기도 한다. 몇몇 컬럼니스트들은 소비자 불만 처리에 전문화되어 있기도 한다.

### 커뮤니케이션에서 윤리적 문제 그리고 고객의 사생활문제

**학습목표 9**
마케팅 커뮤니케이션에서 윤리적인 이슈 및 소비자 프라이버시 관련 이슈란 무엇인가?

이제까지 기업 관련 정보를 제공하는 데 있어 다양한 커뮤니케이션 도구와 채널에 대해 살펴보았다. 그러나 기업은 커뮤니케이션과 관련되어 있는 윤리적 문제 및 사생활 문제를 고려해야만 한다. 소비자는 서비스에 대해 평가하기 어렵기 때문에 제품과 서비스 정보에 대한 마케팅 커뮤니케이션에 의존할 수밖에 없다. 커뮤니케이션 메시지는 서비스 품질과 서비스 이용에 따른 소비자 혜택을 약속한다. 그러나 이후에 약속이 지켜지지 않았다면, 고객은 사전 기대가 충족되지 않았기 때문에 인해 실망하게 될 것이다.[33]

어떤 비현실적 서비스에 대한 약속은 소비자가 합리적으로 기대하는 서비스 성과 수준과 관련하여 마케팅 인력과 운영기능 사이의 내적 커뮤니케이션이 잘되지 않았기 때문에 발생한다. 어떤 경우에는 비윤리적인 광고주와 판매원이 판매를 늘리기 위해 과장된 약속을 하기도 한다. 결국 사람들이 현실보다 더 좋은 결과를 얻는다고 생각하도록 촉진하는 것이다. 그나마 이러한 비윤리적 마케팅 활동을 감시하는 많은 소비자 감시원(소비자 보호 단체, 특정 산업의 동업조합, 허위사실, 속임수를 파헤치는 저널리스트 등)이 존재하는 것은 다행이다.

사생활 보호는 윤리적 이슈의 또 다른 문제이다. 텔레마케팅, 우편, 이메일의 증가는 그것을 원치 않는 사람에게는 매우 불쾌한 일이다. 만약 당신의 저녁식사 중에 관심도 없는 서비스를 구매하라는 낯선 전화를 받는다면 어떤 느낌이 들겠는가? 비록 관심이 있는 서비스라 할지라도, 당신은 사생활을 침해받았다는 느낌을 받게 될 것이다(서비스 인사이트 7.4).

정부기관과 산업협회에서도 소비자를 보호하기 위해 기업의 이러한 활동에 반대하는 움직임이 증가하고 있다. 미국의 Federal Trade Commission's National Do Not Call Registry는 소비자가 5년의 기간 동안 텔레마케팅 리스트에서 자신의 집 전화번호 및 휴대폰 전화전호를 삭제하도록 하였다. 상업적 텔레마케터로부터 미확인된 전화를 계속 받은 사람들은 이를 고발할 수 있으며, 텔레마케팅 회사는 이러한 위반행위에 대한 무거운 벌금을 물게 된다.[34] 이와 유사하게 Direct Marketing Association은 소비자들이 메일링, 텔레마케팅, 이메일 리스트에서 그들의 이름을 삭제하도록 하였다.[35]

## 기업 디자인의 역할

**학습목표 10**
커뮤니케이션에서 기업 디자인의 역할이란 무엇인가?

지금까지 우리는 디자인을 제외한 커뮤니케이션 미디어와 콘텐츠에 주안점을 두었다. 기업 디자인은 기업의 커뮤니케이션 믹스를 통해 일관된 스타일과 메시지를 전달할 수 있는 핵심이라고 할 수 있다. 기업 디자인은 군중들에게 각인되어야 하고, 어떤 장소에서도 즉각적으로 인식될 수 있는 경쟁적인 시장에서의 기업들에게 특히 중요하다. 당신은 어떤 기업의 색깔, 로고, 직원의 유니폼, 물리적 시설의 디자인 등 때문에 기업이 머릿속에 각인되어 있는가?

PART II

**그림 7.23** Shell 브랜드는 가장 쉽게 알아볼 수 있는 상업적인 글로벌 심볼 중 하나이다.

많은 서비스 기업이 원하는 브랜드 이미지를 강화하고 인식시키기 위한 유형적 요소들을 시각적으로 나타내기 위하여 독특한 디자인을 사용한다. 기업 디자인 전략은 보통 외부 컨설팅 기업에 의해 만들어지고, 표지, 판촉 문구, 유니폼, 차량 색깔, 장비, 건물의 인테리어 등이 포함된다. 다음의 몇 가지 방법을 통해 기업은 사람들에게 기업을 각인시킬 수 있다.

- 많은 기업들이 기업 디자인을 위해 색깔을 사용한다. 만약 당신이 주유소를 찾는다면, BP의 눈에 띄는 밝은 초록색과 노란색부터 찾을 것이다. Texaco의 붉은색과 검은색, 흰색, Sunoco의 푸른색, 밤색, 노란색을 대표적인 예로 들 수 있다.
- 경쟁이 치열한 택배산업의 기업들은 기업명을 기업 디자인의 핵심 요소로 사용한다. Federal Express는 더욱 현대적인 이름인 FedEx라는 차별화된 로고로 기업명을 바꿨다.

- 많은 기업들이 자사의 주요 로고로 기업명보다는 상징을 사용한다. Shell은 붉은색 바탕의 노란 가리비 모양을 활용하여 영어 이름으로 재치 있는 표현을 만들어 냈으며, 이를 통해 자사를 바로 알아볼 수 있도록 만들었다(그림 7.23). 맥도날드의 "황금아치"(그림 7.24)도 세계에서 가장 널리 알려져 있는 기업 상징이며, 매장과 직원 유니폼, 포장, 그리고 모든 기업 커뮤니케이션 자료들에서 나타나고 있다.
- 일부 기업은 자사 브랜드 이름과 함께 무형적, 상징을 만드는 데 성공을 거두었다. 주로 동물을 이용하여 서비스에 대한 물리적 상징을 만들어낸다. US Postal Service, AeroMexico의 독수리와 ING Bank와 Royal Bank of Canada의 사자, T. Rowe Price의 양을 그 예로 들 수 있다.

PART II

그림 7.24 뉴욕 타임스 스퀘어 맥도날드의 황금아치

## 요약

**학습목표 1**

서비스 마케팅 커뮤니케이션의 역할은 다음과 같다.

- 서비스를 포지션시키고 차별화한다.
- 고객이 제공된 서비스를 평가하는 데 도움을 준다.
- 서비스 인력의 공헌에 대해 촉진한다.
- 커뮤니케이션 콘텐츠를 통해 가치를 부가한다.
- 생산에 고객 관여를 촉진시킨다.
- 생산능력 일치를 위해 수요를 확대하거나 감소시킨다.

**학습목표 2**

서비스의 무형성으로 인해 커뮤니케이션의 여러 문제점이 발생한다.

- 추상성-물리적 대상과의 일대일 연결의 어려움
- 보편성-일련의 대상, 사람이나 이벤트를 구성하는 구체적인 항목
- 비탐색성-구매 전에 검사하거나 탐색하지 못함
- 정신적 무형성-이해하기 어려움

무형성으로 인해 발생되는 커뮤니케이션 문제를 극복하는 방법은 다음과 같다.

- 추상성-서비스 소비 에피소드를 사용하거나 소비자의 전형적인 서비스 경험을 보여줌
- 보편성-객관적인 주장을 위해 서비스 전달 시스템에 관한 통계나 정확한 사실, 문서 등을 활용. 주관적인 주장을 위해 적시 배달 소포 수와 같은 과거 성과 실적을 인용. 서비스 직원에 의해 수행된 실제 서비스 전달 과정을 제시 서비스 성과 에피소드도 사용할 수 있음
- 비탐색성-서비스를 경험해 본 소비자에 의한 추천장과 같은 소비 문서화를 활용. 높은 신뢰속성을 가진 서비스의 경우 수여받은 상이나 서비스 제공자의 자격 요건과 같은 명성을 나타내는 문서를 사용
- 정신적 무형성-서비스를 경험하는 동안 발생되는 일에 대한 정확한 서비스 프로세스 사례를 제시. 또는 고객의 문제점을 어떻게 해결하였고, 특정 고객을 위해 회사가 무엇을 하였는지 실제 과거 사례를 제시. 서비스에 대한 고객의 경험을 묘사하는 서비스 소비 사례 제시

**학습목표 3**

서비스 커뮤니케이션의 문제를 이해했다면, 서비스 마케터들은 효과적인 커뮤니케이션 전략을 수립하고, 설계해야 한다. 서비스 마케터들은 서비스 커뮤니케이션 계획 수립에 5Ws 모델을 활용할 수 있다.

- 표적고객이 누구인가(*who*)? 그들은 잠재고객인가, 이용고객인가, 직원인가?
- 무엇을 커뮤니케이션하고, 달성해야 하는가(*what*)? 구매 전, 서비스 접점, 또는 구매 후 단계에서의 소비자 행동과 관련되어 있는 목적인가?
- 이를 어떻게 커뮤니케이션해야 하는가(*how*)? 어떤 매체 믹스를 사용해야 하는가?
- 이를 어디에서 커뮤니케이션해야 하는가(*where*)?
- 언제 커뮤니케이션이 이루어져야 하는가(*when*)?

**학습목표 4**

커뮤니케이션 목적을 달성하기 위해, 다양한 커뮤니케이션 채널을 사용할 수 있다.

- 전통적 마케팅 채널(예 : 광고, 텔레마케팅)
- 인터넷(예 : 기업의 웹사이트, 온라인 광고)과 새로운 매체(예 : 유튜브, 소셜네트워크와 같은 Web 2.0)
- 서비스 전달 채널(예 : 서비스 판매점과 일선 직원)
- 조직 외부로부터 기인한 메시지(예 : 구전, 미디어 취재)

**학습목표 5**

전통적인 마케팅 채널은 광고(advertising), PR(public relations), 직접마케팅(승인마케팅), 판매촉진(sales promotions), 인적판매, 전시회(tradeshow) 등을 포함한다. 이러한 커뮤니케이션 요소들은 기업이 시장에서 독특한 포지션을 차지하도록 하고, 잠재고객에게 도달할 수 있도록 한다.

**학습목표 6**

인터넷 커뮤니케이션 채널은 기업의 웹사이트와 온라인 광고(배너광고, 검색엔진 광고)를 포함한다.

- 인터넷 기술의 개발은 승인마케팅과 고도로 세분화된 온라인 광고와 같은 혁신을 가능하게 하였다.
- 비인적 커뮤니케이션과 인적 커뮤니케이션의 경계를 흐린 새로운 매체 커뮤니케이션은 TiVo, 팟캐스팅, 모바일 광고, Web 2.0, 소셜네트워크와 커뮤니티 등이 포함된다.

**학습목표 7**

보통 서비스 기업은 그들의 고객에게 비용효과적으로 도달하기 위해 서비스 전달 채널과 판매점의 환경을 통제한다(예 : 일선 서비스 직원과 서비스 판매점, 셀프서비스 제공점 등을 통해).

**학습목표 8**

가장 강력한 메시지는 조직 외부로부터 기인하는 경우도 있으며, 이 경우는 마케터에 의해 통제 불가능하다. 여기에는 구전, 블로그, 트위터, 소셜미디어, 전통적 매체의 취재 등이 있다.

- ㅇ 일반적으로 기업으로부터 기인한 커뮤니케이션보다 다른 고객들의 추천이 보다 신뢰 있는 정보로 간주된다. 특히 고위험 구매의 잠재고객들에게 더욱 그러하다.
- ㅇ 기업은 흥미 있는 촉진 전략을 사용하거나, 추천인 보상 프로그램, 참고인 등의 방법을 통해 고객들의 구전을 촉진할 수 있다.

**학습목표 9**

기업의 커뮤니케이션 전략을 설계할 때, 기업은 커뮤니케이션의 윤리적/개인 사생활 보호의 문제(텔레마케팅 혹은 이메일을 통한 사생활 침해)를 신중하게 고려해야 하며, 이용고객 및 가망고객의 개인정보를 보호해야 한다.

**학습목표 10**

커뮤니케이션 미디어와 콘텐츠 외에 기업 디자인도 고객의 마음속에 통일된 이미지를 각인시키기 위한 핵심 요소이다. 좋은 기업 디자인은 모든 커뮤니케이션 믹스 요소, 책자, 표지, 유니폼, 차량, 장비, 건물 인테리어를 포함한 유형적 요소에 통일된 그리고 독특한 시각적 요소를 활용한다.

## 학습 키워드

이 키워드들은 각 학습목표 절에서 확인할 수 있다. 그들은 각 절에서 학습하는 서비스 마케팅 개념을 이해하기 위하여 필수적인 것이다. 이 키워드들의 개념과 어떻게 이들을 이용할 것인가를 잘 아는 것이 이 과정을 잘 마치고, 실제 외부의 경쟁시장 환경에서 실무적으로 실행하는 데 필수적이다.

**학습목표 1**

1. 부가가치
2. 생산능력
3. 커뮤니케이션
4. 고객관여도
5. 수요
6. 차별화
7. 포지션
8. 촉진과 교육
9. 가치제안

**학습목표 2**

10. 추상성
11. 광고 전략
12. 과거 사례
13. 소비 문서화
14. 보편성
15. 무형성
16. 정신적 무형성
17. 은유
18. 비탐색성
19. 성과 문서화
20. 명성 문서화
21. 서비스 소비 에피소드
22. 서비스 성과 에피소드
23. 서비스 프로세스 에피소드
24. 시스템 문서화
25. 유형적 단서

**학습목표 3**

26. 5Ws 모델
27. 커뮤니케이션 목적
28. 직원
29. 가망고객
30. 표적 청중
31. 이용자

**학습목표 4**

32. 광고
33. 기업디자인
34. 교육지침서
35. 마케팅 커뮤니케이션 믹스
36. 인적 커뮤니케이션
37. 공중관계
38. 홍보
39. 판매촉진
40. 메시지의 원천

**학습목표 5**

41. 광고
42. 직접 마케팅
43. 스팸성 전화차단(Do Not Call Registry)
44. 승인 마케팅
45. 인적판매
46. 공중관계
47. 판매촉진
48. 세컨드 라이프(Second Life)
49. 텔레마케팅
50. 전시회
51. 전통적 마케팅 채널

**학습목표 6**

52. AdWords
53. 배너광고
54. 클릭률
55. 기업의 웹사이트
56. 콘텐츠 광고
57. 눈길(eyeball)
58. 구글

59. 인터넷
60. 모바일 광고
61. 온라인 광고
62. Pinstorm
63. 팟캐스팅
64. 검색엔진 광고
65. skyscraper
66. 소셜네트워크와 커뮤니티
67. 스폰서 링크
68. TiVo
69. Web 2.0
70. 유튜브

**학습목표 7**

71. ATM
72. 일선 직원
73. 셀프서비스 전달점
74. 서비스 판매점
75. 서비스 스케이프
76. 자동판매기

**학습목표 8**

77. 블로그
78. 미디어 취재
79. 온라인 커뮤니티
80. 추천
81. 추천 보상 계획
82. 단문메시지 서비스
83. 소셜미디어
84. 증명서
85. 트위터
86. 바이러스 마케팅
87. 구전

**학습목표 9**

88. 소비자 사생활
89. 윤리적
90. 온라인 사생활
91. 과대약속
92. 개인적 사생활
93. 비윤리적 광고

**학습목표 10**

94. 색깔
95. 기업 디자인
96. 로고
97. 상징

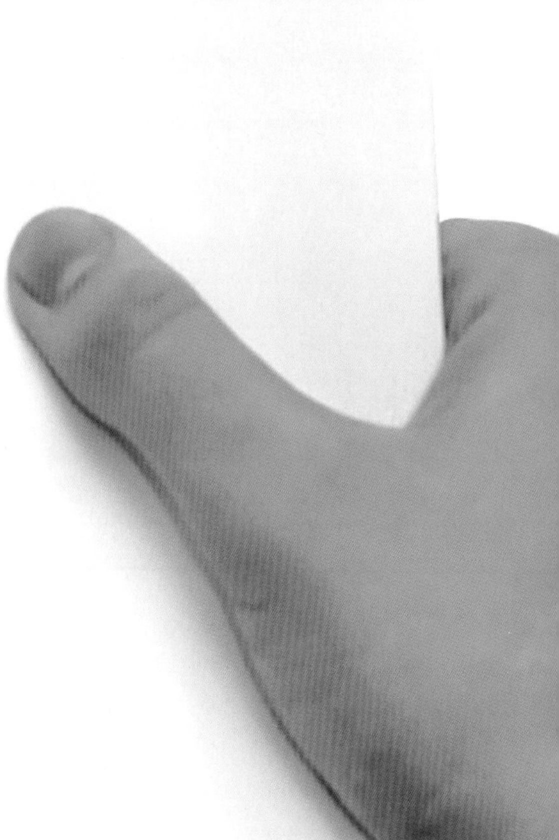

## 학습 문제

1. 서비스 커뮤니케이션의 목적은 제품 마케팅과 어떻게 다른가? 서비스 상황에서 교육과 촉진의 목적에 대해 설명하고, 각각의 목적에 해당하는 구체적인 예를 들어 보시오.
2. 서비스 커뮤니케이션의 문제는 무엇이며, 이를 극복하는 방법을 무엇인가?
3. 제품 마케팅보다 서비스 마케팅 커뮤니케이션 믹스가 더 방대한 이유는 무엇인가?
4. 인적판매, 광고, 홍보가 (a) 새로운 고객의 판매점 방문을 유도하고, (b) 기존 고객을 유지하는 데 어떠한 역할을 하는가?
5. 온라인 마케팅의 다른 형태는 무엇인가? (a) 온라인 브로커와 (b) LA의 새로운 나이트클럽을 위한 가장 효과적인 온라인 마케팅 전략은 무엇이라고 생각되는가?
6. 서비스 기업의 커뮤니케이션 전략에서 승인 마케팅은 왜 중요한가?
7. 서비스 마케팅에서 구전이 중요한 이유는 무엇인가? 우수한 서비스 기업이 구전을 유도하고 관리하는 방법은 무엇인가?
8. 기업을 차별화하기 위하여 기업 디자인을 어떻게 사용할 수 있는가?

## 참고문헌

1 JD Power' s Consumer Center website includes ratings of service providers in finance and insurance, health care, telecommunications, and travel, plus useful information and advice. See http://www.jdpower.com/, accessed March 12, 2012.

2 Starbucks story on how coffee beans are grown and harvested, http://www.starbucks.com/#/coffee-journey, accessed March 12, 2012.

3 For a useful review, see Kathleen Mortimer and Brian P. Mathews, "The Advertising of Services: Consumer Views v. Normative Dimensions," *The Service Industries Journal* 18, (July 1998): 14-19. See also James F. Devlin and Sarwar Azhar, "Life Would Be a Lot Easier If We Were a Kit Kat: Practitioners' Views on the Challenges of Branding Financial Services Successfully," *Brand Management* 12, no. 1 (2004): 12-30.

4 Banwari Mittal, "The Advertising of Services: Meeting the Challenge of Intangibility," *Journal of Service Research* 2, (August 1999): 98-116.

5 Banwari Mittal and Julie Baker, "Advertising Strategies for Hospitality Services," *Cornell Hotel and Restaurant Administration Quarterly* 43, (April 2002): 51-63.

6 Donna Legg and Julie Baker, "Advertising Strategies for Service Firms," in *Add Value to Your Service*, ed., C. Surprenant (Chicago: American Marketing Association, 1987), 163-168. See also Donna J. Hill, Jeff Blodgett, Robert Baer, and Kirk Wakefield, "An Investigation of Visualization and Documentation Strategies in Service Advertising," *Journal of Service Research* 7, (November 2004): 155-166; Debra Grace and Aron O' Cass, "Service Branding: Consumer Verdicts on Service Brands," *Journal of Retailing and Consumer Services* 12, (2005): 125-139.

7 Banwari Mittal, "The Advertising of Services: Meeting the Challenge of Intangibility," *Journal of Service Research* 2, (August 1999): 98-116.

8 "The Future of Advertising?The Harder Hard Sell," *The Economist* (June 24, 2004).

9 "The Future of Advertising?The Harder Hard Sell," *The Economist* (June 24, 2004).

10 Penelope J. Prenshaw, Stacy E. Kovar, and Kimberly Gladden Burke, "The Impact of Involvement on Satisfaction for New, Nontraditional, Credence-Based Service Offerings," *Journal of Services Marketing* 20, no. 7 (2006): 439-452.

11 "Got Game: Inserting Advertisements into Video Games Holds Much Promise," *The Economist* (June 9, 2007): 69.

12 Seth Godin and Don Peppers, *Permission Marketing: Turning Strangers into Friends and Friends into Customers.* New York: Simon & Schuster, 1999; Ray Kent and Hege Brandal, "Improving Email Response in a Permission Marketing Context," *International Journal of Market Research* 45, (Quarter 4, 2003): 489-503.

13 Gila E. Fruchter and Z. John Zhang, "Dynamic Targeted Promotions: A Customer Retention and Acquisition Perspective," *Journal of Service Research* 7, (August 2004): 3-19.

14 Ken Peattie and Sue Peattie, "Sales Promotion?A Missed Opportunity for Service Marketers," *International Journal of Service Industry Management* 5, no. 1 (1995): 6-21.

15 M. Lewis, "Customer Acquisition Promotions and Customer Asset Value," *Journal of Marketing Research* XLIII, (May 2006): 195-203.

16 For instructions on how to register, refer to https://www.donotcall.gov/register/registerinstructions.aspx, accessed on March 12, 2012.

17 Dana James, "Move Cautiously in Trade Show Launch," *Marketing News*, November 20, 2000, 4, 6; Elizabeth Light, "Tradeshows and Expos?Putting Your Business on Show," *Her Business*, March?April 1998, 14-18; and Susan Greco, "Trade Shows versus Face-to-Face Selling," *Inc.*, May 1992, 142.

18 Stefan Lagrosen, "Effects of the Internet on the Marketing Communication of Service Companies," *Journal of Services Marketing* 19, no. 2 (2005): 63-69.

19 Paul Smith and Dave Chaffey, *eMarketing Excellence.* Oxford, UK: Elsevier Butterworth-Heinemann, 2005, 173.

20 "The Future of Advertising?The Harder Hard Sell," *The Economist* (June 24, 2004).

21 Catherine Seda, *Search Engine Advertising: Buying Your Way to the Top to Increase Sales (Voices That Matter)*, Indianapolis, IN: New Riders Press, 2004, 4-5.

22 Mary Jo Bitner, "Servicescapes: The Impact of Physical Surroundings on Customers and Employees," *Journal of Marketing* 56, (April 1992): 57-71.

23 Harvir S. Bansal and Peter A. Voyer, "Word-of-Mouth Processes within a Services Purchase Decision Context," *Journal of Service Research* 3, no. 2 (November 2000): 166?177. Malcom Gladwell explains how different types of epidemics, including word-of-mouth epidemics, develop. Malcom Gladwell, *The Tipping Point*, Little, NY: Brown and Company, 2000, 32.

24 Frederick F. Reichheld, "The One Number You Need to Grow," *Harvard Business Review* 81, no. 12 (2003): 46-55.

25 See Jacques Bughin, Jonathan Doogan and Ole Jorgen Vetvik, "A New Way to Measure Word-of-Mouth Marketing," *McKinsey Quarterly* (April 2010): 1-9.

26 http://www.upyourservice.com/quotes-on-service-by-ron-kaufman?view=quotes&type=2&page=1, accessed March 12, 2012.

27 Jochen Wirtz and Patricia Chew, "The Effects of Incentives, Deal Proneness, Satisfaction and Tie Strength on Word-of-Mouth Behaviour," *International Journal of Service Industry Management* 13, no. 2 (2002): 141-162; Tom J. Brown, Thomas E. Barry, Peter A. Dacin, and Richard F. Gunst, "Spreading the Word: Investigating Antecedents of Consumers' Positive Word-of-Mouth Intentions and Behaviors in a Retailing Context," *Journal of the Academy of Marketing Science* 33,
no. 2 (2005): 123-138; John E. Hogan, Katherine N. Lemon, and Barak Libai, "Quantifying the Ripple: Word-of-Mouth and Advertising Effectiveness," *Journal of Advertising Research* (September 2004): 271-280.

28 Joseph E. Phelps, Regina Lewis, Lynne Mobilio, David Perry, and Niranjan Raman, "Viral Marketing or Electronic Word-of-Mouth Advertising: Examining Consumer Responses and Motivations to Pass Along Emails," *Journal of Advertising Research* (December 2004): 333-348; Palto R. Datta, Dababrata N. Chowdhury and Bonya R. Chakraborty, "Viral Marketing: New Form of Word-of-Mouth through Internet," *The Business Review* 3, no. 2 (Summer 2005): 69-75.

29 "Selling Becomes Sociable," *The Economist* (September 11, 2010).

30 This section draws from Lev Grossman, "Meet Joe Blog," *Time*, June 21, 2004, 65; S. C. Herring, L. A. Scheidt, E. Wright, and S. Bonus, "Weblogs as a Bridging Genre," *Information, Technology & People* 18, no. 2 (2005): 142-171.

31 Steven Kurutz, "For Travelers, Blogs Level the Playing Field," *New York Times*, August 7, 2005, TR-3.

32 http://en.wikipedia.org/wiki/Twitter, accessed March 12, 2012.

33 Louis Fabien, "Making Promises: The Power of Engagement," *Journal of Services Marketing* 11, no. 3 (1997): 206-214.

34 www.donotcall.gov/default.aspx, accessed March 12, 2012.

35 https://www.dmachoice.org, accessed March 21, 2011.

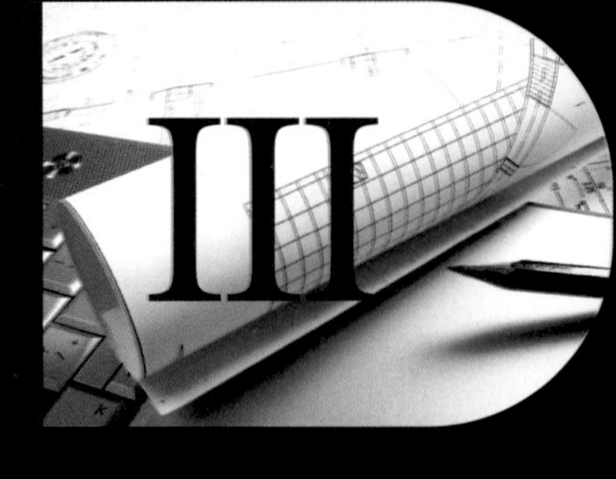


# 서비스 마케팅 체계

**제1부 서비스 상품, 소비자, 시장의 이해**

- 제1장 서비스 마케팅 개관
- 제2장 서비스 상황에서의 소비자 행동
- 제3장 경쟁 시장에서의 서비스 포지셔닝

**제2부 4Ps의 서비스 적용**

- 제4장 서비스 상품 개발 : 핵심 요소와 보조 요소
- 제5장 물리적 및 전자적 경로를 통한 유통
- 제6장 가격설정과 수익 관리
- 제7장 서비스 촉진과 고객교육

**제3부 고객접점의 설계와 관리**

서비스 마케팅의 추가적인 3Ps

- 제8장 서비스 프로세스의 설계와 관리
- 제9장 수요와 생산능력의 균형
- 제10장 서비스 환경의 구축
- 제11장 서비스 우위를 위한 인적 관리

**제4부 고객 관계의 개발**

- 제12장 관계 관리와 충성도 구축
- 제13장 고객 불평 관리와 서비스 회복

**제5부 서비스 우수성을 위한 노력**

- 제14장 서비스 품질 및 생산성 개선
- 제15장 서비스 리더십을 위한 조직화

# 고객접점의 설계와 관리

제3부는 고객과 서비스 기업 사이의 인터페이스 관리를 중점적으로 다룬다. 또한 서비스 마케팅에만 있는 추가적인 3P(Process, Physical environment, People)를 소개한다. 제3부는 다음과 같이 네 장으로 구성된다.

## 제8장 서비스 프로세스의 설계와 관리

이 장은 효과적인 서비스 전달 프로세스의 설계로 시작한다. 그것은 운영 시스템과 전달 시스템이 약속된 가치 제안을 창출하기 위하여 서로 어떻게 연결되는지를 보여준다. 고객들은 아주 흔하게 공동 제작자로서 서비스 창출에 참여하고, 프로세스는 그들의 서비스 경험이 된다.

## 제9장 수요와 생산능력의 균형

이 장은 프로세스 관리에 대한 이해를 계속하고, 가능한 생산 능력 대비 고객 수요의 수준 및 타이밍의 조절뿐만 아니라 광범위한 수요 변동을 관리하는 방법을 다룬다. 훌륭히 관리된 수요와 서비스 생산능력은 고객이 덜 기다릴 수 있는 원활한 프로세스로 이끈다. 수요 관리에 관한 마케팅 전략은 수요 변동의 완화와 예약제 및 대기 시스템을 통한 수요의 재고화 등을 포함한다. 다른 세분 시장에 속한 고객의 동기에 대한 이해는 성공적인 수요 관리를 위한 주요 요소이다.

## 제10장 서비스 환경의 구축

이 장은 서비스 스케이프라 알려진 물리적 서비스 환경에 초점을 맞춘다. 그것은 올바른 인상을 만들고 효과적인 서비스 전달 프로세스를 실행하기 위하여 설계되어야 한다. 그것은 기업에 대한 고객의 이해에 상당한 영향을 미치고, 서비스 프로세스를 통해 고객들의 행동을 가이드하고, 기업의 서비스 품질과 포지셔닝을 가능할 수 있는 힌트들을 제공하기 때문에 서비스 스케이프는 주의 깊게 관리되어야 한다.

## 제11장 서비스 우위를 위한 인적 관리

이 장은 많은 서비스 기업과 인력의 요소를 정의하는 것을 소개한다. 많은 서비스는 고객과 서비스 인력 사이의 직접적인 상호작용을 요구한다. 이러한 상호작용의 본질은 고객이 서비스 품질을 지각할 때 많은 영향을 미친다. 그러므로 서비스 기업은 종업원의 채용, 교육훈련, 그리고 동기부여에 많은 노력을 기울여야 한다. 성과가 좋은 행복한 종업원은 종종 기업의 경쟁우위의 원천이다.

CHAPTER 8

# 서비스 프로세스의 설계와 관리

## 학습목표

이 장을 학습하게 되면 학생들은 다음의 내용을 이해하게 될 것이다.

- **학습목표 1** 서비스 플로차트란 무엇인가?
- **학습목표 2** 플로차트와 청사진의 차이점은 무엇인가?
- **학습목표 3** 대표적인 서비스 디자인 요소로 어떻게 서비스 프로세스를 위한 청사진을 개발할 수 있는가?
- **학습목표 4** 서비스 프로세스에서 실패점을 설계하기 위해 어떻게 실패 점검을 활용할 수 있는가?
- **학습목표 5** 고객 서비스 프로세스를 위한 서비스 표준과 성과 목표를 어떻게 설계하는가?
- **학습목표 6** 왜 서비스 재설계가 필요한가?
- **학습목표 7** 서비스 프로세스 재설계가 서비스 품질과 생산성 향상에 어떤 영향을 미치는가?
- **학습목표 8** 공동생산자로서의 서비스 고객의 개념 및 그 시사점은 무엇인가?
- **학습목표 9** 고객이 새로운 셀프서비스 기술(SSTs)을 수락하거나 거절하도록 하는 요인은 무엇인가?
- **학습목표 10** SST의 수용을 포함하여 서비스 프로세스에서 소비자의 행동 변화를 위한 소비자 저항을 어떻게 관리할 것인가?

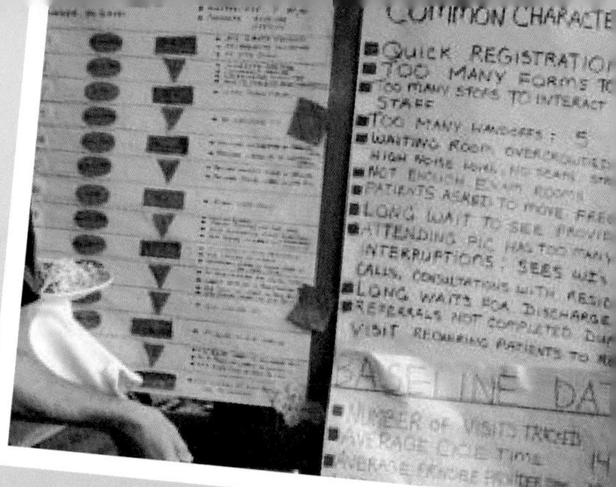


# 도입 사례

## 병원 운영의 고객 서비스 재설계

병원 내 작은 분과인 FMFP(Family Medicine Faculty Practice, 가정의학과)의 운영은 순조롭지 않았다. 환자들의 대기 시간은 너무 길었고, 진료 가능 시간은 턱없이 부족했으며, 대기 장소 또한 기다리는 환자들로 인해 자주 붐비는 상황이었다.

병원장인 Dr. Schwartz와 부원장인 Dr. Bryan은 병원 프로세스 재설계에 특화된 컨설팅 기업인 Coleman Associates와 함께 이 상황을 변화시키고자 하였다. 4일 동안 Coleman Associates 팀은 병원 직원들과 밀접하게 협력하며 근본적으로 병원 근무 프로세스를 재설계하고자 하였다. 이는 엄청난 변화였다. 월요일 오전에 시작된 재설계가 금요일 아침에는 완전히 새로운 병원 운영 방식으로 바뀌었다!

### 재설계된 서비스 모델

FMFP에는 12명의 직원이 있고, 이 중 9명은 보조직원이며, 3명은 의사이다. 의사 1명당 3명의 보조직원이 할당되어 있는 상태이며, 이는 의사 1명당 4.8명의 보조직원 할당이라는 평균치보다 적은 수치였다. 재설계의 핵심적인 부분으로서, 직원들은 3개의 PCT(Patient Care Teams)로 재조직화되었다. 각각의 PCT는 환자들을 위한 원스톱 쇼핑과 같은 역할을 하는 의사, 의료 보조자, 접수원으로 구성되어 있다. PCT는 접수, 수납, 진료기록 정리, 다음 예약 접수, 보험 대상자 확인, 그외 모든 환자의 거래를 포함하여 환자들과 관련된 모든 일을 담당하였다.

3개의 PCT는 3명의 후방인력을 공유한다. 진료기록 관리자, 전화접수원, 흐름관리자(flowmaster)는 3개 팀 중 특별히 하나의 팀에 할당되어 있지 않다. 진료 기록 관리자는 24시간 진료에 앞서 진료 기록 작성을 담당하며, 업무가 적체되지 않도록 진료 결과를 실시간으로 차트에 기록한다. 환자가 FMFP(가정의학과)에 전화를 하면, 그 전화에 대한 응대는 전화접수원이 담당한다. 흐름관리자는 가능한 빨리 환자를 대기장소에서 진료실로 그리고 밖으로 이동시키는 역할을 담당한다. 흐름관리자는 환자들의 정확한 대기시간을 위해 각 PCT의 의료보조자와 커뮤니케이션한다. 기본적으로 흐름관리자는 모든 방문객의 90%가 병원 방문시간을 45분 내로 유지할 수 있도록 병원 내에서 발생하는 모든 흐름상의 문제를 해결한다.

재설계 이후, 전화접수원은 직접 전화 접수를 하거나, 관련 PCT 접수원에게로 전화를 돌린다. 향후 그들은 전화접수원 업무의 혼잡도를 줄이기 위해 각 PCT로 연결되는 직통 전화를 구축할 계획이었다. 접수원은 환자의 전화를 받으면서 동시에 방문객의 진료 기록을 작성하기 위해 무선 전화를 사용하였고, 즉각적으로 차트를 기록함으로 인해 차트 분실 발생도 줄일 수 있게 되었다.

진료를 예약하는 동안 환자가 접수원에게 질문이 있다면, 즉각적인 답변을 위해 PCT의 의료보조자와 함께 휴대용 무선전화기를 통해 직접적으로 커뮤니케이션할 수 있었고, 이를 통해 실시간으로 업무를 처리할 수 있었고, 업무가 지연되어 밀리는 일도 발생하지 않았다.

새로운 도구와 장비들을 통해 FMFP의 가용 자원을 확대할 수 있었다. 각 대기장소에 있는 디지털 바닥 체중계는 성인 환자의 몸무게를 빠르고 사적으로 측정할 수 있게 하여, 따로 바이털 측정 장소에 갈 필요가 없게 하였다. 사실 모든 업무는 진료실에서 이루어지지만, 재설계의 원칙은 다음의 내용을 반영하고 있다. "우리의 업무가 아닌 환자를 중심으로 업무를 조직화하라."

PCT의 구성원들은 각각의 다른 구성원들과 직접적으로 커뮤니케이션하기 위해 휴대용 무선 전화를 사용한다. 스태프들은 PCT에서 매일 함께 일하며 더 많은 경험을 얻기 때문에, 환자의 다양한 상황을 관리하는 데 있어 더 숙련되고 더 강해지게 되었다. 재설계 기간 동안 서류 더미들은 사라진 것처럼 보였다.

FMFP(가정의학과)의 직원들은 이전보다 더 열심히 일 할 뿐만 아니라 더 나은 결과와 새로운 프로세스에 대해 만족한 환자들로부터 받는 칭찬에 훨씬 더 기뻐하게 되었다.

출처
http://www.patientvisitredesign.com/index.html, accessed March 12, 2012.

PART III

**학습목표 1**
서비스 플로차트란 무엇인가?

## 고객 서비스 프로세스 플로차트 작성

고객의 관점에서 서비스는 경험이다(고객센터에 전화하거나 도서관에 방문하는 등). 한편 조직 관점에서 서비스는 바람직한 고객 경험을 창출하기 위해 설계하고 관리해야 하는 프로세스라고 할 수 있다. 프로세스는 서비스가 어떻게 이루어지고, 연결되며, 어떻게 고객의 경험을 창출하는지를 구체적으로 명시한 단계들이라고 할 수 있다. 고접촉 서비스의 경우, 고객은 서비스 운영의 일부이며 프로세스 자체는 고객들의 경험이 된다. 잘못 설계된 프로세스는 결과가 느리거나, 실망스럽거나, 혹은 매우 낮은 품질의 서비스가 전달되기 때문에 고객을 화나게 하고, 또한 일선 직원이 그들의 업무를 잘 수행하지 못하게도 하며, 결과적으로 낮은 생산성과 서비스 실패의 위험까지도 낳게 된다.

### 서비스 프로세스를 설명하는 단순한 도구로서의 플로차트

플로차트는 고객에게 서비스를 제공하는 데 있어서 서로 다른 단계의 순서와 특징을 보여줄 수 있는 기법이며, 전체적인 고객 서비스 경험을 이해하는 방법이다. 서비스 조직에서 소비자가 갖게 되는 접점의 순서를 플로차트로 작성함으로써 우리는 현재 서비스에서 의미 있는 시사점을 얻을 수 있다.

특정 서비스의 플로차트를 만드는 것은 고객이 사용하는 핵심서비스의 단계와 핵심상품을 보조하는 서비스 요소를 사용하는 단계를 구별하는 데 매우 유용한 방법이다(제4장에서 논의한 서비스 플라워 모델 참조). 예를 들어, 레스토랑에서 음식과 음료는 핵심상품의 일부이고, 예약, 발렛파킹, 코트 룸, 에스코트, 주문 메뉴, 계산, 지불, 화장실 사용 등은 보조서비스에 포함된다. 만약 당신이 다양한 서비스를 위한 플로차트를 작성한다면, 핵심상품은 모두 다르더라도 정보제공, 계산, 예약, 주문, 문제해결 등의 공통적인 보조 요소가 있다는 것을 알 수 있을 것이다.

플로차트는 제1장에서 보여준 서비스의 네 가지 범주(사람에 대한 처리, 소유물에 대한 처리, 정신적 자극에 대한 처리, 정보에 대한 처리) 각각에 대해 고객이 관여되는 정도가 다르다는 것을 보여준다. 각 범주에 대한 예(모텔 투숙, DVD 플레이어 수리, 일기예보, 건강보험 구매)를 살펴보자. 그림 8.1은 각 네 가지 시나리오에 포함되어 있는 프로세스를 보여준다. 당신이 고객이라고 가정해 보고, 서비스 전달 프로세스와 서비스 접점 직원의 유형에 대한 당신의 관여도를 생각해 보자.

- **모텔 투숙(사람에 대한 처리)** 늦은 저녁, 먼 여행길에 점점 피곤해진다. 빈방이 있다는 사인을 확인하고, 가격도 합리적이다. 깨끗하게 치장된 건물과 잘 정돈된 주변을 확인하면서 차를 주차한다. 프론트에 들어섰을 때 친절한 직원이 반겨주며 방 열쇠를 건네준다. 방 앞쪽으로 차를 주차하고 안으로 들어간다. 샤워를 한 후에 잠자리에 든다. 숙면을 취한 후, 아침에 일어나서 샤워하고, 옷을 입고, 짐을 꾸린다. 프론트에 가서 무료 커피, 주스, 도넛을 먹고, 키를 돌려주고, 가격을 지불하고 출발한다.
- **DVD 수리(소유물에 대한 처리)** DVD 플레이어를 사용하는데, TV 화면의 해상도가 좋지 않다. 짜증이 난 나머지 인근지역에 수리점이 있는지 확인해 본다. 수리점에서 깔끔하게 단장된 수리공이 DVD를 세심하고 빠르게 살핀다. 수리공은 그 DVD가 수리와 청

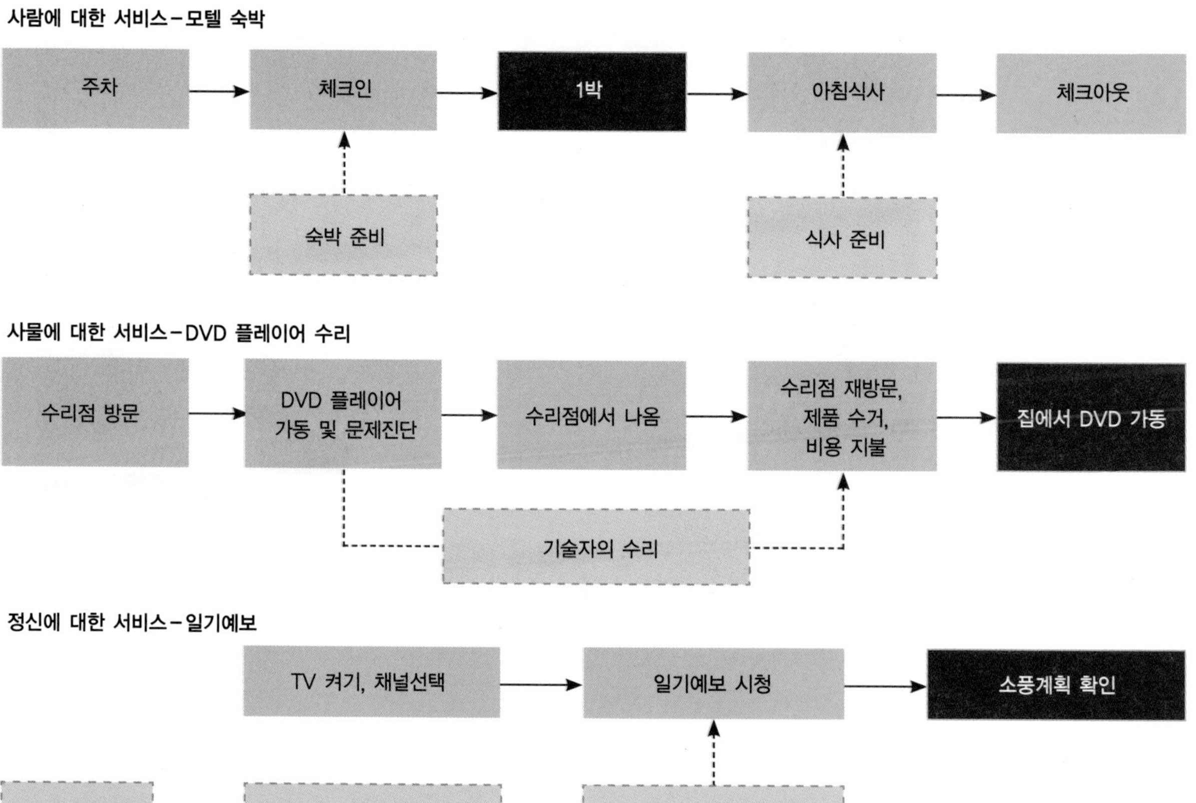


**그림 8.1** 다양한 서비스 전달에 대한 플로차트

소가 필요하다고 이야기하고, 당신은 그의 프로다운 태도에 감동한다. 가격도 합리적이다. 수리에 대한 3개월의 보증을 약속받고, 3일 내로 수리될 것이라는 답변을 듣는다. 수리공은 DVD를 가지고 사무실 뒤편으로 사라지며, 당신은 그 자리를 나선다. 물건을 찾으러 갔을 때, 수리공은 수리내역을 설명하고, 잘 작동되는지를 보여준다. 당신은 가격을 지불하고 DVD와 함께 가게를 떠난다. 집으로 돌아왔을 때, 플레이어를 작동시키고 화질이 좋아진 것을 확인한다.

▶ **일기예보(정신적 자극에 대한 처리)** 당신이 공원으로 소풍을 가려고 한다. 그러나 친구들 중 한명이 주말에 매우 추울 것이라는 예보를 들었다고 말한다. 저녁에 집에 돌아와서 TV에서 일기예보를 확인한다. 기상캐스터는 72시간 후에 추위가 몰려올 것이라 이야기한다. 그러나 당신의 지역은 북쪽이다. 이 정보와 함께 당신은 친구에게 소풍을 가

**그림 8.2** 일기예보는 외출을 위한 매우 가치 있는 정보이다.

도 될 것이라고 말한다(그림 8.2).

▶ 건강보험(정보에 대한 처리) 당신이 속한 대학에서 신학기 시작 전에 정보를 우편으로 보낸다. 이 우편에는 학생들에게 유용한 몇 가지 건강보험 선택사항을 담은 브로셔를 포함하고 있다. 비록 자신이 매우 건강하다고 생각하더라도 주변 친구의 경험을 떠올린다. 당신의 친구는 최근에 자신의 실수로 심하게 발목이 부러지는 사고를 치료하는 바람에 고가의 병원진료비를 내야 했다. 이는 친구가 보험이 들어 있지 않았기 때문이며, 필요 이상의 보험료를 내고 싶지 않은 생각에 당신은 카운슬러에 상담을 요청한다. 등록을 할 때, 당신은 학생 진료센터뿐만 아니라 병원의 진료 비용까지도 해결할 수 있는 보험을 선택한다. 당신은 치료내역에 대한 몇 가지 질문에 응답하며, 빈칸을 채우고 이에 서명한다. 보험료가 청구되고, 당신은 우편으로 보험확인증을 수령한다. 이제 더 이상 예상치 못한 의료비 지출을 걱정할 필요는 없다.

### 플로차트 기법의 시사점

플로차트에서 확인할 수 있듯이, 서비스 이용에 대한 고객의 역할은 각각의 범주에 따라 달라진다. 처음 두 가지 예의 경우 물리적인 프로세스를 포함하고 있으며, 뒤의 두 가지는 정보에 기반한 프로세스이다. 모텔은 숙박을 위한 침실, 욕실, 주차, 다른 물리적 시설들과 같은 건물과 부지의 물리적 외형에 기반하여 서비스 품질에 대한 판단을 할 수 있다. 패키지의 일부분으로 간단한 아침식사를 제공함으로써 가치를 더할 수 있다.

그러나 수리점에서의 당신의 역할은 기계가 무엇이 잘못되었는지에 대한 간단한 설명을 하는 것, 기계를 놓고 가는 것, 그리고 수리가 끝난 후 다시 찾아 가는 것 등으로 제한된다. 다만 당신이 없을 때 수리공이 잘할 것이라는 신뢰가 필요할 뿐이며, 수리에 대한 3개월의 보증 기간이 위험 부담을 덜어주고 있다. 이 후 수리된 기계를 사용할 때 당신은 혜택을 즐기게 된다.

일기예보의 경우와 건강보험을 드는 것에서 당신의 행동은 무형적이며, 당신의 역할 또한 활발하지 않다. 당신이 보는 TV는 청중을 대상으로 다른 매체(라디오, 신문, 인터넷 등)와 경쟁하기 때문에 그래픽 디자인과 기상캐스터의 개성과 프레젠테이션 기술, 일기예보 스케쥴의 편리성, 정확도의 명성에 기반하여 어필해야 한다. 당신은 일기예보를 듣기 위해 비용을 지불할 필요도 없다. 다만 일기예보 전 광고를 보는 것뿐이다. 그 광고 비용이 방송국 기금 조성에 도움이 된다. 당신이 필요한 정보를 얻는 데는 오직 몇 분이 걸릴 뿐이며, 즉각적으로 행동에 옮길 수 있다.

건강보험을 드는 것 또한 무형적 활동이지만, 시간이 더 많이 소요되고 정신적인 노력을 필요로 한다. 당신은 몇 가지 선택사항을 확인하고 세부 계약서를 작성해야 한다. 그런 후 당신은 보험이 효력을 발생하고, 보장되길 기다리면 된다. 건강 계획에 대한 당신의 선택이 혜택에 상응하는 비용을 반영해 줄 것이다. 이러한 혜택이 어떻게 명확하게 설명되는가가 당신의 선택에 영향을 미칠 것이다. 만약 당신이 보험사의 브랜드 네임을 잘 모른다면, 당신은 기업의 명성에 의해 영향을 받게 될 것이다.

## 서비스 프로세스 관리를 위한 청사진 활용하기

**학습목표 2**
플로차트와 청사진의 차이점은 무엇인가?

기존 서비스를 재설계하고, 새로운 서비스를 디자인하기 위한 유용한 방법은 청사진(blueprinting) 기법이다. 청사진기법은 플로차트보다 더욱 복잡하다. 플로차트는 일반적으로 고객이 경험하는 동안의 서비스 단계를 명확하게 보여주는 단순한 형태의 현재 프로세스만을 기술하고 있으나, 청사진은 고객이 볼 수 있는 부분과 후방에서 일어나는 모든 일을 포함하여 어떻게 서비스 프로세스가 형성되는지를 더욱 자세하게 구체화하고 있다.[1]

아마 당신은 어디서 청사진이라는 용어가 유래했는지, 왜 우리가 여기서 이 용어를 사용하는지 궁금할 것이다. 새로운 건물이나 선박에 대한 설계는 일반적으로 '청사진'이라 불리는 건축설계도에서 이루어진다. 이 때 설계도면이 푸른색으로 그려지기 때문에 '청사진'이라는 용어가 사용되는 것이다. 이러한 청사진은 제품이 어떻게 만들어져야 하고, 구체적 명세에 대해 보여준다. 그러나 건물이나 선적의 설계와는 달리 서비스 프로세스는 주로 무형적인 구조이기에 시각화하기가 더욱 어렵다. 물류와 공급 체인, 산업 공학, 의사결정이론, 컴퓨터 시스템 분석 등과 같은 프로세스에서도 흐름과 순서, 관계, 기타 부가사항에 대한 프로세스를 설명하기 위해 청사진 기법을 사용한다.

### 서비스 청사진 개발

**학습목표 3**
대표적인 서비스 디자인 요소로 어떻게 서비스 프로세스를 위한 청사진을 개발할 수 있는가?

서비스 청사진은 고객과 직원, 서비스 시스템의 상호작용을 나타내는 지도이다. 특히 청사진은 핵심적인 고객 활동과 고객과 직원이 어떻게 상호작용하는지(상호작용선이라 부름), 서비스 직원에 의한 전방 활동과 이러한 활동이 어떻게 후방 활동과 시스템에 의해 지원되는지를 보여준다. 서비스 청사진은 직원의 역할과, 운영 프로세스, 공급, 정보기술, 그리고 고객 상호작용 간의 상호관계를 보여줌으로써 기업의 마케팅과 운영, 인적자원을 보다 효율적으로 관리할 수 있게 한다. 또한 서비스 청사진은 직원과 고객 간의 상호작용을 안내하기 위한 서비스 스크립트(대본)와 역할의 정의(제2장 참조), 실패점과 과다한 고객 대기 시간을 설계하고, 마지막으로 서비스 표준과 서비스 전달의 타깃을 설정하는 것 등 더 나은 서비스 프로세스를 개발할 수 있다.

전형적인 서비스 청사진은 다음의 디자인 요소들을 포함한다.

- ▶ 전방 활동  전방 활동은 바람직한 투입과 산출물, 서비스가 전달되는 순서 등 전반적인 고객 경험에 대해 나타낸다.
- ▶ 전방 활동의 물리적 증거  전방 활동의 물리적 증거는 고객이 서비스 품질을 평가하는 데 사용할 수 있는 것을 의미한다.
- ▶ 가시선  서비스 청사진의 핵심은 고객이 경험할 수 있는 전방과 고객이 눈으로 볼 수 없는 직원 활동 및 후방 지원 프로세스가 명확하게 구분된다는 것이다. 이 둘 사이의 구분을 가시선이라고 부른다. 기업이 가시선에 대해 명확하게 인식하였을 때, 고객에게 바람직한 서비스 품질과 경험을 제공하는 전방 활동의 여러 물리적 증거들을 관리하는 것이 더 잘 이루어질 것이다. 일부 기업은 너무 운영에만 초점을 맞춘 나머지 고객에게 보여지는 전방 활동을 무시해버리는 경우도 있다. 일례로, 회계 서비스 기업은 회계 감사를 수행하는 방법에 대한 절차와 표준화를 기술하고 있지만, 고객의 전화를 응대하는 직원의 응대방법이나 고객과의 접촉에 대한 부분은 간과하고 있다.

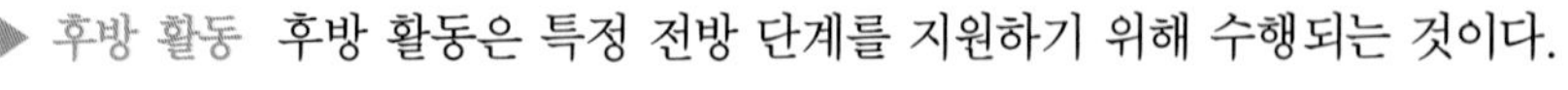

- ▶ 후방 활동  후방 활동은 특정 전방 단계를 지원하기 위해 수행되는 것이다.
- ▶ 지원 프로세스와 소모품  지원 프로세스의 대부분은 많은 정보를 포함하고 있다. 청사진의 각 단계에서 필요한 정보는 보통 정보 시스템에 의해 제공된다. 예를 들어, 전방 직원이게 즉각적이고 올바른 정보가 주어지지 않는다면 은행, 온라인 중개업, 심지어 학교 도서관에서의 도서대출과 같은 프로세스들도 제대로 수행되어 지지 않을 것이고, 서비스 프로세스도 완전히 무너져 버릴 것이다. 소모품 또한 많은 서비스에서 꼭 필요한 요소이다. 소요·소모품은 전방 단계와 후방 단계 모두에서 원활하게 공급되어야 한다. 예를 들어, 레스토랑은 신선한 채소와 와인과 같은 소모품이 꼭 필요하다. 소모품은 고품질의 핵심서비스가 전달되는 데 필수적인 요소이다.

**그림 8.3** 긴 대기 줄은 운영상 해명이 필요한 문제점이다.

- ▶ 잠재적 실패점  청사진은 관리자에게 프로세스에서의 잠재적 실패점을 확인할 수 있는 기회를 제공한다. 실패점은 어떤 일이 잘못되어 서비스 품질에 악영향을 미칠 위험이 있는 곳을 의미한다. 관리자가 이러한 실패점에 대해 인식할 때, 프로세스를 더 잘 설계할 수 있고(예 : 이 장의 뒤에서 논의될 포카요케를 사용), 예상치 못한 실패를 보완하는 계획을 세울 수 있다(예 : 기상 악화로 인한 출발 지연).
- ▶ 고객 대기시간 정의하기  청사진은 고객이 보통 기다려야 하는 프로세스의 단계(그림 8.3)와 잠재적으로 초과 대기시간이 발생할 수도 있는 지점을 정의하기도 한다. 기업은 이러한 대기시간이 고객에게 덜 불쾌한 기다림이 되도록 여러 전략을 수립할 수 있을 것이다(제9장의 수요와 생산능력의 균형에서 이러한 전략에 대해 논의할 것이다).
- ▶ 서비스 표준과 목표  서비스 표준과 목표는 고객의 기대를 반영하여 각 활동별로 설정

되어야 한다. 여기에는 각 과업이 완료되는 데 걸리는 구체적인 시간과 수용 가능한 대기시간 등이 포함된다. 서비스 청사진을 개발하는 것은 마케팅인력과 운영인력에게 표준 개발에 사용될 수 있는 자세한 프로세스 지식을 제공한다. 최종적인 서비스 청사진에는 과업 완료 시간, 최대 고객 대기시간 등 각 전방 활동의 핵심서비스 표준에 대한 내용이 포함되어야 한다. 서비스 표준은 서비스 프로세스가 고객 기대에 맞도록 서비스 전달 팀의 목표 설정에 활용된다.

**그림 8.4** 공항의 수하물 찾는 곳은 항공 서비스 과정에서 마지막 단계의 하나이다.

서비스 청사진을 개발하기 위해 우선 무엇을 해야 하는가?

▶ 서비스 창출과 전달을 위한 핵심 활동 정의하고, 이러한 활동 사이의 연결 고리 보여주기[2]

▶ 우선 '큰 그림' 수준에서 활동을 나열한다. 나중에 더 높은 수준의 세부목록이 되도록 다듬을 수 있다. 예를 들어, 실제 항공산업 분야에서 비행기에 탑승하는 승객들의 활동에서 연속적인 행동을 확인할 수 있으며, 좌석 번호 확인을 의한 대기, 탑승권 확인, 탑승로 걸어가기, 비행기 탑승, 승무원에게 탑승권 확인, 좌석 찾기, 가방 올리기, 착석 등의 순서로 구분할 수 있다(그림 8.4).

### 레스토랑 이용의 청사진 : 3막 공연

고접촉, 사람에 대한 처리 기업의 청사진이 어떻게 이루어지는에 대해 살펴보기 위해, Chez Jean에서의 저녁식사 경험을 생각해 보자. 이곳은 다양한 부가 서비스와 함께 메인메뉴가 제공되는 고급 레스토랑이다(그림 8.5). 풀서비스 레스토랑에서 음식 재료의 비용은 식사비의 20~30%를 차지한다. 고객이 지불하는 비용은 유쾌한 장소에서 테이블과 의자에 앉아, 요리사의 전문적 서비스를 받고, 주방의 시설들을 사용하며, 직원들의 서빙을 제공받는 데 있어 적절하게 생각된다.

그림 8.5의 청사진의 핵심 요소는 위에서 아래 순서로 볼 때 다음과 같다.

1. 각 전방 활동의 서비스 표준 정의(그림에는 몇 가지 예만 제시)
2. 전방 활동을 위한 물리적 증거들
3. 주요 고객 활동
4. 상호작용선
5. 고객 접촉 인력에 의한 전방 활동
6. 가시선
7. 고객 접촉 인력에 의한 후방 활동
8. 다른 서비스 인력을 포함한 지원 프로세스
9. 정보기술을 포함한 지원 프로세스

청사진은 시간의 흐름에 따른 행동의 순서를 좌에서 우로 보여준다. 제2장에서는 극장에서의 서비스 전달을 비교하였다. 서비스 이전에 있어 고객 행동 관여의 중요성을 강조하기



PART III

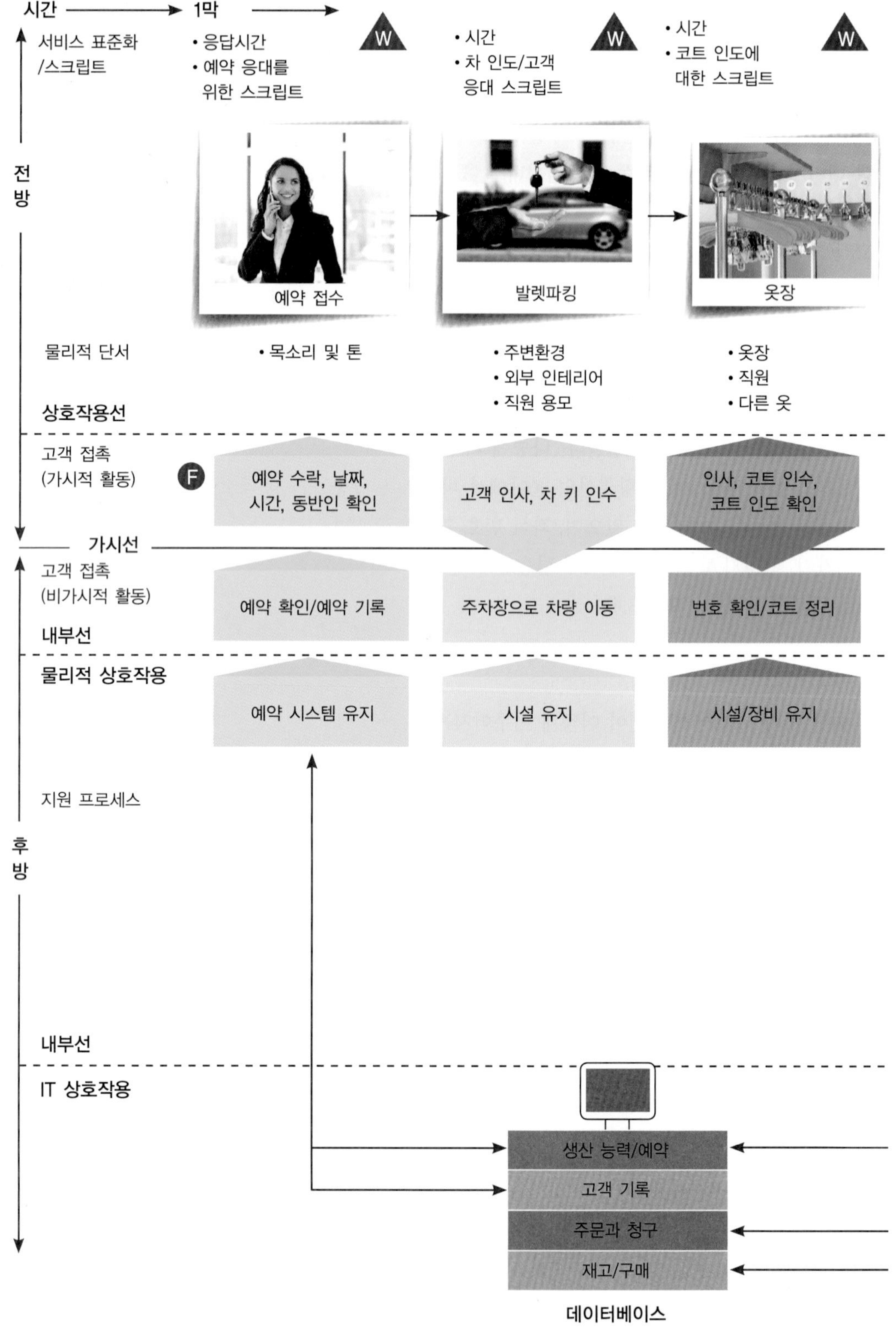


**그림 8.5** 레스토랑 경험 청사진

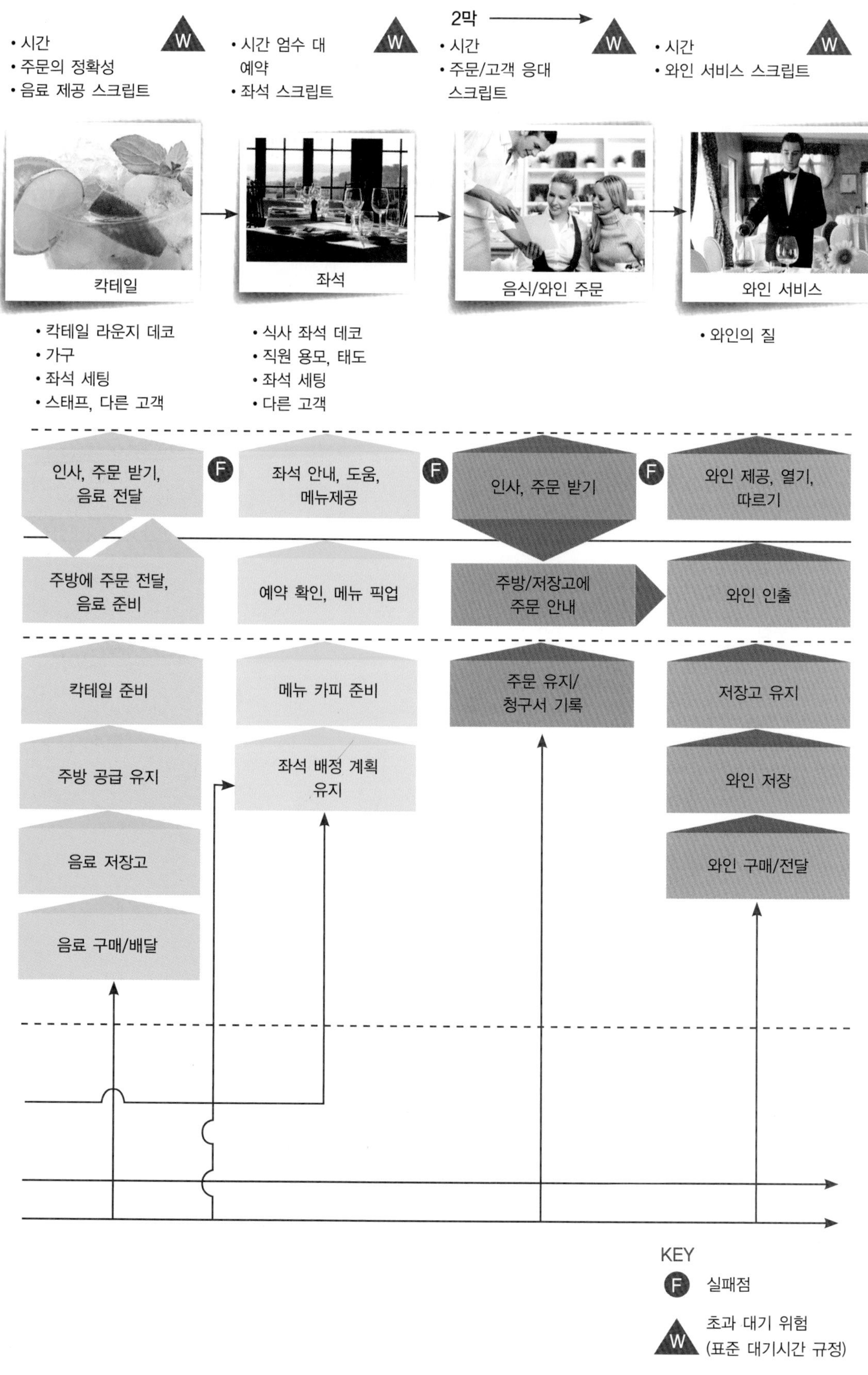
2막
• 시간
• 주문의 정확성
• 음료 제공 스크립트
• 시간 엄수 대 예약
• 좌석 스크립트
• 시간
• 주문/고객 응대 스크립트
• 시간
• 와인 서비스 스크립트
칵테일
좌석
음식/와인 주문
와인 서비스
• 칵테일 라운지 데코
• 가구
• 좌석 세팅
• 스태프, 다른 고객
• 식사 좌석 데코
• 직원 용모, 태도
• 좌석 세팅
• 다른 고객
• 와인의 질
인사, 주문 받기, 음료 전달
좌석 안내, 도움, 메뉴제공
인사, 주문 받기
와인 제공, 열기, 따르기
주방에 주문 전달, 음료 준비
예약 확인, 메뉴 픽업
주방/저장고에 주문 안내
와인 인출
칵테일 준비
메뉴 카피 준비
주문 유지/청구서 기록
저장고 유지
주방 공급 유지
좌석 배정 계획 유지
와인 저장
음료 저장고
와인 구매/전달
음료 구매/배달
KEY
실패점
초과 대기 위험 (표준 대기시간 규정)

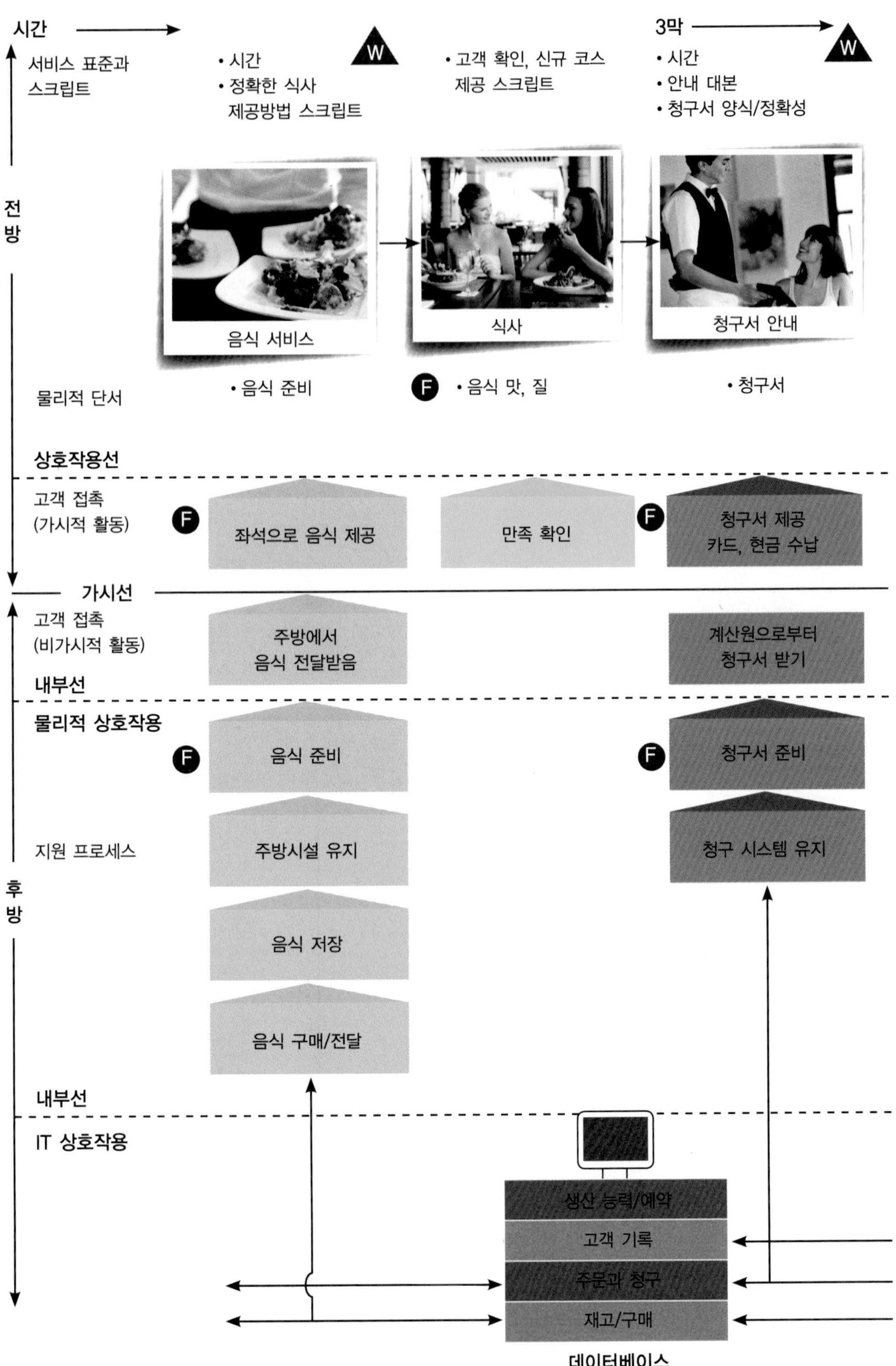
시간
3막
서비스 표준과
스크립트
• 시간
• 정확한 식사
제공방법 스크립트
W
• 고객 확인, 신규 코스
제공 스크립트
• 시간
• 안내 대본
• 청구서 양식/정확성
W
전
방
음식 서비스
식사
청구서 안내
물리적 단서
• 음식 준비
F
• 음식 맛, 질
• 청구서
상호작용선
고객 접촉
(가시적 활동)
F
좌석으로 음식 제공
만족 확인
F
청구서 제공
카드, 현금 수납
가시선
고객 접촉
(비가시적 활동)
주방에서
음식 전달받음
계산원으로부터
청구서 받기
내부선
물리적 상호작용
F
음식 준비
F
청구서 준비
지원 프로세스
주방시설 유지
청구 시스템 유지
후
방
음식 저장
음식 구매/전달
내부선
IT 상호작용
생산 능력/예약
고객 기록
주문과 청구
재고/구매
데이터베이스

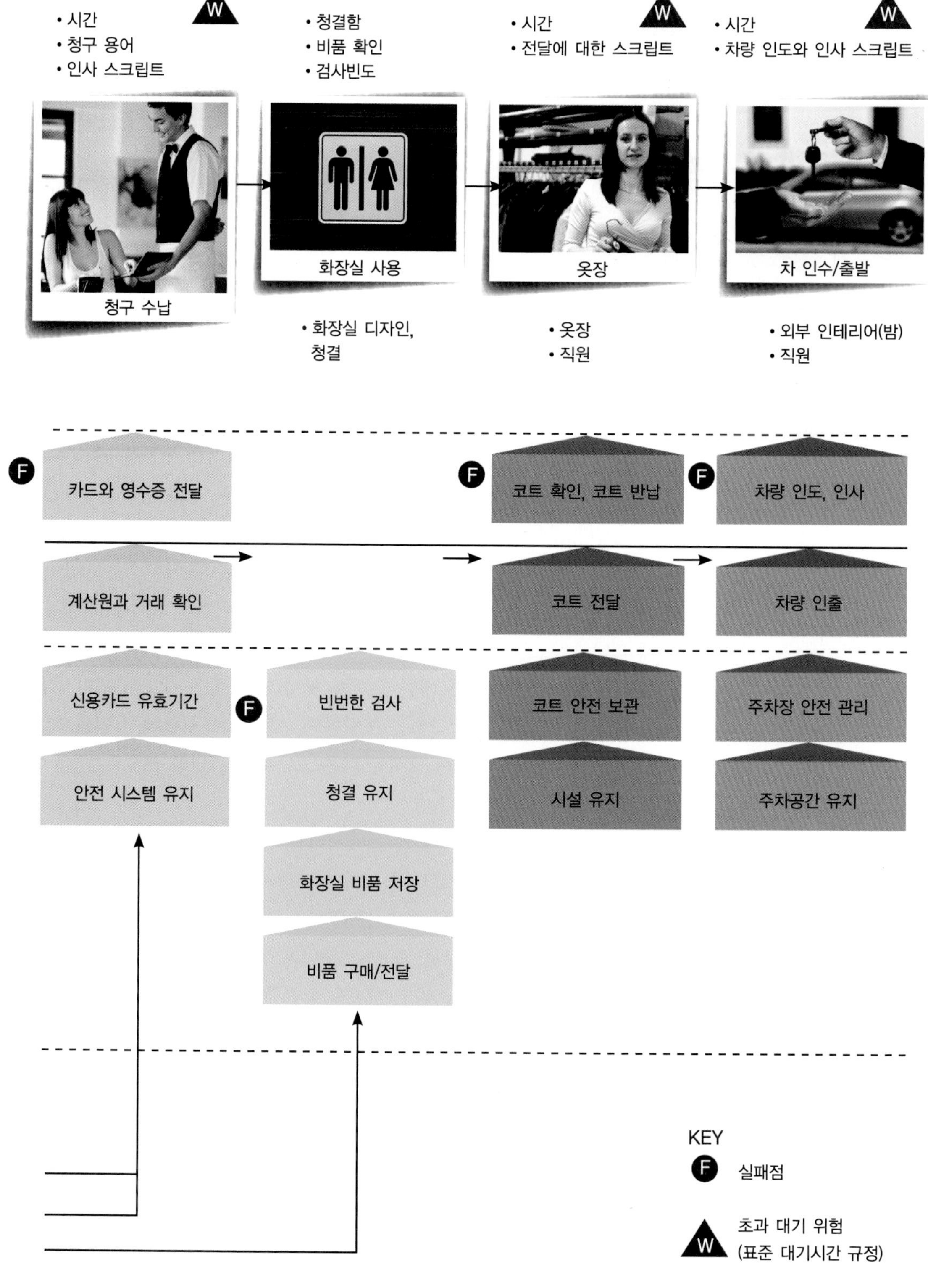
• 시간
• 청구 용어
• 인사 스크립트
W
• 청결함
• 비품 확인
• 검사빈도
• 시간
• 전달에 대한 스크립트
W
• 시간
• 차량 인도와 인사 스크립트
W
청구 수납
화장실 사용
옷장
차 인수/출발
• 화장실 디자인,
청결
• 옷장
• 직원
• 외부 인테리어(밤)
• 직원
F
카드와 영수증 전달
F
코트 확인, 코트 반납
F
차량 인도, 인사
계산원과 거래 확인
코트 전달
차량 인출
신용카드 유효기간
F
빈번한 검사
코트 안전 보관
주차장 안전 관리
안전 시스템 유지
청결 유지
시설 유지
주차공간 유지
화장실 비품 저장
비품 구매/전달
KEY
F 실패점
W 초과 대기 위험
(표준 대기시간 규정)

PART III

위해, 2명의 고객을 포함한 14개의 주요 단계를 그림으로 제시하였다. 예약 단계에서부터 시작하여 식사를 끝내고 레스토랑을 나가는 것으로 끝나게 된다. 많은 고접촉 서비스와 같이 '레스토랑에서의 드라마(restaurant drama)'는 3개의 막으로 구분된다. 이는 핵심서비스를 대면하기 전, 핵심서비스의 전달(식사), 그리고 이후의 서비스 활동들을 나타낸다.

'무대' 혹은 서비스 스케이프는 레스토랑의 안과 밖을 모두 포함한다. 레스토랑은 보통 전방 단계의 장식에 신경 쓰는데, 가구, 데코, 유니폼, 조명, 테이블 세팅과 같은 물리적 단서들을 사용한다. 또한 레스토랑 분위기를 만들기 위해 배경음악을 활용하기도 한다(그림 8.6).

**그림 8.6** 2명의 직원이 식당의 포지셔닝을 잘 나태내고 있는 서비스 스케이프에서 고객을 환대하고 있다.

### 제1막 – 도입 장면

제1막에서는 고객이 전화로 예약하는 것부터 시작한다. 이러한 활동은 레스토랑을 방문하기 전 며칠 혹은 몇 시간 전에 일어날 수 있다. 극장의 경우, 전화 상담은 라디오의 상황과 유사하다. 서비스에 대한 인상은 서비스 인력의 목소리, 반응 속도, 대화 스타일의 특징에 의해 만들어진다. 고객이 레스토랑에 도착했을 때 직원은 주차 서비스를 제공한다. 옷장에 코트를 넣고, 잠시 기다리는 동안 간단한 음료를 즐긴다. 이러한 행동은 테이블에 가서 앉을 때 끝나게 된다.

이러한 다섯 단계는 레스토랑에 대한 고객의 첫 번째 경험을 만들어 낸다. 각 단계는 전화 혹은 대면에 의한 직원의 상호작용을 포함한다. 고객이 테이블에 자리를 잡으면, 몇 가지 부가 서비스를 제공받는다. 또한 고객은 다른 고객뿐만 아니라 5명 혹은 그 이상의 레스토랑 직원과 많은 접촉을 하게 된다.

서비스 표준은 각 서비스 활동에 맞게 정해지지만, 고객의 서비스 기대에 대한 이해가 수반되어야 한다(제2장에서 논의한 고객의 기대가 어떻게 형성되는지를 기억하라). 청사진은 가시선에서 고객의 기대를 충족시킬 수 있는 무대의 주요 활동을 규명하고 있다. 이러한 활동에는 예약 녹음, 고객의 코트 보관, 음식의 준비와 제공, 시설의 유지, 직원 교육과 업무 할당, 관련 데이터에의 접속, 투입, 저장, 이전을 위한 정보기술의 활용 등이 포함된다.

### 제2막 – 핵심상품의 전달

Act II에서 고객은 핵심서비스를 경험하게 되는데, 레스토랑에서의 식사는 다음의 네 가지 장면으로 구분할 수 있다. 고객은 즐거운 분위기에 고급 와인과 함께 제공된 멋진 저녁식사를 하게 될 것이다. 그러나 레스토랑이 고객의 기대를 충족시키는 것을 실패한다면, 이는 심각한 문제가 될 것이다. 여기에는 많은 잠재적 실패점이 존재한다. 메뉴 정보는 잘 정리되었는가? 오늘 저녁 메뉴의 모든 식사가 제공 가능한가? 메뉴에 대해 질문이 있는 손님들이나 주문 와인에 대해 잘 알지 못하는 고객에게 친절하게 설명하였는가?

무엇을 먹을지 결정한 후, 고객은 직원에게 주문을 한다. 직원은 이러한 주문내역을 주방, 바, 데스크에 전달해야 한다. 이러한 정보의 잘못된 전달은 많은 조직에서 서비스 품질 실패의 원인이 된다. 잘못된 글씨 혹은 부정확한 발음이 고객에게 잘못된 서비스를 전달하게 되는 것이다.

한편 제2막에서 고객은 가장 중요한 차원인 음식이나 음료의 품질뿐만 아니라 서비스의 스타일이나 얼마나 빨리 제공되는지 등도 평가한다(너무 빨라서도 안 된다. 고객은 서두르는 듯한 느낌을 받고 싶어 하지는 않는다). 비록 서비스 제공자라 직무를 올바르게 수행하였다 할지라도 서비스 제공자가 고객에게 무관심하거나 불친절하거나 혹은 과도하게 친절하다면 고객은 불쾌한 감정을 느끼게 될 것이다.

### 제3막 – 결말

고객의 식사는 끝났을지라도 고객 서비스의 결말을 위해 무대와 무대 뒤의 업무는 계속된다. 핵심서비스는 이미 전달되었고, 고객이 이를 행복하게 즐기고 있을 것으로 가정할 것이다. 제3막은 짧게 마무리되어야 한다. 각각의 활동은 고객이 레스토랑을 나가기 전까지 부드럽게, 빠르게, 그리고 즐겁게 진행되어야 한다. 대부분의 고객 기대는 다음과 같은 부분을 포함하고 있다.

**그림 8.7** 대금청구 과정은 고객의 편리함을 제공할 수 있도록 신속하고 어려움이 없어야 한다.

- 고객이 계산서를 요청할 때, 이해하기 쉬운 정확한 청구서가 신속하게 제공되어야 한다(그림 8.7).
- 결재는 정중하고 신속하게 이루어져야 한다(모든 종류의 신용카드가 허락되어야 함).
- 고객들에게 감사를 전하고 다시 방문토록 한다.
- 화장실은 깨끗하고 청결하게 유지되어야 한다.
- 고객의 코트가 잘 전달되어야 한다.
- 고객의 자동차는 처음 맡겨졌을 때와 같은 상태로 문 앞까지 가져다 놓는다. 직원은 고객들에게 다시 한 번 감사와 좋은 저녁이 되길 바란다는 말도 전한다.

PART III

## 실패점의 규명

좋은 레스토랑을 운영하는 것은 쉽지 않으며, 많은 부분 잘못될 수 있다. 좋은 청사진은 잘못될 수 있는 서비스 제공점을 확인하는 데 도움이 된다. 고객의 관점에서는 핵심상품을 제공받을 때가 가장 심각한 실패점이 될 수 있다(청사진에서 Ⓕ로 표시된 부분). 여기에는 예약(전화로 고객의 예약을 받을 수 있는가? 원하는 시간과 날짜에 테이블이 있는가? 예약이 정확하게 이루어졌는가?), 좌석(예약된 시간으로 테이블이 정확히 준비되는가?) 등이 포함된다.

서비스는 이전되는 데 있어 다소 시간이 걸리기 때문에, 서비스 제공에 있어 고객이 기다려야 하는 지체 가능성이 존재한다. 그러한 기다림이 청사진에 Ⓦ로 표시되어 있다. 과도한 대기시간은 고객들을 화나게 할 것이다. 전방 단계와 후방 단계 프로세스의 모든 단계에서는 서비스 실패와 지체에 대한 잠재적 문제를 가질 수 있다. 실제 실패는 지체나 실수를 만회하는 데 소요되는 시간으로 인해 직접적으로 발생된다.

David Maister는 특정 서비스의 제공과 형태가 잘못될 수 있는 모든 상황에 대한 인식을 강조하기 위해 실수 가능성(opportunity to screw up, OTSU)이라는 용어를 처음 만들어 사용하였다.[3] 서비스 관리자는 그러한 실패와 대기의 문제를 해결하기 위한 서비스 이전 시스템을 설계하기 위해 특정 프로세스와 관련된 모든 가능한 실수 가능성을 확인해야 한다.

### 실패점 설계를 위한 실패 점검

**학습목표 4**
서비스 프로세스에서 실패점을 설계하기 위해 어떻게 실패 점검을 활용할 수 있는가?

실패점이 규명되었다면, 서비스 프로세스에서 실패의 이유에 대한 면밀한 분석이 필요하다. 이러한 분석은 오차의 위험을 제거하고 줄이기 위한 활동으로서의 실패 점검(failure proofing)의 기회를 제공한다. 직원뿐만 아니라 고객을 위해 설계된 실패 방지 방법이 고안되어야 한다.[4]

제조업에서 가장 유용하게 사용되는 전사적 품질관리(Total Quality Management, TQM) 기법 중 하나는 제조 공정상의 실수를 예방하기 위한 안전장치(fail-safe) 방법 혹은 포카요케(poka-yoke, 일본적인 용어로 반복적인 실수를 피한다라는 의미임–역주)를 들 수 있다. Richard Chase와 Douglas Stewart는 안전장치서비스 프로세스에 대한 개념을 소개했다.[5]

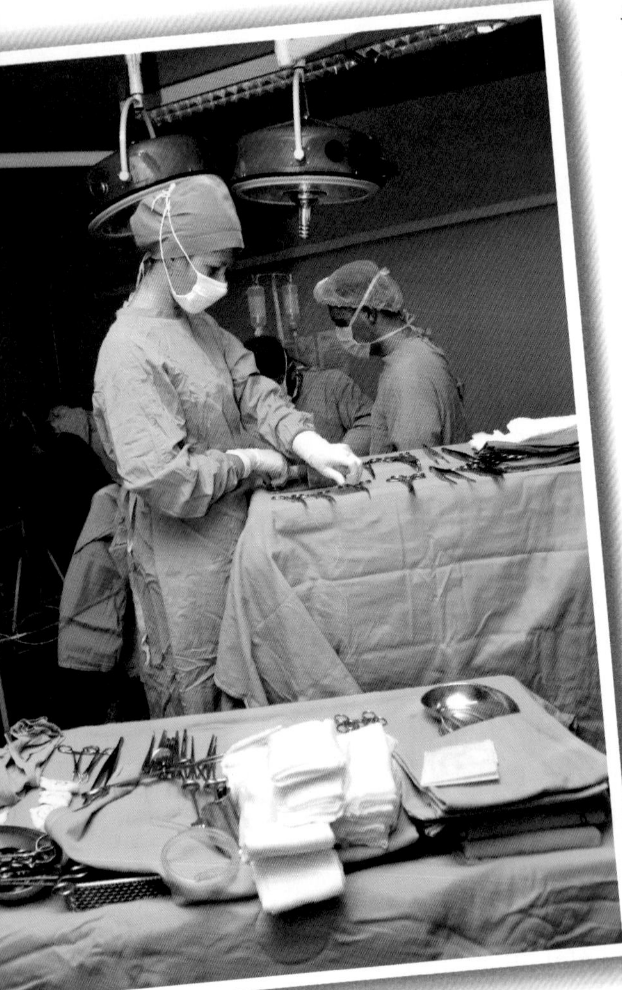

**그림 8.8** 수술실에서도 실수를 방지하는 포카요케 연습을 관찰할 수 있다.

포카요케는 서비스 직원이 요청된 대로 올바른 순서와 속도로 직무를 올바르게 수행할 수 있도록 한다. 이러한 예로 외과 수술을 들 수 있는데, 의료 도구 탁자 위에 각 도구들이 올바르게 위치되어 있으며, 수술 부위를 마무리하기 전 모든 수술도구를 활용할 수 있게 되어 있다(그림 8.8).

일부 서비스 기업은 고객과 직원의 상호작용이 벌어지는 특정 단계나 표준을 위해 포카요케를 사용하기도 한다. 은행의 경우 체크리스트에 고객의 눈동자 색을 창구 직원에게 기록하도록 함으로써 고객과 눈을 맞춤으로 거래를 시작하고 있다. 또한 어떠한 기업은 직원의 깔끔한 용모를 보여주기 위해 직원이 있는 곳에 거울을 놓아두기도 한다. 이에 따라 무대의 접점 직원은 고객을 만나기 전 자연스럽게 자신의 용모를 확인하게 된다. 어느 레스토랑에서는 디카페인 커피를 주문한 고객에게는 둥근 접시를 제공하고, 그 외의 사람들에게는 네모난 접시를 제공하기도 한다.

포카요케를 디자인하는 것은 예술과 과학의 일부분이라 할 수 있다. 포카요케는 서비스 실패를 방지하고, 서비스 표준을 수립하는 데 사용된다. 포카요케의 효과적인 사용법은 문제 발생에 대한 체계적인 정보 수집, 원인 분석, 예방책 수립 등 3단계로 진행된다. 서비스 인사이트 8.1은 고객으로 인한 서비스 실패를 방지해 주는 3단계를 보여주고 있다.

### 서비스 표준과 목표 설정하기

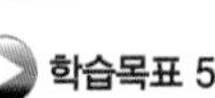
**학습목표 5**
고객 서비스 프로세스를 위한 서비스 표준과 성과 목표를 어떻게 설계하는가?

고객과 일선 직원의 결합을 나타내는 서비스 청사진은 고객에게 어떤 서비스와 프로세스 속성이 중요한지 기업이 알도록 한다. 관리에 주의를 기울여야 하는 그러한 측면은(고객에게 가장 중요한 속성과 관리하기 가장 어려운 속성) 표준을 설정하기 위한 기초가 되어야 한다. 프로세스의 각 단계에서 설정된 표준은 고객을 만족시키고 기쁘게 할 만큼 높게 설정되

## 서비스 인사이트 8.1

### 고객 실패 방지 프레임워크

기업은 서비스의 신뢰성과 품질을 개선하기 위하여 서비스를 재설계할 수 있다. 만약 서비스가 실패한다면, 기업은 좋은 서비스 회복 절차를 마련할 수 있다. 그러나 고객에 의해 발생된 실패를 회복하기는 어렵다. 이에 고객에 의해 발생하는 실패를 예방하기 위한 3단계 접근법을 제시한다.

1 가장 일반적인 실패점에 대한 정보를 체계적으로 수집

2 실패의 원인을 확인하라. 직원의 설명이 진짜 원인이 아닐 수 있다. 그러한 원인은 고객의 관점에서 조사되어야 한다. 고객 실패의 원인은 서비스 이용에 있어 필요한 기술의 부재, 역할이해의 실패, 불충분한 준비일 수 있다. 절차상의 문제로는 지연, 과도한 복잡성, 모호성일 수 있다. 다른 원인으로는 서비스 스케이프 디자인의 약점, 사용자 편의성을 고려하지 않은 셀프서비스와 같이 모호하게 설계된 기술 등이 있다.

3 확인된 서비스 실패를 예방하기 위한 전략을 수립하라. 최상의 효과를 위해 아래에 기술된 다섯 가지 전략을 적절히 혼합하여 사용해야 한다.

(a) 프로세스 재설계(프로세스뿐만 아니라 고객의 역할도 재설계). 예를 들어, 고객들은 도서대여 기기를 통해 도서관의 책을 빌려올 수 있으며, 이는 도서관에서 직접 책을 빌리는 것과는 다르다.

(b) 기술의 활용(고객들이 넓은 범위에서 선택할 수 있도록 돕는 정보시스템의 활용). 예를 들어, 금융 서비스 기업은 고객의 필요 금융 서비스에 대해 고객들이 스스로 자가진단을 할 수 있는 기술을 활용하고 있으며, 은퇴 후 투자에 대한 적절한 포트폴리오를 선택할 수 있도록 해 준다.

(c) 소비자 행동관리(고객 실패를 방지하기 위한 보상, 지불일자의 환기 등)

(d) 고객 시민 활동 독려(다이어트 프로그램과 같은 서비스에서 실패를 예방하기 위하여 고객들이 서로를 돕고 격려함)

(e) 서비스 환경 개선(고객의 경험에 영향을 미치고, 실패 감소에 공헌할 수 있도록 할 것). 많은 기업은 고객들이 사용자 편의적이고 실패를 방지하기 위한 기호를 필요로 한다는 것을 망각하고 있다.

고객들이 서비스 실패를 피하도록 하는 것은 기업 경쟁우위의 원천이 될 수 있으며, 특히 기업이 셀프서비스 기술을 전개할 때는 더욱 그러하다.

출처

Adapted from Stephen S. Tax, Mark Colgate, and David E. Bowen, "How to Prevent Your Customers from Failing," *Sloan Management Review* (Spring 2006): 30-38.

어야 한다.

레스토랑의 청사진은 각각의 접점에서의 핵심 표준을 보여준다. "측정되지 않는 것은 관리하지 않는다."라고 말하는 것과 같이, 특히 대형 서비스 기업에서의 프로세스 성과는 측정되어야 하고, 서비스 표준과 비교하여 평가되어야 하며, 실행의 타깃이 명확히 설정되어야만 한다. 효과적인 서비스 수행을 위해 서비스 표준은 반드시 측정 가능해야만 한다. 이는 핵심속성을 포착하고자 하는 서비스 프로세스 지표를 사용함으로써 달성되기도 한다. 예를 들어, 은행의 경우, '응답성(reponsiveness)'이라는 속성은 '대출 신청 승인을 처리하는 데 걸리는 시간'으로 조작화될 수 있다. 서비스 표준은 고객의 기대와 이러한 기대를 비용효과적으로 충족할 수 있는 정책적 결정에 기초하여 설정되어야 한다. 서비스 표준이 고객의 요구를 충족시키지 못하는 경우에는 고객의 기대가 관리되어야 한다(예 : 예외적인 상황

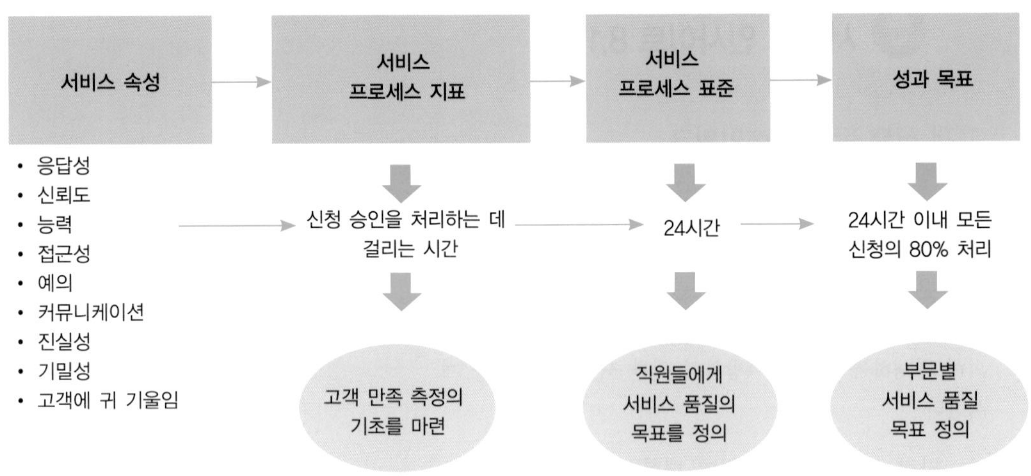


**그림 8.9** 고객 서비스 프로세스를 위한 서비스 표준과 목표 설정하기

의 경우, 신청 승인 시간에 대해 브로셔, 신청양식, 기업의 웹사이트, 또는 서비스 직원에 의해 커뮤니케이션되어야 한다).

마지막으로 성과 목표는 팀 리더나 부서장에게 책임이 있는 구체적인 프로세스와 팀의 성과 목표를 정의한다(예 : 24시간 이내 모든 신청의 80% 처리). 그림 8.9는 지표와 표준, 그리고 목표 간의 관계에 대해 보여주고 있다.[6]

## 서비스 프로세스에서의 소비자 지각과 정서

### 강력한 시작과 끝

기업은 서비스 전달 프로세스의 각 단계에서 높은 수준의 표준을 달성하고자 하지만, 항상 그럴 수 있는 것은 아니다. 그러나 강력한 처음과 끝은 언제나 중요하다. 서비스 경험의 지각은 시간이 지나면서 누적된다.[7] 서비스 전달 과정의 처음부터 잘못되면, 고객은 그 장소를 떠나 버릴 것이고, 머물러 있다 하더라도 다른 곳을 찾을 것이다. 반면 서비스 전달의 처음이 잘 이루어졌다면, 서비스 수행에 있어 작은 실수쯤은 넘어갈 수 있는 고객의 관용 범위가 넓어질 것이다. 또한 서비스 전달 과정의 마지막까지도 서비스 품질이 떨어지지 않도록 해야 한다. 강력한 마무리는 전반적인 만족과 지속적인 인상을 남기는 데 매우 중요하다.[8]

**그림 8.10** 의사가 임산부와 함께 기뻐하고 있다.

### 정서 프린트

고객의 경험을 관리하기 위해 기업은 서비스 프로세스 각 단계에서 기대되는 연상된 정서를 살펴보아야 한다. 고객이 어떻게 느끼는지를 설명하는 플로차트를 '정서 프린트(emotionprint)'라고 부른다. 예를 들어, 임신 중인 산모가 태아의 초음파 사진을 처음 볼 때는 행복하고 기쁜 감정을 느낄 것이며(그림 8.10), 반면 태아의 기형아 검사를 실시할 때는 걱정을 할 것이라고 예상할 수 있다. 따라서 병원은 프로세스의 각 단계에서의 일반적인 고객 정서를 예상할 수 있으며, 직원들의 적절한 반응을 훈련시킬 수 있다. 축하의 표현으로 환호하거나 박수를 칠 수 있지만, 정서적으로 부정적인 상황에 직면하였을 때에는 주의 깊게 듣거나 부드럽게 말함으로써 위로하는 표현을 할 수 있다.[9]

## 서비스 프로세스 재설계

▶ 학습목표 6
왜 서비스 재설계가 필요한가?

서비스 프로세스는 기술, 소비자 욕구, 부가 서비스 특성, 신제품 제공 등의 변화 등 시간이 지남에 따라 진부해질 수 있다. 만약 이런 일이 발생할 경우, 서비스 프로세스는 재설계되어야 한다.[10] Boston' s Beth Israel Hospital(현재는 Beth Israel-Deaconess Medical Center) 전 병원장인 Mitchell T. Rabkin MD는 이러한 문제를 '조직의 녹(institutional rust)' 으로 묘사하였고, 이에 대해 "서비스 프로세스는 강철판과 같아서 녹슬기 마련이다. 과거 부드럽고 빛나던 것도 녹슬게 되어 있다."라고 설명했다.[11] 그는 이러한 상황에 발생하게 되는 데는 다음의 두 가지 원인이 존재한다고 보았다. 첫째, 외부 환경의 변화이다. 이로 인해 어떤 특정 활동이 더 이상 필요하지 않게 될 수도 있다. 따라서 조직을 민감하게 유지하기 위해서 서비스 프로세스를 재설계하거나 새로운 브랜드 프로세스를 창출할 필요가 있다. 의료 서비스의 경우 경쟁 법률, 기술, 의료보험정책 등의 새로운 형태와 변화하는 고객의 욕구 등을 반영하여 변화가 이루어져야 한다(그림 8. 11).

그림 8.11 건강관리는 고객의 욕구를 충족시키기 위해 재설계되어야 한다.

서비스 프로세스의 진부 현상은 내부 프로세스, 규율과 규범, 비공식적 표준에 대한 약화 현상 등 내부 원인에 의해 발생하기도 한다(서비스 인사이트 8.2). 프로세스가 원활하게 이루어지지 않고, 재설계가 필요함을 알려주는 몇 가지 징후들이 있다.

### 서비스 인사이트 8.2

#### 병원에서 비공식적 규범 뿌리 뽑기

Boston' s Beth Israel Hospital 병원장인 Mitchell T. Rabkin의 특별한 특징 중 하나는 병원의 모든 지역을 규칙적으로 방문하며, 이를 예고 없이 실행한다는 것이다. 병원에서 일하는 어느 누구도 하루 중 어느 때 Rabkin 박사를 본다 할지라도 놀라지 않는다. 그의 이러한 호기심은 서비스 프로세스의 효과적인 운영과 잘못된 점의 개선에 대한 효과적인 방법을 찾게 한다. 다음의 이야기는 시간이 지남에 따라 메시지가 변한다는 것을 보여주고 있다.

어느 날 나는 응급실에서 천식환자를 돌보는 의사와 함께 차트를 보면서 응급실에 있었다. 그 의사는 환자에게 정맥주사를 놓도록 처방해 주었다. 나는 처방 원칙을 살펴보고 그에게 물었다. "왜 당신은 이 주사를 선택했나요?" 그 의사는 대답했다. "오! 그것은 병원정책입니다." 나는 그러한 정책이 없다는 것을 알고 있었기에, 관련 조사를 해 보기로 결정했다.

이러한 일은 이 전에도 있었다. 몇 달 전 레지던트 A는 환자를 치료하고 있는 인턴 B에게 "이것이 내가 사용하는 천식 처방법이다."라고 말했다. 다음 달 회진에서 인턴 B는 레지던트 C에게 "이것이 레지던트 A가 사용하는 천식 처방법이다."라고 말했다. 또 다음달에 레지던트 C는 인

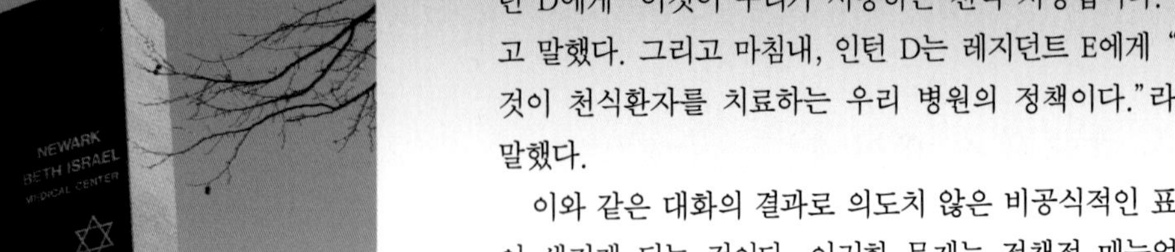

턴 D에게 "이것이 우리가 사용하는 천식 처방법이다."라고 말했다. 그리고 마침내, 인턴 D는 레지던트 E에게 "이것이 천식환자를 치료하는 우리 병원의 정책이다."라고 말했다.

이와 같은 대화의 결과로 의도치 않은 비공식적인 표준이 생기게 되는 것이다. 이러한 문제는 정책적 매뉴얼이 없는 병원과 같은 곳에서 나타나는 특별한 문제이다. 우리는 전반적이고 일반적인 이슈에 대한 명문화된 정책보다는 사람들의 지능과 판단에 의지하는 것을 선호한다. 따라서 서비스 제공자는 구조적인 문제의 발생을 인식해야 하고, 무슨 일이, 어떻게, 왜 일어나고 있는지에 대하여 명쾌하게 인식할 수 있어야 한다.

출처

Christopher Lovelock, *Product Plus.* (New York: McGraw-Hill, 1994), 355.

- ▶ 많은 정보 교환
- ▶ 유용하지 않은 데이터
- ▶ 가치 부가 활동에 있어 높은 수준의 확인 혹은 통제활동
- ▶ 예외의 증가
- ▶ 불편하고 불필요한 절차에 대한 고객 불만의 증가

**학습목표 7**
서비스 프로세스 재설계가 서비스 품질과 생산성 향상에 어떤 영향을 미치는가?

### 서비스 품질과 생산성 향상을 위한 서비스 프로세스 재설계

서비스 프로세스 재설계를 위한 프로젝트의 관리자는 서비스 품질과 생산성을 동시에 도약시킬 수 있는 기회를 찾아야만 한다. 서비스 인사이트 8.3은 이에 대한 싱가포르 국립 도서관의 사례를 보여주고 있다.

서비스 청사진을 확인하는 것은 그러한 기회를 확인하고 업무 수행 방법을 재설계하기 위한 중요한 단계이다.[12] 서비스의 재설계를 위한 노력은 다음 네 가지 핵심 목표를 달성하는 데 초점을 두며, 동시에 그 목표들을 달성해야만 한다.

1) 서비스 실패의 감소
2) 서비스 프로세스의 시작부터 완료까지의 사이클 타임 감소
3) 생산성 향상
4) 고객 만족의 증대

서비스 프로세스 재설계는 재구조화, 재배열, 서비스 프로세스의 대체를 포함한다. 여기

## 서비스 인사이트 8.3

### 싱가포르 도사관의 서비스 프로세스 재설계[13]

디지털 시대에 있어서 도서관은 이용 감소로 인한 문제로 어려움을 겪고 있다. 국립 싱가폴 도서관(National Library Board of Singapore, NLB)은 불친절한 직원들과 오래된 책으로 가득 찬 도서관이라는 시민들의 인식을 바꾸기 위하여 부단한 노력을 해야 했다. 도서관은 도서관 이용과 이용객의 평생학습을 촉진하고, 가상 도서관 방문과 서비스 확대를 위한 최신 기술을 활용하여 도서관 서비스를 변화시키고자 하였고, 이를 통해 생산성을 향상시키고자 하였다. 변화의 핵심에는 서비스 프로세스의 과감한 재설계가 있었다.

NLB가 서비스 프로세스를 재설계하기 위해 활용한 최신 기술 중 하나는 RFID에 기반한 전자 도서관 관리 시스템(ELiMS)이었다. 사실 NLB는 자동 식별 전자 시스템인 RFID 기술을 사용한 첫 번째 국립도서관이었다. 실리콘 핍과 코일드안테나로 된 스마트 라벨이 담긴 RFID 태그를 사용하거나 자동응답기를 사용한다. RFID 송수신기로부터 나오는 주파수를 수신하거나 응답함으로써 원격으로 자동 보관과 복구, 정보 공유가 가능하게 되었다. 수동적인 스캔이 필요했던 바코드와 달리 RFID는 자동적으로 현재 위치를 나타내며 정보를 보낼 수 있다. 이러한 기술은 이미 대중교통 전자발권 시스템, 스키 리조트 리프트 탑승권, 건물 접근 통제를 위한 보안 배지 등에도 적용되고 있다.

NLB는 RFID 태그를 천만권의 책에 부착하여, 세계 최대의 RFID 이용자 중 하나가 되었다. RFIC로 서비스 프로세스를 재설계한 후 고객들은 더 이상 기다리는 데 시간을 허비하지 않았다. 고객들은 셀프서비스 키오스크를 사용하여 책을 스스로 찾을 수 있었다. 밖에서는 이용자가 ATM처럼 생긴 기계에 책을 두기만 하면 RFID를 통해 자동으로 반납 처리가 되었고, 이용자들은 반납 확인이라는 메시지를 즉각적으로 확인할 수 있었다.

한 단계 더 나아가기 위해, 한 도서관에서는 '스마트 서고(smart bookshelves)' 를 개발했다. 책이 책장에서 없어졌을 때 RFID 기술이 이를 알리고, 이에 따라 책이 잘못된 책장에 놓여지게 되면, 책장이 이를 감지하여 직원에게 알리게 된다. 초소형컴퓨터를 통해 사서는 짧은 순간에 책을 원래의 위치로 되돌릴 수 있게 되었다. 이를 통해 직원과 이용객 모두 책을 찾는 데 시간이 덜 걸리고, 더욱 쉽게 책을 빌릴 수 있게 되었다. 편리성과 생산성을 더욱 향상시키기 위해 NLB는 물리적 책의 전자화를 추진하고 있다. 도서관의 이용자들은 800,000권의 e-book과 600권의 e-magazine을 웹사이트에서 무료로 다운로드 할 수 있다. 또 다른 최근의 혁신은 가장 인기 있는 책의 자동 지급기이다.

NLB의 면밀한 서비스 프로세스 재설계의 결과는? Singapore Quality Award를 수상한 세계적인 수준의 도서관으로서 전 세계 도서관의 본이 되고 있으며, Harvard Business School과 INSEAD와 같은 최고 경영대학에서 사례 연구로 사용되고 있다.

PART III

에는 다음과 같은 것들이 포함된다.

▶ 핵심 이해관계자와 서비스 청사진 확인하기. 서비스 청사진을 면밀하게 확인함으로써 서비스 관리자는 서비스 프로세스에서의 문제점들을 규명할 수 있고, 그것들을 개선하기 위한 방법을 알 수 있다. 프로세스 개선 방법을 논의하기 위해서는 서비스 청사진을

확인할 때 프로세스에서의 각 이해관계자들(고객, 일선 직원, 후방 지원 직원, IT 팀 등)과 함께 해야 하며, 이를 통해 프로세스에서 불필요한 단계나 놓치기 쉬운 단계, 순서의 변화 등을 확인할 수 있다. 또한 이해관계자는 우위를 가져올 수 있는 정보기술, 장비, 새로운 방법 등을 개발하는 방법을 강조한다. 예를 들어, Avis는 차량 렌트에서 어떤 요인이 가장 중요한지에 대해 매년 연구한다. Avis는 예약, 픽업 카운터 확인하기, 차량 받기, 운전하기, 돌려주기, 지불하기 등 100여 가지의 차량 렌트 프로세스를 없애 버렸다. Avis는 고객이 가장 중요하게 생각하는 것이 무엇인지를 알았기 때문에 기업의 생산성과 함께 고객의 만족도를 개선할 수 있는 방법을 빠르게 찾을 수 있었다.

- 의미 없는 서비스 단계 제거. 서비스 프로세스의 최전방, 최후방 프로세스의 활동들은 서비스 접점에서의 수익을 만들어 내는 데 초점을 두기 위해 단순화될 필요가 있다. 예를 들어, 자동차 렌트를 원하는 고객은 문서 작성, 지불절차, 자동차 반납 등에는 관심이 없다. 서비스 재설계는 의미 없는 서비스 단계를 제거함으로써 이러한 업무를 단순화시킨다. 지금 일부 자동차 렌탈회사는 고객으로 하여금 온라인으로 차량을 렌트하도록 하고, 지정된 주차장(고객, 차량, 주차장 넘버 등이 적힌 대형 전자 게시판)에서 차량을 가져가도록 하고 있다. 자동차 키는 차 안에 있기 때문에 차량 렌탈 직원과의 유일한 상호작용은 차를 가지고 나갈 때 운전면허증을 확인하고 계약서에 사인하는 일만 있게 된다. 차량을 반납할 때는 렌탈회사의 주차장 내 정해진 장소에 주차만 하면 된다. 그 후 자동차 열쇠는 안전한 장소에 반납하고, 최종 결제는 청구지 주소로 보내지며, 결제는 고객의 신용카드에서 공제된다. 고객은 서비스 직원과 접촉을 하지 않는다. 그러한 프로세스 재설계를 통해 생산성 향상과 고객 만족을 동시에 달성하게 된다.
- 셀프서비스로 전환. 셀프서비스가 증가할 때 서비스 품질과 생산성이 향상될 수 있다.(그림 8.12) 예를 들어, FedEx는 콜센터에서 웹사이트로 인한 거래로 50% 이상을 바꾸는 데 성공했으며, 이로 인해 콜센터 직원 수가 2만 명 정도 감소했다.[14] 또한 스마트폰과 태블릿 PC의 활용을 통해 셀프서비스로 전환시킬 수 있다. 동남아시아와 중동 지역의 해산물 레스토랑 체인인 Fish & Co.는 고객들이 셀프서비스 주문을 할 수 있도록 메뉴를 iPad로 대체했다. iPad의 애플리케이션은 많은 디테일한 정보와 함께 모든 주문 가능한 맛있는 음식을 보여주고, 그 주문에 주방으로 바로 보내지도록 한다. 후방에서 앱은 주문의 완성을 위해 레스토랑의 판매 시스템으로 연결된다. 고객은 페이스북과 같은 소셜미디어 웹사이트와 연결하여 친구들과 실사 메뉴에 대해 공유하며 즐거움을 누릴 수 있다. 앱은 추천 사이드 메뉴와 함께 세트 메뉴를 소개하며 상향 판매할 수도 있다.[15]

**그림 8.12** 기업이 셀프서비스로 변경하고자 할 때, 핵심상품을 고객에게 배달하기 위해 Cosco와 같은 배송기업의 서비스를 필요로 할 수도 있다.

## 공동생산자로서의 고객

학습목표 8
공동생산자로서의 서비스 고객의 개념 및 그 시사점은 무엇인가?

생산성과 효율성을 위한 서비스 프로세스 재설계는 고객이 서비스 전달에 더욱 관여되는 것을 요구한다. 청사진은 고객의 역할을 구체화하고 고객과 서비스 제공자 사이의 접촉의 범위를 명확하게 확인할 수 있도록 해준다.

### 고객 참여 수준

고객 참여는 서비스를 생산 및 전달하는 동안 고객에 의해 제공되어지는 정신적, 물리적, 정서적 행동과 자원을 의미한다.[16] 사람에 대한 서비스와 고객과 제공자 사이 실시간 접촉이 이루어지는 많은 서비스의 경우 어느 정도의 고객 참여는 서비스 전달에 있어 꼭 필요한 것이다. 그러나 Mary Jo Bitner와 동료가 언급한 것과 같이 고객 참여의 정도는 매우 다양하며, 다음의 세 가지 수준으로 구분할 수 있다.[17]

**그림 8.13** 사물에 대한 서비스에서는 고객의 관여가 거의 없다.

### 낮은 참여 수준

낮은 참여 수준에서는 직원과 시스템이 모든 일을 하게 되며, 서비스 상품은 표준화되어 있는 경향이 있다. 아마도 유일하게 가격을 지불하는 일에만 고객이 관여하게 될 것이다. 고객이 서비스 제조에 들어서는 상황에서 필요한 모든 것은 고객의 존재라 할 수 있다. 영화감상 혹은 버스를 타는 것이 그 예로서, 일상적 청소나 유지 및 보수와 같은 소유물에 대한 처리에서는 고객이 프로세스에 관여되지 않은 채로 남아 있다(그림 8. 13).

PART III

### 중간 참여 수준

중간 참여 수준에서 고객은 서비스 제공과 생산에 있어서 기업을 도울 필요가 있다. 예를 들어, 정보의 제공, 개인적인 노력, 물리적 소유를 제공해야 하는 것 등을 포함한다. 미용실에서 머리가 다듬어질 때, 고객은 원하는 헤어스타일을 미용사에게 알려주어야 하며, 프로세스상의 단계에서 협조해야 한다. 만약 고객이 세금 환급을 위한 회계사를 원한다면, 회계사를 위해 세금 환급 관련 문서와 정보를 주어야 하며, 회계사의 질문에 잘 대답할 준비가 되어 있어야 한다.

**그림 8.14** 요가는 고객의 높은 참여가 요구되는 서비스이다.

### 높은 참여 수준

높은 참여 수준에서 고객들은 서비스의 공동 생산을 위해 서비스 제공자와 활발하게 활동하며, 고객의 활발한 참여 없이 서비스는 생산되기 어렵다(그림 8.14). 만약 고객이 자신들의 역할을 적절히 수행하지 못한다면, 이는 서비스 성과에 부정적인 영향을 미칠 것이다(그림 8.15). 결혼 상담과 교육 서비스가 이러한 범주에 속한다. 체중 감소나 건강 회복과 같은 상황에서 이의 목적은 환자의 신체적 상태를 개선하는 것이다. 이 때 환자는 의사가 처방한 운동이나 식이요법을 면밀히 수행함으로써 적극 참여해야 한다. 컨설팅 관리나 공급체인 관리 서비스와

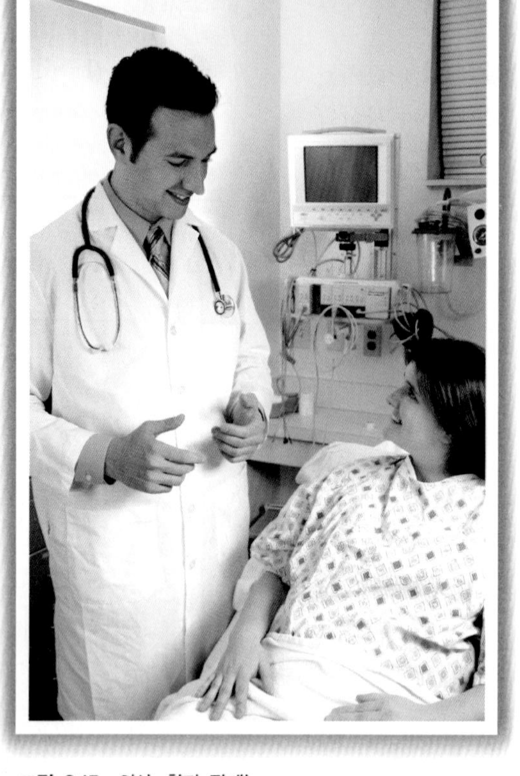

**그림 8.15** 의사-환자 관계는 효과적인 치료를 위해 상호 협조적이어야 한다.

같은 여러 B2B 서비스도 성공적인 서비스 제공을 위해 고객들과 서비스 제공자가 하나의 팀의 구성원이 되어 긴밀하게 일할 것을 요구하고 있다.

### 서비스 공동생산자로서의 고객

서비스 프로세스에 관여되는 고객은 서비스 공동생산자로서 고려된다. 가치는 서비스가 생산, 소비, 전달되는 동안 고객과 서비스 직원이 상호작용할 때 창출된다. 이는 서비스 프로세스에서 고객이 활발하게 참여하는 것을 의미하므로 그 책임이 기업에만 있다고 할 수는 없다. 또한 고객의 성과는 서비스 품질과 생산성에 영향을 미치기 때문에 기업은 과업을 잘 수행하는 데 필요한 기술과 동기를 갖도록 고객을 교육시키고 훈련시켜야 한다. 더 나아가 기업은 가치창출에 고객이 어떻게 기여하는지를 보여줄 필요도 있다.[18]

### 고객에 의해 발생되는 서비스 실패 줄이기

Stephen Tax, Mark Colgate, David Bowen은 모든 서비스 문제의 1/3 정도는 고객에 의해 발생되는 것임을 밝혔고, 고객에 의해 발생되는 실패는 회복이 어렵다고 하였다.[19] 이는 고객과 기업은 문제 발생 원인에 대해 서로 다른 견해를 갖고 있기 때문이다. 그러므로 기업은 서비스 인사이트 8.4에서 설명된 바와 같이 고객으로부터 발생되는 서비스 실패를 예방하는 데 노력을 기울여야 한다.

## 서비스 인사이트 8.4

### 고객 실패 예방을 위한 3단계 접근법

실패 방지 방법(또는 포카요케)은 직원들뿐만 아니라 고객을 대상으로 설계되어야 하며, 특히 서비스 창출과 전달 프로세스에 고객이 활발하게 참여하는 경우는 더욱 그러하다. 고객 포카요케는 접점의 상황을 준비하고(제 시간에 도착하거나, 거래를 위해 올바른 도구를 가져오는 등), 서비스 거래에서의 그들의 역할을 이해하고 예상하며, 정확한 서비스와 거래를 선택하는 데 초점이 맞추어진다. 좋은 방법은 포카요케의 적용을 통해 고객으로부터 발생되는 실패를 예방하기 위한 다음의 3단계 접근법을 사용하는 것이다.

1 가장 일반적인 실패점에 대한 정보를 체계적으로 수집하라.

2 실패의 원인을 확인하라. 때로는 직원의 설명이 진짜 원인이 아닐 수 있다는 것을 주의하라. 그러한 원인은 고객의 관점에서 조사되어야 한다. 고객 실패의 원인은 서비스 이용에 있어 필요한 기술의 부재, 역할이해의 실패, 불충분한 준비일 수 있다. 절차상의 문제로는 복잡성과 모호성일 수도 있다. 다른 원인으로는 서비스 스케이프 디자인의 약점, 사용자 편의성을 고려하지 않은 셀프서비스(사용자 친화적이지 않은 웹사이트와 기계 등)와 같이 모호하게 설계된 기술 등이 있다.

3 확인된 서비스 실패를 예방하기 위한 전략을 수립하라. 최상의 효과를 위해 다음에 기술된 다섯 가지 전략을 적절히 혼합하여 사용해야 한다.

(a) 프로세스 재설계(프로세스뿐만 아니라 고객의 역할도 재설계). 예를 들어, 항공기의 화장실문은 점등을 위해 반드시 잠겨야만 하며, ATM은 거래의 마지막에 고객의 카드 분실을 막기 위해 소리가 난다. 앞으로는 생체 인식(예 : 음성인식과 결합된 지문인식)이 ATM에서의 카드와 PIN을 대체할 것이며, 이러한 방식이 카드를 분실의 문제나 PIN의 망각의 문제를 해결하여 결국 고객 편의성이 증대될 것이다.

(b) 기술의 활용. 예를 들어, 병원은 고객의 예약 일자를 확인하고 알려주기 위해서 또는 예약 일자 재조정을 위한 SMS나 이메일을 보내는 자동화된 시스템을 사용할 수 있다.

(c) 소비자의 행동 관리. 예를 들어, 초대에 요구된 드레스 코드를 알려주거나, 치과예약 문자를 발송하거나, 고객 카드에 사용자 안내를 프린트할 수 있다(예 : 서비스 센터에 전화하기 전에 당신의 계좌와 핀 넘버를 확인해주세요).

(d) 고객 시민 활동을 독려(다이어트 프로그램과 같은 서비스에서 실패를 예방하기 위하여 고객들이 서로를 돕고 격려)

(e) 서비스 환경 개선. 많은 기업은 고객들이 사용자 편의적이고 실패를 방지하기 위한 기호를 필요로 한다는 것을 망각하고 있다.

고객들이 서비스 실패를 피하도록 하는 것은 기업 경쟁우위의 원천이 될 수 있으며, 특히 기업이 셀프서비스 기술을 전개할 때에는 더욱 그러하다.

출처

Stephen S. Tax, Mark Colgate, and David E. Bowen, "How to Prevent Customers from Failing," *MIT Sloan Management Review* 47, (Spring 2006): 30-38.

PART III

## 셀프서비스 기술

**학습목표 9**
고객이 새로운 셀프서비스 기술(SSTs)을 수락하거나 거절하도록 하는 요인은 무엇인가?

서비스 생산에 있어서 가장 이상적인 형태의 관여는 고객이 모든 행동을 직접 수행하는 것이다. 이는 서비스 기업에 의해 제공되는 시스템이나 시설을 고객들이 사용하는 것을 의미한다. 고객의 시간과 노력이 서비스 직원의 노력을 대체하는 것이다. 전화나 스마트폰, 인터넷 기반 서비스에서 고객들은 심지어 자신의 단말기를 제공하기도 한다(그림 8. 16).

고객은 직원의 관여없이 고객들로 하여금 직접 서비스를 생산하도록 하는 다양한 SSTs(셀프서비스 기술)에 직면해 있다.[20] SSTs는 은행자동화 서비스, 슈퍼마켓 자동 스캐닝, 셀프 주유소, 폰뱅킹과 같은 자동 전화 시스템, 호텔 자동 체크아웃, 셀프서비스 기차표발권기(그림 8.17) 등을 포함하고 있다.



**그림 8.16** 많은 인터넷 기반의 서비스는 고객으로 하여금 고객 스스로에게 서비스를 제공하도록 요구한다.

정보기반 서비스는 SSTs를 사용함으로써 더욱 쉽게 제공될 수 있다. 이러한 서비스는 정보 획득, 순서배열과 예약, 결제와 같은 부가 서비스뿐만 아니라 은행업무, 연구, 오락, 교육 부문과 같은 핵심서비스 전달도 포함한다. 심지어 전통적으로 면대면으로 서비스전달이 이루어졌던 상담과 판매 프로세스도 전자 추천 대리인을 통하여 셀프서비스로 전환되고 있다.[21] 최근의 학술연구에서는 전자 추천 대리인을 더욱 효과적으로 만들기 위한 방법이 제안되었다(서비스 인사이트 8.5). 많은 기업들이 인터넷을 통

그림 8.17 관광객들은 기차표를 발권할 때 이해하기 쉬운 설명에 고마워한다.

하여 고객 스스로 서비스를 제공받도록 설계된 전략을 개발하고 있다. 이를 통해 기업은 직원과의 직접적인 접촉이나 브로커나 에이전트 같은 중개인 등 고비용의 대안 사용을 줄일 수 있게 되었다.

그럼에도 불구하고 모든 고객들이 SSTs를 선호하지는 않는다. Matthew Meuter와 동료들은 다음과 같이 말했다. "많은 기업에게 있어 중요한 것은 기술을 관리하는 것이 아니라 기술의 활용을 통해 고객을 얻는 것이다."[22]

### 고객 셀프서비스의 심리적 요인

기업이 SSTs의 설계, 실행 및 관리하는 데 있어 많은 시간과 비용을 들였다면, 서비스 마케터는 고객이 SSTs의 사용과 인적 서비스 제공자 사이에서 어떠한 결정을 하는지 이해하는 것이 중요하다. 고객의 관점에서 SSTs를 사용하는 것은 장점과 단점이 모두 존재한다. SSTs 이용의 장점은 다음과 같다.

▶ 시간절약, 빠른 서비스, 시간의 유연성(일주일 내내 24시간 이용), 장소의 유연성(많은

## 서비스 인사이트 8.5

### 전자 추천 대리인을 더욱 효과적으로 만들기

소비자는 온라인 판매자로부터 제품과 서비스를 구매할 때 복잡하고 다양한 선택에 직면한다. 이러한 온라인 소매업자들이 소비자를 지원하는 한 가지 방법은 그들 서비스의 일부로 전자 추천 대리인을 제공하는 것이다. 추천 대리인은 많은 경쟁 제품 중에서 고객의 선택을 돕기 위한 저 비용의 가상판매원이다. 이러한 추천 대리인은 소비자 선호에 따라 순위가 매겨진 리스트를 제공한다. 그러나 Lerzan Aksoy의 연구에 따르면 기존의 많은 추천 대리인의 순위가 고객별로 다르게 나타난다는 것을 알 수 있다. 첫째, 그들은 고객에 따라 다른 제품 속성을 강조한다. 둘째, 그들은 단순히 대략적인 방법으로 매치시키는 의사결정 전략을 사용하지 않는다는 것이다.

이들의 연구는 32개의 휴대전화 선택에 대한 실험하였다. 이들 각각은 가격, 무게, 통화 가능 시간, 대기시간 등과 관련된 다른 특징을 가지고 있는 것으로 웹사이트에 묘사되었다. 연구 결과는 소비자들은 속성의 중요도나 의사결정 전략 등에서 자신과 같은 생각을 지닌 추천 대리인을 사용한다는 것을 보여주었다. 추천 대리인이 소비자의 생각과 완전히 다를 경우 소비자는 좋아하지 않았고 심지어 아무렇게 순위가 매겨진 것보다 더 나쁘게 생각하였다. 이 연구의 주제가 대리인의 추천에 치중된 경향이 있지만, 소비자 자신의 생각과 다른 의사결정 전략과 속성 중요도를 가졌다고 느끼는 사람들은 그 웹사이트를 재방문하지 않고, 친구에게 추천하지도 않으며, 그 사이트가 자신의 생각과 잘 맞지 않는다고 생각한다.

결과적으로 추천 대리인의 가치를 향상시키고, 판매 및 재구매율을 높이기 위해서는 기업은 고객의 의사결정 전략이나 속성, 속성의 중요도 등에 대한 면밀한 이해가 필요하다(제2장의 소비자 의사결정 전략과 제3장의 결정적 속성을 참고하라).

출처

Lerzan Aksoy, Paul N. Bloom, Nicholas H. Lurie, and Bruce Cooil, "Should Recommendation Agents Think Like People?" *Journal of Service Research* 8, (May 2006): 297-315.

ATM) 등 편의성의 향상
- ▶ 비용 절감
- ▶ 서비스 전달의 높은 통제성과 높은 수준의 고객맞춤화

소비자는 SST를 활용함으로써 기쁨, 재미, 즐거움을 얻을 수 있다. 예를 들어, 어린아이들은 슈퍼마켓에서의 셀프 스캐닝을 하는 것을 매우 좋아한다. 만약 SST가 서비스 품질 전달을 위해 필요한 것으로 생각된다면, 소매점 재방문 의도에 긍정적인 인상을 가질 수 있다.[23] James Curran, Matthew Meuter, Carol Surprenant는 그들의 연구에서 관련 서비스 기술에 대한 전반적 태도, 특정 서비스 기업에 대한 전반적 태도, 직원에 대한 태도 등 다양한 태도가 특정 SST 사용에 대한 고객의 의도를 형성한다는 것을 밝혔다.[24] 그러나 만약 소비자가 SSTs를 이용하면서 불편함을 느낀다면, 매우 불편하고 스트레스를 받을 것이다. 일부 소비자는 서비스 접점을 사회적 경험으로 보기도 하고, 사람을 대하는 것을 선호하기도 한다.

### 고객을 즐겁게 혹은 화나게 하는 SSTs의 특성

최근의 연구는 소비자들이 SSTs에 대해 호감과 비호감을 갖는다고 설명한다.[25] 다음은 SSTs에 대하여 소비자가 호감을 가질 때이다.

- ▶ SSTs가 소비자의 어려운 상황을 해결해 줄 때이다. 이는 SST가 편리한 곳에 위치되어 있고 일주일 내내 24시간 이용할 수 있기 때문이다. 웹사이트는 언제나 가장 가까이에 있기 때문에 기업의 물리적 위치보다 더 쉽게 접근할 수 있다. 만약 당신이 급하게 현금이 필요하고 은행은 닫혀 있다면, 집 근처 ATM에서 현금을 인출할 수 있다는 것에 기쁘지 않겠는가?
- ▶ 소비자는 SSTs가 서비스 직원보다 더 좋은 서비스를 제공할 때 호감을 갖게 된다. 예를 들어, SSTs는 서비스 직원과의 전화 상담이나 면대면을 통한 정보 취득보다 더 빠르게 섬세한 정보를 제공하며 거래를 완성할 수 있도록 해준다. 숙련된 여행객의 경우 공항, 호텔, 렌트카 대여에서의 시간과 노력을 절약하기 위해 SSTs를 사용한다. 잘 설계된 SST는 사람보다 더 낳은 서비스를 제공할 수 있다. 어떤 소비자들은 새로운 자판기 기계에서 편의품을 구매한 경험에 대해 다음과 같이 말했다. "가계 점원은 실수를 하거나, 소비자들에게 어려움을 줄 수 있지만, 기계는 그렇지 않다. 그래서 기계를 훨씬 더 선호한다"[26] *Wall Street Journal*의 한 논문은 이러한 트렌드를 다음과 같이 묘사하고 있다. "사람과의 접촉을 피하는 즐거운 여행을 하세요.[27] 요컨대, 많은 소비자들이 SSTs가 잘 작동할 때 이를 좋아한다.

반면에 소비자들은 SSTs에 의한 서비스 제공이 실패할 때 이를 싫어하게 된다. 소비자들은 서비스 기기의 운영이 불안정할 때, 비밀번호가 틀릴 때, 사이트 접속이 불안정할 때, 추적(핀)번호가 잘못되었을 때 화가 난다. SSTs가 잘 작동되고 있을지라도 고객들은 이해하기 어렵거나 사용하기 어렵게 설계된 프로세스를 싫어한다. 일반적인 불평행동은 웹사이트 상에서 자신이 원하는 페이지를 찾는 데서 겪는 어려움이다.

또한 소비자들은 비밀번호를 잊어버리거나, 정보를 잘못 입력하였거나, 버튼을 잘못 눌렀

PART III

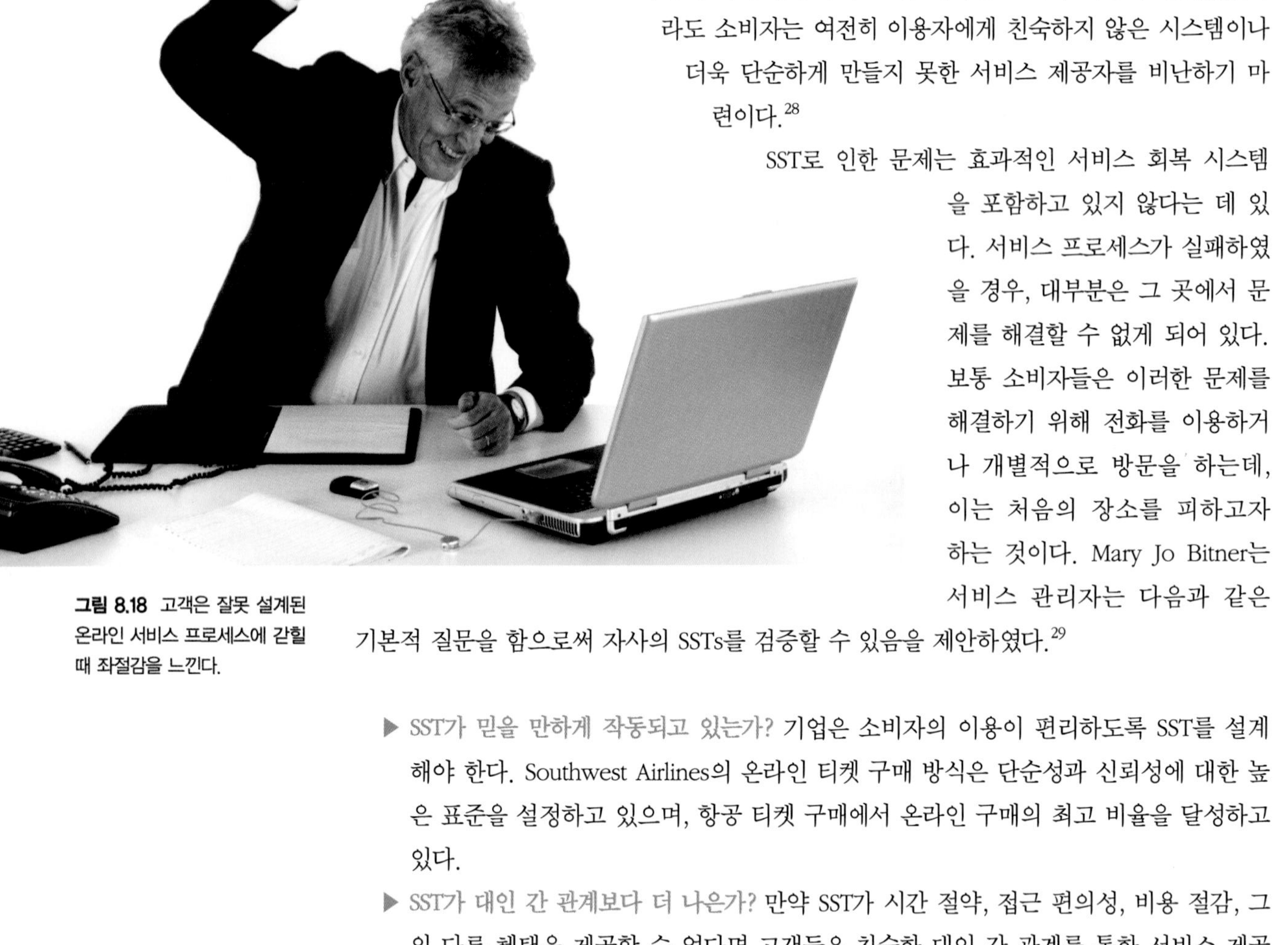

**그림 8.18** 고객은 잘못 설계된 온라인 서비스 프로세스에 갇힐 때 좌절감을 느낀다.

을 경우와 같은 실수들 때문에 당황하게 될 때 화를 내게 된다(그림 8.18). 논리적으로는 셀프서비스에 있어 소비자 불만족은 소비자 자신에 의해 발생하게 된다. 하지만 소비자 자신이 잘못했을지라도 소비자는 여전히 이용자에게 친숙하지 않은 시스템이나 더욱 단순하게 만들지 못한 서비스 제공자를 비난하기 마련이다.[28]

SST로 인한 문제는 효과적인 서비스 회복 시스템을 포함하고 있지 않다는 데 있다. 서비스 프로세스가 실패하였을 경우, 대부분은 그 곳에서 문제를 해결할 수 없게 되어 있다. 보통 소비자들은 이러한 문제를 해결하기 위해 전화를 이용하거나 개별적으로 방문을 하는데, 이는 처음의 장소를 피하고자 하는 것이다. Mary Jo Bitner는 서비스 관리자는 다음과 같은 기본적 질문을 함으로써 자사의 SSTs를 검증할 수 있음을 제안하였다.[29]

▶ SST가 믿을 만하게 작동되고 있는가? 기업은 소비자의 이용이 편리하도록 SST를 설계해야 한다. Southwest Airlines의 온라인 티켓 구매 방식은 단순성과 신뢰성에 대한 높은 표준을 설정하고 있으며, 항공 티켓 구매에서 온라인 구매의 최고 비율을 달성하고 있다.

▶ SST가 대인 간 관계보다 더 나은가? 만약 SST가 시간 절약, 접근 편의성, 비용 절감, 그 외 다른 혜택을 제공할 수 없다면 고객들은 친숙한 대인 간 관계를 통한 서비스 제공을 지속하게 될 것이다. Amazon.com의 성공은 서점 방문에 대한 효과적인 대안으로서 고도로 개인화된 서비스를 제공하도록 노력하고 있다.

▶ 만약 SST가 실패한다면, 이러한 서비스 실패를 회복하기 위한 다른 시스템이 존재하는가? 서비스 실패가 발생하였을 때 즉각적으로 서비스를 회복할 수 있는 시스템, 구조, 서비스 회복 기술을 제공하는 것이 매우 중요하다(그림 8.19). 일부 은행의 경우 ATM 기기 옆에 전화기를 비치하고 있으며, 소비자들에게 문제가 생겼을 때 전화를 하면 24시간 서비스 센터와 연결될 수 있게 하고 있다. 셀프서비스 체크아웃 레인을 설치한 일부 슈퍼마켓에서는 기기 옆에 직원을 대기시켜 놓고, 기기의 작동에 대해 항상 감독 및 관리할 수 있도록 하고 있다. 이러한 활동은 고객 지원과 함께 안전한 서비스를 제공할 수 있도록 해준다. 전화기반 서비스 시스템의 경우, 잘 설계된 음성메뉴는 소비자들이 고객 서비스 대표자와 더욱 쉽게 접촉할 수 있도록 한다.

## 변화를 위한 소비자 저항 관리

서비스 프로세스에서 고객의 참여 수준의 증가와 SST를 사용한 셀프서비스 프로세스로의 변화는 소비자의 행동 변화를 요구한다. 소비자는 SST 사용으로 인해 스트레스 받는 것을 좋아하지 않기 때문에 이러한 소비자 행동 변화는 어려운 과업이다.[30] 서비스 인사이트 8.6은 변화, 특히 그 변화가 매우 독특하고 차별적일 때, 그에 대한 소비자 저항을 처리하는 방법에 대해 설명하고 있다. 변화가 결정되었다면, 마케팅 커뮤니케이션은 고객이 변화를 준비하도록 촉진해야 하며, 변화의 근거와 혜택 그리고 미래에 소비자가 무엇을 해야 하는지를 설명해야 한다.

**학습목표 10**
SST의 수용을 포함하여 서비스 프로세스에서 소비자의 행동 변화를 위한 소비자 저항을 어떻게 관리할 것인가?

**그림 8.19** 안정장치의 한 수단으로, 백화점은 발생할 수 있는 문제에 즉각 대응하기 위하여 셀프체크아웃 레인에 상시 직원을 배치한다.

PART III

## 서비스 인사이트 8.6

### 변화에 대한 소비자의 저항 관리

익숙했던 프로세스와 정해진 행동 패턴의 변화에 대한 소비자의 저항은 기업의 생산성과 품질 향상에 걸림돌이 된다. 다음의 여섯 가지 단계는 이러한 변화가 순조롭게 이루어지도록 도울 것이다.

1. **고객의 신뢰를 형성하라.** 사람들이 기업에 대해 신뢰하지 않을 때 생산성과 관련된 변화를 사람들에게 소개하는 것은 매우 어렵다. 변화를 수용하고자 하는 고객의 의도는 기업에 대한 호의의 정도와 밀접하게 관련되어 있다.
2. **고객의 습관과 기대를 이해하라.** 사람들은 고정된 순서로 단계가 진행되는 기존에 이용해왔던 서비스에 익숙해진다. 그들은 마음속에 자신만의 개인적인 서비스 스크립트 또는 플로차트를 가지고 있다. 고객에게 그 변화에 대해 충분히 설명하지 않는다면, 깊숙이 뿌리 박힌 일상을 변화시키고자 하는 혁신은 저항에 직면하기 쉽다.
3. **새로운 절차와 장비를 검사하라.** 고객이 새로운 절차와 장비에 어떻게 반응하는지를 알기 위해, 마케팅 연구자는 구상과 실험, 실제 테스트를 해볼 수 있다. 만약 서비스 인력이 자동화 장비에 의해 대체되었다면, 모든 고객들이 쉽게 사용할 수 있는 디자인을 만드는 것이 중요하다. 설명 문구 또한 매우 신중하게 고려되어야 한다. 불분명하고 복잡한 설명 문구는 고객으로 하여금 이해가 어렵게 한다. 만약 설명문이 마치 고객이 명령을 받는 것처럼 쓰여졌다면, 예의 바른 서비스 직원에 익숙해 있는 사람이라면 아마 그것을 꺼버릴 것이다.
4. **혜택을 알려라.** 셀프서비스 장비의 도입은 고객들로 하여금 스스로 과업을 수행하도록 한다. 이러한 부가적인 과업을 통해 확장된 서비스 시간, 시간 절약, 비용 절감 등 혜택을 얻게 될지라도, 이러한 혜택은 명백하지 않다. 따라서 기업은 이를 촉진시켜야 한다. 매스미디어 광고를 사용하거나 건물 내 광고와 표지판, 사람들에게 변화를 알리기 위한 인적 커뮤니케이션 등의 유용한 전략들이 사람들의 흥미를 유발하고, 새로운 전달 시스템 사용에 따른 특정 혜택을 고객에게 명확하게 알릴 수 있다.
5. **고객들에게 혁신을 가르치고 시용을 촉진하라.** 서비스 인력은 고객과 가까이에서 새로운 장비를 증명하고 질문에 답해야 한다. 고객들을 안심시키는 것뿐만 아니라 교육적 지원 또한 새로운 절차와 기술의 수용에 매우 중요하다. 웹기반 혁신의 경우, 이메일, 채팅, 심지어 전화 기반의 지원을 제공하는 것도 중요하다. 가격 할인, 로열티 포인트, 추첨 등의 촉진 인센티브도 시용을 촉진할 수 있다. 고객이 셀프서비스 옵션을 시도해 보았고 (특히 전자 기반의) 작동도 잘되었다면, 그들은 미래에도 정기적으로 셀프서비스를 이용하려 할 것이다.
6. **성과를 모니터하고 개선사항을 지속적으로 탐색하라.** 특히 SST에 있어 품질과 생산성 향상은 지속적인 프로세스이다. 만약 고객이 새로운 절차에 실망했다면, 그들은 예전의 행동으로 돌아가려 할 것이다. 그러므로 고객의 이용과 거래 실패 빈도(그리고 실패점), 고객 불만 사항을 모니터하는 것이 매우 중요하다. 서비스 관리자는 SST의 지속적인 사용을 위해 끊임없이 SST의 개선을 위해 노력해야 한다.

# 요약

**학습목표 1**

플로차트는 서비스를 고객에게 전달하는 데 있어 각각의 단계의 특징과 순서를 보여주는 기법이다. 플로차트는 총체적 고객 서비스 경험을 가시화하는 간단한 방법이다.

**학습목표 2**

청사진은 플로차트보다 더욱 복잡한 형태로, 고객에게 보여지는 것은 무엇이며, 후방 부서에서는 어떤 일이 이루어지는지 등 서비스가 어떻게 이루어지는지를 자세히 명시한 것이다. 청사진은 고객 서비스 프로세스의 자세한 설계와 재설계를 촉진시킨다.

**학습목표 3**

청사진은 다음의 디자인 요소들을 포함한다.

- 전방 활동은 바람직한 투입과 산출물, 서비스가 전달되는 순서 등 전반적인 고객 경험에 대해 나타낸다.
- 물리적 증거는 고객이 서비스 품질을 평가하는 데 사용할 수 있는 것이다.
- 가시선은 고객이 경험하는 것과 전방에서 볼 수 있는 것 그리고 고객이 보지 못하는 후방 프로세스를 명확하게 구분한다.
- 후방 활동은 특정 전방 단계를 지원하기 위해 수행되는 것이다.
- 지원 프로세스에서 이루어지는 지원 프로세스와 공급은 보통 정보시스템에 의해 제공되고, 적절한 공급은 전방 단계와 후방 단계 모두에게 필요하다.
- 실패점은 어떤 일이 잘못되어 서비스 품질에 악영향을 미칠 위험이 있는 곳을 의미한다. 실패점은 프로세스를 더 잘 설계할 수 있고(예 : 포카요케를 사용), 예상치 못한 실패를 보완하는 계획을 세울 수 있다.
- 프로세스에서 고객 대기시간과 잠재적 초과 대기시간. 기업은 이러한 대기시간이 고객에게 덜 불쾌한 기다림이 되도록 여러 전략을 수립할 수 있을 것이다.
- 서비스 표준과 목표는 고객의 기대를 반영하여 각 활동별로 설정되어야 한다. 여기에는 각 과업이 완료되는 데 걸리는 구체적인 시간과 수용 가능한 대기시간 등이 포함된다.

**학습목표 4**

좋은 청사진은 서비스 전달에서 문제가 생길 수 있는 실패점이 묘사되어 있다. 안전장치는 포카요케라 불리기도 하는데, 이 방법은 직원과 고객들에게 발생할 수 있는 실패를 예방하기 위해 설계된다. 다음의 3단계 접근법은 포카요케를 개발하는 데 사용되는 방법이다.

1. 가장 빈번한 실패점의 정보를 수집한다.
2. 실패점의 근본 원인을 확인한다.
3. 확인된 실패를 예방하기 위한 전략을 수립한다.

**학습목표 5**

서비스 청사진은 고객을 만족시킬 만한 높은 수준의 서비스 표준을 설정하는 데 도움이 된다. 서비스 표준은 측정 가능성을 필요로 하기 때문에, 중요하지만 주관적이고 무형의 서비스 속성은 조작화되어야 한다. 이는 이러한 속성들의 핵심을 포착한 서비스 프로세스 지표를 통해 달성 가능하다. 서비스 표준이 결정되었다면, 성과 목표가 설정되어야 한다.

기업은 서비스 프로세스에서 좋은 분위기를 위한 강력한 시작을 만들어야만 하며, 좋은 인상으로 남기 위해 강력한 마무리를 가져야 한다. 이러한 고객 감정을 관리하는 도구를 감정 프린트라고 하며, 이는 서비스 프로세스 각 단계에서 고객 감정을 명시한 것이다. 이의 목적은 고객의 좋은 경험을 관리하는 것이다.

**학습목표 6**

기술과 고객 욕구, 서비스 제공물의 변화로 인해 주기적인 서비스 프로세스가 요구된다. 프로세스가 잘 작동되지 않는다는 것을 나타내는 징후는 다음과 같다.

- 많은 정보 교환
- 유용하지 않은 데이터
- 가치 부가 활동에 있어 높은 수준의 확인 혹은 통제 활동
- 예외 증가
- 불편하고 불필요한 절차에 대한 고객 불만의 증가

**학습목표 7**

서비스 프로세스 재설계는 다음을 목표로 한다.

- 서비스 실패의 감소
- 서비스 프로세스의 시작부터 완료까지의 사이클타임 감소
- 생산성 향상
- 고객 만족의 증대

PART III

서비스 프로세스 재설계는 재건축, 재배열, 서비스 프로세스의 대체를 포함한다. 여기에는 다음과 같은 것들이 포함된다.

- 핵심 이해관계자와 서비스 청사진 확인하기. 고객과 일선직원, 지원 인력, IT 팀이 함께하며 청사진을 리뷰하고 프로세스 개선 방안에 대한 아이디어를 논의한다.
- 의미 없는 서비스 단계 제거
- 셀프서비스로 전환

### 학습목표 8

고객은 종종 서비스 프로세스상에서 공동생산자로 관여되기에 서비스 공동생산자로 불리기도 한다. 고객들의 참여는 서비스의 품질과 생산성에 영향을 미친다. 따라서 서비스 기업은 업무의 효율적 수행을 위해 필요한 동기와 기술을 갖도록 고객들을 훈련하고 교육시켜야 한다.

### 학습목표 9

고객 관여의 최상의 형태는 셀프서비스이다. 많은 사람들이 편리하고(시간절약, 빠른 서비스, 24/7 이용 가능성, 장소 편의성), 비용 절감, 더 나은 통제, 정보, 고객화된 SSTs를 선호한다. 그러나 SSTs 사용과 관련된 잘못 설계된 기술이나 부적절한 교육은 고객들로 하여금 SSTs를 거부하게 한다.

다음 세 가지 질문을 통해 자사의 SST를 검증할 수 있다.

- SST가 믿을 만하게 작동되고 있는가?
- SST가 대인 간 관계보다 더 나은가?
- 만약 SST가 실패한다면, 이러한 서비스 실패를 회복하기 위한 다른 시스템이 존재하는가?

### 학습목표 10

서비스 프로세스에서 고객의 참여 수준의 증가와 SST를 사용한 셀프서비스 프로세스로의 변화는 소비자의 행동 변화를 요구한다. 다음의 여섯 가지 단계는 변화에 대한 소비자 저항을 감소시키기 위한 방법이다.

- 고객의 신뢰를 형성하라.
- 고객의 습관과 기대를 이해하라.
- 새로운 절차와 장비를 검사하라.
- 혜택을 알려라.
- 고객들에게 혁신을 가르치고 시용을 촉진하라.
- 성과를 모니터하고 개선사항을 지속적으로 탐색하라.

## 학습 키워드

이 키워드들은 각 학습목표 절에서 확인할 수 있다. 그들은 각 절에서 학습하는 서비스 마케팅 개념을 이해하기 위하여 필수적인 것이다. 이 키워드들의 개념과 어떻게 이들을 이용할 것인가를 잘 아는 것이 이 과정을 잘 마치고, 실제 외부의 경쟁시장 환경에서 실무적으로 실행하는 데 필수적이다.

**학습목표 1**

1. 고객 관여도
2. 플로차트
3. 정보 프로세스
4. 무형적 행동
5. 정신적 자극에 대한 처리
6. 사람에 대한 처리
7. 물리적 프로세스
8. 소유물에 대한 처리
9. 접점의 순서
10. 서비스 프로세스

**학습목표 2**

11. 설계도면
12. 청사진

**학습목표 3**

13. 후방 활동
14. 핵심상품
15. 고객 대기
16. 드라마
17. 초과 대기
18. 실패점
19. 전방 단계 활동
20. 상호작용
21. 상호관계
22. 상호작용선
23. 가시선
24. 성과
25. 서비스 청사진
26. 서비스 표준
27. 서비스 스케이프
28. 보조서비스
29. 공급
30. 지원 프로세스
31. 목표

**학습목표 4**

32. 고객 실패
33. 실패 점검
34. 포카요케
35. 재설계 프로세스
36. 서비스 프로세스
37. 전사적 품질 관리

**학습목표 5**

38. 고객 인식
39. 정서 프린트
40. 지표
41. 성과 표준
42. 서비스 표준
43. 목표
44. 터치포인트

**학습목표 6**

45. 조직의 녹
46. 프로세스
47. 서비스 프로세스 제설계

**학습목표 7**

48. 사이클타임
49. 생산성 획득
50. 의미 없는 서비스 단계
51. 생산성
52. 셀프서비스
53. 서비스 청사진
54. 서비스 프로세스
55. 서비스 품질
56. 이해관계자

**학습목표 8**

57. 공동생산자
58. 고객 실패
59. 고객 참여
60. 실패 방지 방법
61. 높은 참여

PART III

62. 낮은 참여
63. 중간 참여
64. 사람에 대한 처리
65. 포카요케
66. 소유물에 대한 처리
67. 재설계 프로세스
68. 원인 분석
69. 서비스 공동생산자
70. 서비스 실패
71. 기술
72. 가치

**학습목표 9**

73. 태도
74. 편의성
75. 고객 셀프서비스
76. 효과적인 서비스 회복
77. 좌절된
78. 정보에 기반한 서비스
79. 인터넷 기반 서비스
80. 심리적 요인
81. 셀프서비스 기술

**학습목표 10**

82. 변화에 대한 고객 저항
83. 고객 신뢰
84. 절차
85. 변화에 대한 저항

## 학습 문제

1. 플로차트는 사람에 대한 서비스, 사물에 대한 서비스, 정신에 대한 서비스, 정보에 대한 서비스 사이의 차이를 이해하는 데 도움을 주는가?
2. 서비스 청사진의 디자인 요소는 무엇인가?
3. 서비스 실패의 감소를 위해 사용될 수 있는 실패방지 방법에는 어떤 것들이 있는가?
4. 서비스 표준과 목표를 개발하는 것은 왜 중요한가?
5. 서비스 기업에게 주기적인 프로세스 재설계는 왜 필요한가? 그리고 서비스 프로세스가 잘 작동되지 않는 징후에는 무엇이 있는가?
6. 서비스 프로세스 재설계의 네 가지 핵심 목표는 무엇인가?
7. 서비스 프로세스 재설계를 위한 노력에는 무엇이 있는가?
8. 서비스 프로세스에서 공동생산자로서 고객의 역할은 왜 필요한가?
9. 고객이 SSTs를 선호하거나 싫어하게 되는 요인에 대해 설명하시오.
10. SST가 잘 작동되는지 어떻게 검증할 수 있는가? 그리고 변화에 대한 소비자 수용의 기회를 위해 기업은 어떻게 해야 하는가?

PART III

## 참고문헌


1 See how service blueprinting is used to improve service processes. Sameer Kumar, Angelena Phillips, and Julia Rupp, "Using Six Sigma DMAIC to Design a High-Quality Summer Lodge Operation," *Journal of Retail & Leisure Property* 8, no. 3 (2009): 173-191.

2 G. Lynn Shostack, "Designing Services That Deliver," *Harvard Business Review* 62, (January-February 1984): 133-139.

3 David Maister, now president of Maister Associates, coined the term OTSU while teaching at Harvard Business School.

4 See how poka-yokes can be used to improve business operations. Sameer Kumar, Brett Hudson, and Josie Lowry, "Consumer Purchase Process Improvements in E-tailing Operations," *International Journal of Productivity and Performance Management* 59, no. 4 (2010): 388?403; Sameer Kumar, Angelena Phillips, and Julia Rupp, "Using Six Sigma DMAIC to Design a High-Quality Summer Lodge Operation," *Journal of Retail & Leisure Property* 8, no. 3 (2009): 173-191.

5 This section is based in part on Richard B. Chase and Douglas M. Stewart, "Make Your Service Fail-Safe," *Sloan Management Review* 35, (Spring 1994): 35-44.

6 This section was adapted from Jochen Wirtz and Monica Tomlin, "Institutionalizing Customer-driven Learning through Fully Integrated Customer Feedback Systems," *Managing Service Quality* 10, no. 4 (2000): 205?215.

7 See, for example, Eric J. Arnould and Linda L. Price, "River Magic: Extraordinary Experience and the Extended Service Encounter," *Journal of Consumer Research* 20, (June 1993): 24-25; Eric J. Arnould and Linda L. Price, "Collaring the Cheshire Cat: Studying Customers' Services Experience through Metaphors," *The Service Industries Journal* 16, (October 1996): 421-442; and Nick Johns and Phil Tyas, "Customer Perceptions of Service Operations: Gestalt, Incident or Mythology?" *The Service Industries Journal* 17, (July 1997): 474-488.

8 David E. Hansen and Peter J. Danaher, "Inconsistent Performance during the Service Encounter: What' s a Good Start Worth?" *Journal of Service Research* 1, (February 1999): 227?235; Richard B. Chase and Sriram Dasu, "Want to Perfect Your Company' s Service? Use Behavioral Science," *Harvard Business Review* 79, (June 2001): 79-84; Richard B. Chase, "It' s Time to Get to First Principles in Service Design," *Managing Service Quality* 14, no. 2/3 (2004): 126-128.

9 Sriram Dasu and Richard B. Chase, "Designing the Soft Side of Customer Service," *MIT Sloan Management Review* 52, no. 1 (2010): 33-39.

10 Jochen Wirtz and Monica Tomlin, "Institutionalizing Customer-Driven Learning through Fully Integrated Customer Feedback Systems," *Managing Service Quality* 10, no. 4 (2000): 205-215.

11 Mitchell T. Rabkin, MD, cited in Christopher H. Lovelock, *Product Plus.* (New York: McGraw-Hill, 1994), 354-355.

12 See, for example, Michael Hammer and James Champy, *Reengineering the Corporation: A Manifesto for Business Revolution.* New York: HarperCollins Publishers Inc, 2003.

13 Kah Hin Chai, Jochen Wirtz, and Robert Johnston, "Using Technology to Revolutionize the Library Experience of Singaporean Readers," in *Essentials of Services Marketing*, eds. Christopher Lovelock, Jochen Wirtz, and Patricia Chew. (Singapore: Prentice Hall, 2009), 534-536, http://www.nlb.gov.sg, accessed March 12, 2012.

14 Leonard L. Berry and Sandra K. Lampo, "Teaching an Old Service New Tricks ? The Promise of Service Redesign," *Journal of Service Research* 2, no. 3 (February 2000): 265-275.

15 Victoria Ho, "Businesses Swallow the Tablet and Smile," *The Business Times*, March 14, 2011.

16 Amy Risch Rodie and Susan Schultz Klein, "Customer Participation in Services Production and Delivery," in *Handbook of Service Marketing and Management*, eds. T. A. Schwartz and D. Iacobucci. (Thousand Oaks, CA: Sage Publications, 2000), 111-125.

17 Mary Jo Bitner, William T. Faranda, Amy R. Hubbert, and Valarie A. Zeithaml, "Customer Contributions and Roles in Service Delivery," *International Journal of Service Industry Management* 8, no. 3 (1997): 193-205.

18 Atefeh Yazdanparast, Ila Manuj, and Stephen M. Swartz, "Co-creating Logistics Value: A Service-Dominant Logic Perspective," *The International Journal of Logistics Management* 21, no. 3 (2010): 375?403; Evert Gummesson, Robert F. Lusch, and Stephen L. Vargo, "Transitioning from Service Management to Service-Dominant Logic," *International Journal of Quality and Service Sciences* 2, no. 1 (2010): 8-22; Kristina Heinonen, Tore Strandvik, and Karl-Jacob Mickelsson, "A Customer-Dominant Logic of Service," *Journal of Service Management* 21, no. 4 (2010): 531-548; Robert F. Lusch, Stephen L. Vargo, and Matthew O' Brien, "Competing through Service: Insights from Service Dominant Logic," *Journal of Retailing* 83, no. 1 (2007): 5-18; Stephen L. Vargo and Robert F. Lusch, "Service-Dominant Logic: Continuing the Evolution," *Journal of the Academy of Marketing Science* 36, no. 1 (2008): 1-10. Loic Ple and Ruben Chumpitaz Caceres, "Not Always Co-Creation: Introducing Interactional Co-Destruction of Value in Service-Dominant Logic" *Journal of Services Marketing* 24, no. 6 (2010): 430-437.

19 Stephen S. Tax, Mark Colgate, and David E. Bowen, "How to Prevent Customers from Failing," *MIT Sloan Management Review* 47, (Spring 2006): 30-38.

20 Matthew L. Meuter, Amy L. Ostrom, Robert I. Roundtree, and Mary Jo Bitner, "Self-Service Technologies: Understanding Customer Satisfaction with Technology-Based Service Encounters," *Journal of Marketing* 64, (July 2000): 50-64.

21 Gerard Ha bl and Kyle B. Murray, "Preference Construction and Persistence in Digital Marketplaces: The Role of Electronic Recommendation Agents," *Journal of Consumer Psychology* 13, no. 1 (2003): 75?91; Lerzan Aksoy, Paul N. Bloom, Nicholas H. Lurie, and Bruce Cooil, "Should Recommendation Agents Think Like People?" *Journal of Service Research* 8, (May 2006): 297-315.

22 Matthew L. Meuter, Mary Jo Bitner, Amy L. Ostrom, and Stephen W. Brown, "Choosing among Alternative Service Delivery Modes: An Investigation of Customer Trial of Self-Service Technologies," *Journal of Marketing* 69, (April 2005): 61-83.

23 Hyun-Joo Lee, Ann E. Fairhurst and Min-Young Lee, "The Importance of Self-Service Kiosks in Developing Consumers' Retail Patronage Intentions," *Managing Service Quality* 19, no. 6 (2009): 687-701.

24 James M. Curran, Matthew L. Meuter, and Carol G. Surprenant, "Intentions to Use Self-Service Technologies: A Confluence of Multiple Attitudes," *Journal of Service Research* 5, (February 2003): 209-224.

25 Meuter *et al.*, 2000; Mary Jo Bitner, "Self-Service Technologies: What Do Customers Expect?" *Marketing Management* (Spring 2001): 10-11.

26 Jeffrey F. Rayport and Bernard J. Jaworski, "Best Face Forward," *Harvard Business Review* 82, (December 2004).

27 Kortney Stringer, "Have a Pleasant Trip: Eliminate All Human Contact," *Wall Street Journal* (October 31, 2002).

28 Neeli Bendapudi and Robert P. Leone, "Psychological Implications of Customer Participation in Co-Production," *Journal of Marketing* 67, (January 2003): 14-28.

29 Bitner, 2001, op. cit.

30 Machiel J. Reinders, Pratibha A. Dabholkar, and Ruud T. Frambach, "Consequences of Forcing Consumers to Use Technology-Based Self-Service," *Journal of Service Research* 11, no. 2 (2008): 107-123.

CHAPTER 9

# 수요와 생산능력의 균형

## 학습목표

이 장을 학습하게 되면 학생들은 다음의 내용을 이해하게 될 것이다.

- **학습목표 1** 고정된 생산능력을 가진 기업이 직면할 수 있는 수요-공급 차이의 상황이란 무엇인가?
- **학습목표 2** 변동하는 수요의 문제를 해결하기 위한 방법들에는 어떤 것들이 있는가?
- **학습목표 3** 서비스에서의 효율적인 생산능력이 의미하는 바는 무엇인가?
- **학습목표 4** 생산능력 관리를 위한 기본적인 방법에는 어떤 것들이 있는가?
- **학습목표 5** 세분 시장에 따른 수요 차이와 수요 패턴을 이해하고, 특정 세분 시장에 따른 수요 차이를 예측하는 방법에는 어떤 것들이 있는가?
- **학습목표 6** 수요관리의 기본적인 다섯 가지 방법이란 무엇인가?
- **학습목표 7** 수요 변동을 완화하기 위해 가격, 제품, 유통, 촉진의 마케팅 믹스 요소를 어떻게 활용할 것인가?
- **학습목표 8** 대기 시스템을 통해 어떻게 수요를 재고화할 수 있는가?
- **학습목표 9** 대기에 대해 소비자는 어떤 감정적 반응을 보이고, 어떻게 기다림에 대한 부담을 감소시키는가?
- **학습목표 10** 예약 시스템을 통해 어떻게 수요를 재고화할 것인가?

**그림 9.1** Iceland의 Westfjords에 있는 Tungudalur의 아름다움과 장관은 1년 내내 즐길 수 있다.

# 도입 사례

## 스키슬로프의 여름

눈이 녹기 시작하면, 스키를 즐기는 고객들은 줄어들게 되고 스키장 운영도 중단되게 된다. 리프트는 작동을 멈추고, 레스토랑도 문을 닫고, 다음 해 겨울까지 리조트도 문을 닫게 된다. 그러나 일부 스키장 운영자들은 여름에도 고객들에게 즐거움을 제공할 수 있다는 것을 깨달았다. 그들은 산에 하이킹을 온 사람들, 소풍을 온 사람들을 중심으로 리조트와 식당을 운영하게 시작했고, 산 꼭대기에서부터 지면까지 썰매가 달릴 수 있는 트랙커브인 Alpine Slides를 만들었다. 이로 인해 스키리프트의 티켓도 판매할 수 있게 되었다.

산악 바이크의 유행은 리프트 티켓을 판매하는 것 이외에도 관련 장비 대여의 기회도 동시에 만들었다. Vermont의 Killington Resort는 여름철에 방문객들로 하여금 산 정상까지 가서 전망을 구경하게 하고, 정상에 있는 레스토랑에서 식사를 하도록 유도하고 있다. 또한 산악바이크와 관련된 장비 대여로 수익을 창출하고 있는데, 겨울에는 스키 장비를 진열하는 곳에 여름에는 산악용 바이크를 진열하여 대여하도록 하고 있다. 이를 통해 실제로 산악 바이크족은 관련 장비들을 이 곳에서 대여하기 시작했으며, 산 정상까지 가는 데 있어 자전거를 옮길 수 있는 리프트를 이용하였으며, 자전거를 타고 정해진 경로로 내려왔다. 때로는 정해진 경로로 산 정상에 오른 다음, 레스토랑에서 기분 전환 후, 리프트를 타고 내려오기도 하였다.

대부분의 스키 리조트는 여름 동안에도 고객을 유도하기 위한 여러 가지 다양한 방법들을 모색하고 있다. 예를 들어, 아름다운 호수 옆에 위치해 있는 Quebec의 Mont Tremblant에서는 수영과 다른 수상 스포츠뿐만 아니라 골프, 테니스, 롤러블레이드 등 아이들을 위한 여러 가지 활동을 하고 있다. 이 사례는 서비스 개발과 마케팅을 통해 유휴 생산능력이 어떻게 수요로 전환되는지를 보여주는 훌륭한 예이다.

Snowbird Ski and Summer 리조트에서의 하이킹

Snowbird Ski and Summer 리조트에서의 스키

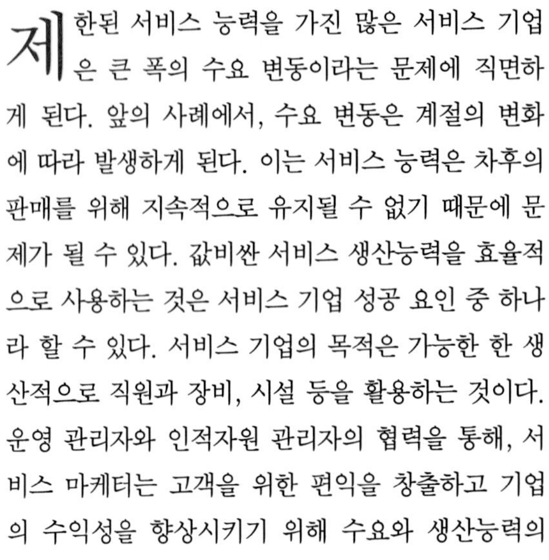

## 수익성을 위협하는 수요 변동

제한된 서비스 능력을 가진 많은 서비스 기업은 큰 폭의 수요 변동이라는 문제에 직면하게 된다. 앞의 사례에서, 수요 변동은 계절의 변화에 따라 발생하게 된다. 이는 서비스 능력은 차후의 판매를 위해 지속적으로 유지될 수 없기 때문에 문제가 될 수 있다. 값비싼 서비스 생산능력을 효율적으로 사용하는 것은 서비스 기업 성공 요인 중 하나라 할 수 있다. 서비스 기업의 목적은 가능한 한 생산적으로 직원과 장비, 시설 등을 활용하는 것이다. 운영 관리자와 인적자원 관리자의 협력을 통해, 서비스 마케터는 고객을 위한 편익을 창출하고 기업의 수익성을 향상시키기 위해 수요와 생산능력의 균형을 맞추는 전략을 개발할 수 있다. 스키 리조트 운영자들에게는 겨울 외 기간 동안 슬로프와 리조트 시설 등의 효율적 활용이 가능토록 활동의 변화를 모색하는 것이 중요한 문제라 할 수 있다.

**그림 9.2** 수요와 생산능력 간의 균형을 유지하는 것은 경영자와 고객 모두를 위한 것이다.

### 서비스 수요 초과와 서비스 생산능력 초과

**학습목표 1**
고정된 생산능력을 가진 기업이 직면할 수 있는 수요-공급 차이의 상황이란 무엇인가?

서비스 생산능력이 정해진 기업의 경우 발생하는 문제는 수요가 너무 많거나 혹은 너무 없는 것이다. "야수이거나 미녀이다!"라며 한숨을 쉰다. "성수기에는 잠재고객들이 이용할 수 없게 돼서 실망하고, 비수기에는 시설들이 운영하지 않고, 직원도 지루해하며 결과적으로는 손실을 보게 된다." 즉 수요와 공급이 균형을 이루지 못하는 것이다.

고정된 서비스 생산능력은 다음의 네 가지 상태 중 하나에 직면하게 된다(그림 9.3).

- 수요가 최대 가용 능력을 초과하는 경우—수요의 수준이 최대 가용 능력을 초과하고, 그 결과로 고객들은 서비스를 이용하지 못하게 되며, 기업은 손실을 보게 된다.

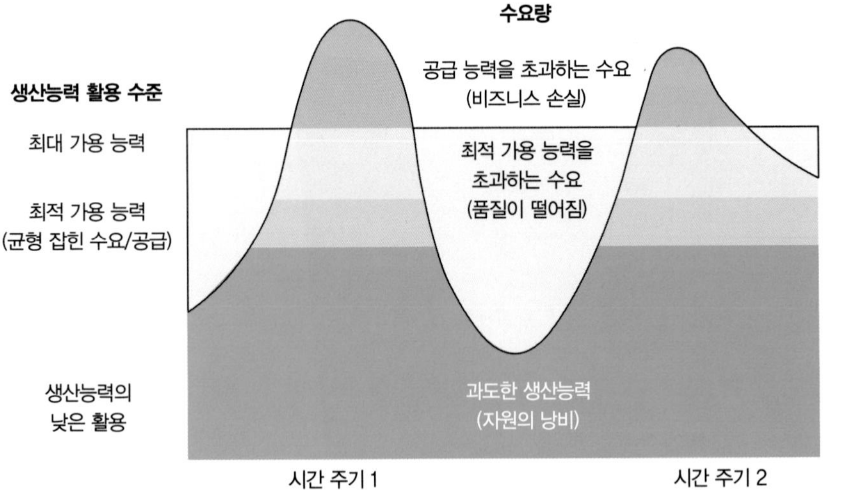


**그림 9.3** 서비스 생산능력과 수요의 차이에 대한 의미

- ▶ 수요가 최적 가용 능력을 초과하는 경우－고객을 잃지는 않지만, 상황이 매우 혼잡하여, 서비스 품질은 낮아 보이고, 고객들은 불만족하게 된다.
- ▶ 수요와 공급이 최적 생산능력의 수준에서 균형을 이루는 경우－직원과 시설은 업무과중이나 지체 없이 고객들에게 양질의 서비스를 제공할 수 있다.
- ▶ 공급(생산능력)의 초과－수요가 최적 생산능력보다 낮고, 자원이 충분히 활용되지 않으며, 낮은 생산성을 보인다. 고객들은 실망스러운 경험을 하거나 해당 서비스 기업이 살아남을지에 대한 의심을 갖게 될 것이다.

때때로 최적 가용 능력과 최대 가용 능력이 같을 수도 있다. 극장 혹은 스포츠 관람의 경우에는 운동선수 혹은 배우와 관람객이 분위기를 즐길 수 있도록 만원이 되는 경우가 이상적이다. 그러나 다른 대부분의 서비스의 경우에는 시설이 풀 가동되지 않을 때 고객들은 해당 서비스에 대해 더 만족하게 된다. 예를 들어, 레스토랑 서비스의 경우에는 모든 테이블이 꽉 찰 경우, 직원은 매우 바쁘고, 실수가 잦기 때문에 서비스 품질이 더 나빠진다. 만약 승객들로 꽉 찬 비행기를 타고 혼자 여행을 간다면, 당신 옆 좌석이 비어 있을 경우 더욱 편안함을 느낄 것이다.

### 생산능력과 수요 관리를 위한 방법 설계

**학습목표 2**
변동하는 수요의 문제를 해결하기 위한 방법들에는 어떤 것들이 있는가?

수요 변동의 문제를 극복하기 위해서는 다음의 두 가지 기본적인 방법을 사용할 수 있다. 한 가지는 수요 변동을 충족시킬 수 있는 서비스 생산능력의 수준을 조절하는 것이다. 여기

PART III

|  |  | |
|---|---|---|
| 1. 생산능력 정의하기 | • 생산능력의 어떤 측면이 고비용이고, 세심한 관리가 필요한지 결정<br>• 생산능력의 카테고리는 고객 응대(예 : 호텔), 제품(예 : 창고), 장비(예 : 진단장비), 노동력(예 : 컨설턴트), 하부구조(예 : 전자적 네트워크) 등을 위한 물리적 설비를 포함한다. | |
| 2. 생산능력 관리하기 | • 생산능력 확장－주어진 생산능력 내에서 더 많은 사람에게 서비스하기<br>• 더 긴밀한 수요 매치를 위해 생산능력 조절하기<br>– 가능한 대안 : (1) 비수기 동안 가동 정지 계획 (2) 직원의 다기능화 교육 (3) 임시직원의 고용 (4) 고객 셀프서비스 촉진 (5) 고객에게 생산능력 공유 요청 (6) 생산능력의 유연화 설계 (7) 여분의 시설과 장비를 공유 혹은 대여 | |
| 3. 수요에 대한 이해 | • 수요의 패턴과 세분 시장에 따른 수요 차이를 이해<br>• 세분 시장별 수요 촉진 요인 결정(예 : 일상적 수요 대 긴급 수요) | |
| | 초과 수요 | 수요 부족 |
| 4. 수요 관리하기 | • 가격, 제품 디자인, 유통, 시간, 촉진과 교육을 통해 수요를 옮기거나 감소시키기<br>• 대기와 예약 시스템을 통해 수요를 재고화, 가장 바람직한 고객 집단을 우선시 | • 좌측과 동일한 마케팅 믹스 요소를 활용하여 수요 확대하기 |

**그림 9.4** 생산능력과 수요 관리를 위한 방법

에는 생산능력이 무엇을 의미하는지와 그것을 어떻게 증가시키거나 감소시키는지에 대한 이해가 필요하다. 다른 한 가지는 수요의 수준을 관리하는 것이다. 이는 수요 패턴과 세그먼트별 수요 촉진 요인에 대한 이해가 선행되어야 하며, 이를 통해 기업이 수요 변화를 조절하기 위한 마케팅 전략을 사용할 수 있다. 대부분의 서비스 기업들이 이 두 가지 방법을 혼합해서 사용한다.[1]

그림 9.4는 생산능력과 수요의 균형을 위한 통합적인 접근법에 대해 네 가지로 구분하여 설명하고 있다. 이제부터 이 네 가지 방법에 대해 보다 구체적으로 살펴보도록 하자.

▶ 학습목표 3
서비스에서의 효율적인 생산능력이 의미하는 바는 무엇인가?

## 서비스 생산능력 정의하기

생산능력이란 무엇을 의미하는가? 이는 기업이 재화나 서비스를 만들어 내기 위해 활용할 수 있는 자원 혹은 자산을 말한다. 이들은 핵심 비용 요소이며, 주의 깊게 다루어져야 한다. 서비스 분야에 있어, 생산능력은 다음의 몇 가지 형태를 취한다.

1. 고객을 수용하기 위해 설계된 물리적 시설과 사람에 대한 처리 혹은 정신자극에 대한 처리에 사용되는 물리적 시설. 여기에는 의료 시설, 호텔, 여객용 비행기, 대학 강의실 등이 포함된다. 수용 능력 제한의 주요 형태는 침대, 방, 좌석 등의 가구로 주로 나타난다. 어떤 경우에 지역 법률은 건강과 안전상의 이유로 수용 가능 사람의 수를 제한하고 있다 (그림 9.5).

**그림 9.5** 영화관은 화재를 대비하여 좌석수에 엄격한 안전 규제를 따라야 한다.

2. 고객에게 제공하기 위한 제품의 저장 및 처리를 위해 설계된 물리적 시설. 여기에는 배관, 창고, 주차시설, 화물 운송 열차 등이 포함된다(그림 9.6).
3. 사람, 소유물, 정보에 대한 처리를 위해 사용되는 물리적 시설은 많은 종류의 아이템을 포함하고, 상황에 따라 매우 특수하다. 여기에는 진단장비(그림 9.7), 공항 안전 요원, 톨게이트, 은행 ATM 등이 포함된다. 만약 적절한 수요 제공을 위한 장비의 생산능력이 충분치 않을 경우, 서비스는 매우 지체되거나 완전히 멈춰버릴 수도 있을 것이다.

**그림 9.6** 고객이 쇼핑하는 동안 주차장은 임시적으로 고객의 차를 '저장' 한다.

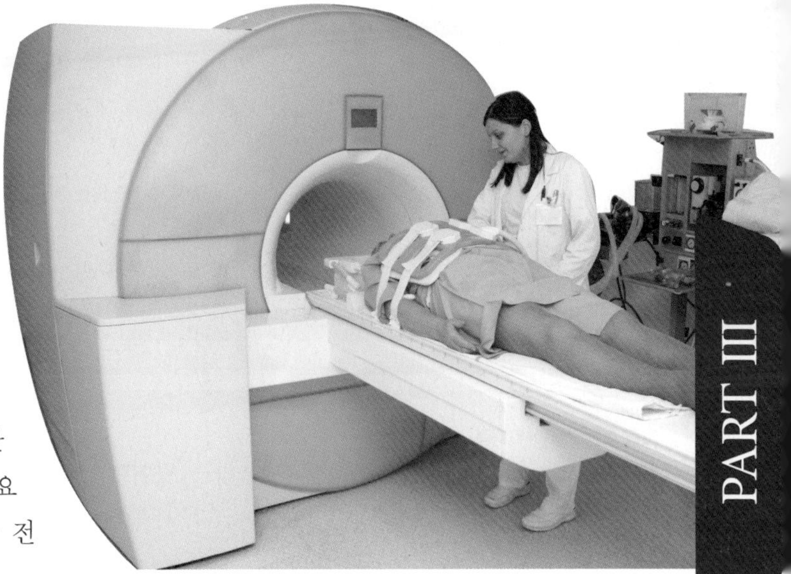

4. 노동력은 모든 고접촉 서비스 혹은 대부분의 저접촉 서비스의 경우에 있어 생산능력의 핵심 요소이다(그림 9.8). 만약 서비스 직원 인력이 충분치 않다면, 고객은 기다려야 하고, 서비스는 혼잡하게 될 것이다. 특히 전문적 서비스는 정보에 기반한 성과, 고부가가치 생산을 위해 고도로 전문적인 인력이 필요하다. Abraham Lincoln은 "변호사의 시간과 전문성은 거래에서 주식과 같다."고 언급함으로써 위와 같은 특성을 잘 나타내고 있다.
5. 하부구조(인프라). 많은 조직이 자사 고객들에게 양질의 서비스를 제공하기 위해 충분한 공적 · 사적 하부구조를 갖기 위해 노력하고 있다. 이러한 생산능력 문제에는 비행에 있어 항공기의 교통 제한, 주요 고속도로의 교통 체증, 정전(또는 전력감소로 인한 전압저하) 등이 포함된다.

**그림 9.7** MRI 장비에서 생산용량은 가용시간으로 표현된다.

제한된 서비스 능력을 가진 기업에 있어 재무적 성공은 그들의 생산능력을 어떻게 활용하느냐에 달려 있다. 만약 서비스 능력이 항상 효율적으로 사용된다면 아주 이상적이지만, 실제로 이러한 이상적인 상태를 유지하는 것은 아주 어려운 일이다. 이는 시간의 흐름에 따라 수요의 수준이 다를 뿐만 아니라 각각의 프로세스가 요구하는 시간과 노력이 다르기 때문이기도 하다. 전문적인 서비스와 수리업무 모두 진단과 처리에 걸리는 시간은 고객의 문제 특성에 따라 다르다.

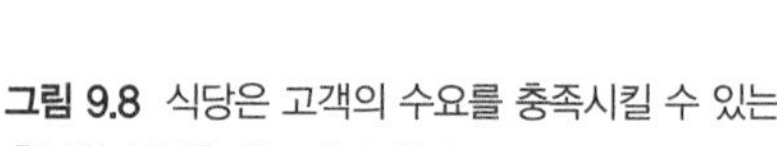

**그림 9.8** 식당은 고객의 수요를 충족시킬 수 있는 충분한 인력을 확보해야 한다.

**학습목표 4**
생산능력 관리를 위한 기본적인 방법에는 어떤 것들이 있는가?

# 서비스 생산능력의 관리

비록 서비스 기업이 수요의 변동으로 인해 생산능력의 한계에 직면한다 할지라도, 이러한 문제를 해결하기 위한 생산능력 조절의 방법이 있다. 서비스 생산능력은 늘어나거나 줄어들 수 있으며, 전체적인 생산능력은 수요에 맞춰 조절할 수 있다.

그림 9.9 러시아워처럼 사람이 많이 몰리는 시간에는 열차의 서비스 용량이 늘어난다.

## 생산능력의 수준의 확대

이 경우 실제 생산능력이 변하는 것은 아니지만, 동일한 수준의 생산능력으로 더 많은 사람에게 서비스 할 수 있는 경우를 의미한다. 예를 들어, 지하철은 일반적으로 40명의 좌석분과 60명의 입석 고객을 수용할 수 있으나, 러시아워의 경우에는 200명의 이용객도 수용할 수도 있다(그림 9.9). 이와 유사하게, 서비스 인력의 생산능력도 늘리거나 줄일 수 있다. 직원은 짧은 시간 동안 고효율로 업무를 처리할 수 있지만, 너무 장시간 빠른 업무처리를 하다보면 쉽게 지치거나 형편없는 서비스를 제공할 수도 있다.

주어진 시간 내에서 생산능력을 확장하는 또 다른 방법으로는 더 오랜 기간 서비스 시설을 활용하는 것이다. 예를 들어 일부 은행의 경우, 주중은 물론 주말에도 영업시간을 더욱 연장하였다. 대학의 경우, 야간 수업, 주말 수업뿐만 아니라 여름 특강 등을 개설하기도 한다.

마지막으로 서비스 제공 프로세스 내에서 소비자가 소유할 수 있는 시간의 평균 시간이 줄어드는 것인데, 이는 정체 시간을 최소화함으로써 이루어질 수 있다. 예를 들어, 레스토랑은 테이블이나 의자에 손님들이 앉을 때 벨을 울림으로써 메뉴가 빨리 전달될 수 있도록 하고, 식후 테이블에서 잠시 쉬고 있는 손님들에게는 즉각적으로 청구서가 제공될 수 있도록 하고 있다.[2] 다른 상황에서는 하루 중 가장 바쁜 시간에 간단한 메뉴를 제공하는 등 서비스의 수준을 낮춤으로써 정체 시간을 최소화할 수도 있다.

## 수요에 맞춘 서비스 생산능력 조절

앞의 경우와는 달리, 이 경우는 수요의 변동을 충족시키기 위한 서비스 생산능력의 총체적 수준을 바꿀 수 있는 내용을 포함하고 있다. 이러한 전략은 가용능력 변화 전략으로 알려져 있다. 여기에는 관리자가 필요에 따라 생산능력을 조절할 수 있는 방안들이 있다.[3] 이러한 방안은 수행하기 쉬운 것부터 어려운 것까지 다양하다.

- 수요가 낮은 기간에 가동 정지(downtime) 계획. 성수기 동안에 생산능력을 100% 활용 가능하도록, 수요가 낮을 때 수리와 개보수 작업이 이루어져야 한다. 직원의 휴가도 이 기

간 동안 행해져야 한다.

- **직원 다기능화 훈련.** 서비스 전달 시스템이 완전하게 가동되는 것처럼 보이더라도, 특정 직원은 활용되지 않는 경우가 있다. 만약 직원이 다양한 업무를 수행할 수 있도록 훈련되어 있다면, 필요 시 직원을 특정 부분에 투입하여 전체적인 시스템의 생산능력을 증가시킨다. 예를 들어, 슈퍼마켓의 경우 관리자는 계산대가 밀려 있을 때 재고 정리 담당자를 계산대에 투입하기도 하며, 계산대가 바쁘지 않을 경우 출납원은 재고 정리를 돕기도 한다(그림 9.10).

**그림 9.10** 슈퍼마켓 직원은 계산 업무와 재고보충 업무를 동시에 일할 수 있도록 훈련받는다.

- **임시직원의 고용.** 대부분의 조직은 성수기 동안에 추가적으로 직원을 고용한다. 예를 들어, 크리스마스 기간 동안 우체국 직원, 소매업 보조 직원 추가 고용, 연말 회계 정리를 위해 추가 인력 고용, 휴가 기간이나 중요 행사 기간 동안 호텔 직원의 고용 등이 포함된다.
- **고객 셀프서비스 촉진.** 만약 직원의 수가 한계에 다다른다면, 특정 업무의 공동생산에 소비자들을 포함시킴으로써 서비스 생산능력이 증가될 수 있다. 이에 대한 예로 슈퍼마켓의 자동 계산대, 공항에서의 무인 발권 등을 들 수 있다.
- **고객에게 공유요청.** 소비자들로 하여금 보통 한 명에게 제공되는 일정 단위의 생산능력을 공유하도록 함으로써 생산능력을 확장시킬 수 있다. 예를 들어, 분주한 공항이나 기차역의 경우, 택시의 공급이 제한되어 있기 때문에 같은 방향으로 가는 손님은 낮은 비용으로 합승을 하는 경우도 있다.
- **생산능력의 유연화.** 때때로 문제는 생산능력 전반이 아닌 각각의 세분 시장의 수요를 충족시키지 못하는 데 있기도 하다. 이 경우 해결책은 물리적 시설을 유연하게 설계하는 것이다. 예를 들어, 레스토랑의 테이블이 모두 2인용 좌석일 수도 있으며, 필요 시 2개의 테이블을 붙여 4인용으로, 3개를 붙여 6인용으로 만들 수 있다. 항공기의 경우 비즈니스 클래스의 좌석은 비어 있지만, 이코노미 클래스의 좌석은 거의 없는 경우가 있다. 이에 Boeing사는 777 항공기를 설계할 때, Airbus와 치열한 경쟁을 하였고, 잠재고객들로부터 '부당한 요구'라고 묘사되었다. 항공사는 항공기 내 조리실과 화장실, 배관 등 기내 모든 것이 재배치되길 원했다. Boeing사는 이러한 문제를 해결하였다. 항공사는 여러 좌석 클래스의 좌석 숫자를 다양하게 함으로써 777기의 비행기내 객실을 재조정할 수 있었다.
- **여분의 시설과 장비를 공유 혹은 임대.** 고정자산에 들어가는 비용을 줄이기 위해 서비스업은 성수기에 추가적 공간과 장비를 빌릴 수 있도록 해야 한다. 서로 다른 수요 패턴을 가진 기업의 경우 공식적인 공유 협정을 맺음으로써 장비와 시설에 대한 고정 비용을 줄일 수 있다. 예를 들어, 몇몇 대학은 학생들의 여름 방학 기간이나 신입생이 아직 학교에 오지 않았을 때와 같은 휴가철 기간 동안 학생 기숙사를 빌려주기도 한다.

PART III

**학습목표 5**
세분 시장에 따른 수요 차이와 수요 패턴을 이해하고, 특정 세분 시장에 따른 수요 차이를 예측하는 방법에는 어떤 것들이 있는가?

## 수요 패턴의 이해

이제 수요와 생산능력의 균형을 위한 두 번째 방법을 살펴보도록 하자. 특정 서비스의 수요를 관리하기 위해 관리자들은 시장세분화에 따른 수요의 차이를 이해할 필요가 있다. 예를 들어, 산업용 전기 장비 수리 및 보수 업체의 경우 업무의 일부 업무는 정기적인 일정으로 진행된다는 것을 이미 알고 있다(그림 9.11). 이외에는 방문수리와 긴급수리를 고려할 수 있는데, 이러한 일들은 업무의 양이나 시점을 통제하고 예측하기 어렵지만, 추가적인 분석을 통해 특정 주간이 다른 주간에 비해 더 많은 방문 수리가 발생한다는 것을 알 수 있다. 예를 들어, 번개로 인해 파손된 경우(이는 계절적인 특성을 띠고 있으며, 종종 미리 예측이 가능하다)에는 긴급 수리가 더 많이 발생하게 된다. 만약 기업이 서비스 수요 패턴을 이해한다면, 높은 수요가 예측될 때에는 예방 정비 업무의 계획을 줄이고, 수익성 있는 긴급 보수에 업무를 할당할 수 있을 것이다.

**그림 9.11** 발전소의 정기적인 보수점검

세분 시장에 따른 수요 패턴을 이해하기 위해, 우리는 수요 패턴과 그 원인에 대한 중요한 질문을 살펴보아야 한다(표 9.1).

**표 9.1** 수요 패턴과 그 원인에 대한 질문

**1. 수요가 예상 주기대로 움직이는가?**
만약 그렇다면, 수요 주기 기간은 다음의 무엇과 같은가?
- 하루(시간에 따라 다름)
- 일주일(요일에 따라 다름)
- 한 달(요일 혹은 주에 따라 다름)
- 1년(월, 계절에 따라 다르거나 공휴일을 반영)
- 별도의 다른 기간

**2. 이러한 주기 변화의 원인은 무엇인가?**
- 고용 스케줄
- 청구/세금납부/환급 주기
- 급여일자
- 개학 및 방학
- 기후의 계절별 변화
- 공휴일 혹은 종교휴일의 발생
- 자연적 변화(해안 조수간만의 차와 같은)

**3. 수요가 임의적으로 변화하는가?**
만약 그렇다면, 이는 다음과 같은 원인으로 인해 발생하는가?
- 날씨에 따른 일별 변화
- 원인 불명의 건강상의 문제
- 사고, 화재, 범죄
- 자연재해(지진, 폭풍, 화산분출 등)

**4. 특정 서비스에 대한 수요는 다음과 같은 요소를 반영하여 시장세분화에 의해 구분될 수 있는가?**
- 특정 목적이나 특정 고객에 의한 패턴의 활용
- 각 거래의 순수익의 변동성

특정 서비스 수요에 영향을 미치는 대부분의 순환주기는 하루 또는 1년의 기간까지 매우 다양하다. 많은 상황에서 여러 순환 주기가 동시에 영향을 미치는데, 예를 들어 대중 교통의 수요 수준은 하루의 특정 시간(통근 시간에 가장 높음), 주중의 특정일(주말에는 업무를 위한 이용보다는 레저를 위한 이용이 많음), 연중 특정 계절(여름에는 여행객이 늘어남)에 따라 다를 수 있다(그림 9.12). 여름의 어느 월요일에 피크시기의 서비스의 수요는 겨울의 어느 토요일의 피크시기의 서비스 수요와 매우 다르다. 수요를 완화하기 위한 어떠한 전략도 세분 시장별 고객이 서비스를 왜, 언제 이용하는지에 대한 이해 없이는 성공할 수 없다. 예를 들어, 통근자의 대중교통 수요를 한산한 때로 옮기려 한다면 그것을 실패할 것이다. 이는 사람들의 대중교통 이용은 근로 시간에 의해 결정되기 때문이다.

각 거래에 대한 기록을 잘 유지하는 것은 과거 경험에 기초한 수요 패턴을 분석하는 데 많은 도움이 된다. 정교한 소프트웨어를 사용한 시스템은 고객 유형, 요청 서비스, 특정 날짜와 시간별 고객 소비 패턴을 자동으로 분석해 준다. 그런 점에서 수요에 영향을 미칠 수 있는 날씨 상태나 특정 요인(파업, 사고, 큰 회의, 가격 변동, 경쟁 서비스 출시 등)을 기록하는 것은 매우 유용하다.

**그림 9.12** 많은 여행객은 여름에 독일의 풍부한 전통유산을 즐기기 위해 쾰른에 모인다.

**학습목표 6**
수요관리의 기본적인 다섯 가지 방법이란 무엇인가?

## 수요관리

각각의 세분화된 시장의 수요 패턴을 이해했다면 수요를 관리할 수 있다. 수요를 관리하는 다섯 가지 기초 방법은 다음과 같다.

- 현재의 수요 수준을 파악하기 위해 수요를 관찰한다.
- 성수기에는 수요를 줄인다.
- 비수기에는 수요를 늘린다.
- 대기 시스템을 사용함으로써 수요를 재고화한다.
- 예약 시스템을 사용함으로써 수요를 재고화한다.

**표 9.2** 생산능력의 차이에 따른 수요 관리 전략

| | 생산능력 상황 | |
|---|---|---|
| 수요 관리 방법 | 부족한 서비스 능력(초과 수요) | 과도한 서비스 능력(수요 부족) |
| **무대응** | • 비조직화된 대기 결과(고객을 화나게 하거나 재구매로 이어지지 않음) | • 서비스 능력 낭비(고객은 서비스 경험에 대한 실망스런 경험을 가질 수 있음) |
| **수요 감소** | • 높은 가격은 수익을 증대시킴.<br>• 상품 요소 변화(예 : 피크타임에는 시간이 걸리는 서비스를 제공하지 않음)<br>• 서비스 전달의 시간과 장소 변화(예 : 영업시간 연장)<br>• 다른 시간을 사용하도록 촉진(수익성이 떨어지거나 덜 바람직한 세분 시장에 이러한 노력을 집중할 수 있는가?) | • 무대응(위를 참조할 것) |
| **수요 증대** | • 훨씬 더 큰 수익성이 있는 세분 시장을 자극시킬 수 있는 기회가 있지 않는 한 무응대 | • 선택적으로 가격을 인하(기존 사업의 잠식을 피하기 위해 노력할 것, 모든 관련 비용을 확인할 것)<br>• 상품 요소 변화(비성수기의 서비스를 위한 대안적 가치 제안을 찾기)<br>• 상품과 유통의 다양성과 커뮤니케이션을 활용(그러나 추가 비용을 확인하고 수익성과 이용 정도가 적절한 수준이 되도록 할 것) |
| **공식화된 대기 시스템을 통한 수요의 재고화** | • 서비스 프로세스에서 적절한 대기 형태 구성<br>• 가장 바람직한 고객 집단을 우선시 하고, 다른 고객들이 한가한 시간을 이용하도록 만들 것<br>• 서비스의 긴급성, 지속기간, 프리미엄 가격에 기초한 각각의 대기 형태를 고려할 것<br>• 고객들의 대기를 좀 더 편안하게 만들고, 대기 시간에 대해 고객이 짧게 인식하도록 만들 것 | • 적용불가 |
| **예약 시스템을 통한 수요의 재고화** | • 가격에 덜 민감한 고객들을 위해 생산능력을 예약하고 수익률에 초점을 맞출 것<br>• 중요한 세분 시장을 위한 우선적 시스템을 고려할 것<br>• 다른 고객들이 비성수기에 이용하도록 만들 것 | • 사용 가능한 생산능력을 명확히 하고, 고객들이 선호하는 시간에 예약을 하도록 할 것 |

표 9.2는 초과 수요와 초과 공급의 두 가지 상황에서 위의 다섯 가지 방법을 연결시키고 있다. 많은 서비스 기업의 경우 수요의 순환주기에서 이러한 두 가지 상황에 직면하며, 다음의 전략 사용을 고려해야 한다. 이어서 우리는 마케팅 믹스 요소가 수요 수준을 어떻게 형성하는지에 대해 논의할 것이다. 다음은 대기 시스템과 예약 시스템을 통해 수요를 재고화하는 방법에 대해 설명할 것이다.

### 수요 패턴을 만들 수 있는 마케팅 믹스 요소

**학습목표 7**
수요 변동을 완화하기 위해 가격, 제품, 유통, 촉진의 마케팅 믹스 요소를 어떻게 활용할 것인가?

마케팅 믹스 변수들은 초과 공급의 기간 동안 수요를 증가시킬 수 있으며, 초과 수요의 기간 동안에는 수요를 옮기거나 감소시킬 수 있다. 가격은 수요와 공급의 균형을 맞출 수 있는 중요한 변수로 종종 사용된다(그림 9.13). 그러나 상품과 유통 전략, 커뮤니케이션의 변화도 수요 패턴을 재형성하는 데 사용되기도 한다. 이하에서 우리는 각각의 요소를 따로 살펴볼 것이지만, 효과적인 수요 관리를 위해서는 동시에 2~3가지 요인의 변화가 필요하다.

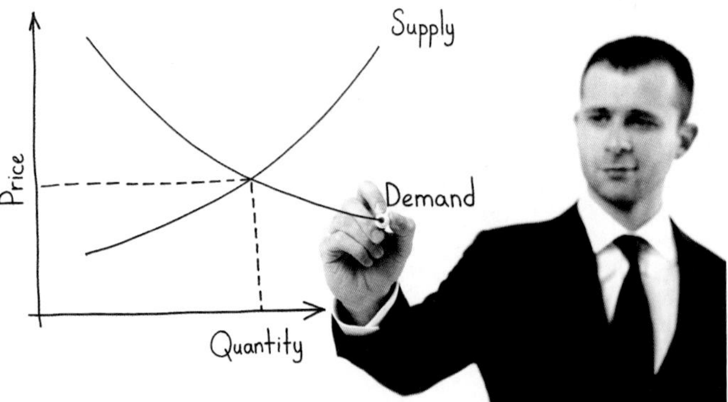


**그림 9.13** 관리자는 제품이나 서비스의 가격 설정에 중요한 역할을 한다.

### 수요를 관리하기 위한 가격과 비금전적 비용의 변화

수요와 공급의 균형을 위한 가장 직접적인 방법 중 하나는 가격을 사용하는 것이다. 비금전적 비용 또한 이와 유사한 효과를 발휘한다. 예를 들어, 만약 성수기에 시간과 노력에 대한 비용이 증가하는 것을 소비자가 알고 있다면, 이를 아는 소비자들은 혼잡하고 불친절한 환경에서 기다리면서 시간을 소비하기보다는 다른 시간대를 이용할 것이다. 이와 유사하게, 더 낮은 가격은 쇼핑, 여행, 수리 등 서비스의 종류에 상관없이 자신들의 행동에 대한 시간을 바꾸도록 할 것이다.

수요 관리의 수단으로서 서비스의 비금전적 가격을 효과적으로 하기 위해, 관리자는 상품의 수요 곡선의 기울기와 형태에 대한 감각을 가져야만 한다. 그들은 서비스의 양이 특정 시간의 단위당 가격에 따라 어떻게 변화하는지 이해해야만 한다. 또한 특정 서비스의 수요 곡선이 기간에 따라 급격하게 변화하는지에 대해 이해하는 것도 중요하다. 예를 들어, 동일한 사람이 겨울(기온이 영하로 떨어지는)보다 여름에 Cape Cod의 한 호텔의 주말 숙박에 더 많은 돈을 지불할 용의가 있을까? 아마도 대답은 "그렇다"일 것이다. 만약 그렇다면, 각 기간별로 생산능력을 채우기 위해 다른 가격 정책이 필요할 것이다.

그러나 생산능력이 제한적일 경우, 영리사업의 목표는 가장 수익성이 있는 세분 시장에 생산능력을 맞추는 것이다. 생산능력은 기업의 가장 가치 있는 세분 시장을 우선순위로 해야 한다. 예를 들어, 항공사는 전체 요금을 지불하는 비즈니스 여행객을 위해 일정한 좌석 수를 확보하고 있으며, 여행객을 위해서는 요금에 엄격한 제한을 가한다(선구매를 요구하거나 토요일 밤 체류와 같은 비물리적 요율의 적용). 이는 비즈니스 여행객들이 비행기의 좌석을 채워주는 일반 여행객을 위해 책정된 낮은 요금을 이용할 수 없게 만드는 하나의 장벽이기도 하다. 이러한 종류의 가격 전략이 바로 수익관리 해당하며, 이는 제6장에서 논의되었다.

**그림 9.14** 숙식을 제공하는 여관은 계절에 따라 여행객의 수가 다르기 때문에 애로를 겪는다.

### 상품 구성의 변화

때로는 가격 전략 단일만으로는 수요 관리에 효과적이지 못할 수도 있다. 이 장의 맨 앞에 제시된 '도입 사례'는 이러한 점을 보여주는 좋은 사례이다. 만약 스키를 탈 수 있는 눈이 없다면, 스키를 타는 사람 어느 누구도 한 여름 낮에 사용하기 위한 리프트 티켓을 구매하지 않을 것이다. 다른 계절 사업에 있어서도 마찬가지이다(그림 9.14). 따라서 교육기관은 성인과 노인을 위한 주말 및 여름 프로그램을 제공한다. 작은 유람선은 여름에는 크루즈로 사용하고, 겨울에는 사적인 행사를 위한 장소로 제공된다. 이러한 기업들은 가격 할인 없이도 계절에 상관없이 사업을 영위할 수 있다는 것을 알고 있다. 그러므로 수요를 촉진하기 위해 각각 다른 세분 시장을 타깃으로 한 새로운 서비스 제품이 필요하다.

서비스가 제공되는 24시간 동안 제품의 변화를 꾀하기도 한다. 어떤 레스토랑은 이러한 좋은 예를 제시한다. 그들은 하루 중 다른 시간대에 메뉴나 서비스 수준을 변화시키고, 조명이나 장식등을 다양하게 하며, 바를 여닫기도 한다. 목표는 하루 중 시간에 따라서 고객의 서로 다른 욕구에 어필하고, 다른 고객 세분 시장에 다가가는 것이다. 또한 제품 요소는 성수기 동안 생산능력 증가를 위해 바뀔 수도 있다. 예를 들어, 점심 메뉴는 바쁜 점심시간 동안 빠르게 준비할 수 있는 음식만 제공한다.

### 서비스 전달 시간과 장소의 수정

동일한 장소에서 동일한 시간에 제공이 이루어지는 서비스의 수요를 변화시키는 것보다, 서비스 전달의 시간과 장소를 수정함으로써 서비스의 수요를 변화시킬 수 있다. 다음의 기본적인 방법을 사용할 수 있다.

▶ 서비스 가능 시간의 다양화 전략. 이 전략은 날짜, 계절 등에 따른 소비자 선호의 변화를 보여준다. 예를 들어, 보통 사람들은 주말에 영화를 볼 수 있는 시간이 더 많은데, 이에 따라 주중 대비 주말에 영화 시간대가 더 많다. 이와 유사하게 소매업자는 금요일과 토요일에 고객이 더 많기 때문에 이 때에는 영업시간을 더 연장한다. 또한 크리스마스나 방학기간 동안에도 영업시간을 연장하기도 한다.

▶ 새로운 장소에서 고객에게 서비스를 제공하는 전략. 고정된 위치의 서비스 지역을 방문하도록 요구하는 것이 아니라 고객들에게 서비스를 가져다주는 이동 서비스를 제공하는 것이다. 이동 도서관, 이동 세차 서비스, 사무실 내 양복 맞춤 서비스, 가정 배달 식사, 출장요리 서비스, 이동 의료 장비 등이 그 예이다. 낮은 수요 기간 동안의 세탁, 수선업체는 무료 픽업 서비스와 배달 서비스를 제공할 수 있다.

### 촉진과 교육

마케팅 믹스의 다른 변수들이 바뀌지 않을지라도, 커뮤니케이션 노력은 수요를 변화시키는 데 도움이 된다. 디자인, 광고, 홍보, 판매 메시지는 성수기에 소비자들을 교육시키는 데 사용될 수 있으며, 비수기에는 서비스 구매를 촉진할 수 있다.[4] 미국의 우체국은 고객으로 하여금 “크리스마스에는 우편물을 좀 더 일찍 보내세요.”라고 요청하고 있고, 유지보수회사의 판매원은 고객들에게 예방정비 업무가 빨리 이루어질 수 있을 때 제공하는 커뮤니케이션 등이 그 예이다. 또한 서비스 직원은 고객이 비성수기를 선호하도록 유연한 스케줄을 제공할 수도 있다.

가격, 상품특성, 유통에서의 변화도 명확하게 커뮤니케이션되어야 한다. 기업이 마케팅 믹스 요소에 변화에 대한 특정 반응을 얻길 원한다면, 당연히 고객에게 그들의 선택에 대해 충분히 알려야 한다. 제7장에서 논의한 것처럼, 가격과 커뮤니케이션 요소를 결합한 단기 프로모션과 여러 인센티브도 서비스 시간 변화를 위한 매력적인 인센티브와 함께 고객에게 제공된다.

모든 수요가 바람직한 것만은 아니다. 어떤 수요는 기업의 서비스와 관련이 없거나, 과도한 서비스 생산능력을 차지해버린다. 그처럼 바람직하지 못한 수요는 교육과 커뮤니케이션을 통해 줄여야 한다. 바람직하지 못한 수요를 줄이는 것은 조직의 서비스 생산능력 내에서 높은 수요 수준을 유지하는 데 도움이 된다. 예를 들어, 서비스 인사이트 9.1은 긴급한 서비스의 바람직하지 못한 수요를 줄이고 생산능력을 유연하게 하는 데 마케팅 캠페인이 어떻게

## 서비스 인사이트 9.1

### 비응급전화 수요 줄이기

911과 같은 비상 서비스의 응급수송 차량을 타고 출동하는 사람에 대해 궁금한 적이 있는가? 사람들은 각각 비상 상황이라고 생각하는 것이 매우 다르다는 것을 발견할 수 있다.

당신이 뉴욕 경찰국의 상황통제본부에 있다고 생각해 보자. 머리가 희끗희끗한 경사가 911에 전화를 건 한 여성과 상담을 하고 있다. 여성이 전화를 건 이유는 자신의 고양이가 나무에 걸려서 내려오는 것을 두려워하고 있기 때문이라는 것이다. “부인, 혹시 나무에 걸린 고양이 뼈를 본 적이 있나요?”라고 물었다. “모든 고양이들은 어떻게든 내려오게 됩니다. 그렇지 않나요?”라고 여성에게 말했다. 잠시 후 그 여성은 전화를 끊고 경사는 대수롭지 않게 생각하며 다른 고객의 전화를 받는다. “이런 종류의 전화가 여러 통 걸려옵니다.”라고 푸념한다. “당신이라면 어떻게 하시겠습니까?” 문제는 옆집의 소음, 고양이 구출, 소화전을 꺼 달라는 요청과 같은 전화가 많이 걸려올 때, 실제 중요한 문제인 화재, 심장마비, 범죄 등에 대한 응답은 느려질 수 있다는 것이다.

뉴욕 시의 경우 이러한 문제들이 너무 심해서 911 번호를 통한 응급 서비스의 부적절한 요청을 막기 위한 마케팅 캠페인을 해야만 했다. 문제는 전화를 건 사람들이 비상상황이라고 생각하는 상황들(나무에 걸린 고양이, 수면이 필요한 사람에게 이웃에서 발생하는 소음 등)은 911에서 해결해야 하는 생명과 재산을 위협하는 비상 상황이 아니라는 것이다. 따라서 위험한 긴급 상황이 아니라면 사람들이 911에 전화하지 않도록 다양한 매체를 활용한 커뮤니케이션 캠페인이 개발되었고, 다른 문제의 해결을 위해 인근 경찰서나 다른 시기관에 전화하도록 하고 있다.

적용되는지를 보여주고 있다. 911에 걸려오는 대부분의 전화가 화재, 경찰, 앰블런스를 필요로 하는 진짜 문제는 아니다. 그러한 전화는 조직이 진짜 도움이 필요한 사람에게 대응하는 것을 어렵게 만든다.

## 대기선과 대기 시스템을 통한 수요 재고화

**학습목표 8**
대기 시스템을 통해 어떻게 수요를 재고화할 수 있는가?

서비스에 있어서 중요한 문제 중 하나는 나중의 사용을 위해 저장될 수 없다는 것이다. 미용사는 다음날을 위해 이발 서비스를 미리 포장할 수 없다. 이는 서비스가 실시간으로 전달됨을 의미한다. 이상적으로는 서비스 거래를 위해 아무도 기다리지 않아야 하지만, 실제로 기업은 많은 여분의 생산능력을 제공할 수 없다.

규칙적으로 수요가 공급을 초과하는 기업의 경우, 서비스 관리자들은 수요 재고화 단계를 마련해야 한다. 여기에는 다음의 두 가지 방법이 있다. (1) 선착순 고객 서비스 제공을 통해 고객에게 대기를 부탁하거나, (2) 사전 예약의 기회를 제공하는 것. 그러나 만약 대기와 예약 시스템이 동시에 있다면, 먼저 예약한 다른 사람들은 대기하지 않고 바로 서비스를 제공받고, 그렇지 않고 대기해야만 하는 사람들은 자신들의 기다림이 불공정하다고 느낄 수 있다는 것을 주의해야만 한다. 따라서 불공정의 지각이 잘 관리되지 않는다면, 이 두 가지의 시스템을 동시에 사용하는 것은 바람직한 방법이 아닐 수도 있다. 이 장에서 대기선과 대기 시스템에 대해 논의하고, 다음 장에서는 예약 시스템에 대해 논의할 것이다.

그림 9.15 Hertz는 고객이 대기시간과 대기선의 혼란을 피하도록 돕고 있다.

### 어디에서나 발생하는 대기

대기는 어디에서나 발생할 수 있는 것이다. 어느 누구도 기다리는 것을 좋아하지 않는다(그림 9.15). 대기는 지루하고, 시간을 낭비하는 것이며, 특히 앉을 장소가 없거나 밖에 있어야 한다면 육체적인 불편함을 감수해야만 한다. 거의 모든 조직이 이러한 대기선의 문제에 직면해 있다. 사람들은 "당신의 전화는 우리에게 중요합니다."라고 녹음된 메시지를 들으며 통화가 되기를 기다려야 한다. 식료품 구매 계산을 위한 슈퍼마켓 카트가 줄지어 기다리고, 식사 이후 계산을 위해서도 기다려야 한다. 자동 세차를 하기 위해서도 차에서 기다려야 하며, 톨게이트에서 요금을 지불하기 위해서도 기다려야 한다.

물리적인 대상도 프로세스에서 기다려야

하는 것은 마찬가지이다. 고객의 이메일은 고객 서비스 직원의 메일함에서 대기하고 있고, 가전제품은 수리를 기다리고 있으며, 수표는 은행에서 처리되기를 기다리고 있다. 각각의 상황에서 소비자들은 그러한 업무의 결과를 기다리고 있다—이메일에 대한 답장, 재작동되는 가전제품, 결제대기 수표 등이 그것들이다.

### 대기선 관리

고객의 대기시간을 줄이는 문제는 다양한 접근법을 필요로 한다. 비용과 고객 만족이 균형을 이루어야 하는 상황에서는 공간의 확장이나 직원의 추가를 통한 생산능력의 증가가 항상 최선의 해결책인 것만은 아니다. 관리자는 다음과 같은 다양한 방법을 고려해야만 한다.

1. 대기 시스템의 설계를 다시 생각하라.
2. 예약 시스템을 구축하라.
3. 여러 세분 시장을 위한 대기 시스템을 맞춤화하라.
4. 기다림에 대한 고개의 행동과 인식을 관리하라.
5. 각 거래 시간을 단축하기 위해 프로세스를 제설계하라.

1번부터 4번은 본 장에서 논의될 것이며, 5번은 제8장의 고객 서비스 재설계에서 논의하였다. '지구상에서 가장 행복한 곳' 이라는 Disneyland는 매우 진지하게 대기선을 관리하고 있다(서비스 인사이트 9.2).

## 서비스 인사이트 9.2

### 디즈니는 대기를 과학으로 해결한다.

당신은 디즈니랜드에서 기다려 본 적이 있는가? 디즈니랜드에서는 기다리는 동안 그곳의 많은 볼거리들로 인해 우리가 얼마나 오랫동안 기다리는지 알지 못한다. 우리는 비디오를 보거나, 다른 사람들이 즐거워하는 것을 보거나, 벽에 있는 다양한 포스터를 보게 된다. 대기시간이 전혀 지루하지 않기 때문에 우리는 긴 시간이 지나갔다는 것을 인식하지 못한다.

디즈니는 각각 다른 수준에서 대기선을 관리하고 있다. 월트 디즈니 월드에는 전문가들이 전 테마파크에 걸쳐 고객이 너무 오래 기다리지 않도록 대기를 모니터링하는 디즈니운영통제센터가 있다. 그들에게 있어 인내는 테마파크 사업의 미덕이 아니다. 운영통제센터 안에서는 컴퓨터 프로그램, 비디오 카메라, 공원의 디지털 지도, 그리고 다른 여러 도구들이 전문가들로 하여금 너무 긴 대기가 발생하는 장소를 발견하도록 돕는다. 만약 대기 문제가 발생하면, 그들은 즉각적으로 문제를 해결하도록 직원을 보내게 된다.

대기 문제는 몇 가지 방법으로 해결될 수 있다. 예를 들어, 디즈니는 고객의 기다림을 즐겁게 하기 위해 디즈니 캐릭터를 보낼 수 있다. 아니면 추가적이니 생산능력을 배치할 수도 있다. 만약 배를 타는 곳에 너무 긴 대기가 있다면, 그들은 대기 행렬이 더 빨리 이동할 수 있도록 더 많은 배를 배치할 것이다. 디즈니 월드는 각각의 'lands'로 구분되기 때문에, 만약 한 곳이 다른 곳에 비해 덜 붐빈다면 그 쪽으로 미니 퍼레이드의 코스를 변경하여 관중들을 따라오게 하여 군중의 적절한 배치가 이루어지게 할 것이다. 또한 그들은 대기 지역에 비디오 게임을 설치하기도 하였다.

운영통제센터로 인해 그들은 매직 킹덤을 방문하는 평균 탑승객의 수 증가를 관리할 수 있었다. 디즈니는 고객 대기시간을 관리하는 데 여러 기술들을 사용하는 것을 지속하고 있다. 그들은 대기 라인 관리를 위해 스마트폰을 사용하기도 한다. 디즈니의 이러한 모든 노력은 고객이 대기로 인해 불쾌해하지 않도록 하기 위함이며, 그들의 재방문을 유도하는 데 있다.

출처

Brooks Barnes, "Disney Tackles Major Theme Park Problem: Lines," *The New York Times*, December 27, 2010, http://www.nytimes.com/2010/12/28/business/media/28disney.html, accessed March 12, 2012.

## 대기 형태

대기에는 다양한 형태가 존재하며, 관리자들은 가장 적합한 대기 형태를 선택해야 하는 문제에 직면한다. 그림 9.16에는 직접 겪을 수 있는 몇 가지 형태의 도식을 보여주고 있다.

▶ 카페테리아와 같은 단일 대기선, 순차적 단계(single line, sequential stages)에서, 소비자

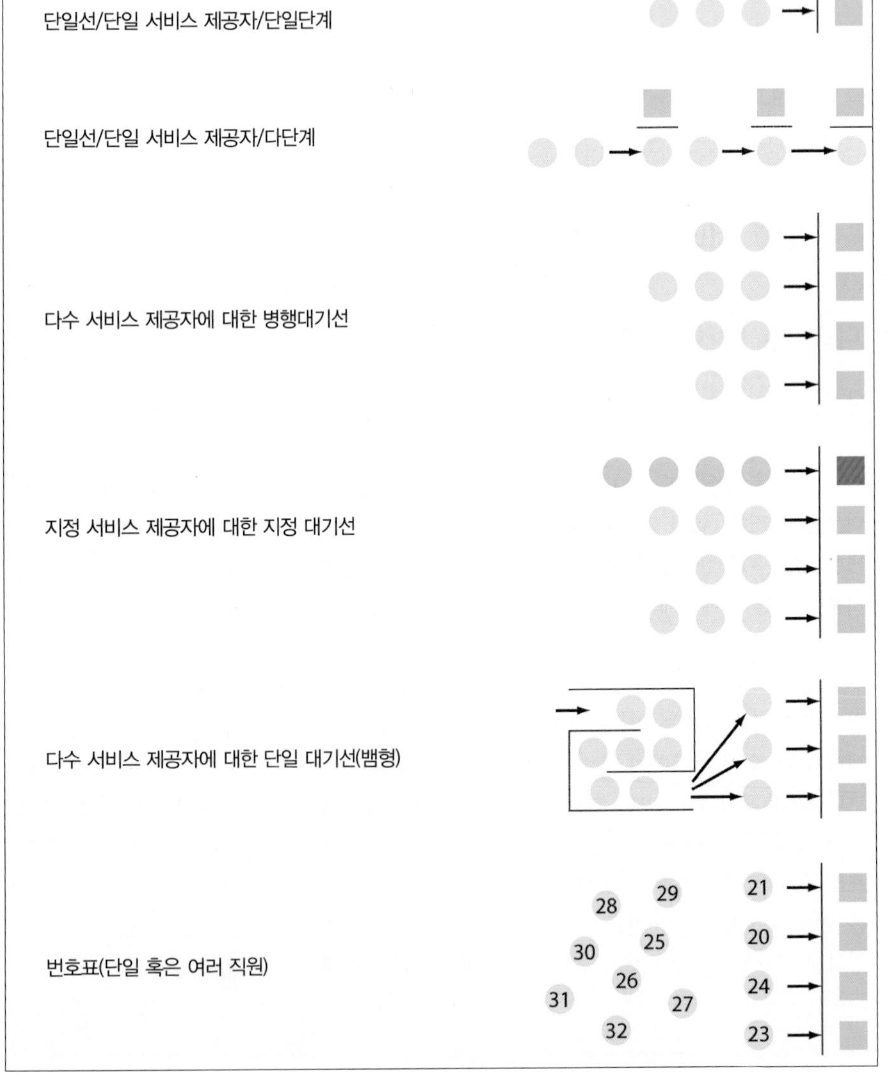


**그림 9.16** 대기 형태

는 몇몇 서비스 단계를 거치게 된다. 그러나 어떤 단계에서는 이전 단계보다 더 오래 걸릴 수도 있다. 많은 카페테리아의 경우 계산대에 대기선이 존재하는데, 이는 직원이 음식을 제공하는 데 걸리는 시간보다 계산과 거스름돈을 돌려주는 데 시간이 더 걸리기 때문이다.

**그림 9.17** 우체국에서는 고객의 빠른 업무 처리를 위해 다수의 서비스 제공자의 단일 대기선을 사용한다.

- **다수 서비스 제공자에 대한 병행 대기선**(parallel lines to multiple servers)은 하나의 서비스 담당자 그 이상을 제공한다. 이러한 대기는 소비자들로 하여금 몇 개의 대기선 중 하나를 선택하도록 한다. 은행과 티켓창구가 그 예라 할 수 있는데, 이의 단점은 대기선의 이동 속도가 모두 같지는 않다는 것이다. 당신 앞의 누군가 때문에 당신이 다른 줄보다 2배나 더 오래 기다림으로써 짜증난 경우를 얼마나 많이 겪는지 생각해 보면 알 수 있을 것이다.
- **다수의 서비스 제공자에 대한 단일 대기선**(a single line to multiple servers)은 일명 '뱀형'으로 불린다. 이는 앞에서 언급된 다수의 서비스 제공자에 대한 병행 대기선의 문제점을 해결해 준다. 이 방법은 우체국, 공항수속 등에 사용된다(그림 9.17).
- **지정 대기선**은 특정 범주의 고객들에 대하여 다른 대기선을 할당한다. 그 예로 슈퍼마켓 계산대의 소량 품목(12개 이하 품목) 계산 줄과 일반 계산대, 비행기의 1등석, 비즈니스석, 이코노미석에 대한 각각 다른 탑승 서비스 등을 들 수 있다.
- **번호표 순번 대기**(take a number)는 대기하는 손님들로 하여금 선 채로 기다리는 것을 막아준다. 이러한 절차는 고객들로 하여금 앉아 있거나, 쉬거나(좌석이 있는 경우), 얼마나 오래 기다려야 하는지를 추측하도록 하고, 잠시 다른 일을 볼 수도 있도록 해준다. 물론 이 경우 예상보다 일찍 서비스가 진행 되어 버렸을 때, 자신의 순서를 놓칠 위험도 있다. 이러한 방법은 여행사, 관공서, 병원 접수 및 수납 등이 포함된다.
- **대기 목록**(wait list). 레스토랑의 경우 보통 고객들의 이름을 적은 목록이나 대기표가 있고 고개들은 자신의 이름이 불릴 때까지 기다린다. 대기 목록을 작성하는 데는 다음 네 가지 일반적인 방법이 있다. (1) 많은 사람들이 앉을 수 있는 단체석 안내(party-size seating), (2) 특정 고객들에게 특별한 권리를 주는 VIP 좌석 안내, (3) 고객들이 도착하기 전 전화로 미리 대기 목록에 오르게 하는 사전 예약 좌석 안내, (4) 대규모 파티예약 등이 있다. 고객들이 대기에 친숙하다면, 고객은 VIP 좌석 안내를 공정한 것으로 인식하지만, 만약 그렇지 않다면 VIP 고객들을 우선적으로 처리해 주는 것에 불쾌해 하는 고객들에게 VIP 좌석제는 불공정한 것으로 인식될 수 있다.[5]

기업은 여러 가지 대기 방법을 조합해서 사용할 수도 있다. 예를 들어, 한 줄의 대기선이 있는 카페의 경우 마지막에는 2명의 계산 직원이 응대할 수 있다(그림 9.18). 이와 유사하게 소규모 병원에서의 환자는 하나의 접수대에서 접수를 하고, 순차적으로 검사, 진단, 처방의 단계를 거치게 되며, 마지막으로 처음의 그 접수대에서 수납을 하면서 진료를 끝내게 된다.

연구자들은 가장 적합한 대기 종류의 선택이 고개 만족에 매우 중요한 영향을 미침을 밝

PART III

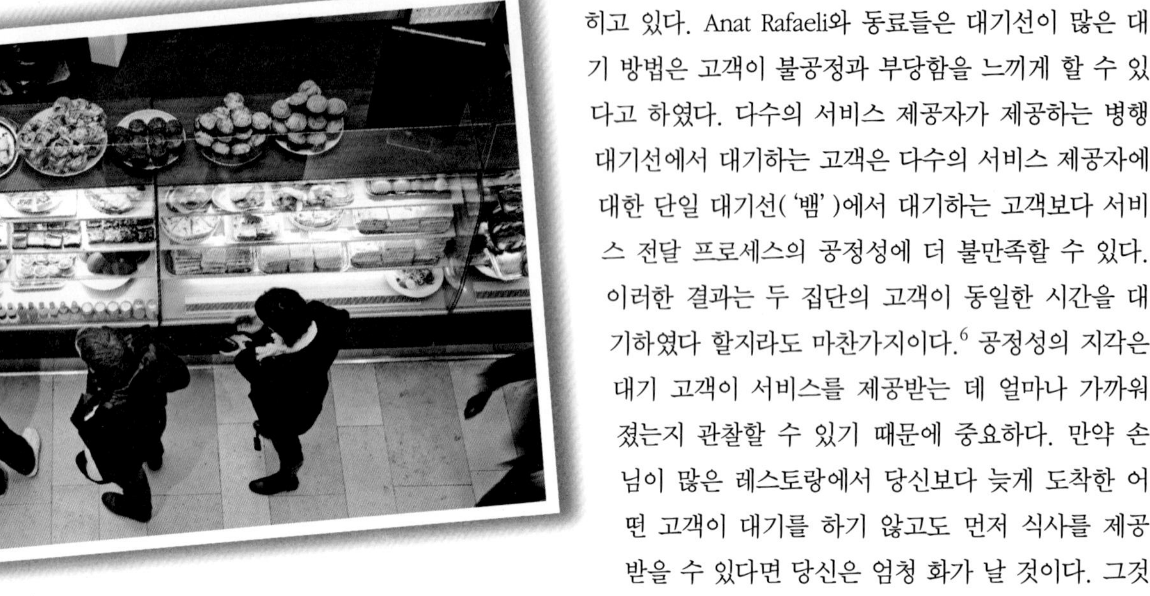

그림 9.18 카페에서의 단일 대기 시스템은 보통 하나 이상의 계산대를 가지고 있다.

히고 있다. Anat Rafaeli와 동료들은 대기선이 많은 대기 방법은 고객이 불공정과 부당함을 느끼게 할 수 있다고 하였다. 다수의 서비스 제공자가 제공하는 병행 대기선에서 대기하는 고객은 다수의 서비스 제공자에 대한 단일 대기선('뱀')에서 대기하는 고객보다 서비스 전달 프로세스의 공정성에 더 불만족할 수 있다. 이러한 결과는 두 집단의 고객이 동일한 시간을 대기하였다 할지라도 마찬가지이다.[6] 공정성의 지각은 대기 고객이 서비스를 제공받는 데 얼마나 가까워졌는지 관찰할 수 있기 때문에 중요하다. 만약 손님이 많은 레스토랑에서 당신보다 늦게 도착한 어떤 고객이 대기를 하기 않고도 먼저 식사를 제공받을 수 있다면 당신은 엄청 화가 날 것이다. 그것은 공정해 보이지 않는다—특히 당신이 배가 고플 때 더욱 그러할 것이다!

### 가상대기

대기선이 가진 문제 중 하나는 고객이 시간을 낭비한다는 것이다. 가상대기 전략은 물리적으로 함께 대기하는 것에서 벗어날 수 있게 해 주는 혁신적인 방법이다. 대신에 고객은 컴퓨터로 자신의 위치를 등록하고, 대기선의 첫 번째에 이르는 시간을 추정할 수 있도록 해준다.[7] 서비스 인사이트 9.3는 테마공원과 콜센터와 같은 2개의 다른 산업에서 사용되는 가상대기 시스템을 보여준다. 가상대기의 개념은 많은 잠재적 활용법을 가지고 있다. 만약 고객들이 자신의 전화번호를 제공할 의향이 있거나 또는 기업의 호출 시스템이 작동될 수 있는 범위 내에 있을 수 있다면, 크루즈선, 모든 포괄적인 리조트와 레스토랑에서도 이 전략을 활용할 수 있을 것이다.

## 서비스 인사이트 9.3

### 가상대기선에서의 기다림

디즈니는 고객들이 특정 놀이기구나 시설물을 이용하기 위해 대기선에서 기다리는 동안에, 자신의 대기시간에 대한 정보를 고객들에게 제공하려는 노력을 하는 곳으로 유명하다. 그러나 디즈니는 가장 인기 있는 놀이기구에 대한 오랜 대기시간을 불만족의 핵심 원인으로 인식하고, 혁신적인 해결책을 개발했다.

가상대기의 개념은 디즈니 월드에서 최초로 시도되었다. 가장 인기가 있는 놀이기구에 대해 이용객들은 컴퓨터상에서 자신들의 위치를 등록하고, 놀이공원의 다른 지역을 방문하면서 대기시간을 활용할 수 있도록 개발되었다. 여러 조사 결과, 이러한 새로운 시스템을 사용한 고객들이 더 많은 돈을 소비하고, 더 많은 시설물을 이용하며, 만족도는 훨씬 높은 것으로 나타났다. 시스템에 대한 약간의 수정을 거친 후, FASTPASS로 명명된 이 시스템은 디즈니 월드의 5대 인기 시설물에 적용되었다. 이 후 전 세계의 디즈니 월드로 확장되었으며, 연간 5,000만 명 이상의 고객들이 이 시스템을 사용한다.

FASTPASS는 사용이 편리하다. 이용객이 FASTPASS에 접속하면, 두 가지 선택사항이 주어진다. FASTPASS 티켓을 가지고, 정해진 시간에 시설물을 이용하거나 대기선에서 기다리게 된다. 티켓은 각 시설의 대기시간이 얼마나 되는지를 보여준다. FASTPASS를 이용하기 위해 고객들은 자신들의 입장 티켓을 별도로 제작된 기계에 넣고, 돌아올 시간이 적힌 FASTPASS 티켓을 받는다. 이로 인해 이용객들은 훨씬 유연성을 가지고 디즈니의 놀이기구를 이용할 수 있게 되었다.

FASTPASS 시스템과 마찬가지로, 콜센터에서도 가상대기의 개념을 적용할 수 있다. 콜센터를 위해 설계된 많은 가상대기 시스템들이 있다. 선착순 대기 시스템이 일반적이며, 고객이 전화를 할 때 예상 대기시간이 안내되도록 할 수 있다. 고객에게는 다음의 두 가지 선택사항이 있는데, (1) 고객은 대기선에서 기다리다 자신의 차례가 올 때 상담원과 연결될 수 있고, (2) 혹은 다시 통화할 수 있도록 안내되기도 한다. 고객이 두 번째 선택사항을 택하면 고객은 자신의 전화번호와 이름을 남기고 전화를 끊는다. 그러나 그 고객의 가상대기는 그대로 유지된다. 그 고객이 대기 목록의 처음에 가까워질 때, 이 시스템은 고객에게 다시 전화를 연결한다. 이 두 가지 모든 상황에서 고객은 더 이상 불평하지 않을 것이다. 첫 번째 상황에서 대기하는 것은 고객들의 선택이며, 예상 대기시간을 미리 안다면 기다리는 동안 뭔가 다른 일을 할 수 있을 것이다. 두 번째 상황에서는 상담원이 다시 전화를 할 것이기 때문에 기다릴 필요가 없다. 이 시스템으로 인해 고객들의 오랜 대기시간에 대한 불평을 들어주어야 하는 상담원의 고충을 덜어줄 수 있으며, 고객의 전화를 놓치지 않아 콜센터 또한 혜택을 얻을 수 있다.

출처

Duncan Dickson, Robert C. Ford, and Bruce Laval, "Managing Real and Virtual Waits in Hospitality and Service Organizations," *Cornell Hotel and Restaurant Administration Quarterly* 46, February 2005, 52-68; "Virtual Queue," Wikipedia, www.en.wikipeidao.org/wiki/virtual_queuing, accessed March 12, 201

PART III

### 세분 시장에 맞춤화된 대기 시스템

대부분의 대기 시스템의 기본적인 룰이 '선착순' 일지라도 모든 대기 시스템이 그러한 방식으로 조직화되지는 않는다. 때때로 시장세분화는 각각의 고객 유형을 위한 대기 전략을 설계하는 데 사용된다. 대기 유형의 구분은 다음과 같은 것들을 기초로 한다.

- **업무의 긴급성.** 많은 병원 응급실에서 간호사는 환자를 받아들이고, 어떤 환자에게 우선적인 진료를 해야 하는지, 어떤 환자는 스스로 접수하도록 하고, 순서가 올 때까지 기다리도록 해야 하는지를 결정한다.
- **서비스 거래의 지속 기간.** 종종 은행, 슈퍼마켓, 다른 소매 서비스들은 단순한 업무들의 빠른 처리를 위한 'express line' 을 갖고 있다.
- **프리미엄 가격의 지불.** 보통 항공사는 퍼스트 클래스와 이코노미 클래스 승객들을 위한 구분된 체크인 라인을 제공하고 있다. 또한 퍼스트 클래스 라인에서는 승객들을 위한 더 많은 직원들이 배치되어 있으며, 이로써 티켓 값에 돈을 더 많이 지불한 고객들의 대기 시간을 줄여준다. 어떤 공항에서는 프리미엄 승객들을 위한 빠른 보안 체크 라인도 제공하고 있다.
- **고객의 중요성.** 마일리지 클럽의 멤버는 대기 목록에서의 우선권을 갖게 된다. 예를 들어, 사용 가능하게 될 다음 좌석은 항공사 로열티 프로그램의 플래티넘 카드 보유자에게 주어지게 되며, 또한 이들은 콜센터에 연결될 수 있는 우선권이 주어짐으로써 대기

순서를 건너 뛰게 될 수도 있다. 이코노미 클래스를 탈 때에도 마일리지 클럽의 멤버는 더 빠른 비즈니스 클래스 체크인 라인을 이용할 수 있다.

**학습목표 9**
대기에 대해 소비자는 어떤 감정적 반응을 보이고, 어떻게 기다림에 대한 부담을 감소시키는가?

## 대기시간에 대한 고객의 지각

사람들은 돈을 낭비 하는 것보다 비생산적인 활동에 그들의 시간을 낭비하는 것을 더 싫어한다. 서비스 지연으로 인한 고객의 불만족은 종종 강한 감정, 심지어 분노도 자극할 수 있다.[8] 사실 만약 고객이 대기로 인해 불만족하였다면, 대기에 만족한 고객들과 동일한 수준의 충성도를 얻기 위해 더욱 서비스에 만족할 수 있도록 해야 한다는 것을 알 수 있다.[9]

그림 9.19 기다리는 동안 시간은 더 더디 가는 것처럼 느껴진다.

### 대기시간에 대한 심리

서비스 마케터는 상황에 따라 고객이 다른 방식으로 대기시간을 경험한다는 것을 알고 있다. 왜 어떤 사람들은 놀이공원에서 시간의 50% 정도를 대기하는 데 사용할 의향이 있는 것인가? 반면 택시를 타는 데 20분 정도를 기다리는 것에 대해서는 왜 불평하는가? David Maister와 다른 연구자들은 고객이 기다리는 것에 스트레스를 덜 받고 덜 불쾌하게 하기 위하여 기다림의 심리를 사용하는 방법을 제안하였으며, 그 방법은 다음과 같다(그림 9.19).[10]

- **활용되지 않은 시간은 활용된 시간보다 더 길게 느껴진다.** 당신이 아무것도 하지 않고 있을 때, 시간은 매우 늦게 가는 것처럼 느껴진다. 서비스 기업은 대기시간 동안 고객이 덜 지루할 수 있도록 주의를 돌리거나 할 수 있는 무언가를 제공해야 한다(그림 9.20). 예를 들어, BMW 소유자는 유명 가구들, 플라즈마 TV, Wi-Fi 존, 잡지, 신선한 카푸치노가 제공된 대기 장소인 BMW 서비스 센터에서 편안하게 기다릴 수 있다. 심지어 많은 고객들은 iPad와 휴대폰으로 메시지를 보내거나 게임을 하면서 즐거움을 누릴 수도 있다.
- **혼자 기다리는 것은 더욱 길게 느껴진다.** 당신이 아는 사람과 함께 기다리는 것은 덜 지루하다. 친구와 함께 이야기하는 것은 기다리는 동안 시간을 빨리 가도록 느끼는 데 도움이 된다.
- **물리적인 불편함은 편안한 기다림보다 더욱 길게 느껴진다.** "다리 아파 죽겠어요."라는 말은 사람들이 장시간 서서 기다릴 때 자주 듣는 이야기 중 하나이다. 앉아서 기다린다 할지라도 온도가 너무 높거나 낮고, 눈이나 비로부터 노출되어 있다면 그 또한 힘든 기다림이 될 것이다.
- **서비스 이용 전이나 후의 기다림은 서비스 이용 중의 기다림보다 더욱 길게 느껴진다.** 테마공원에 들어가는 티켓을 구매하기 위해서 기다리는 것은 공원에서 롤러코스터를 타기 위해 기다리는 것과는 다르다.
- **불공정한 기다림은 공정한 기다림보다 더 길게 느껴진다.** 공정한 것과 불공정한 것에 대한 인식은 문화에 따라 다르다. 예를 들어, 미국, 캐나다, 영국에서는 줄을 서서 자신

그림 9.20 잡지를 읽으면서 스파의 차례를 기다리게 하는 것이 고객으로 하여금 대기시간을 더 짧게 느끼게 할 수 있다.

의 순서를 기다리는 것을 당연하게 생각하며, 만약 다른 사람이 대기 순서를 건너 뛰거나, 별다른 이유 없이 우선권이 주어지는 것처럼 보인다면 매우 화를 낸다. 사람들이 대기를 공정하게 인식할 때 대기의 부정적인 효과를 줄일 수 있다.

- **익숙하지 않는 기다림은 익숙한 기다림보다 더욱 길게 느껴진다.** 서비스를 자주 이용하는 고객들은 무엇을 해야 할지 알기 때문에 기다리는 동안의 걱정이 적은 편이다. 그러나 새로운 이용객 혹은 가끔씩 서비스를 이용하는 고객은 대기시간이 얼마나 될 것인지, 무슨 일이 일어날지 궁금할 것이다.
- **불확실한 기다림은 한정되어 있는 기다림보다 더욱 길게 느껴진다.** 비록 대기하는 일이 매우 힘들기는 하지만, 얼마나 오래 기다려야 할지를 안다면 고객들은 기다리는 것을 조절할 수 있을 것이다. 얼마나 기다려야 하는지 아무도 말해 주지 않는 지연된 항공기를 기다리는 상황을 상상해 보라(그림 9.21). 당신은 공항에서 나가야 할지, 비행기를 기다려야 할지 알 수 없을 것이다.
- **설명이 없는 기다림은 더욱 길게 느껴진다.** 어느 누구도 이유에 대해 말해 주지 않고, 별 다른 이유 없이 멈춰버린 엘리베이터나 지하철에 있어 본 적이 있는가? 기다리는 것에 대한 불안감과 함께 어떤 일이 벌어질 것인지에 대한 걱정까지도 추가된다. 선로에 사고가 생겼을까? 낯선 사람들과 함께 몇 시간 동안 갇혀 있어야 할까?
- **근심은 기다림을 더욱 길게 느껴지게 한다.** 당신은 누군가를 특정 장소에서 기다리면서 내가 기억하고 있는 시간이나 장소가 정확한지 걱정해 본 적이 있는가? 낯선 위치에서 기다리는 동안, 특히 밤에 야외에서 기다릴 때 사람들은 자신들의 안전을 걱정하게 될 것이다.
- **서비스가 더욱 중요하고 가치 있을수록 사람들은 더욱 기다릴 것이다.** 사람들은 빠른 매진이 예상되는 인기 있는 스포츠 이벤트나 콘서트를 보기 위해 좋은 자리를 얻으려고 불편한 위치에서 밤새 기다릴 수 있다.

그림 9.21 지연된 비행기로 인한 불확실한 기다림은 불만의 원인이 된다.

PART III

**학습목표 10**
예약 시스템을 통해 어떻게 수요를 재고화할 것인가?

## 예약 시스템을 통한 수요 재고화

대기선 이외에도 예약 시스템이 수요 재고화에 활용될 수 있다(그림 9.22). 만약 당신이 누군가에게 예약에 대해서 이야기할 때 마음속에 떠오르는 서비스가 무엇인지를 묻는다면, 대부분 항공, 호텔, 레스토랑, 자동차 렌탈, 극장 등을 이야기할 것이다. 한편 유사한 단어인 '약속'을 사용하면, 헤어컷, 의사나 상담사 방문, 휴가 임대, 고장 난 냉장고에서 컴퓨터 수리 등의 서비스 센터를 떠올릴 수도 있다. 예약 시스템에는 많은 이점들이 있다.

**그림 9.22** 대부분의 도서관은 책, 잡지, 시청각자료를 위한 예약 시스템을 갖고 있다.

- 초과 대기로 인한 고객 불만족을 피할 수 있다. 예약의 한 가지 목적은 고객이 원할 때 서비스가 가능하다는 것을 확인시키는 것이다. 예약을 한 고객은 특정 시간에 서비스 제공을 보장받음으로써 대기를 피할 수 있다.
- 예약은 더욱 체계적인 방법으로 수요가 통제되고 부드럽게 운영되도록 한다. 잘 조직화된 예약 시스템은 더 이른 시간부터 더 늦은 시간까지 시간을 선택할 수 있도록 하거나, 서비스의 여러 가지 수준을 선택하게 하거나(업그레이드 또는 다운그레이드), 심지어 서비스 장소를 선택하게 함으로써 수요의 조절을 가능하게 한다. 이러한 방법을 통해 서비스 생산능력의 활용을 높일 수 있다.
- 예약은 여러 고객 세분 시장을 위한 서비스의 수익관리를 가능하게 한다(제6장의 수익관리를 참조). 예를 들어, 보통의 수리와 유지에 대한 예약은 관리자로 하여금 비상시의 일을 처리하기 위한 일정 시간을 할애하도록 해 준다. 비상 시의 일들은 예측이 어려울 수 있기 때문에 더욱 높은 가격이 부과될 수 있고, 더욱 높은 마진을 가져다줄 수 있다.
- 예약 시스템을 통한 데이터는 조직으로 하여금 향후 운영 및 재정에 대해 준비할 수 있게 한다. 시스템은 수기를 이용한 의사 진료의 단순한 예약부터 비행기의 전 세계적 작동을 가능케 하는 컴퓨터 데이터 뱅크에 이르기까지 다양하다.

예약 시스템을 설계하는 데 있어서 중요한 것은 직원과 고객 모두가 빠르고 친근하게 이용할 수 있어야 한다는 것이다. 최근 많은 기업들은 웹사이트상의 셀프서비스를 기반으로 고객이 직접 예약을 할 수 있도록 하고 있다. 고객들이 직접 예약을 하든, 예약 담당자와 이야기를 하든, 고객들은 원하는 시간에 원하는 가격으로 서비스를 이용할 수 있는지에 대한 빠른 답변을 듣기 원한다. 또한 고객들은 시스템을 통해 그들이 예약한 서비스에 대한 추가적인 정보를 제공받을 때 더욱 감사해할 것이다. 예를 들면, 호텔은 요구하는 대로 방을 주었는가? 아니면 주차공간이나 발전소 부근의 방보다 호수를 볼 수 있는 방을 주었는가? 일부 기업에서는 예약을 받는 데 일정 부분 수수료를 받고 있다(서비스 인사이트 9.4). Northwest Airlines는 고객들이 원하는 이코노미 좌석을 예약하고자 할 때, 15달러를 추가로 부과하고 있으며, Air Canada의 경우 특정 비행기의 좌석을 사전 예매하고자 할 때 12달러를 추가로 부과하고 있다.[11]

### 서비스 인사이트 9.4

#### 예약이 어려운 자리를 예약하기 위한 비용 지불

Prime Time Tables는 고객의 좌석 예약을 도와주는 온라인 서비스 기업이다. 무엇이 이 기업을 특별하게 만들었을까? Prime Time Tables은 가장 인기 있는 식당의 특별한 좌석 혹은 인기 있는 좌석을 예약할 수 있는 시스템을 가지고 있다. 이곳에서 이루어지는 예약은 보통의 사람들에게 해당되지 않는다. 이 기업은 특별한 날에 간단한 방법을 통해 좌석을 예약할 수 있게 해 준다. 보통 이 기업은 예약이 어려운 곳인 New York City, Philadelphia, Hamptons 같은 곳에 중점을 두어 예약 서비스를 진행한다. 각 개인은 멤버십 가입에 500달러, 각 예약이 이루어질 때마다 45달러를 지불하게 된다.

미국의 독보적인 (예약)서비스 제공 회사인 Personal Concierge International의 회장 Pascal Riffaud는 이러한 아이디어를 제공한 숨은 주역이다. 회장으로 일하는 동안 Riffaud는 독보적인 레스토랑과 연계할 수 있는 거대한 네트워크를 형성하였다.

고객들은 그의 서비스에 매우 만족하고 있으며, 엄청난 예약 수요를 담당하고 있다. 그러나 이에 항의하는 레스토랑 운영주들도 있다. 그들은 이러한 예약 서비스 제공 시스템을 매우 불쾌하게 생각하고 있으며, 예약 좌석을 돈을 받고 판다는 것에 못마땅해 한다. 비록 Riffaud가 팔리지 않은 예약좌석을 최소할 수 있음에도 불구하고, 레스토랑 주인들은 이러한 좌석들이 누군가에게 팔리기를 기대한다. 레스토랑은 자신들의 예약 방식에 대해서도 다시 한 번 생각해 봐야 할 것이다.

출처

K. Severson, "Now, for $45, an Insider' s Access to Hot Tables," *The New York Times*, 31, January 2007, available: http://www.primetimetables.com, accessed March 12, 2012.

물론 고객들이 나타나지 않거나 서비스가 초과 예약되었을 때 문제는 발생한다. 이러한 운영상의 문제를 처리하는 방법은 보증금 요구, 특정시간 이후의 비요금지불 예약의 취소, 초과예약자에 대한 보상 등이 있다.

### 수율에 초점을 둔 예약 전략

점점 더 많은 서비스 기업들이 수율(yield)[1)]을 강조하고 있다. 이는 생산 단위당 얻을 수 있는 평균 수익을 의미한다. 수익성의 개선을 위해 가능한 최대로 수율을 증가시키는 것이 목적이다. 제6장에서 언급한 것처럼, 이러한 목적 달성을 위한 수익 관리 전략은 항공산업, 호텔, 자동차 렌탈과 같이 상대적으로 고정된 생산능력을 가진 산업에서 주로 사용된다. 수학적 모델링에 기초한 수익 관리 시스템은 생산능력을 조절하는 데 큰 비용이 드는 서비스 기업, 그러나 가용 생산능력의 일부를 판매할 때에는 상대적으로 손해를 보는 서비스 기업에게 엄청난 가치를 제공한다.[12]

수율 분석은 관리자로 하여금 다른 세분 시장에서 더 높은 산출이 발생할 때 특정 고객

---

1) 서비스에서 수율이란 고정된 설비(시설)에서 얻을 수 있는 잠재적 최대 수익과 실제로 얻어진 수익의 비율이다. 만약 전체 설비로 100만 원이 최대로 얻을 수 있는 수익인데, 평균적으로 70만 원의 수익을 얻었다면 수율은 70%가 되고, 이는 서비스의 설비(시설)을 충분히 활용하지 못한 것이며, 얻을 수 있는 수익을 극대화하지 못했다는 뜻이 된다.(역주)

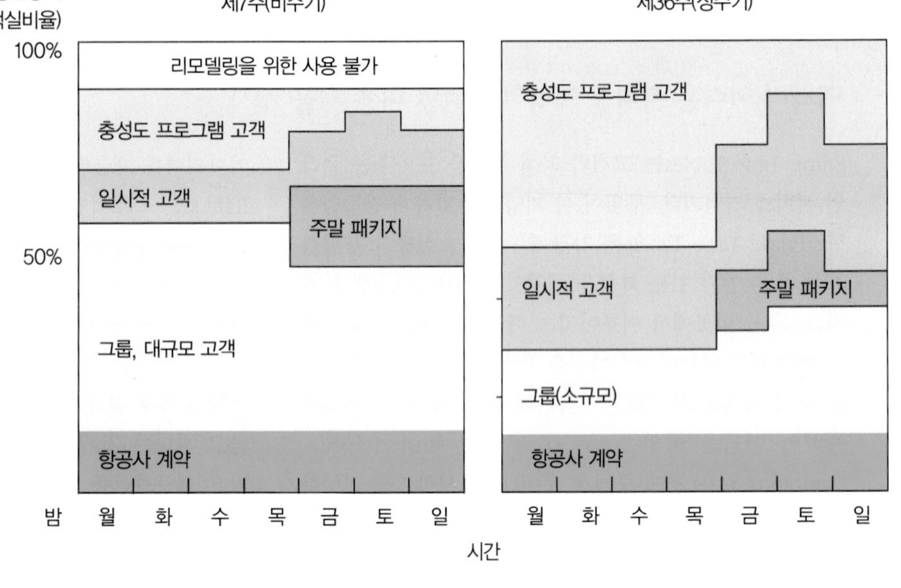


**그림 9.23** 호텔에서의 세분 고객에 대한 서비스 생산능력 할당

혹은 특정 세분 시장에 할당되는 생산능력의 기회비용을 인식할 수 있도록 해 준다. 생산능력에 한계가 있는 서비스 조직의 판매 관리자가 직면한 다음의 문제에 대해 생각해 보자.

- 호텔은 나중에 비즈니스 여행객에게 객실당 300달러의 완전한 요금을 받을 수 있는 객실이지만, 200개 각각 140달러에 예약한 여행객 집단의 우선적인 예약을 수용해야 하는가?
- 30개의 화차를 대당 1,400달러로 즉각적인 선적 요청을 수락해야 하는가? 아니면 2배의 가치를 받기 위해 희망을 가지고 며칠을 더 기다려야 하는가?
- 인쇄소에서는 정해진 서비스 이전 시간을 지키기 위해 선착순으로 모든 업무를 처리해야 하는가? 아니면 긴급 업무 요구에 대해서는 초과 수수료를 받고 업무를 처리해야 하는가? 그리고 일반 고객들에게는 업무 처리에 있어 몇 가지 변동사항이 있을 수 있다고 말해야 하는가?

이러한 문제에 대한 의사결정은 양질의 정보에 기초해야 한다. 과거 사례의 자세한 기록에 기초하고 현재 시장 정보에 의해 지원되는 좋은 정보는 각각의 세분 시장에 대한 생산능력의 재고화를 위한 핵심이 된다. 비즈니스를 수락하거나 거절하는 의사결정은 더 높은 산출을 얻을 수 있는 기회에 대한 현실적 평가와 함께 현재의 고객 관계를 유지하기 위한 필요성의 인식에 기초해야 한다. 정보는 소비자 조사나 유사 사례연구와 같은 특별한 연구를 통해 수집되어야 한다. 또한 경쟁자의 생산능력이나 전략의 변화는 자사 전략의 수정을 요구하기 때문에 경쟁자에 대한 정보를 수집하는 것도 필요하다.[13]

새로운 전략이 고려 중일 때, 운영 연구자는 다양한 변수에 따른 변화 효과의 시뮬레이션 모델을 개발함으로써 유용한 통찰력을 제공할 수 있다. 그러한 접근법은 테마파크나 스키 리조트와 같이 동일한 장소에서 소비자가 다양한 활동을 선택할 수 있는 서비스 '네트워크' 환경에서 더욱 유용하다. Madeleine Pullman과 Gary Thompson은 스키 이용자들이 난이도나 길이에 따라 각각 다른 리프트나 할강 코스를 선택할 수 있는 스키 리조트에서의 고객 행동을 모델화하였다. 이러한 분석을 통해 그들은 리프트 생산능력 업그레이드(더 크고 더 빠른 리프트)와 스키장의 부지 확대와 같은 생산능력의 확장, 매일 다른 가격 변동, 리프트별 대기 시간에 대한 고객 응답 정보, 고객 믹스 변화 등에 따른 잠재적 효과를 알 수 있었다.

그림 9.23은 호텔에서의 서비스 생산능력의 할당을 보여주고 있다. 각각의 고객으로 인한 수요는 특정일 뿐만 아니라 계절에 따라서도 다르다. 전 세계적으로 사용되는 예약 데이터베이스에 의한 세그먼트별 서비스 할당 의사결정은 많은 방들이 예약되지 않은 채로 남아 있을지라도 특정 가격의 예약을 언제 멈춰야 하는지를 관리자에게 말해 준다. 주로 비즈니스 여행객인 로열티 프로그램 멤버가 매우 바람직한 세분화 집단이다(그림 9.24).

서비스 생산능력의 한계에 직면한 대부분의 기업에서도 이와 유사하게 생각해 볼 수 있다. 어떤 경우에 있어서는 생산능력은 좌석의 수로 측정되어지기도 하며, 한편으로는 기계 가동 시간, 노동 시간, 상담 시간, 운송 길이, 저장량 등 제한된 자원은 무엇이든 고려되어 측정되기도 한다.

**그림 9.24** 어떤 은행은 비즈니스 여행객에게 항공사 로열티 신용카드를 제공하기 위해 항공사와 제휴한다.

PART III

## 요약

**학습목표 1**

어느 경우에나 제한된 생산능력을 가진 기업은 수요와 공급이 균형잡히지 않은 상황에 처하게 된다. 초과 수요, 이상적 서비스 생산능력을 초과하는 수요가 존재하며, 균형 있는 수요와 공급 혹은 과도한 생산능력의 상황도 존재한다.

- 수요와 공급이 균형되어 있지 않을 때, 기업은 비수기 동안에는 유휴 생산능력을 가지게 되며, 성수기에는 고객을 돌려 보내야 하는 상황에 직면하게 된다. 이러한 상황은 생산적인 자원의 효율적인 사용을 방해하며, 수익성을 떨어뜨린다.
- 수요와 공급의 균형을 위해 서비스 능력 혹은 수요가 조절되어야 한다.

**학습목표 2**

수요와 공급의 효과적인 관리를 위한 방법은 다음과 같다.

- 생산능력 정의하기
- 생산능력 관리 도구 사용하기
- 수요 패턴과 세분 시장에 따른 수요 차이 이해하기
- 수요 관리 도구 사용하기

**학습목표 3**

생산능력은 다음을 의미한다.

- 서비스의 생산능력에는 여러 가지 형태가 존재한다. 고객을 수용하기 위해 설계된 물리적 시설과 제품의 처리를 위해 설계된 물리적 시설, 사람, 소유, 정보를 처리하기 위해 사용되는 물리적 시설 등과 노동 및 하부조직 등이 포함된다.

**학습목표 4**

생산능력은 다음과 같은 여러 가지 방법으로 관리할 수 있다.

- 생산능력 늘리거나 줄이기—어떤 생산능력은 탄력적이고, 연장 영업시간 활용이나 고객 응대 속도를 높임으로써 더 많은 사람들이 다소 붐빌지라도(예 : 지하철) 같은 생산능력으로 서비스 받을 수 있다.
- 수요에 맞춘 생산능력 조절 방안에는 다음과 같은 것이 있다. (1) 수요가 낮은 기간에 가동 정지 계획, (2) 직원 다기능화 훈련, (3) 임시 직원의 고용, (4) 고객 셀프서비스 촉진, (5) 고객에게 공유 요청, (6) 생산능력의 유연화, (7) 여분의 시설과 장비를 공유 혹은 대여

**학습목표 5**

수요를 효과적으로 관리하기 위하여 기업은 수요 패턴과 세분 시장별 수요 차이를 이해해야 한다. 각각의 세분 시장은 서로 다른 수요 패턴을 보인다(일상적 보수 대 긴급 수리). 세분 시장별 수요 패턴을 이해하였다면 이제는 수요 패턴의 변화를 위한 마케팅 전략을 사용할 수 있다.

**학습목표 6**

수요는 다음의 다섯 가지 방법을 통해 관리될 수 있다.

- 무대응, 현재의 수요 수준을 파악하기 위해 수요를 관찰한다.
- 성수기에는 수요를 줄인다.
- 비수기에는 수요를 늘린다.
- 대기 시스템을 사용함으로써 수요를 재고화한다.
- 예약 시스템을 사용함으로써 수요를 재고화한다.

**학습목표 7**

다음의 마케팅 믹스 요소는 수요의 변화를 좀 더 부드럽게 한다.

- 수요를 관리하기 위한 가격과 비금전적 비용의 변화
- 각각 다른 시간에 다른 세분 시장을 유인하기 위한 상품 구성의 변화
- 서비스 전달 시간과 장소의 수정(예 : 영업시간 연장을 통해)
- 촉진과 교육(예 : "크리스마스에는 우편물을 좀 더 빨리 보내세요.")

**학습목표 8**

대기선과 대기 시스템은 수요를 재고화할 수 있게 한다. 각각의 상대적 장점과 적용 상황에 따른 대기 유형이 존재한다. 대기 시스템은 순차적 단계의 단일 대기선, 다수의 서비스 제공자에 대한 병행 대기선, 다수의 서비스 제공자에 대한 단일 대기선, 지정 대기선, 대기 목록에 의한 순번 대기 등이 있다.

모든 대기 시스템이 선착순 방법으로 설계되지는 않는다. 그보다 좋은 시스템은 고객 유형에 따라 세분화

된 대기 시스템을 제공한다.

- 업무의 긴급성(예 : 병원 응급실)
- 서비스 거래의 지속기간(예 : express line)
- 프리미엄 가격에 기초한 프리미엄 서비스(예 : 퍼스트 클래스 체크인 카운터)
- 고객의 중요성(예 : 마일리지 멤버의 우선 대기 등록)

**학습목표 9**

고객들은 기다리는 데 시간을 버리고 싶어하지 않는다. 기업은 기다림의 심리를 이해해야 하며, 기다림을 덜 불만스럽게 만들기 위한 몇 가지 행동을 취해야 한다. 우리는 이 장에서 열 가지 방법, 기다리는 동안 고객이 무엇인가를 할 수 있도록 하는 것, 고객이 얼마나 기다려야 하는지 알려주는 것, 왜 기다려야 하는지에 대한 설명, 기다림을 불공정하게 지각하지 않도록 하는 것 등이에 대해 논의했다.

**학습목표 10**

효과적인 예약 시스템은 수요를 재고화시키고 몇 가지 혜택을 제공한다.

- 고객이 기다리는 시간을 줄이거나 피하게 함으로써 초과 대기로 인한 불만족을 감소시킨다.
- 기업이 수요를 통제할 수 있게 한다.
- 선착순에 기반한 판매보다 더 높은 가격을 지불할 용의가 있는 세분 시장에 희소한 생산능력을 미리 예약함으로써 수율에 초점을 둔 수익관리를 가능하게 한다.

PART III

## 학습 키워드

이 키워드들은 각 학습목표 절에서 확인할 수 있다. 그들은 각 절에서 학습하는 서비스 마케팅 개념을 이해하기 위하여 필수적인 것이다. 이 키워드들의 개념과 어떻게 이들을 이용할 것인가를 잘 아는 것이 이 과정을 잘 마치고, 실제 외부의 경쟁시장 환경에서 실무적으로 실행하는 데 필수적이다.

**학습목표 1**

1. 초과 생산능력
2. 초과 수요
3. 고정된 생산능력
4. 최대 생산능력
5. 최적 생산능력

**학습목표 2**

6. 방법 설계
7. 생산능력 관리
8. 수요 관리
9. 생산능력
10. 수요 이해

**학습목표 3**

11. 장비
12. 하부구조
13. 노동력
14. 물리적 시설

**학습목표 4**

15. 생산능력 조절
16. 생산능력 제한
17. 수요 추적
18. 직원 다기능화 훈련
19. 정지시간
20. 유연한 생산능력
21. 임시직원
22. 셀프서비스
23. 생산능력 확장

**학습목표 5**

24. 세분 시장별 수요
25. 수요 패턴
26. 수요 관리
27. 수요 패턴
28. 대기 시스템
29. 계절성
30. 다섯 가지 기본 방법

**학습목표 6**

31. 수요 증가
32. 수요 재고화
33. 수요 관리
34. 대기 시스템
35. 수요 감소
36. 예약 시스템
37. 무행동
38. 대기선

**학습목표 7**

39. 수요관리 도구
40. 비금전적 비용
41. 전달 장소
42. 가격
43. 상품 요소
44. 촉진과 교육
45. 전달 시간
46. 바람직하지 않은 수요

**학습목표 8**

47. '뱀'
48. '순번대기'
49. 지정된 선
50. 대기선 관리
51. 병행선
53. 대기형태 구성
54. 순차적 단계
55. 단일선
56. 가상대기
57. 가상 기다림
58. 대기 목록

**학습목표 9**

59. 공정한 기다림
60. 설명된 기다림
61. 한정된 기다림
62. 절차 중의 기다림
63. 활용된 시간
64. 대기시간의 지각
65. 프로세스 후의 기다림
66. 프로세스 전의 기다림
67. 기다림의 심리
68. 혼자서 기다림
69. 불확실한 기다림
70. 설명되지 않은 기다림
71. 불공정한 기다림
72. 익숙하지 않은 기다림
73. 활용되지 않은 시간

**학습목표 10**

74. 수요재고화
75. 예약 전략
76. 예약 시스템
77. 예약 관리 시스템
78. 수율 분석

## 학습 문제

1. 이상적 서비스 생산능력과 최대 생산능력의 차이는 무엇인가? (a) 두 가지의 상황이 같을 경우와 (b) 다른 경우를 각각 예를 설명하시오.
2. 수요와 공급 관리를 위한 방법들을 설명하시오.
3. 서비스에서 생산능력이 의미하는 바는 무엇인가?
4. 특히 서비스 기업에게 생산능력 관리가 왜 중요한가?
5. 수요에 맞춰 생산능력을 조절할 수 있는 방법에는 어떠한 것들이 있는가?
6. 자사의 수요에 영향을 미치는 요인들을 어떻게 알 수 있는가?
7. 생산능력에 맞춰 수요를 조절할 수 있는 방법에는 어떠한 것들이 있는가?
8. 수요 패턴을 재설계하는 데 있어 마케팅 전략은 어떻게 활용되는가?
9. 많은 고객에게 서비스를 제공하는 조직에서 다양한 대기 형태의 장점과 단점은 무엇인가? 각각의 대기형태에 가장 적합한 서비스는 무엇인가?
10. 고객의 기다림을 더욱 즐겁게 만들기 위한 방법은 무엇인가?
11. 효과적인 예약 시스템의 장점을 무엇인가?

## 참고문헌


1 Kenneth J. Klassen and Thomas R. Rohleder, "Combining Operations and Marketing to Manage Capacity and Demand in Services," *The Service Industries Journal* 21, (April 2001): 1-30.

2 Breffni M. Noone, Sheryl E. Kimes, Anna S. Mattila, and Jochen Wirtz, "The Effect of Meal Pace on Customer Satisfaction," *Cornell Hospitality Quarterly* 48, no. 3 (2007): 231-245.

3 Based on material in James A. Fitzsimmons and M. J. Fitzsimmons, *Service Management: Operations, Strategy, and Information Technology*, 6th ed. New York: Irwin McGraw-Hill, 2008; W. Earl Sasser, Jr., "Match Supply and Demand in Service Industries," *Harvard Business Review* 54, (November?December 1976): 133-140

4 Kenneth J. Klassen and Thomas R. Rohleder, "Using Customer Motivations to Reduce Peak Demand: Does It Work?" *The Service Industries Journal* 24, (September 2004): 53-70.

5 Kelly A. McGuire and Sheryl E. Kimes, "The Perceived Fairness of Waitlist-Management Techniques for Restaurants," *Cornell Hotel and Restaurant Administration Quarterly* 47, (May 2006): 121-134.

6 Anat Rafaeli, G. Barron, and K. Haber, "The Effects of Queue Structure on Attitudes," *Journal of Service Research* 5, (November 2002): 125-139.

7 Duncan Dickson, Robert C. Ford, and Bruce Laval, "Managing Real and Virtual Waits in Hospitality and Service Organizations," *Cornell Hotel and Restaurant Administration Quarterly* 46, (February 2005): 52-68.

8 Ana B. Casado Diaz and Francisco J. M s Ruiz, "The Consumer' s Reaction to Delays in Service," *International Journal of Service Industry Management* 13, no. 2 (2002): 118-140.

9 Frederic Bielen and Nathalie Demoulin, "Waiting Time Influence on the Satisfaction — Loyalty Relationship in Services," *Managing Service Quality* 17, no. 2 (2007): 174-193.

10 This section is based on David H. Maister, "The Psychology of Waiting Lines," in J. A. Czepiel, M. R. Solomon, and C. F. Surprenant, eds. *The Service Encounter*. Lexington (MA: Lexington Books/D.C. Heath, 1986, 113-123). Peter Jones and Emma Peppiat, "Managing Perceptions of Waiting Times in Service Queues," *International Journal of Service Industry Management* 7, no. 5 (1996): 47-61. Clay M. Voorhees, Julie Baker, Brian L. Bourdeau, E. Deanne Brocato, and J. Joseph Cronin, Jr. "Moderating the Relationships among Perceived Waiting Time, Anger and Regret," *Journal of Service Research* 12, no. 2, (November 2009): 138-155. Kelly A. McGuire, Sheryl E. Kimes, Michael Lynn, Madeline E. Pullman and Russell C. Lloyd, "A Framework for Evaluating the Customer Wait Experience," *Journal of Service Management* 21, no. 3 (2010): 269-290. Also, see the findings for wait situations in stressful service encounters such as dental appointments by Elizabeth Gelfand Miller, Barbarah E. Kahn, and Mary Frances Luce, "Consumer Wait Management Strategies for Negative Service Events: A Coping Approach," *Journal of Consumer Research* 34, no. 5 (2008): 635-648.

11 Susan Carey, "Northwest Airlines to Charge Extra for Aisle Seats," *The Wall Street Journal* March 14, 2006.

12 Sheryl E. Kimes and Richard B. Chase, "The Strategic Levers of Yield Management," *Journal of Service Research* 1, (November 1998): 156-166; Anthony Ingold, Una McMahon-Beattie, and Ian Yeoman, eds., *Yield Management Strategies for the Service Industries*, 2nd edn. London: Continuum, 2000.

13 Madeleine E. Pullman and Gary M. Thompson, "Evaluating Capacity- and Demand-Management Decisions at a Ski Resort," *Cornell Hotel and Restaurant Administration Quarterly* 43, (December 2002): 25-36; Madeleine E. Pullman and Gary Thompson, "Strategies for Integrating Capacity with Demand in Service Networks," *Journal of Service Research* 5, (February 2003): 169-183.

CHAPTER 10

# 서비스 환경의 구축

## 학습목표

이 장을 학습하게 되면 학생들은 다음의 내용을 이해하게 될 것이다.

- **학습목표 1** 서비스 환경의 네 가지 목적은 무엇인가?
- **학습목표 2** 환경심리학은 서비스환경에 대한 종업원과 고객의 반응을 이해하는 데 어떤 도움을 주는가?
- **학습목표 3** 통합적 서비스 스케이프 모델이란 무엇인가?
- **학습목표 4** 서비스 환경의 차원에는 어떠한 것이 있는가?
- **학습목표 5** 핵심적 주변 여건은 무엇이고, 이들이 고객에게 미치는 영향은 무엇인가?
- **학습목표 6** 공간 배치와 기능성의 역할은 무엇인가?
- **학습목표 7** 표지판, 상징, 인공물의 역할은 무엇인가?
- **학습목표 8** 서비스 스케이프의 일부로서 직원과 주변 고객들은 어떤 역할을 하는가?
- **학습목표 9** 효과적인 서비스 스케이프를 설계하기 위해 종합적 관점과 고객 관점을 견지하는 것이 왜 중요한가?

**그림 10.1** 구겐하임의 현대적인 곡선은 수많은 찬사와 관중을 끌어들인다.

# 도입 사례

## 빌바오의 구겐하임 박물관[1]

1997년 스페인 북부 빌바오에 구겐하임 박물관이 대중에 공개되었을 때 전 세계는 극찬을 아끼지 않았다. 영향력 있는 캐나다-미국 건축가인 Frank Gehry가 설계한 이 매력적인 건축물은 '우리시대 최고의 건축물'로 불리고 있다. 대부분의 사람들은 빌바오에 대해 들어본 적이 없지만, 이제 빌바오는 세계적인 여행지로 떠오르게 되었다. 사실 이 지역은 조선소와 대규모 창고들이 있는 공업지역으로, 강에는 강가의 공장들로부터 한 세기에 걸쳐 쏟아진 쓰레기로 가득했다. 그러나 도시는 도시 재개발 계획의 일환으로 행해진 박물관 건립을 시작으로 변화하기 시작했다. 이러한 변화는 '빌바오 효과'라고 불리고 있으며, 지금도 건축물에 대한 와우 효과(wow-effect)[1]가 도시를 어떻게 변화시키는지에 대한 연구가 이루어지고 있다.

박물관의 외관 디자인은 많은 의미와 메시지를 전달하고 있다. 외관은 배의 모양을 하고 있는데 이는 주변에 흐르는 강과 조화를 이룬다. 박물관은 돌, 곡선모양의 티타늄, 거대한 유리벽으로 이루어져 있으며, 박물관 내부에 있는 방문자들은 유리벽을 통해 주변 언덕을 내다볼 수 있다. 티타늄 판넬로 된 외부는 물고기의 비늘처럼 보이는데, 이는 네비온 강과 조화를 이룬다. 박물관 외부는 43피트의 '토피어리 테리어'(개 종류 중 하나) 조형물이 있으며, 이는 싱그러운 팬지(꽃) 화분으로 구성되어 방문객을 반긴다. 또한 파리 태생이면서 뉴욕에서 활동하는 20세기를 이끄는 조형가인 Louise Bourgeoris가 만든 〈마망(Maman)〉이라 불리는 거대한 거미도 있다.

박물관 내부는 금속으로 덮인 반구형의 아트리움으로 이루어져 있으며, 방문객들은 곡선형 길과 유리승강기, 계단으로 연결된 길을 따라 19개의 갤러리로 갈 수 있다. 갤러리는 디자인조차 방문객이 박물관 내부에 대해 기대하는 것을 반영하고 있다. 직사각형 모양의 갤러리는 석회암 벽으로 되어 있는데, 직사각형 모양이 상대적으로 보수적인 이미지를 지니듯 이곳에서는 고전미술 작품을 전시한다. 비규칙적인 모형의 갤러리에는 선별된 현대 예술가의 작품을 전시한다. 또한 특별한 갤러리에는 기둥이 없어 큰 예술작품을 전시할 수 있다. 이와 같은 갤러리의 구조는 서비스 환경을 위해 특별히 고안되고 계획된 또 하나의 예술작품이라 할 수 있다.

모든 서비스 환경이 빌바오의 구겐하임 박물관처럼 위대한 작품인 것은 아니다. 서비스 환경은 방문객의 기대를 형상화하여 주의를 끄는 수단이 되며, 방문객은 박물관에서 멋진 경험을 하길 기대한다.

1) 와우효과 : 일시적인 호기심과 신기함에 반응하는 효과(역주)

PART III

**그림 10.2** Guggenheim 미술관의 파격적인 디자인은 수많은 찬사와 관중을 끌어들인다.

**학습목표 1**
서비스 환경의 네 가지 목적은 무엇인가?

## 서비스 환경의 목적

고객이 경험하는 물리적 서비스 환경은 서비스에 대한 경험을 형상화하고, 고객 만족을 높이거나 떨어뜨리는 데 결정적인 역할을 한다. 특히 이러한 역할은 고객과의 접촉이 많은 서비스에서 더 두드러지게 나타난다. 디즈니 테마파크는 고객을 편안하게 하고 높은 만족감을 주어 오랜 인상을 남기는 서비스 환경으로 유명하다. 사실 호텔, 레스토랑, 전문적 서비스 기업들은 서비스 환경을 중요한 가치제안의 일부이자 마케팅 믹스의 일부로 인식해 왔다.

서비스 환경은 설계하는 것뿐만 아니라 실행하는 데도 많은 시간과 노력이 드는 작업이다. 서비스 스케이프(servicescapes)라는 서비스 환경은 서비스 제공 장소에서 고객이 경험하는 물리적 환경의 스타일, 외관 또는 기타 요소를 의미한다.[2] 이러한 서비스 환경은 한 번 설계되고 구축되면 변경하는 것이 쉽지 않다.

왜 많은 기업들이 서비스 직원과 고객이 상호작용하게 될 환경을 만드는 데 문제를 겪는 것일까? 빌바오의 구겐하임 박물관은 도시가 지닌 몇 가지 문제점을 해결하고 나아가 여행자들을 유인하기 위한 것이었다. 박물관을 비롯한 많은 서비스 기업들에게 핵심적인 서비스 스케이프의 목적은 다음과 같다. (1) 고객 경험과 행동을 형성한다, (2) 기업이 원하는 계획된 이미지를 전달하고 포지셔닝과 차별화 전략을 지원한다, (3) 가치제안의 일부분이 된다, (4) 서비스 접촉을 용이하게 하고, 서비스 품질과 생산성을 증대시킨다. 이 네 가지 목적을 좀 더 자세히 설명해 보자.

### 고객 경험과 행동을 형성

고객과의 접촉이 많은 서비스 기업에게 물리적 환경의 설계와 고객접점 직원의 업무수행 방식은 고객 경험의 본질을 형성하는 데 매우 중요한 역할을 한다. 물리적 환경은 고객과 직원이 적절한 감정과 반응을 형성하는 데 도움을 주고 이는 궁극적으로 기업에 대한 충성도로 연결될 수 있다.[3] 서비스 환경은 다음과 같은 세 가지 방식으로 구매자의 행동에 영향을 미친다.

1. **메시지 창출 매체**—고객들에게 차별적인 서비스 경험의 질을 나타내는 수단
2. **주의 창출 매체**—경쟁사와 차별화하고 목표고객을 유인하는 수단
3. **효과 창출 매체**—색, 감촉, 소리, 향기, 공간 디자인을 활용해 바람직한 서비스 환경을 구축하고 특정 상품, 서비스, 경험에 대한 욕구를 증대시키는 수단

### 이미지, 포지셔닝, 차별화의 수단

서비스는 눈에 보이지 않기 때문에 소비자는 서비스의 품질을 판단하는 데 어려움을 느낀다. 따라서 고객들은 서비스 환경을 품질 판단의 중요한 단서로 활용하기도 한다. 이에 기업들은 서비스 환경이 서비스 품질을 나타내고 원하는 이미지를 전달할 수 있도록 많은 노력을 기울이고 있다.[4] 투자은행이나 경영컨설팅회사와 같은 전문적인 서비스 기업들의 로비를 본 적이 있는가? 가구와 장식들이 매우 격조 있고 고급스러운 인상을 남기도록 설계되어 있는 것을 볼 수 있을 것이다.

그림 10.3은 런던의 Generator youth hostel의 로비와 캐나다 빅토리아의 Fairmont Empress를 보여주고 있다. 이 두 호텔은 서로 상반된 세분 시장을 대상으로 하고 있다. Generator는 재미와 저예산을 추구하는 젊은 고객을 위한 것이고, Fairmont Empress는 비즈니스 여행객을 포함하여 보다 성숙하고 부유한 고객을 대상으로 하고 있다. 두 호텔의 서비스 스케이프는 호텔이 추구하는 포지셔닝을 명확하게 보여주고 있으며, 호텔에 도착한 고객은 이를 통해 호텔이 제공하는 서비스에 대한 기대수준을 형성한다.

**그림 10.3** 두 호텔의 로비를 비교해 보라. 두 호텔은 서로 다른 고객 집단을 표적으로 한다.

## 가치제안의 일부

그림 10.4 레고랜드에서 서비스 스케이프는 가치제안의 일부이다.

서비스 스케이프는 가치제안의 일부가 될 수 있다. 얼마나 많은 놀이공원들이 서비스 스케이프를 자신들의 서비스 제공물을 강화하기 위한 수단으로 활용하는지 보라. 디즈니랜드나 덴마크 레고랜드(그림 10.4)에서는 종업원들의 컬러플한 복장과 함께 모든 서비스 환경들이 방문객들에게 재미와 흥미를 제공하는 데 기여하고 있다.

신규 리조트 역시 테마파크로부터 영감을 받아 환상적인 환경을 창출하고 있다. 아마도 가장 단적인 예는 라스베이거스에서 찾을 수 있을 것이다. 다른 지역의 많은 카지노와의 경쟁에 직면한 라스베이거스는 단순히 성인을 위한 장소에서 탈피하여 가족단위 여행객들이 즐길 수 있는 곳으로 재포지셔닝하였다. 물론 도박산업은 여전히 존재하지만, 많은 호텔들이 폭발하는 '화산(그림 10.5)', 가상 해양전투, 파리도심의 재현, 이집트의 피라미드, 베니스의 운하 등 시각적으로 매력적인 조형물들을 도입함으로써 변모하고 있다.

심지어 영화관에서조차 서비스 스케이프가 지닌 힘을 발견할 수 있다. 미국에서는 영화관을 찾는 관람객의 수가 급감하자 대형 체인영화관들이 타격을 입기 시작했다. 이에 플로리다에 소재한 Mouvico와 같은 체인 영화관들은 색다른 시도를 하기 시작했다. 그들은 사람들이 영화관을 총체적인 엔터테인먼트 경험의 일부로 여기고 오기를 바라면서, 각각 다른 테마를 지닌 현대적 시설의 영화관, 잘 장식된 바와 레스토랑, 아이 돌보미가 있는 놀이방 시설들을 구축해 놓았다. 이는 사람들로 하여금 비싼 입장료를 감당하면서까지 Mouvico를

그림 10.5 라스베이거스에 소재한 Mirage Hotel and Casino에서는 서비스 스케이프의 일부로 폭발하는 화산모형을 제시한다.

찾게 만든다. Mouvico의 CEO인 Hamid Hshemi는 경쟁사에게 다음과 같이 말했다. "모두 같은 35mm 테이프를 갖고 있는 상황에서… 결국 차별화할 수 있는 방법은 다르게 제시하는 것뿐입니다."[5] 프랑스 오페라하우스를 테마로 한 Mouvico Cinema(그림 10.6)에 가면, 대리석 장식과 기둥, 화려한 조각물들이 보즈-아트(beaux-arts)스타일의 파리 오페라하우스에 있는 느낌을 들게 한다. 이는 다른 대형 영화관과는 색다른 경험을 제공한다.

그림 10.6 프랑스 오페라하우스를 테마로 한 Muvico Cinema

### 용이한 서비스 접촉과 생산성 증대

마지막으로 서비스 환경은 서비스 접촉을 용이하게 하고 생산성을 증대시킨다. 예를 들어 보육원에서는 장남감을 가지고 논 후 어디에 놓아야 하는지 벽과 바닥에 선을 표시한다. 패스트푸드 레스토랑과 학교 카페테리아에서는 전략적으로 식기 반납대를 설치하고, 벽에 이를 공지해 놓음으로써 식사 후 식기를 반납하도록 유도하고 있다.

서비스 인사이트 10.1은 병원의 설계가 어떻게 환자들의 회복과 직원들의 업무수행을 돕고 있는지 보여주고 있다.

## 서비스 인사이트 10.1

### 병원의 서비스 스케이프가 환자와 직원에 미치는 영향[6]

고맙게도 대부분의 사람들은 병원에서 오랜 기간 지내지 않아도 된다. 하지만 우리에게 이러한 상황이 닥친다면 우리는 병원에서 적절한 환경에서 편하게 지내면서 회복하길 바랄 것이다. 하지만 병원에서의 적절한 환경이란 과연 어떤 것일까?

환자는 병원에서 지내며 세균에 감염될 수도 있고, 낯선 사람들과의 수많은 접촉에 스트레스를 받거나, 할 일이 없어 따분함을 느낄 수 있다. 또는 제공되는 식사가 맘에 안 들거나 편히 쉴 수도 없을 것이다. 이 모든 것이 환자의 회복을 더디게 만들 수 있다.

의료진들은 매우 긴박한 상황에서 근무하면서 병에 감염되거나, 다루기 어려운 환자 때문에 정서 노동에 시달리거나, 다양한 의료장비에 노출됨에 따른 부상의 위험을 감수해야 한다. 연구 결과, 환자의 상태와 회복에 영향을 미치는 부정적 요인을 줄여 주고 또한 의료진의 복지와 생산성에 큰 기여를 한다는 사실이 밝혀졌다. 이러한 바람직한 상황을 위해 취할 점을 살펴본다.

- **1인실 제공** 이는 병원 내 감염을 줄일 수 있고, 다른 환자들과 병실을 공유함으로써 겪게 되는 혼잡을 줄여 수면과 휴식의 질을 높인다. 또한 환자의 사생활을 보호하고, 가족들의 도움을 받기 쉬우며, 환자와 직원 간의 의사소통을 좀 더 원활하게 한다.
- **소음 감소** 직원들의 스트레스 수준을 낮추고 환자의 수면을 돕는다.
- **기분전환** 환자들이 볼 수 있는 녹지대나 자연을 접할 수 있는 장소를 포함한다. 이는 환자의 회복을 돕는다.
- **조명 개선** 특히 자연광을 접할 수 있게 해야 한다. 밝은 환경은 병원 내 사기와 분위기를 진작시킨다. 자연광은 환자들의 입원 기간을 줄일 수 있다. 의료진들은 적절한 밝기 아래서의 작업이 더 원활하며 실수를 줄일 수 있다.
- **환기** 환기와 더불어 공기청정은 공기 중 바이러스에 의한 감염을 줄이고 빌딩 내 공기의 질을 개선시킨다.
- **고객중심의 길안내 시스템** 병원은 매우 복잡한 구조

PART III

이기 때문에 처음 또는 가끔 방문하는 이에게는 병원 방문은 힘든 일이 될 수 있다. 특히 사랑하는 이가 병원에 입원을 하게 되어 다급하게 병원을 방문한 사람들에게는 더욱 그렇다.

- **배치** 환자 입원실과 간호사실 간의 불필요한 동선은 줄일 수 있어야 한다. 이는 피곤함과 시간의 낭비를 줄이고 동시에 환자를 위한 치료의 질을 향상시키며, 직원들의 의사소통과 활동을 증대시킨다.

출처

Ulrich, R., Quan, X., Zimring, C., Joseph, A., & Choudhary, R. (2004). The role of the physical environment in the hospital of the 21st century: A once-in-a-lifetime opportunity. Report to the center for health design for the Designing the 21st Century Hospital Project funded by the Robert Wood Johnson Foundation, (September).

**학습목표 2**
환경심리학은 서비스 환경에 대한 종업원과 고객의 반응을 이해하는 데 어떤 도움을 주는가?

## 서비스 환경에 대한 소비자 반응 이론

우리는 이제 서비스 기업들이 왜 서비스 환경을 구축하기 위해 많은 노력을 기울이는지 이해할 수 있다. 그런데 왜 서비스 환경은 사람과 사람의 행동에 중요한 영향을 미치는 것일까? 환경 심리학 분야에서는 사람들이 특정 환경에 어떻게 반응하는지 연구해 왔으며, 우리는 이 분야의 이론을 고객들이 다양한 서비스 상황에서 어떻게 행동하는지 이해하고 관리하는 데 적용해 볼 수 있다.

### 서비스 환경에 대한 고객반응의 핵심 요소로서의 느낌

서비스 환경에 대한 고객의 반응을 잘 이해하는 데 도움을 주는 중요한 두 가지 모델이 있다. 하나는 Mehrabian-Russell의 자극-반응 모델(stimulus-response model)로 이는 우리의 정서가 환경의 다양한 요소에 반응하는 데 핵심적인 역할을 함을 보여준다. 다음으로 Ressell의 감정 모델(model of affect)은 사람들의 감정을 이해하고, 이러한 감정이 반응행동에 어떤 영향을 미치는지 규명하고 있다.

### Mehrabian-Russell의 자극-반응 모델

그림 10.7에서는 사람들이 어떻게 환경에 반응하는지를 설명하는 단순한 모델을 제시하고 있다. 환경에 대한 사람들의 의식적·무의식적 시각과 해석은 사람들이 그 상황을 어떻게 느낄지에 영향을 준다.[7] 사람의 느낌(feeling)은 모델에서 가장 핵심적이고 중요한 요소로, 이는 환경에 대한 사람들의 반응을 이끌어 낸다. 유사한 환경이라도 각기 다른 느낌과 행동을 이끌어 낼 수 있다. 예를 들어, 우리는 수많은 고객으로 붐비는 백화점에 있는 것을 싫어한다. 이러한 환경에서는 자신이 원하는 것을 신속하게 찾을 수 없다는 것을 알게 되고, 이러한 환경을 피하려고 노력할 것이다. 하지만 만약 우리가 비슷한 상황으로 계절적인 축제를 생각한다면 서두르지 않고, 군중 속의 한 부분이 되는 것에 감흥을 느끼고, 그곳에 머무르면서 경험을 즐거움과 흥분의 느낌을 이끌어 낼 수도 있을 것이다.

환경심리학에서 환경에 대한 결과변수로 고려하는 가장 일반적인 개념이 바로 '접근(approach)'과 '회피(avoidance)'이며, 이는 서비스 스케이프를 다시 가고 싶은지 아니면 멀리 하고 싶은지를 의미한다. 물론 서비스 마케팅 분야에서는 이보다 더 많은 결과변수를

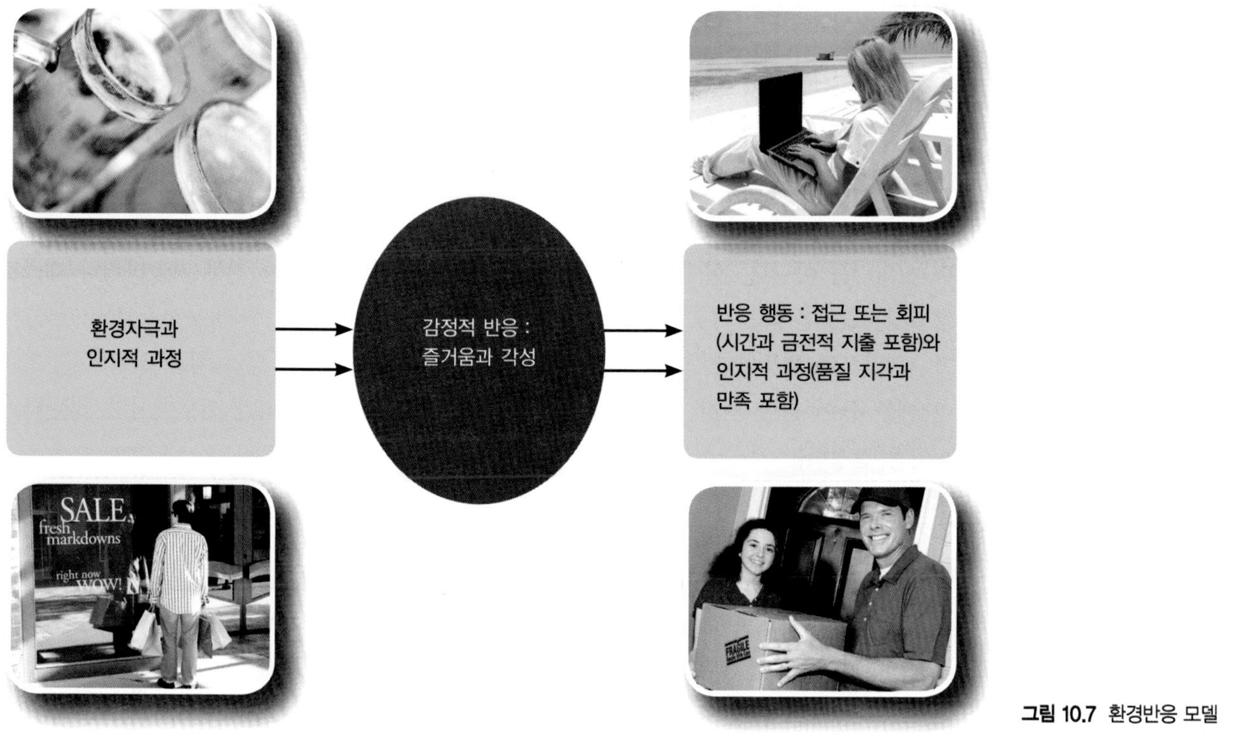


그림 10.7 환경반응 모델

포함할 수 있다. 예를 들면 사람들이 얼마나 많은 시간과 돈을 소비하는지, 서비스 경험 후 얼마나 만족했는지 등이 바로 그것이다.

## Russell의 감정 모델

사람들의 감정 또는 느낌은 사람들이 환경에 어떻게 반응하는지를 이해하는 데 중요한 요소로 보고 있기 때문에, 이에 대한 보다 자세한 규명이 필요하다. 그림 10.8은 널리 활용되는 Russell의 감정 모델로, 환경에 대한 정서적 반응을 즐거움과 각성이라는 두 가지 차원으로 구분하고 있다.[8] 즐거움(pleasure)은 개인이 환경을 얼마나 좋아하는지 혹은 싫어하는지와 같은 환경에 대한 직접적인 반응이다. 각성(arousal)은 깊은 수면(내면 활동의 가장 낮은 수준)부터 번지점프와 같은 가장 높은 각성 단계까지 개인이 얼마나 자극을 느꼈는지를 나타낸다. 각성은 환경에서의 정보량 또는 정보 부담에 따라 크게 달라진다. 예를 들어, 환경은 복잡할 때, 움직임이나 변화가 있을 때, 새롭고 놀라운 요소가 있을 때 자극적인 것으로(정보량이 많은 것으로) 간주된다.

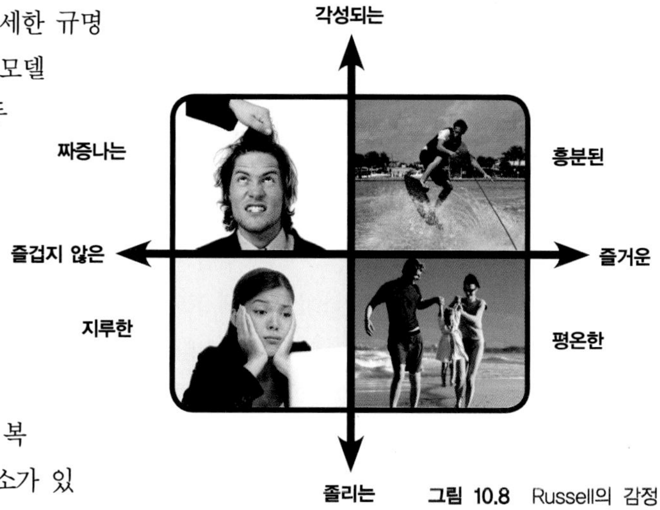

그림 10.8 Russell의 감정 모델

Russell의 감정 모델의 강점은 단순성이다. 이 모델은 소비자가 서비스 환경에 있는 동안 어떻게 고객이 느끼는가를 직접적으로 판단할 수 있도록 해 준다. 그러므로 기업은 고객으로 하여금 기업이 원하는 감정적 상태에 있을 수 있도록 할 수 있다. 예를 들어, 롤러코스터 운영자는 고객이 흥분(즐거움이 결합된 높은 수준의 각성 상태)하는 것을 원할 것이고, 스파는 고객이 안락한 상태에 있기를 원한다. 이 장의 후반부는 고객이 원하는 서비스 경험을



PART III

제공하기 위해 서비스 환경을 어떻게 설계되어야 하는지 다루고자 한다.

### 감정적 과정과 인지적 과정

감정(affect)은 사람들이 주변 환경을 어떻게 지각하고 해석하는 인지(cognitive) 과정에 의해서 영향을 받는다. 인지 과정이 더 복잡해질수록 감정에는 더 강력한 효과를 주게 된다. 그렇다고 해서 향기나 음악에 대한 무의식적 지각과 같은 단순한 인지 과정이 중요하지 않다는 의미는 아니다. 실제 대부분의 서비스는 일상적이다. 우리는 지하철에 타거나 패스트푸드점 또는 은행을 이용하는 등 일상적인 활동을 할 때는 마치 '자동조정장치(autopilot)'가 된 것처럼 행동한다. 이러한 경우 단순한 인지 과정이 사람들의 느낌을 결정한다. 그러나 예를 들어 놀랄 만한 서비스 환경에서 높은 수준의 인지 처리가 이루어지면, 사람들의 느낌을 결정하는 것은 이러한 놀라움을 어떻게 해석하는가에 있다.

### 감정의 행동적 결과

가장 기본적인 수준에서 볼 때, 즐거운 환경은 고객을 환경에 접근하게 하며 즐겁지 않은 환경은 기피하게 만든다. 각성은 행동에 의한 즐거움의 기본적 효과를 증가시킨다. 서비스 환경이 즐겁다면 증가된 각성은 즐거움을 유발하며, 긍정적인 반응을 더 강하게 이끌어 낸다. 반면 서비스 환경이 즐겁지 않다면 증가된 각성 수준은 고객을 괴롭게 만든다. 예를 들어, 소란스러우면서 빠른 비트의 음악은 크리스마스 전 금요일 밤에 사람들이 몰린 복도에 있는 것처럼 쇼핑객의 스트레스 수준을 높인다. 이와 같은 상황에서는 소매업체는 고객이 환경에 대한 정보 부담을 덜 느끼도록 해야 한다.

마지막으로 고객은 서비스에 대해 강한 감정적 기대를 갖는다. 레스토랑에서의 로맨틱한 저녁식사나, 휴식을 취할 수 있는 스파, 댄스클럽이나 경기장에서의 흥분된 시간을 생각해 보라. 따라서 고객들이 강한 감정적 기대를 갖기를 원한다면 이러한 기대를 충족시켜 줄 수 있도록 서비스 환경을 설계하는 것이 필요하다.[9]

## 서비스 스케이프 모델 — 통합적 모형

**학습목표 3**
통합적 서비스 스케이프 모델이란 무엇인가?

환경심리학의 기본적인 모델을 만든 Mary Jo Bitner는 '서비스 스케이프'라는 포괄적 모델을 개발하였다.[10] 그림 10.9는 그녀가 규명한 서비스 환경의 주요 차원 — 주변 여건, 공간/기능성, 사인, 심볼, 인공물 — 을 보여주고 있다. 보통 사람들은 이러한 차원을 전체적으로 지각하기 때문에 효과적인 설계의 핵심은 개별 차원들이 전체적으로 잘 어우러지게 하는 것이다. Bitner의 모델은 고객과 직원의 반응이 조절변수로서 작용함을 보여준다. 이는 동일한 서비스 환경이라 할지라도 고객이 누구이고 무엇을 좋아하는지에 따라 다른 효과를 미칠 수 있음을 의미한다. 예를 들어, 랩음악은 어떤 고객에게는 즐거움을 주지만, 다른 고객에게는 고문일 수도 있다.

Bitner 모델의 가장 큰 공헌점은 서비스 환경에 직원의 반응을 포함하였다는 점이다. 결국 직원은 고객보다 서비스 환경에 더 많이 머무르게 된다. 그러므로 서비스 환경 설계자는 어떻게 환경이 판매일선에 있는 직원의 생산성을 높이고, 전달하는 서비스의 질을 강화시키는지 알아야 한다.

내부 고객과 직원의 반응은 (1) 인지 반응(예 : 품질 지각과 신념), (2) 정서 반응(예 : 느낌

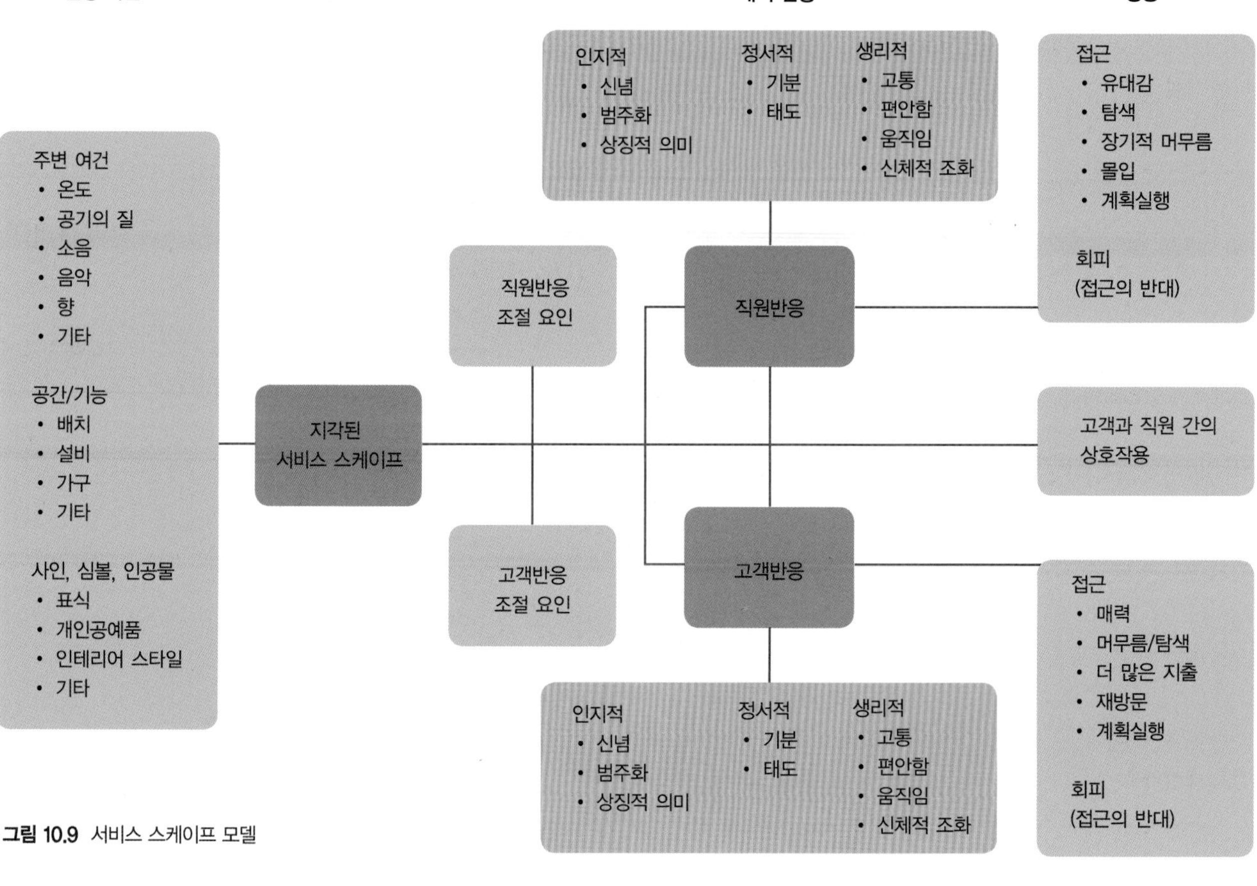


**그림 10.9** 서비스 스케이프 모델

출처
Bitner, M. J. (1992) "Servicescapes: The impact of physical surroundings on customers and employees," *Journal of Marketing* 56 (April): 57?71.

PART III

과 기분), (3) 생리 반응(예 : 고통과 편안함)으로 구분할 수 있다. 이러한 심적 반응은 사람이 붐비는 슈퍼마켓을 기피한다거나, 여유로운 환경에서는 오래 머무르며 충동적으로 더 많은 돈을 지출하는 식으로 명백한 반응을 초래한다. 이 때 중요한 것은 고객과 종업원의 행동적 반응은 생산성을 높이거나 고품질의 서비스를 구매하는 방식으로 나타나야 한다는 것이다. 고객과 접점 직원이 스트레스를 느끼는지 아니면 편안하고 행복감을 느끼는지에 따라 서비스 거래의 결과가 달라짐을 명심해야 한다.

## 서비스 환경의 차원

**학습목표 4**
서비스 환경의 차원에는 어떠한 것이 있는가?

서비스 환경의 차원은 복잡하며, 고객과 직원의 반응을 형성하는 많은 설계 요소를 포함한다. 표 10.1은 우리가 소매점에서 마주할 수 있는 전반적인 설계 요소를 보여주고 있다. 서비스 환경에서 설계 요소들은 고객의 즐거운 경험을 이끌어내고 결과적으로 고객의 충성도에 영향을 미친다.[11] 이 장에서 우리는 서비스 스케이프 모델 내 서비스 환경의 주요 차원인 주변 여건, 공간 및 기능성, 사인, 심볼, 인공물을 중심으로 살펴보고자 한다.[12]

**표 10.1** 소매점 환경의 디자인 요소

| 차원 | 설계적 요소 | |
|---|---|---|
| 외부 시설 | • 건축 스타일<br>• 빌딩 높이<br>• 빌딩 사이즈<br>• 빌딩 색깔<br>• 외벽 및 외부 표지<br>• 가게 앞면<br>• 입구 차양<br>• 잔디 및 정원 | • 창문 배치<br>• 입구<br>• 가시성<br>• 독특함<br>• 가게 주변<br>• 주변 지역<br>• 과밀성<br>• 주차 및 접근성 |
| 일반적인 인테리어 | • 바닥 및 카펫<br>• 색채 배합<br>• 조명<br>• 향기<br>• 냄새(예 : 담배 연기)<br>• 소리 및 음악<br>• 고정물<br>• 벽 구성<br>• 벽 질감(페인트, 벽지)<br>• 천장 구성 | • 온도<br>• 청결도<br>• 복도 너비<br>• 드레스 룸<br>• 엘리베이터<br>• 쓸모 없는 공간<br>• 상품 배치 및 디스플레이<br>• 가격 수준 및 디스플레이<br>• 계산대 위치<br>• 기술, 현대화 |
| 점포 레이아웃 | • 판매, 상품, 직원, 고객을 위한 공간 배치<br>• 상품 위치<br>• 상품 분류<br>• 직원 작업 장소<br>• 장비 위치<br>• 계산대 위치 | • 대기 공간<br>• 동선<br>• 대기 행렬<br>• 가구<br>• 쓸모 없는 공간<br>• 점포 내 각 부문의 위치<br>• 각 부문 내에서 상품의 배열 위치 |
| 인테리어 디스플레이 | • 구매 시점 배치<br>• 포스터, 사인, 카드<br>• 그림 및 예술품<br>• 벽 장식<br>• 테마 설정<br>• 전체적인 효과 | • 선반 및 케이스<br>• 상품 디스플레이<br>• 가격 디스플레이<br>• 쓰레기통<br>• 가동물 |
| 사회적 차원 | • 직원 특성<br>• 직원 유니폼<br>• 혼잡도 | • 고객 특성<br>• 프라이버시<br>• 셀프서비스 |

**학습목표 5**
핵심적 주변 여건은 무엇이고, 이들이 고객에게 미치는 영향은 무엇인가?

## 주변 여건의 영향

주변 여건이란 우리의 오감과 관련된 환경의 요소를 말한다. 이러한 환경 요소는 의식적으로 관찰되지 못하더라도 사람의 심리적 상태, 인식, 태도와 행동에 영향을 미칠 수 있다. 원하는 서비스 환경을 구축하기 위해서는 수많은 설계 요소와 항목들이 함께 어우러져야 한다.[13] 이러한 주변 여건은 결과적으로 고객에 의해 인지되고 해석된 분위기를 창출하게 된다.[14] 주변 여건은 개별적이면서 전체적으로 인식된다. 여기에는 조명, 색채설계, 향기 또는 냄새, 음악 또는 소음과 같은 소리, 사이즈와 모양, 공기의 질과 온도 등이 포함되어 있으며(그림 10.10), 잘 설계된 주변 여건은 고객들로부터 원하는 반응을 이끌어 낼 수 있다. 사실 서비스 스케이프는 브랜드 구축의 중요한 부분을 차지한다.[15] 서비스 인사이트 10.2에서는 기존의 치과치료가 안락한 치과스파로 변모하고 있는 새로운 트렌드를 보여주고 있다.

**그림 10.10** 클래식 라이브 음악은 저녁식사의 즐거움을 더해 준다.

### 음악

음악은 아무리 작은 소리라 할지라도 서비스 상황에서 사람의 지각과 행동에 강력한 영향을 끼친다. 음악의 템포, 크기, 하모니와 같은 다양한 요소들은 총체적으로 지각된다. 음악이 지각과 행동에 미치는 영향은 개인에 따라 다르다. 예를 들어, 젊은 사람들은 나이 든 사람과는 상이한 음

## 서비스 인사이트 10.2

### 치과에서 두려움 요소 없애기

치과치료는 대부분의 사람들이 선호하지 않는 서비스이다. 특히 치료를 위해 장시간 치료대에 누워본 환자라면 얼마나 불편했는지를 쉽게 떠올릴 수 있다. 많은 사람들은 치료과정에서 수반되는 고통을 두려워하며, 어떤 이들은 그 때문에 치과에 가지 않아 건강을 위협받기도 한다. 그러나 이제 몇몇 치과들을 중심으로 치과치료에 스파를 더한 '스파치과(spa dentistry)'라는 새로운 개념이 소개되고 있다. 스파치과에서는 음료수 바, 목 안마, 발마사지 서비스뿐만 아니라 향초, 풍경소리 등을 활용하여 환자를 돌보고 있다.

환자가 딸기향이 나는 아산화질소(일종의 마취제–역주)를 흡입하는 것을 지켜보면서, "이건 상술에 관한 것이 아닙니다."라고 시카고에 소재한 Perfect Teeth Dental Spa의 Timothy Dotson은 말한다. "사람들이 원하는 방식으로 대하는 것입니다. 그리고 이를 통해 많은 사람들은 두려움을 극복할 수 있습니다." 그의 말에 환자는 동의하는 것처럼 보였다. "치과에 오고 싶어 하는 사람은 없을 거예요. 그래서 이런 서비스를 훨씬 받아들이기 쉽게 만듭니다." 치관(crown)치료를 기다리면서 뜨거운 마사지 패드에 등을 맡기고 서비스를 받는 한 여인이 말했다.

완벽한 미소를 위해 치아미백, 치아성형과 같은 미용치료를 원하는 소비자가의 수요가 늘어나는 상황에서 뜨거운 수건, 마사지, 아로마테라피, 커피, 신선한 크랜베리-오렌지 빵, 화이트와인 칵테일은 변화하는 소비자들의 기대를 충족시키기 위한 치과의사들의 노력을 보여주고 있다. 이러한 서비스가 만약 없었다면 스트레스 받는 상황에서 치과를 방문했을 소비자들을 끌어들이는 데 목적을 두고 있기 때문에, 많은 치과들이 별도의 부가비용을 요구하지 않고 있다. 오히려 의사들은 수반되는 비용은 고객들의 재방문과 구전으로 충분히 상쇄되고 있다고 입을 모은다.

휴스턴에 있는 Max Greenfield 씨는 Image Max Dental Spa를 현대미술로 꾸몄다. 환자들은 가운으로 갈아입고 8개의 각기 다른 아로마 산소를 사용해 볼 수 있고, 일본식 정원으로 가꾸어진 휴게실에서 머물게 된다. 실제 치과치료를 받는 곳에는 양가죽 의자, 뜨거운 아로마테라피 타월이 있으며, 치아청소를 위해 공기와 물을 이용하는 'bubble gum jet massage'를 받게 된다.

비록 로스앤젤레스에서부터 뉴욕에 이르기까지 많은 치과들이 스파 테크닉을 도입하고 있지만 이러한 접근방법이 한때 유행으로 지나가지 않을지 우려를 나타내는 목소리도 있다. 한 치과대학의 학장은 "난 이 두 사업이 절대 함께 어우러질 수는 없다고 본다."고 말하기도 했다.

출처
Adapted from "Dentists Offer New Services to Cut the Fear Factor," *Chicago Tribune* syndicated article, February 2003.



PART III

악적 취향을 지니고 있어, 같은 음악에 대해서도 다르게 반응하기 마련이다.[16] 기존의 많은 연구들은 빠른 템포와 큰 소리의 음악이 사람의 흥분수준을 높이고 있음을 밝혔다. 그리고 이는 결과적으로 사람들의 행동에 영향을 미쳐 고의적이든 아니든 음악의 템포에 맞춰 행동의 속도를 조절하는 경향으로 나타난다고 보았다. 때문에 레스토랑에서는 음악의 템포와 소리를 높여 테이블 회전속도를 빠르게 하고 더 많은 손님을 받을 수 있다. 반면 느린 템포의 조용한 음향으로 저녁식사 속도를 느리게 해 음료수 매출을 높일 수도 있다.[17] 유사하게 기존 연구 결과에서는 느린 음악이 흘러나올 때 쇼핑객들이 좀 더 느리게 걸으면서 충동구매를 더 많이 한다고 보았다. 또한 친숙한 음악은 사람들을 자극해 점포를 둘러보는 시간을 줄이는 반면 친숙하지 않은 음악은 보다 쇼핑객들이 점포 내에서 보다 많은 시간을 머무르게 조장하는 것으로 나타났다.[18] 서비스를 받기 위해 기다려야 하는 상황에서 음악의 효과적인 활용은 지각된 대기시간을 줄이고, 고객의 만족을 증대시킨다. 병원 수술 대기실에서 나오는 편안한 음악은 스트레스 수준을 낮추는 데 효과적일 수 있다. 또한 즐거운 음악은 서비스 직원에 대한 고객의 호감을 높이는 것으로 나타났다.[19]

레스토랑이나 소매점뿐만 아니라 콜센터에 적절한 음악을 제공해 주는 것은 하나의 산업으로 자리 잡았다. 예를 들면, 텍사스에 소재한 DMX라는 기업은 300여 개의 회원사에 음악을 제공하는데, 200~800개에 이르는 음악을 자체적으로 믹스하여 회원사의 매장에 보내주고 있으며 매달 한 번씩 원격으로 업데이트 해 주고 있다.[20]

그림 10.11 클래식 음악은 이유 없이 주변을 배회하거나 공공기물을 파손하는 사람들을 차단하는 데 활용될 수 있다.

한편 음악은 원하지 않은 유형의 고객을 차단하는 데 쓰일 수도 있다. 지하철, 슈퍼마켓, 기타 공공장소 등 많은 서비스 환경에는 구매할 의사가 없는 사람들도 섞여 있는데 이들 중 몇몇은 관리상 또는 다른 고객들과 문제를 일으키는 불량고객들이다(제13장 참조). 영국에서는 이러한 사람들을 쫓아내는 전략으로 클래식 음악을 활용하고 있다(그림 10.11). 주변을 이유 없이 배회하거나 공공기물을 파손하는 사람들은 클래식 음악을 듣는 데 매우 괴로워한다. 영국의 식료품점 체인인 Co-op은 점포 외부에 클래식 음악을 틀어놓음으로써 주변을 배회하면서 고객들에게 겁을 주는 10대들을 차단하는 실험을 하기도 하였다. Co-op의 Steve Broughton에 의하면 직원들은 원격제어 시스템을 갖추고 있으며, "사람들을 흩어지게 해야 하는 상황이 되면 음악을 킬 수 있다."[21]

### 향기

음악 다음으로 중요한 환경 영역인 향기에 대해 초점을 맞추어 보자. 향기란 대기에 퍼져 있는 향 또는 냄새로 고객에 의해 의식적 또는 비의식적으로 지각될 수 있으며, 특정 제품과는 관련이 없다. 향기는 분위기, 감정, 평가, 심지어는 구매의도, 점포 내 행동에도 매우 강한 영향을 끼친다.[22] 우리는 배고플 때 빵집을 지나기도 전에 풍겨오는 갓 구운 크로아상의 냄새를 맡으면서 냄새의 힘을 경험한다. 이러한 냄새는 우리에게 배고픔을 인지하게 하고 해결책을 알려준다(예 : 빵집으로 들어가서 음식을 먹는다).

서비스 마케터는 어떻게 하면 레스토랑의 고객을 배고프고 목마르게 할 수 있는지, 치과 대기실의 고객을 편안하게 할 수 있을지, 헬스클럽의 고객을 보다 많이 움직이게 할 수 있을지에 관심을 갖는다. 방향요법에서는 향이 특별한 속성을 지니고 있어, 특정의 정서적, 생리적, 행동적 반응을 얻는 데 활용될 수 있다고 받아들여지고 있다(그림 10.12).

표 10.2는 특정 향이 사람에 미치는 추측 효과를 보여주고 있다. 기존 연구에 따르면 서비스 상황에서 향기는 고객의 지각, 태도, 행동에 중요한 영향을 미칠 수 있음을 보여주고 있다. 예를 들면 다음과 같다.

**그림 10.12** 방향요법을 통해 이완과 안정을 찾을 수 있다.

- 도박을 즐기는 사람은 한 라스베이거스 카지노가 평온함을 느끼는 인공적인 냄새를 풍겼을 때, 슬롯머신에 45%의 돈을 더 넣었다. 향기가 더 진해졌을 때, 그들의 돈 씀씀이는 53%까지 증가했다.[23]
- 사람들은 꽃향기가 나는 방에서 신발을 신어 보았을 때 나이키 운동화를 구매하기를 더 원했으며, 한 켤레에 10.33달러를 돈을 더 지불하려고 했다. 심지어는 향기가 아주 옅어 사람들이 알아차리지 못할 때에도 무의식적으로 향기를 지각하여 같은 효과가 나타났다.[24]

많은 서비스 기업들은 향기의 힘을 인지하고, 브랜드 경험의 일부로 향기를 활용하고 있다. 예를 들면, Westin Hotels는 로비에 백차(white tea) 향을 활용하고 있으며, Sheraton은 로비에 무화과, 정향, 자스민을 혼합한 향을 사용하고 있다. 이러한 트렌드를 반영하여 전문적인 서비스 기업들은 향기 마케팅을 도입하고 있다. 예를 들어, Ambius라는 회사는 소매

**표 10.2** 방향 요법 – 향이 사람에 미치는 영향

| 향 | 향기 종류 | 방향 요법 종류 | 전통적 사용법 | 잠재적인 심리적 효과 |
|---|---|---|---|---|
| 유칼립투스 | 장뇌향 | 탄력, 자극 | 체취 제거, 살균, 진정제 | 활력과 고무 |
| 라벤더 | 약초향 | 진정, 조화 | 근육이완, 진정제, 지혈제 | 안정과 평온 |
| 레몬 | 시트러스 | 활력, 희망 | 살균, 진정제 | 활력에 대한 진정 |
| 후추 | 스파이시 | 조화, 진정 | 근육이완, 최음제 | 정서 조절 |

출처

http://www.aromatherapy.com/, accessed March 12, 2012; Dana Butcher, "Aromatherapy–Its Past & Future." *Drug and Cosmetic Industry* 16, no. 3 (1998): 22?24; Shirley Price and Len Price (2007), *Aromatherapy for Health Professionals*, 3rd ed. Mattila, A. S., & Wirtz, J. (2001). Congruency of scent and music as a driver of in-store evaluations and behavior. *Journal of Retailing* 77, 273-289.



PART III

서비스, 환대 서비스, 금융 서비스, 헬스케어 서비스 및 기타 서비스 등에 감각적 브랜딩(sensory branding), 잔잔한 향(ambient scenting), 악취정화(odor remediation)와 같은 향기 관련 서비스를 제공하고 있다. 기업들은 Ambius를 통해 서비스 스케이프의 하나인 향기를 외주관리하고 있으며, Ambius는 각 서비스 기업에 특화된 독점적인 향을 컨설팅, 설계해 주고 전 체인점에 걸쳐 관리해 주는 역할을 하고 있다.[25]

## 색

연구자들은 음악과 향기 외에 색 또한 사람들의 감정에 강한 영향을 미친다는 것을 밝혔다. "색은 자극적이고, 진정시키고, 표현적이고, 교란시키고, 인상적이고, 문화적이고, 활기 넘치고, 상징적이다. 색은 우리의 삶의 모든 곳에 만연해 있으면서 일상에 활기를 주고, 모든 사물에 아름다움과 극적요소를 더한다."[26]

**그림 10.13** 밝고 따뜻한 색은 매력적이고 명랑한 효과를 주기 때문에 아이들의 주변 환경에 주로 사용된다.

심리학 연구에서 주로 활용되는 색 체계는 먼셀체계(Munsell system)로, 색을 색조, 명암, 채도라는 세 가지 차원으로 정의한다.[27] 색조(hue)는 색의 색소를 말한다(즉 색의 이름 : 빨강, 오렌지, 노랑, 초록, 파랑, 보라). 명암(value)은 색의 진하기나 연한 정도를 말한다. 채도(chroma)는 색조의 밀도, 색의 포화도(백색과의 혼합 정도) 또는 밝은 정도를 말한다. 채도가 높은 색은 색소의 밀도가 높으며, 농후하고 밝게 보인다. 채도가 낮은 색은 우중충하게 보인다. 색조는 다시 따뜻한 색(빨강, 오렌지, 노랑)과 차가운 색(파랑과 초록)으로 분류된다. 오렌지(빨강과 노랑의 혼합)는 가장 따뜻한 색이고, 파랑은 가장 차가운 색이다. 이러한 색은 환경의 따뜻함을 관리하는 데 사용될 수 있다. 예를 들면, 만약 보라색이 너무 따뜻하면 당신은 빨강색을 줄임으로써 이를 차갑게 할 수 있다. 만약 빨강이 너무 차가우면 약간의 오렌지색을 더해 따뜻하게 할 수 있다.[28] 표 10.3은 색에 관한 일반적인 연관성과 반응을 요약하고 있다.

서비스 환경에 관한 연구를 보면 사람들이 좋아하는 색에는 차이가 있지만, 일반적으로

**표 10.3** 색에 대한 사람들의 일상적인 연상 및 반응

| 색 | 따뜻함의 정도 | 자연과 관련된 상징 | 색에 대한 공통적 속성 및 인간적인 반응 |
|---|---|---|---|
| 빨간색 | 따뜻함 | 지구 | 높은 수준의 에너지 및 열정, 감정, 표현, 온기를 불러일으킴 |
| 오렌지색 | 가장 따뜻함 | 일몰 | 감정, 표현, 온기 |
| 노란색 | 따뜻함 | 태양 | 낙관주의, 명확성, 지적 능력 및 감정, 강화 |
| 초록색 | 시원함 | 성장, 잔디, 나무 | 양육, 치료 및 조건 없는 사랑 |
| 파란색 | 가장 시원함 | 하늘 및 해양 | 휴식, 평온함, 충성심 |
| 남색 | 시원함 | 일몰 | 조정, 영성 |
| 보라색 | 시원함 | 보라색 꽃 | 영성, 스트레스 감소로 평온한 감정을 만들어 줌 |

출처

Sara O. Marberry and Laurie Zagon, The Power of Color?Creating Healthy Interior Spaces. New York: John Wiley, 1995, 18; Sarah Lynch, *Bold Colors for Modern Rooms: Bright Ideas for People Who Love Color*. Gloucester, MA: Rockport Publishers, 2001, 24-29.

따뜻한 색을 좋아하는 것으로 나타났다(그림 10.13). 따뜻한 색은 빠른 의사결정을 조장하기 때문에 저관여 상황에서의 의사결정이나 충동구매를 이끄는 데 매우 적절하다. 차가운 색은 소비자가 고관여 상황에서의 구매의사를 결정하기 위해 시간이 필요한 경우에 선호된다.[29]

우리가 색의 전반적인 효과에 대해서 이해하더라도, 문화의 차이에 따라 색이 지니는 의미가 달라질 수 있음을 염두에 두어야 한다. 예를 들면, 이스라엘의 한 운송회사는 환경주의와 관련된 공공 캠페인의 일환으로 버스를 초록색으로 칠할 것을 결정했다. 그러나 이러한 결정은 일부 집단에게 예상치 못한 부정적인 반응을 초래하였다. 일부 고객들은 버스의 색이 주변에 묻혀 식별하기 힘들다고 했으며, 일부 다른 고객들은 초록색 버스가 테러리즘 또는 상대편 스포츠팀과 같은 부적절한 이미지를 떠올리게 한다고 했다.[30]

### 공간 배치와 기능성

▶ 학습목표 6
공간 배치와 기능성의 역할은 무엇인가?

주위 환경과 함께, 공간 배치와 기능성은 서비스 환경의 또 다른 주요 영역이다. 서비스 환경은 특정한 목적을 수행하고 고객의 욕구를 충족해야 하기 때문에 공간 배치와 기능성은 특히 중요하다.

공간 배치는 층별 계획, 집기의 크기와 모양, 계산대, 기구, 설비의 배열 등을 일컫는다. 기능성은 서비스 성과를 증진시킬 수 있는 위 아이템들의 능력을 의미한다. 두 차원 모두 고객들이 느끼는 친숙성과 아이템의 서비스 수행능력에 영향을 미친다. 너무 가깝게 배치된 카페의 테이블, 프라이버시를 보장해 주지 않는 은행의 카운터, 불편한 강의실 의자(그림 10.14), 부족한 주차공간은 모두 고객에게 부정적인 인상을 남길 뿐만 아니라 서비스 경험, 구매행동에 영향을 미쳐 궁극적으로 서비스 시설물의 성과에도 부정적 결과를 초래할 수 있다.

**그림 10.14** 강의실의 불편한 의자는 학생들을 집중하기 어렵게 만든다.

### 표지판, 부호, 인공물

▶ 학습목표 7
표지판, 상징, 인공물의 역할은 무엇인가?

서비스 환경을 이루는 대다수의 것들이 기업의 이미지를 전달하는 신호와 같은 역할을 한다. 이는 고객에게 길(예 : 특정 서비스 창구, 부서 또는 출구)을 찾게 해 주며, 서비스 규약(예 : 대기시스템)에 대해서 알게 해 준다. 고객들은 서비스 환경과 서비스 전달과정에서 제시되는 표지판(signs), 상징(symbols), 인공물(artifacts) 등을 통해 가장 먼저 그 의미를 유추하려 노력한다.

표지판은 (1) 표시를 나타내기 위해(부서나 창구의 명칭을 알려줌), (2) 방향을 알려주기 위해(입구, 출구, 계단 및 화장실 등), (3) 서비스 규약의 알리기 위해(대기번호를 받고 호출되기를 기다릴 것, 식사 후 식판 반납할 것), (4) 행동적 규범을 상기시키기 위해(공연 시 핸드폰 을 끄거나 진동모드로 전환할 것, 흡연/비흡연 구역) 활용될 수 있다. 표지판은 서비스 상황에서 행동지침을 알려 주기 위해 자주 사용된다. 어떤 표지판들은 꽤 흥미롭고, 비교적 명백할 수 있지만, 어떤 것은 그 의미를 이해하기 위해 시간을 필요로 하기도 한다(그림 10.15).

설계자에게 있어 서비스 전달과정을 명확하게 알릴 수 있는 표지판, 상징, 인공물을 사용하는 것은 쉬운 일이 아니다. 특히 이 작업은 신규 고객이 많거나 서비스 시설을 거의 방문

PART III

그림 10.15 혼란스러운 표지판은 사람을 미지의 장소로 이끌 수 있다.

하지 않았던 고객이 많을수록 중요하다. 더불어 셀프서비스 상황, 특히 서비스 과정을 도와줄 수 있는 서비스 직원이 거의 없는 상황에서 그 의미가 크다.

고객들은 서비스 스케이프에서 명확한 표시를 발견하지 못할 경우 혼란스러워 하며, 결과적으로 화를 내거나 좌절할 수 있다. 낯선 병원이나 쇼핑센터, 또는 공항에서 불분명한 표지판 때문에 급하게 길을 찾아야 했던 경험을 떠올려 보라. 많은 서비스 시설물들 중에서 고객이 가장 먼저 접하는 것은 자동차 주차장일 것이다. 서비스 인사이트 10.3에서 강조한 것처럼 효과적인 환경 설계의 원칙은 이러한 주차 환경에도 적용될 수 있다.

### 서비스 환경의 일부분으로서의 사람

▶ 학습목표 8
서비스 스케이프의 일부로서 직원과 주변 고객들은 어떤 역할을 하는가?

서비스를 제공하는 직원과 고객, 이들의 외모와 행동은 서비스 환경에 의해 생성되는 인상을 강하게 할 수도 약하게 할 수도 있다. Dennis Nickson과 동료들은 고객을 직접 대면하는 서비스 제공자의 용모의 중요성을 강조하기 위해 '심미적 노동(aesthetic labor)'이란 용어를 사용하고 있다.[31] 디즈니 테마파크는 일하는 사람을 배우라고 부른다. 이들 직원은 신데렐라가 되든, 백설공주의 일곱 난장이 중 하나가 되든, 공원의 청소원이 되든, 버즈 라이트이어 투모로우랜드를 관리하는 사람이 되든지 간에 각자의 상황에 맞게 옷을 갖추어 입고 공원의 일부가 되어야 한다. 복장을 갖추고 나면 고객을 위해 최선을 다해야만 한다.

마케팅 커뮤니케이션은 서비스 제공자가 만들어 낸 주변 환경을 제대로 인식할 뿐만 아니라 그들의 외모와 행동으로 이를 적극적으로 개선시킬 수 있는 고객들을 유인할 수 있어야 한다. 호텔업이나 소매업 상황에서 신규 고객들은 해당 서비스 기업의 단골이 될지 결정하기 전에 기존 고객들을 먼저 살펴본다. 그림 10.16은 두 레스토랑의 인테리어를 보여주고 있다. 여러분이 두 레스토랑을 막 들어갔다고 상상해 보자. 각각의 레스토랑이 레스토랑 산업 내에서 어떻게 포지셔닝되어 있는가? 어떠한 종류의 식사를 할 것이라고 기대되는가? 그

그림 10.16 특색 있는 서비스 환경은 — 테이블 배치부터 가구와 공간디자인에 이르기까지 — 두 레스토랑에 대한 서로 다른 고객의 기대를 만들어 낸다.

## 서비스 인사이트 10.3

### 주차장 설계를 위한 가이드라인

많은 서비스 시설에 있어 주차장은 아주 중요한 역할을 한다. 주차장에서 효과적인 표지판, 상징, 인공적인 구조물은 고객이 길을 찾는 데 도움을 준다. 이는 또한 서비스 회사에 대한 긍정적인 이미지를 보여주는 것이다.

- 친근한 경고—모든 경고 사인은 고객에게 편익을 전달해야 한다. 예를 들면 "소방선—여러분의 안전을 위하여 소방선 안에 주차하지 마시길 요청합니다."
- 안전등—전 구역의 충분한 조명은 고객의 생활을 편리하게 하고 안전을 향상시킨다. 회사는 이러한 내용을 다음과 같은 공지 문구로 사람들의 주의를 끌어야 한다. "주차장은 여러분의 안전을 위해 특별조명시설을 완비하였습니다."
- 고객이 차를 주차한 장소를 기억할 수 있도록 하라—큰 주차장에서 가족용 차를 어디에 주차하였는지 잊어버리는 것은 악몽이 될 수 있다. 대부분의 주차장은 어느 층에 주차하였는지 기억할 수 있게 각 층별로 다른 색을 사용하고 있다. 그 외에 대다수의 주차장은 다른 종류의 동물과 같은 상징물을 이용하여 각 구역을 표시하기도 한다. 이러한 점은 고객으로 하여금 차가 주차되어 있는 층뿐 아니라 주차구역을 기억하는 데 도움을 준다. 보스턴의 로건 공항에는 각 층을 매사추세츠와 관련된 테마로 나누고 있다. 예를 들면, 폴 리비어의 말 달리기(Paul Revere's Ride), 코드 곶 만(Cape Cod) 또는 보스턴 마라톤 등이 있다. 하나의 이미지가 각 테마마다 말을 타고 있는 남자, 등대 또는 여성 달리기 선수로 부여된다. 여행자는 엘리베이터를 기다리면서 각 층의 테마와 연관된 음악을 듣는다. 보스턴 마라톤 층에서는 오스카 상을 수상한 올림픽 선수에 관한 영화인 〈불의 전차(Chariots of Fire)〉의 주제음악이 흘러나온다.

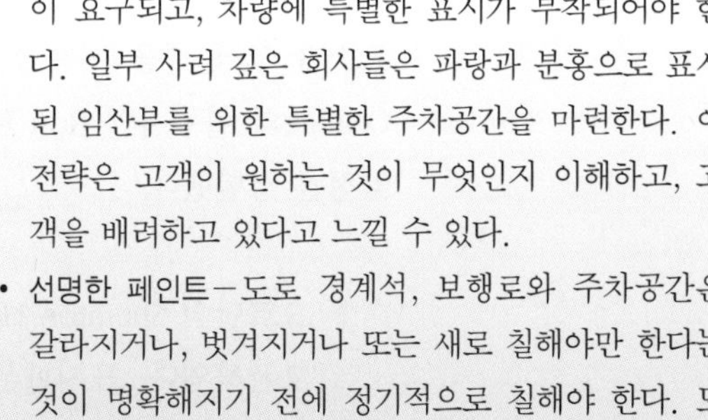

- 임산부를 위한 주차장—법적으로 장애인을 위한 공간이 요구되고, 차량에 특별한 표시가 부착되어야 한다. 일부 사려 깊은 회사들은 파랑과 분홍으로 표시된 임산부를 위한 특별한 주차공간을 마련한다. 이 전략은 고객이 원하는 것이 무엇인지 이해하고, 고객을 배려하고 있다고 느낄 수 있다.
- 선명한 페인트—도로 경계석, 보행로와 주차공간은 갈라지거나, 벗겨지거나 또는 새로 칠해야만 한다는 것이 명확해지기 전에 정기적으로 칠해야 한다. 도색을 새로 하는 것은 종종 긍정적인 청결 이미지와 긍정적인 이미지를 보여 준다.[32]

렇게 판단하게 된 계기는 무엇인가? 특히 이미 각 레스토랑에 앉아 있는 사람들을 보면서 어떤 생각을 하였는가? 요약컨대, 종업원과 고객들은 모두 서비스 스케이프의 일부가 된다. 물리적인 외관은 분위기를 창출하는 하드웨어이고, 사람들은 경험을 만들어 내는 소프트웨어이다.

## 모든 환경요소의 결합

**학습목표 9**
효과적인 서비스 스케이프를 설계하기 위해 종합적 관점과 고객 관점을 견지하는 것이 왜 중요한가?

비록 개인은 환경의 특정한 부분 또는 각각의 디자인을 보지만, 소비자의 반응에 영향을 미치는 것은 각 특징의 전체적인 조화이다. 즉 소비자는 서비스 환경을 총체적으

PART III

로 인식하는 것이다.[33]

### 종합적인 관점에서의 설계

진하고 윤이 나는 나무로 된 바닥이 완벽한 바닥이 되느냐는 서비스 환경을 구성하는 다른 모든 요소들에 의해 결정된다. 여기에는 가구의 형태, 색상, 재질, 조명, 판촉물, 전체적인 상표지각과 회사의 포지셔닝 등이 포함된다(그림 10.17). 서비스 스케이프는 종합적 관점에서 설계되어야 하며, 이는 모든 것은 다른 모든 것에 의해 결정됨을 의미하기 때문에 설계의 어떠한 차원도 다른 차원에 대한 고려 없이 계획되어서는 안 된다. 따라서 서비스 스케이프 디자인은 예술 그 이상이다. 이에 전문적인 디자이너는 서비스 스케이프의 특정한 유형에 특화하기도 한다. 예를 들어, 소수의 유명한 인테리어 디자이너는 전 세계의 호텔로비만을 설계하는 데 집중한다. 유사하게 몇몇 전문 디자이너는 레스토랑, 바, 클럽, 카페나 소규모 식당, 소매점, 건강관리 시설들 중 하나에만 집중하기도 한다.[34]

**그림 10.17** Arne Jacobson의 내구성 있는 계란형 의자는 어떠한 서비스 스케이프도 빛나게 한다.

### 고객 관점에서의 설계

많은 서비스 환경은 물리적 외관에 초점을 두고 구축된다. 설계자는 가장 중요한 디자인적 요소가 그 환경을 이용할 고객이 되어야 한다는 사실을 종종 망각한다. UP your Service! College의 설립자인 Ron Kaufman은 두 가지 새로운 서비스 환경에서 다음과 같은 디자인 약점을 경험했다.

- 요르단의 Sheraton Hotel은 고객을 연회장에서 화장실로 안내하는 명확한 표지판 없이 오픈하였다. 표지판은 어두운 대리석 기둥에 흐린 금색으로 새겨져 있었다. 더 분명한 것은 표지판이 그런 우아한 장식에 부적절했다. 매우 절제되고 고상했지만, 이는 누구를 위한 디자인인가?
- 아시아 주요 도시의 신공항 라운지에 색색의 유리 칸막이가 천장에 걸려 있다. 내가 안으로 걸어 들어갔을 때 내 짐에 살짝 칸막이가 닿았다. 전체 칸막이가 흔들리더니 서너 개의 판넬이 떨어져 버렸다. 한 직원이 급히 오더니 조심스럽게 그 판넬을 다시 조립하기 시작했다(아무것도 부서지지 않아 다행이다). 나는 죄송한 마음으로 사과를 했다. '걱정 말아요.' 그녀는 '매번 이래요.' 라고 말했다. 공항 라운지는 사람이 많이 다니는 곳이다. 사람들이 항상 들어가고 나간다. Kaufman은 계속해서 질문한다. "인테리어 디자이너는 무슨 생각을 했을까요? 이는 누구를 위한 디자인인가요?"

  "나는 자주 놀란다."라고 Kaufman이 단언했다. "새 시설물은 명백히 사용자에게 '친숙하지 않다.' 많은 시간과 비용이 투자되었음에도… 이는 누구를 위한 디자인인가? 설계자는 무엇을 염두에 두고 만들었을까? 크기? 웅장함? 물리적 운동?" 그는 다음과 같은 중요한 점을 지적하였다. "신선하거나 우아하거나 강렬한 새로운 것을 디자인하는 것은 따라하기 쉽다. 하지만 당신이 디자인하는 내내 고객을 염두에 두지 않는다면, 당신의 투자는 아무것도 아닌 것으로 끝날 수 있다."[35]

Alain d'Astous는 소비자를 짜증나게 하는 환경적 요소를 살펴보았다. 그는 다음과 같은 문제점을 지적하였다.

- ▶ 주변 여건(짜증을 유발하는 수준에 의한 순서임)
  - ○ 매장이 깨끗하지 않다.
  - ○ 매장 안이나 쇼핑센터 안이 너무 덥다.
  - ○ 매장 안의 음악이 너무 시끄럽다.
  - ○ 매장 안에서 나쁜 냄새가 난다.
- ▶ 환경디자인 요소
  - ○ 드레스 룸에 거울이 없다.
  - ○ 필요한 것을 찾을 수가 없다.
  - ○ 매장 내에 설명이 충분하지 않다
  - ○ 매장 내의 제품의 위치가 바뀌었다.
  - ○ 매장 규모가 너무 작다.
  - ○ 대형 쇼핑센터에서 길을 잃기 쉽다(그림 10.18).[36]

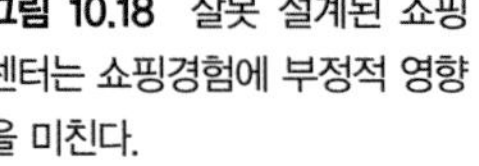
**그림 10.18** 잘못 설계된 쇼핑센터는 쇼핑경험에 부정적 영향을 미친다.

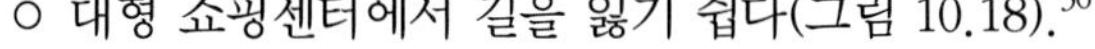

### 서비스 스케이프 설계에 도움이 되는 도구들

당신이 관리자라면, 고객이 서비스 스케이프의 어떤 점을 좋아하고 싫어하는지 어떻게 알아낼 수 있을까? 당신이 사용할 수 있는 방법은 다음과 같다.

- ▶ **주의 깊은 관찰** 경영자, 관리자, 접점 직원이 서비스 환경에 대해 고객이 어떻게 행동하고 반응하는지 주의 깊게 관찰
- ▶ **접점 직원과 고객의 피드백, 아이디어 이용** 불만 및 칭찬 분석으로부터 포커스 그룹 인터뷰와 조사에 이르는 다양한 도구를 사용(서비스 환경디자인에 초점을 둔다면, 이러한 종류의 조사를 환경조사라 함)
- ▶ **사진을 통한 감시** 고객에게 본인이 경험한 서비스에 대해 사진을 찍도록 하는 방법. 이 사진은 추가적인 경험에 대한 인터뷰의 근거나 서비스 경험에 대한 서비스의 일부로서 추후 사용될 수 있음[37]
- ▶ **현장실험**(field experiment) 환경의 특정 차원을 통제하고 결과를 관찰. 예를 들면, 연구자는 다양한 향기와 음악을 이용한 실험을 통해 고객이 지불하는 금액과 머무르는 시간을 측정할 수 있음. 실험실 실험(laboratory experiment)은 슬라이드, 비디오, 기타 다른 도구를 이용하여 실제 서비스 환경(예 : 컴퓨터 가상 투어)을 재현하기 위해 사용할 수 있으며, 이는 디자인 요소의 변화 효과를 관찰하는 데 사용될 수 있음. 이와 같은 방법은 실제 환경이 통제될 수 없을 때 사용될 수 있으며, 가구 스타일, 색채 배치, 공간 배치 등이 예로 사용될 수 있음
- ▶ **청사진 기법** 서비스 청사진 기법은 (제8장에서 설명된) 서비스 환경의 물리적 증거를 포함할 수 있도록 확장될 수 있음. 디자인 요소는 고객이 서비스 전달 과정의 각 단계

를 옮길 때마다 기록될 수 있음. 사진과 비디오는 이를 더 명확하게 하기 위해 청사진에 첨부될 수 있음

표 10.4는 고객이 영화관을 갔을 때를 관찰한 자료이다. 서로 다른 환경 요소가 고객의 기대를 어떻게 만족시켰는지 또는 실망시켰는지를 알려 준다. 서비스 과정은 절차, 결정, 의무, 활동과 같이 세분화되었으며, 고객의 서비스 경험 전체가 관찰되도록 디자인되었다. 서비스를 제공하는 업체가 고객의 시각에서 보고, 이해하고 또 경험을 한다면 현재의 디자인 환경의 문제점을 빨리 인지할 수 있다. 나아가 현재 잘 이루어지고 있는 서비스도 개선점을 발견할 수 있게 된다.

**표 10.4** 영화관 방문 : 고객이 지각한 서비스 환경

| 서비스 경험 절차 | 서비스 환경디자인 | |
|---|---|---|
| | 기대 이상 | 기대 이하 |
| 주차장 찾기 | 귀중품을 보관해 주는 경비원이 있는 입구 근처의 밝고 넓은 공간 | 부족한 주차 공간 때문에 다른 주차장으로 와야 하는 경우 |
| 표 구매를 위해 줄서기 | 거울의 전략적인 배치, 개봉 예정작 포스터, 긴 대기시간을 위한 연예뉴스, 상영 영화와 시간대 쉽게 확인, 티켓 구매 가능 여부 명확한 표시 | 긴 대기시간, 상영 영화와 시간대를 확인하기 힘들며, 티켓이 남아 있는지 확인하기도 어려움 |
| 상영관으로 들어가기 위한 티켓 확인 | 상영관 위치에 대한 명확한 방향이 있는 매우 잘 정비된 로비, 손님의 경험을 강화시켜 줄 수 있는 영화 포스터 | 쓰레기가 여기저기 버려진 더러운 로비, 상영관 방향의 불명확함과 잘못 표시된 경우 |
| 영화가 시작되기 전에 화장실 가기 | 매우 청결하고, 장소가 넓고 밝으며 잘 건조된 바닥, 잘 정리되어 있고, 장식도 좋으며 정기적으로 닦인 깨끗한 거울 | 더러움, 참기 힘든 냄새, 깨진 변기, 핸드타월, 비누, 휴지가 없음, 사람들이 북적거림, 더러운 거울 |
| 상영관에 들어가서 자리를 찾음 | 결점 없는 상영관 : 잘 디자인된 좋은 의자, 자리를 찾기에 충분한 조명, 넓고 편안한 의자, 각 의자마다 음료수와 팝콘 놓는 공간, 적절한 온도 | 휴지가 널린 바닥, 부서진 의자, 끈적거리는 바닥, 우울하고 어두운 조명, 불이 들어오지 않은 출구 표지 |
| 영화 보기 | 훌륭한 음향시스템과 필름 품질, 좋은 관객, 영화 보기를 즐겁고 기억에 남게 하는 전반적인 것 | 평균 이하의 음향과 영상 도구, 금연 사인 또는 다른 주의 사인이 없어서 담배 피면서 떠드는 비호감 관객, 영화 관람을 불쾌하게 하는 전반적인 것 |
| 상영관 떠나기 및 차로 돌아오기 | 친절한 서비스 직원이 떠나는 고객에게 인사함, 밝은 조명의 출구 및 안전한 주차장, 주차장으로 돌아가는데 필요한 표시 | 좁은 복도로 사람들이 몰림, 조명이 없거나 어두워서 차를 찾기 어려움 |

출처

Adapted from Albrecht, S. (1996). See things from the customer' s point of view—how to use The 'Cycles of Service' to understand what the customer goes through to do business with you. *World' s Executive Digest*, (December) 53-58.

## 요약

**학습목표 1**

서비스 환경은 다음의 네 가지 목적을 충족할 수 있어야 한다.

- o 고객의 경험과 행동을 형성한다.
- o 고객들의 기업에 대한 인식, 이미지, 포지셔닝을 형성하는 데 중요한 역할을 해야 한다. 고객들은 종종 서비스 환경을 서비스 품질을 이해하는 중요한 단서로 활용한다.
- o 가치제안의 중요한 일부분이 된다(예 : 테마파크나 리조트형 호텔)
- o 서비스 접촉을 용이하게 하고 생산성을 증대시킨다.

**학습목표 2**

환경 심리학은 서비스 환경이 고객과 서비스 직원에게 미치는 영향력을 이해하는 데 도움을 준다. 여기에는 두 가지 핵심 모델이 있다.

- o Mehrabian-Russell의 자극–반응 모델은 환경이 사람들의 정서 상태(감정이나 느낌)에 영향을 미치고 결과적으로 행동에도 영향을 줌을 보여준다.
- o Russell의 감정 모델은 감정을 즐거움과 각성이라는 두 가지의 차원으로 구분하고, 이 두 차원이 상호작용하여 사람들의 접근과 회피행동에 영향을 미침을 보여준다.

**학습목표 3**

이론적 기반 위에 설계된 서비스 스케이프 모델은 고객과 서비스 직원이 주요 환경적 차원에 어떻게 반응하는지를 설명하는 통합적 틀이다.

**학습목표 4**

서비스 스케이프 모델은 서비스 환경의 3개 차원을 강조한다.

- o 주변 여건(음악, 향기, 색채 포함)
- o 공간배치와 기능성
- o 표지판, 상징, 인공물

**학습목표 5**

주변 여건은 우리의 오감과 관련된 환경의 특성을 일컫는다. 의식적으로 지각되지 못하더라도 사람들의 내적 반응과 행동반응에 영향을 미칠 수 있다. 주변 여건의 중요한 차원에는 다음을 포함한다.

- o 음악 : 음악의 템포, 크기, 하모니, 친숙성은 정서와 분위기에 영향을 미쳐 행동을 형성한다. 사람들은 자신의 행동속도를 음악의 템포에 맞추어 조정하려는 경향이 있다.
- o 향기 : 주변 향기는 정서에 강력한 영향을 미치며, 고객들을 편안하게 할 수도 자극할 수도 있다.
- o 색 : 색은 사람들의 감정에 강한 영향을 행사한다. 따뜻한 색(예 : 빨강과 주황색의 혼합)과 차가운 색(예 : 파랑)이 미치는 효과는 상이하며, 따뜻한 색은 주로 밝은 분위기와 관련되고 차가운 색은 평화와 행복과 관련이 있다.

**학습목표 6**

효과적인 공간배치와 기능성은 서비스 운영의 효율성 및 사용자 친화성의 증대를 위해 중요하다.

- o 공간배치는 층별 계획, 집기의 크기와 모양, 계산대, 기구, 설비의 배열을 의미한다.
- o 기능성은 서비스 운영을 원활하게 하는 이들 아이템들의 능력을 의미한다.

**학습목표 7**

- o 표지판, 상징, 인공물은 다음과 같은 방법으로 고객들이 서비스 환경의 의미를 유추하는 데 도움을 주고, 서비스 전달과정을 명확하게 안내하는 역할을 한다.
- o 시설, 카운터, 부서를 표시함
- o 방향을 알려줌(예 : 입구, 출구, 엘리베이터, 화장실)
- o 서비스 규약을 알림(예 : 대기번호를 받고 호출을 기다릴 것)
- o 행동적 규범을 상기시킴(예 : 핸드폰을 진동모드로 전환할 것)

**학습목표 8**

서비스 스케이프에서 서비스 직원들과 다른 고객들의 외모와 행동은 가치제안의 일부가 될 수 있으며, 기업의 포지셔닝을 강화시킬 수(약화시킬 수) 있다.

**학습목표 9**

서비스 환경은 고객들에게 전체적인 관점에서 인지된다. 따라서 어떠한 차원도 다른 전체를 고려하지 않고서 최적화될 수 없으며, 이러한 점 때문에 서비스 환경은 과학이라기보다 예술이다.

- o 이러한 어려움 때문에 전문적인 디자이너들은 호텔로비, 클럽, 건강관리 시설 등 환경의 특정한 형태에 특화하는 경향이 있다.
- o 최고의 서비스 환경은 고객들이 서비스 전달을 자연스럽게 받아들이도록 고객 관점에서 설계되어야 함을 항상 명심해야 한다.
- o 서비스 스케이프를 설계하고 향상시키는 데 도움이 되는 도구에는 주의 깊은 관찰, 고객과 접점직원으로부터의 피드백, 사진을 통한 감시, 현장실험, 청사진 기법 등이 있다.

PART III

## 학습 키워드

이 키워드들은 각 학습목표 절에서 확인할 수 있다. 그들은 각 절에서 학습하는 서비스 마케팅 개념을 이해하기 위하여 필수적인 것이다. 이 키워드들의 개념과 어떻게 이들을 이용할 것인가를 잘 아는 것이 이 과정을 잘 마치고, 실제 외부의 경쟁시장 환경에서 실무적으로 실행하는 데 필수적이다.

**학습목표 1**

1 주의 창출 수단
2 차별화
3 효과 창출 수단
4 생산성 증대
5 이미지
6 메시지 창출 수단
7 포지셔닝
8 서비스환경
9 서비스 스케이프
10 고객 경험 형성
11 가치제안

**학습목표 2**

12 감정적 기대
13 감정적 과정
14 접근
15 각성
16 회피
17 행동적 결과
18 인지적 과정
19 환경 심리학
20 Mehrabian-Russell 자극-반응 모델
21 즐거움
22 Russell의 감정 모델

**학습목표 3**

23 비트너(Bitner)
24 인지적 반응
25 정서적 반응
26 내적 반응
27 생리적 반응
28 서비스 스케이프 모델

**학습목표 4**

29 서비스 환경의 차원

**학습목표 5**

30 주변 여건
31 주변 향기
32 방향요법
33 밝기
34 채도
35 색상
36 색조
37 음악
38 향기치료
39 포화
40 향
41 감각적 브랜딩
42 명암

**학습목표 6**

43 기능성
44 공간배치

**학습목표 7**

45 인공물
46 주차설계
47 표지판
48 상징

**학습목표 8**

49 심미적 노동
50 사람

**학습목표 9**

51 주변 여건
52 청사진
53 고객 관점
54 환경 디자인
55 현장실험
56 흐름도
57 총체적 관점
58 관찰
59 사진감시
60 서비스 스케이프 설계

## 학습 문제

1. 서비스 환경의 네 가지 목적은 무엇인가?
2. Mehrabian-Russell의 자극-반응 모델의 효과와 Russell의 감정 모델이 서비스 환경에 대한 소비자의 반응을 어떻게 설명해 주는지 이야기하라.
3. Russell의 감정 모델과 서비스 스케이프 모델의 관계는 무엇인가?
4. 동일한 서비스 환경에 대해 왜 다른 고객들과 서비스 직원들은 다르게 반응하는가?
5. 주변 여건의 차원에 대해 설명하고, 서비스 환경이 고객 행동에 각각 어떤 영향을 미치는지 설명하라.
6. 표지판, 상징, 인공물의 역할은 무엇인가?
7. 환경은 전체적인 관점에서 인지된다는 사실이 의미하는 바는 무엇인가?
8. 고객 반응을 더 잘 이해하도록 도와주는 도구들은 무엇이며, 서비스 환경과 다자인의 개선에 도움을 주는 것은 무엇인가?

## 참고문헌


1 Beatriz Plaza, "The Bilbao Effect," *Museum News*, (September/October 2007): 13?15, 68; Denny Lee, "Bilbao, 10 Years Later," *The New York Times*, September 23, 2007 in http://travel.nytimes.com/2007/09/23/travel/23bilbao.html, accessed March 12, 2012. http://en.wikipedia.org/wiki/Guggenheim_Museum_Bilbao, accessed March 12, 2012.

2 The term *servicescape* was coined by Mary Jo Bitner in her paper "Servicescapes: The Impact of Physical Surroundings on Customers and Employees," *Journal of Marketing* 56, (1992): 57-71.

3 Madeleine E. Pullman and Michael A. Gross, "Ability of Experience Design Elements to Elicit Emotions and Loyalty Behaviors," *Decision Sciences* 35, no. 1 (2004): 551-578.

4 Anja Reimer and Richard Kuehn, "The Impact of Servicescape on Quality Perception," *European Journal of Marketing* 39, 7/8(2005): 785-808.

5 Lisa Takeuchi Cullen, "Is Luxury the Ticket?" *Time*, August 22, 2005, 38?39.

6 For a review of the literature on hospital design effects on patients, see: Karin Dijkstra, Marcel Pieterse, and Ad Pruyn, "Physical Environmental Stimuli That Turn Healthcare Facilities into Healing Environments through Psychologically Mediated Effects: Systematic Review," *Journal of Advanced Nursing* 56, no. 2 (2006): 166-181. See also the painstaking effort the Mayo Clinic extends to lowering noise levels in their hospitals: Leonard L. Berry and Kent D. Seltman, *Management Lessons from Mayo Clinic: Inside One of the World's Most Admired Service Organizations*. McGraw-Hill, 2008, 171-172. For a study on the effects of servicescape design in a hospital setting on service workers' job stress and job satisfaction, and subsequently, their commitment to the firm, see: Janet Turner Parish, Leonard L. Berry, and Shun Yin Lam, "The Effect of the Servicescape on Service Workers," *Journal of Service Research* 10, no. 3 (2008): 220?238.

7 Robert J. Donovan and John R. Rossiter, "Store Atmosphere: An Environmental Psychology Approach," *Journal of Retailing* 58, no. 1 (1982): 34-57.

8 James A. Russell, "A Circumplex Model of Affect," *Journal of Personality and Social Psychology* 39, no. 6 (1980): 1161-1178.

9 Jochen Wirtz, Anna S. Mattila, and Rachel L. P. Tan, "The Moderating Role of Target-Arousal on the Impact of Affect on Satisfaction ? An Examination in the Context of Service Experiences," *Journal of Retailing* 76, no. 3 (2000): 347-365. Jochen Wirtz, Anna S. Mattila and Rachel L. P. Tan, "The Role of Desired Arousal in Influencing Consumers' Satisfaction Evaluations and In-Store Behaviours," *International Journal of Service Industry Management* 18, no. 2 (2007): 6-24.

10 Mary Jo Bitner, "Servicescapes: The Impact of Physical Surroundings on Customers and Employees," *Journal of Marketing* 56, (April 1992): 57-71.

11 Terje Slatten, Mehmet Mehmetoglu, Goran Svensson and Sander Svaeri, "Atmospheric Experiences That Emotional Touch Customers: A Case Study from a Winter Park," *Managing Service Quality* 19, no. 6 (2009): 721-746.

12 For a comprehensive review of experimental studies on the atmospheric effects refer to: L. W. Turley and Ronald E. Milliman, "Atmospheric Effects on Shopping Behavior: A Review of the Experimental Literature," *Journal of Business Research* 49, (2000): 193-211.

13 Patrick M. Dunne, Robert F. Lusch and David A. Griffith, *Retailing*, 4th ed., Orlando, FL: Hartcourt, 2002, 518.

14 Barry Davies and Philippa Ward, *Managing Retail Consumption*, West Sussex, UK: John Wiley & Sons, (2002), 179.

15 Saminan Gheorghe and Silvia Hodges, "Branding Services through Servicescapes: Understanding the Role of Servicescapes as an Identity-building Tool for Services and Perception-Shaping Tool for Customers". Paper presented at 2009 Frontiers in Service Conference, Honolulu, Hawaii, October 31.

16 Steve Oakes, "The Influence of the Musicscape within Service Environments," *Journal of Services Marketing* 14 no. 7 (2000): 539?556.

17 Laurette Dub and Sylvie Morin, "Background Music Pleasure and Store Evaluation Intensity Effects and Psychological Mechanisms," *Journal of Business Research* 54, (2001): 107-113

18 Clare Caldwell and Sally A. Hibbert, "The Influence of Music Tempo and Musical Preference on Restaurant Patrons' Behavior," *Psychology and Marketing* 19, no. 11 (2002): 895-917.

19 For a review of the effects of music on various aspects of consumer responses and evaluations see: Steve Oakes and Adrian C. North, "Reviewing Congruity Effects in the Service Environment Musicscape," *International Journal of Service Industry Management* 19, no. 1 (2008): 63?82.
20 See www.dmx.com for in-store music solutions provided by DMX; see also Leah Goodman, "Shoppers Dance to Retailers' Tune," *Financial Times*, August 21, 2008, 10.
21 This section is based on: *The Economist*, "Classical Music and Social Control: Twilight of the Yobs," January 8th, 2005, 48.
22 Eric R. Spangenberg, Ayn E. Crowley, and Pamela W. Henderson, "Improving the Store Environment: Do Olfactory Cues Affect Evaluations and Behaviors?" *Journal of Marketing* 60, (April 1996): 67?80; Paula Fitzerald Bone and Pam Scholder Ellen, "Scents in the Marketplace: Explaining a Fraction of Olfaction," *Journal of Retailing* 75, no. 2 (1999): 243-262; Jeremy Caplan, "Sense and Sensibility," *Time* 168, no. 16 (2006): 66?67.
23 Alan R. Hirsch, "Effects of Ambient Odors on Slot Machine Usage in a Las Vegas Casino," *Psychology and Marketing* 12, no. 7 (1995): 585-594.
24 Alan R. Hirsch and S.E. Gay, "Effect on Ambient Olfactory Stimuli on the Evaluation of a Common Consumer Product," *Chemical Senses* 16, (1991): 535.
25 See Ambius' website for details of its scent marketing, ambient scenting, and sensory branding services at: http://www.ambius.com/services/microfresh.aspx; accessed on March 12, 2012.
26 Linda Holtzschuhe, *Understanding Color—An Introduction for Designers*, 3rd edn. New Jersey: John Wiley, 2006, 51.
27 Albert Henry Munsell, *A Munsell Color Product.* New York: Kollmorgen Corporation, 1996.
28 Linda Holtzschuhe, *Understanding Color—An Introduction for Designers*, 3rd edn. New Jersey: John Wiley, 2006.
29 Joseph A. Bellizzi, Ayn E. Crowley, and Ronald W. Hasty, "The Effects of Color in Store Design," *Journal of Retailing* 59, no. 1 (1983): 21-45.
30 Anat Rafaeli and Iris Vilnai-Yavetz, "Discerning Organizational Boundaries through Physical Artifacts," in N. Paulsen and T. Hernes, eds. *Managing boundaries in organizations: Multiple perspectives* (UK: Basingstoke, Hampshire, Macmillan, 2003); Anat Rafaeli and Iris Vilnai-Yavetz, "Emotion as a Connection of Physical Artifacts and Organizations," *Organization Science* 15, no 6 (2004): 671-686; and Anat Rafaeli and Iris Vilnai-Yavetz, "Managing Organizational Artifacts to Avoid Artifact Myopia," in A. Rafaeli and M. Pratt, eds. *Artifacts and Organization: Beyond Mere Symbolism*, (Mahwah, NJ: Lawrence Erlbaum Associates Inc., 2005, 9-21).
31 Dennis Nickson, Chris Warhurst, and Eli Dutton, "The Importance of Attitude and Appearance in the Service Encounter in Retail and Hospitality," *Managing Service Quality* 2, (2005): 195-208.
32 Lewis P. Carbone and Stephen H. Haeckel, "Engineering Customer Experiences," *Marketing Management* 3, no. 3 (Winter 1994): 9-18; Lewis P. Carbone, Stephen H. Haeckel and Leonard L. Berry, "How to Lead the Customer Experience," *Marketing Management* 12, no. 1 (Jan/Feb 2003): 18; Leonard L. Berry and Lewis P. Carbone, "Build Loyalty through Experience Management," *Quality Progress* 40, no. 9 (September 2007): 26-32.
33 Anna S. Mattila and Jochen Wirtz, "Congruency of Scent and Music as a Driver of In-store Evaluations and Behavior," *Journal of Retailing* 77, (2001): 273-289.
34 Christine M. Piotrowski, *Designing Commercial Interiors.* New York: John Wiley & Sons, Inc., 2007; Martin M. Pegler, *Cafes & Bistros.* New York: Retail Reporting Corporation, 1998; Paco Asensio, *Bars & Restaurants.* New York: HarperCollins International, 2002; Bethan Ryder, *Bar and Club Design.* London: Laurence King Publishing, 2002.
35 Ron Kaufman, "Service Power: Who Were They Designing It For?" Newsletter. May 2001, http://Ron Kaufman.com.
36 Alan d' Astous, "Irritating Aspects of the Shopping Environment," *Journal of Business Research* 49, (2000): 149?156. See also: K. Douglas Hoffman, Scott W. Kelly, and Beth C. Chung, "A CIT Investigation of Servicscape Failures and Associated Recovery Strategies," *Journal of Services Marketing* 17, no. 4 (2003): 322-40.
37 Madeleine E. Pullman and Stephani K. A. Robson, "Visual Methods: Using Photographs to Capture Customers' Experience with Design," *Cornell Hotel and Restaurant Administration Quarterly* 48, no. 2 (2007): 121-144.

CHAPTER 11

# 서비스 우위를 위한 인적 관리

## 학습목표

이 장을 학습하게 되면 학생들은 다음의 내용을 이해하게 될 것이다.

- **학습목표 1** 왜 서비스 직원이 서비스 기업의 성공에서 중요한가?
- **학습목표 2** 일선에서 일하는 서비스 직원을 어렵고 스트레스 받게 만드는 요인은 무엇인가?.
- **학습목표 3** 서비스 기업의 인적자원 관리에 있어서 실패, 평범, 성공의 순환주기란 무엇인가?
- **학습목표 4** 서비스 인재 순환주기의 핵심 요소란 무엇이며, 서비스 기업은 어떻게 올바른 인적 자원관리를 할 것인가?
- **학습목표 5** 서비스 직무에 적합한 사람들을 어떻게 유인, 선발, 고용할 것인가?
- **학습목표 6** 서비스 직무를 담당하는 직원에게 훈련이 필요한 핵심 분야는 어디인가?
- **학습목표 7** 왜 일선 직무에서 권한 위양이 중요한가?
- **학습목표 8** 어떻게 고성과 서비스 전달 팀을 구축할 것인가?
- **학습목표 9** 어떻게 서비스 직원으로 하여금 서비스 우수성을 전달하고, 생산성을 높일 수 있도록 동기부여하고, 활력을 제공할 수 있는가?
- **학습목표 10** 서비스 리더십의 역할이란 무엇인가? 그리고 서비스 우위를 얻기 위해 필요한 인적자원을 개발할 수 있는 문화란 무엇인가?

**그림 11.1** 웨이트리스 직무의 전문성에 대한 자부심은 고객과 동료들의 존경과 부러움을 얻도록 해 주었다.

# 도입 사례

## Cora Griffith — 뛰어난 웨이트리스[1]

Cora Griffith는 위스콘시 애플턴에 위치한 Paper Valley Hotel의 Orchard Cafe의 웨이트리스이다. 그녀는 자신의 역할을 잘 수행하여 처음 방문한 손님들에게도 인정받을 뿐만 아니라 단골 고객에게 유명하다. 그녀는 동료들에게도 존경과 부러움의 대상이다. Cora는 그녀의 일을 사랑하고 있으며 실제로도 그렇다. 그녀는 다음과 같은 성공의 아홉 가지 법칙을 이용하고 있다.

1. **손님을 가족과 같이 대하라.** 처음 방문한 손님들이 낯선 사람이 된 것처럼 느껴서는 안 된다. Cora는 미소를 지으며 이야기한다. 그리고 테이블에 있는 모든 이를 대화에 참여시킨다. 그녀는 어른을 대하는 것과 같이 아이들에게도 사려 깊게 대한다. 또한 모든 사람들의 이름을 불러주는 것을 중요하게 생각한다. "저는 사람들이 저희 집에 저녁을 먹으러 온 것처럼 느끼길 원합니다. 그들이 환영받는다고 느끼길 바라요. 그럼으로써 손님들은 편하게 긴장을 풀 수 있습니다. 전 단지 사람들을 대접하는 것이 아니에요. 고객을 만족시키는 겁니다."
2. **먼저 들어라.** Cora는 고객의 주문을 거의 받아 적지 않으면서 듣는 방법을 개발하였다. 그녀는 주의 깊게 듣고 고객의 특성에 맞는 서비스를 제공한다. 예를 들면 "이 고객은 바쁜 고객인가? 또는 이 고객은 다이어트를 위해 특별한 식단이나 특별한 방법으로 요리하길 바라는 것은 아닌가?"
3. **손님이 원하는 바를 예상하라.** 그녀는 시기적절하게 음료수를 리필을 해 주고 여분의 빵과 버터를 가져다준다. 예를 들어, 커피에 꿀을 타서 먹는 것을 좋아하는 한 단골 고객에게는 요청이 없어도 꿀을 가져다준다. "저는 손님이 어떤 것을 요청하는 것을 원치 않아요. 그래서 항상 손님들이 필요하게 될 것들을 예상하려고 노력합니다."
4. **작은 것이 차이를 만든다.** Cora는 서비스에 있어서 세부 사항을 관리하고 식기의 청결과 식기의 올바른 자리를 유지하도록 한다. 냅킨을 접는 방법은 반드시 올바르게 이루어져야 한다. 그녀는 접시가 테이블로 나가기 전에 부엌에서 검사한다. 또한 음식을 기다리는 동안 어린아이들이 그림을 그릴 수 있도록 크레용을 제공한다. "고객을 기쁘게 하는 것은 작은 것이죠."
5. **똑똑하게 일하라.** Cora는 자신이 맡은 테이블들을 모두 둘러보고 할 일들을 한 번에 해낼 수 있는 기회를 찾아본다. "절대 한 번에 한 가지 일만을 해선 안 됩니다. 그리고 빈손으로 부엌에서 식당으로 돌아가지 않아야 합니다. 언제나 커피나 아이스티, 물을 가져 나가도록 하세요."
6. **배움을 계속하라.** Cora는 가지고 있는 기술들을 향상시키고 새로운 것을 배우기 위한 노력을 계속한다.

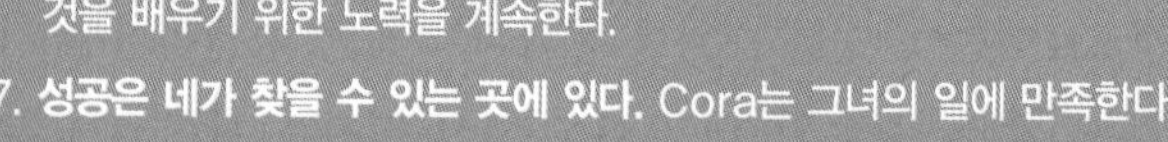

7. **성공은 네가 찾을 수 있는 곳에 있다.** Cora는 그녀의 일에 만족한다. 그녀는 고객을 기쁘게 하는 데서 만족을 찾는다. 그리고 다른 사람들을 즐겁게 하는 것을 좋아한다. 그녀의 긍정적인 태도는 레스토랑에서 긍정적 힘으로 작용한다. "만약 손님들이 우울한 상태로 레스토랑에 온다면 저는 그 분들이 떠나기 전에 기운을 차리도록 노력하곤 합니다." 그녀의 성공에 대한 정의는 '인생에서 행복해지기'이다.
8. **모두를 위한 하나, 하나를 위한 모두.** 그녀는 8년 넘게 같은 동료들과 일해 왔다. Cora와 동료들로 이루어진 이 팀은 300명이 넘는 대회 참가자가 아침을 먹기 위해 한꺼번에 들이닥치는 무척이나 바쁜 날에 서로를 돕곤 한다. 모두는 서로를 돕는다. 웨이터들은 서로가 부족한 점을 도와가며 일한다. 매니저들은 그릇을 치우고, 주방장들은 접시에 음식을 채운다. "우리는 가족 같아요. 우리는 서로를 매우 잘 알고 있어요. 그리고 우리는 서로 돕습니다."
9. **자신의 일에 대한 자신감.** Cora는 그녀가 하는 일의 중요성을 믿는다. 그리고 그것을 잘 해낼 필요성 또한 믿는다. "저는 '단지 웨이트리스'로서 제 자신을 생각하지 않아요. 저는 웨이트리스가 되기를 선택했고 제 모든 가능성을 위해 이 일을 하고 있습니다. 전 최선을 다하고 있어요. 저는 누구에게나 그들이 하는 일에 자부심을 가지라고 말합니다. 당신의 모든 것을 그 직업에 바치세요. 그리고 자부심을 가지고 그 일을 하세요."

PART III

Cora Griffith는 성공적인 경우다. 그녀는 상사에게 충성스럽고 그녀의 고객들과 동료들에게 헌신한다. "저는 항상 최선을 다하길 원해왔습니다. 그러나 고객들을 관리하는 것이 얼마나 중요한지를 가르쳐주고 그렇게 할 수 있는 자유를 저에게 주는 사람은 다름 아닌 오너들입니다. 기업은 항상 저의 걱정을 들어주고 지원해 주었습니다. 제가 Orchard Cafe에서 일하지 않았다 해도 좋은 웨이트리스가 되었겠죠. 그렇지만 그와 같이 똑같은 웨이트리스가 되진 못했을 겁니다."라고 Cora는 말한다.

**학습목표 1**
왜 서비스 직원이 서비스 기업의 성공에서 중요한가?

# 서비스 직원은 매우 중요하다

매우 능력 있고 동기부여가 잘된 직원이 탁월한 서비스와 생산성을 만들어 낼 수 있다. '도입 사례' 에서 소개했던 Cora Griffith는 서비스의 탁월성과 생산성을 주는 동시에 높은 직업적 만족을 가진 일선 직원의 좋은 예이며 증거이다. Cora Griffith의 성공의 아홉 가지 법칙은 대부분 서비스 기업을 위한 좋은 인적관리 전략의 결과라 할 수 있다. 이 장을 읽고 나면, 당신은 어떻게 서비스 기업의 인적자원을 이해해야 하는지, 어떻게 하면 만족스럽고 충성스런, 그러면서도 동기부여가 되어 있으며 생산적인 서비스 직원을 얻을 수 있는지 알게 된다.

고객의 관점에서 서비스 직원과의 만남은 아마도 서비스의 가장 중요한 측면일 것이다. 기업의 관점에서 일선 직원들에 의해 전달된 서비스 수준과 방법은 기업의 경쟁우위뿐만 아니라 차별화의 중요한 근원이 될 수 있다. 왜 서비스 직원은 기업의 경쟁력과 고객에게 중요한가? 이는 최전방에 있기 때문이다.

그림 11.2 서비스 직원을 기업을 대표하며, 고객과의 인적 관계를 형성한다.

- 생산의 핵심 부분 종종 서비스 직원은 서비스에서 가장 눈에 띄는 곳에 있다. 그들은 서비스를 수행하며 서비스의 질에 지대한 영향을 미친다.
- 서비스 기업 일선 직원은 서비스 기업을 대표한다. 또한 고객의 관점에서 기업이나 다름없다.
- 브랜드 일선 직원과 서비스는 종종 브랜드의 핵심 부분이다. 브랜드의 약속을 전달하거나 혹은 하지 않을 사람이 바로 직원이기 때문이다.
- 판매 서비스 직원은 종종 판매를 성사시키고, 교차판매(cross-sale)과 상향판매(up-sale)에 상당히 중요한 역할을 수행한다.
- 생산성 결정 일선 직원은 일선 운영의 생산성을 이끄는 핵심 동력이다.

더욱이 일선 직원은 고객의 욕구에 대한 기대, 서비스 제공의 고객화(그림 11.2), 그리고 고객과 개인적 관계를 형성하는 데 중요한 역할을 담당한다.[2] 이러한 활동이 효과적으로 수행될 때 고객 충성도를 이끌어 낸다. Cora Griffith를 비롯한 많은 성공담들은 직원이 어떻게 부가적인 노력을 하여 차이점을 만들고 신념을 강화하는지를 보여준다. 이렇게 강하게 동기부여된 직원은 서비스 우수성의 핵심이다.[3] 일선 직원은 점점 더 경쟁력과 우위를 창출하고 유지하는 데 중요한 요소로 여겨지고 있다.

## 저접촉 서비스에서의 일선 업무

서비스 관리에서 리서치의 대부분은 고접촉 서비스 업무와 관련되어 있다. 그러나 현재 많은 서비스업이 대면과 같은 고접촉 경로보다는 단순한 대화를 통해 접촉하는 콜센터처럼 저접촉 전달경로로 이동하고 있다. 거래의 많은 양이 점점 더 이상 일선 직원과 관련되지 않는다. 그 결과 증가하는 고객의 상당수가 직접 대면을 하지 않고 전화나 이메일을 통하여 서비스 직원과 접촉하고 있다. 그러한 서비스 업무에서 일선 직원이 정말로 중요할까?

이동통신의 서비스 핫라인 혹은 카드회사에 전화하거나 서비스 센터를 방문하는 고객은 드물다. 그러나 몇 번 안 되는 이러한 전화기반의 고객 서비스 담당자(Customer Service Representative)가 제공하는 서비스야말로 고객이 어떻게 기업을 바라보는지에 대해 영향을 미치는 일명 '진실의 순간' 이라 할 수 있다(그림 11.3 참조).

그림 11.3 콜센터 직원의 밝은 성향은 긍정적인 '진실의 순간'을 만들어 낼 것이며, 기업의 서비스 질은 긍정적으로 지각될 것이다.

또한 이러한 서비스 과정을 통해 고객은 특별한 요구를 하거나 문제를 해결하려고 한다. 매우 적은 접촉의 경우에 고객의 생각은 "당신 기업의 고객 서비스는 훌륭합니다! 내가 도움이 필요할 때, 나는 그것을 기업 측에 말할 수 있습니다. 그리고 그것이 바로 내가 당신과 거래를 하는 중요한 이유 중 하나입니다." 혹은 "당신 기업의 서비스는 엉망입니다. 나는 당신 기업과 거래하고 싶지 않습니다. 그리고 나는 다음의 적절한 때에 당신과의 거래를 끊을 것입니다." 인지를 결정한다.

그러므로 직접 대면하거나 전화 통화, 이메일, 트위터, 채팅과 같은 일선에서 제공되는 서비스는 고객으로 하여금 크게 눈에 띄고 중요하며, 서비스 기업의 마케팅 전략의 중요한 요소이다.

PART III

## 일선 업무는 어렵고 피곤한 일이다

학습목표 2
일선에서 일하는 서비스 직원을 어렵고 스트레스 받게 만드는 요인은 무엇인가?

서비스-이익체인(service-profit chain)은 탁월한 서비스와 고객 충성도를 얻기 위한 전제조건으로서 훌륭한 업무 성과와 높은 업무 만족도를 가진 직원을 필요로 한다(상세 설명은 제15장 참조). 하지만 고객과 대면하는 직원은 가장 업무 요구량이 많은 서비스 기업에 종사한다. 당신은 의료 서비스, 환대 산업, 부동산업, 여행업과 같은 곳에서 한 번 이상 근무를 했었던 적이 있을 것이다. 여기 JetBlue 승무원에 대해서 널리 알려진 이야기가 있다. 이 승무원은 28년간 근무하던 직장을 갑자기 그만두었다. 가방 문제로 그에게 욕을 한 까다로운 승객에게 진저리가 났기 때문이다. 그는 공공연하게 비행기 인터콤으로 그 승객을 충분히 꾸짖은 다음, 비상슬라이드를 열고 비행기에서 내렸다.[4] 이는 직장에서의 스트레스가 사람에게 어떻게 영향을 줄 수 있는지를 보여주는 한 예이다. 이제 이러한 직업이 업무 요구량이 많은 주요한 이유들에 대해서 논의해 보자. 이는 당신의 경험과 관련될 수 있는 반면에 짧은 기간 동안 시간제로 근무한 것과 정규직으로 근무하는 것에서의 차이점을 인식하는 것과도 연관이 있을 수 있다.

### 경계관리

조직행동에 관한 문헌은 서비스 직원을 조직 경계관리자로 간주한다. 조직 경계관리자는 조직의 안과 밖의 세상을 연결한다. 이들의 역할은 일선 직원을 종종 반대 방향으로 끌어당겨 역할갈등을 겪게 하고, 결과적으로 스트레스를 받게 한다. 이러한 역할갈등의 원인을 좀 더 자세히 살펴보자.

### 역할갈등의 원인

일선 직무에서 역할 스트레스의 주요한 이유에는 세 가지를 들 수 있다. (1) 조직/고객, (2) 사람/역할, (3) 고객 간 갈등이다.

#### 조직/고객 갈등

고객과 접촉하는 직원은 운영 목표와 마케팅 목표 모두를 고려해야 한다. 이 업무에 종사하는 직원은 고객을 기쁘게 만들 것을 요구받는다. 그러나 고객을 기쁘게 하는 일에 시간을 투자하면서 동시에 운영 업무에서는 빠르고 효율적이어야만 한다. 게다가 교차 판매와 상향 판매도 해야만 한다. 예를 들어, 고객과 접촉하는 직원의 "지금이 당신의 자녀의 교육을 위한 저금으로 별도의 계좌를 개설하기 좋은 시기입니다." 혹은 "하룻밤에 25달러를 추가하면, 귀빈층으로 업그레이드 가능합니다."와 같은 제안을 자주 듣는다.

마지막으로 때때로 고객을 실망시키거나 화나게 할 수도 있는 가격정책 스케줄을 실행해야 하는 책임도 가진다(예 : "죄송합니다만, 이 식당에서는 차가운 물을 제공하고 있지 않습니다. 하지만 저희는 우수한 종류의 탄산수를 제공합니다." 혹은 "죄송합니다만, 이번 분기에 3번 부도수표 수수료를 받습니다."). 이러한 갈등의 유형은 또한 'two-bosses dilemma'라고 불린다. 이 때 서비스 직원은 회사의 규칙을 지킬 것인지 혹은 고객 요구를 만족시킬 것인지에 대해 불편한 선택을 하게 된다. 이러한 문제는 조직에 있어서 안 좋지만 고객 지향적인 경우는 그렇지 않다.

#### 사람/역할 갈등

서비스 직원은 그들의 직업적 요구와 성격, 자아 인식, 신념 사이에서 마찰을 경험한다. 예를 들어, 직무는 무례한 고객에게도 상냥히 대할 것을 요구할지도 모른다(불량고객에 대한 부분 제12장 참조). V. S. Mahesh와 Anand Kasturi는 수천 만의 일선 직원이 있는 전 세계 서비스 조직에 대한 컨설팅 작업에서 대개 문제를 야기하는 고객을 '과도한 요구', '불합리적인', '듣기를 거부하는', '항상 모든 것을 고객의 방식으로 즉시 요구', '오만한' 이라고 묘사한다.[5]

질 좋은 서비스를 제공하는 것은 독립적이고, 따뜻하며, 친근한 성격을 요구한다. 이러한 특성은 높은 자신감을 가진 사람들 가운데서 찾을 수 있다. 그러나 대부분의 최전방 업무는 적은 교육을 요구하고, 낮은 임금을 제공하며, 매우 적은 경력을 요구하는 그러한 낮은 수준의 업무처럼 보인다. 만약 기업이 이러한 이미지에서부터 벗어날 수 없다면, 최전방 업무는 직원의 자기인식과 유사하지 않게 되고, 이는 사람/역할 갈등을 유발할지도 모른다.

#### 고객 간 갈등

고객 사이의 갈등은 금연구역에서의 흡연, 새치기, 영화관에서의 통화, 레스토랑에서 불쾌한 행동을 하는 등의 행동에서 초래된다. 다른 고객으로부터 그런 것을 제지해 달라는 요구를 받으면 직원은 이것을 양측 고객 모두를 만족할 수 없는, 불쾌하고 스트레스 받는 업무로 여기게 된다.

비록 직원은 갈등과 스트레스를 경험하더라도 여전히 고객에게 상냥하게 대하도록 기대된다. 우리는 이러한 것을 정서 노동(emotional labor)이라 부른다. 그것은 본질적으로 스트레스를 일으키는 가장 중요한 요소이다. 이를 더욱 자세하게 살펴보자.

## 정서 노동

**정서 노동**이라는 용어는 Arlie Hochschild가 그녀의 저서 『관리된 감정(The Managed Heart)』에서 처음 사용한 용어이다.[6] 정서 노동은 일선 직원이 고객에게 보여주길 요구받는 정서와 직원 스스로의 내부에서 느끼는 의지 사이에서 차이를 느낄 때 발생한다. 일선 직원은 유쾌하고 친근한 동시에 동정적이고 사려 깊은 사람이 될 것을 기대받는다. 심지어 겸손하기까지 해야 한다. 몇몇 서비스 기업은 그러한 성격을 가진 이들을 채용하려는 노력을 하고 있다. 그러나 직원이 그러한 긍정적 정서를 느끼지 않지만 고객의 욕구를 만족시키기 위해 본심을 숨겨야 하는 상황은 존재하기 마련이다(그림 11.4).

**그림 11.4** 정서 노동과 억지웃음은 서비스 직원에게 힘들 수 있다.

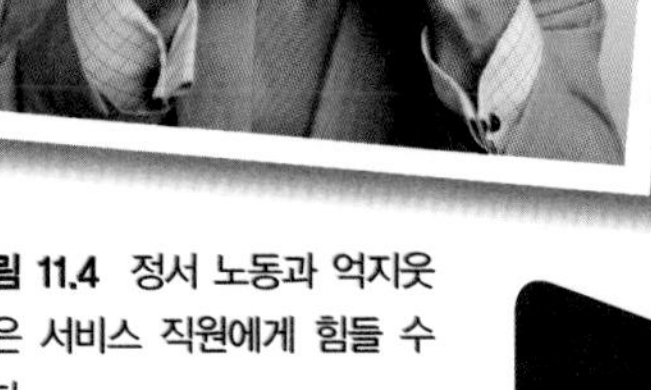

정서 노동의 스트레스는 다음과 같은 이야기로 설명될 수 있다. 한 승무원이 "좀 웃어요."라는 한 승객의 요구를 받았다. "좋아요, 당신이 먼저 웃으면 제가 웃죠."라고 승무원은 답했다. 그에 승객이 웃자 "좋아요. 자 이제, 그렇게 8시간 동안 있어 보세요."라고 말한 후 가버렸다. 그림 11.5는 항공 산업에서 정서 노동에 대한 사진을 담아내고 있다.

기업은 직원 사이에서 일어나는 정서적 스트레스를 인식하고 그러한 정서적 스트레스를 조절하고 고객의 압박을 대처할 수 있도록 직원을 훈련시켜야 할 필요가 있다.[7] 만약 그렇게 하지 않는다면, 직원은 정서 노동의 스트레스를 견디는 다양한 방법을 사용할 것이다.[8] 예를 들어, Singapore Airlines(SIA)은 탁월한 서비스에서 명성을 얻고 있다. 그러므로 고객은 매우 높은 기대를 가지고 지나친 요구를 할 수도 있다. 이것은 일선 업무에서 상당한 압력을 주고 있다. Singapore Airlines의 영업훈련 관리자(Commercial Training Manager)는 다음과 같이 설명한다.

PART III

**그림 11.5** 항공 회사 직원은 고객의 높은 기대로 인해 감정 노동 스트레스를 겪는다.

우리는 최근에 외부조사를 실시한 결과, 많은 '요구하는 고객'이 SIA를 선택했다는 것을 알 수 있었습니다. 그래서 서비스 직원은 수많은 압력을 받고 있습니다. 우리는 "만약 SIA가 당신을 위해 할 수 없는 일이라면, 다른 항공사도 할 수 없는 일입니다."라는 모토를 가지고 있습니다. 그래서 우리는 직원으로 하여금 그러한 일을 처리하기 위해 노력하게 하고, 가능한 한 고객을 위해 많은 일을 할 수 있도록 장려하고 있습니다. 직원은 기업을 자랑스러워하고 보호하려 합니다. 하지만 우리는 직원이 고객을 예우하는 데 있어서 일어나는 정서적인 혼란을 돕고 기업에 의해 이용당한다는 기분을 느끼지 않게 도울 필요가 있습니다. 직원이 어려운 상황에 직면하거나 모욕을 받게 되면 슬기롭게 해결할 수 있도록 하는 것이 우리의 과제입니다. 이것이 우리 훈련 프로그램의 그다음 취지가 될 것입니다.[9]

**학습목표 3**
서비스 기업의 인적자원 관리에 있어서 실패, 평범, 성공의 순환주기란 무엇인가?

## 실패, 평범, 성공의 순환

일선에서 업무를 수행하는 직원의 중요성과 그들의 업무가 얼마나 어려운지 설명하기 위해 우리는 좀 더 큰 그림을 살펴보아야 할 필요가 있다. 기업의 일선 서비스 직원이 어떻게 하는가에 따라 그 결과가 많이 좌우된다. 나쁜 업무 환경은 나쁜 서비스로 연결된다. 이러한 상황에선 기업의 관리자가 직원에게 대했던 것과 똑같이 직원이 고객을 대하는 경우가 많다. 높은 이직률을 보이는 산업은 보통 '실패의 순환'이라고 불리는 고리에 빠진다. 규칙과 과정을 중시하고 직업 안정성을 제공하는 다른 직업 또한 바람직하지 않은 '평범의 순환'을 겪을지도 모른다. 그러나 잘 관리된다면 '성공의 순환'이라 불리는, 서비스 고용의 선순환주기가 일어날 가능성도 존재한다.[10]

### 실패의 순환

많은 서비스 산업에서, 생산성 향상을 도모하기 위해 작업 과정을 간소화시키거나 낮은 임금을 지급하는 등의 방식을 사용한다. 일부 유능한 직원은 별도의 훈련 없이도 뛰어난 능력을 발휘하기도 한다. 서비스업, 주유소, 패스트푸드점, 그리고 콜센터에서 종종 이를 발견할 수 있다(예외가 있다 할지라도 말이다). 실패의 순환은 그러한 전략의 결과이다. 이 순환에는 별도의 2개 하위순환이 존재하지만 이들은 상호작용을 한다. 그중 하나가 바로 직원에 대한 실패이고, 다른 하나는 고객에 대한 실패이다(그림 11.6).

'직원 실패의 순환'은 특정 직무에 관한 낮은 교육 수준에서부터 시작한다. 이 고리 안에서 서비스보다는 어떠한 규칙이나 효과적인 기계작동법 등이 강조된다. 낮은 임금이 지급되며, 직원의 고용이나 교육 또한 등한시된다. 그 결과 고객의 요구에 효과적으로 응하지 못하는 무능한 직원이 생겨난다. 그들은 자신의 직무에 불만을 품게 될 뿐더러 고객에게 불손한 태도로 일관한다. 이는 결국 기업의 전반적인 서비스 질을 하락시키고 고용과 해고가 반복되는 현상을 낳는다. 낮은 수익으로 인해 기업은 지속적으로 저임금 노동자를 고용하게 되고, 위와 같은 순환이 반복되는 것이다(그림 11.7). 몇몇 서비스 기업은 서비스 인사이트 11.1에서 묘사된 '서비스 사보타지(service sabotage)'에 더 관심이 많은 낮은 서비스 의식을 가진 직원을 고용하기도 한다.[11]

'고객 실패의 순환'은 새로운 고객을 유치하려는 과정에서 발생한다. 직원의 업무 만족도가 떨어짐에 따라 이를 이용하는 고객 또한 만족도가 떨어진다. 반복적인 해고와 고용으로

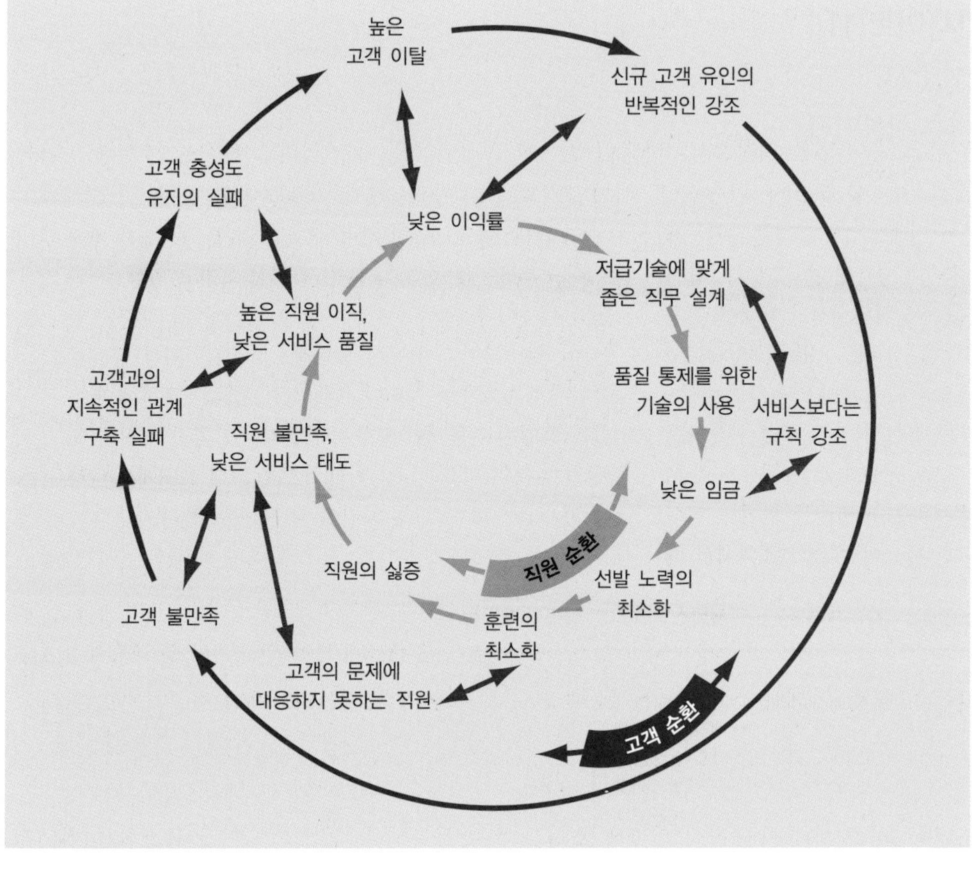


**그림 11.6** 실패의 순환

출처

From MIT *Sloan Management Review*. Copyright 1991 by Massachusettes Institute of Technology.  Distributed by Tribune Media Services.

서비스를 이용하는 고객은 항상 새로운 직원을 대해야 하고, 이로 인해 단골고객이 감소한다. 이러한 고객은 공급자에 대한 충성에 실패하기 때문에, 판매량을 유지하기 위해서 지속적으로 새로운 고객의 창출을 요구하면서 직원들을 바꾼다.

관리자는 계속해서 실패의 순환을 허용하는 것에 대해 많은 변명들을 한다. 이는 대부분 직원에 초점이 맞춰져 있다.

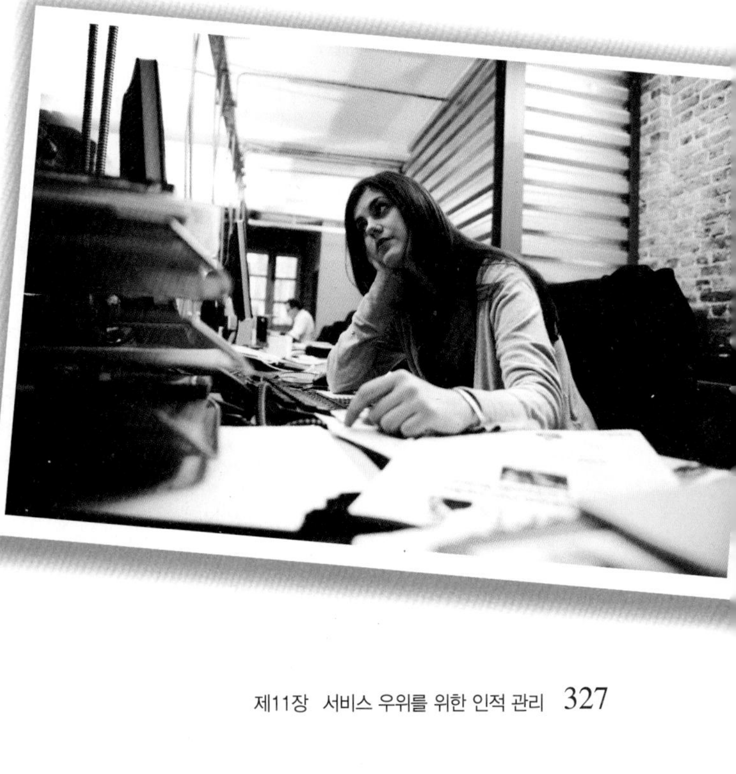

- ▶ "요즘은 우수한 인재를 구하기 힘들다."
- ▶ "오늘날 사람들은 일하기를 원하지 않는다."
- ▶ "우수한 인재를 얻기 위해서 비용이 너무 많이 들고, 이러한 비용의 증가는 고객에게 전달될 수 없다."
- ▶ "일선 직원이 매우 빨리 그만둘 경우, 그들을 훈련시킬 가치가 없다."

**그림 11.7** 실패의 순환에 있는 직원은 지루하고 불만족스럽게 느낀다.

PART III

## 서비스 인사이트 11.1

### 일선 직원에 의한 서비스 사보타지

예를 들어, 당신이 다음에 레스토랑을 방문할 때 서비스 직원에 의해 제공된 서비스가 만족스럽지 않다면, 이는 잠시 서비스에 대한 불평의 결과로 생각해 볼 수 있다. 당신은 자신도 모르게 제공된 음식에 비위생적인 어떠한 것을 첨가하는 것과 같은 고의적인 서비스 사보타지(service sabotage)의 피해자가 된 것일지도 모른다.

실제로 서비스 사보타지는 일선 직원에 의해서 상당히 높은 발생률을 보인다. Lloyd Harris와 Emmanuel Ogbonna는 그러한 직원의 90%는 서비스를 망치는 일선에서의 고의적인 의도를 가진 행동이 그들의 조직에서 매일 발생하고 있다고 인정하는 것을 밝혀냈다.

Harris와 Ogbonna는 서비스 사보타지를 두 가지 차원으로 구분하는데, 이는 내현적-외현적 그리고 일상적-간헐적 행동이다. 내현적 행동이란 고객들로부터 감추는 것인 반면에 외현적 행동은 의도적으로 종종 직장 동료와 고객에게 보여주는 것이다. 일상적인 행동은 문화에 베어 있는 반면에 간헐적인 행동은 산발적이고 흔하지 않은 것이다. 일부 서비스 사보타지의 예로는 그림 11.8에서 나타나 있는 것처럼 두 가지 차원에 따라서 분류한다.

**서비스 사보타지 행동의 개방성** (내현적 ↔ 외현적)

**서비스 사보타지 행동의 정규성** (일상적 ↔ 간헐적)

| | 내현적 | 외현적 |
|---|---|---|
| 일상적 | **관례적-사적 서비스 사보타지**<br>많은 고객들은 무례하고 어렵게 한다. 당신이나 나처럼 예의바르지도 않다. 당신이 받은 만큼 돌려주는 것이 갚는 것이다. 당신이 할 수 있는 방법에는 많은 것이 있으며, 당신을 제외하고는 아무도 알지 못할 것이다. 예를 들어 양을 적게 주기, 남은 와인 주기, 김빠진 맥주 등 모든 것이 당신의 미소와 함께 제공된다. 달콤한 복수인 것이다.<br>웨이터<br><br>욕을 하는 손님에게 보복하는 것은 아주 정상적인 것이다. 관리자들은 항상 공정한 것 이상을 요구하며, 고객들은 항상 아무것도 아닌 무엇인가를 요구한다. 되돌려 주는 것은 당연한 것이다. 그것은 항상 있는 일이며, 새로운 것도 아니다.<br>식당 프론트 직원 | **관례적-공개적 서비스 사보타지**<br>당신은 아주 오래된 쇼를 할 수도 있다. 만약 손님이 급하다면, 당신은 더 속도를 늦추고, 정지하기도 한다. 그들이 말이라도 하려고 하면 당신은 퉁명스럽게 대답한다. 그리고 당신은 당신의 동료들이 한쪽 구석에서 킬킬 대고 웃고 있다는 것을 항상 알고 있다.<br>식당 프론트<br><br>그들이 불평을 할 수 없게 속일 수 있다. 즉 당신이 과하게 할 필요가 없다는 것이다. 그러나 일부 고객들은 당신이 네 살박이에게 하는 것처럼 말하더라도 잘 알아채지 못한다. 그들을 진짜 경멸하는 것은 아랫사람 대하듯 깔보는 것이다. 그걸 보고 있는 것만으로도 재미있지 않은가?<br>웨이터 |
| 간헐적 | **간헐적-사적 서비스 사보타지**<br>나는 그들과 함께 일하지 않지만 야간교대근무는 정말 나를 괴롭힌다. 그들은 항상 불평을 한다. 그래서 어떤 때는 그들에게 돌려주기 위해 고의로 우연을 가장하여 무겁지 않은 방법, 즉 음식주문을 잘못 읽은 것처럼 하거나, 서비스를 지연시키거나, 잘 돌아가는 세척기 작동을 중단시키는 방법으로 풍파를 일으키기도 한다.<br>식당 주방장<br><br>나는 내가 왜 그러는지 모른다. 때로 별로 좋지 않은 한 주의 운 나쁜 하루이다. 나는 누군가의 백을 걷어차 뒷계단으로 떨어뜨리는 것이 다반사이다. 매일은 아니지만 한 달에 두세 번은 그런다.<br>식당 프론트 관리자 | **간헐적-공개적 서비스 사보타지**<br>방법은 보복하고 곧 바로 사과하는 것이다. 나는 뜨거운 접시를 누군가의 손에 쏟는다든가, 접시에 소매를 집어넣는다든가, 등에다가 물을 쏟는다든가, 정말 웃기는 일이기는 하지만 손님의 가발을 떨어뜨린다든가, 수프를 무릎에 쏟는다든가 하는 일을 수천번 보아왔다.<br>장기근속 직원<br><br>보라. 고객들이 5미터 안에 오면 반갑게 맞이하며 웃어야 하는 규칙이 있다. 그러나 우리는 이렇게 하는 것이 어리석다고 생각하기 때문에 이 규칙이 잘 지켜지지는 않는다. 우리는 이 사람에게 그렇게 하기로 결정하였다. 그것은 웨이터부터 시작되었다. 우리는 그에게 다가가서 히죽이 웃고 "안녕하세요"라고 말한다. 그러나 그것은 금방 퍼진다. 당신이 그것을 알기도 전에 관리자와 모든 사람들은 알게 되었다. 그리고 이 불쌍한 사람은 두 발자국마다 만나는 사람들에게 인사를 받는다. 그는 어떤 일이 벌어지고 있는지 잘 모른다, 그 사람은 마지막 3일 동안을 그의 방에서만 보내고, 감히 식당에도 갈 수도 없었다.<br>객실정돈 직원 |

**그림 11.8** 서비스 사보타지의 예

출처

Lloyd C. Harris and Emmanuel Ogbonna, "Exploring Service Sabotage: The Antecedents, Types, and Consequences of Frontline, Deviant, Antiservice Behaviors," *Journal of Service Research* 4, no. 3 (2002): 163-183.

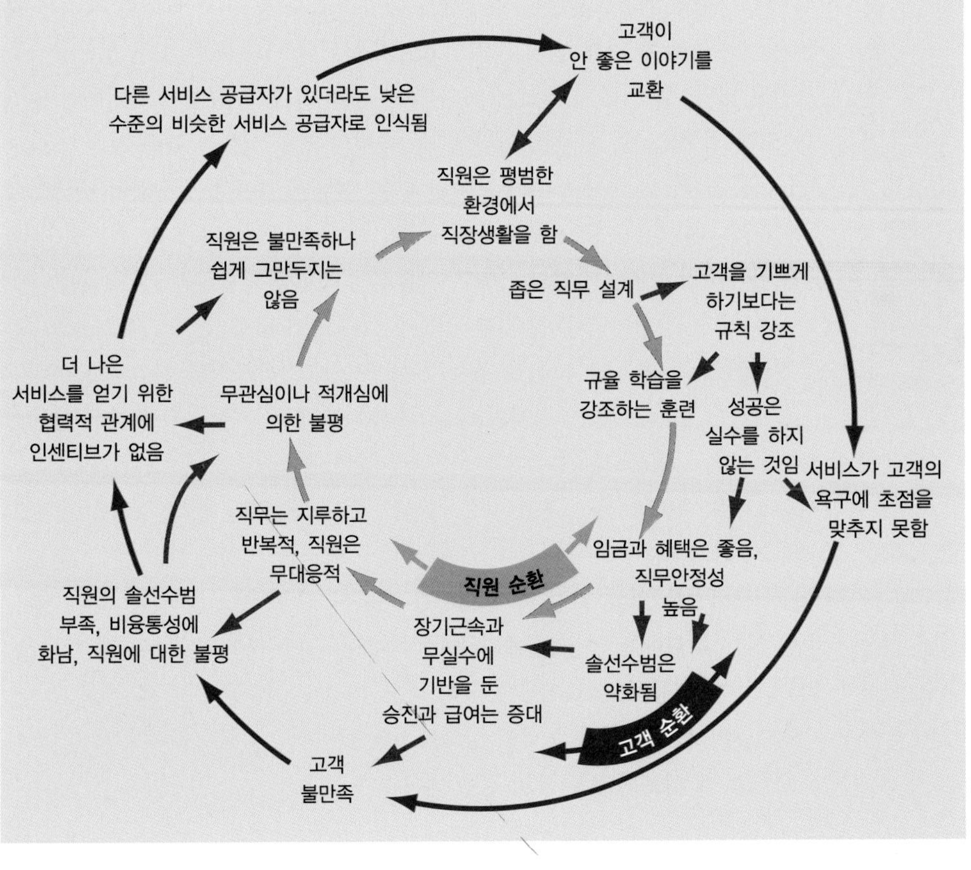


**그림 11.9** 평범의 순환

출처
Christopher Lovelock, "Managing services: The human factor." In W. J. Glynn and J. G. Barnes, *Understanding Service Management* 228, Chichester, (UK) John Wiley & Sons.

▶ "높은 이직률은 간단히 피할 수 없는 부분이다. 당신은 이것을 감수하는 법을 배워야 한다."[12]

대다수의 경영자는 낮은 임금 지급과 반복적인 해고 · 고용이 장기적으로 기업 재정에 어떠한 영향을 미칠 것인가에 대해서는 무시한다. 그들은 종종 측정하는 데 실패하는 주요한 세 가지 비용이 있다. (1) 지속적인 직원 모집 공고, 고용, 교육에 들어가는 비용, (2) 교육이 덜 된 신입 직원에 의한 낮은 생산성으로 인한 비용, (3) 새로운 고객 창출에 들어가는 비용(이에는 많은 광고비용과 홍보를 위한 할인 편익 제공 등이 필요하다) 등이 그것이다. 또한 다음의 두 가지 미래 수익도 종종 고려되지 않는데, 첫 번째는 단골고객에게서 창출해 내는 수익이고, 두 번째는 기업에 관한 좋지 않은 소문 때문에 잃게 될 잠재고객으로부터 창출해 낼 수익이다.

### 평범의 순환

평범의 순환은 주로 많은 규칙과 절차를 가진 큰 조직에서 볼 수 있는 형태이다(그림 11.9).

그러한 환경 속에서 서비스 활동 기준은 규칙을 기반으로 이루어진다. 서비스 활동은 규

**그림 11.10** 평범의 순환에 있는 직원은 매우 생산적이지 않고, 동기부여가 적다.

격화되고, 운영상의 효율성을 추구하는 데서 비롯된다. 직무에 대한 책임은 책임 영역과 등급에 의해 좁게 정의되고 범주화된다. 노동조합 또한 업무규칙을 가지고 있다. 한 사람의 월급 증가나 승진 등은 대개 그 사람이 기업에서 얼마나 오래 일했느냐와 관련이 있다. 직무 수행의 성공 여부는 높은 생산성 창출이나 훌륭한 고객서비스 제공보다는 맡은 업무를 얼마나 실수없이 해냈느냐에 따라 평가된다. 또 직원교육의 목표는 고객이나 직장동료와 원만한 관계를 유지하기보다는 기업의 규칙과 기술적인 측면을 학습하는 데 초점이 맞추어져 있다. 직원이 업무를 수행하는 데 있어서 가질 수 있는 자유가 매우 한정되어 있기 때문에, 그들은 종종 일이 지루하고 반복적인 것이라고 여긴다(그림 11.10). 그러나 '실패의 순환'과는 다르게 직원은 대부분 높은 안정성이 결합된 합당한 보수와 대우를 받는다. 따라서 직원은 기업을 그만두기를 주저한다.

고객은 이러한 조직을 대하는 것이 불만이다. 이러한 조직에는 많은 규칙, 융통성이 결여된 서비스, 고객에게 더 잘 봉사하기 위해 노력하는 것을 꺼리는 직원의 의식이 존재한다. 고객이 좀 더 나은 서비스를 위해 기업 측과 협상을 해봐야 얻을 수 있는 것은 극히 적다. 이미 기분이 좋지 않은 직원에게 불평을 제기하지만 상황을 더욱 악화시킬 뿐이다. 하지만 기업이 고객에게 그렇게 행동해도 고객에겐 딱히 다른 대안이 없다는 것을 잘 알고 있다. 이러한 상황은 주로 서비스 제공자가 독과점 상태에 있는 경우 혹은 경쟁업체가 딱히 더 나을 것이 없거나 오히려 더 나쁘다고 판단될 경우 벌어진다.

### 성공의 순환

몇몇 기업은 '성공의 순환'을 만들어 내기 위하여 인적자원 투자에 의한 발전을 모색하고 재무성과의 장기적 관점을 취한다(그림 11.11).

실패 혹은 평범과 마찬가지로 성공의 고리는 직원과 고객 모두에게 적용시킬 수 있다. 더 나은 임금과 환경은 뛰어난 직원을 불러 모은다. 기존보다 좀 더 확장된 직업에 대한 이해는 교육, 동기부여와 함께 어우러져 임원이 유능한 직원을 선발하는 데 큰 몫을 한다. 전문화된 채용과 강화된 직원 훈련 거기에 더 많은 임금까지, 이 모든 것이 직원이 고객에게 좀 더 나은 서비스를 제공할 수 있게 만들어 주는 원동력이 된다. 직원의 교체가 드물다는 말은 곧 고객이 같은 직원에게 지속적이고 일정한 서비스를 받을 수 있다는 것이며, 이는 고객의 충성도를 이끌어 낸다. 고객의 충성도가 높아질수록 기업의 수익도 더불어 상승한다. 기업은 고객 유지 전략을 통해서 고객 충성도를 강화하는 데 별도의 마케팅 노력을 기울여야 하는 수고를 덜게 된다.

성공의 순환에서 일선 직원의 영향력을 입증하는 사례로 웨이트리스 Cora Griffith를 들 수 있다(도입 사례 참조). 수많은 국가의 공공 서비스 기업은 그들의 성공순환을 창출하기 위해 업무를 증가시키고, 대중에게 낮은 비용으로 좋은 질의 서비스를 제공하고 있다.[13]

물론 이 세 가지 순환 중에서 가장 이상적인 운영은 성공의 순환이다. 그러나 다른 두 개의 순환 하에서 운영하는 기업들도 그들이 제공하는 서비스가 고객의 기대에 부합하는 경우 살아남을 수 있다. 예를 들어, 레스토랑에서 고객들이 직원의 서비스에 불만이 있다고 하더라도 레스토랑 음식의 질이 우수한 경우 받아들이게 된다. 그러한 경우가 바로 고객의 기대에 부합하는 때이다. 그럼에도 불구하고 장기적인 수익성과 성공을 위해서는 성공의 순환으

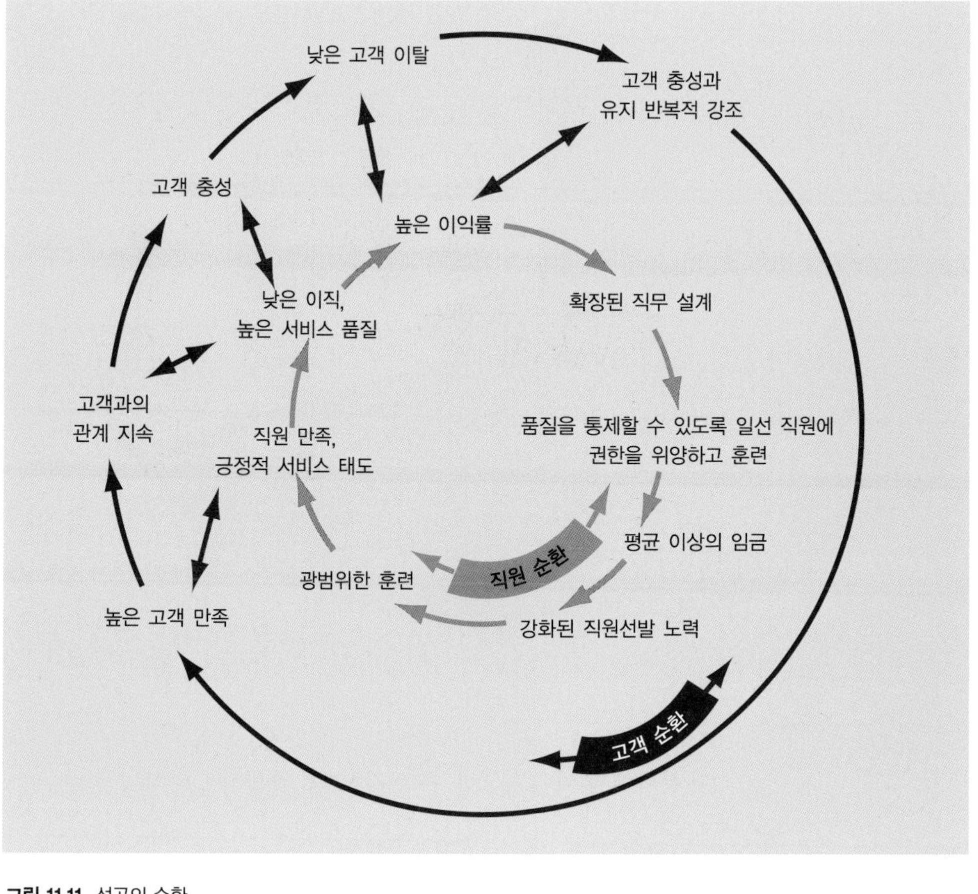


**그림 11.11** 성공의 순환

출처



로 이동해야 한다.

PART III

## 인적자원 관리 – 올바르게 이해하는 방법

**학습목표 4**
서비스 인재 순환주기의 핵심 요소란 무엇이며, 서비스 기업은 어떻게 올바른 인적 자원 관리를 할 것인가?

논리적으로 생각할 수 있는 경영자라면 당연히 기업을 성공의 순환 개념으로 운영하고 싶을 것이다. 그렇다면 어떠한 전략이 이를 가능하게 해 줄까? 그림 11.12는 서비스 기업이 성공적으로 인사 관리를 할 수 있도록 돕는 순환을 보여주고 있다. 하나하나 짚어보도록 하자.

### 적절한 사람을 고용하라

**학습목표 5**
서비스 직무에 적합한 사람들을 어떻게 유인, 선발, 고용할 것인가?

직원의 노력은 직원 만족 위에 고객 만족의 강한 추진 요인이다.[14] 그렇기 때문에 노력하는 자세를 지닌 직원을 뽑는 것은 매우 중요하다. "사람이 곧 자산이다."라는 말보다는 "적절한 사람이 곧 재산이다."라는 말이 옳다라고 Jim Collins는 말했다. 그리고 여기에 우리는 "적절하지 않은 사람은 떼어내기 어려운 짐이다."라는 말을 덧붙이고 싶다. 적절한 사람을 선발하는 것은 인력시장에 존재하는 최고의 지원자를 뽑는 것도 포함된다. 적절하면서도 어

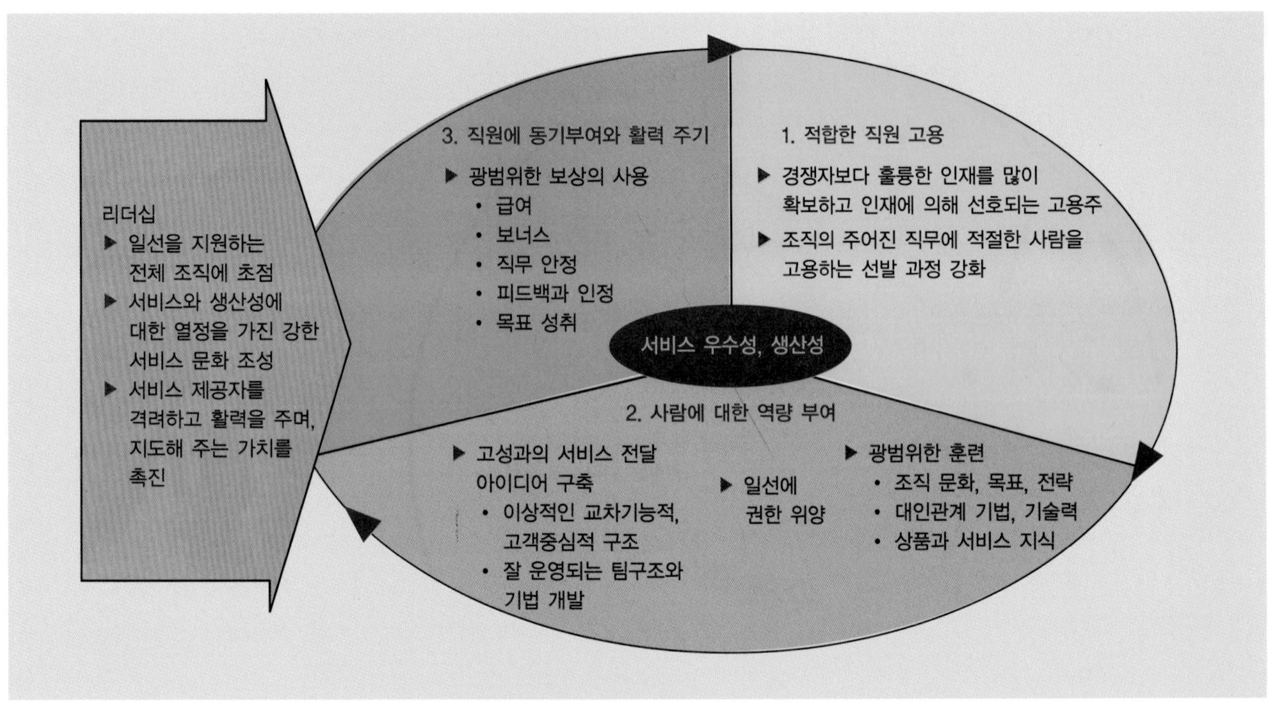


**그림 11.12** 서비스 인재 순환

떤 분야에 뛰어난 능력을 가진 지원자를 선발하도록 해야 한다.

© Randy Glasbergen.
www.glasbergen.com

GLASBERGEN

"나는 당신에게 10만 달러 이상의 월급을 제안합니다. 매달 15일에 월급의 절반 금액을 그리고 나머지는 30일에 제공됩니다."

**그림 11.13** 기업은 유능한 사람을 모으기 위해 가장 높은 금액의 급료를 지불할 필요는 없다.

## 지원자가 선호하는 고용자가 되어라

최고의 지원자를 선발하고 고용하기 위해서 사람들은 먼저 당신에게 지원서를 내야 하고 당신의 허락을 받아야만 현장에 투입되어 일을 할 수 있다. 기업은 처음에 서비스 인재의 시장점유율에서 경쟁해야만 한다. 세계적인 컨설팅 회사인 McKinsey & Company는 이를 '인재전쟁'이라고 칭한다.[15] 노동 시장에서 효과적으로 경쟁한다는 것은 잠재적인 노동자에게 무언가 매력적으로 다가갈 수 있는 조건을 가지고 있는 것을 의미한다. 이것은 쾌적한 노동 환경이나 노동자 스스로 자부심을 느낄 수 있도록 만들어 주는 높은 서비스나 상품의 질을 포함한다. 유능한 지원자는 평균보다 나은 대우를 바란다. 우리의 경험에 비추어 볼 때, 상위기업이 유능한 사람을 끌어 모으는 데 지급하는 급료가 전체 시장에서 상위 60~80%를 차지하는 것으로 나타났다(그림 11.13). 서비스 인사이트 11.2를 통해 구글이 어떻게 지난 몇 년간 최고의 기업이 되었던가를 살펴보자.

## 올바른 사람을 선발하라

사실 완벽한 직원이란 개념은 존재하지 않는다(그림 11.14). 각각의 업무는 각기 다른 능력과 스타일, 성격을 가진 직원으로 채워지기 마련이다. 예를 들면, 월트디즈니 같은 경우엔 직원을 평가할 때 그가 전방에서 일하는 것이 어울릴지 아니면 후방에서 일하는 것이 어울릴지를 평가한다. 예를 들면, 캐스트 배우라고 알려진 전방에서 일하는 직업은 그 직업에 맞는 용모나 성격, 능력 등을 가지고 있기 마련이다. 그렇다면 무엇이 눈에 띄는 서비스를

## 서비스 인사이트 11.2

### 선호되는 고용주, 구글

구글은 「포춘」에서 선정한 '가장 일하기 좋은 100대 기업'에 선정되었다. 이를 본 사람의 머릿속엔 다음과 같은 질문이 떠오를 것이다. 대체 왜? 무엇이 구글을 그렇게 만들었을까? 구글이 어떤 기업 문화를 가지고 있기에? 구글의 직원은 기업 내에서 어떠한 편익을 누리고 있을까? 그들은 어떤 사람일까? 등등.

구글 캠퍼스, 캘리포니아 마운틴 뷰

구글에서 일하는 사람들을 가리켜 '구글러(Googler)'라고 한다. 그들은 대개 즐기는 것을 좋아하고, 재미있는 사람으로 평가받는다. 동시에 그들은 일을 할 때 매우 진취적이다. 구글의 사내 문화는 전통을 탈피하는 점, 남들과 다른 것을 지향하는 점, 즐거움을 좋아하는 점 등으로 인해 매우 혁신적이다. 구글러는 일을 하는 데 있어 개별적인 자유가 주어진다. 구글의 사례는 직원이 하고 싶은 대로 할 수 있게 내버려 두면 오히려 생산성과 효율성이 증가했다는 것을 보여주는 좋은 사례이다. 사실 구글러는 기업에 좀 더 오래 머무르며, 일하고 싶어 하는 것처럼 보인다.

구글러는 기업 안에서 어떠한 편익을 받으며 일할까? 열거하면 끝도 없지만 그중 가장 눈에 띄는 점은 맛있는 음식을 기업 안에서 마음껏 먹을 수 있다는 점이다. 그뿐만이 아니다. 캘리포니아에 있는 구글의 본사에서는 더욱 많은 편의를 제공한다. Wi-fi의 이용이 가능한 셔틀 버스, 주변을 돌아볼 수 있는 전동 스쿠터, 세차 시설, 주유 시설 등이 그것이다. 또한 만약 구글러가 친환경차를 구입하면, 그들은 기업으로부터 5,000달러의 지원금을 받는다. 구글러를 위해 5명의 의사가 항시 대기하고 있으며, 병가도 무제한으로 낼 수 있다. 감기 예방주사 또한 무제한 제공된다. 게다가 운동시설, 구조요원 등이 갖추어진 수영장도 이용 가능하다. 언제나 방문하여 이용할 수 있는 세탁시설이 있어 직접 이용할 수도 있고, 세탁물을 맡길 수도 있다. 아동보호시설도 제공된다. 애완동물 또한 잠시뿐이지만 일터로 데려올 수 있다. 레저나 스포츠를 즐길 수도 있는데, 수영장에서 게임을 즐길 수도 있고, 암벽 타기를 할 수도 있으며, 비치 발리볼 구장에서 게임을 할 수도 있다. 지금까지 열거한 것이 구글러가 기업에서 누릴 수 있는 편익이다. 그 결과 구글러는 직장에서 오랜 시간 동안 생산적인 시간을 보낼 수 있게 되었다. 하지만 이 모든 편익은 비교적 중요도가 적은 업무를 하는 부서 등에서만 누릴 수 있다는 것을 알아두어야 한다.

슬라이드는 사람들이 카페테리아로 곧바로 내려갈 수 있도록 한다.

구글은 얼마 전 스위스 취리히에서 새로운 엔지니어링 본부를 마련했다. 그곳에서의 생활은 말 그대로 '즐거움'이다. 그곳엔 샬레(chalets, 스위스 산중의 양치기 오두막집)나 이글루와 같은 모습을 한 회의실이 존재하고, 직원이 위층에서 아래층으로 이동할 땐 마치 소방관이 사용하는 것과 같은 봉을 타고 내려올 수도 있다. 또한 기업 내에 존재하는 카페로 바로 연결되어 있는 미끄럼틀도 있다. 게임을 즐길 수 있는 오락실, 영국풍의 도서관도 존재한다. 게다가 직원이 누워서 물속을 거니는 물고기들을 감상

하며 스트레스를 날려버릴 수 있는 수족관 휴게실도 있다. 이 건물은 그곳에서 일하는 직원에 의해 설계되었다.

이렇듯 기업은 건물 자체가 사람들로 하여금 일하고 싶은 욕구를 불러일으키기 때문에 새로운 직원의 채용 시 영리하고 능력 있는 직원을 고르는 데 유리한 위치에 서게 되었다. 이는 엄청난 명성을 얻게 될지도 모를 이 기업의 직원에게만 유리하게 작용할 수도 있다. 하지만 기업에 대한 직원의 만족스러운 평가에도 불구하고 일부에서는 이러한 일하기 좋은 환경이 과연 구글의 명성을 지속적으로 유지·성장시켜 줄 수 있을까에 대한 의문을 품기도 한다.

출처

Adam Lashinsky "Google Is No. 1: Search and Enjoy"; "100 Best Companies to Work For: Life Inside Google"; "The Perks of Being a Googler," *Fortune*, January 10, 2007; "Inside the Googleplex," *The Economist*, September 1, 2007; Robert Levering and Milton Moskowitz "100 Best Companies to Work for 2008: Top 50 Employers," January 22, 2008, http://money.cnn.com/galleries/2008/fortune/0801/gallery.bestcos_top50.fortune/index.html, accessed March 12, 2012; http://money.cnn.com/magazines/fortune/bestcompanies/2011/, accessed March 12, 2012; Jane Wakefield, "Google Your Way to a Wacky Office," BBC News Website, March 13, 2008, http://news.bbc.co.uk/1/hi/technology/7290322.stm, accessed March 12, 2012.

**그림 11.14** 완벽한 직원보다 중요한 것은 없다.

할 수 있도록 만드는가? 이는 누구한테 배운다고 해서 가능한 일이 아니다. 이는 개개인이 지닌 고유의 타고난 능력 중 하나이다. 논리적 결론은 서비스 기업이 올바른 지원자를 끌어들이고 선발하는 데에 큰 관심을 헌신해야 한다는 것이다. 우수 기업은 직원의 능력을 이끌어 내고 유지하여 최고의 재능으로 향상시키기 위해 직원 분석을 사용하고 있다. 직원 분석은 고객 분석과 유사하다. 예를 들어, 직원 분석은 누가 뛰어난 수행자 인지를 예측하는데 사용된다. 서비스 기업은 또한 적절한 자리에 적절한 직원을 배치시키기 위해서 직원 분석을 사용할 수 있다.[16] 데이터 분석의 목적 외에 주어진 기업과 자리에 적절한 지원자를 확인시키는데 도움을 줄 수 있다. 그리고 심지어는 적합하지 않은 지원자를 거부하는 데에도 중요한 도움을 준다.

### 최고의 후보자를 찾아내는 방법

소위 잘 나가는 서비스 기업은 인력시장에서 유능한 지원자를 골라내는 그들만의 몇 가지 방법을 가지고 있다. 이에는 지원자 인터뷰하기, 행동 관찰, 성격 테스트 실시 또는 지원자에게 미리 업무를 체험할 수 있는 기회를 주는 방법이 있다.[17]

**그림 11.15** 나와 비슷한 사람'을 선호하는 경향이 개입될까?

### 다양하고 구조화된 인터뷰

고용 결정을 향상시키기 위해서 성공적인 채용자는 해당 직무가 필요로 하는 것과 관련된 구조화된 인터뷰를 이용한다. 이 경우 둘 이상의 면접자를 이용하는데, 일반적으로 면접자는 다른 면접자가 같은 지원자를 평가한다는 것을 인지할 때 좀 더 신중하게 판단하려는 경향을 보이기 때문이다. 둘 이상의 면접자가 평가하는 것은 '나와 비슷한 사람'을 선호하는 경향을 감소시킨다. 우리는 일반적으로 나와 비슷한 사람을 선호하기 때문이다(그림 11.15).

### 행동 관찰

유능한 직원을 골라내는 방법에는 지원자를 평가할 때 그들이 하는 말이 아닌 하는 행동을 보고 평가하는 방법이 있다. John Wooden은 다음과 같이 말했다. "네가 할 줄 아는 것을 말로 하지 말고 직접 행동으로 보여라. 말이 많은 사람 중 실제로 행동으로 옮기는 사람은 드물다."[18] 지원자의 행동은 기업 측이 보유한 평가 센터 테스트나 행동 시뮬레이션 등을 통해 직접적·간접적으로 평가된다. 또한 지원자의 과거 행동은 앞으로의 행동을 평가하는 데 좋은 척도이다. 우수 서비스 직원상을 받은 사람이나 고객으로부터 많은 칭찬 편지를 받은 사람, 과거 동료로부터 좋은 평가를 받은 사람을 고용한다(그림 11.16).

GLASBERGEN

"Gerald는 그룹 안에서 다른 사람들과 협력하여 일을 잘 수행합니다. 당신의 3학년 성적표보다 더 최근의 추천서는 없습니까?"

**그림 11.16** 추천서는 과거의 행동을 평가하기 위한 좋은 방법이다.

### 성격 테스트

많은 경영자들은 성격을 기준으로 직원을 고용한다.[19] 성격 테스트는 특정 직무와 관련하여 고객을 다루는 데 필요한 의지, 동료에 대한 예의, 재치와 생각의 깊이, 고객의 요구에 대한 민감성, 정확하고 유쾌한 커뮤니케이션 능력이 측정 가능하도록 돕는다. 연구는 또한 상황을 다루는 능력에 있어서 근면함과 신념과 같은 특정한 특성은 결과적으로 직원 성과와 서비스 질을 우수하게 만드는 경향이 있다.[20] 그러한 테스트에 기반한 직원 고용 결정은 특히 적합하지 않은 지원자를 확인하고 거부하는 데에 정확한 경향이 있다.

한 예로 Ritz-Carlton 호텔을 들 수 있는데 이 기업은 특정한 서비스 업무를 잘 실행할 수 있는 경향을 지닌 직원을 선택하기 위해 직원의 성격 프로필을 이용한다. 직원은 서비스 맥락에서 일하기 적합한 성격을 가진지에 기반하여 선택된다. 선뜻 짓는 미소와 남을 기꺼이 도우려는 것, 그리고 여러 가지 일을 할 수 있는 능력과 같은 특성들은 가르칠 수 없는 것이다. 그녀의 경험에 따르면, 호텔의 접객을 담당하는 직무에 지원한 사람은 다음과 같은 사실을 알아야 한다. "오직 진실만을 말하라. 그들은 전문가이고, 당신이 거짓을 말하는지 진실을 말하는지 충분히 구별해 낼 수 있다." 그녀는 이에 덧붙여 다음과 같이 말했다.

> 하루는 그들이 나에게 다음과 같이 물었다. 사람을 돕는 것을 좋아하는지, 생활이 잘 정돈된 사람인지, 웃음이 많은 사람인지. 난 이 질문들에 모두 "예"라고 대답했다. 하지만 난 이 질문에 대해 내 실제 삶의 예를 덧붙여 대답했어야 했다. 첫 번째 질문 같은 경우엔 내가 도왔던 사람들에 대한 예를 들면서 왜 그녀가 도움을 필요로 했는지 등을 얘기했어야 했다. 위와 같은 질문은 내가 중요하지 않게 여겼던 일까지 기억해 냈다. 예를 들면, 내 성격이 어떤지를 보여주기 위해 각기 다른 언어로 안부 묻는 법을 배웠던 것과 같은 일들까지 말이다.[21]

PART III

**그림 11.17** Au Bon Pain은 최종 면접 전에 지원자들이 실제 직무에 대한 경험을 하도록 한다.

### 지원자에게 업무에 대한 실질적인 사전 정보 제공

채용 과정에서, 기업은 지원자에게 실질적인 업무에 관한 정보를 제공해 주어야 한다. 실질적으로 '직업을 체험할 수 있는' 기회를 제공해 줌으로써 해당 업무에 어울리는지 아닌지를 구별해 내야 한다. 동시에 기업은 지원자가 실제 업무에 어떻게 반응하는지 또한 살펴보아야 한다. 어떤 지원자는 업무가 자신에게 맞지 않는다고 판단되면 이를 포기할 것이다. 프랑스 카페 베이커리의 체인 중 하나인 Au Bon Pain은 최종 면접에 앞서 지원자에게 2일간의 유급 업무 체험 기회를 준다. 이를 통해 기업 측은 지원자의 실제 업무 능력을 살펴볼 수 있고 반대로 지원자는 스스로 업무 환경이나 적성 적합도를 알아볼 수 있다(그림 11.17). 최종적인 채용과 인터뷰 과정의 일환으로 Donald Trump는 NBC와 손을 잡고 '견습생(The Apprentice)' 이라는 프로그램을 제작하였다. 이 프로그램의 참가자 중 우승자는 Trump의 기업에서 일할 수 있는 기회를 얻게 됨과 동시에 Trump에서 추진 중인 프로젝트를 관리할 수 있다.

**학습목표 6**
서비스 직무를 담당하는 직원에게 훈련이 필요한 핵심 분야는 어디인가?

### 서비스 직원을 적극적으로 훈련시켜라

만약 기업이 우수한 직원을 고용한다면, 훈련에 대한 투자는 뛰어난 결과를 낼 수 있다. 직원을 위한 우수한 경력 발전 프로그램은 기업이 직원을 가치 있고 주의를 기울여야 하는 존재로 느끼는 데 도움을 줄 수 있다. 결국 직원은 고객의 욕구를 만족시키기 위해 일할 것이고, 이는 고객 만족, 충성도, 그리고 궁극적으로 기업의 수익성의 결과로 드러날 것이다.[22] 서비스 챔피언은 훈련에서 언어, 비용, 행동에 강한 의지를 보인다. 예를 들어, Apple 대리점의 직원은 고객과 교류하는 방법, 부정적인 방식보다 긍정적인 단어로 문장을 이루는 방법, 그리고 고객이 감정적으로 반응할 때 어떻게 말해야 하는지에 관하여 집중적인 훈련을 받는다. 직원은 물건을 팔기보다는 오히려 고객의 문제를 해결하도록 도와야 한다.[23]

기업은 서비스 직원에게 여러 측면의 훈련이 필요하다. 그들은 배울 필요가 있다.

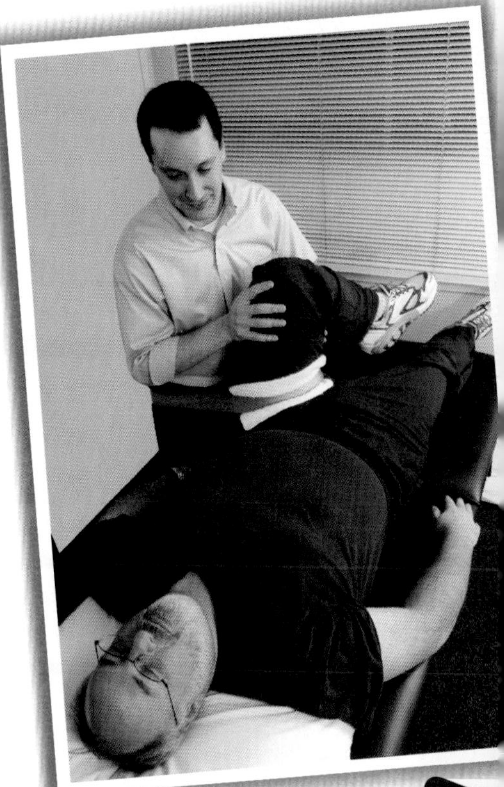

그림 11.18 한 물리치료사가 고객에게 기술적 숙련도뿐만 아니라 온화하고 친근한 미소까지도 보여주고 있다.

- ▶ 조직의 문화, 목표, 전략 새로운 고용은 강하게 시작하라. 교육은 기업의 핵심 전략에 정서적 몰입을 집중시키고, 서비스 우수성, 책임감, 공동체 정신, 상호 존중, 정직함, 그리고 진실성에 대한 몰입과 같은 핵심 가치를 촉진시켜야 한다. 관리자는 특정 직무보다 오히려 '무엇을', '왜', '어떻게'에 초점을 맞춰서 교육한다.[24] 예를 들면 디즈니랜드의 신규 채용자는 디즈니대학교 오리엔테이션(Disney University Orientation)을 다니게 된다. 이 오리엔테이션은 기업의 역사와 철학, 출연배우가 행해야 할 서비스 수준, 디즈니랜드 경영에 관한 자세한 토의로 시작되었다.[25]
- ▶ 대인관계와 기술력 대인관계는 서비스 직업 전반에 걸쳐 영향을 끼친다. 대인관계에는 눈을 맞추는 방법이나 남의 말을 경청하는 태도라든지, 바디랭귀지 혹은 얼굴을 통한 감정표현과 같은 시각적인 의사소통 능력이 포함된다. 기술력 같은 경우엔 일련의 업무 처리 과정(반품을 관리하는 법), 기기장치(마무리 작업 시 사용되는 기계나 자동입출금기를 사용하는 방법), 그리고 고객을 대하는 데 있어 필요한 규칙이나 원칙 등에 관한 지식이 포함된 다. 기술력과 대인관계는 둘 다 함께 필요로 한다. 둘 중 하나만 갖추었다고 하여 업무를 잘 수행한다고 보기는 어렵다(그림 11.18).[26]
- ▶ 상품/서비스에 대한 이해 지식이 풍부한 직원은 서비스 질의 중요한 측면이다. 그들은 제품 특징을 효과적으로 설명할 수 있어야 하고 또한 제품을 올바르게 배치해야 한다. 예를 들어, Apple 대리점에서는 모든 제품이 고객들이 직접 체험할 수 있도록 진열되어 있다. 직원은 제품 특징, 사용법을 비롯하여 유지보수, 서비스 묶음 등과 같은 서비스의 다른 면에 대한 질문에도 대답할 필요가 있다.

PART III

그림 11.19 포뮬러원 기술자가 감독으로부터 간단한 지시를 받고 있다.

물론 훈련은 결과적으로 행동에서 관찰할 수 있는 변화여야만 한다. 만약 직원이 배웠던 것을 적용할 수 없다면 투자는 낭비된 것이다. 교육은 더 현명해지는 것뿐만 아니라 행동을 변화시키고 의사결정을 향상시킨다. 이를 달성하기 위해서는 반복적인 실행이 필요하다.

훈련과 교육은 일선에서 일하는 직원을 전문화시킨다. 잘 훈련된 직원은 전문가처럼 느끼고 행동한다(그림 11.19). 음식이나 요리, 와인, 식사자리에서의 예절, 고객과 효과적으로 소통하는 방법(심지어 불평하는 고객까지)을 아는 웨이터는 스스로 큰 자부심을 느낄 수 있으며 동시에 고객으로 하여금 존중을 받을 수 있다. 그러므로 훈련은 인간관계/역할 스트레스를 줄이는 데 가장 효과적이다. 서비스 인사이트 11.3에서는 UP Your Service! College가 어떤 방법으로 일선에서 일하는 직원을 고무하고 격려하는지에 대한 좋은 예를 보여준다.

## 서비스 인사이트 11.3

### UP Your Service! College는 사람들로 하여금 서비스를 향상시킬 수 있는 문화를 만들어준다

UP Your Service! College(이하 UYSC)는 서비스 정신이 투철한 사람이 보다 나은 서비스를 제공한다는 개념을 만들었다.

서비스 정신에 기초한 태도를 갖는 것이 누구에게나 자연스러운 것은 아니다. 특히 '고객 먼저'라는 개념이 희박한 조직 문화를 경험한 사람은 더욱 그렇다. 이는 UYSC에서 나온 개념이다.

"모든 조직은 좀 더 나은 서비스 문화를 만듦으로서 지속적인 경쟁력을 얻을 수 있다."라고 Ron Kaufman은 말한다. 그는 UP Your Service! 책 시리즈의 저자이자 UYSC의 설립자이다. "좋은 서비스를 제공한다는 평가는 더 많은 고객과 유능한 직원을 불러모으며 보다 많은 이익을 기업에게 가져다준다."

UYSC는 고객에 대한 서비스 훈련과 기업 전반에 걸쳐 서비스에 관한 개념을 고취시키는 훈련을 동시에 실행하였다. 이를 통해 기업은 직원이 투철한 서비스 정신 하에 고객에게 보다 나은 서비스를 제공하는 분위기를 만들어 내었다.

이와 관련된 UYSC의 교육 과정에는 다음과 같은 것이 포함된다.

- **코스 100 : 보다 나은 서비스 달성하기**는 직원에게 서비스의 질을 높이고 고객과 마주하는 다양한 상황에 대한 대처법 등에 관한 기본적인 사항을 가르친다.
- **코스 200 : 서비스 파트너십 기르기**는 직장 동료 혹은 자신의 파트너와의 파트너십을 형성하는 것이 얼마나 중요한지에 대해 가르친다.
- **코스 300 : 고객의 충성도 높이기**는 어떻게 하면 고객의 충성도를 높일 것인가에 대해 가르침과 동시에 고객의 기대에 어떻게 부응할 것인지 또 문제가 발생할 경우 이에 어떻게 대처할 것인가에 대해 가르친다.

대학 설립자인 Ron Kaufman(가운데)과 함께 하는 마이크로소프트의 직원들을 위한 향상 프로그램

위와 같은 교육은 서비스 리더십 교육, 서비스 추진 교육, 서비스 문화만들기 활동 등과 함께 병행된다. 다른 서비스 프로그램과 달리 UYSC는 기업조직 전반에 걸쳐 알기 쉽고, 적용이 쉬운 서비스 교육을 실시하였고, 그 결과 직원이 일을 하는 데 있어 어느 분야에나 적용할 수 있게 되었다. 각각의 교육 과정을 지속적이고, 질 좋은 교육을 위해 관련 분야의 전문가와 Ron Kaufman에 의해 제작된 비디오 등에 의해 이루어졌다.

최근에는 다국적 기업, 거대 국내기업, 정부 등에서 검증된 UYSC의 교육체계를 사용하고 있다. 해당 기업으로는 다음과 같다. Dubai Bank, Dubai Properties, ManuLife, Nokia, Riyadh Care Hospital, Singapore Central Provident Fund, Singapore General Hospital, Tatweer, TECOM, Wipro, Xerox Emirates.

출처
http://www.upyourservice.com/ and http://www.ronkaufman.com/, accessed March 12, 2012.

**학습목표 7**
왜 일선 직무에서 권한 위양이 중요한가?

### 일선에 권한 위양

적절한 후보자를 선택하고 훈련시켜 선호된 직원이 된 이후의 단계는 일선에 권한을 부여하는 것이다. 사실 훌륭한 서비스를 제공하는 대부분의 기업은 고객을 위한 날을 만들거나 고객 피해를 줄이기 위해 추가적인 작업을 통해 실패한 서비스를 극복한 직원의 이야기를 가지고 있다(서비스 인사이트 11.4 참조).[27] 이러한 일을 가능케 하기 위해서는 직원에게 권한을 부여해야 한다. 예를 들면, Nordstrom은 직원을 믿고 훈련시켜 그들에게 권한을 주고 어떠한 일을 할 수 있게 장려한 기업이다. 직원 안내서에는 "모든 상황에서 당신이 할 수 있는 최고의 판단을 하시오."라는 오직 한 가지 규칙이 있다. 직원 스스로의 관리는 점점 더 중요해지고, 특히나 서비스 기업에서는 더욱 그러하다. 이는 고객 최일선에서 직원이 고객을 만날 때는 대부분 그들 책임 아래에서 일이 이루어지기 때문이다. 그러므로 관리자는 직원의 행동을 면밀하게 관찰하기 어렵다.[28] 높은 수준의 권한 위양은 높은 수준의 고객 만족과 연결되어 있다는 연구가 있다.[29]

한 연구는 조직이나 환경 속에서 다음과 같은 조건이 이루어질 경우 권한 위양이 가장 중

## 서비스 인사이트 11.4

### Nordstrom에서의 권한 위양

Nordstrom의 남성 의류매장 영업 사원인 Van Mensah는 그의 충성 고객 중 한 명으로부터 충격적인 편지를 받았다. 그 신사는 Mensah로부터 2,000달러 상당의 셔츠와 넥타이를 구입하였는데, 실수로 셔츠를 뜨거운 물에 세탁하여 셔츠가 모두 줄어들게 되었다. 그는 어떻게 하면 그의 상황을 해결할 수 있을지(그 신사는 불평하지 않았고, 선뜻 그의 잘못을 인정하였다)에 관한 Mensah의 전문적인 조언을 구하기 위해 편지를 썼다.

Mensah는 즉시 고객에게 전화를 하였고, 어떤 비용도 없이 그 셔츠를 대체할 새로운 것을 제공하였다. 그는 고객에게 다른 셔츠들을 Nordstrom에 보내달라는 메일을 요청했다(Nordstrom의 비용으로). "나는 그 고객에게 했던 것에 대해서 누군가의 승인을 요청할 필요도 없었다. Nordstrom은 무엇이 가장 좋은지를 내가 결정하게끔 놔두었다."라고 Mensah는 말했다.

Nordstrom에서 오랜 기간 근무한 직원인 Middlemas는 다른 직원들에게 다음과 같이 말한다. "당신은 결코 고객에게 너무 많은 정성을 쏟아붓는 것에 대해서는 비난받지 않을 것이다. 하지만 너무 적을 경우 비난받을 것이다. 만약 당신이 어떠한 상황에서 한 번이라도 무엇을 해야 하는지에 대해 의심한다면, 언제나 회사보다 고객의 편에서 결정을 해야 한다." Nordstrom의 직원 안내서는 이를 확인할 수 있다. 내용은 다음과 같다.

**Nordstrom에 온 것을 환영합니다.**

저희는 저희 기업이 당신과 함께 할 수 있어 매우 영광입니다. 우리의 목표는 고객에게 뛰어난 서비스를 제공하는 것입니다. 당신의 개인적이고 전문적인 목표 모두를 높게 설정하십시오. 우리는 당신의 능력이 우리의 목표를 이루는 데 큰 도움이 될 것이라 믿습니다.

**Nordstrom 규칙**

법칙 1. 모든 상황에서 당신이 할 수 있는 최고의 판단을 하시오. 추가적인 법칙은 없을 것입니다. 언제 어디서나 당신의 상사에게 질문하는 것을 부담스러워하지 마십시오.

출처

Robert Spector and Patrick D. McCarthy, *The Nordstrom Way*. New York: John Wiley & Sons, Inc., 2000, 15-16, 95.

PART III

요하다는 것을 보여준다.

- 차별화를 근간으로 개인적이고 고객화된 서비스를 제공하는 기업
- 장기적 관점에서 고객관계를 유지하려는 기업
- 일상적인 관례를 따르지 않고 복잡한 기술을 사용하는 조직
- 정기적이지 않은 일에서 종종 서비스 실패가 일어나고 시스템을 벗어나 계산될 수 없을 때, 즉 최일선의 직원이 서비스를 복원하기 위해 빠른 반응을 보여야 할 때
- 경영 환경이 예측하기 어려울 때
- 현재 관리자가 직원이 조직과 고객을 위해 그들 스스로 일할 수 있도록 허락하는 것을 꺼려하지 않을 때[30]

### 직원 관여의 단계

권한 위양은 다음과 같은 단계로 나눠질 수 있다.

- **제안 수준 관여(suggestion Involvement)** 정형화된 프로그램을 통해 직원에게 어떠한 추천을 하도록 권한을 부여한다. 한 예로 맥도날드는 고객접점 직원에 귀를 많이 기울인다. 직원은 에그 맥머핀을 만드는 것부터 빵에 손자국을 남기지 않고 햄버거를 포장하는 방법까지 다양한 것을 만들어 냈다.
- **직무 수준 관여(job Involvement)** 이는 직무 내용을 공개하는 것을 말한다. 직무는 직원이 더 다양한 범위의 기술을 사용할 수 있도록 재설계된다. 이러한 형태의 권한 위양과 함께 요구가 늘어나는 것에 대비하기 위해 직원은 훈련을 필요로 한다. 감독관의 역할은 그룹의 지휘에서 성과 지원으로 바뀌어야 한다.

**학습목표 8**
어떻게 고성과 서비스 전달 팀을 구축할 것인가?

- **높은 수준 관여(high Involvement)** 이는 최하층의 직원에게도 기업 전체적인 성과에서의 관여를 느끼게 한다. 정보는 공유된다. 직원은 팀워크와 문제해결, 기업 운영의 기술을 개발한다. 그들은 작업 단위의 관리 결정까지 참여한다. 보너스 지급과 같은 방법을 통해 이익을 공유한다.

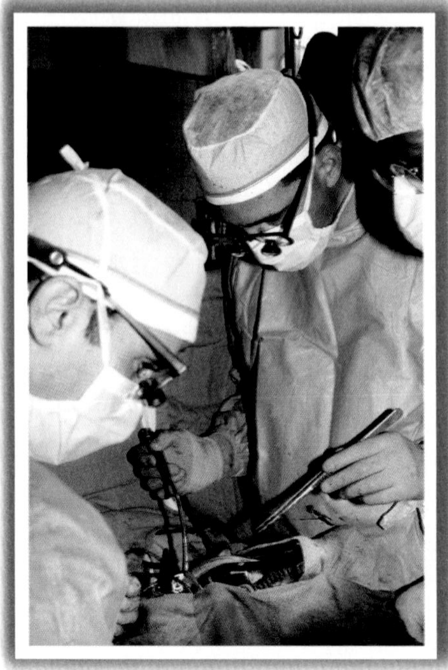

**그림 11.20** 의료수술팀은 특히 큰 노력을 요구하는 조건 속에서 업무가 이루어진다.

높은 수준 관여에 관한 기업의 예로는 Southwest Airlines가 있다. 이 기업은 직원을 믿고 그들에게 자유와 권한을 주었다. Southwest의 조종사와 정비사는 승강대 직원이 짐을 싣는 것을 도와주기도 하였다. 항공기가 지연될 경우 조종사가 휠체어를 탄 승객을 돕거나 승무원을 도와 항공권을 확인하거나, 심지어 항공기의 실내를 청소하기도 하였다. 게다가 Southwest의 직원은 정해지지 않았더라도 고객에게 최선이 되는 일이라면 어떠한 일이든지 하였다.

### 고성과 서비스 전달팀의 구축

이것은 '공동의 목적과 성과 목표, 서로 책임이 존재하는 일을 하기 위해 상호 보완적인 기술을 가지고 일하는 적은 수의 직원'이라고 정의할 수 있다.[31] 많은 서비스는 팀으로 일하거나 각각 정해진 기능을 넘어서 각기 다른 특별한 일을 수행하는 것을 요구한다. 예를 들어, 의료 서비스는 효과적인 팀워크에

의해 달려 있다(그림 11.20).

한 연구는 일선 직원은 각 업무 부서 사이의 지원 부족이 고객만족을 방해한다고 느낀다는 것을 확인하였다(그림 11.21).[32] 많은 산업에서 기업은 상호 호혜적인 팀을 만들어야 하고 그들에게 한쪽과 다른 한쪽을 잇는 권한과 책임을 주어 고객에게 서비스를 제공하는 일을 해야 한다. 이러한 팀을 '자기관리팀(self-managed team)' 이라고도 부른다.[33]

팀의 훈련과 권한 위양은 협력관계에서 이루어져야 한다. Singapore Airlines는 승무원을 지도하고 효과적으로 평가하고 보상하고 장려하여 팀이 감동적인 지원을 제공하도록 하였다(서비스 인사이트 11.5 참조).



"우리의 파트너십은 제한적이죠. Allen의 비관적인 태도, Elizabeth의 거친 성격, Dave의 주말 작업 거부가 업무 협조를 어렵게 합니다."

**그림 11.21** 팀 내의 협동 부족은 직원으로 하여금 고객 만족을 어렵게 한다.

## 서비스 인사이트 11.5

### Singapore Airlines의 팀 개념

**그림 11.22** A380 퍼스트 클래스의 승무원 서빙

Singapore Airlines는 최상의 서비스 제공에서 팀워크의 중요성을 이해하고 있었다. 사실 이것은 많은 승무원이 세계 곳곳에 흩어져 있기 때문에 어려운 일이었다. Singapore Airlines의 대처방안은 바로 '팀 구성' 이었다.

수석 승무원 성과관리자인 Choo Poh Leong씨는 다음과 같이 이야기했다.

"6,600명의 승무원을 효과적으로 관리하기 위해서 13명의 팀 리더 아래 작은 팀으로 나누었다. 우리는 가능한 그들을 같이 근무하게 하였다. 팀 조직으로 비행을 같이 하며 그들은 동지애를 느끼기 시작했고, 팀의 구성원으로서가 아니라 하나의 팀으로서 그들을 여기기 시작했다. 팀 리더들은 도움이 필요하다면 상담하고, 조언할 수 있게 되었다. 점검교육 담당자들은 12명 또는 13명의 팀과 틈틈이 함께하며 그들의 행동을 살펴보는 것뿐만 아니라 그들에게 발전의 기회를 제공한다."

"각각 팀 상호 간의 영향은 매우 크다. 그 결과 팀 리더는 구성원을 제대로 알고 그들을 평가할 수 있다. 모든 직원에 대한 꼼꼼하고 세세한 기록을 보게 된다면, 당신은 아마 깜짝 놀랄 것이다. 이러한 방법으로 우리는 훌륭한 관리를 할 수 있고, 관리를 통해 승무원이 우수한 서비스를 전달할 수 있었다. 그들은 그들이 끊임없이 관리된다는 것을 알고 있다. 만약 그들에게 문제가 있다면, 우리는 그것에 대해 파악할 것이고, 그들을 재훈련시킬 것이다. 이 중에서 훌륭한 사람은 승진 대상이 될 것이다."

수석 승무원 성과관리자인 Toh Giam Ming 씨에 따르면, 팀 개념에서 가장 좋은 것은 많은 수의 승무원에도 불구하고 사람들이 관계를 맺고 "이들은 나의 팀이야."라는 생각을 갖는 것이다. 그리고 그들은 1~2년 동안 함께 지내고, 그 시간의 60~70%를 함께 근무하여 기내에서 활발히 잘 지낸다.

출처

Jochen Wirtz and Robert Johnston, "Singapore Airlines: What It Takes to Sustain Service Excellence-A Senior Management Perspective," Managing Service Quality 13, no. 1 (2003), 10-19; and Loizos Heracleous, Jochen Wirtz, and Nitin Pangarkar, *Flying High in Competitive Industry: Secrets of the World's Leading Airline*. Singapore: McGraw-Hill, 2009. Photo courtesy of Singapore Airlines. Disclaimer: The information above was obtained in 2009.

## 성공적인 서비스 전달팀 창출

팀이 일을 잘하게 만드는 것은 쉽지 않다. 협동심, 다른 사람의 이야기에 대한 경청, 다른 사람에게 도움과 용기를 주는 능력이 필요하다. 팀 구성원은 각자의 목소리 차이와 어려운 이야기를 다른 사람에게 하는 것이나 곤란한 부탁을 하는 것에 대해 배워야만 한다. 이 모든 것은 훈련이 요구된다. 또한 팀을 성공으로 이끄는 구조적인 경영도 이루어져야 한다. 글로벌 경제에서 성공하기 위해서는 관리자에게 다음과 같은 것이 필요하다.

- 팀이 성취해야 할 것을 명확히 한다. 목표는 명확히 하고 팀구성원 간에 공유되어야 한다.
- 주의 깊게 팀 구성원을 선택한다. 성과 달성을 위한 모든 기술은 팀 내에서 근간이 되어 이루어져야 한다.
- 팀과 팀 구성원을 모니터링하고 그들에게 피드백을 준다. 이는 조직 내에서 개인의 목표를 조정시키게 도와준다.
- 팀 구성원에게 이루어야 할 목표를 계속 알려 주고 그들의 성과에 대해 보상을 해 준다.
- 기업의 전반적인 목표를 성취하기 위해 다른 관리자와 함께 행동한다.[34]

**학습목표 9**
어떻게 서비스 직원으로 하여금 서비스 우수성을 전달하고, 생산성을 높일 수 있도록 동기부여하고, 활력을 제공할 수 있는가?

## 직원에 대한 동기부여와 활력 주기

일단 기업이 올바른 사람을 고용하여, 잘 훈련시키고 그들에게 권한을 부여해 주고 효과적인 서비스 전달팀 안에 배치하면, 그들이 좋은 서비스를 전달할 것이라고 어떻게 보장할 수 있겠는가? 직원 성과는 능력과 동기부여의 한 기능이다.[35] 우수한 서비스 수행자를 동기부여하고 보상해주는 것이 성과를 유지하는 데 가장 효과적인 방법이다. 빠르게 배운 직원은 진실로 뛰어난 서비스 제공자로 승진하고 고객 수준에서 서비스를 전달하지 못하는 직원은 해고된다(그림 11.23).

성공적이지 못한 서비스 사업은 보상의 전 범위를 효과적으로 사용하지 못한다. 대부분의 기업은 보상을 금전적인 것으로 생각하지만, 이는 효과적인 보상이 될 수 없다. 합리적으로 공평해 보이는 수준을 넘어 높은 임금을 주는 것은 단기적인 동기부여 효과밖에 될 수 없다. 성과에 기반을 둔 보너스가 계속되어야만 좀 더 지속적인 효과가 있다. 보너스에서 금전적인 보상 이외에 지속적인 보상이 될 수 있는 것이 바로 직무 내용 그 자체, 인정과 피드백, 목표 성취이다.

그림 11.23 직원의 성과에 따른 보상은 사업의 성공에 필수적이다.

### 직무 내용

사람들은 그들이 훌륭한 일을 하고 있다는 것을 인식함으로써 동기가 부여되고 만족하게 된다. 이러한 사실은 직무가 다음과 같을 때 더욱 빛을 발한다.

- ▶ 직무는 다양한 활동을 가지고 있어야 한다.
- ▶ 업무의 전체 조각의 완성이 필요하다.
- ▶ 타인의 삶에 영향을 미칠 수 있다.
- ▶ 자유와 융통성이 따른다.
- ▶ 직원이 그들의 일을 얼마나 잘 수행했는지에 대해서 직접적이고 명확한 피드백의 원천이 있다(예 : 감사하는 고객들과 판매).

### 피드백과 인정

사람은 사회적 동물로서, 그들이 어딘가에 속해 있다고 느끼고 싶어 한다. 이것은 주변 사람, 즉 고객과 동료와 상사로부터 인정받고 피드백 받을 때 가능하다. 만약 직원이 우수한 서비스에 대해 인정받고 감사를 받게 된다면, 그들은 계속해서 우수한 서비스를 지속적으로 제공할 것이다. 만약 잘만 된다면, 월별로 포상을 주는 경우 일을 잘한 스타 직원은 높은 성과를 인정받고 강력하게 동기부여될 수 있다. 피드백은 또한 고객으로부터 비롯될 수 있다. 직원은 일하는 시간과 다른 사람들에게 긍정적인 영향을 끼칠 수 있는 직무 환경에 크게 동기부여되고 만족한다. 그래서 직원을 최종 사용자와 접하는 곳에 배치하는 것과 그들이 고객으로부터 긍정적인 피드백을 듣는 것은 매우 동기부여가 될 수 있다.[36]

그림 11.24 사람들은 목표 성취에 집중할 때 동기부여가 되고 활력이 넘친다.

### 목표 달성

목표는 사람을 활력 있게 만든다. 중요한 목표를 달성하는 것은 그 자체 안에서 하나의 보상이다. 구체적이고 성취 가능하고 어렵지만, 직원에 의해 받아들여질 수 있는 목표는 강력한 동기부여가 될 수 있다(그림 11.24). 이는 목표가 없거나 불명확하거나('최선을 다하라' 와 같은) 성취 불가능한 목표일 때보다 강력한 성과가 나타난다. 즉 잘 전달되고 상호

간에 받아들여진 목표는 효과적인 동기부여가 된다.

**학습목표 10**
서비스 리더십의 역할이란 무엇인가? 그리고 서비스 우위를 얻기 위해 필요한 인적자원을 개발할 수 있는 문화란 무엇인가?

## 서비스 리더십과 문화

지금까지 우리는 서비스 우수성을 향해 조직을 움직이기 위한 주요 전략들에 대해 논의하였다. 그러나 우리는 경영층에 의해 지속적으로 강화되고 개발되어 기업의 전략과 일직선상에 있는 강력한 서비스 문화가 필요하다.[37] 변혁적 리더십(transformational leadership)이라 불리는 '카리스마적 리더십'은 기업의 가치, 목표, 일선에 있는 직원의 포부를 변화시킨다. 이러한 리더십 안에서, 직원은 자신의 가치, 믿음, 태도와 일치하기 때문에 '주어진 의무 이상의 일'을 수행할 수 있다.[38]

Leonard Berry는 우수한 서비스 기업에서 핵심 가치를 발견했다. 이러한 핵심 가치에는 우수성, 혁신성, 즐거움, 팀워크, 존경, 도덕적이고 윤리적인 원칙, 사회적 이익이 포함된다.[39] 이러한 가치는 기업 문화의 일부분이다. 서비스 문화는 다음과 같이 정의된다.

- ▶ 조직 안에서 무엇이 중요한지에 관한 공유된 생각
- ▶ 왜 중요한지에 관한 공유된 가치와 믿음[40]

가치와 믿음이 모든 직원에 의해 공유되기 위해서는 가치와 믿음이 그들에게 서서히 스며들고 환기되어야 한다. 직원은 또한 이를 계속해서 상기시켜야 한다. 예를 들어, Ritz-Carlton은 신조(credo), 좌우명(motto), 서비스의 3단계와 Ritz-Carlton 서비스 가치관 12가지가 모두 포함된 Ritz-Carlton의 황금률(Gold Standards) 안에 고객이 원하는 핵심 제품과 서비스를 옮겨 놓았다(서비스 인사이트 11.6 참조).

Ritz-Carlton의 서비스 가치관은 각각 다른 수준으로 나뉘어 있다. 서비스 가치관 10, 11, 12는 안전, 보안, 청결과 같은 기능적 가치관이다. 다음으로 가치관 4~9는 정서적 몰입에 대해 다룬다. 그 가치관들은 교육과 직원, 팀워크, 서비스, 문제해결, 서비스 회복, 혁신 그리고 지속적인 향상과 같은 전문적인 성장과 관련 있다. 고객의 기능적 욕구와 정서적 참여 이상은 세 번째 수준이다. 이것은 'the Ritz-Carlton Mystique'라고 하는 가치관 1, 2, 3과 관련되어 있다. 이 수준은 독특하고 기억에 남는 그리고 개인적 고객 경험을 창출하는 것을 목표로 한다. 또한 Ritz-Carlton은 이 수준에서의 가치관이 고객이 표현한 것과 표현하지 않은 바람과 욕구를 직원이 전달할 때 그리고 그들이 Ritz-Carlton과 고객 사이의 생애 관계를 구축하기 위해 노력할 때 오직 일어난다고 믿는다.[41]

Ritz-Carlton 보스턴 호텔의 훈련과 발전 책임자인 Tim Kirkpatrick은 "황금 기준은 당신의 이름표와 같이 우리의 유니폼의 일부이다. 하지만 기억하라, 당신이 직접 행동을 취하기 전까지는 이것은 단지 래미네이트 카드에 불과하다."[42] 이러한 기준을 강화하기 위해서 매번 아침 조회는 기준과 직접적으로 관련된 논의를 포함한다. 이 논의의 목적은 직원의 마음의 중심에 있는 Ritz-Carlton의 철학을 유지하는 것에 있다.

강력한 서비스 문화는 우선 전체 조직을 일선에 초점을 맞추고, 사업의 생명선임을 이해하는 것이다. 서비스를 위한 열정을 가진 기업에서는 최고경영자가 많은 정보를 제공받고, 적극적으로 참여한다. 이는 일선에서 일어나는 일의 중요성을 보여준다. 그들은 정규적으로

## 서비스 인사이트 11.6

### Ritz-Carlton의 황금률

**황금률**
우리의 황금률은 Ritz-Carlton 호텔의 시금석이다. 이 황금률은 가치와 철학을 가진다.

**신조**
Ritz-Carlton 호텔은 우리의 손님에 대한 배려와 손님의 안락이 가장 중요한 임무이다.

우리는 항상 온난하고, 편안하고, 세련된 환경을 즐길 우리의 손님에게 가장 정밀하고 개인적인 서비스 기능을 제공하는 것을 목표로 한다.

Ritz-Carlton 경험에 의하여 활기를 띠고, 복지를 가능케 하고, 우리 손님의 표현되지 않는 소원과 욕구까지 충족시킨다.

**모토**
"우리는 신사와 숙녀를 봉사하는 신사숙녀이다." 이 모토는 모든 직원들에 의해서 제공되는 서비스의 본보기가 된다.

**서비스의 세 가지 단계**
1. 따뜻하고 진심어린 인사. 손님의 이름을 사용하라.
2. 고객의 욕구를 수용하고 맞출 것
3. 좋아하는 작별인사. 만일 가능하다면 그들의 이름을 사용하여 따뜻한 인사를 하라.

**서비스 가치 : 나는 Ritz-Carlton 직원인 것이 자랑스럽다.**
1. 나는 Ritz-Carlton 고객의 삶에 강력한 관계를 만들고 창출한다.
2. 나는 항상 고객들의 표현되거나 표현되지 않는 바람과 욕구에 즉각 반응한다.
3. 나는 고객의 독특하고 기억에 남는 개인적인 경험을 만들기 위한 권한을 부여받았다.
4. 나는 주요 성공 요인을 달성하고, 커뮤니티의 입지를 아우르며, Ritz-Carlton에 대한 환상을 만드는 데 있어서 나의 역할을 이해한다.
5. 나는 Ritz-Carlton 경험을 혁신적이고 향상시킬 수 있는 기회를 계속해서 찾고자 한다.
6. 나는 고객의 문제를 나의 문제라고 생각하고, 즉시 해결한다.
7. 나는 고객의 욕구에 부합하기 위해 부가적인 서비스를 제공하고, 팀워크 환경을 조장한다.
8. 나는 지속적으로 배우고 성장할 기회를 가진다.
9. 나는 근무 계획에 관련되어 있고, 그것은 나에게 영향을 미친다.
10. 나는 나의 전문적인 외모, 언어, 행동에 자부심을 가진다.
11. 나는 고객의 사생활과 안전, 나의 동료 직원, 회사의 기밀 사항, 자산을 지켜야한다.
12. 나는 높은 수준의 청결함과 안전과 무사고 환경을 조장하는 데 책임이 있다.

**여섯 번째 다이아몬드**
신비로움
정서적 참여
실용적인

**직원 약속**
Ritz-Carlton은 우리의 신사숙녀를 고객에 대한 서비스 봉사에서 가장 중요한 자원으로 여긴다.

신뢰와 정직, 존경과 성실, 헌신의 원칙을 통해 우리는 개인과 기업 모두의 이익을 극대화시킨다.

가치 있는 다양성과 높은 삶의 질, 모두 사기가 충분한 Ritz-Carlton만의 분위기를 조장하여 Ritz-Carlton에 대한 환상을 높인다.

| 서비스의 세 가지 단계 | | 직원의 약속 | THE RITZ-CARLTON® 신조 |
|---|---|---|---|
| 1<br>따뜻하고 진심 어린 인사. 가능하면 손님의 이름을 사용하라.<br>2<br>고객의 욕구를 수용하고 맞출 것<br>3<br>좋아하는 작별인사. 가능하면 그들의 이름을 사용하여 따뜻한 인사를 하라. | "우리는 신사와<br>숙녀를 봉사하는<br>신사숙녀이다." | Ritz-Carlton은 우리의 신사숙녀를 고객에 대한 서비스 봉사에서 가장 중요한 자원으로 여긴다.<br>신뢰와 정직, 존경과 성실, 헌신의 원칙을 통해 우리는 개인과 기업 모두의 이익을 극대화시킨다.<br>가치 있는 다양성과 높은 삶의 질, 모두 사기가 충만한 Ritz-Carlton만의 분위기를 조장한다. | Ritz-Carlton 호텔은 우리의 손님에 대한 배려와 손님의 안락이 가장 중요한 임무이다.<br>우리는 항상 온난하고 편안하고 세련된 환경을 즐길 우리의 손님에게 가장 정밀하고 개인적인 서비스 기능을 제공하는 것을 목표로 한다.<br>Ritz-Carlton 경험에 의하여 활기를 띠고, 복지를 가능케 하고, 우리 손님의 표현되지 않는 소원과 욕구까지 충족시킨다. |

출처


PART III

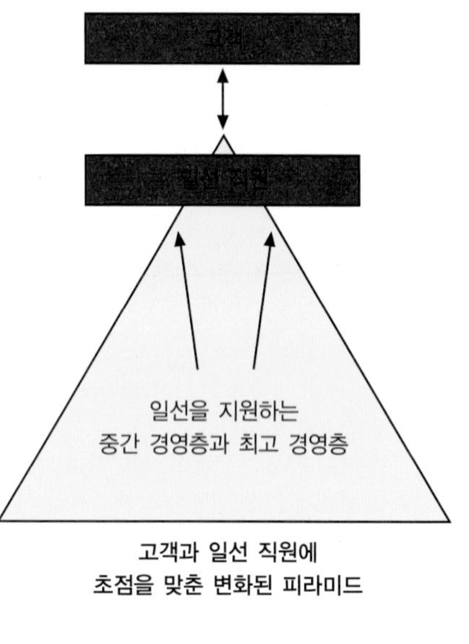




전통적인 조직 피라미드

고객과 일선 직원에
초점을 맞춘 변화된 피라미드

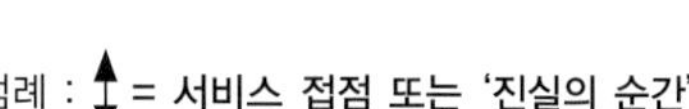
범례 : ↕ = 서비스 접점 또는 '진실의 순간'

**그림 11.25** 역 조직 피라미드

일선 직원, 고객과 대화하고 함께 일하고, 심지어 스스로 직접 고객을 접대하는 데 시간을 보냄으로써 적극적으로 참여한다. 예를 들어, 디즈니월드의 관리자는 현장에서 실제로 일어나는 일을 더 잘 이해하기 위해서 매년 2주씩 거리를 청소하고, 아이스크림을 팔거나 놀이기구 안내원으로 일선에서 일한다.[43]

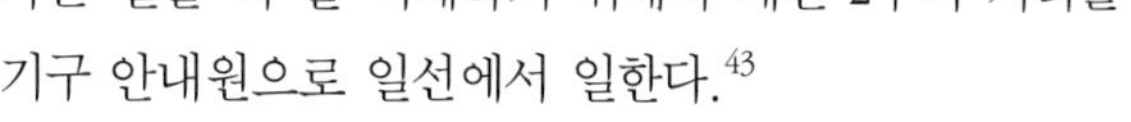

그림 11.25는 일선의 중요성을 강조하는 역 피라미드를 보여준다. 이것은 고객에게 우수한 서비스를 전달하는 업무에서 최전선을 뒷받침해 주는 최고 관리자와 중간 관리자의 역할을 보여주는 것이다.

## 요약

**학습목표 1**

서비스 직원은 다음과 같은 이유로 서비스 기업의 성공을 위해 매우 중요하다. 서비스 직원은

- 서비스 상품의 핵심이다.
- 고객의 시각으로는 서비스 직원은 서비스 기업을 대표한다.
- 브랜드 약속을 전달하기 때문에 브랜드의 핵심이다.
- 판매, 교차 판매, 그리고 상향 판매(up-sales)를 창출한다.
- 일선 서비스 운영에서 생산성의 핵심 동력이다.
- 고객 충성의 원천이다.
- 심지어 접촉빈도가 낮은 서비스에서도 소수의 중요한 고객접점 기회에서 고객에게 좋은 인상을 심어준다.

**학습목표 2**

일선 직원들의 업무는 어렵고 피곤한 일이다. 왜냐하면 그들은 다음과 같은 성격을 지닌 기업-고객 접점에 근무하기 때문이다.

- 조직/고객 갈등
- 사람/역할 갈등
- 고객 간 갈등
- 정서 노동과 정서적 스트레스

**학습목표 3**

기업의 실패, 평범, 그리고 성공하는 과정을 묘사하기 위해 일선 서비스 직원과 고객이 포함된 세 가지 유형의 순환을 활용했다.

- 실패 순환은 낮은 임금과 높은 이직 전략을 포함한다. 이에 따라 상당한 고객 불만족 및 이탈이 발생하여 결과적으로 영업 이윤이 감소하게 된다.
- 평범 순환은 고용보장을 제공하지만 직무 범위가 그리 넓지 않은 대규모 관료형 조직에서 흔히 발견된다. 고객에게 서비스를 잘 제공하더라도 인센티브는 없다.
- 성공적인 서비스 기업은 성공 순환을 따른다. 성공 순환에서 직원들은 만족하고 생산적이며 결과적으로 고객들은 만족도와 충성도는 증가한다. 증가된 이익은 일선 직원들의 채용, 교육훈련, 그리고 동기부여에의 투자를 가능하게 만든다.

**학습목표 4**

서비스 인재 순환은 서비스 기업의 성공적인 인재개발 전략을 위한 가이드이며, 서비스 기업이 성공 순환으로 이동하도록 도와준다. 서비스 인재 순환의 실행은 훌륭한 고객 서비스를 전달할 수 있을 뿐만 아니라 생산적이도록 동기부여된 직원들을 서비스 기업에게 제공한다.

**학습목표 5**

적합한 직원을 채용하기 위해 서비스 기업은 자사 조직이나 특정 서비스에 적합한 사람들을 선택하고 고용할 필요가 있다. 많은 산업에서 고용 시장의 경쟁이 치열하다는 사실을 인식하는 것에서 인재개발의 베스트 사례는 시작된다. 선호되는 고용자가 되기 위한 역량 경쟁은 다음을 요구한다.

- 기업이 구직자들에게 선호되도록 하라. 또한 결과적으로 고용 시장의 우수한 인력들로부터 다수의 구직신청을 받도록 하라.
- 신중한 채용은 직무와 기업문화에 모두 적합한 직원의 선발을 보증한다. 관찰, 성격 테스트, 구조화된 인터뷰와 현실적인 직무정보 제공과 같은 검증 방법을 사용하여 가장 적합한 직원을 선발하라.

**학습목표 6**

일선 직원들을 가능하게 하기 위해 서비스 기업은 다음이 요구된다.

- 다음에 대해 광범위하고 심도 있는 훈련을 하라. (1) 조직 문화, 목표와 전략, (2) 대인관계와 기술, (3) 상품/서비스 지식

**학습목표 7**

일선 직원이 고객 욕구와 예상하지 못한 상황이나 서비스 실패에 유연하게 반응할 수 있도록 권한을 위임하라. 위임과 교육 훈련은 서비스가 훌륭하게 제공할 수 있도록 직원들에게 권한, 스킬, 그리고 자신감을 부여한다.

**학습목표 8**

처음부터 끝까지 훌륭한 서비스를 고객에게 전달할 수 있는 효과적인 서비스 전달 팀이 되도록 일선 직원들을 조직하라.

**학습목표 9**

마지막으로 급여, 직무 만족, 인식과 피드백에서 목표 달성에 이르는 전체적 보상 체계로 직원들을 동기부여하라.

**학습목표 9**

일선 감독자를 포함하여 최고, 중간 관리자는 서비스의 훌륭함을 강조하는 강력한 조직 문화를 지속적으로 강화해야 한다.

- 전체 조직이 일선 라인을 지원하도록 한다.
- 문화를 형성하고 모든 직원에게 메시지를 전달하기 위해 적극적으로 커뮤니케이션하라.

## 학습 키워드

이 키워드들은 각 학습목표 절에서 확인할 수 있다. 그들은 각 절에서 학습하는 서비스 마케팅 개념을 이해하기 위하여 필수적인 것이다. 이 키워드들의 개념과 어떻게 이들을 이용할 것인가를 잘 아는 것이 이 과정을 잘 마치고, 실제 외부의 경쟁시장 환경에서 실무적으로 실행하는 데 필수적이다.

**학습목표 1**

1. 상표
2. 저접촉 서비스
3. '진실의 순간 (Moment of Truth)'
4. 개인화된 관계
5. 생산성
6. 서비스 직원
7. 서비스 기업

**학습목표 2**

8. 고객접점
9. 정서 노동
10. 고객 간 갈등
11. 조직/고객 갈등
12. 사람/역할 갈등
13. 역할 갈등

**학습목표 3**

14. 고객 실패의 주기
15. 실패 순환
16. 평범 순환
17. 성공 순환
18. 직원 실패의 주기
19. 서비스 태업

**학습목표 4**

20. 인적자원관리
21. 서비스 인재 순환주기

**학습목표 5**

22. 고용
23. 다중 구조화된 인터뷰
24. 행동 관찰
25. 인성 검사
26. 선호되는 고용주
27. 직무 정보
28. 선발

**학습목표 6**

29. 대인관계 기술
30. 조직 문화
31. 제품 지식
32. 서비스 지식
33. 기술적 스킬
34. 교육훈련

**학습목표 7**

35. 직원 관여
36. 직원 자기지시
37. 권한위임
38. 고관여
39. 직무 관여
40. 제안 관여

**학습목표 8**

41. 교차기능 팀
42. 효과적 팀워크
43. 자기관리된 팀
44. 서비스 전달 팀

**학습목표 9**

45. 에너지부여
46. 피드백
47. 목표 달성
48. 직무 내용
49. 동기부여
50. 인식

**학습목표 10**

51. 카리스마적 리더십
52. 문화
53. 역 조직 피라미드
54. 리츠칼튼의 Gold Standard
55. 서비스 문화
56. 서비스 리더십
57. 변혁적 리더십

PART III

## 학습 문제

1. 서비스 회사에서 서비스 인력이 왜 그렇게 중요한가?
2. 서비스 전달이 고접촉에서 저접촉으로 이동하는 추세이다. 저접촉 서비스에서도 서비스 인력이 중요한가? 답을 설명해 보시오.
3. 정서 노동이 무엇인가? 특정 직업에 있는 직원에게 스트레스를 일으키는 방법에 대해 설명해 보시오. 설명을 위해 적합한 예를 이용해 보시오.
4. 실패의 순환이 성공의 순환으로 변화되기 위해 회사가 무너뜨려야 할 주요 장벽은 무엇인가? 그리고 평범의 순환에 있는 회사는 어떻게 해야 다음 과정으로 나아갈 수 있을까?
5. 직원 고용과 훈련, 지속적인 동기부여가 고객 만족에 있어서 (a) 레스토랑, (b) 항공사, (c) 병원, (d) 컨설팅 회사와 같은 조직에 긍정적인 영향을 끼치는 다섯 가지 방법을 나열하시오.
6. 서비스 인재 순환주기의 주된 요소에 대해 서술해 보시오.
7. 결과적으로 노동시장에서 최고 잠재력 있는 후보자로부터 많은 지원을 받을 수 있는 선호되는 고용주가 되기 위해서 서비스 회사는 무엇을 해야 할까?
8. 회사는 어떻게 하면 많은 수의 지원자들 중 가장 적합한 후보자를 고를 수 있을까?
9. 서비스 회사가 해야 할 주된 훈련 유형은 무엇인가?
10. 직원 권한 위양 전략을 선호하게 되는 요인은 무엇인가?
11. 어떻게 하면 일선 직원이 서비스 우수성과 생산성을 달성할 수 있도록 효과적으로 동기부여가 될 수 있을까?
12. 어떻게 하면 서비스 기업이 서비스 우수성과 생산성을 강조하는 강한 서비스 문화를 구축할 수 있을까?

## 참고문헌


1 Adapted from Leonard L. Berry, Discovering the Soul of Service—The Nine Drivers of Sustainable Business Success. New York: Free Press, 1999, 156-159.

2 Liliana L. Bove, and Lester W. Johnson, "Customer Relationships with Service Personnel: Do We Measure Closeness, Quality or Strength?" *Journal of Business Research* 54 (2001): 189-197; Magnus S derlund and Sara Rosengren, "Revisiting the Smiling Service Worker and Customer Satisfaction," *International Journal of Service Industry Management* 19, no. 5 (2008): 552-574; Anat Rafaeli, Lital Ziklik, and Lorna Doucet, "The Impact of Call Center Employees' Customer Orientation Behaviors and Service Quality," *Journal of Service Research* 10, no. 3 (2008): 239-255.

3 Recent research established the link between extra-role effort and customer satisfaction; e.g., Carmen Barroso Castro, Enrique Mart n Armario, and David Mart n Ruiz, "The Influence of Employee Organizational Citizenship Behavior on Customer Loyalty," *International Journal of Service Industry Management* 15, no. 1 (2004): 27-53.

4 http://www.fiveguysproductions.com/2010/08/just-little-excitement-on-my-flight.html, accessed March 12, 2012, "Just a Little Excitement on my Flight Today," posted on August 9, 2010 by Phil.

5 Vaikakalathur Shankar Mashesh and Anand Kasturi, "Improving Call Centre Agent Performance: A UK—India Study Based on the Agents' Point of View." *International Journal of Service Industry Management* 17, no. 2 (2006): 136-157. On potentially conflicting goals, see also: Detelina Marinova, Jun Ye, and Jagdip Singh, "Do Frontline Mechanisms Matter? Impact of Quality and Productivity Orientations on Unit Revenue, Efficiency, and Customer Satisfaction," *Journal of Marketing* 72, no. 2 (2008): 28-25.

6 Arlie R. Hochschild, *The Managed Heart: Commercialization of Human Feeling* (Berkeley: University of California Press, 1983).

7 See also Michel Rod and Nicholas J. Ashill, "Symptoms of Burnout and Service Recovery Performance," *Managing Service Quality* 19, no. 1 (2009): 60?84; Jody L. Crosno, Shannon B. Rinaldo, Hulda G. Black, and Scott W. Kelley, "Half Full or Half Empty: The Role of Optimism in Boundary-Spanning Positions," *Journal of Service Research* 11, no. 3 (2009): 295-309.

8 For how frontline staff resist emotional labor, see: Jocelyn A. Hollander and Rachel L. Einwohner, "Conceptualizing Resistance," *Sociological Forum* 19, no. 4 (2004): 533-554; Diane Seymour, "Emotional Labour: A Comparison Between Fast Food and Traditional Service Work," *International Journal of Hospitality Management* 19, no. 2, (2000): 159-171; Peter John Sandiford and Diane Seymour, "Reacting to the Demands of Service Work: Emotional Resistance in the Coach Inn Company," *The Service Industries Journal* 31, nos. 7?8 (May 2011): 1195-1217.

9 Jochen Wirtz and Robert Johnston, "Singapore Airlines: What It Takes to Sustain Service Excellence—A Senior Management Perspective," *Managing Service Quality* 13, no.1 (2003): 10-19; and Loizos Heracleous, Jochen Wirtz, and Nitin Pangarkar, *Flying High in a Competitive Industry: Secrets of the World's Leading Airline.* (Singapore: McGraw-Hill, 2009).

10 The terms "Cycle of Failure" and "Cycle of Success" were coined by Leonard L. Schlesinger and James L. Heskett, "Breaking the Cycle of Failure in Services," *Sloan Management Review* (Spring 1991): 17-28. The term "Cycle of Mediocrity" comes from Christopher H. Lovelock, "Managing Services: The Human Factor," in W. J. Glynn and J.G. Barnes eds. *Understanding Services Management.* (Chichester, UK: John Wiley & Sons, 1995), 228

11 Lloyd C. Harris and Emmanuel Ogbonna, "Exploring Service Sabotage: The Antecedents, Types, and Consequences of Frontline, Deviant,


PART III

Antiservice Behaviors," *Journal of Service Research* 4, no. 3 (2002): 163-183.

12 Leonard Schlesinger and James L. Heskett, "Breaking the Cycle of Failure," *Sloan Management Review* (Spring 1991): 17-28.

13 Reg Price and Roderick J. Brodie, "Transforming a Public Service Organization from Inside Out to Outside In," *Journal of Service Research* 4, no. 1 (2001): 50-59.

14 Mahn Hee Yoon, "The Effect of Work Climate on Critical Employee and Customer Outcomes," *International Journal of Service Industry Management* 12, no. 5 (2001): 500-521.

15 Charles A. O' Reilly III and Jeffrey Pfeffer, *Hidden Value?How Great Companies Achieve Extraordinary Results with Ordinary People* (Boston, Massachusetts: Harvard Business School Press, 2000), 1.

16 Thomas H. Davenport, Jeanne Harris and Jeremy Shapiro, "Competing on Talent Analytics" *Harvard Business Review* (October 2010): 52-58.

17 This section was adapted from: Benjamin Schneider and David E. Bowen, *Winning the Service Game* (Boston: Harvard Business School Press, 1995), 115-126.

18 John Wooden, *A Lifetime of Observations and Reflections On and Off the* Court (Chicago: Lincolnwood, 1997), 66.

19 Michael J. Tews, Kathryn Stafford, and J. Bruce Tracey, "What Matters Most? The Perceived Importance of Ability and Personality for Hiring Decisions," *Cornell Hospitality Quarterly* 52, no. 2 (2011): 94-101.

20 See Tom J. Brown, John C. Mowen, D. Todd Donovan, and Jane W. Licata, "The Customer Orientation of Service Workers: Personality Trait Effects on Self- and Supervisor Performance Ratings," *Journal of Marketing Research* 39, no. 1 (2002): 110?119; Salih Kusluvan, Zeynep Kusluvan, Ibrahim Ilhan and Lutfi Buyruk, "The Human Dimension: A Review of Human Resources Management Issues in the Tourism and Hospitality Industry," *Cornell Hospitality Quarterly* 51, no. 2 (May 2010): 171-214; Hui Liao and Aichia Chuang, "A Multilevel Investigation of Factors Influencing Employee Service Performance and Customer Outcomes," *Academy of Management Journal* 47, no. 1 (2004): 41-58; Androniki Papadopoulou-Bayliss, Elizabeth M. Ineson and Derek Wilkie, "Control and Role Conflict in Food Service Providers," *International Journal of Hospitality Management* 20, no. 2 (2001): 187-199.

21 Serene Goh, "All the Right Staff," and Arlina Arshad, "Putting Your Personality to the Test," *The Straits Times* September 5, 2001, H1.

22 Donald W. Jackson Jr. and Nancy J. Sirianni, "Building the Bottomline by Developing the Frontline: Career Development for Service Employees," *Business Horizons* 52 (2009): 279-287; Timothy R. Hinkin and J. Bruce Tracey, "What Makes It So Great? An Analysis of Human Resources Practices among Fortune' s Best Companies to Work For," *Cornell Hospitality Quarterly* 51, no. 2 (May 2010): 158-170; Rick Garlick, "Do Happy Employees Really Mean Happy Customers? Or Is There More to the Equation? *Cornell Hospitality Quarterly* 51, no. 3 (August 2010): 304-307.

23 Yukari Iwatani Kane and Ian Sherr, "Secrets from Apple' s Genius Bar: Full Loyalty, No Negativity," *The Wall Street Journal*, June 15, 2011, http://online.wsj.com/article/SB10001424052702304563104576364071955678908.html, accessed March 12, 2012.

24 Leonard L. Berry, *Discovering the Soul of Service?The Nine Drivers of Sustainable Business Success* (New York: The Free Press, 1999), 161.

25 Disney Institute, *Be Our Guest: Perfecting the Art of Customer Service*. Disney Enterprises (2001).

26 David A. Tansik, "Managing Human Resource Issues for High Contact Service Personnel," in D. E. Bowen, R. B. Chase, T. G. Cummings, and Associates eds. *Service Management Effectiveness*

(San Francisco: Jossey-Bass, 1990), 152-176.

27 Parts of this section are based on David E. Bowen and Edward E. Lawler, III, "The Empowerment of Service Workers: What, Why, How and When," *Sloan Management Review* (Spring 1992): 32-39.

28 Dana Yagil, "The Relationship of Customer Satisfaction and Service Workers' Perceived Control—Examination of Three Models," *International Journal of Service Industry Management* 13, no. 4 (2002): 382-398.

29 Graham L. Bradley and Beverley A. Sparks, "Customer Reactions to Staff Empowerment: Mediators and Moderators," *Journal of Applied Social Psychology* 30, no. 5 (2000): 991-1012.

30 David E. Bowen and Edward E. Lawler, III, "The Empowerment of Service Workers: What, Why, How and When," *Sloan Management Review* (Spring 1992): 32-39.

31 Jon R. Katzenbach and Douglas K. Smith, "The Discipline of Teams," *Harvard Business Review* (March—April, 1993): 112.

32 Andrew Sergeant and Stephen Frenkel, "When Do Customer Contact Employees Satisfy Customers?" *Journal of Service Research* 3, no. 1 (August 2000): 18-34.

33 Ad de Jong, Ko de Ruyter, and Jos Lemmink, "Antecedents and Consequences of the Service Climate in Boundary-Spanning Self-Managing Service Teams," *Journal of Marketing* 68 (April 2004): 18-35.

34 Mike Osheroff, "Teamwork in the Global Economy," *Strategic Finance* 88, no. 8 (Feb 2007): 25, 61

35 This section is based on Schneider and Bowen, *Winning the Service Game*, 145-173.

36 Adam M. Grant, "How Customers Can Rally Your Troops," *Harvard Business Review* (June 2011): 96-103.

37 The authors of the following paper emphasize the role of alignment between tradition, culture and strategy that together form the basis for the firms HR practices: Benjamin Schneider, Seth C Hayes, Beng-Chong Lim, Jana L. Raver, Ellen G. Godfrey, Mina Huang, Lisa H. Nishii, and Jonathan C. Ziegert, "The Human Side of Strategy: Employee Experiences of a Strategic Alignment in a Service Organization," *Organizational Dynamics* 32, no. 2 (2003): 122-141.

38 Scott B. MacKenzie, Philip M. Podsakoff, and Gregory A. Rich, "Transformational and Transactional Leadership and Salesperson Performance," *Journal of the Academy of Marketing Science* 29, no. 2 (2001): 115-134.

39 Leonard L. Berry, *On Great Service—A Framework for Action*, 236-237; Leonard L. Berry and Kent D. Seltman, *Management Lessons from Mayo Clinic: Inside One of the World's Most Admired Service Organization.* McGraw Hill (2008). The following study emphasized the importance of the perceived ethical climate in driving service commitment of service employees: Charles H. Schwepker Jr. and Michael D. Hartline, "Managing the Ethical Climate of Customer-Contact Service Employees," *Journal of Service Research* 7, no. 4 (2005): 377-397.

40 Schneider and Bowen, *Winning the Service Game*, 240.

41 Joseph A. Mitchelli, *The New Gold Standard: 5 Leadership Principles for Creating a Legendary Customer Experience Courtesy of The Ritz-Carton Hotel Company.* McGraw-Hill, 2008: 61-66, and 191-197.

42 Paul Hemp, "My Week as a Room-Service Waiter at the Ritz," *Harvard Business Review 80*, (June 2002): 8-11.

43 Catherine DeVrye, *Good Service Is Good Business*, (Upper Saddle River, NJ:Prentice Hall, 2000), 11.

# 서비스 마케팅 체계

**제1부**

서비스 상품, 소비자, 시장의 이해

- 제1장 서비스 마케팅 개관
- 제2장 서비스 상황에서의 소비자 행동
- 제3장 경쟁 시장에서의 서비스 포지셔닝

**제2부**

4Ps의 서비스 적용

- 제4장 서비스 상품 개발 : 핵심 요소와 보조 요소
- 제5장 물리적 및 전자적 경로를 통한 유통
- 제6장 가격설정과 수익 관리
- 제7장 서비스 촉진과 고객교육

**제3부**

고객접점의 설계와 관리

서비스 마케팅의 추가적인 3Ps

- 제8장 서비스 프로세스의 설계와 관리
- 제9장 수요와 생산능력의 균형
- 제10장 서비스 환경의 구축
- 제11장 서비스 우위를 위한 인적 관리

**제4부**

고객 관계의 개발

- 제12장 관계 관리와 충성도 구축
- 제13장 고객 불평 관리와 서비스 회복

**제5부**

서비스 우수성을 위한 노력

- 제14장 서비스 품질 및 생산성 개선
- 제15장 서비스 리더십을 위한 조직화

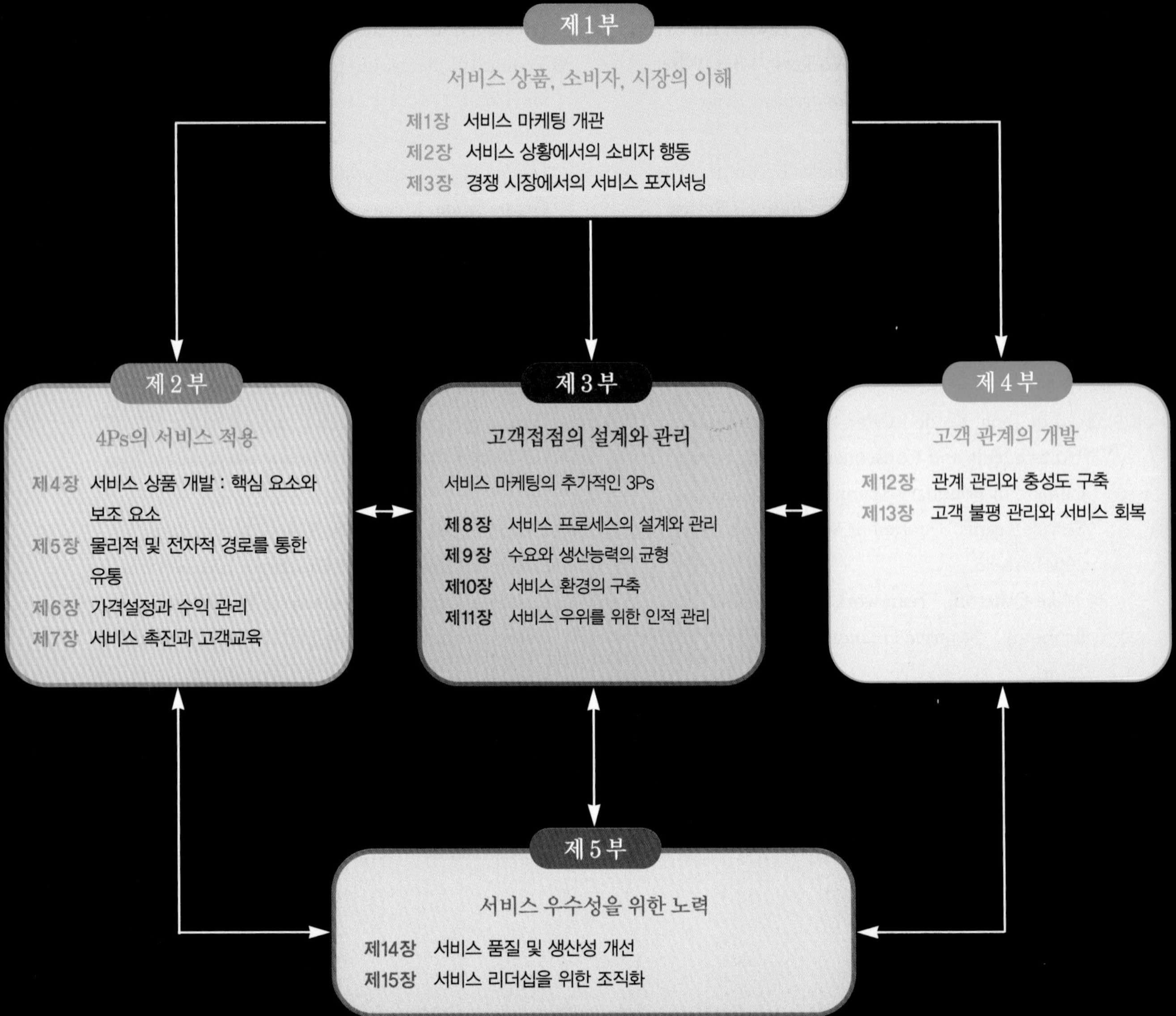

PART IV

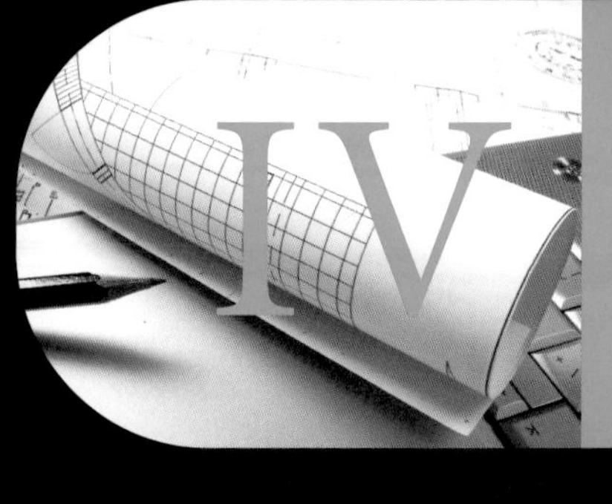

# 고객 관계의 개발

제4부는 충성도 구축을 통해 고객 관계를 개발하고, 장기적 수익을 위해 고객 불만족을 관리하는 것을 중점적으로 다룬다. 제4부는 두 장으로 구성된다.

## 제12장 관계 관리와 충성도 구축

이 장은 적절한 세분 시장에서 고객과의 관계를 구축하여 이윤을 창출하고, 충성도 바퀴를 조직 프레임워크로 활용하여 충성도를 구축하고 강화하는 방법을 주로 다룬다. 이어 고객관계관리(CRM) 시스템에 대한 논의가 이어진다.

## 제13장 고객 불평 관리와 서비스 회복

이 장은 효과적인 불평처리 방법과 전문적 서비스 회복의 실행과정을 분석한다. 이 장은 고객 불평 행동에 대한 리뷰와 효과적인 서비스 회복 시스템의 원칙들을 소개하는 것으로 시작한다. 또한 효과적인 서비스 회복을 제도화할 수 있는 강력한 방법이자 고품질 서비스를 가능하게 하는 효과적인 마케팅 도구로서 서비스 보장을 논의한다. 이외에 이 장은 서비스 회복 정책의 이점을 취하거나 다른 방법으로 서비스를 오용하는 불량고객의 처리방법도 다루고 있다.

CHAPTER 12

# 관계 관리와 충성도 구축

## 학습목표

이 장을 학습하게 되면 학생들은 다음의 내용을 이해하게 될 것이다.

- **학습목표 1** 충성도는 서비스 회사의 수익을 창출하는 데 중요한 역할을 하는가?
- **학습목표 2** 충성 고객의 평생가치를 어떻게 계산하는가?
- **학습목표 3** 왜 고객들이 특정 서비스 기업에 대해서 충성도를 갖게 되는가?
- **학습목표 4** 충성적인 고객을 개발하기 위한 기반으로서 충성도 바퀴의 핵심 전략이란 무엇인가?
- **학습목표 5** 서비스 기업이 적절한(right) 고객을 목표로 하는 것이 얼마나 중요한가?
- **학습목표 6** 고객기반을 관리하고 충성도를 구축하기 위하여 어떻게 서비스 등급을 이용할 것인가?
- **학습목표 7** 만족도와 충성도는 어떤 관계가 있는가?
- **학습목표 8** 어떻게 하면 교차판매와 묶음판매를 통해 관계가 더 깊어질 수 있는가?
- **학습목표 9** 고객 충성도를 강화하기 위한 금전적인 보상과 비금전적인 보상의 역할이란 무엇인가?
- **학습목표 10** 충성도를 강화하기 위한 사회적 유대, 고객화 유대, 구조적 유대의 힘이란 무엇인가?
- **학습목표 11** 고객이 경쟁자로 전환하는 요인들은 무엇이며, 이러한 전환을 줄이는 방안은 무엇인가?
- **학습목표 12** 고객화된 서비스를 전달하고 충성도 구축을 위한 CRM의 역할은 무엇인가?

**그림 12.1** 도박 중독자부터 가볍게 도박을 하는 사람까지, Harrah's의 빛나는 불빛은 고객 만족을 약속한다.

# 도입 사례

## Harrah's 엔터테인먼트의 고객 관계 경영[1]

세계에서 가장 큰 게임회사인 Harrah's 엔터테인먼트는 3개의 주요 브랜드인 Harrah's, Caesar's, Horseshoe를 보유하고 있으며 매우 정교한 충성도 프로그램을 이용하는 업계 선두주자이다. Harrah's는 게임 업계 최초로 고객층에 따른 충성도 프로그램을 만든 회사이다. 현재 프로그램에는 5단계의 고객 등급이 있는데, 골드, 플래티넘, 다이아몬드, 세븐스타, 체어맨 클럽으로 구분된다. 고객 카드는 모든 시설과 서비스에 대해 통합적으로 사용될 수 있다.고객들은 갬블 테이블, 레스토랑, 호텔의 선물가게 및 쇼와 같은 회사 전역의 모든 공간에서 카드를 사용하고 포인트를 얻는다. 모아진 포인트는 현금, 물건, 숙박, 쇼 티켓, 휴가 및 이벤트 등에 사용할 수 있다.

Harrah's의 특별한 점은 충성도 프로그램 그 자체가 아니라 고객들이 포인트를 얻기 위해 카드를 사용할 때 정보들이 수집되는 것이다. Harrah's는 고객을 전체적인 관점에서 관리하기 위해 카지노 관리, 호텔 예약 그리고 이벤트에 이르는 모든 데이터를 연결시켰다. Harrah's는 현재 4,200만 고객에 대한 자세한 데이터를 갖고 있다. Harrah's는 고객들이 각각의 게임들에 얼마나 지불하는지부터, 음식과 음료 및 엔터테인먼트에 대한 선호까지, 고객들의 개인적인 선호에 대해서 알고 있다. 고객에 대한 정보는 실시간으로 수집된다.

Harrah's는 데이터를 마케팅과 현장에서 고객 서비스를 위해 이용한다. 예를 들어, 다이아몬드 카드 소지자가 슬롯 머신에서 278번의 서비스 시그널을 보내면, Harrah's의 관계자는 "Mr. Jones, 저것이 정상인가?"라고 묻게 되며, 고객의 요청에 대응하기 위해 서버에서 발생한 시간을 추적한다. 또 다른 예는 어떤 고객이 언제 고객이 잭팟을 터뜨리면 그 승리를 기념하기 위해 맞춤형 보상을 할 수도 있다. Harrah's는

**그림 12.2** Harrah's의 고객 관계 발전을 위한 기술 혁신의 사용은 잭팟을 터뜨렸다.

또한 어떤 고객이 언제 게임을 멈출지, 특정 저녁시간대의 언제 최대 도박 한계에 다다르는지 알고 있다. 한계에 도달하기 바로 직전에, Harrah's는 그에게 여석의 대폭 할인된 쇼티켓을 문자메시지를 통해 제공할 수 있다. 이는 고객이 계속 점포 내에 (소비하면서) 있게 만들며, 그가 게임을 그만두고 싶을 때에 매우 특별한 대우를 받음으로써 가치를 느끼게 해 줄 것이다. 이것은 동시에 Harrah's의 쇼와 레스토랑의 이용을 촉진시킨다.

고객이 콜센터에 전화할 때 직원은 고객의 선호도와 소비 습관에 대해 실시간으로 정보를 확인할 수 있으며, 교차 판매 또는 상향 판매를 통해 가치 있는 고객들에게 서비스를 제공할 수 있다. Harrah's는 전체 고객을 동시에 표적으로 하는 융단폭격식 프로모션을 하지는 않는다. Harrah's의 회장인 Gary Loveman은 이것을 '이익을 잠식하는 악몽'이라고 표현한다. 대신 각기 다른 고객에게 적절한 인센티브를 제공하는 표적화된 프로모션을 사용하며, 또한 이 프로모션의 효과를 금액기준으로 측정하고 향후 개선하기 위해 통제집단을 사용한다.

데이터에 기반한 CRM으로 Harrah's는 각각 고객들과의 상호관계를 개인적이며 차별화가 가능한 관계로 만든다. 결과적으로 Harrah's 카드 소지 고객들의 지출 비중을 34%에서 50% 이상으로 증가시켰다.

PART IV

## 고객 충성도 탐색

적절한 고객의 표적화, 습득, 그리고 유지는 대부분 성공한 서비스 기업의 핵심이다. 제3장에서 우리는 세분화와 포지셔닝에 대해 살펴보았다. 이 장에서는, 특히 선택된 부분 내 충성 고객의 중요성에 초점을 맞추어 계획된 관계 마케팅 전략을 통해서 충성도를 구축하고 유지하는 것에 대해 알아볼 것이다. 그 목적은 관계를 구축하고 충성고객으로 발전시킴으로써 미래에 기업을 더욱 더 성장시키는 데 있다.

충성도(loyalty)는 비즈니스 관점에서, 고객이 지속적으로 한 회사로부터 구매하고, 그 회사의 제품을 주변 친구와 동료에게 추천하는 것을 의미한다. 고객 충성도는 단순히 행동적 측면뿐 아니라, 선호도, 취향, 향후 구매 의도 등을 의미한다.

"고객을 종신보험으로 여기는 기업은 극소수이다."라고 *The Loyalty Effect*의 저자이자, 이 분야의 저명한 연구자인 Frederick Reichheld는 말한다.[2] 그러나 이는 충성 고객이 한 회사에 의미하는 것—오랜 기간 정기적인 수익의 원천—을 말한다. 고객기반과 고객 충성도의 적극적인 관리는 고객 자산 관리라고 할 수 있다.[3]

마케팅 분야에서 이탈(defection)이라는 용어는 고객이 한 회사로부터 구매를 중단하고, 그들의 브랜드 충성도를 다른 회사로 옮기는 것을 의미한다. Reichheld와 Sasser는 이탈 제로(zero defections)라는 유명한 말을 만들어 냈다. 이탈 제로는 기업이 수익을 낼 수 있도록 도와주는 모든 고객을 지키는 것을 의미한다.[4] 이탈 비율이 높아지는 것은 품질에 문제가 있다는 것(혹은 다른 경쟁자가 더 나은 가치를 제공하는 것)을 보여주는 것이라 할 수 있다. 또한 기업의 수익 하락을 보여주는 것이라 할 수도 있다. 많은 고객이 하룻밤에 사라지지는 않는다. 지속적으로 구매를 줄인다거나, 그들의 비즈니스 일부를 다른 곳으로 옮김으로써 증가하는 불만족을 드러낼지도 모른다.

**▶ 학습목표 1**
충성도는 서비스 회사의 수익을 창출하는 데 중요한 역할을 하는가?

### 왜 고객 충성도는 기업 수익에 중요한가

충성 고객은 수익 측면에서 얼마나 가치가 있을까? Reichheld와 Sasser는 여러 다른 서비스업의 고객당 수익을 분석하였다. 고객은 기업과 관계를 유지한 햇수에 따라 구분되었으며,[5] 한 기업과 오랫동안 관계를 지속한 고객일수록 기업에 더 많은 수익을 주는 것으로 확인되었다. 고객당 매년 단위 수익 증가가 몇몇 산업군에서 어떠한지 그림 12.3에서 확인할 수 있다. 그 산업군(괄호 안의 숫자는 첫해 고객으로부터의 평균 수익)은 신용카드($30), 세탁업($144), 유통업($45), 그리고 자동차 서비스업($25)에서 조사되었다. 인터넷산업에서도 같은 충성도 효과를 찾을 수 있었다. 이것은 대개 고객 획득 비용을 회복하는데 1년 이상이 걸리고, 수익은 기업과 고객이 관계를 유지한 연수가 오래될수록 증가한다는 것이다.[6]

Reichheld와 Sasser는 이러한 수익 증가를 유발하는 네 가지 요인에 대해서 아래와 같이 정리하고 있다.

1. 증가된 구매(또는 신용카드, 은행 환경, 잔고 수준)에 따른 수익 시간이 지나면서 기업 고객은 규모가 커지고, 더 많은 양의 구매를 필요로 한다. 개인 고객 역시 가족수가 늘어나거나 더 부유해지면서 구매가 증가한다. 두 유형의 고객 모두, 높은 수준의 서비스를 제공하는 선호 공급자로부터 구매를 강화할 것이다.

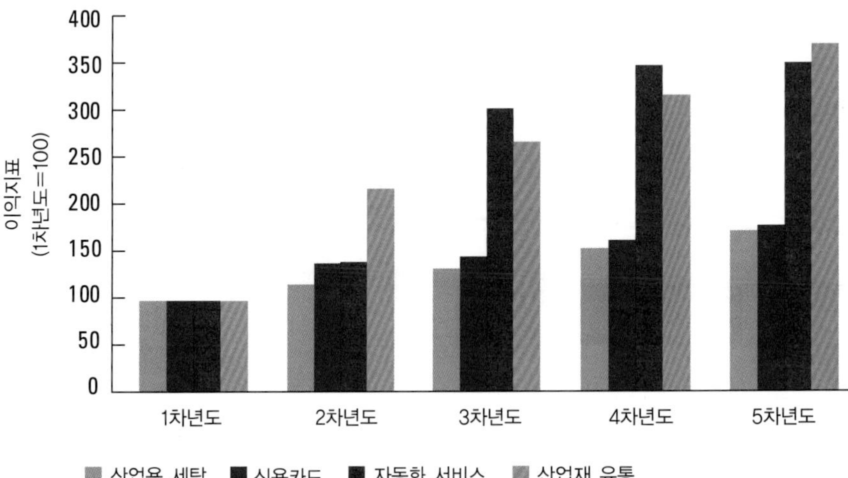


**그림 12.3** 시간 경과에 따라 고객이 발생시키는 수익

출처

Reprinted by permission of *Harvard Business Review* from Frederick J. Reichheld and W. Earl Sasser Jr., "Zero Defections: Quality Comes to Services" Harvard Business Review 73 (Sept-Oct 1990), 108. 

2. 절감된 운영 비용에 의한 수익 고객의 경험이 증가할수록 공급자에 대한 요구 사항은 줄어든다(예 : 정보와 지원에 대한 필요가 줄어들며, 스스로 서비스를 충족시킨다). 그들은 또한 운영 과정과 관련된 일에서 실수가 적을 것이다. 이러한 점은 생산성 향상에 기여한다.
3. 다른 고객의 추천에서 오는 수익 긍정적인 입소문에 의한 추천은 무료영업과 무료광고와 같은 것으로, 이러한 활동에 투자하는 돈을 절약하게 해 준다.
4. 프리미엄 가격에 따른 수익 새로운 고객은 홍보 성격의 할인을 통해 이득을 얻고자 한다. 그러나 오랜 고객은 정가를 내고자 하며, 만족 수준이 높을 경우에는 프리미엄 가격을 지불하려 한다.[7] 게다가 고객은 서비스 제공자를 신뢰할 때, 더 많은 금액을 지불한다.

그림 12.4는 19개의 서로 다른 제품군(재화 및 서비스)에 대한 조사를 기반으로, 7년이란 기간 동안 위에서 언급한 네 가지 요소의 상대적인 기여 정도를 보여준다. Reichheld는 어떤 기업이 경쟁업체보다 더 많은 수익을 창출하는지에 대해, 위에 언급한 고객 충성도로 인한 경제적인 이점을 통해 설명하였다.

### 충성 고객의 가치평가

충성 고객이 일회성 구입고객보다 수익을 더 창출할 것이라는 생각은 잘못된 것일 수 있다.[8] 충성 고객이 일회성 구입고객보다 항상 더 많은 지출을 하는 것은 아니며, 오히려 이들은 가격할인을 기대하기도 한다. 또한 수익은 모든 유형의 고객을 위해 시간을 증가시키는 것을 필요로 하지 않는다.[9] 대부분의 B2C 서비스—은행, 모바일업, 환대업—의 고객은 가격을 협상할 수 없다. 그러나 B2B 측면에서, 규모가 큰 고객은 더 높은 수준의 구매력 협상을 갖고 있다. 그러므로 계약이 갱신되면, 고객은 더 낮은 가격으로 계약을 하려 할 것이다.

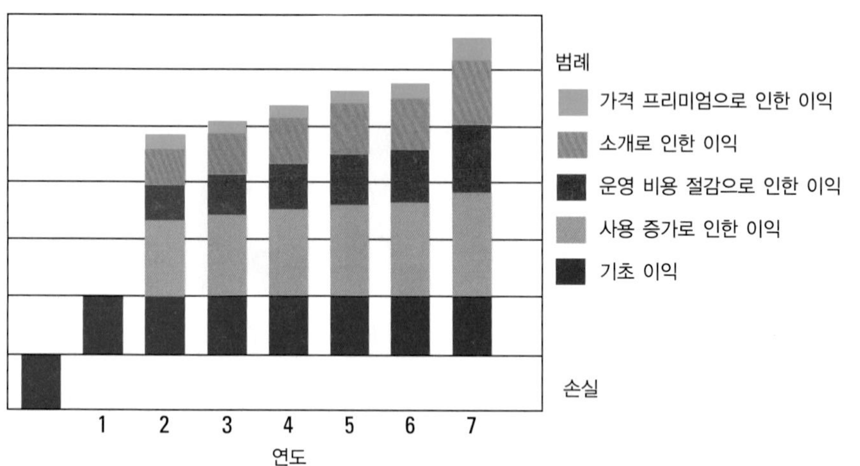


**그림 12.4** 왜 고객은 시간이 경과함에 따라 수익을 만들어 내는가?

출처
Why Customers Are More Profitable Over Time from Frederick J. Reichheld and W. Earl Sasser Jr. "Zero Defections: Quality Comes to Services," Harvard Business Review 73 (Sept-Oct 1990), 108. Reprinted by permission of Harvard Business School.

서비스 공급자는 규모가 큰 충성 고객과의 거래에서 얻는 원가 절감을 공유하길 강요받는다. DHL은 비록 개개의 주요 거래처는 많은 사업을 창출하지만, 수익은 평균 이하임을 발견하였다. 반대로 상대적으로 소규모의 거래처는 더 높은 수익성을 보이고 있었다(그림 12.5).[10]

**그림 12.5** DHL은 시장세분화를 통해 가격을 다르게 책정하고 있다.

최근 연구는 또한 고객의 수익 영향이 서비스 상품 주기 단계에 따라 다양하게 나타날지도 모른다는 것을 보여준다. 예를 들어, 만족한 고객을 통한 소개와 '결함이 있는' 고객의 부정적인 구전은 서비스 제품 주기의 후기보다 초기 단계의 수익에 있어서 지대한 영향을 미친다. 여기에서의 초점은 새로운 고객이 아닌 기존의 고객에 기초하여 현금 유동성을 창출하는 데 있다.[11]

고객의 라이프사이클 측면에서 살펴보면, 서로 다른 시점에서의 시장에 대한 세분화를 통해 고객에게 서비스를 제공하는 것은 비용과 수익을 결정하기 위한 일종의 과제라 할 수 있다. 고객가치를 계산하는 방법은 '고객 생애가치 계산을 위한 평가지'를 통해 알 수 있다.[12]

## 고객생애가치 계산을 위한 평가지[13]

▶ **학습목표 2**
충성 고객의 평생가치를 어떻게 계산하는가?

고객가치의 계산은 다양한 가정에 의존하는 부정확한 과학이다. 당신은 이러한 가정이 어떻게 결과에 영향을 주는지 알고 싶을 것이다. 만약 개인적인 기록이 보관되어 있지 않거나 관련 계정이 너무 커서 모든 계정 관련 비용이 개인적으로 문서화되거나 배분되어 있지 않다면, 일반적으로 고객 당 수익을 추적하는 것이 비용을 추적하는 것보다 용이하다.

### 획득 수익에서 획득 비용의 차감

개인에 대한 계정이 있다면 그 기록에 최초 신청(가입)과 최초 구매(적절하다면)가 있어야 한다. 반대로 비용은 평균적인 자료를 사용한다. 예를 들어, 신규 고객을 획득하는 마케팅 비용은 같은 기간에 획득된 신규 고객의 수로 같은 기간에 사용된 전체 비용(광고, 촉진, 판매 등)을 나눔으로써 얻을 수 있다. 만약 고객 획득이 비용을 사용한 동일 기간에만 이루어지지 않고, 다른 기간에까지도 연장될 수 있는데, 이 경우 신규 고객 획득에 지출된 마케팅 비용과 고객 획득에 따른 수익 간의 이월효과(lag effect)를 고려해야 한다.

만약 적절하다면 신용 조회를 위한 비용은 모든 신청자가 신용 기준을 넘는 것이 아니기 때문에 신청자의 수가 아닌 신규 고객의 수에 의하여 나누어서 구할 수 있다. 계정 셋업 비용은 대부분의 조직에서 평균을 사용한다.

### 연간 수익과 비용

만약 연간 판매, 계정 비용, 서비스 비용이 개인 계정을 기준으로 잘 문서화되어 있다면, 계정 수익 흐름은(추천에 의해서 얻어진 고객 획득 계정은 제외) 쉽게 확인될 수 있다. 가장 우선적으로 할 일은 기업과 관계를 가진 기간을 기준으로 고객을 세분화하는 것이다. 기업 기록의 정확도에 따라 이 범주에서의 연간 비용은 직접적으로 개인 계정 소비자에게 배분되거나 이 연령 범주의 모든 계정 소비자의 평균을 사용할 수도 있다.

### 추천가치

추천가치를 계산하는 것은 다양한 가정이 요구된다. 시작하기 전에 (1) 신규 고객의 몇 퍼센트가 다른 고객의 추천으로부터 영향을 받았는지, (2) 또 다른 마케팅으로부터 기업이 고객의 관심을 끌었는지를 알기 위한 조사를 수행할 필요가 있다. 이 2개의 항목으로부터 모든 신규 고객의 몇 퍼센트가 추천에 의한 것인지를 추정해 볼 수 있다. 추가적으로 "젊은" 고객보다, "노인" 고객이 더 효과적인 추천자임을 확인해 보는 조사도 필요할 것이다.

### 순 현재가치

미래의 수익 흐름을 통해 순 현재가치를 계산하기 위해서는 적합한 연간할인율(보통 물가상승률)을 선택해야 한다.

또한 획득된 신규 고객이 장기적으로 어느 정도 관계를 지속해 나갈 것인가도 추정해야 한다. 고객의 순 현재가치는 추정된 관계 기간 동안 할인율로 수익을 할인한 연간 기대수익의 합이다.

| 신규 획득 | | | 1차년도 | 2차년도 | 3차년도 | n년도 |
|---|---|---|---|---|---|---|
| *초기 수익* | | *연간 수익* | | | | |
| 신청 비용[a] | | 연간 계정 비용[a] | | | | |
| 초기 구매[a] | | 판매 | | | | |
| | | 서비스 비용[a] | | | | |
| | | 추천 가치[b] | | | | |
| *총수익* | | | | | | |
| *초기 비용* | | *연간 비용* | | | | |
| 마케팅 | | 계정 관리 비용 | | | | |
| 신용 조회 비용[a] | | 판매 원가 | | | | |
| 계정 셋업 비용[a] | | 상각 비용(예 : 대손) | | | | |
| 비용 합계 | | | | | | |
| 순이익(순손실) | | | | | | |

[a] 적용 가능한 경우

[b] 추천에 의해 획득된 신규 고객으로부터의 기대 수익(해당 연도에만 한정하거나 n년도 걸쳐 미래 수익 흐름으로 계산), 이 값은 고객이 기존 고객 이탈을 야기하는 부정적인 구전을 퍼뜨리는 경우 마이너스일 수 있음)

PART IV

학습목표 3
왜 고객들이 특정 서비스 기업에 대해서 충성도를 갖게 되는가?

## 왜 고객은 충성하는가

충성 고객이 서비스 회사에게 얼마나 중요한지 이해한 후, 고객을 충성하도록 만드는 것은 무엇인지 확인해 보도록 한다. 고객은 어떤 회사에 대해서도 원래부터 충성적이지 않다. 오히려 우리의 제품을 지속적으로 구입하고, 이후에도 우리 고객으로 있어야 하는 이유를 고객에게 줄 필요가 있다. 우리는 고객이 충성심을 가지고, 지속할 수 있도록 가치를 창출할 필요가 있다. 당신은 어떤 서비스 기업에 충성하고 있는가? 그리고 왜 이러한 기업에 충성하는가? 와 같은 질문을 스스로에게 해보자. 조사에 따르면 확신, 사회적 이점, 특별대우와 같은 요소와 관련된 관계를 통해 가치를 창출할 수 있음을 보여주고 있다(서비스 인사이트 12.1 참조). 다음으로 충성도 바퀴(Wheel of Loyalty)를 이용하여, 충성 고객을 위한 가치 창출을 어떻게 체계적으로 생각해야 할지 살펴본다.

## 서비스 인사이트 12.1

### 고객은 서비스 산업에서 어떻게 관계 편익을 보는가

고객은 서비스 회사와 확장된 관계에서 어떠한 편익을 받는다고 생각할까? 이 질문에 대한 대답을 얻고자 연구자가 두 가지 연구를 수행하였다. 첫 번째 연구는 배경과 관련된 광범위한 부문에 대해 심층 면접을 실시하였다. 응답자는 그들이 정기적으로 이용하는 서비스 제공자를 확인하고, 정기고객이 된 결과 받게 된 여러 편익에 대해서 확인하고 의논하도록 하였다. 언급된 말을 간추려 보면,

- "나는 그 사람(헤어 스타일리스트)이 좋아. 정말 재밌고 항상 엄청 재미있는 얘기들을 해줘. 그는 이제 친구와 같은 사람이야."
- "나는 내가 무엇을 얻을지 알아—내가 주로 가는 레스토랑에 가면, 새로운 레스토랑에 가서 좋은 음식을 기대하는 것보다 음식이 좋을 것이라는 것을 알아."
- "나는 자주 가격할인을 받아. 내가 아침에 가는 어느 빵집은, 거의 매번 공짜 머핀을 주며 '당신은 우리에게 소중한 고객입니다.' 라고 말해."
- "넌 그냥 갑자기 방문하는 고객인 경우보다 더 좋은 서비스를 받을 거야… 우리는 어떤 자동차 수리점을 지속적으로 가는데, 주인을 개인적으로 알고 우리를 항상 끼워주기 때문이야."
- "사람들은 일단 편안하다고 느끼면, 다른 치과로 바꾸길 원하지 않아. 사람들은 새로운 치과의사를 만나 시험해 보길 원하지 않아."

여러 언급된 말을 평가하고 범주화한 후에, 연구자들은 두 번째 연구를 통해서 299개의 설문지를 모았다. 응답자들은 그들과 확고한 관계를 갖는 특정 서비스 공급업자를 선택하도록 하였다. 그리고 응답자들이 고른 서비스 공급업자와의 관계 결과, 응답자들이 갖게 된 21가지 편익(첫 번째 연구 분석에서 도출된)의 정도에 대해서 평가하라고 하였다. 마지막으로 응답자는 이 편익의 중요성에 대해서 평가하였다.

요인 분석을 통해 고객이 관계에서 얻는 대부분의 편익을 세 집단으로 그룹화하였다. 가장 중요한 첫 번째 그룹은 '확신 편익(confidence benefit)' 으로, 나머지는 '사회적 편익(social benefit)' , '특별대우(special treatment)' 라고 명명되었다.

'확신 편익' 은 확고한 관계를 통해서 무언가 잘못될 것이라는 위험이 적고, 제대로 된 성과에 대한 확신, 공급자를 신뢰하는 능력, 구매에 대한 낮은 수준의 불안, 기대하는 것을 아는 것, 그리고 기업으로부터 가장 높은 수준의 서비스를 받을 것이라는 고객의 느낌을 포함한다. '사회적 편익' 은 고객과 직원 간에 서로 알고 지내고 이름을 알기도 하며, 서비스 공급업자에 대한 우정 및 관계를 통해 특정 사회적 측면에 대해 즐기기도 하는 것을 포함한다. '특별대우' 는 더 좋은 가격을 제안하고, 대부분의 고객에게는 불가능한 할인 편익, 특별 서비스, 기다릴 때 우선권 주기, 대부분의 고객보다 더 빠른 서비스를 하는 것을 포함한다.

출처

Kevin P. Gwinner, Dwayne D. Gremler, and Mary Jo Bitner, "Relational Benefits in Services Industries: The Customer' s Perspective," *Journal of the Academy of Marketing Science* 26, no. 2 (1998): 101-114.

## 충성도 바퀴

**학습목표 4**
충성적인 고객을 개발하기 위한 기반으로서 충성도 바퀴의 핵심 전략이란 무엇인가?

고객 충성도를 구축하는 것은 어렵다. 당신이 충성도를 가지고 있다고 생각되는 모든 서비스회사를 떠올려 본다. 아마도 극소수의 회사만이 떠오를 것이다. 기업이 엄청난 금액과 노력을 브랜드 충성도 구축을 위해 쏟고 있지만, 진정한 고객 충성도를 구축하기는 어렵다. 우리는 고객 충성도를 어떻게 구축할지 떠올려 보기 위한 기본 틀을 구성하기 위해 그림 12.6의 충성도 바퀴를 이용하고자 한다. 충성도 바퀴는 연속적인 세 가지 전략으로 구성되어 있다.

- ▶ 첫째, 고객 충성도를 창출하기 위한 견고한 기초가 필요하다. 고객 세분화를 적절히 조합하는 것, 적절한 고객이 매력을 느끼도록 하는 것, 서비스를 제공하고 높은 수준의 고객 만족을 유발하는 것이 이러한 기초라 할 수 있다.
- ▶ 둘째, 진정한 충성도를 구축하기 위해서 기업은 고객과 밀접한 유대를 맺어야 한다. 이는 교차판매, 묶음판매를 통해서 또는 보상체계와 더 높은 수준의 유대를 통해서 고객에게 가치를 부여함으로써 가능하다.
- ▶ 셋째, 서비스 마케터는 기존 고객의 감소를 의미하는 '고객 전환'에 영향을 주는 요소를 확인하고 줄이도록 해야 한다.

이제 충성도 바퀴의 각 요소에 대해서 얘기해 보도록 하자.

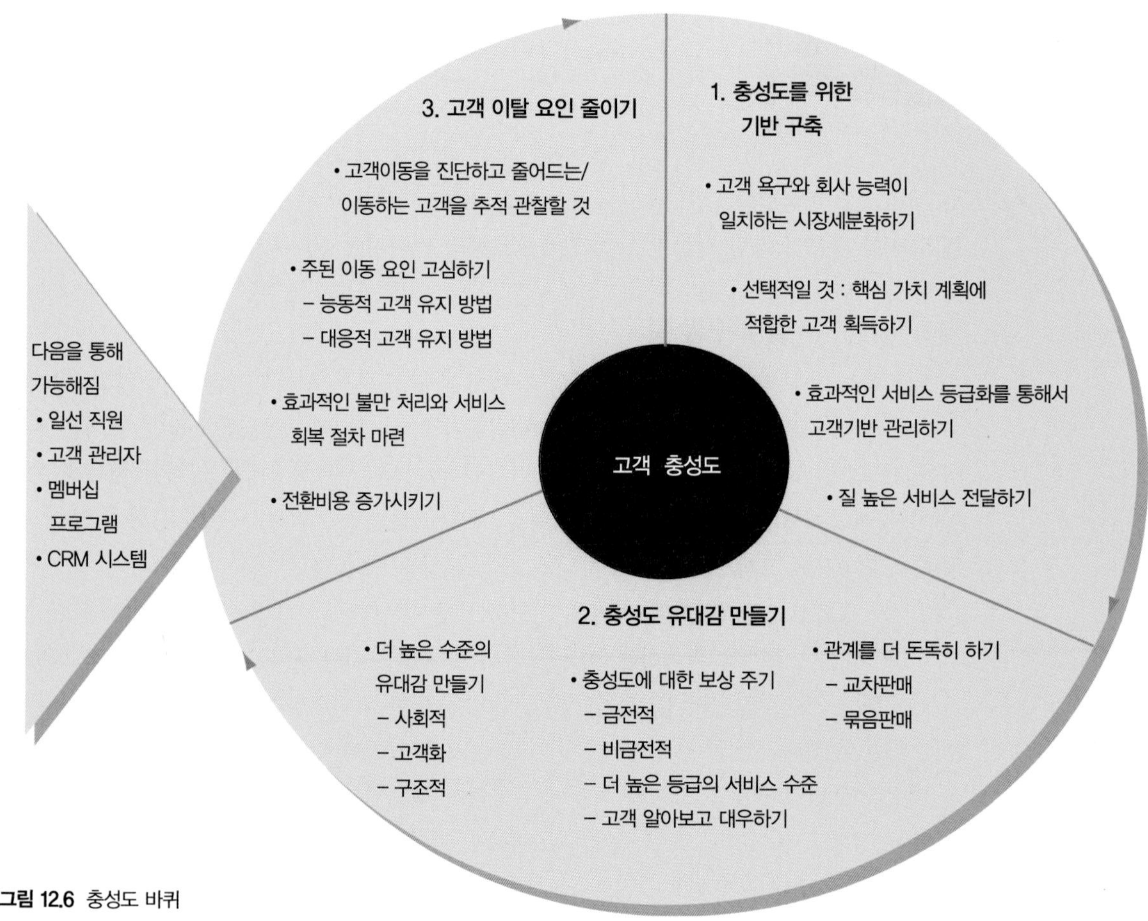


그림 12.6 충성도 바퀴

## 충성도를 위한 기반 구축하기

많은 요소들이 장기적인 고객 관계와 충성도를 구축하는 데 포함된다. 제3장에서 우리는 세분화와 포지셔닝에 대해 살펴보았다. 다음 절에서는 소수의 바람직한 세분 시장에 집중하고 전반적인 관계 마케팅 전략을 통해 그들의 충성도를 구축하고 유지시키는 것의 중요성을 강조한다.

**학습목표 5**
서비스 기업이 적절한 (right) 고객을 목표로 하는 것이 얼마나 중요한가?

### 적절한 고객을 표적으로 삼기

충성도 관리는 고객의 욕구와 기업의 능력을 조화시키기 위해서 시장을 세분화하는 것에서부터 시작된다. 다시 말해 적절한 고객(right customers)을 확인하고 표적으로 하는 것이라 할 수 있다. "우리는 누구를 상대해야 하는가?"는 모든 서비스 기업에서 정기적으로 가져야 하는 질문이다. 기업은 세분화한 타겟을 주의해서 선택하고, 이들에게 기업이 제공할 수 있는 것과 잘 대응을 시켜야 한다. 경영자는 고객이 신속함과 품질, 서비스가 가능한 시간, 동시에 많은 고객을 충당할 수 있는 기업의 능력, 물리적인 특성 및 서비스 시설의 외관과 같은 운영 요소와 관련해서 어떠한 욕구를 느끼는지 유심히 고려해 보아야 한다. 또한 기업은 서비스 직원이 고객의 개인적인 스타일과 기술적인 능력 측면에서, 특정 유형의 고객의 기대를 얼마나 잘 충족시키는지 고려해야 한다.[14] 마지막으로 기업은 자신이 동일한 유형의 고객을 표적으로 하는 경쟁서비스를 능가할 수 있는 지 반문해 보아야 한다(그림 12.7).

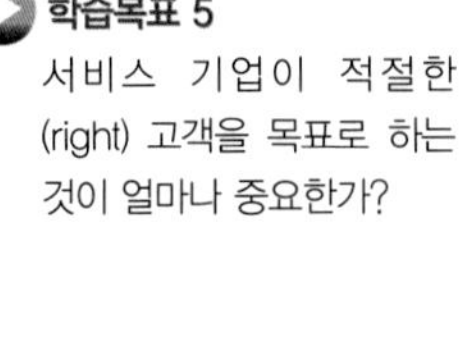

**그림 12.7** 고객의 기대를 넘어설 수 있는 회사가 고객 충성도를 얻을 수 있다.

기업의 역량, 강점과 고객의 욕구를 연결함으로써 고객을 주의 깊게 표적화하게 되면, 기업은 고객의 관점에서 가치가 있는 우수한 서비스를 제공할 수 있다. Frederick Reichheld는 "결과는 윈-윈 상황이어야 하며, 수익은 고객의 비용이 아닌 성공과 고객 만족으로부터 얻어져야 한다."고 주장했다.[15]

### 양이 아닌, 가치를 추구할 것

수많은 회사가 아직까지도 각각 고객의 가치에 대해 충분히 주의를 기울이지 않고, 고객의 숫자에 집착하고 있다.[16] 대체적으로 구매 빈도가 높은 고객과 구매량이 많은 고객은 일반적인 고객보다 더 수익성이 있다. 가장 싼 가격에 기반을 두어 구매에 엄격한 서비스 고객(대부분 시장에서의 소수)은 관계 마케팅을 위한 고객으로 표적화하는 데 탐탁지 않다. 그들은 거래지향형 고객으로 계속해서 낮은 가격을 찾고 쉽게 브랜드를 전환한다.

고객의 충성도가 높은 리더 기업은 기업에 맞는 적절한 고객만을 획득하기 위해 까다롭게 군다. 적절한 고객을 획득하는 것은 장기간 수익을 가져다 줄 수 있고, 이러한 고객의 추천을 통해서 지속적인 성장을 할 수 있다. 이것은 또한 감사해하는 고객을 다룰 때 일상 업무가 향상된 직원의 만족을 향상시킬 수 있다. 고객 획득에 있어서 강하게 집중하고 선택적인 기업은-오히려 새로운 고객의 획득에 집중하는 선택적이지 않은 기업보다-장기간에 걸쳐서 빠른 성장을 보이는 경향이 있다.[17] 서비스 인사이트 12.2는 뮤추얼펀드 업계의 선두주자인 Vanguard 그룹이 어떻게 적절한 고객을 유인하고, 보유하기 위해 상품을 만들고 가격을

## 서비스 인사이트 12.2

### Vanguard는 '적절하지 않는' 고객이 획득되지 않도록 한다

Vanguard 그룹은 뮤추얼펀드 업계에서 성장하는 리더이다. 2011년, 자산 총액 1조 6,000억 달러의 뮤추얼펀드를 보유하고 있다. 이 회사는 사업모델에서 적절한 고객을 주의 깊게 표적으로 하여 자산을 구축하였다. 신제품 점유율은 거의 25%로 자산 혹은 시장 점유율을 반영하였다. 신규 매출의 높은 시장점유율과 매우 낮은 상환 점유율은 순 현금 흐름에서 55%의 시장 점유율(새로운 매출에 서 상환을 뺀 부분)을 얻을 수 있도록 하였으며, 업계에 서 가장 빠르게 성장하는 뮤추얼펀드가 되게 했다.

어떻게 Vanguard는 이렇게 낮은 수준의 상환율을 성취하게 되었는가? 비밀은 조심스러운 획득과 '적절한' 고객을 획득하도록 해 주는 상품과 가격 전략에 있다.

Vanguard의 창업자인 John Bogle은 인덱스펀드의 품질과 더 낮은 수준의 관리 비용이 결국에는 더 높은 수준의 대가로 돌아올 것이라고 믿었다. 그는 Vanguard의 고객들에게 거래하지 않은 규정(인덱스펀드는 그들이 설계한 시장에 고정되어 있음), 영업 인력을 두지 않으며 경쟁자들이 광고를 위해 쓰는 비용의 오직 일부만을 지불함으로써 낮은 수준의 관리비를 청구한다. 비용을 낮게 유지하는 또 다른 중요한 방법은 장기 투자를 하지 않는 고객 획득의 경우에는 장려하지 않았다는 점이다.

Bogle은 높은 수준의 고객 충성도에서 원인을 찾았는데, Vanguard는 고객 이탈을 중요하게 여겼으며 이는 펀드 회수와 관련되기 때문이다. 낮은 회수율은 회사가 충성도가 높고 장기적인 투자를 할 수 있는 적절한 고객을 끌어들일 수 있다는 것을 의미했다.

공공기관의 투자자가 겨우 9개월 전에 사들였던 인덱스펀드를 2,500만 달러어치 되팔려고 한다면, 그는 이러한 고객 획득은 시스템의 실패라고 여겼다. 그는 "우리는 단기 투자자를 원하지 않는다. 그들은 장기 투자자의 비용을 게임에서 갉아먹는 것과 같다."고 설명했다. 그는 Vanguard Index Trust에 보낸 편지 마지막에서 "우리는 단기 투자 고객이 다른 곳에서 투자 기회를 찾도록 고무

시켜야 한다."고 반복하였다.

적절한 고객을 획득하기 위한 이러한 조심성과 주의로 유명하다. 예를 들어, Vanguard는 4,000만 달러를 투자 하려고 했던 공공기관의 투자자를 다른 곳으로 가게 했는데, 몇 주 내에 이 고객이 투자를 번복함으로써 기존 고객에게 손실을 끼칠 것이라고 예상되었기 때문이다. 잠재적인 고객은 이러한 결정을 지지할 뿐만 아니라, 그것을 그의 팀에게 왜 그들이 고객을 선택할 필요가 있는지에 대해 상기시킬 기회로 사용하였던 Vanguard의 CEO에게 불평을 했다.

더욱이 Vanguard는 펀드를 구입하려는 활발한 고객을 무마시키기 위해 기존 업계 관행을 변화시켰다. 예를 들어, Vanguard는 인덱스 펀드를 위한 통신망 변환장치를 허용하지 않고, 주식 상환 수수료를 일부 펀드에 추가해서 기존 고객의 비용에 신규계좌 표준 보조금 제공은 거절되었다. 그 이유는 그러한 관행이 핵심 투자자에게 있어서 불충실하게 여겨졌기 때문이다. 이러한 제품과 가격 정책은 중견 주식 거래인을 떠나가게 만들었지만, 장기 투자자에게는 매우 매력적인 펀드로 여겨졌다.

결국 Vanguard의 가격은 충성 고객에게 보상하기 위해 책정되었다. 펀드에 대해서 투자자는 비용을 선불로 1회에 지불해야 하고, 이 비용은 펀드 자체적으로 현재 투자자들이 새로운 주식을 팔려고 할 때 비용을 메우기 위해 사용된다. 본질적으로 이 비용은 장기 투자자를 보조하는데 사용되며 단기 투자자에게는 일종의 벌칙과 같이 사용된다.

출처

Adapted from Frederick F. Reichheld, *Loyalty Rules! How Today's Leaders Build Lasting Relationships*. Boston: MA, Harvard Business School Press, 2001, 24?29, 84-87, 144-145; www.vanguard.com, accessed on March 12, 2012.

PART IV

책정하는지 보여 주고 있다.

세분 시장에 따라 서비스회사는 그에 따른 차별화된 가치를 제공한다. 투자와 비슷한 차원에서, 특정 고객은 단기적으로 더 많은 수익을 가져다주기도 한다. 그러나 또 다른 고객은 장기적인 성장을 위해 더 적절하다. 비슷한 측면에서, 어떤 고객의 소비 형태는 지속적이고 안정적이나, 어떤 고객은 경기가 좋을 때에는 소비를 많이 하지만, 경기 침체기에는 소비를 급격하게 줄인다. 현명한 마케터는 수요 변동과 관련된 위기를 줄이기 위해서 세분 시장을 혼합해서 표적으로 해야 한다고 주장한다.[18]

마지막으로, 관리자는 '적절한 고객'이 항상 고지출 고객이라는 사실을 가정해서는 안 된다. 서비스 비즈니스 모델에 따르면, 적절한 고객은 일을 잘 수행하는 다른 공급자가 아닌 큰 규모의 사람들로부터 올지도 모른다. 많은 기업이 "큰 것이 가치가 있는 것은 아니다."라는 사실을 직시함으로써 세분고객에서 성공을 거두고 있다. 예를 들어 Enterprise Rent-A-Car는 일시적인 차량교체를 원하는 고객을 표적으로 함으로써 주 경쟁자들이 표적으로 하는 전통적인 사업 여행자용 세분 시장을 피해 왔다. Charles Schwab은 소매 주식 구매자에 집중해 왔고, Paychex는 소기업에 인적자원 관리와 급료를 제공한다.[19]

**학습목표 6**
고객기반을 관리하고 충성도를 구축하기 위하여 어떻게 서비스 등급을 이용할 것인가?

## 효과적인 서비스의 등급화를 통해 고객기반 관리하기

마케터는 고객과의 관계를 유지하고, 향상시키고, 중단하기 위해 전략적 접근을 채택해야 한다. 고객 유지는 고객과 기업 간의 상호 이익을 위해서 고객과 회사 사이의 장기적이고 비용 효과적인 연계를 필요로 한다. 그러나 이러한 노력은 표적으로 삼는 모든 고객에 대해서 같은 수준으로 필요한 것은 아니다. 한 연구에서는 최고 등급 고객에게 회사의 자원을 집중함으로써 고객 수익성과 매출 이익률이 증가될 수 있다는 것을 확인했다.[20] 더욱이 다른 고객층은 종종 다른 서비스 기대와 욕구를 가진다. Zeithaml, Rust와 Lemon에 따르면,

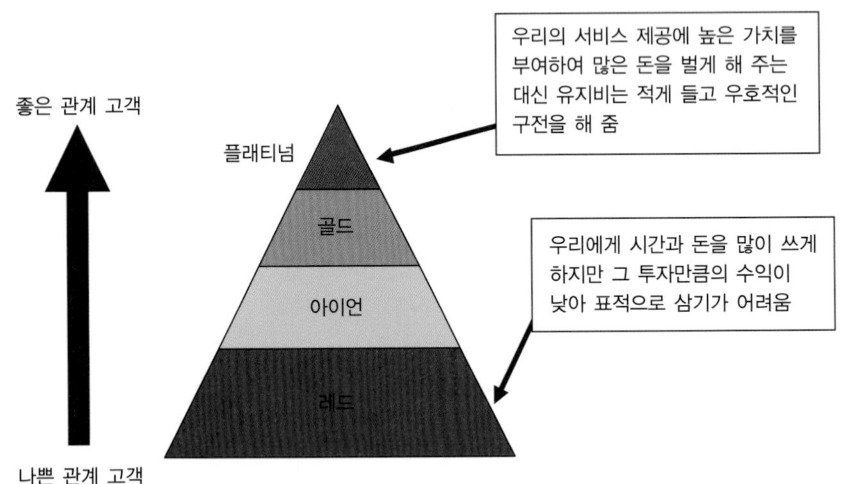


**그림 12.8** 고객 피라미드

출처
Valerie A. Zeithaml, Roland T. Rust, and Katherine N. Lemon "The Customer Pyramid: Creating and Serving Profitable Customers", *California Management Review* 43, no. 4, Summer 2001, Figure 1, pp. 118-142 

다른 수익성 단계에서 고객의 욕구를 이해하고 그들의 서비스 수준에 따라 적응하는 것은 서비스 기업에 있어서 중요하다고 하였다.[21] Zeithaml, Rust와 Lemon은 다음의 4단계 피라미드를 통해 이러한 원리를 설명한다(그림 12.8).

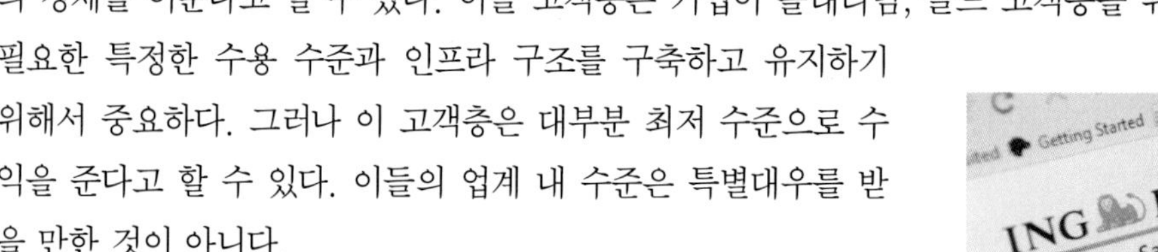

▶ 플래티넘(Platinum) 이 고객층은·기업의 고객 중 극소수를 차지한다고 할 수 있다. 이들의 구매력은 높으며, 기업의 수익에 많은 기여를 한다. 이 고객층은 보통 가격 민감도는 낮으나, 서비스에 대해서는 가장 높은 기대 수준을 갖고 있다. 이들은 새로운 서비스를 위한 투자와 시도를 기꺼이 한다.

▶ 골드(Gold) 이 고객층은 플래티넘 고객층보다 수적으로 많다. 그러나 각각의 개별 고객은 플래티넘 고객에 비교하여, 수익에는 기여가 낮다. 이들은 상대적으로 좀 더 가격에 민감하며 회사에 기여하는 정도가 낮다.

▶ 아이언(Iron) 이 고객층은 고객층의 대부분을 차지한다. 고객수 측면에서 기업이 규모의 경제를 이룬다고 할 수 있다. 이들 고객층은 기업이 플래티넘, 골드 고객층을 위해 필요한 특정한 수용 수준과 인프라 구조를 구축하고 유지하기 위해서 중요하다. 그러나 이 고객층은 대부분 최저 수준으로 수익을 준다고 할 수 있다. 이들의 업계 내 수준은 특별대우를 받을 만한 것이 아니다.

▶ 레드(Lead) 이 고객층은 회사에 낮은 수익을 주는 경향이 있다. 그러나 이들은 종종 아이언 고객층과 같은 수준의 서비스를 요구한다. 그러므로 회사의 관점에서 이들은 손실을 초래하는 고객층이라 할 수 있다.

**그림 12.9** ING 다이렉트는 고객을 행복하게 만들기 위해서 높은 수준의 이자율을 제공한다.

서비스의 등급화는 기업이 서로 다른 고객집단에 대해, 서비스와 서비스의 수준을 달리 한다는 것을 의미한다. 플래티넘, 골드 고객은 경쟁자가 가장 탐내는 고객층이기 때문에, 이들이 충성도를 유지할 수 있는 편익을 주어야 한다. 충성도 프로그램의 초점은 충성 고객층과의 관계를 발전시키고 키워가는 것이다.[22]

대조적으로 피라미드의 하위를 차지하는 레드 고객층은 아이언 고객층으로 이동할지(예 : 매출, 가격 증대 그리고/또는 서비스 비용을 줄임으로써) 또는 기업과의 관계를 종료할지 선택해야 한다. 수익이 특정 수준으로 발생되었을 때, 비용 잔액 또는 비용의 부과를 면제해 주는 것은, 여러 공급자와 거래하던 고객을 한 고객과 거래를 굳건히 하게 해 줄 수 있다. 레드 고객층에서 아이언 고객층으로 옮겨가는 다른 방법은 고객이 낮은 가격에 서비스 전달 채널을 사용하도록 고무시키는 것이다. 예를 들어, 레드 고객층이 면대면 상담을 위해서는 비용이 부과되지만, 전자 채널을 사용할 경우에는 비용이 부과되지 않는다. 예를 들어, 휴대폰 산업에서 사용량이 적은 휴대폰 사용자의 경우 회사가 비용청구서를 보내고 지불을 요구하는 과정이 필요 없는 선불 프로그램을 사용할 수 있다. 이러한 방법은 또한 기업이 채무로 인해 위험에 처하는 것을 줄여 준다.

고객과의 관계 종료는 기업이 모든 기존 고객과의 관계가 가치 있게 유지되지 않는다는 것을 깨달을 때 발생한다.[23] 일부 관계는 비용을 관계형성을 위해 들이기 보다는 관계를 유지하는 데 더 많이 들이기 때문에 더 이상 기업에게 수익성을 가져다주지 않을지도 모른다.

어떤 고객은 회사의 전략이 변화했거나, 고객의 행동과 욕구가 변화했기 때문에 더 이상 회사의 전략이 적합하지 않다.

때때로 고객은 노골적으로 기업으로부터 배척되기도 한다. ING 다이렉트는 부가서비스가 없는 은행이다. 소수의 상품만을 제공하며 고객에게는 높은 이자율을 제공한다(오렌지 예금은 2010년 8월 1.5%의 이자를 제공)(그림 12.9). 이것은 업계 평균보다 높은 수치로, 이러한 편익에 대한 수지를 맞추기 위해 비즈니스 모델은 고객의 온라인 거래를 중심으로 하고 있다. 은행은 자신의 비즈니스 모델에 적합하지 않은 고객을 배제한다. 고객이 은행에 너무 많이 전화하거나(고객과의 통화를 위해 은행이 드는 평균 비용은 5.25달러임), 너무 많은 예외규정을 원할 때, 은행 영업 직원은 기본적으로 다음과 같이 말한다. "이보세요, 당신은 우리와 어울리지 않아요. 당신이 원래 가던 은행으로 가서 당신이 좋아하던 직원과 통화하세요." 결과적으로 ING 다이렉트의 고객 계정당 비용은 업계 평균의 3분의 1 수준이다.[24]

서비스 기업은 고객 포트폴리오를 정기적으로 확인하고, 성공적이지 않은 관계는 끊고자 한다. 물론 법적이고 윤리적인 고려를 한 후, 어떤 행동을 할지 결정한다. 예를 들어, 낮은 예금 계좌(예 : 1,000달러 이하)에 대해서는 최소한의 월별 계정 비용을 도입할 수도 있으나, 사회적 책임을 고려하여 이러한 비용은 고객에게 면제될 것이다.

**학습목표 7**
만족도와 충성도는 어떤 관계가 있는가?

## 고객 만족과 서비스 품질은 충성도를 위한 전제조건이다

진정한 충성도를 위한 기반은 고객 만족에 달려 있다. 제품 혹은 서비스에 매우 만족하거나 즐거워하는 고객은 기업에 대해 충성도가 높은 사도가 되기 쉽다. 그들은 한 공급업자에게 구매를 지속하며, 긍정적 입소문을 퍼뜨린다.[25] 반면 불만족은 고객을 기업으로부터 멀어지게 만들며, 전환 행동을 하게 하는 주요 요소이다. 최근 연구에서는 고객 만족의 증가는 주가 상승을 이끈다는 것을 보여주었다(서비스 인사이트 12.3 참조).

고객 만족–충성도 관계는 크게 세 가지 영역인 이탈, 무관심, 애정(그림 12.10)으로 나누

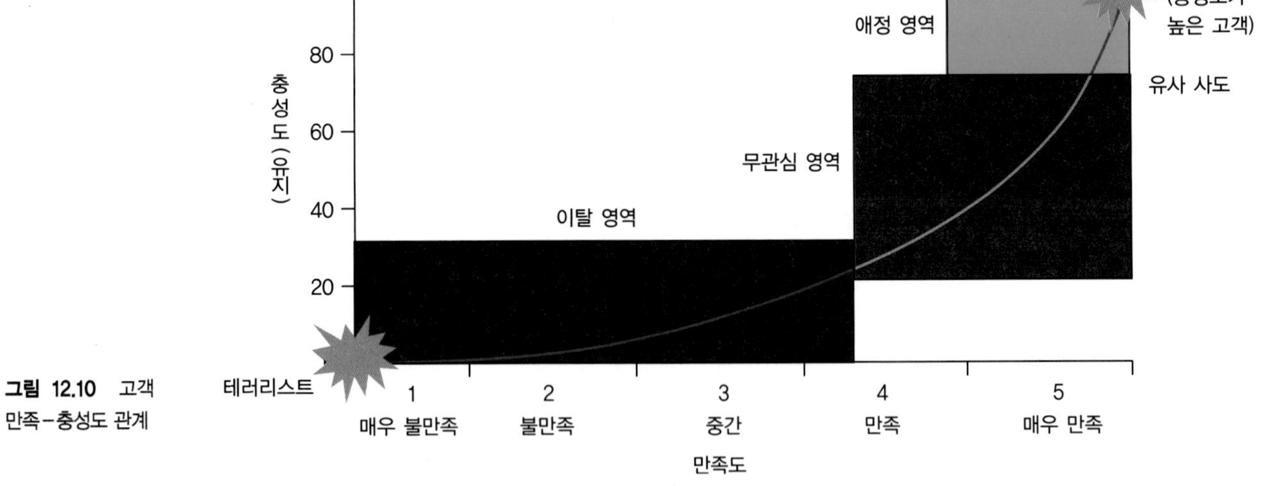


**그림 12.10** 고객 만족–충성도 관계

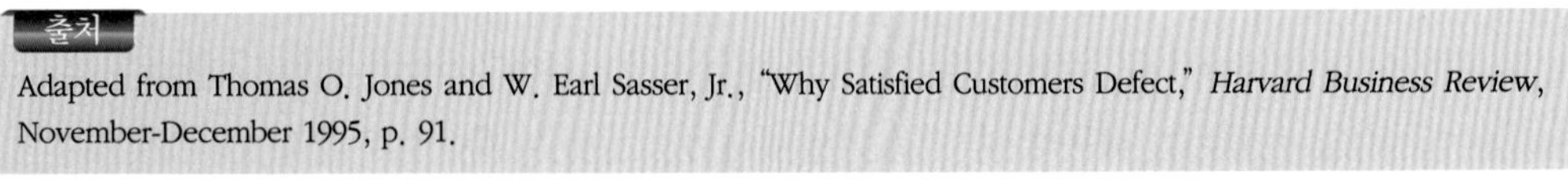
출처
Adapted from Thomas O. Jones and W. Earl Sasser, Jr., "Why Satisfied Customers Defect," *Harvard Business Review*, November-December 1995, p. 91.

## 서비스 인사이트 12.3

### 고객 만족과 월스트리트 : 높은 수준의 수익과 낮은 수준의 위험!

고객 만족 데이터는 시장에서 우수한 성과를 만들어 내게 하는가

기업의 고객 만족 수준은 주가와 어떤 관련이 있는가? 이러한 재미있는 연구 질문에 대해 Claes Fornell과 동료들이 답해 주었다. 좀 더 구체적으로, 그들은 고객 만족에 의한 투자가 초과된 주식 수익을 초래했는지에 대해서 연구하였다. 그렇다면 고위험과 연계된 수익이 금융이론에 의해서 예측 가능한가?

연구자들은 두 가지 주식 포트폴리오를 만들고, 기업의 미국 고객 만족 인덱스 점수(ACSI)를 비교하여 두 포트폴리오에 의한 기업 수익과 위험을 측정하였다. 이들의 연구 결과는 기업의 관리자와 투자자에게 충격적이었다. Fornell과 동료들은 ACSI가 개별기업의 주가와 확실히 관련되어 있으며, 시장의 기대를 능가하였다는 점을 알아냈다. 그러나 단순히 ACSI 인덱스 최신 자료를 공표하는 것이 즉각적으로 주가가 움직이게 하지는 않았다. 오히려 주가는 기업이 다른 결과(아마도 수익 데이터 또는 고객 만족을 지연시킬지도 모르는 다른 곤란한 사실)를 공표함에 따라 천천히 조정되는 것처럼 보였다. 이러한 결과는 만족한 고객이 현금 흐름의 안정성과 그 수준을 향상시킨다는 마케팅 연구와 일맥상통하는 것이다.

이 연구 결과는 현금 흐름과 고객 관계 관리에의 투자(또는 회계사가 말하는 비용)가 기업의 가치를 증대시키는 것을 확인시켜 주었다. 그러나 연구 결과가 설득력이 있더라도, ACSI의 만족도가 높은 기업에 투자하는 것에 는 주의를 기울여야 한다. 당신의 금융권 친구는 효율적인 시장은 빨리 학습된다는 것을 당신에게 말해 줄 것이다. 당신은 ACSI가 공표됨에 따라 주가가 움직이는 것을 알게 되었다. ACSI에 대해 좀 더 알고 싶다면 www.theacsi.org를 살펴보라.

출처

Claes Fornell, Sunil Mithas, Forrest V. Morgeson III, and M.S. Krishnan, "Customer Satisfaction and Stock Prices: High Returns, Low Risk," *Journal of Marketing* 70 (January 2006): 3?14. Lerzan Aksoy, Bruce Cooil, Christopher Groening, Timothy L. Keiningham, and Atakan Yalcin, "The Long-Term Stock Market Valuation of Customer Satisfaction," *Journal of Marketing* 72, no. 4 (2008): 105-122.

어 볼 수 있다. '이탈 영역' 은 낮은 만족 수준에서 일어난다. 고객은 전환비용이 높거나, 다른 선택이 없는 경우가 아니면 전환하고자 할 것이다. 특히 불만족한 고객은 서비스 제공자에 대한 많은 부정적인 소문을 늘어놓은 '테러리스트' 가 될 수도 있다.[26] '무관심 영역' 은 만족 수준이 중간 정도이다. 이런 고객은 더 좋은 선택조건을 발견하면 기꺼이 전환하고자 한다. 마지막으로 '애정 영역' 은 만족도가 매우 높은 수준으로 이런 고객은 다른 서비스 제공자에게는 보이지 않는 높은 수준의 충성도를 보인다. 고객은 공공연하게 기업에 대해서 칭찬을 하며, 회사를 다른 사람에게 소개하므로 '사도(충성도가 높은 고객)' 로 묘사되기도 한다. 높은 만족 수준은 향후 향상된 성과를 만든다.[27]

PART IV

## 고객과 충성도 유대를 만들기 위한 전략

고객세분화와 적합한 고객을 유혹하는 것, 서비스를 등급화하는 것, 높은 수준의 고객 만족을 전달하는 것을 적절히 조화시키는 것은 그림 12.6의 충성도 바퀴에서 보이는 고객 충성도를 만들기 위한 기초라 할 수 있다. 더 많은 회사들이 고객과 친밀한 '유대'를 만들고 있다. 한 연구에서는 고객이 한 기업에 대해 충성을 할 때 그 기업을 방문하는 데 끌리게 된다는 것을 보여준다. 하지만 일단 그곳을 방문하면 충성도 프로그램은 고객이 돈을 쓰도록 이끌 것이다.[28] 그러므로 고객과의 충성 유대를 발전시키기 위해 다양한 전략이 필요하다. 충성 유대를 만들기 위한 전략은 (1) 교차판매와 묶음판매를 통한 관계 강화, (2) 충성도 프로그램과 보상에 기반한 유대 만들기, (3) 사회적, 고객, 구조적 유대와 같은 더 높은 수준의 유대를 포함한다.[29] 우리는 이 세 가지 전략에 대해서 논의한다.

**학습목표 8**
어떻게 하면 교차판매와 묶음판매를 통해 관계가 더 깊어질 수 있는가?

### 관계 강화

고객과 더 가까워지기 위해서, 기업은 묶음판매 또는 교차판매를 사용하여 관계를 강화시킬 수 있다. 예를 들어, 은행은 한 가정에 가능한 많은 금융상품을 팔려고 한다. 어떤 가정이 동일한 은행의 계좌, 신용카드, 예금 계좌, 은행 금고, 자동차 대출, 집 담보 등과 같은 것을 가지고 있다면, 관계는 매우 강화된 것으로 다른 은행으로의 전환은 어렵다. 따라서 고객은 은행에 매우 불만족한 경우가 아니면 쉽게 전환을 하지 않는다.

높은 전환비용뿐만 아니라 한 공급자로부터 서비스를 모두 구매 시 고객은 많은 이점을 얻을 수 있다. 일반적으로 원스톱 쇼핑은 여러 다른 공급자로부터 개별서비스를 구입하는 것보다 더 편리하고 덜 혼란스럽다. 동일한 회사로부터 많은 서비스를 공급받을 경우, 고객은 더 높은 고객층으로 분류될 수도 있고, 더 나은 서비스를 받으며 때로는 서비스 묶음형태로 가격할인을 받을 수도 있다.

**학습목표 9**
고객 충성도를 강화하기 위한 금전적인 보상과 비금전적인 보상의 역할이란 무엇인가?

### 금전적 · 비금전적 보상을 통한 충성도 고취

오직 한 공급자와 거래를 하는 고객은 극소수이다. 이런 경향은 특히 본래 서비스 거래가 지속적으로 이루어지는 경우(자동차보험)보다 거래가 분리된 경우(자동차 렌트)에 해당한다. 여러 예에서 볼 수 있듯이, 소비자는 몇몇 브랜드에 충성도를 가지지만 다른 브랜드는 기피한다. 여기서 우리의 마케팅 목표는 다른 브랜드 대비 우리 브랜드에 대한 고객의 선호를 강화시키고, 그 서비스 범주에 대해 고객의 소비 비중을 높이는 것이라 할 수 있다(이것을 증가하는 '지출 점유율' 이라고 부르기도 한다). 잘 디자인된 충성 프로그램은 보상 유대를 기반으로 한 지출 점유율을 증가시키는 목표를 달성할 수 있다.[30] 구매빈도, 구매 가치, 혹은 두 가지 결합을 제공하는 인센티브는 고객 유대의 기본 수준을 나타낸다. 이러한 보상은 사실상 금전적이거나 비금전적일 수 있다.

#### 금전적 보상

금전적 보상은 금전적 가치( 'hard benefits' 이라고도 함)를 가지는 고객 인센티브이다. 이는 구매 할인, 마일리지(그림 12.11)와 같은 충성도 보상 프로그램을 포함하고, 일부 신용카드 회사는 캐시백 프로그램을 제공한다. 항공사와 호텔뿐만 아니라 소매업자(예 : 백화점, 슈퍼마켓,[31] 서점, 주유소)에서 통신업자, 카페 체인에서 운송서비스, 극장 체인에 이르기까지 서비스 기업은 시장에서의 경쟁력을 증가시키기 위한 유사한 보상 프로그램을 갖고 있거나 추진하고 있다. 대부분의 기업은 마일당 보상에 대한 가격을 매기는 상용고객 우대제도를 채택함으로써 성공할 수 있다. 요약하자면, 항공 마일리지는 서비스 분야에서 홍보 성격의 통화라 할 수 있다.[32]

**그림 12.11** American 항공사는 매력적인 충성도 프로그램을 하기 위해 노력한다.

신용카드 산업에서의 최근 연구는 금전적 보상을 기반으로 한 충성도 프로그램이 가치 제안에 대한 고객의 인식을 강화하고, 적은 결함과 높은 사용 수준으로 인해 증가된 수익을 이끌어 낸다는 점을 시사한다.[33]

만약 기업이 계속해서 충성도 프로그램 파트너를 가진다면(예 : 항공사는 신용카드사, 호텔, 렌터카회사와 파트너를 맺어서 충성도 프로그램 포인트를 얻을 수 있다) 핵심서비스에 대한 만족은 프로그램 파트너 회사의 제품 구매에 있어서 긍정적인 영향을 끼칠 수 있다. 같은 방법으로, 프로그램 파트너의 서비스에 대한 만족은 핵심서비스 구매에 있어서 긍정적인 영향을 미칠 수 있다.[34]

단순히 보상 프로그램만으로는 매력적인 고객을 유지하는 데 충분하지 않다. 고객이 기업이 제공하는 서비스의 질에 만족하지 못하거나, 다른 서비스 제공자로부터 더 나은 품질의 서비스를 받을 수 있다면, 그들은 충성도를 빠르게 잃게 될 것이다. 어떤 서비스 기업도 높은 품질과 가치를 대신하기 위해 보상 프로그램을 이용해서는 안 된다.[35] 때때로 고객이 기업에게 원하는 것은 단지 기본 서비스를 잘 수행하고, 그들의 욕구를 만족시키며, 신속하고 간편하게 그들의 문제를 해결하는 것이다. 그렇다면 고객은 충성할 것이다.[36]

마지막으로 고객은 충성도와 고객 호감도를 창출하는 대신에 불만족을 낳는 금전적 보상 프로그램에 좌절하게 될 수도 있다. 이는 만약 보상의 가치가 적거나 없는 것처럼 보인다면, 혹은 수요가 많은 기간 동안 (항공)무료 탑승권 불통용일로 인해서 만약 그들의 충성도 포인트를 보완할 수 없다면, 그리고 만약 상환 과정이 너무 고질적이고 시간 낭비인 경우, 적은 잔고와 거래량 때문에 고객은 보상프로그램으로부터 제외되었다고 느끼게 되고 이와 같은 현상이 발생할 수 있다. 이미 지갑에 너무 많은 충성도 카드를 가진 고객은 단순히 더 많은 카드를 모으는 것에는 관심이 없다.[37]

### 비금전적 보상

비금전적 보상('soft benefits' 이라고도 함)은 금전적인 개념으로 직접적으로 번역될 수 없는 이익을 제공한다. 충성도 프로그램 멤버에게 콜센터 대기의 우선권을 준다거나, 특별한 서비스를 받을 수 있도록 해 주는 것이 그 예이다. 어떤 항공사는 높은 수하물 허용량, 등급상승 우선권, 공항 라운지 출입과 같은 이익을 제공한다. 심지어는 오직 일반석만 이용하는 단골 고객에게도 이와 같은 이익을 제공한다.

주요 무형적 보상으로는 특별히 알아봐 주는 것, 감사의 표시도 포함된다. 고객은 그들의 욕구에 대한 추가적인 관심을 가치 있게 여기고, 높은 단계의 충성도 프로그램 회원에게 제

PART IV

공되는 서비스 보증을 감사해하는 경향이 있다. 이는 고객의 특별한 요청을 충족시키는 노력을 포함한다. 대부분의 충성도 프로그램은 또한 엘리트 그룹('도입 사례'에서 Harrah's 엔터테인먼트의 Seven Stars 카드 회원)에 속한다고 느끼고, 특별한 대우를 즐기는 높은 단계의 고객에게 주요 이익을 제공한다.[38]

특히 높은 단계의 서비스 수준과 연결되어 있는 비금전적 보상은 전형적으로 금전적 보상보다 더 영향력이 있다. 높은 단계의 서비스는 고객을 위해 많은 가치를 창출할 수 있다. 금전적 보상과는 다르게 비금전적 보상은 직접적으로 기업의 핵심서비스와 관련 있고, 고객의 경험과 가치 인식을 향상시킨다. 예를 들어, 호텔의 관점에서는 사은품으로 충성도 포인트를 보완하는 것은 고객 경험에 있어서 의미가 없다. 그러나 예약 우선권, 빠른 체크인, 늦은 체크아웃, 업그레이드, 그리고 고객이 특별한 관심을 받는 것, 숙박하는 동안에 고객을 더 즐겁게 만들어 주는 것은 고객으로 하여금 다시 이 호텔을 방문하도록 만든다.

서비스 인사이트 12.4는 British Airways가 어떻게 효과적으로 금전적 · 비금전적 충성도 보상을 결합시켜서 Executive club을 만들었는지 보여준다.

## 서비스 인사이트 12.4

### 단순한 사용빈도가 아닌, 사용가치에 대해 보답하는 British Airways

고객 이용을 마일리지로 계산하는 보통의 항공 마일리지 프로그램과는 다르게, British Airways(BA)의 이그제큐티브 클럽 회원은 항공여행 보상에 의한 '에어 마일리지'와 BA의 실버 또는 골드 회원 자격점수를 함께 받는다. American Airlines, Qantas, Cathay Pacific 및 다른 여러 항공사와 함께 '원 월드(OneWorld)'라는 항공연합이 만들어지면서, 이그제큐티브 회원은 다른 파트너 항공사를 이용하면서도 마일리지(그리고 포인트)를 얻을 수 있다.

표 12.1에서 보듯이, 실버와 골드카드 소유자는 예약 우선권과 더 높은 수준의 기내 서비스를 받는 것과 같은 특별한 편익이 있다. 예를 들어, 골드 회원은 이코노미 클래스 표로 여행하더라도, 체크인할 때 퍼스트 클래스 기준으로 서비스 받으며, 퍼스트 클래스 공항 라운지도 사용할 수 있다. 그러나 마일리지는 3년간 축적되지만(이후에는 사라짐), 자격은 획득 후 1년만 유효하다. 이는 특별한 권한을 매년 다시 획득하는 것을 의미한다. 회원등급을 부여하는 목적은 다른 여러 항공 프로그램에 가입하기보다는 British Airways로 여행하도록 독려하려는 것이다.

포인트는 서비스 등급에 따라서도 다르게 주어진다. 장거리 여행에 대해서는 단거리 여행보다 더 많은 포인트가 주어진다(이코노미 클래스로 국내 또는 유럽 내의 단거리 여행은 15포인트, 대서양을 오가는 경우 60포인트, 영국에서 오스트레일리아로의 여행은 100포인트). 그러나 염가 판매 티켓에 대해서는 더 낮은 마일리지가 주어지거나 아예 주어지지 않기도 한다.

비즈니스 클래스로 여행하는 경우, 더 높은 가격에 구입한 티켓에 대한 보상으로, 이코노미 클래스를 이용하는 경우보다 2배의 마일리지를 얻으며, 퍼스트 클래스로 여행하는 경우 3배의 마일리지를 얻는다. 골드와 실버 카드 소지자가 충성도를 갖도록 하기 위해서, British Airways은 이그제큐티브 클럽 회원의 경우 현재 지위를 유지하도록(또는 실버에서 골드로 올라가도록) 인센티브를 주기도 한다. 실버카드 소지자는 모든 항공 마일리지 이용에 25%를 보너스로 더 받으며, 골드 카드 소지자는 50%를 더 받는다. 결국 모든 회원에게 마일리지를 동일하게 주는 것은 아니다.

항공사가 무료 업그레이드를 약속하는 것은 아니지만, British Airways의 이그제큐티브 클럽 회원은 다른 여타 승객보다 이와 같은 승급을 더 많이 받는 편이다. 이 때 회원등급은 중요하게 고려된다. 다른 항공사와는 달리 British Airways은 낮은 등급의 좌석이 과다 예약됨으로써 승급이 이루어지는 경우를 제한하고자 한다. British Airways은 고객이 더 싼 항공권을 구입하고, 자동적으로 더 좋은 좌석을 얻을 수 있다고 믿는 것을 원하지 않는다.

**표 12.1** 가장 가치 있는 고객을 위해 British Airways가 제공하는 편익

| 편익 | 실버 등급 회원 | 골드 등급 회원 |
| --- | --- | --- |
| 예약 | 실버 등급 전용 전화 | 골드 등급 전용 전화 |
| 예약 보장 | 예약이 꽉 찼을 때, 24시간 전에 정가 티켓으로 예약하고, 적어도 1시간 전에 체크인하면 이코노미 등급 좌석 보장 | 예약이 꽉 찼을 때, 24시간 전에 정가 티켓으로 예약하고, 적어도 1시간 전에 체크인하면 이코노미 등급 좌석 보장 |
| 대기 우선순위 | 우선순위 부여 | 우선순위 부여 |
| 체크인 창구 | 클럽 창구에서(좌석 등급 상관없이) | 퍼스트 클래스 창구에서(좌석 등급 상관없이) |
| 라운지 출입 | 클럽 라운지를 좌석 등급과 상관없이 본인과 다른 동행인 이용 가능 | 퍼스트 클래스 라운지를 좌석 등급과 상관없이 본인과 다른 동행인 이용 가능, 도착 라운지도 이용 가능, 라운지에는 어느 때나 출입이 가능하며, British Airways의 대륙간 이동편을 이용하는 경우가 아니더라도 출입이 가능함 |
| 우선 탑승 | 여가를 위한 비행기 탑승 | 여가를 위한 비행기 탑승 |
| 특별 서비스 지원 | | 다른 British Airways 승객에 대해서도 문제점이 있을 경우 해결해 줌 |
| 보너스 항공 마일리지 | +100% | +100% |
| 동반자 업그레이드 | | 해당 연도에 2,500포인트를 얻으면, 본인 회원과 동행인에 대해서 무료 좌석 업그레이드, 같은 해에 3,500포인트를 얻으면 2명에 대해서 업그레이드 가능, 4,500포인트를 얻으면 다른 사람도 실버 카드를 발급받게 됨 |
| 특권 | | 5,000포인트를 얻으면 히드로 공항 터미널 5에 있는 콩코드 룸에 출입 가능 |

출처
British Airways Executive Club, www.britishairways.com/travel/ecbenftgold/public/en_us, accessed July 2011.

## 더 높은 수준의 유대 구축하기

**학습목표 10**
충성도를 강화하기 위한 사회적 유대, 고객화 유대, 구조적 유대의 힘이란 무엇인가?

보상기반 유대의 한 가지 목적은 고객이 단일 공급업자로부터 구입을 확실히 하거나, 적어도 다량 구입을 하게 하기 위함이다. 그러나 보상을 기반으로 한 충성도 프로그램은 상대적으로 다른 공급업자가 모방하기 쉽기 때문에, 지속 가능한 경쟁우위를 제공할 수는 없다. 대조적으로 더 높은 수준의 유대는 장기적인 경쟁 우위를 제공한다. 다음으로 세 가지 형태의 높은 수준의 유대인 (1) 사회적 유대, (2) 고객화 유대, (3) 구조적 유대에 대해서 이야기해 본다.

### 사회적 유대

당신이 좋아하는 헤어드레서에게 머리를 자르러 갔을 때 당신을 어떻게 호칭하는지, 또는

오랫동안 못 봤다고 어떻게 묻는지 생각해 본 적이 있는지? 사회적 유대는 주로 공급자와 고객 사이의 개인적인 관계에 기반을 둔다. 이러한 유대에는 충성도를 설명하는 데 중요한, 신뢰라는 요소가 있다.[39] 사회적 유대는 금전적 유대보다도 더 쌓기 힘들며 쌓는 데에도 더 오래 걸리지만, 다른 공급자가 이를 모방하기도 더 힘들다. 고객과 사회적 유대를 쌓은 기업은 고객과 장기적 관계를 구축하기 좋다.[40] 컨트리클럽이나 교육 환경과 같은 곳에서, 고객 사이에 공유된 관계(그림 12.12) 또는 경험을 포함한 사회적 유대가 있을 때, 이것이 충성도를 만드는 중요 역할을 할 수 있다.[41]

**그림 12.12** 지식수준이 높고 카리스마 있는 강사는 학생을 학부 이상으로 진학하게 하는 힘을 가지고 있다.

### 고객화 유대

이 유대는 서비스 공급자가 충성 고객에게 차별화된 서비스를 공급하는 데 성공했을 때 만들어진다. 예를 들어, 스타벅스의 고용인들은 단골고객의 선호도를 알고, 그에 따라 서비스를 고객화하도록 유도하고 있다(그림 12.13). 여러 대규모 호텔 체인은 충성도 프로그램 자료를 기반으로, 고객의 선호도를 확인하고 있다. 고객에게 특화된 서비스를 제공하는 회사는 더 많은 충성 고객을 보유하기 쉽다.[42] 예를 들어, 고객이 호텔에 도착하면 고객은 자신의 개별화된 욕구가 이미 충족되었음을 확인한다. 이러한 것은 미니바에서 선호하는 음료와 스낵에서부터 좋아하는 베개 종류와 아침에 받고 싶은 신문까지 포함한다. 이러한 특별한 서비스에 익숙해진 고객은 즉시 비슷한 수준의 서비스를 제공할 수 없는 다른 서비스 공급자에게 맞추기 어렵다(적어도 새로운 서비스 공급자는 누군가의 욕구와 선호도에 대해서 배우는 데 시간이 필요한 것처럼).[43]

**그림 12.13** 스타벅스 직원은 고객 선호도를 배우도록 격려되고 있다.

### 구조적 유대

구조적 유대는 주로 기업 대 기업(B2B)의 상황에서 보인다. 구조적 유대는 고객의 행동을 공급자 자신의 과정 일부분으로 만드는 방식으로 기업에 고객을 연결시키는 것이다. 이러한 상황은 경쟁자가 고객을 빼앗기가 어렵다. 프로젝트 합작 투자, 정보 처리 수단의 공유 등이 예이다. 구조적 유대는 또한 기업 대 고객(B2C)의 상황에서도 만들어질 수 있다. 예를 들어, 어떤 자동차 렌트 회사는 여행자에게 자동차 유형, 보험 범위 등을 포함한 과거 여행의 자세한 기록을 회사 홈페이지에서 확인할 수 있게 고객 특화된 페이지를 만들 기회를 제공한다. 이는 고객이 새로운 예약 시 작업을 간단화하면서 시간을 줄여 준다.

이러한 모든 유대가 고객과 회사를 더 가깝게 만들 뿐만 아니라 고객이 원하는 자신감과 사회적이고 특별한 편익을 제공한다는 것을 이해하였는가?(서비스 인사이트 12.1 참조) 일반적으로 유대는 고객을 위한 가치를 생산하지 않고는 효과를 발휘하지 못한다.

## 고객 이탈을 줄이기 위한 전략

**학습목표 11**
고객이 경쟁자로 전환하는 요인들은 무엇이며, 이러한 전환을 줄이는 방안은 무엇인가?

지금까지 우리는 충성도의 유인책(driver)은 무엇이며, 어떻게 고객을 회사와 가깝게 만들 수 있을지에 대해서 논의했다. 여기서는 보완적 접근으로 고객이동(churn)이라고도 불리는 고객 이탈의 요인이 무엇인지 이해하고, 고객 이탈을 줄이는 방법을 모색한다.

### 고객 이탈 분석과 고객 감소 모니터

1단계는 고객 전환(switching)의 원인을 이해하는 것이다. Susan Keveaney는 여러 서비스분야에서 규모가 큰 연구를 실시하여, 다른 공급자로 전환하는 고객의 주요 이유에 대해서 분석했다(그림 12.14).[44]

- 중요한 서비스에 대한 실패가 전환의 이유(44%의 응답자)
- 서비스에 대한 불만족(34%)
- 고가 또는 정직하지 못한 가격(30%)
- 시간 · 장소 지연으로 인한 불편함(21%)

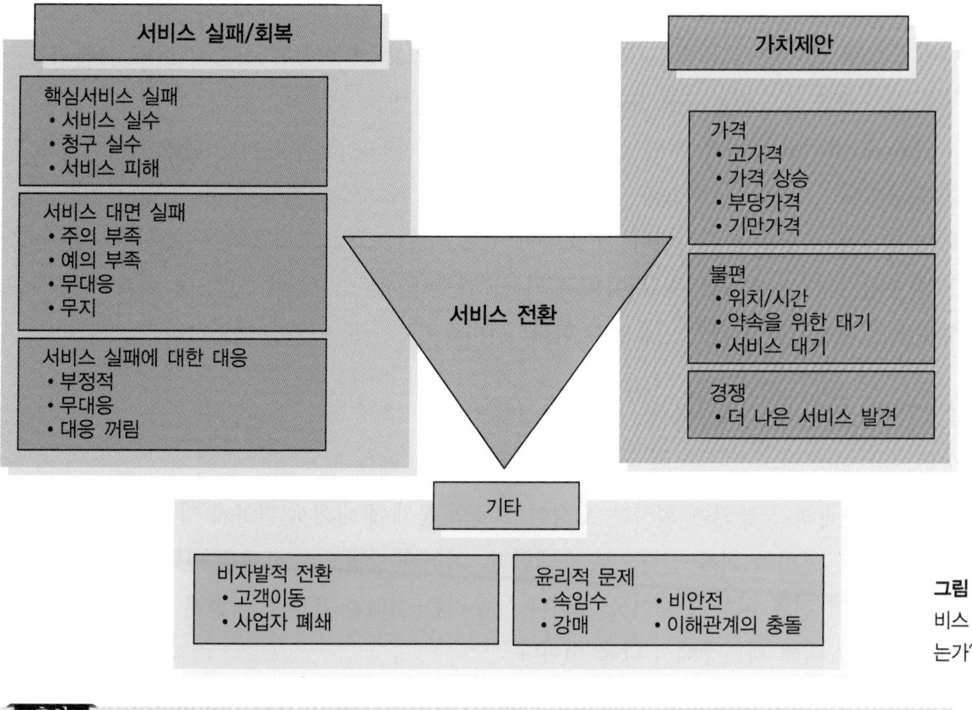


**그림 12.14** 무엇이 고객을 서비스 회사에서 멀어지게 만드는가?

출처
Adapted from Susan M. Keaveney, "Customer Switching Behavior in Service Industries: An Exploratory Study," *Journal of Marketing* 59 (April 1995), 71-82.

▶ 서비스 실패에 대한 불성실한 응답(17%)

많은 응답자가 불만족스러웠던 서비스 만회 과정 이후 이어진 또 다른 서비스 실패, 즉 연속적인 사건이 있은 이후 공급업자 교체를 결정했다.

이동통신 서비스업자는 소위 고객이동 진단이라고 말하는 것을 정기적으로 시행한다. 고객데이터 정보 중 서비스를 전환하거나 거래가 감소하는 고객에 대해 분석한다(고객이 서비스를 취소할 경우 고객센터의 직원은 왜 고객이 이탈되는지 이해하기 위한 몇 개의 짧은 질문을 한다). 그리고 제3의 리서치회사를 통해 이전고객에 대해 심층 면접을 하는 것은 고객이동의 유인책을 이해하는 데 역시 도움이 된다.[45]

어떤 기업은 심지어 개인 계좌의 이탈을 예측하고자 한다. 예를 들어, 휴대폰 서비스 공급자는 이탈 알림 시스템을 사용한다. 이러한 시스템은 개인 고객 계좌에서 활동을 계속 추적한다. 그 목적은 고객의 전환 시기를 예측하는 데 있다. 위험한 상태에 처한 주요 계좌가 표시되어 있고, 상품권 보내기 혹은 고객 서비스 안내원이 고객과의 관계에 대해 확인하기와 같은 노력은 고객을 유지하게 하고, 필요할 시 시정 조치를 한다.

### 주된 이동 요인

Keveaney의 연구는 양질의 서비스를 제공하고(제14장 참조), 불편함 기타 비금전적 비용을 줄여 주고, 정직한 가격(제6장 참조)으로 고객 이탈의 요인을 처리하는 것이 중요하다는 것을 보여 준다. 또한 산업에 따른 특정 고객 이탈의 요인도 많이 있다. 예를 들어, 휴대폰 교체는 이동통신 서비스 공급업자와의 서비스 이탈이 주요 이유인데, 새로운 서비스 가입을 하면 대개 새로운 휴대폰에 대해서 많은 보조금을 주기 때문이다. 휴대폰과 관련된 고객 이탈을 예방하기 위해, 많은 이동통신 서비스 공급업자는 정기적으로 새로운 휴대폰에 대해서 할인을 대폭해 주는 휴대폰 교체와 관련된 프로그램을 제공한다. 심지어 어떤 공급업자는 주요 고객에게 핸드폰을 무료 또는 포인트 차감을 통해 제공하기도 한다.

또한 고객 이탈 예방을 위한 측정뿐 아니라 많은 회사는 고객 유지를 위해 적극적인 노력을 기울인다. 기업은 서비스를 취소하려는 고객을 상대하는 '구조팀(save team)' 이라고 불리는 콜센터 직원을 훈련시킨다. 구조팀의 주요 역할은 고객의 욕구와 주요 관심사를 듣고, 고객 이탈 방지에 중점을 두고 이를 처리하고자 노력한다. 그러나 '구조팀' 에게 어떻게 보상할지에 대해서는 주의를 기울여야 한다. 서비스 인사이트 12.5를 참조하라.

### 효과적인 불만 처리와 서비스 회복 절차를 실행하라

효과적인 불만 관리와 훌륭한 서비스 회복은 기업에 대해 불만족한 고객을 유지하는 데 중심이 된다. 관리가 잘되는 회사는 고객이 그들의 문제에 대해서 편하게 말할 수 있으며, 회사는 적절한 서비스 회복 전략으로 응대한다. 이러한 방법으로 고객은 만족한 상태로 남을 것이며, 업체 전환 의향이 줄어들 것이다.[46] 우리는 이러한 불만을 어떻게 효과적으로 관리할 것인지에 대해 제13장에서 다룰 것이다.

### 전환비용의 증가

고객 이탈을 줄이는 또 다른 방법은 전환장벽(switching barriers)을 높이는 것이다.[47] 많은

### 서비스 인사이트 12.5

#### 고객 이탈 관리가 잘못된 경우

American Online(AOL)은 300명의 가입자가 변호사 사무소를 통해서 불만을 제기했으며, AOL이 자신들이 서비스를 중단하고 이용 요금 청구를 중지시키려 했는데 무시했을 때, 고객 이탈 관리의 문제점을 찾아냈다. AOL은 결국 벌금과 비용으로 125만 달러를 지불하기로 했으며, 고객 서비스의 일부를 변경하기로 했다.

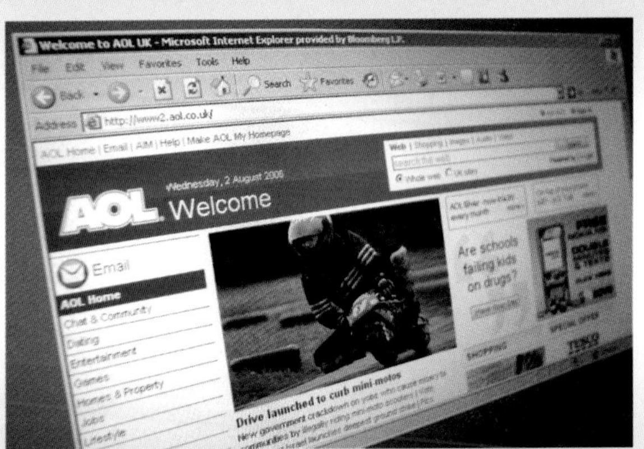
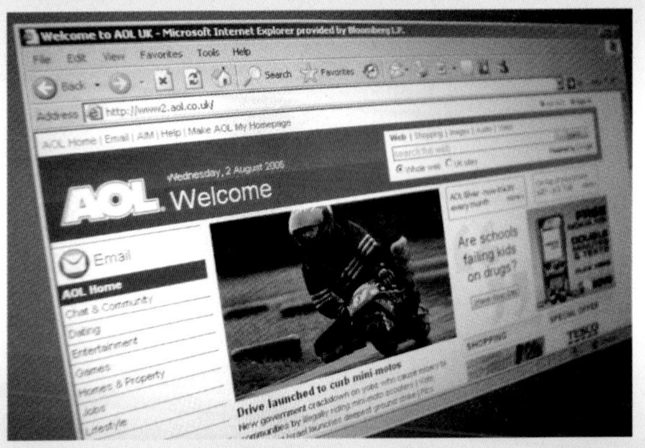


무엇이 잘못되었는가? AOL은 고객센터의 직원 중 서비스를 중단하려고 문의하는 고객을 유지시킨 경우 보상을 하였다. 서비스 중단 문의를 하려고 한 고객의 절반 또는 그 이상을 설득한 직원에게는 높은 보너스가 주어졌다. 변호사 사무소를 통해서 소송이 걸린 것은, AOL의 직원이 고객 서비스를 이탈하기 어렵게 만들었기 때문일지도 모른다. AOL은 서비스 이탈 요청에 대한 기록을 남겨 놓고, 제3의 감시자를 통해서 이를 확인할 수 있도록 하였다. 또한 이탈을 요청했다가 무시된 모든 뉴욕 가입자에게 4개월에 해당하는 요금 환불을 해 주었다. 변호사 Eliot Spitzer는 "AOL이 품질 높은 서비스를 통해서 고객을 보유해야지, 보유고객을 훔치는 것과 같은 프로그램을 사용해서는 안 된다."고 말했다.

출처

The Associated Press, "AOL to Pay $1,25M to Settle Spitzer Probe," *USA Today*, 25.08.2005, p. 5B.

서비스는 기본적으로 전환비용이 든다. 예를 들어, 고객은 주요 은행의 계정을 다른 곳으로 바꾸는 데 시간과 노력이 필요하며, 특히 체크카드, 신용카드, 다른 은행 서비스가 계정과 연계되어 있을 때 이와 같은 노력이 더욱 요구된다. 또한 많은 고객은 새로운 서비스 업체의 상품과 관련 절차에 대해서 배우지 않는다.[48]

전환비용은 또한 교체에 대한 계약 불이행을 통해서 생길 수 있는데, 예를 들어 다른 금융회사로 주식과 보증금을 옮기기 위해 중개회사에 대해 교체수수료를 지불해야 할 수 있다. 그러나 기업은 그들의 고객을 볼모로 잡은 것처럼 보이지 않기 위해 주의를 기울일 필요가 있다. 높은 수준의 전환 장벽과 낮은 서비스 품질을 가진 회사는 고객에게 나쁜 인상과 구전효과를 발생시킬 수 있다. 어느 순간 이전의 힘없는 고객이 서비스 공급자를 전환하기에 충분할 수도 있다.[49]

## CRM : 고객 관계 관리시스템

**학습목표 12**
고객화된 서비스를 전달하고 충성도 구축을 위한 CRM의 역할은 무엇인가?

서비스 마케터는 예전부터 관계 관리의 효과를 이해해 왔으며, 특정 업계에서는 오랫동안 이를 활용해 왔다. 예를 들어, 길모퉁이의 잡화점, 동네 차수리점, 자산이 많은 고객을 대하는 은행 등이 그 예이다. 그런데 고객 관리체계를 떠올려 보면, 비용이 많이 들고

PART IV

복잡한 IT시스템과 인프라 구조가 떠오른다. 그러나 고객 관리체계는 실제로는 고객과 관계를 구축하고 유지하는 것과 관련된 전체적인 절차라 할 수 있다.[50] 이는 충성도 바퀴의 성공적인 수행을 가능하게 해 주는 것으로 보여야 한다. 더 전략적인 관점에서 다루기 전에 우선 고객 관리체계를 살펴보도록 하자.

### CRM의 일반적인 목적

CRM은 고객 정보를 획득하도록 하며, 획득된 정보를 다양한 고객접점에 전달할 수 있도록 해 준다. 고객 관점에서, 잘 실행되는 CRM 시스템이란 고객화(customization)와 개인화(personalization)를 잘 전달하는 것이다. 이것이 의미하는 것은 각각의 거래 상황에서 관련된 상세 계정 상황, 고객 선호도와 지난 거래에 대한 지식, 개인적인 과거 서비스 문제가 고객을 상대하는 사람이 즉시 사용할 수 있는 정보가 될 수 있다는 것이다. 이는 결과적으로 서비스 향상과 고객가치 증가를 위한 것과 관련될 수 있다. 개인화와 증가된 커뮤니케이션은 더 높은 수준의 충성도로 이어진다.[51]

회사의 관점에서 볼 때, CRM 시스템은 회사가 고객을 더 잘 이해하고 세분화하고 등급화하도록 해 준다. 또한 표적고객에 대해 더 나은 홍보와 교차판매가 가능하게 하며, 이탈우려가 있는 고객에 대한 신호, 즉 고객 이탈에 대한 신호체계 역할까지 한다.[52] 서비스 인사이트 12.6은 CRM의 응용에 대해서 강조하고 있다.

## 서비스 인사이트 12.6

### 일반적인 CRM 응용

- **데이터 수집** 시스템은 연락 정보, 인구통계적 정보, 구입 기록, 서비스 선호도와 같은 고객 정보를 모은다.
- **데이터 분석** 데이터는 회사가 정한 기준에 따라 시스템에 의해서 분석되고 범주화된다. 이는 고객을 등급화하고, 각 고객 등급에 따라 서비스 전달을 특화시킬 수 있게 한다.
- **영업 인력의 자동화** 영업 지시, 상호 판매 및 상향 판매 기회가 효과적으로 확인되고 전달될 수 있다. 전체 영업망은 밀접한 영업이 가능하게 하며, 또한 영업 서비스는 CRM 시스템을 통해 추적될 수 있다.
- **마케팅 자동화** 고객 데이터를 잘 찾아낼 수 있으므로 기업이 시장에서 목표를 찾는 것을 가능하게 해 준다. 좋은 CRM 시스템은 충성도 및 고객유지 프로그램을 통해서 기업이 일대일 마케팅과 비용 절감이 가능하게 해 준다. 이는 마케팅 지출에서 투자수익률(ROI)을 증가시킨다. CRM 체계는 또한 마케팅 캠페인에 대한 고객응답 분석을 통해서 얼마나 캠페인이 효용성이 있는지 판단하게 해 준다.
- **콜센터 자동화** 콜센터 직원은 손쉽게 고객에 접근할 수 있으며 이는 모든 고객에 대한 서비스 수준을 향상 시킬 수 있다. 또한 전화거는 사람의 아이디와 회원 번호는 콜센터에서 고객 등급을 확인할 수 있게 해 주며, 고객 등급에 따라 서비스를 특화시킬 수 있다. 예를 들어, 플래티넘 고객은 기다리는 시간이 짧다.

## 통합적 CRM 전략은 무엇을 포함하는가[53]

우리는 CRM을 기술적으로 보기보다는 수익 개발과 고객 관계 관리에 중점을 둔 시스템으로 보아야 한다. 그림 12.15는 CRM 전략에 포함되어야 할 다섯 가지 과정을 보여준다.

1. **전략 개발** 사업 전략과 회사의 비전과 산업 트렌드 및 경쟁에 대한 분석을 포함한다. 이는 최고경영자의 책임이다. 기업의 성과에 긍정적인 영향을 끼치는 고객 관계 관리에 있어서 기업의 전략은 핵심이다.[54] 전략사업 전략은 표적 고객의 선택, 고객의 계층화, 충성도 설계, 고객이동 관리 등을 포함한 고객 전략 개발의 지침이 되어야 한다(그림 12.6 충성도 바퀴에서 언급).
2. **가치 창출** 사업 전략과 고객 전략을 전환한 것이 고객과 기업을 위한 가치제안이라고 할 수 있다. 고객을 위해 만들어진 가치는 우대 고객층에 대한 서비스, 보상체계 및 고객화와 개인화로 인해 전달될 수 있는 모든 편익을 포함한다. 기업을 위해 만들어진 가치는 감소된 고객 획득 및 유지비용, 고객의 지출점유율 상승, 감소된 고객응대 비용

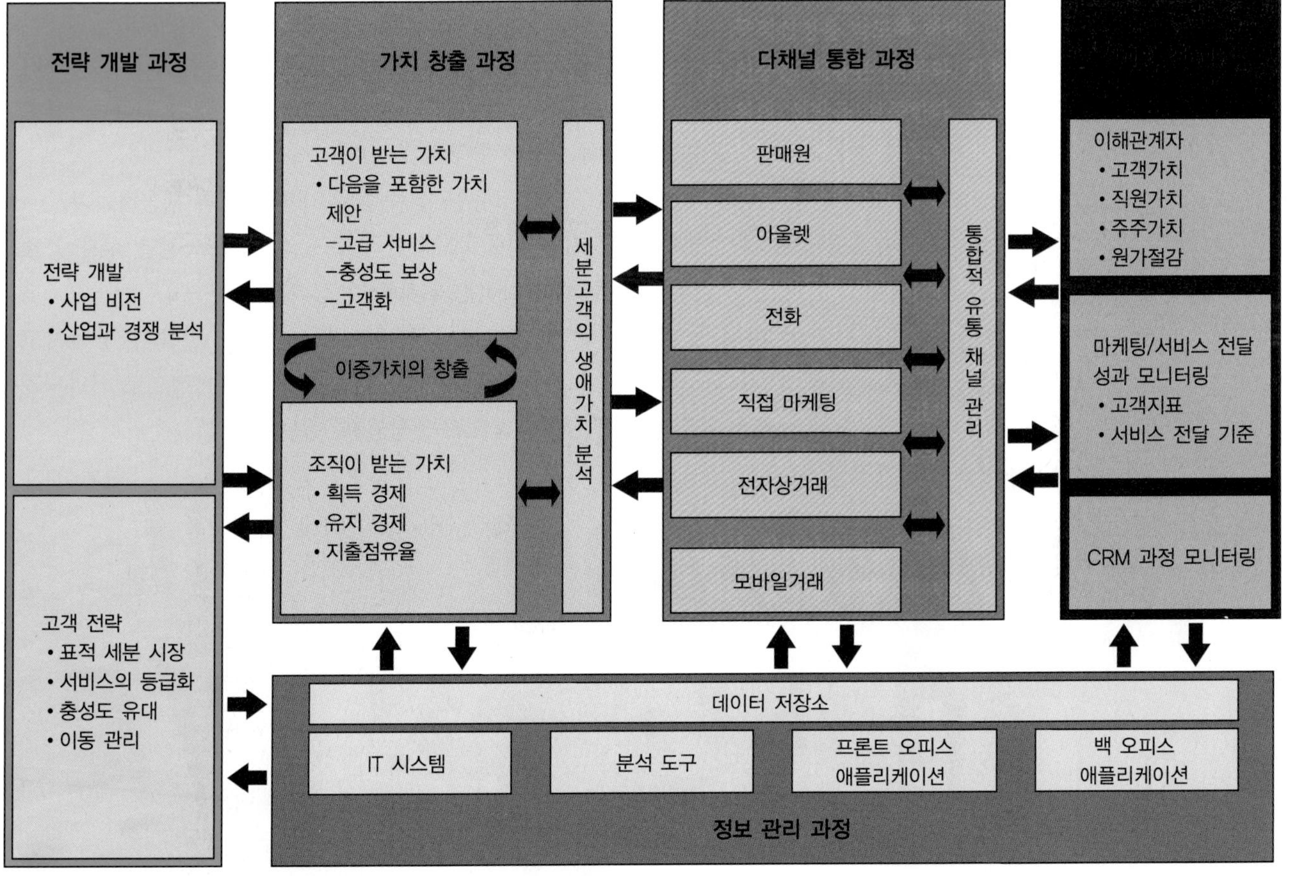


**그림 12.15** CRM 전략을 위한 통합적인 설계도

출처
Adapted from: Adrian Payne and Pennie Frow, "A Strategic Framework for Customer Relationship Management," *Journal of Marketing* 69 (October 2005): 167-176.

등을 포함한다. 고객은 CRM 전략을 통해 편익을 받기 위해 CRM(예 : 정보 제공에 대한 자원)에 참여할 욕구를 느낀다. CRM은 기업과 고객이 서로 윈-윈 상황에서 가장 성공적인 것으로 보인다.[55]

3. **유통경로의 통합** 대부분의 서비스회사는 다양한 유통채널을 통해서 고객과 교류하고, 이는 많은 잠재적인 인터페이스를 거쳐서 고객에게 전달되기 위해, 그리고 고객화 및 개별화가 가능한 통합된 고객 인터페이스를 제공하기 위한 도전이 된다. CRM 채널의 통합은 이러한 도전을 다룬다.
4. **정보 관리** 다양한 채널을 통한 서비스 전달은 다양한 접점(그림 12.16)을 통한 모든 채널로부터 고객 정보를 모을 수 있는 기업의 능력에 의존하게 된다. 정보 관리 과정은 다음을 포함한다.
   - 모든 고객 데이터를 포함할 수 있는 데이터 저장소
   - IT 하드웨어와 소프트웨어를 포함한 IT 시스템
   - 데이터 마이닝 패키지와 같은 분석 도구
   - 캠페인 관리 분석, 신용평가, 고객 프로파일링, 고객이동 알림체계와 같은 특정 응용 패키지
   - 고객과 직접 대면을 하는 활동, 영업 직원의 자동화, 콜센터 관리 응용과 같은 접점 사무 부문의 애플리케이션
   - 내부 고객과 관련된 지원, 물류, 조달 및 금융 과정과 관련된 비영업 부문의 애플리케이션
5. **성과평가** 세 가지 중요한 질문에 초점을 맞추어야 한다.
   - CRM 전략은 핵심 투자자(예 : 고객, 고용인 및 주주)에 대해 가치를 제공하는가?
   - 마케팅 목표(예 : 고객 획득, 지출 비중, 고객 만족 유지)와 서비스 전달 성과 목표(예 : 기다리는 시간과 같은 콜센터 서비스의 기준)가 성취되는가?
   - CRM 과정 자체가 기대 수준에 이르고 있는가?(예 : 관련된 전략이 정해지고 있는가? 고객과 회사의 가치가 창출되는가? 정보 관리 과정이 효과적으로 처리되는가? 고객 서비스 채널의 통합은 효과적으로 달성되고 있는가?)

**그림 12.16** 항공사의 셀프 체크인은 항공사 CRM 시스템으로 통합이 요구되는 서비스 접점 장소라 할 수 있다.

### CRM 실행의 일반적인 실패

불행하게도 과거 대부분의 CRM은 실패했었다. Gartner 그룹에 따르면 실패율은 55%라고 하였으며, Accenture는 대략 60%라고 하였다. 이러한 높은 실패율의 주요 원인은 기업이 종종 단지 CRM 시스템을 적용하는 것이 고객 관계 전략이라고 생각하기 때문이다. 그들은 시스템이 단지 기업의 고객 서비스 역량을 강화하기 위한 도구라는 것, 전략 그 자체가 아니라는 것을 잊는다.

게다가 CRM은 대부분의 부서와 기능(예 : 고객 접촉 센터, 온라인 서비스, 유통에서 지사 운영, 고객 훈련, IT 부서까지), 프로그램(판매와 충성도 프로그램에서 새로운 서비스 적용과 교차판매 계획에 이르기까지), 그리고 과정(예 : 모든 방법을 동원한 신용 대출 허가에서 불평 처리와 서비스 회복까지)에도 영향을 미친다. 넓은 범위의 CRM 영역은 이를 시행하고, 올바르게 이해시키는 데 어려움을 준다. CRM 실패의 공통적인 이유는 다음과 같다.[56]

- ▶ CRM을 기술에 기반한 것이라고 보는 것 CRM의 중점을 기술로 보고, 상위 관리부서나 마케팅 부서가 아닌 IT 부서가 중심이 되어 CRM 전략을 수행한다. 결과적으로 수행하는 동안 고객과 시장에 대한 이해 및 방향성을 자주 상실하게 된다.
- ▶ 고객 중심 사고의 부족 많은 기업이 전달 가능한 전 채널을 통해, 가치 있는 고객을 위해 향상된 서비스를 전달하려는 목표 없이 CRM을 수행한다.
- ▶ 고객생애가치에 대한 이해가 충분하지 않음 마케팅은 고객마다 다른 수익성을 고려하지 않는다. 더구나 서로 다른 고객에 대한 서비스 비용은 쉽게 포착되지 않는다(예 : 제6장에서 논의된 활동에 기반을 둔 비용을 이용함으로써).
- ▶ 최고경영층의 적절하지 않은 지원 상위 관리부서의 주도권이나 활발한 관여 없이는 CRM 수행은 성공적이지 못하다.
- ▶ 비즈니스 과정을 재설계하는 데 실패 고객 서비스와 비영업 부문 과정에 대한 재설계 없이는 CRM을 성공적으로 수행하기 힘들다. CRM의 실패가 많은 이유는 고객 중심적인 CRM 수행에 적합하도록 과정을 재정비하기보다는 현존하는 과정에 맞게 CRM을 실행하고자 했기 때문이다. 재설계는 경영자와 직원 모두의 관여 및 지원에 대한 변화를 요구한다. 보통 이러한 것은 간과되기 쉽다.
- ▶ 데이터 통합의 과소평가 기업은 일반적으로 조직 내에 통합되지 않은 고객 데이터를 통합하는 데 자주 실패한다. 그러나 CRM의 가능성을 모두 이용하기 위한 핵심은 고객 정보를 필요로 하는 모든 직원에게 실시간으로 고객 관련 지식을 전달 가능하게 하는 것이다.

결국 고객이 CRM이 자신에게 해로운 방법으로 이용된다고 믿는다면, 기업은 CRM 전략으로 위기에 처할 수 있다.[57] 예를 들어, 고객이 공정하게 대우받지 못한다고 느끼는 경우(매력적인 가격과 홍보를 제공받지 못하는 경우도 포함된다. 혹은 예를 들어 새 고객에게는 제공하면서 기존 고객에게는 제공되지 않는 가격 및 홍보 서비스)와 잠재적인 개인 프라이버시가 관련된 경우(서비스 인사이트 12.7 참조)가 있다. 이러한 약점을 알고 적극적으로 극복하는 것이 성공적인 CRM 수행을 위한 첫걸음이다.

PART IV

## 서비스 인사이트 12.7

### 극단적인 CRM의 예 : 2018년의 피자 주문 엿보기

직원 : 피자 딜라이트에 전화 주셔서 감사합니다. 저는 린다입니다. 무엇을 도와드릴까요?

고객 : 안녕하세요, 저 주문하고 싶은데요.

직원 : 주문하시기 전에 회원번호 좀 알려주시겠어요?

고객 : 잠시만요. CA-4555 9831입니다.

직원 : 감사합니다. 월포드 불바드 10940에 사시는 톰슨 씨 맞으신가요? 집 전화번호는 432-3876, 핸드폰 번호는 992-4566, 회사번호는 432-9377이지요?

고객 : 어떻게 제 주소와 관련 번호를 모두 알고 있지요?

직원 : 예, 저희는 통합고객시스템을 통해 확인합니다.

고객 : 해산물 피자 주문하려고요…

직원 : 별로 좋은 생각이 아닙니다.

고객 : 왜요?

직원 : 고객님 의료기록에 따르면, 고혈압이시고, 콜레스트롤 수치가 매우 높으시네요.

고객 : 뭐라고요? 그러면 추천할 만한 거 있어요?

직원 : 저지방 두유 요거트 피자를 추천 드려요. 좋아하실 거예요.

고객 : 어떻게 알죠?

직원 : 『인기 있는 두유 요리』라는 책을 지난주에 시립도서관에서 빌리셨잖아요.

고객 : 알겠어요…그럼 라지 사이즈로 3판 주세요. 얼마죠?

직원 : 가족 수가 8명이니까 충분하겠네요. 54.90달러입니다.

고객 : 신용카드로 지불되나요?

직원 : 현금으로 지불해 주시면 좋겠어요. 신용카드 기한이 지났고, 집 담보대출을 위해 청구될 비용을 빼고도 2435.88달러나 초과 사용하셨네요.

고객 : 아무래도 현금지급기로 가서 배달오기 전에 돈 좀 찾아와야겠어요.

직원 : 못하실 거에요. 기록에 따르면 오늘 인출가능 금액을 넘었습니다.

고객 : 걱정 마세요. 피자나 보내줘요. 현금 준비할 수 있어요. 얼마나 걸리지요?

직원 : 45분이요. 그런데 기다리시기 싫으면, 당신 할리 데이비슨을 타고 와서 찾아가실 수도 있어요. 등록번호가 L.A. 6468...

고객 : "#@$#@%·%%@"

직원 : 말조심 하세요. 2017년 4월 28일 주차단속원에게 막말을 하다가 구속되었네요.

고객 : (아무 말 없음)

직원 : 또 다른 거 주문하실 거 있으세요?

**출처**

This story was adapted from various sources, including www.lawdebt.com/gazette/nov2004/nov2004.pdf (accessed in January 2006) and a video created by the American Civil Liberties Union (ACLU) available at www.aclu.org/pizza. This video aims to communicate the privacy threats that CRM poses to consumers. ACLU is a nonprofit organization that campaigns against government's and corporations' aggressive collection of information on people's personal life and habits.

### 어떻게 CRM을 제대로 실행할 것인가

수백만 달러가 투입된 CRM 프로젝트가 실패했다는 이야기가 많지만, 많은 회사가 CRM을 점점 더 제대로 실행하고 있다. "더 이상 CRM은 블랙홀이 아니라, 기업의 성공을 위한 단계를 구축하는 기초가 되고 있다."고 Darrell Rigby와 Dianne Ledingham은 주장한다.[58] CRM 시스템은 지금까지 시행되어 왔지만 아직 미래 성공에 있어서 잘 자리 잡을 수 있을 것이라는 결과를 보여주진 못하고 있다. 숙달된 McKinsey의 컨설턴트는 결과를 아직 보여주지 못하는 CRM 시스템이 이제는 제대로 결과를 보여줄 것이라고 믿는다. 그들은 한 걸음 뒤로 물러서서 기술 자체에만 초점을 맞추기보다는 어떻게 고객 충성도를 구축할지 초점을 맞추라고 한다.[59] 그림 12.15에서 보이는 CRM 모델의 실행을 통한 전체 사업을 바꾸기 위한 CRM을 사용하기보다는 서비스 기업이 고객 관계 주기에서 분명하게 정의된 문제에 집중해야만 한다. 이렇게 범위가 좁혀진 CRM 전략은 보다 개선될 수 있는 기회를 제공하며, 이들이 잘 실행되면, 시간이 흐름에 따라 회사 전체로 확대될 수 있다.[60]

고객 관리 전략을 정의할 때 관리자가 물어야 할 핵심 질문은 다음과 같다.

1. 우리의 가치제안은 고객 충성도가 증가함에 따라 어떻게 변화해야 하는가?
2. 어느 정도의 고객화 또는 일대일 마케팅과 서비스 전달이 적절하고 이익이 되는가?
3. 현재 고객으로 지출 비중을 증가시킴으로써 증가되는 이윤은 얼마인가? 고객층이 변화함에 따라 이는 얼마나 변화하는가?
4. 지금 우리는 CRM에 얼마나 많은 시간과 자원을 할애할 수 있는가?
5. 우리가 CRM에 대해 믿는다면, 왜 과거에는 이런 방향에 대해서 더 고려해 보지 못했는가? 오늘날 우리는 기술적인 부분을 제외하고 고객 관계에서 무엇을 향상시킬 수 있는가?[61]

이런 질문에 대한 대답은 CRM 시스템이 한 시점에서 최상의 투자나 가장 좋은 우선 대안은 아니라는 결론에 도달할 수도 있을 것이다. 어떠한 경우든 우리는 시스템은 전략을 구사하기 위한 하나의 도구에 지나지 않으며, 따라서 그 전략을 전달하기 위해 고객화시켜야한다는 점을 강조한다(그림 12.17).

**그림 12.17** CRM은 기업이 두 가지 방식의 유통구조를 만들도록 해 준다.

## 요약

**학습목표 1**

고객 충성도는 서비스 기업의 이윤 창출의 주요 원천이다. 충성 고객으로부터의 이익은 (1) 증가된 구매, (2) 절감된 운영비용, (3) 신규 고객 소개, (4) 가격 프리미엄 등으로부터 창출된다.

**학습목표 2**

그러나 충성 고객이 항상 더 수익적이지는 않다. 그들은 충성도를 보이는 대신 가격 할인을 기대할지도 모른다. 고객들의 수익 기여를 제대로 이해하기 위해서, 기업은 고객들의 생애가치를 계산할 수 있어야 한다. 생애가치 계산은 (1) 고객 획득 비용, (2) 수익 구조, (3) 서비스 비용, (4) 고객의 예상 유지기간, (5) 미래 현금흐름의 할인율 등을 고려해야 한다.

**학습목표 3**

고객은 자신에게 혜택이 있는 경우에만 충성도를 보인다. 고객이 충성도를 보임으로써 원하는 혜택은 다음과 같다.

- 확신 편익. 뭔가 잘못될 위험이 적은 느낌, 서비스 제공업자를 신뢰하는 능력, 그리고 서비스 기업의 최고 수준 서비스를 제공받는 것 등을 의미한다.
- 사회적 편익. 서비스 제공자가 고객의 이름을 알고 교분을 나누며, 관계에 의한 특정 사회적 측면을 즐기는 것 등을 포함한다.
- 특별대우 편익. 더 나은 가격, 추가적인 서비스, 그리고 우선권 혜택 등이 있다.

**학습목표 4**

고객 충성도를 구축하는 것은 쉽지 않다. 충성도 바퀴(Wheel of Loyalty)는 기업이 어떻게 고객 충성도를 구축할지 체계적인 프레임워크를 제공한다. 프레임워크는 연속하는 세 가지 요소를 갖고 있다.

- 첫째, 충성도가 성취될 수 없다면, 기업은 충성도 구축을 위한 토대를 형성해야 한다. 이러한 토대는 충성 고객에게 확신 편익을 주게 된다.
- 기반이 생기면, 기업은 관계를 굳건히 하기 위해서 충성도 유대를 만들 수 있다. 충성도 혜택은 사회적 및 특별대우 편익을 주게 된다.
- 마지막으로 충성도에 초점을 맞추는 것과 별개로 기업은 고객 이탈을 줄이도록 해야 한다.

**학습목표 5**

시장을 세분화하고 '적절한' 고객을 목표로 한다. 기업은 표적 세분 시장을 조심스럽게 선택하고, 기업이 가장 잘 할 수 있는 서비스 활동과 조화시켜야 한다. 기업은 단순히 고객 수 같은 고객의 양적 측면보다 질적 측면인 고객 가치에 집중해야 한다.

**학습목표 6**

고객을 서로 다른 등급(플래티넘, 골드, 아이언, 레드)으로 분류하는 서비스 등급에 따라 고객을 관리한다. 이는 각 서비스 등급에 적합한 전략 수립을 가능하게 해준다. 더 높은 등급은 기업에게 더 높은 가치를 제공하지만 더 높은 수준의 서비스를 요구한다. 낮은 서비스 등급 고객을 위해 고객 수 증대, 가격 인상, 서비스 비용 축소, 그리고 수익이 안 나오는 관계의 정리 등에 집중해야 한다.

**학습목표 7**

충성도 구축은 고객 만족 여부에 달려 있음을 이해해야 한다. 고객 만족과 충성도와의 관계는 세 가지 영역으로 구분될 수 있다–이탈, 무관심, 애정. 애정 영역에 있으면서 충분히 만족한 고객만이 진정으로 충성도를 가질 것이다.

충성도 유대는 고객과의 관계 구축에 사용된다. 고객 유대에는 세 가지 유형이 있다.

**학습목표 8**

교차 판매 및 묶음 판매는 전환을 더 어렵게 하고 원스탑 쇼핑을 가능하게 함으로써 편의성을 증가시킨다.

**학습목표 9**

충성도 프로그램은 금전적 보상(예 : 고객 포인트)이나 비금전적 보상(예 : 상위등급 서비스, 감사 인사)을 통한 지갑점유율(share of wallet)을 높이는 것이 목적이다.

**학습목표 10**

사회적 유대, 고객화 유대 및 구조적 유대 등 상위 수준의 유대관계. 이러한 유대관계는 보상기반의 유대관계 대비 경쟁자들이 모방하기 어렵다.

**학습목표 11**

충성도 바퀴의 마지막 단계는 고객 이탈 요인은 무엇이

며, 이러한 이탈 요인을 체계적으로 줄이는 방법을 이해하는 것이다.

- ㅇ 고객 이탈의 일반적 원인으로 핵심서비스의 실패와 이에 대한 불만족, 가격이 공정하지 못하다는 인식, 불편함, 그리고 서비스 실패에 대한 빈약한 대응 등이 있다.
- ㅇ 고객이 이탈하는 것을 막기 위하여 기업은 주요 원인을 분석하고, 불평처리 및 서비스 회복 과정을 잘 관리하여 고객의 잠재적 전환 비용을 증가시켜야 한다.

**학습목표 12**

마지막으로 CRM 시스템은 충성도 바퀴의 성공적인 실행을 가능하게 해 줄 수 있어야 한다. CRM 시스템은 기업이 여러 서비스 전달 채널을 통해 다수의 고객에게 서비스를 제공해야 할 때 특히 유용하다. 효과적인 CRM 전략은 다섯 가지 주요 과정으로 구성된다.

- ㅇ 전략 개발. 표적시장 선정, 서비스 등급결정, 충성도에 따른 보상 방안 설계 등
- ㅇ 가치 창출. 등급화된 서비스와 충성도 프로그램(예 : 대기 우선순위, 업그레이드 서비스 )을 통하여 고객에게 혜택을 제공
- ㅇ 다채널 통합. 다수의 서비스 전달 채널(예 : 온라인과 오프라인)을 통합한 고객 인터페이스 제공
- ㅇ 정보 관리. 데이터 저장, 분석 도구(예 : 캠페인 관리 분석, 고객 이탈 경고 시스템), 일선부서와 지원부서 프로그램 등
- ㅇ 성과 평가. 다음과 같은 세 가지 질문을 강조
  - (1) CRM이 고객과 기업 모두에게 가치를 창조하는가?
  - (2) CRM의 마케팅 목표는 달성되었는가?
  - (3) CRM 시스템은 기대한 만큼 실행되었는가?

성과분석은 CRM 전략과 시스템의 지속적 개선으로 이어져야 한다.

PART IV

## 학습 키워드

이 키워드들은 각 학습목표 절에서 확인할 수 있다. 그들은 각 절에서 학습하는 서비스 마케팅 개념을 이해하기 위하여 필수적인 것이다. 이 키워드들의 개념과 어떻게 이들을 이용할 것인가를 잘 아는 것이 이 과정을 잘 마치고, 실제 외부의 경쟁시장 환경에서 실무적으로 실행하는 데 필수적이다.

**학습목표 1**
1. 고객 충성도
2. 충성도 효과
3. 가격 프리미엄
4. 수익성
5. 참조
6. 충성고객 가치

**학습목표 2**
7. 취득 비용
8. 취득 수익
9. 고객 평생 가치
10. 순 현재가치
11. 참조 가치

**학습목표 3**
12. 확신 편익
13. 관계 편익
14. 사회적 편익
15. 특별대우 편익

**학습목표 4**
16. 충성도 토대 구축
17. 충성도 유대관계 창출
18. 이탈 요인 제거
19. 충성도 바퀴

**학습목표 5**
20. 충성도 리더
21. 가치 탐색
22. 표적시장 선정

**학습목표 6**
23. 고객 기반
24. 고객 피라미드
25. 고객 유지
26. 골드
27. 아이언
28. 레드
29. 충성도 프로그램
30. 플래티넘
31. 서비스 등급화

**학습목표 7**
32. 고객 만족
33. 만족-충성도 관계
34. 서비스 품질
35. 보살핌 구역
36. 변절 구역
37. 무관심 구역

**학습목표 8**
38. 관계 심화

**학습목표 9**
39. 금전적 보상
40. '일부다처식 충성도'
41. 지갑점유율
42. 비금전적 보상

**학습목표 10**
43. 고객화 유대
44. 상위 수준 유대
45. 사회적 유대
46. 구조적 유대

**학습목표 11**
47. 고객 이탈 진단
48. 고객 이탈 요인
49. 고객 이탈 관리
50. 불평행동 처리
51. 고객 이탈
52. 고객 변절
53. 계좌 감소
54. 서비스 회복
55. 전환 비용

**학습목표 13**
56. CRM 애플리케이션
57. CRM 실행
58. CRM 전략
59. CRM 시스템
60. 고객 생애가치
61. 고객관계관리
62. 데이터 저장
63. CRM 실패
64. 정보관리
65. 다채널 통합
66. 성과평가
67. 전략 개발
68. 가치 창조

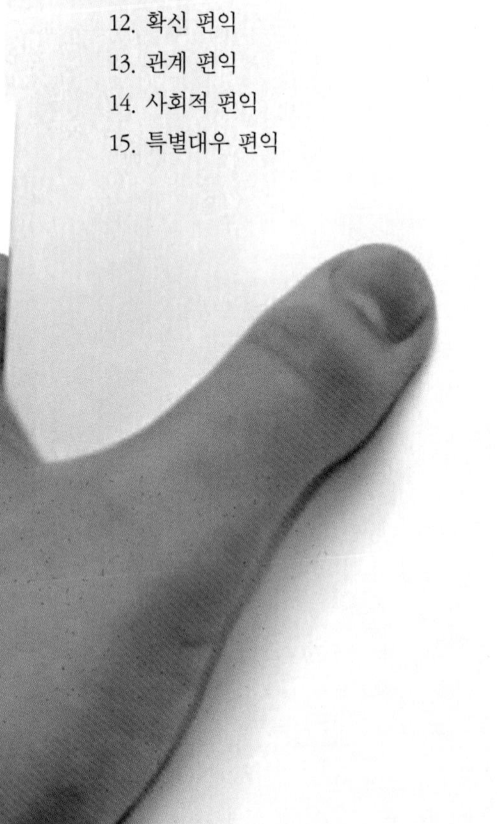

## 학습 문제

1. 왜 고객 충성도는 서비스 회사의 수익성을 위해 중요한 유인책인가?
2. 왜 성공적인 CRM을 위해 '적절한 고객'을 목표로 삼는 것이 그렇게 중요한 것인가?
3. 어떻게 고객의 평생가치(LTV)를 계산할 수 있는가?
4. 어떻게 충성도 바퀴에 설명된 다양한 전략을 다른 것과 연관시킬 수 있는가?
5. 왜 기업은 충성도를 위한 기초를 구축하는가?
6. 무엇이 서비스를 등급화하는가? 왜 서비스 등급이 사용되며, 무엇이 기업과 고객을 위해 의미가 있는지 설명해 보시오.
7. 고객 유대를 만들고 고객과 장기적인 관계를 구축하도록 하는 중요 측정 요소에 대해 확인해 보시오.
8. 기존 고객을 유지하기 위해 돈을 쓰는 것은 어떤 문제가 있는가?
9. 고객 관계 전략을 위한 CRM의 역할은 무엇인가?

PART IV

## 참고문헌


1 Stanley, T. (2006), "High stakes analytics. Optimize: Business Strategy & Execution for CIOs," (February). www.cognos.com/company/success/harrahs.html, accessed March 12, 2012; Voight, J. (2007), "Total rewards pays off for Harrah' s," Brandweek.com, 17, (September). www.brandweek.com/bw/news/recent_display.jsp?vnu_content_id=1003641351, accessed March 12, 2012; J. N. Hoover, "2007 Chief Of The Year: Tim Stanley," InformationWeek, 8. (December 2007) www.informationweek.com/story/showArticle.jhtml?articleID=204702770, accessed March 12, 2012; James L. Heskett, W. Earl Sasser, and Joe Wheeler, *The Ownership Quotient.* Boston: Harvard Business Press, 2008: 9?13; www.harrahs.com, accessed March 12, 2012.

2 Frederick F. Reichheld and Thomas Teal, *The Loyalty Effect*, Boston: Harvard Business School Press, 1996.

3 Ruth Bolton, Katherine N. Lemon, and Peter C. Verhoef, "The Theoretical Underpinnings of Customer Asset Management: A Framework and Propositions for Future Research," *Journal of the Academy of Marketing Science* 32, no. 3 (2004): 271-292.

4 Frederick F. Reichheld and W. Earl Sasser, Jr., "Zero Defections: Quality Comes to Services," *Harvard Business Review* (October 1990): 105-111.

5 Reichheld and Sasser, *op. cit.*

6 Frederick F. Reichheld and Phil Schefter, "E-Loyalty—Your Secret Weapon on the Web," *Harvard Business Review* (July-August, 2002): 105-113.

7 Christian Homburg, Nicole Koschate, and Wayne D. Hoyer, "Do Satisfied Customers Really Pay More? A Study of the Relationship Between Customer Satisfaction and Willingness to Pay," *Journal of Marketing* 69 (April 2005): 84-96.

8 Grahame R. Dowling and Mark Uncles, "Do Customer Loyalty Programs Really Work?' *Sloan Management Review* (Summer 1997): 71-81; Werner Reinartz and V. Kumar, "The Mismanagement of Customer Loyalty," *Harvard Business Review* (July 2002): 86-94.

9 Werner J. Reinartz and V. Kumar, "On the Profitability of Long-Life Customers in a Non-contractual Setting: An Empirical Investigation and Implications for Marketing," *Journal of Marketing* 64 (October 2000): 17-35.

10 Jochen Wirtz, Indranil Sen, and Sanjay Singh, "Customer Asset Management at DHL in Asia," in *Services Marketing in Asia—A Case Book*, by Jochen Wirtz and Christopher Lovelock eds., (Singapore: Prentice Hall, 2005, 379-396).

11 John E. Hogan, Katherine N. Lemon, and Barak Libai, "What is the True Cost of a Lost Customer?" *Journal of Services Research* 5, no. 3 (2003): 196-208.

12 For a discussion on how to evaluate the customer base of a firm, see Sunil Gupta, Donald R. Lehmann, and Jennifer Ames Stuart, "Valuing Customers," *Journal of Marketing Research* 41, no. 1 (2004): 7-18.

13 To use a customer lifetime value calculator and see a worked problem, see http://hbsp.harvard.edu/multimedia/flashtools/cltv/index.html, accessed March 12, 2012.

14 It has even been suggested to let "chronically dissatisfied customer go to allow front-line staff focus on satisfying the 'right' customers," see Ka-shing Woo and Henry K.Y. Fock, "Retaining and Divesting Customers: An Exploratory Study of Right Customers, 'At-Risk' Right Customers, and Wrong Customers," *Journal of Services Marketing* 18, no. 3 (2004): 187-197.

15 Frederick F. Reichheld, *Loyalty Rules—How Today's Leaders Build Lasting Relationships*, Boston: MA, Harvard Business School Press, 2001, 45.

16 Yuping Liu, "The Long-Term Impact of Loyalty Programs on Consumer Purchase Behavior and Loyalty," *Journal of Marketing* 71, no. 4 (October 2007): 19-35.

17 Frederick F. Reichheld, *Loyalty Rules—How Today's Leaders Build Lasting Relationships*, Boston: MA, Harvard Business School Press, 2001, 43, 84-85.

18 Ravi Dhar and Rashi Glazer, "Hedging Customers," *Harvard Business Review* 81, (May

2003): 86-92

19 David Rosenblum, Doug Tomlinson, and Larry Scott, "Bottom-Feeding for Blockbuster Business," *Harvard Business Review* (March 2003): 52-59.

20 Christian Homburg, Mathias Droll, and Dirk Totzek, "Customer Prioritization: Does It Pay Off, and How Should It Be Implemented?" *Journal of Marketing* 72, no. 5 (2008): 110-130.

21 Valarie A. Zeithaml, Roland T. Rust, and Katharine N. Lemon, "The Customer Pyramid: Creating and Serving Profitable Customers," *California Management Review* 43, no. 4 (Summer 2001): 118-142

22 Werner J. Reinartz and V. Kumar, "The Impact of Customer Relationship Characteristics on Profitable Lifetime Duration," *Journal of Marketing* 67, no. 1 (2003): 77-99.

23 Vikras Mittal, Matthew Sarkees, and Feisal Murshed, "The Right Way to Manage Unprofitable Customers," *Harvard Business Review* (April 2008): 95-102.

24 Elizabeth Esfahani, "How to Get Tough with Bad Customers," *ING Direct*, October 2004, and https://home.ingdirect.com/index.html, accessed March 12, 2012.

25 Not only is there a positive relationship between satisfaction and share of wallet, but the greatest positive impact is seen at the upper extreme levels of satisfaction. For details, refer to Timothy L. Keiningham, Tiffany Perkins-Munn, and Heather Evans, "The Impact of Customer Satisfaction on Share of Wallet in a Business-to-Business Environment," *Journal of Service Research* 6, no. 1 (2003): 37-50; See also: Beth Davis-Sramek, Cornelia Droge, John T. Mentzer, and Matthew B. Myers, "Creating Commitment and Loyalty Behavior among Retailers" What Are the Roles of Service Quality and Satisfaction?" *Journal of the Academy of Marketing Science* 37, no. 4 (2009): 440-454; Ina Garnefeld, Sabrina Helm, and Andreas Eggert, "Walk Your Talk: An Experimental Investigation of the Relationship between Word of Mouth and Communicators' Loyalty," *Journal of Service Research* 14, no. 1 (2011): 93?107.

26 Florian V. Wangenheim, "Postswitching Negative Word of Mouth," *Journal of Service Research* 8, no. 1 (2005): 67-78.

27 Neil A. Morgan and Lopo Leotte Rego, "The Value of Different Customer Satisfaction and Loyalty Metrics in Predicting Business Performance," *Marketing Science* 25, no. 5 (September-October 2006): 426-439.

28 Heiner Evanschitzky, B. Ramaseshan, David M. Woisetschlager, Verena Richelsen, Markus Blut, and Christof Backhaus, "Consequences of Customer Loyalty to the Loyalty Program and to the Company," *Journal of the Academy of Marketing Science* 26 (July 2011) (published online).

29 Leonard L. Berry and A. Parasuraman, "Three Levels of Relationship Marketing," in *Marketing Services—Competing through Quality* (New York, NY: The Free Press, 1991, 136?142); and Valarie A. Zeithaml, Mary Jo Bitner, and Dwayne D. Gremler, *Services Marketing*. 5th ed., (New York, NY: McGraw-Hill, 2008), Chapter 7.

30 Michael Lewis, "The Influence of Loyalty Programs and Short-Term Promotions on Customer Retention," *Journal of Marketing Research* 41 (August 2004): 281-292; Jochen Wirtz, Anna S. Mattila, and May Oo Lwin, "How Effective Are Loyalty Reward Programs in Driving Share of Wallet?" *Journal of Service Research* 9, no. 4 (2007): 327-334.

31 Richard Ho, Leo Huang, Stanley Huang, Tina Lee, Alexander Rosten, and Christopher S. Tang, "An Approach to Develop Effective Customer Loyalty Programs: The VIP Program AT T & T Supermarkets Inc.," *Managing Service Quality* 19, no. 6 (2009): 702-720.

32 Katherine N. Lemon and Florian V. Wangenheim, "The Reinforcing Effects of Loyalty Program Partnerships and Core Service Usage," *Journal of Service Research* 11, no. 4 (2009): 357-370; Frederick DeKay, Rex S. Toh and Peter Raven, "Loyalty Programs: Airlines Outdo Hotels," *Cornell Hospitality Quarterly* 50, no. 3 (2009): 371-382.

33 Ruth N. Bolton, P. K. Kannan, and Matthew D. Bramlett, "Implications of Loyalty Program

Membership and Service Experience for Customer Retention and Value," *Journal of the Academy of Marketing Science* 28, no. 1 (2000): 95-108; Michael Lewis, "The Influence of Loyalty Programs and Short-Term Promotions on Customer Retention," *Journal of Marketing Research* 41, no. 3 (2004): 281-292.

34 Katherine N. Lemon and Florian V. Wangenheim, "The Reinforcing Effects of Loyalty Program Partnerships and Core Service Usage," *Journal of Service Research* 11, no. 4 (2009): 357-370.

35 See, for example: Iselin Skogland and Judy Siguaw, "Are Your Satisfied Customers Loyal?" *Cornell Hotel and Restaurant Administration Quarterly* 45, no. 3 (2004): 221-234.

36 Matthew Dixon, Karen Freeman, and Nicholas Toman, "Stop Trying to Delight Your Customers," *Harvard Business Review* July?August (2010): 116-122.

37 Bernd Stauss, Maxie Schmidt, and Adreas Schoeler, "Customer Frustration in Loyalty Programs," *International Journal of Service Industry Management* 16, no. 3 (2005): 229-252.

38 On the perception of design of loyalty tiers, see: Xavier Dr　ze and Joseph C. Nunes, "Feeling Superior: The Impact of Loyalty Program Structure on Consumers' Perceptions of Status," *Journal of Consumer Research* 35, no. 6 (2009): 890-905.

39 Nelson Oly Ndubisi, "Relationship Marketing and Customer Loyalty," *Marketing Intelligence & Planning* 25, no. 1 (2007): 98-106.

40 Paolo Guenzi, Michael D. Johnson, and Sandro Castaldo, "A Comprehensive Model of Customer Trust in Two Retail Store," *Journal of Service Management* 20, no. 3 (2009): 290-316; Alessandro Arbore, Paolo Guenzi, and Andrea Ordanini, "Loyalty Building, Relational Trade-offs and Key Service Employees: The Case of Radio DJs," *Journal of Service Management* 20, no. 3 (2009): 317-341.

41 Mark S. Rosenbaum, Amy L. Ostrom, and Ronald Kuntze, "Loyalty Programs and a Sense of Community," *Journal of Services Marketing* 19, no. 4 (2005): 222-233; Isabelle Szmigin, Louise Canning, and Alexander E. Reppel, "Online Community: Enhancing the Relationship Marketing Concept through Customer Bonding," *International Journal of Service Industry Management* 16, no. 5 (2005): 480-496; Inger Roos, Anders Gustafsson, and Bo Edvardsson, "The Role of Customer Clubs in Recent Telecom Relationships," *International Journal of Service Industry Management* 16, no. 5 (2005): 436-454; Dennis Pitta, Frank Franzak, Danielle Fowler, "A Strategic Approach to Building Online Customer Loyalty: Integrating Customer Profitability Tiers," *Journal of Consumer Marketing* 23, no. 7 (2006): 421-429.

42 Rick Ferguson and Kelly Hlavinka, "The Long Tail of Loyalty: How Personalized Dialogue and Customized Rewards Will Change Marketing Forever," *Journal of Consumer Marketing* 23, no. 6 (2006): 357-361.

43 Rick Ferguson and Kelly Hlavinka, "The Long Tail of Loyalty: How Personalized Dialogue and Customized Rewards Will Change Marketing Forever," *Journal of Consumer Marketing* 23, no. 6 (2006): 357-361.

44 Susan M. Keaveney, "Customer Switching Behavior in Service Industries: An Exploratory Study," *Journal of Marketing* 59 (April 1995): 71-82.

45 For a more detailed discussion of situation-specific switching behavior, refer to Inger Roos, Bo Edvardsson, and Anders Gustafsson, "Customer Switching Patterns in Competitive and Noncompetitive Service Industries," *Journal of Service Research* 6, no. 3 (2004): 256-271.

46 Gianfranco Walsh, Keith Dinnie, and Klaus-Peter Wiedmann, "How Do Corporate Reputation and Customer Satisfaction Impact Customer Defection? A Study of Private Energy Customers in Germany," *Journal of Services Marketing* 20, no. 6 (2006): 412-420.

47 Jonathan Lee, Janghyuk Lee, and Lawrence Feick, "The Impact of Switching Costs on the Consumer Satisfaction—Loyalty Link: Mobile Phone Service in France," *Journal of Services Marketing* 15, no. 1 (2001): 35-48; Shun Yin Lam, Venkatesh Shankar, M. Krishna Erramilli, and Bvsan Murthy, "Customer Value, Satisfaction, Loyalty, and Switching Costs: An Illustration from a Business-

to-Business Service Context," *Journal of the Academy of Marketing Science* 32, no. 3 (2004): 293?311; Michael A. Jones, Kristy E. Reynolds, David L. Mothersbaugh, and Sharon Beatty, "The Positive and Negative Effects of Switching Costs on Relational Outcomes," *Journal of Service Research* 9, no. 4 (2007): 335-355.

48 Moonkyu Lee and Lawrence F. Cunningham, "A Cost/Benefit Approach to Understanding Loyalty," *Journal of Services Marketing* 15, no. 2 (2001): 113?130; Simon J. Bell, Seigyoung Auh, and Karen Smalley, "Customer Relationship Dynamics: Service Quality and Customer Loyalty in the Context of Varying Levels of Customer Expertise and Switching Costs," *Journal of the Academy of Marketing Science* 33, no. 2 (2005): 169-183.

49 Lesley White and Venkat Yanamandram, "Why Customers Stay: Reasons and Consequences of Inertia in Financial Services," *International Journal of Service Industry Management* 14, no. 3 (2004): 183-194.

50 For an overview on CRM, see: V. Kumar and Werner J. Reinartz, *Customer Relationship Management: A Database Approach.* Hoboken, NJ: John Wiley & Sons, 2006; B. Ramaseshan, David Bejou, Subhash C. Jain, Charlotte Mason, and Joseph Pancras, "Issues and Perspective in Global Customer Relationship Management," *Journal of Service Research* 9, no. 2 (2006): 195-207; V. Kumar, Sarang Sunder, and B. Ramaseshan, "Analyzing the Diffusion of Global Customer Relationship Management: A Cross-Regional Modeling Framework," *Journal of International Marketing* 19, no. 1 (2011): 23-39.

51 Dwayne Ball, Pedro S. Coelho, and Manuel J. Vilares, "Service Personalization and Loyalty," *Journal of Services Marketing* 20, no. 6 (2006): 391-403.

52 Kevin N. Quiring and Nancy K. Mullen, "More Than Data Warehousing: An Integrated View of the Customer," in *The Ultimate CRM Handbook—Strategies & Concepts for Building Enduring Customer Loyalty & Profitability*, John G. Freeland, ed., (New York: McGraw-Hill, 2002, 102-108).

53 This section is adapted from: Adrian Payne and Pennie Frow, "A Strategic Framework for Customer Relationship Management," *Journal of Marketing* 69 (October 2005): 167-176.

54 Martin Reimann, Oliver Schilke, and Jacquelyn S. Thomas, "Customer Relationship Management and Firm Performance: The Mediating Role of Business Strategy," *Journal of the Academy of Marketing Science* 38, no. 3 (2010): 326-346.

55 William Boulding, Richard Staelin, Michael Ehret, and Wesley J. Johnston, "A Customer Relationship Management Roadmap: What Is Known, Potential Pitfalls, and Where to Go," *Journal of Marketing* 69, no. 4 (2005): 155-166.

56 This section is largely based on: Sudhir H. Kale, "CRM Failure and the Seven Deadly Sins," *Marketing Management* (September/October 2004): 42-46.

57 William Boulding, Richard Staelin, Michael Ehret, and Wesley J. Johnston, "A Customer Relationship Management Roadmap: What Is Known, Potential Pitfalls, and Where to Go," *Journal of Marketing* 69, no. 4 (2005): 155-166.

58 Darrell K. Rigby and Dianne Ledingham, "CRM Done Right," *Harvard Business Review*, (November 2004): 118-129.

59 Manuel Ebner, Arthur Hu, Daniel Levitt, and Jim McCrory, "How to Rescue CRM?" *The McKinsey Quarterly* 4, (Technology, 2002).

60 Darrell K. Rigby and Dianne Ledingham, "CRM Done Right," *Harvard Business Review*, (November 2004): 118-129.

61 Darrell K. Rigby, Frederick F. Reichheld, and Phil Schefter, "Avoid the Four Perils of CRM," *Harvard Business Review* (February 2002): 108.

CHAPTER 13

# 고객 불평 관리와 서비스 회복

## 학습목표

**이 장을 학습하게 되면 학생들은 다음의 내용을 이해하게 될 것이다.**

- **학습목표 1** 서비스 실패에 대한 반응으로서 고객이 취할 수 있는 행동은 무엇인가?
- **학습목표 2** 고객이 불평하는 이유가 무엇인가?
- **학습목표 3** 고객은 불평하면서 무엇을 기대하는가?
- **학습목표 4** 효과적인 서비스 회복에 대해 고객은 어떻게 반응하는가?
- **학습목표 5** 서비스 패러독스는 무엇인가?
- **학습목표 6** 효과적인 서비스 회복 시스템의 원칙들은 무엇인가?
- **학습목표 7** 서비스 직원들을 위해 불평고객 대응과 서비스 회복에 대해 어떤 가이드를 제시해야 하는가?
- **학습목표 8** 서비스 보증의 위력이 어떠한가?
- **학습목표 9** 효과적인 서비스 보증을 어떻게 설계해야 하는가?
- **학습목표 10** 기업은 언제 서비스 보증을 제공하지 말아야 하는가?
- **학습목표 11** 7개 불량고객의 유형과 그들을 효과적으로 관리하는 기법은 무엇인가?

**그림 13.1** 탁월한 고객 서비스에 대한 JetBlue 사의 명성은 일시적으로 심하게 훼손되었다.

# 도입 사례

## 너무 조금, 너무 늦게—JetBlue 사의 서비스 회복[1]

미국 동부해안에서 지독한 눈보라가 치고 있었다. 뉴욕의 존 F. 케네디 국제공항에서 JetBlue 사 소속의 비행기들의 기내에서 11시간 동안 수백 명의 승객이 갇혀 있었다. 이들 승객들은 분노했다! 승객이 비행기에서 내리기 위한 어떠한 조치도 취해지지 않았다. 심지어 JetBlue 사는 6일 동안 천 편이 넘는 항공기 운항을 취소하였고, 이로 인해 많은 승객이 오도가도 못하게 방치되었다. 2007년 2월의 이 사건으로 인해 가장 강력한 고객 서비스 브랜드가 되기 위해 JetBlue 사가 취했었던 많은 활동의 긍정적 효과가 사라져 버렸다. JetBlue 사는 원래 『비즈니스 위크』가 발표하는 상위 25개 고객 서비스 선도기업 4위에 선정될 계획이었으나, 이 사건으로 인해 순위 하락이 불가피하게 되었다. 과연 무슨 일이 벌어졌던 것일까?

어떠한 서비스 회복계획도 존재하지 않았다. 조종사도, 승무원도, 심지어 공항 관리직원조차도 승객을 비행기에서 내리도록 할 권한이 없었다. 이들 승객에게 환불 조치를 취하고 쿠폰을 제공하였으나, 이러한 행위는 승객의 분노를 잠재우기에 너무도 부족하였다. 당시 JetBlue 사의 CEO인 David Neeleman은 깊은 사과를 하면서 문제의 원인과 자신들의 서비스 회복 노력에 대해 충분히 설명하기 위해 자신들의 데이터베이스에 근거하여 직접 이메일을 발송하였다. 심지어 그는 밤늦은 시간에 TV에 출연하여 돌발상황에서 승객들을 비행기에서 내릴 수 있도록 하는 대처계획을 수립하지 못했음을 시인하면서 사과하였다. 그러나 이러한 활동 외에도 JetBlue 사는 자신의 훼손된 명성을 회복하기 위해 해야 할 많은 일이 있었다.

JetBlue 사는 새로운 고객 권리 장전(Customer Bill of Rights)부터 시작하면서, 서두르지 않고 자신의 명성을 되찾았다. 이 권리 장전에 의하면, 비행기 운항이 연기되는 상황에서 항공사는 고객에게 쿠폰을 제공하거나 반환을 해야 함을 의무로 명시하고 있다. Neeleman은 또한 자사의 승무원의 탑승위치 파악을 용이하게 하기 위해 정보시스템을 교체하였고, 온라인상에서 예약 변경이 가능하도록 웹사이트를 업그레이드하고, 필요한 경우 공항에 투입될 수 있도록 본사 직원을 교육시켰다. 이전에 고객 서비스 선도기업이었던 JetBlue 사가 이전의 영광을 찾을 수 있을지 주목된다. 서비스 회복에 대한 계획은 없었다. 조종사도, 승무원도, 공항관리자도 사람들을 비행기에서 내리게 할 권한을 가지고 있지 않았다. 2011년 6월, J.D. 파워에서 수행하는 고객 만족 조사에서 고객 서비스 분야 최고 점수를 받았다. J.D. 파워 앤 어소시에이츠는 전 세계 수백만 명의 고객들을 대상으로 고객 만족에 대한 설문조사를 진행한다). 이를 통해 마침내 고객들이 JetBlue 사의 서비스 실패를 용서하였고, 우수한 서비스를 제공하기 위한 그들의 노력을 인정했음을 알 수 있다.

**그림 13.2** 새로운 고객 권리 장전과 Simpsons를 이용한 홍보 활동이 고객을 다시 회복하기 위한 수단이다.

PART IV

**학습목표 1**
서비스 실패에 대한 반응으로서 고객이 취할 수 있는 행동은 무엇인가?

# 고객 불평행동

서비스 품질과 서비스 생산성에 대한 가장 중요한 원칙은 아마도 "처음부터 제대로 하라!" 일 것이다. 그러나 실수는 언제나 발생하고, 가끔은 앞에서 설명한 JetBlue 사의 사건처럼 기업이 어쩔 수 없는 일들도 발생할 수 있음을 인정할 수밖에 없다. 어떤 서비스 기업도 특정 시점에서 모든 고객을 100% 만족시킬 수는 없다.[2] 그러나 고객 불평에 대한 대응이나 문제 해결이 얼마나 잘 이루어지는지에 따라 고객 충성도가 결정됨을 기억해야 한다.

## 서비스 실패에 대한 다양한 고객 반응

당신이 받은 서비스의 일부분에 대해 만족하지 않을 가능성이 언제나 존재한다. 이와 같이 어떤 서비스에 대한 불만족이 발생할 경우 당신은 어떻게 반응하는가? 당신이 불평하는 대상이 직원이나 관리자일 수도 있고, 아니면 친구나 가족일 수도 있을 것이다. 그림 13.3은 서비스 실패에 대해 고객이 취할 수 있는 행동을 보여주고 있다.

1. 특정 형태의 공개행동을 취함(해당 기업 또는 소비자보호센터나 관련 단체와 같은 제3자에게 불평하는 행위, 민사 또는 형사소송 등을 포함)
2. 특정 형태의 개인행동을 취함(해당 공급업체를 떠나는 행위 포함)
3. 어떤 행위도 취하지 않음(그림 13.4)

위에서 제시한 다양한 불평행동 중 하나 또는 여러 조합으로 구성된 행위를 고객이 취할 수 있음을 기억하는 것이 중요하다. 관리자는 고객 이탈의 효과가 해당 고객의 향후 수익

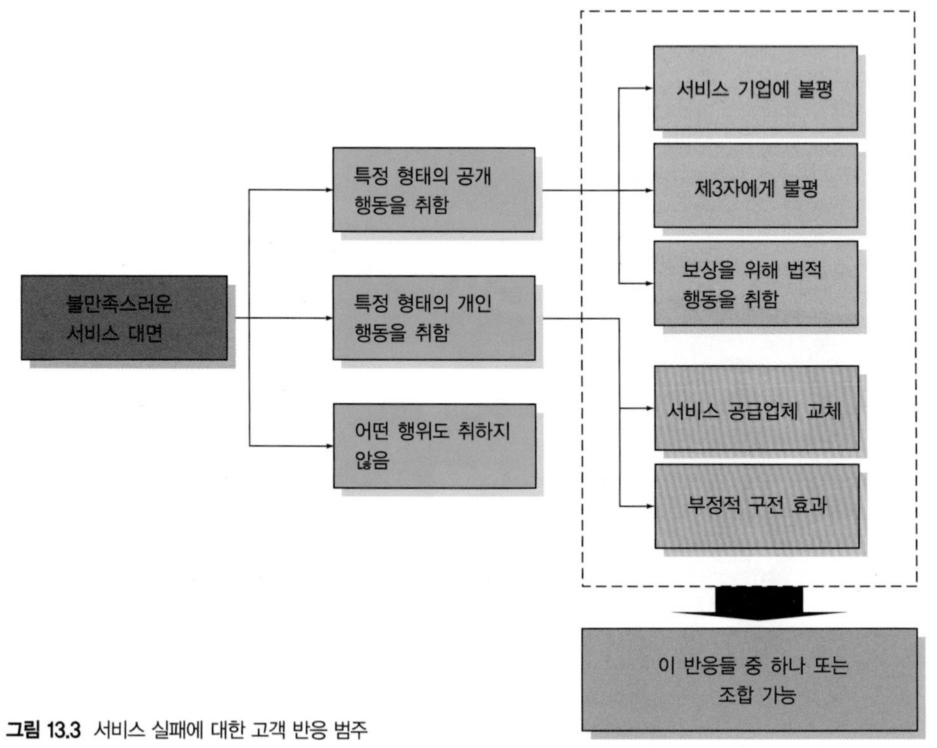


**그림 13.3** 서비스 실패에 대한 고객 반응 범주

흐름의 손실에만 그치지 않을 수 있음을 인식할 필요가 있다. 화난 고객은 종종 많은 다른 고객에게 자신이 처했던 문제점을 말한다.[3] 인터넷으로 인해 불만족한 고객이 게시판에 불평 정보를 올리거나 해당 조직에서 체험한 불쾌한 경험을 말하기 위해 웹사이트을 구축함으로써 수천 명의 다른 사람에게 영향을 미칠 수 있게 되었다.

그림 13.4 온라인 서비스 상황에서의 상호작용에서 볼 수 있듯이 일부 고객은 단지 실망만 하고, 불평하기 위한 어떤 행동도 취하지 않는다.

### 서비스 실패에 대한 고객 반응의 이해

불만 고객과 불평 고객에 대해 효과적으로 대응하기 위해 관리자는 아래와 같은 의문점에서 시작하여, 불평행동의 핵심 요소를 이해할 필요가 있다.

#### 고객들은 왜 불평할까?

일반적으로 소비자 불평행동에 대한 연구에는 불평에 대한 네 가지 중요한 이유가 제시되어 있다.

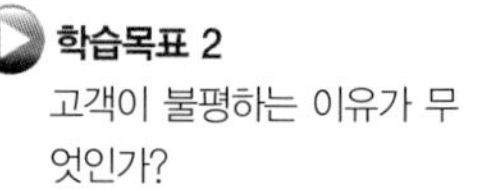
학습목표 2
고객이 불평하는 이유가 무엇인가?

1. **보상의 획득** 종종 소비자는 반환 요청, 보상 등과 같은 경제적 손실을 회복하거나 해당 서비스를 다시 제공받기 위해서 불평을 한다. 이 때 경제적 손실 회복과 서비스의 반복된 제공은 동시에 추구될 수도 있다.[4]
2. **분노의 표출** 일부 소비자는 자존심을 회복하기 위해서 또는(그리고) 자신의 분노와 좌절을 표출하기 위해서 불평을 한다. 서비스 프로세스가 너무 규정 중심이고 불합리한 경우 또는 서비스 직원이 무례할 경우에 고객의 자존심과 자존감, 공정성에 대해 부정적 영향을 미칠 수 있다. 고객은 화가 나고 감정적으로 변할 수 있다.
3. **서비스 개선에 대한 도움** 고객이 특정 서비스(예 : 대학, 동창회 또는 중요 금융 거래처 등)에 깊게 관여될 경우에 서비스 개선을 위해 자발적으로 기여하고자 적극적으로 피드백을 준다.
4. **다른 고객을 위한 배려** 마지막으로 일부 고객은 다른 고객을 위해 자신의 불만을 제기한다. 그들은 다른 고객이 같은 문제를 경험하지 않기를 원하며, 문제점을 제기하여 서비스가 개선되면 좋아하게 된다.

#### 불만족 고객 중 어느 정도가 불평을 할까?

한 조사 결과에 의하면, 서비스 실패를 경험한 고객 중에서 평균적으로 5~10% 정도의 고객만이 실제로 불평을 한다.[5] 이 책의 저자 중 한 사람은 대중버스 회사가 접수한 불평 정보를 분석했다. 분석 결과에 의하면 100만 번의 승차에 대해 단지 3개의 불평만이 존재했다. 하루 두 번의 승차경험만을 가정할 때, 한 사람이 100만 번의 승차 경험을 갖기 위해서는 1,370년이 필요하다(대략 27번의 생애주기). 다르게 표현하면, 대중버스회사의 서비스가 우수하지 않더라도 불평 비율은 믿기 힘들 정도로 낮다. 불만족 고객은 왜 불평하지 않을까? 불평하지 않는 불만족 고객은 편지를 쓰거나 이메일을 보내거나 양식을 채우거나 전화를 하기 위해 시간을 낭비하고 싶어하지 않는다. 특히 불만족을 발생시킨 서비스가 어떤 노력을

PART IV

그림 13.5 고객은 종종 불평을 어렵고 불쾌하다고 생각한다.

기울일 정도로 중요하지 않을 경우 더욱 그러한 경향을 보인다. 많은 고객은 불평을 해도 별 소득이 없을 것이라고 생각한다. 그들은 누구도 자신의 문제에 대해 관심을 갖거나 기꺼이 그러한 문제를 해결하고자 하지 않는다고 생각한다. 문제가 발생했을 때 단지 어디로 가야 할지 또는 무엇을 해야 할지 모르기 때문에 불평을 하지 않는 경우도 있다. 이외에도 불평이 불쾌하게 느껴지고, 불평을 하기 위한 대면 스트레스를 회피하고 싶어서 불평을 하지 않는 경우도 존재한다(그림 13.5).[6]

**누가 불평할 가능성이 가장 높은가?**

시장조사 결과, 사회적 · 경제적 지위가 높은 사람이 그렇지 않은 사람에 비해 불평할 가능성이 높은 것으로 나타났다. 교육 수준이 높고, 소득이 많고, 사회적 참여도가 높은 사람은 문제에 직면했을 때 이에 대해 언급할 자신감, 지식, 동기부여의 수준이 높은 것으로 나타났다.

**고객은 어디에서 불평을 하는가?**

기존 연구를 살펴볼 때 대다수의 고객 불만은 서비스를 받는 장소에서 발생한다. 이 책의 저자 중 1명은 최근 고객 피드백 시스템을 개발하고 실행하기 위한 컨설팅 프로젝트를 수행했다. 그는 고객 피드백의 99% 이상이 면대면 혹은 고객 서비스센터로의 전화통화를 통해 이루어진다고 밝혔다. 모든 고객 불만의 오직 1% 이하만이 이메일, 서신, 피드백 카드에 의해서 이루어진다. 자신의 분노나 욕구불만을 분출하기 위한 것이 주 목적인 고객은 상호적이지 않은 방법(예 : 이메일이나 서신)을 통해 불평하는 경향이 있다. 그러나 문제가 수정되기를 원하는 고객은 면대면이나 전화통화 같은 상호적인 방법을 이용한다.[7] 실제 고객이 불평을 할 때조차도, 관리자는 고객접점에서 응대하는 일선 직원에 의해 획득된 고객 불평에 대해 귀를 기울이지 않는다. 고객 불평을 위한 공식적인 고객 피드백 시스템이 없다면.[8]

아주 일부의 불평만이 본부에 전달된다.[9] 만약 불행한 고객들이 이미 다른 불평채널을 사용했는데도 문제가 해결되지 않는다면, 그들은 온라인 상의 공개적인 불평으로 전환하는 경향이 있다. 이것은 '이중 이탈'의 원인이 된다. 첫 번째는 서비스 성과에서 불만족이 야기되었으며, 그 다음에는 문제 해결에서 실패한 것이다.[10]

**학습목표 3**
고객은 불평하면서 무엇을 기대하는가?

**불평을 한 후 다음 고객은 무엇을 기대하는가?**

서비스 실패가 일어났을 때, 고객은 공정하게 처리되기를 기대한다. 그러나 최근의 연구들

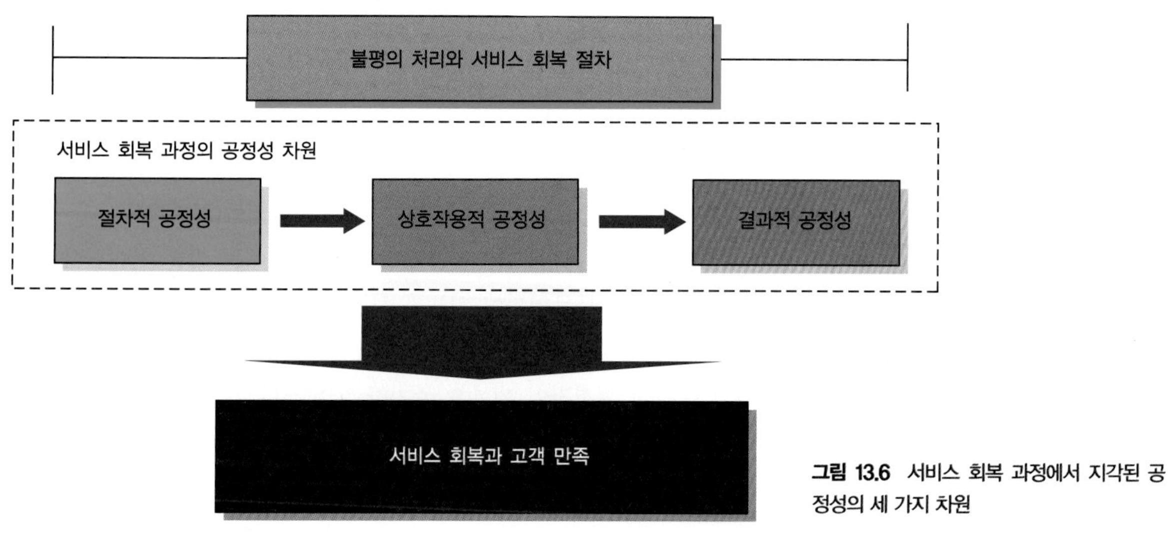


**그림 13.6** 서비스 회복 과정에서 지각된 공정성의 세 가지 차원

출처
Adapted from Stephen S. Tax and Stephen W. Brown, "Recovering and Learning from Service Failure," *Sloan Management Review* 49, no. 1 (Fall 1998): 75-88.

은 많은 고객들이 그들이 공정하게 대우받지 못했을 뿐만 아니라 충분한 보상을 받지도 못했다고 느낀다고 주장한다. 이 경우 그들의 반응은 즉각적이고, 감정적이며, 지속된다. 반대로 공정하다고 지각되는 결과는 고객 만족에 긍정적인 영향을 준다.[11]

Stephen Tax와 Stephen Brown은 서비스 회복으로 인한 만족의 85%는 그림 13.6에서 보이는 세 가지 공정성의 영역에서 기인하다고 보았다.[12]

- **절차적 공정성**(procedural justice) 서비스가 회복되기 위해 어떠한 고객이든지 겪어야 하는 방침과 규정이 관련되어 있다. 고객은 기업이 책임을 다할 것을 기대한다. 이것이 편리하고 반응적인 회복과정에 이어서 공정한 과정의 첫 번째 핵심이다. 시스템의 유연성과 함께 서비스 회복을 위한 고객의 노력을 포함한다.
- **상호작용적 공정성**(interactional justice) 서비스를 회복시키는 기업의 직원과 고객을 향한 그들의 행동과 관련되어 있다. 서비스 실패에 대한 솔직한 설명과 문제해결을 위한 노력은 매우 중요하다. 그리고 그런 회복 노력 자체가 고객들로 하여금 진심이며, 공정하고, 정중하게 지각되어야 한다.
- **결과적 공정성**(outcome justice) 서비스 실패로 야기되는 불편함과 손실에 대해 고객이 받게 되는 보상과 관련되어 있다. 이 보상의 대상은 서비스 실패 자체에 대한 보상뿐 아니라 고객이 서비스 실패와 서비스 회복의 과정에 소요한 시간, 노력, 에너지까지도 포함되어야 한다.

## 효과적인 서비스 회복에 대한 고객의 반응

**학습목표 4**
효과적인 서비스 회복에 대해 고객은 어떻게 반응하는가?

"불평자를 주셔서 하나님 감사합니다"는 고객불평행동에 관한 논문의 자주적인 제목이었다. 이것은 또한 "불만족한 고객을 전화로 만나게 되어 감사드립니다! 내가 걱정한

PART IV

것은 내가 그들로부터 아무것도 들을 수 없다는 것입니다."[13] 불평하지 않는 고객은 기업에게 문제를 수정하거나(일부 기업은 문제가 있다는 것을 알지도 못한다.) 고객과의 관계를 회복하거나 미래의 만족을 개선할 기회를 주지 못한다.

서비스 회복은 기업이 서비스 실패 후에 문제를 해결하고 고객의 선의를 유지하기 위한 체계적인 노력이다. 서비스 회복 노력은 고객 만족과 충성도를 획득(회복)하는 데 중요한 역할을 한다.[14] 모든 조직에서 고객과의 관계에 부정적인 영향을 주는 일은 일어난다. 기업이 고객 만족과 서비스질에 얼마나 몰입되어 있는가 하는 것은 광고의 약속에서는 있을 수 없으며, 고객에게 무엇인가 잘못되었을 때 대응하는 방법에서 나타난다. 불평이 고객서비스에 대한 서비스 직원의 몰입에 부정적인 영향은 주지만, 서비스와 그들의 직무에 긍정적인 태도를 가진 직원은 고객을 돕고, 고객의 불평을 개선의 잠재적인 원천으로 보는 추가적인 방법을 탐색하는 경향이 있다.[15]

### 고객 충성도에 대한 효과적인 서비스 회복의 영향

불평이 만족스럽게 해결될 경우, 이전에는 충성스럽지 않았던 고객이 충성 고객이 될 가능성이 매우 많다. 실제로 최근의 연구는 서비스 회복에서 만족한 불평 고객은 불만족 고객보다 15배나 더 그 기업을 추천할 가능성이 있다고 주장하였다.[16] TARP 리서치는 고객이 불만족스럽거나 중요한 문제가 있었지만 불만을 제기하지 않는 경우, 그 기업의 다른 제품을 재구매할 의사가 단지 9%에 불과하다는 것을 발견했다. 고객 불만족에 대한 처리가 불가능했더라도 고객이 불평하고, 기업이 그들의 불평을 잘 들어주기만 해도 재구매율은 19%로 상승했다. 고객불평이 고객 만족으로까지 이어졌다면 고객 유지율은 54%까지 상승했다. 문제가 주로 현장에서 빠르게 해결되는 경우, 고객 유지율은 최대 82%까지 나타난다.[17]

불만고객이 이탈했을 때, 기업은 해당 고객과의 향후 거래 기회를 잃는 것보다 더 큰 손실을 입는다. 그 고객으로부터 얻을 수 있는 장기적인 이익 역시 잃을 수 있다. 심지어 부정적인 구전 정보로 다른 고객도 해당 기업과 거래하지 않는 결과를 초래할 수 있다. 결론적으로 불평 관리는 비용 중심적인 것이 아니라 이익 중심적인 것으로 이해해야 한다는 것이다.[18]

**학습목표 5**
서비스 패러독스는 무엇인가?

### 서비스 회복 패러독스

아무런 문제가 없었던 고객보다 서비스 실패를 경험한 뒤 문제가 해결되어 완전히 만족한 경우의 고객이 향후에 더 많이 재구매하는 현상을 **서비스 회복 패러독스**(service recovery paradox)라고 한다.[19] 예를 들어, 체크인 카운터에 도착한 승객이 과다예약으로 인해 좌석확약을 받았지만 좌석이 없다는 것을 발견한다. 서비스를 회복하기 위해 승객에게 추가 요금 없이 비즈니스 등급으로 승급해 준다. 고객은 문제가 발생되기 이전보다 더욱 기쁘게 되었고 만족하게 된다.

서비스 회복 패러독스는 서비스 실패를 경험하고 우수한 서비스 회복으로 기쁨을 느낀 고객에게 해당된다. 그러나 이 접근은 기업에게 많은 비용을 초래하게 한다. 또한 서비스 회복 패러독스가 항상 적용되는 것은 아니라는 것을 알 필요가 있다. 소매은행산업의 반복된 서비스 실패 연구에서 알 수 있듯이, 서비스 회복 패러독스는 첫 번째 서비스 실패가 발생한 후 서비스가 완전히 회복되어 고객 만족으로 이어진 경우에 적용된다.[20] 그러나 두 번째 서비스 실패가 발생하면, 패러독스 현상은 발생하지 않는다. 나아가 고객의 기대는 그들이 매우 만족스러운 정도의 서비스 회복을 경험한 뒤 더욱 증가한다. 그래서 훌륭한 서비스 회복은 미래의 서비스 실패 처리에 대해 기대하는 기준이 된다.

서비스 실패가 얼마나 심각했었는지, 그 실패는 회복 가능했었는지에 따라 서비스 회복을 통한 고객의 만족 정도가 결정된다. 망쳐버린 결혼사진이나 휴가, 혹은 서비스 설비로 인해 발생한 손해를 대체할 수 있는 것은 없다. 이러한 경우 가장 전문화된 서비스 회복이 이뤄진다 하더라도, 누구도 그런 상황에서 서비스 회복으로 인해 정말 기뻐할 사람은 없을 것이다. 결론은 가장 좋은 전략은 처음부터 확실히 하는 것이다.

## 효과적인 서비스 회복 시스템의 원칙

**학습목표 6**
효과적인 서비스 회복 시스템의 원칙들은 무엇인가?

서비스 회복이 정말 중요하다고는 했지만, 어떻게 효과적으로 서비스를 회복해야 하는가? 효과적인 서비스 회복 제공을 위한 다음과 같은 세 가지 지침이 될 원칙을 논의해보자. (1) 고객이 피드백하기 쉽게 하라, (2) 효과적인 서비스 회복을 위한 시스템을 구축하라, (3) 적정한 보상 수준을 결정하라. 네 번째 원칙은 고객 피드백으로부터 배워서 서비스를 개선하라이며, 이 원칙은 제14장에서 고객 피드백 시스템 상황에서 논의할 것이다. 효과적인 서비스 회복 시스템의 구성요소를 그림 13.7에서 제시하였다.

### 고객이 피드백을 주기 쉽게 하라

관리자는 어떻게 불만족한 고객이 서비스 실패에 대해 불평하도록 하게 할까? 가장 좋은 방법은 그들이 왜 불평하지 않는지를 파악하는 것이다. 표 13.1에서 우리는 앞서 불평하지

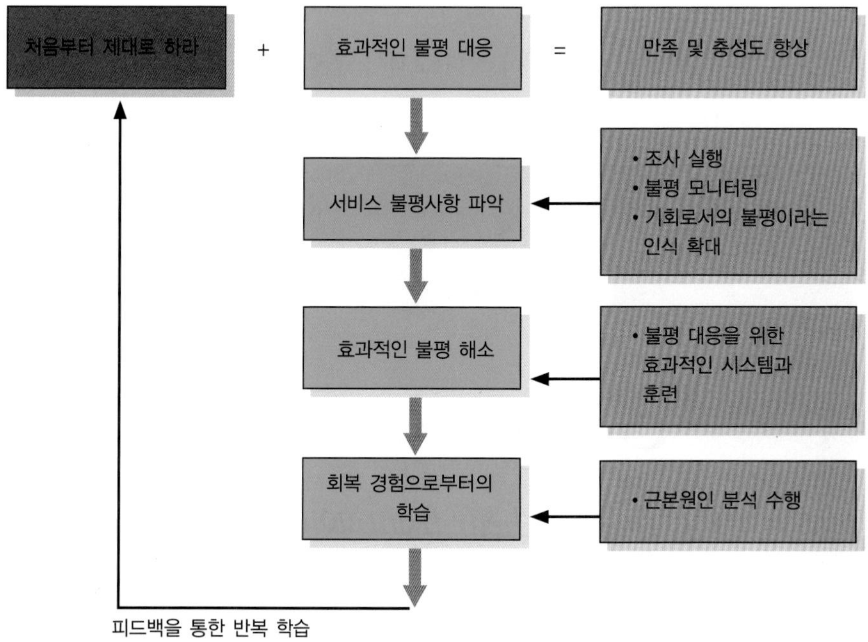

**그림 13.7** 효과적인 서비스 회복 시스템의 구성요소

**출처**
Christopher H. Lovelock, Paul G. Patterson, and Jochen Wirtz, *Services Marketing: An Asia-Pacific and Australian Perspective*, 5th edition, (Sydney: Pearson Australia, 2011, 413.

PART IV

**표 13.1** 고객불평에 대한 장애를 줄이는 전략

| 불만족 고객의 불평 토로 장애 요인 | 이러한 장애 요인을 줄이기 위한 전략 |
|---|---|
| **불편함**<br>• 정확한 불평 수단을 찾기 어려움<br>• 불평 시 추가적 노력 필요 | **피드백을 주기 쉽고 편하게 하라**<br>• 고객과 커뮤니케이션을 하는 경우, 언제나 직통 전화번호, 이메일, 우편주소 공지 |
| **애매모호한 결말**<br>• 기업이 문제를 검토하는 활동이 진행되는지에 대한 불확실 | **피드백을 진지하게 받아들였다는 것을 확실히 하라**<br>• 적절한 장소에 서비스 회복 절차를 갖추고 고객에게 알림<br>• 고객 피드백에 근거한 서비스 개선점을 부각시킴 |
| **불쾌함**<br>• 무시당하는 것에 대한 두려움<br>• 말다툼, 당황 | **피드백 경험을 긍정적으로 만들어라**<br>• 고객의 피드백에 감사<br>• 접점 직원이 고객과 싸우지 않도록 훈련시킴<br>• 익명성 허용 |

않는 이유를 극복하기 위해 취할 수 있는 일반적인 단계를 볼 수 있다. 많은 기업이 수신자 부담 전용 전화 이용, 웹사이트에 피드백 연결 방법 제공, 개별 접점 지점에 고객이 쉽게 이용할 수 있도록 고객 의견 카드 제공 등과 같은 불평 수집 절차를 이용해 왔다(그림 13.8 참조).

### 효과적인 서비스 회복을 위한 시스템을 구축하라

서비스 실패 회복은 적극성, 계획, 분명한 가이드라인이 필요하다. 세부적으로 효과적인 서비스 회복 절차인 (1) 적극적 서비스 회복 절차, (2) 계획된 서비스 회복 절차, (3) 훈련된 서비스 회복 절차, (4) 권한 위양된 서비스 회복 절차가 있다.

#### 서비스 회복은 적극적이어야 한다

서비스 회복은 준비되어 있고 적극적이어야 한다(고객이 불평하기 전에). 서비스 인사이트

**그림 13.8** 코멘트 카드는 보통 레스토랑과 호텔에서 고객의 피드백을 얻기 위해 사용된다.

13.1은 서비스 회복이 어떻게 적극적이어야 하는지에 대한 예이다. 서비스 직원은 고객의 불만족 신호를 느낄 수 있어야 하며, 고객이 문제를 겪고 있는지 물어봐야 한다. 예를 들면, 웨이터는 저녁을 반만 먹고 멈춘 고객에게 다음과 같이 물어볼 수 있을 것이다. "선생님, 혹시 문제가 있었나요?" 고객은 다음과 같이 말할 수 있다. "괜찮아요. 전 별로 배고프지가 않네요." 혹은 "이 스테이크는 완전히 익어 있는데 내가 주문한 것은 반 정도 익은 스테이크였어요. 별로 마음에 들지 않네요." 두 번째 대답은 고객이 불만족한 상태에서 식당을 나가 다

## 서비스 인사이트 13.1

### 효과적인 서비스 회복 행동

호텔 로비는 황량하다. 보스턴에 Marriott Long Wharf 호텔이 있는데, 이곳의 야간 매니저와 예정보다 늦은 손님의 대화를 우연히 듣는 것은 어렵지 않다.

"예, 존스 박사님, 우리는 당신이 방문하실 걸 알았어요. 저희 호텔에서 3일 머무르실 계획이시죠. 말씀드리기 죄송하지만, 고객님, 저희는 오늘밤 예약이 꽉 차있습니다. 많은 고객이 퇴실하실 것으로 예상했으나, 퇴실하지 않으셨어요. 내일 미팅이 어디신가요?"

박사는 어디서 미팅이 있는지 말했다.

"옴니 파커 하우스 근처네요! 여기서 멀지 않은 곳에 있답니다. 제가 전화해서 오늘 머무실 방을 잡아드리겠습니다. 잠시만 기다려 주세요."

몇 분 뒤 프런트 안내원은 좋은 소식과 함께 돌아왔다.

"옴니 파커 하우스에 손님이 머무실 방을 찾았다고 합니다. 그리고 물론 저희가 계산할 겁니다. 당신에게 여기 호텔로 전화가 오면 모두 전해드리겠습니다. 여기에서의 상황 설명과 당신의 입실을 위한 편지가 있습니다. 제 명함도 있으니, 만약 문제가 발생될 경우 이 프론트 데스크로 전화주시면 저와 통화하실 수 있으실 겁니다."

박사의 분노는 점점 누그러지고 있었다. 그러나 여기서 그치지 않았다. 그는 돈을 넣는 서랍쪽으로 갔다. "20달러입니다. 여기서 더 파커 하우스까지 가는 택시비와 내일 아침 여기로 돌아오시는 비용으로 충분하실 겁니다. 내일 밤은 아무 문제도 없습니다만 오늘밤만 이런 일이 생긴 겁니다. 그리고 이건 내일 아침 5층에서 유럽식 아침식사를 하실 수 있는 초대권입니다. 그리고 다시 한 번 이런 일이 생겨서 죄송합니다."

박사가 걸어 나가는 동안, 야간 매니저는 프런트 안내원에게 부탁했다. "15분 뒤에 별 문제 없이 잘 도착하셨는지 저분께 전화 좀 드려주게나."

일주일 뒤 도시에 있는 호텔이 여전히 성수기였을 때, 그 때의 고객은 지난번 호텔로 가는 길이었다. 가는 동안 그는 동료에게 그가 일주일 전 겪은 훌륭한 서비스 회복 에피소드에 대해 이야기했다. 두 사람은 그 호텔에 도착했고 입실을 위해서 안내 데스크로 향했다.

그들은 예상치 못한 소식을 접했다. "신사 여러분, 죄송합니다. 이틀 동안 여기 머물 예정이셨다는 걸 압니다. 하지만 오늘밤은 방들이 꽉 찼네요. 내일 미팅 장소는 어디신가요?"

그 호텔에 머물 의도였던 그들은 자신들의 향후 일정에 대해 알려 주며 후회하는 듯한 눈빛을 교환했다. "거긴 The Meridian 근처네요. 제가 전화해 보고 방이 있는 지 알아봐 드리겠습니다. 시간이 오래 걸리지 않을 겁니다." 직원이 멀리 걸어갈 때, 한 번 이 일을 겪었던 사람이 말했다. "장담하건대 편지랑 명함 갖고 올 거야."

아니나 다를까, 프런트 직원은 해결책을 갖고 돌아왔다. 로봇 같은 대본은 아니었지만 지난주에 볼 수 있었던 모든 요소가 그대로였다. 지난주에 방문했던 사람은 그가 지난주에 목격했던 것은 단지 프런트 직원의 스스로의 결단이라고 생각했었으나, 그것이 잘 짜여 있던 것이란 것을 그제서야 깨달았다. 자연스러웠지만 특정 종류의 고객 불평에 대한 계획된 응대였다.

출처
Ron Zemke and Chip R. Bell, *Knock Your Socks Off Service Recovery*. New York: AMACOM, 2000, 59-60.

PART IV

시는 오지 않게 하는 결과를 낳지 않고, 웨이터에게 서비스 회복의 기회를 준다.

### 서비스 회복 절차는 계획되어야 한다

서비스 실패에 대한 회복 계획이 미리 개발되어야 한다. 특히 정기적으로 발생하고 시스템 안에서 설계될 수 있는 것에 대해서는 더욱 필요하다.[21] 여행과 호텔산업에서는 수익관리실행으로 가끔 초과예약이 발생한다. 그 결과, 여행자는 예약을 했으나 비행기에 탑승하지 못하거나, 예약을 한 호텔고객은 방에 입실하지 못하는 경우가 발생한다. 기업은 초과예약과 같은 가장 일반적인 서비스 문제에 대하여 알아야 한다. 고객센터에서, 고객 서비스 제공자는 서비스 회복 상황에서 그들의 지침을 준비해 왔다.

### 서비스 회복 기술을 교육해야 한다

고객과 직원은 서비스 실패가 예상하지 못했던 것인 경우에 적절하게 대처하지 못한다. 비일상적인 서비스 실패와 지정된 회복 절차에 대한 효과적인 교육(예 : 서비스 인사이트 13.1에서의 호텔의 예처럼 일상적인 서비스 실패를 위한)은 점점 인력으로 하여금 확신과 기술을 습득하게 하여 근로의욕을 향상시킬 수 있다.[22]

### 서비스 회복은 권한 위양이 필요하다

직원은 불평고객을 만족시키기 위해 필요한 판단과 커뮤니케이션 기술을 활용할 수 있는 권한이 있어야 한다. 이것은 특히 기업이 미리 개발했거나 교육했던 가이드라인에서 벗어난 서비스 실패의 경우 더욱 필요하다. 직원들은 서비스 문제를 즉각 해결하고 고객의 선의를 회복하기 위하여 의사결정하고 비용을 지출할 수 있어야 한다. Ritz-Carlton과 Sheraton 호텔에서, 직원은 능동적으로 자신의 판단에 의해 행동할 수 있는 권한이 있다. 그들은 상황에 대한 주인의식을 갖고 그들이 가진 능력 한도 내에서 고객의 문제를 해결할 수 있다. 예를 들어, 온라인 공개 불평이 보편적인 현재에는 직원이 문제를 해결할 수 있는 트윗과 같이 온라인으로 즉각 대응할 수 있도록 권한 위양이 되어야 한다.[23]

## 얼마나 많은 보상을 해야 하는가

서비스 실패가 발생했을 때 기업은 얼마나 많은 보상을 해야 하는가? 다음의 일반적인 사항은 이런 질문에 대한 답을 얻는 데 도움을 줄 수 있을 것이다.

- 기업의 포지셔닝은 어떠한가? 만약 우수한 서비스 기업으로 알려졌고 서비스 품질에서 높은 프리미엄이 있다고 평가된다면, 고객은 서비스 실패가 드물게 있을 것이라고 예상할 것이다. 이런 경우 기업은 발생한 몇몇 실패를 회복하기 위해 매우 많은 노력을 기울여야만 하고 더 큰 가치의 무언가를 제공할 수 있도록 준비해야 한다. 하지만 기업 간 차이가 별로 없는 시장의 경우, 고객은 무료 커피나 디저트 정도를 보상으로 여길 것이다.
- 서비스 실패가 얼마나 심각한가? 이 일반적인 지침은 "처벌이 범죄에 맞게 하라."이다. 고객은 비교적 중요하지 않은 불편함의 경우 적은 보상을 기대한다(종종 진정한 사과로 충분하다). 하지만 만약 시간, 노력, 성가심, 걱정으로 인한 보다 큰 손실이 있는 경우 더 많은 보상을 기대한다.

- ▶ **영향력 있는 고객은 누구인가?** 장기 고객과 서비스 구매를 위해 많은 지출을 하는 고객은 많은 보상을 기대하며, 해당 기업의 전체적인 성과에 영향을 미치기 때문에 그만한 가치가 있다. 뜨내기 고객은 일반적으로 적게 요구하고, 해당 기업의 수익에 대한 공헌도 도 낮다. 그래서 이들 뜨내기 고객에게는 적게 보상해도 되지만, 공정하게 할 필요는 있다. 첫 번째 구매한 고객을 공정하게 대우하면 반복 구매자가 될 가능성은 얼마든지 있다.

지나치게 많은 보상은 비용 지출이 크고, 고객이 부정적으로 받아들일 수도 있다. 고객이 회사의 보상동기(예 : 법정 소송을 피하려는 동기)에 대해 의심하게 할지도 모른다. 또한 지나친 관대함이 공정한 보상을 제공하는 것보다 반드시 더 높은 반복 구매를 보장하지도 않는다.[24] 또한 지나친 관대함은 부정직한 고객으로 하여금 서비스 실패를 '탐색' 하게 하는 촉진제가 될 수 있는 위험도 존재한다.[25]

### 불평고객 관리

학습목표 7
서비스 직원들을 위해 불평고객 대응과 서비스 회복에 대해 어떤 가이드를 제시해야 하는가?

관리자와 서비스 접점 직원은 자신이 잘못하지 않았더라도 화가 나 모욕적인 행동을 하는 고객을 대할 준비가 되어 있어야 한다. 불평고객에 대한 관리의 가장 바람직한 관점은 불평고객이 기업에게 문제를 바로잡기 위한 기회를 주고, 불평고객과 관계를 회복하고, 미래의 서비스 만족을 향상시키는 것으로 보는 것이다. 서비스 인사이트 13.2에서 효과적인 문제해결과 서비스 실패로부터의 회복을 위한 지침을 볼 수 있다.

## 서비스 보증

학습목표 8
서비스 보증의 위력이 어떠한가?

고객 중심의 기업이 전문화된 불평 처리 및 효과적인 서비스 회복을 제도화하기 위한 방법으로 활용하는 것이 서비스 보증(service guarantees)이다. 사실 점점 많은 기업이 고객에게 서비스 보증을 제공한다. 서비스 보증은 만약 서비스 전달이 일정한 기준에 도달하지 못하는 경우에, 손쉬운 교환, 환불, 할부 등의 한 가지 또는 그 이상의 보상을 받도록 하는 것이다.[26]

### 서비스 보증의 힘

서비스 보증은 다음에 제시된 이유 때문에 서비스 품질 향상을 위한 강력한 도구이다.[27]

1. 서비스 보증은 기업으로 하여금 서비스의 개별 요소에 대한 고객의 욕구와 기대를 정확하게 파악할 수 있게 해 준다.
2. 서비스 보증은 명확한 기준을 세운다. 이 기준은 해당 기업이 표방하는 바를 고객과 직원에게 전달하는 역할을 한다. 보상은 낮은 품질의 서비스의 재무적 비용을 초래하기 때문에 관리자로 하여금 보증에 대해 심각하게 고려하게 한다.
3. 보증은 의미 있는 고객의 피드백과 그러한 피드백에 근거한 행동이 이루어질 수 있도록 시스템이 개발된다.
4. 보증은 서비스 조직이 왜 실패하는지에 대해 알게 하고 잠재적인 실패 요소를 파악하

PART IV

## 서비스 인사이트 13.2

### 접점 직원을 위한 지침 : 불평고객에 대한 대응 및 서비스 실패에 대한 회복 방법

1 **빠르게 행동하라.** 서비스 전달 과정에서 불평이 생겼다면, 완전한 회복을 위해서 시간이 매우 중요하다. 서비스 접점이 아닌 곳에서 불평이 생긴 경우, 많은 기업이 24시간 안에 혹은 더 빨리 응답하고자 한다.

2 **고객의 감정을 이해하라.** 이것은 정서적 연대감을 향상시키며, 문제가 있는 관계를 회복하기 위한 1단계이다.

3 **고객과 논쟁하지 마라.** 불평고객에 대한 대응의 첫 번째 목적은 기업과 고객 모두가 수용할 수 있는 해결방법에 도달하기 위한 정보를 획득하는 것이다. 고객이 잘못되었다는 것을 증명하려거나 논쟁하는 것은 바람직하지 않다. 논쟁은 고객의 소리를 듣는 것에 도움이 되지 않으며, 드문 경우에나 고객의 화를 누그러뜨릴 뿐이다.

4 **고객 입장에서 문제를 이해한다는 것을 보여주어라.** 고객의 시각으로 상황을 보는 것은 그들이 무엇이 잘못된 것이라고 생각하는 것과 왜 그들이 화가 났는지 이해할 수 있는 유일한 방법이다. 서비스 직원은 그들 스스로 성급한 단정을 하지 말아야 한다.

5 **사실을 확인하고 원인을 해결하라.** 서비스 실패는 고객에 대한 오해, 제3자의 잘못된 행동의 결과로 생길 수 있다. 만약 서비스 인력으로서 당신이 무언가 잘못했다면, 고객의 신뢰와 이해를 얻기 위해 즉시 사과하라. 고객이 당신을 더 용서할수록 보상에 대한 기대는 더 낮을 것이다. 마치 스스로 방어하려는 것처럼 행동하지 마라. 그러한 행동은 해당 조직이 뭔가 숨기고 있거나, 상황에 대해 철저하게 조사할 의사가 없어 보이는 것으로 보일 수 있다.

6 **고객이 유리하게 해석하라.** 모든 고객이 진실된 것도 아니고 모든 불평이 사실인 것도 아니다. 하지만 고객이 불평할 때, 근거가 타당한 불평을 하는 고객처럼 대해야 한다. 적어도 그것이 사실이 아니란 것이 비로소 입증될 때까지는. 만약 금전적으로 연관되어 있다면(보험 배상금이나 잠재적인 소송의 경우와 같이), 주의 깊은 조사가 수행되어야 한다. 만약 연관된 금액이 적다면, 환불이나 다른 보상에 대한 논쟁의 가치가 없을 것이다. 그러나 해당 고객이 과거에도 의심스러운 불평을 한 사실이 있다면, 이전 기록을 확인해 보는 것은 좋은 방법이다.

Copyright 2006 by Randy Glasbergen. www.glasbergen.com

고객 서비스 부

GLASBERGEN

"누가 '내게 불만족이란 없어'를 대기 음악으로 골랐지?"

7 **문제해결을 위해 필요한 단계를 제시하라.** 만약 문제해결이 즉시 가능하지 않다면, 기업이 문제를 해결하기 위해 어떤 절차를 실행할 것인지를 고객이 알도록 해라. 이것은 문제해결을 위해 소요되는 시간을 예상하게 해 준다(그래서 기업은 과대약속을 하지 않도록 주의해야 한다).

8 **고객이 진행 과정에 대해 알 수 있게 하라.** 모르는 상태로 있는 것을 좋아하는 사람은 없다. 불확실성은 사람이 걱정하고 스트레스를 받게 하는 원인이다. 그러므로 어떻게 되어가는지에 관한 정보를 정기적으로 알 수 있게 해야 한다.

9 **보상을 하라.** 고객이 그들이 지불한 만큼의 서비스 성과를 얻지 못한다면, 혹은 서비스 실패로 인해 시간과 돈이 소요되거나 심각한 불편함을 느꼈다면, 금전적인 지급이나 기타 다른 보상이 있어야 한다(예 : 항공권의 업그레이드나 레스토랑에서의 무료 디저트). 이런 유형의 서비스 회복은 화가 난 고객의 법적 행동을 줄일 수 있다.

10 **고객 호의를 회복하기 위한 노력을 계속하라.** 고객이 실망할 때 가장 하기 힘든 것 중 하나가 그들의 신뢰를 회복하는 것과 관계를 유지하는 것이다. 기업은 고객이 부정적인 구전 활동을 하지 않도록 해야 하며, 향후에 같은 실수를 반복하지 않기 위한 행동이 취해질 것임을 불평고객이 알도록 해야 한다. 특별한 회복 노력은 고객 충성도와 긍정적인 구전 효과를 창출할 수 있다.

11 **시스템에 대한 자기점검을 통해 서비스를 향상시켜라.** 고객의 이탈 후, 우연한 실수에 의한 것인지 시스템 문제로 인한 것인지 확인해 봐야 한다. 모든 불평을 전체 서비스시스템의 개선을 위해 이용하라. 그 실수가 고객의 오해에서 비롯되었다 할지라도, 이것은 당신의 커뮤니케이션의 일부분이 효율적이지 않았다는 것을 의미한다.

고, 또한 극복하게 한다.

5. 보증은 구매결정에 대한 위험을 감소시키고, 장기 충성도를 구축함으로써 '마케팅 근육(marketing muscle)'을 만들어 준다.

고객 관점에서 서비스 보증의 핵심 기능은 구매와 관련된 위험을 줄여주는 것이다.[28] Sara Bjorlin Liden과 Per Skalen은 불만족고객이 불평하기 이전에 서비스 보증이 존재한다는 것을 모르고 있을 때조차도 회사가 그들의 불평을 진지하게 받아들이는 것과 기업이 서비스 실패를 처리하기 위해 미리 계획한 절차를 보유하고 있다는 것을 아는 것만으로도 불만족고객이 해당 기업에 대해 좋은 인상을 갖는다는 것을 발견했다.[29]

서비스 보증의 이점은 Hampton Inn의 100% 만족 보증("만약 당신이 100% 만족하지 않는다면, 돈을 내지 마세요." –그림 13.9 참조)의 경우에서 분명하게 확인할 수 있다. 많은 고객이 그들이 호텔에서 만족할 것임을 알기 때문에 Hampton Inn에 머물 것을 택한다.

**그림 13.9** Hampton의 광고에는 '100% 만족 보장'이 포함되어 있다.

## 서비스 보증을 어떻게 설계할 것인가

**학습목표 9**
효과적인 서비스 보증을 어떻게 설계해야 하는가?

어떤 보증은 단순하고 무조건적이다. 또 어떤 서비스 보증은 변호사에 의해 작성된 것처럼 보이는 것도 있으며, 많은 제약을 포함하기도 한다. 서비스 인사이트 13.3에서 그 예를 비교해 보고, 어떤 보증이 당신에게 더 신뢰감과 확실함을 주는지와 함께 해당 기업과 거래하고 싶은지도 스스로에게 물어보라.

L.L. Bean과 BBBK의 보증은 어떠한 추가 제약사항이 없이 강력하며, 이를 통해 신뢰를 얻는다. 나머지 두 기업의 보증은 많은 조건으로 인해 효과가 적다. 서비스 보증은 다음의 기준을 충족해서 설계되어야 한다.[30]

1. **무조건적인 보증** 보증을 통해 약속했다면, 그것은 조건이 없어야 하고, 고객이 당연하게 생각해야 한다.
2. **이해와 의사소통이 쉬운 보증** 보증에서 얻을 수 있는 이익을 고객이 명확하게 알아야 한다.
3. **고객에게 중요한 보증** 보증은 고객에게 중요한 것이어야 하고, 보상은 서비스 실패를 보상하고도 남을 정도여야 한다.[31]

**그림 13.10** 고객에게 서비스 보증에 대한 확실한 인상을 남기기 위해서 보증은 무조건적이어야 하고 중요해야 하며, 믿을 수 있고 이해가 쉬워야 하며, 요청하기 쉽고 받을 수 있어야 한다.

PART IV

## 서비스 인사이트 13.3

### 서비스 보증의 예

**USPS(United States Postal Service)의 속달 우편 보증**

서비스 보장. 국제 속달 우편의 경우는 제외된다. 사찰로 인한 군수송 지연도 또한 제외된다. 만약 해당 운송 건이 구체적인 착수시간에 또는 착수시간 전에만 USPS의 속달 우편 시설에 도착만 한다면 약속한 시간 전에 해당 수신인에게 도착할 것이다. 도착 즉시 수취인 또는 운송직원의 서명은 필수이다. 만약 약속한 시간에 도착하지 않아서 환불을 요구할 경우, 다음과 같은 사항이 아니라면 USPS는 환불해 준다—법에 의한 적절한 수송 유보, 파업 또는 조업중단, 수송의 늦은 착수, 부적절한 주소 또는 우편번호, 항공 지연 또는 취소, 정부의 통제, 전쟁, 소요, 불가항력에 의한 USPS의 운송네트워크의 핵심 부분 정지 등.

**L.L. Bean의 보증**

우리의 보증. 우리의 제품은 모든 면에서 100% 만족을 보장한다. 만약 이 반대의 경우가 확인되면 언제라도 우리로부터 구매한 모든 것을 환불한다. 우리는 완전히 만족할 수 없는 그 어떤 것도 L.L. Bean으로부터 당신이 갖게 되는 것을 원하지 않는다.

**한 사무서비스 기업의 '품질 기준 보증' 에서 발췌**

- 2쪽 이하의 문서에 대해 6시간의 소요시간을 보증한다(고객요청의 변화나 장치고장이 없다는 전제 하에).
- 우리는 영업시간에 방문한다면 언제나 안내원이 당신과 당신의 방문객을 맞이할 것을 보증한다(5분 이하의 짧은 휴식시간에 방문한다면 이는 예외로 한다).
- 당신을 보조할 관리자가 현장에 없었다면, 해당 일에 대해서 당신은 비용을 지불하지 않아도 될 것이다(점심과 합당한 휴식은 이 보증의 대상이 아니다).

**BBBK(Bugs Burger Bug Killer; 방제기업)의 보증**

- 한 마리의 해충이나 쥐라도 있다면 당신은 돈을 지불할 필요가 없다
- 만약 BBBK의 서비스에 불만족한다면, 1년치 서비스 요금만큼 환불받을 수 있다.
- 서비스를 받은 다음 당신이 한 마리의 해충이나 쥐라도 발견한다면, 당신의 식사비와 임대료를 지불할 것이며, 사과의 편지를 보내고, 미래의 식사비와 임대료도 지불할 것이다.
- 해충이나 쥐 때문에 당신이 망한다면, 우리는 모든 손실금과 5,000달러를 지불할 것이다.

출처

Printed on back of Express Mail receipt, January 2006.
Printed in all L. L. Bean catalogs and on the company' s website, www.llbean.com/customerService/aboutLLBean/guarantee.html, accessed March 12, 2012.
Reproduced in Eileen C. Shapiro, *Fad Surfing in the Boardroom*. Reading, MA: Addison-Wesley, 1995: 18.
Reproduced in Christopher W. Hart, "The Power of Unconditional Service Guarantees." *Harvard Business Review* (July-August 1990).

4. **요청하기 쉬운 보증** 보증을 요청하기 쉬워야 한다. 보증을 요청하기 위해 많은 노력을 하지 않아도 되어야 한다. 만약 무언가 잘못되었을 때 보증을 요청하는 고객에게 확인을 해 주는 노력을 하는 것은 서비스 제공자여야 한다.
5. **받기 쉬운 보증** 서비스 실패가 발생하면, 고객이 문제없이 쉽게 보증을 받을 수 있어야 한다.
6. **확실한 보증** 보증은 믿을 수 있어야 한다(그림 13.10).

### 완전한 만족이 당신이 보증할 수 있는 최선인가

일반적으로 완전한 만족 보증이 고려할 수 있는 최고의 보증 설계로서 간주되었다. 그러나

**표 13.2** 서비스 보증의 예

| 용어 | 보증 범위 | 사례 |
|---|---|---|
| 단일 속성 수준의 구체적 보증 | 해당 서비스의 하나의 핵심 속성이 보증의 대상이다. | "세 종류의 인기 있는 유명한 피자 모두가 오전 12시~오후 2시 사이에 주문하면 10분 안에 제공될 것을 보증합니다. 피자가 늦는다면, 고객님의 다음 번 주문은 무료입니다." |
| 다속성 수준의 구체적 보증 | 해당 서비스의 소수의 중요한 속성이 보증의 대상이다. | Minneapolis Marriott의 보증 : '우리의 품질서약'<br>• 친절하고 빠른 입실<br>• 모든 것이 잘 작동되는 깨끗하고 편안한 방<br>• 친절하고 빠른 퇴실<br>당신 생각에 우리가 이 서약을 지키지 않는다면, 현금 20달러를 드리겠습니다. 어떤 질문도 없습니다. 그것은 당신의 판단입니다. |
| 완전 만족 보증 | 해당 서비스의 모든 면이 보증의 대상이며 예외란 없다. | 랜즈 엔드(Lands' End)의 보증 : "우리에게 구입한 어떤 상품에 대해서, 당신이 사용하는 동안 언제라도 당신을 완전히 만족시키지 못한다면 반환하세요. 그러면 우리는 당신이 구매한 총액을 환불해 드릴 것입니다. 우리는 약속합니다. 어떤 제품이든지. 언제든지. 언제나. 하지만 이것을 완전히 명확하게 하기 위해서 우리는 보증 기간 동안만 보증합니다." |
| 결합된 보증 | 보증의 완전한 만족이란 약속에 의해 해당 서비스의 모든 면이 보증의 대상이 된다. 불확실성을 줄이기 위해 중요한 속성에 대한 명백한 최소 성과기준이 보증에 포함된다. | Datapro Information Service 사는 "보고서를 시간 안에 발송하는 것, 고품질 표준, 다음의 내용을 보증합니다. 우리가 이 보증에 따라 서비스 전달을 실패하거나, 우리의 업무의 어떤 면도 불만족스러운 부분이 있다면, 당신은 당신이 공정하다고 생각하는 금액만큼 최종 지불에서 공제할 수 있습니다."라고 보증합니다. |

출처

Wirtz, J. and Kum, D. "Designing Service Guarantees?Is Full Satisfaction the Best You Can Guarantee?" *Journal of Services Marketing* 15, no. 14 (2002): 282-299.

고객은 "완전한 만족이 무엇을 의미하는지?" 혹은 "잘못이 서비스 기업의 책임이 아니어도 불만족스러울 때, 보증을 요청할 수 있는가?"와 같은 질문을 제기할 수 있다.[32] '결합된 보증(combined guarantee)'이라고 불리는 새로운 형태의 보증이 이러한 문제를 다룬다. 이것은 넓은 범위의 완전한 만족보증과 낮은 불확실성을 갖는 구체적 성과 기준의 낮은 불확실성을 결합하는 것이다. 이것은 완전한 만족이나 구체적 속성 수준의 보증 설계보다 훨씬 효과적인 것으로 보여진다.[33] 표 13.2는 다양한 형태의 보증의 예를 보여 준다.

## 서비스 보증을 도입하는 것은 언제나 도움이 되는가?

**학습목표 10**
기업은 언제 서비스 보증을 제공하지 말아야 하는가?

관리자는 서비스 보증을 도입할지 말지 의사결정할 때 기업의 강점과 약점을 주의 깊게 생각해야 한다. Amy Ostrom과 Christopher Hart는 보증이 적합하지 않은 많은 상황을 제시한다.[34]

- 서비스의 탁월함으로 확고한 명성을 가진 기업은 보증이 필요하지 않을지도 모른다. 사실 서비스 보증의 제공은 그들의 이미지와 맞지 않는다. 오히려 서비스 우수기업에 대해서 고객은 서비스 보증 없이 바람직한 서비스를 제공하기를 기대한다.
- 현재 낮은 수준의 서비스를 제공하는 기업은 먼저 현재의 보증 수준 이상으로 서비스

품질을 개선해야 한다. 그렇지 않으면 너무 많은 고객이 보증 문제를 제기할 것이고, 이것은 심각한 보증 비용을 유발하게 할 것이다.

- 날씨와 같은 외부적 요인에 의해 서비스 품질을 통제하기 어렵다면, 보증을 제공하지 않아야 한다.
- 구매, 서비스 이용과 관련하여 고객이 재정적 · 개인적 혹은 생리적으로 위험 요소가 별로 없다고 생각한다면, 보증은 별 가치가 없으며, 단지 보증에 대한 설계, 이행, 관리를 위한 비용만이 초래된다.

시장에서 경쟁기업들 간에 차이가 거의 없을 때 보증을 도입한 최초의 기업은 초기 진입자 효과를 얻을 수 있으며, 경쟁자와 차별화할 수 있다. 만약 하나 이상의 경쟁자가 보증을 사용하고 있다면 경쟁자보다 훨씬 강력한 보증을 사용하는 것이 효과적이다.[35]

## 악의적이고 기회주의적인 고객행동 방지

전문적인 불평 처리와 서비스 회복의 중요성에 대해 논의하는 동안 모든 불평이 진실한 것은 아니라는 것을 알아야 한다. 기업이 '너그러운' 서비스 회복 정책을 보유하고 있거나 보증을 제공할 때, 일부 고객은 그러한 기업의 호의를 악용할 수 있는 가능성도 항상 존재한다. 또한 불평하는 모든 고객이 옳은 것은 아니며, 정당하지 않은 측면도 존재한다. 사실 그중 일부 고객은 다른 고객의 불평의 원인일 수 있다.[36] 우리는 그런 사람을 **불량고객**(jaycustomer)이라고 부른다.

불량고객은 경솔하고 악의적인 방식으로 행동하여 기업, 직원, 다른 고객에 게 문제를 발생시킨다. 모든 서비스 현장에는 불량고객이 존재한다. 불량고객은 바람직하 않으므로 가능하면 그들을 회피하는 것이 바람직하며, 그렇지 못할 경우 그들의 악의적 행동을 통제하거나 미리 차단할 필요가 있다. 그들을 어떻게 처리할지 논의하기 전에 먼저 중요한 불량고객 종류에 대해 알아보자.

**학습목표 11**
7개 불량고객의 유형과 그들을 효과적으로 관리하는 기법은 무엇인가?

### 일곱 종류의 불량고객[37]

여기서 접점 서비스 인력이 대응해야만 하는 넓은 의미에서 7개의 불량고객 유형에 대해 논의할 것이다.

#### 사기꾼형

서비스 회복 정책 및 서비스 보증의 악용을 목적으로 보상 편지를 쓰는 일부터 보험 요구를 위조하거나 부풀리고, '워드로빙(위장구매, wordrobing)' 하는 것(이것은 마음껏 구매하고 사용한 옷을 반환하는 것을 의미)을 포함하여 고객이 서비스 기업을 속이는 많은 방법이 있다.[38] 위조 보상은 점점 보편화되고 있으며 사회적으로 받아들여지고 있다.[39] 다음의 인용구가 이런 고객을 잘 설명해 준다.

> 호텔에 입실하고서 고객이 100% 만족하지 않으며 환불이 가능하다라는 보증을 제공하는 것을 나는 알아차렸다. 나는 그것을 악용할 기회를 놓칠 수 없었고, 퇴실을 하면서 계산원에게

> 자동차 소리 때문에 한숨도 못 잤으니 환불해 줄 것을 요구했다. 그들은 환불을 해 주었고 어떠한 질문도 하지 않았다. 이런 기업은 스스로 좀 더 주의를 기울일 필요가 있다.[40]
>
> 나는 서비스가 너무 느리다, 너무 빠르다, 너무 뜨겁다, 너무 차갑다, 너무 밝다, 너무 어둡다, 너무 친절하다, 너무 인간미 없다, 너무 공공연하다, 너무 개인적이다 등 갖가지 이유를 대며 불평했다. 영수증을 동봉한 편지를 보내서, 관례적인 사과편지와 선물 쿠폰을 받을 수 있다면, 내가 한 불평이 사실인지 아닌지는 중요하지 않다.[41]

기업은 고객이 불만족을 위장한 고객인지 정말 불만족한 고객인지 쉽게 구분할 수 없다. 우리는 이런 종류의 고객 속임수를 어떻게 처리할 것인지 이 단락의 마지막 부분에서 논의할 것이다.

### 도둑형

이 불량고객은 상품과 서비스의 가격을 지불할 의도는 없고 상품과 서비스를 훔치는 유형이다. 가게 좀도둑질은 소매점의 가장 큰 문제이다. 전문기술을 가진 도둑은 전력 미터기를 우회해 전력을 이용하고, 전화를 무료로 이용하고, 혹은 일반 케이블 TV공급을 우회해 이용하기도 한다. 대중교통수단 무임승차, 영화관에 몰래 들어가는 행위, 레스토랑에서 음식을 먹고 지불하지 않는 것은 많은 사람들이 알고 있는 도둑형 고객의 행동이다. 도난을 방지하거나 도둑을 잡기 위해, 또는 그들을 법정에 세우기 위해 필요한 1단계는 절도행위 방법을 파악하는 것이다. 그러나 단지 비용을 지불하는 것을 잠시 망각한 정직한 고객도 있다는 것을 기업은 반드시 고려해야 한다.

### 규칙위반형

대개의 경우 서비스가 제공되기 위해서 단계별로 직원과 고객이 따라야 하는 규칙이 필요하다. 공공기관이 건강과 안전을 목적으로 이러한 규칙 중 일부를 규정한다. 비행기 여행을 할 때 지켜야 하는 안전보장을 위한 규칙이 좋은 예가 될 것이다.

**그림 13.11** 위험하게 스키 타는 사람은 다른 사람을 위험에 빠뜨리고 단속할 필요가 있는 규칙위반자이다.

서비스 제공자에 의해 규정된 규칙은 서비스 시스템이 원활하게 운영되고, 직원에 대한 부당한 요구를 피하고, 상품과 설비의 남용을 막고, 개별고객이 부적절한 행동을 하는 것을 막기 위함이다. 예를 들면, 스키 리조트는 조심성 없이 스키를 타는 사람으로 인해 곤란한 상황이다. 스키 타는 사람은 서로 부딪혔을 때, 심각한 상처를 입을 수 있고 심지어 죽을 수도 있다. 그래서 스키장 순찰대원은 종종 단속하는 역할을 해야 한다. 위험한 운전자들이 운전면허증을 취소당할 수 있는 것처럼, 위험하게 스키 타는 사람은 그들의 스키 리프트 티켓을 잃을 수 있다(그림 13.11).

많은 규칙을 만들수록 그에 따른 위험도 증가한다. 해당 기업은 너무 경직될 수 있다. 해당 기업의 직원이 고객 위주보다는 고객이 반드시 모든 규칙에 따르도록 하게 하는 경찰관처럼 될 수 있다. 규칙은 적을수록 중요한 규칙이 더욱 명확해질 수 있다.

### 싸움꾼형

당신은 가게나 공항, 호텔이나 레스토랑 같은 곳에서 이런 사람을 본 적이 있을 것이다. 이 유형의 사람은 화가 나서 소리를 지르고, 혹은 욕, 위협, 악담을 하기도 한다. 서비스 제공자는 자신에게 책임이 없는 경우에도 종종 욕을 먹는다. 서비스 직원이 문제를 해결할 만한 힘이 부족하다면, 싸움을 좋아하는 고객은 더욱 미친 듯이 날뛴다. 심지어 신체적인 공격까지도 일삼는다. 불행히도 화가 난 고객이 서비스 직원에게 소리를 지를 때, 때때로 서비스 직원도 고객에게 화를 내며 반응한다. 이는 논쟁으로 이어질 수 있고, 문제해결의 가능성을 줄일 수 있다(그림 13.12).

**그림 13.12** 고객과 서비스 직원 간 대치는 쉽게 악화될 수 있다.

서비스 직원은 공격적인 고객이 아무것도 듣지 않을 때 어떻게 해야 할까? 공공장소에서, 주요한 목표는 해당 고객을 다른 고객에게서 격리시키는 것이다. 가끔 관리자는 고객과 서비스 직원 사이의 싸움을 해결할 수도 있다. 만약 고객이 직원을 신체적으로 공격하면, 보안 경비원이나 경찰을 데려와야 한다.

전화상의 무례함은 다른 문제를 가지고 있다. 전화상으로 직원에게 계속해서 소리를 지르는 고객을 처리하는 한 가지 방법은, "이런 대화는 우리에게 아무 도움이 되지 않습니다. 고객께서 제 말씀을 이해하셨을 때쯤, 제가 다시 전화드리는 것이 어떻습니까?"라고 분명하게 말하는 것이다. 대부분 생각할 시간을 갖는 것은 반드시 필요하다.

### 불화형

다른 고객(종종 자신의 가족)과 논쟁(심지어 싸움까지)을 벌이는 사람은 싸움꾼형의 하위 범주를 구성하며, 이들은 소위 불화형 고객이다. 직원이 돕고자 할 경우, 상황이 해결되기도 하고, 때로는 더 악화될 수도 있다. 어떤 상황은 자세한 분석이 필요하고, 대응에 대해 심사숙고할 필요가 있다. 좋은 레스토랑에서 고객이 음식 때문에 싸울 수 있는데(그렇다, 이런 일이 종종 일어난다), 대부분 신속한 대응을 필요로 한다. 서비스 관리자는 이런 상황에서 즉각적으로 판단하여 빠르게 대처해야 한다.

### 파괴형

서비스 설비와 장비에 대한 물리적 파괴 수준은 정말 놀랍다. 청량음료를 은행의 현금인출기에 쏟기, 카펫, 테이블보, 침대보에 담배로 구멍 만들기, 호텔 가구 망가뜨리기, 전화 수화기 망가뜨리기, 컵 깨뜨리기, 천 찢기 등이다. 이러한 사례는 끝이 보이지 않는다. 물론 고객이 모든 피해를 일으키는 것은 아니다. 대체로 지루함을 느끼거나 술에 취한 젊은 사람이 주범이다. 그러나 대부분의 문제는 그릇된 행동을 하려는 고객을 제지하지 못하기 때문에 발생된다.

그림 13.13 정교한 감시 시스템을 설치하는 것은 사람들의 파괴행동을 막을 수 있다.

서비스 시설에 대한 파괴행위에 대한 최선의 해결책은 예방이다. 개선된 보안이 일부 파괴행동을 막을 수 있다(그림 13.13). 훌륭한 조명장치와 개방형 설계 역시 파괴행동을 막는 방법이다. 기업은 서비스 시설과 장비를 보호하기 위한 보호 커버와 파손 방지용 표면처리를 할 수 있다. 고객이 적절하게 서비스 시설이나 장비를 사용하는 법을 교육시키는 것도 부주의한 처리나 잘못 사용할 가능성을 감소시킬 수 있다. 마지막으로 보안 유지비나 그들이 야기한 어떤 손상을 배상할 것이라고 동의하는 계약서에 고객으로 하여금 서명하도록 하는 것도 한 방법일 수 있다.

### 신용불량형

그들은 서비스 이용금액에 대한 지불을 연기하는 사람들이다. 파괴형 고객의 경우와 마찬가지로, 예방 활동이 사후 대처보다 낫다. 점점 많은 기업이 선불제를 고집한다. 티켓 판매와 같은 형태가 좋은 예이다. 직접 마케팅 조직은 주문을 받을 경우 당신의 신용카드 번호를 물어볼 수 있다. 두 번째 최선책은 서비스 완료시 고객에게 즉시 계산서를 주는 것이다. 계산서가 우편으로 청구된다면 고객 마음속에 해당 서비스가 아직 생생하게 남아 있을 때 최대한 빨리 보내는 것이 좋다.

고객은 지불을 지체하는 데 충분한 이유가 있을 수 있고, 외상거래가 가능할 수도 있다. 또 생각해 볼 만한 다른 관점이 있을 수도 있다. 고객의 문제가 일시적인 것이라면, 관계유지를 통한 장기적인 가치가 있을 수 있다. 지불 연기를 용인함으로써 고객의 호의와 구전효과를 창출할 수도 있다. 장기적 관계를 창출하고 유지하는 것이 회사의 목표라면, 고객의 문제해결을 위해 고민할 필요가 있다.

### 고객 부정행위에 대한 대응

정직하지 않은 고객은 기업으로부터 무엇인가를 훔치거나, 서비스 이용료 지불을 거부하거나, 불만족한 것처럼 가장하거나, 혹은 고의로 서비스 실패를 일으킬 수 있다. 그러한 행위로부터 기업이 스스로를 보호하기 위해 어떤 방법을 취할 수 있을까?

"미심쩍다면, 고객을 믿어야 한다."는 것이 전제되어야 한다. 하지만 서비스 인사이트 13.4의 내용과 같이 기업은 얼마나 자주 고객이 서비스 보증을 요청하는지에 대한 지속적인 추적을 통해 데이터베이스를 구축해야 한다. 예를 들면, 아시아의 한 항공사는 같은 고객이 그의 여행가방을 연속적으로 3번의 비행에서 분실했음을 발견했다. 이런 일이 실제로 발생할 가능성은 아마 로또에 당첨될 확률보다도 낮기 때문에 서비스 직원은 이 사람을 주의했다. 다음 번 그가 여행가방을 맡겼을 때, 직원은 가방을 맡기는 순간부터 목적지에서 수화물 분실신고센터에서 짐을 찾는 순간까지 그 가방을 비디오 촬영했다. 여행자가 또 여행가방을 잃어버린 것을 보고하기 위해 수하물 분실신고센터로 가는 동안 그의 친구가 여행가방을 가져간 것으로 확인되었다. 이번에는 경찰이 그와 친구를 기다리고 있었다. 또 다른 예로 Continental Airline은 45개의 별도의 고객 데이터베이스를 하나의 데이터웨어하우스로 만들어 서비스를 개선하고 나아가 고객 부정행위를 탐지하였다. 그 항공사는 한 고객이 무려 12개월 동안 20회의 비상티켓[1]을 받은 사실을 찾아냈다.

소비자 부정행위를 효과적으로 찾아내기 위해 모든 보상지불, 서비스 회복, 반품, 기타 특별한 상황에서 고객에게 주어진 편익의 중앙데이타웨어하우스를 유지하는 것이 필요하다(그러한 거래는 지점이나 지사에서 보관될 것이 아니라 중앙화된 시스템에서 보관되어야 한다). 따라서 비정상적인 거래를 찾아내기 위해 부서별, 채널별 고객 데이터를 병합하는 것이 중요하다.[42]

한 연구는 어떤 방법으로든지 불공정하게 대우를 받았다고 생각하는 고객들은(공정성에 관한 앞의 논의를 참고하라) 기업의 서비스 회복 노력을 더욱 이용하는 경향이 있다고 주장한다. 또한 고객들은 작은 기업보다 큰 기업에 대해서 더 자주 이용하는 경향이 있다. 그 이유는 고객은 큰 기업이 더 서비스 회복 비용을 감당할 능력이 있다고 생각하기 때문이다. 게다가 일회성 고객들은 충성고객보다 더욱 사기꾼이 되는 경향이 있으며 서비스 직원과 개인적인 관계가 없는 고객들은 서비스 회복 정책을 더욱 이용하는 경향이 있다.

서비스 보증은 서비스 회복에서의 비용으로 사용되며, 보증 비용은(10%든 또는 100%의 환불보증이든 간에) 고객 부정행위에 영향을 주지 못하는 것으로 나타났다. 또한 제공된 서비스의 질이 만족스러웠던 때와 아주 비교된다면 고객은 부정행위를 주저하게 된다는 것이다.[43]

이러한 발견은 다음과 같은 시사점을 갖는다.

1. 서비스 회복 절차가 공정함을 보장해야 한다.
2. 규모가 큰 기업들은 고객들이 부정행위를 할 가능성이 높음을 인식해서 강력한 탐지시스템을 구축해야 한다.

---

1) 비상티켓(bereavement ticket)은 가족이나 친지의 위급한 상황으로 예약하지 않았지만 요금 상승 없이 정상가로 티켓을 구입하는 것이다.(역주)

3. 관리자는 서비스 보증과 관련된 큰 지불금이 부정행위를 증가시킬 것이란 걱정 없이 100% 환불 가능한 보증이나 관대한 서비스 회복정책을 실행하고 이를 통해 더 큰 마케팅 이득을 얻을 수 있다.
4. 반복 고객은 서비스 보증에 대해 부정행위를 할 확률이 낮기 때문에, 관대한 서비스 회복 또는 보증을 단골고객에게 또는 멤버십 프로그램의 한 부분으로 제공할 수 있다.
5. 정말 우수한 서비스를 제공하는 기업은 평균적인 서비스를 제공하는 기업보다 고민할 것이 적다.

## 서비스 인사이트 13.4

### 부정고객에 대한 철저한 조사

보증 추적 시스템의 한 부분으로써, Hampton Inn은 부정행위를 하는 것처럼 보이는 고객(지불한 숙박요금을 환불받기 위해서 반복적으로 서비스 보증을 요청하며, 이러한 요청을 위해서 가명을 이용하거나 다양한 불만족 문제를 제기하는 고객들)을 확인하는 방법을 개발했다. 서비스 보증에 대해 빈번하게 요청하는 고객에 대해 Hampton Inn의 고객지원팀이 차별적이고 지속적으로 조사한다. 가능하면 상급 관리자들은 이런 고객에게 그들의 최근 숙박 서비스에 대해 묻는 전화를 한다. 다음과 같은 대화가 이루어진다. "안녕하세요, 존 씨. 서는 Hampton Inn의 고객 지원 이사입니다. 저는 고객님께서 지난번 저희 호텔을 방문했을 때 네 가지 점 때문에 불편하셨던 것으로 알고 있습니다. 저희가 제공한 서비스 보증을 검토하고자 어떤 문제가 있었는지 확인하기 위해 이렇게 전화를 드렸습니다."

이 경우 일반적인 반응은 침묵이다! 어떻게 본사에서 그들의 문제에 대해 알 수 있었는지에 대한 의문 때문에 종종 침묵이 잇따른다. 종종 해프닝이 벌어지기도 한다. 17번의 서비스 보증을 요청했던 한 사람에게 악의 없이 질문했다. "당신이 여행할 때 가장 머물고 싶은 곳이 어디신가요?" "Hampton Inn이요." 열광적인 대답이었다. "하지만," 전화를 한 임원은 말했다. "지난 17번의 방문 전체 기록에서, 고객께서 100% 만족 보증을 신청하셨던 것으로 확인되는데요." "그래서 좋아하는 겁니다!" 고객이 말했다(그는 장거리 트럭 운전사인 것으로 확인되었다).



PART IV

## 요약

**학습목표 1**

고객이 만족하지 않을 때 그들에게는 몇몇 대안이 있다.

- ○ 공개적인 행위(예 : 해당 기업, 제3자에게 불평할 수 있고, 법적 조치를 취할 수도 있다)
- ○ 개인적인 행위(예 : 부정적인 구전을 할 수 있으며, 그리고/또는 다른 기업으로 바꿀 수 있다)
- ○ 무행위

**학습목표 2**

불평행동을 효과적으로 처리하기 위해서 기업은 고객이 왜 불평하는지, 그들이 어떤 처리를 기대하는지 이해할 필요가 있다.

- ○ 고객이 불평하는 이유를 크게 네 가지로 구분할 수 있다. (1) 배상 또는 보상, (2) 분노 표현, (3) 서비스 개선에 대한 도움, (4) 동일한 문제 재발 방지를 통한 다른 고객에 대한 배려
- ○ 실제로 대부분의 불만족 고객은 불평하지 않는다. 어떤 고객은 어디에서 불평해야 할지 모를 수도 있고, 또 어떤 고객은 불평하는 것이 번거롭거나 불쾌하다고 느낄 수도 있으며, 그들 노력이 소용없을 것이라고 생각한다.
- ○ 빈번하게 불평하는 사람의 교육 수준은 높은 경향이 있으며, 주로 소득이 높고, 사회적으로 높은 지위에 있으며, 보다 높은 수준의 제품 지식을 보유하고 있다.

**학습목표 3**

일단 고객이 불평을 하면 서비스 공급자는 다음과 같은 3개 차원에 따라 공정한 방식으로 불평을 처리해 주기를 기대한다.

- ○ 절차적 공정성–고객은 해당 기업이 편리하고, 신속하며 유연한 방식의 서비스 회복 프로세스를 보유하고 있을 것을 기대한다.
- ○ 상호작용적 공정성–고객은 문제를 해결하는 정직한 설명, 문제해결을 위한 진심이 담긴 노력, 공정하고 공손한 처리를 기대한다.
- ○ 결과적 공정성–고객은 서비스 실패로 발생된 손실과 번거로움에 기초한 보상을 기대한다.

**학습목표 4**

많은 경우 효과적인 서비스 회복은 고객의 거래선 교체를 피할 수 있고, 기업에 대한 신뢰를 강화할 수 있다. 고객 불평은 기업으로 하여금 문제를 수정할 수 있는 기회를 주는 것이고, 관계를 회복시켜 주고, 향후의 만족을 개선시켜 준다. 따라서 서비스 회복은 가치 있는 고객을 유지할 수 있는 중요한 기회라고 할 수 있다.

**학습목표 5**

처음부터 문제가 없었던 고객보다 서비스 실패 후에 탁월한 서비스 회복을 경험한 고객이 상대적으로 더 만족하는 현상을 서비스 회복 패러독스라고 한다. 그러나 이러한 현상이 항상 발생하는 것은 아니다. 비용이 수반되는 서비스 회복보다 처음부터 제대로 하는 것이 가장 좋은 방법이다.

**학습목표 6**

- ○ 효과적인 서비스 회복 시스템은 고객이 피드백하기 쉬워야 한다.
- ○ 효과적인 서비스 회복 시스템은 적극적이고 미리 계획되어 있어야 하고, 충분히 교육받았고 권한이 부여된 직원이 필요하다.
- ○ 효과적인 서비스 회복 시스템은 서비스 실패를 위한 보상을 제공해야 한다. 서비스 실패를 대한 보상은 기업의 서비스가 우수하다고 평가받는 경우, 서비스 실패가 심각한 경우, 해당 고객이 더 귀중한 경우 등에 더 높은 수준으로 제공해야 한다.

**학습목표 7**

고객 불평과 서비스 회복을 처리하는 가이드라인은 다음과 같다.

(1) 빠르게 행동한다.
(2) 고객의 감정을 이해한다.
(3) 고객과 논쟁하지 않는다.
(4) 고객 입장에서 문제를 이해함을 보여 준다.
(5) 진실을 규명하고 원인을 파악한다.
(6) 고객에게 유리하게 해석한다.
(7) 문제해결을 위해 필요한 단계를 제시한다.
(8) 고객이 진행 과정에 대해 알 수 있게 한다.
(9) 보상을 고려한다.
(10) 고객의 호의를 회복하기 위해 지속적으로 노력한다.
(11) 시스템에 대한 자가진단과 개선을 위해 노력한다.

**학습목표 8**

서비스 보증은 전문적인 불평 처리와 서비스 회복에 대해 제도화할 수 있는 강력한 방법이다. 서비스 보증은 기업의 명확한 표준을 설정하고, 고객 위험 지각을 감소시켜 주며, 장기 충성도를 구축할 수 있다.

**학습목표 9**

서비스 보증은 (1) 무조건적이어야 하고, (2) 이해하고 커뮤니케이션하기 쉬워야 하고, (3) 고객에게 의미있어야 하며, (4) 적용하기 쉬워야 하고, (5) 받기 쉬워야 하고, (6) 믿을 만해야 한다.

**학습목표 10**

모든 기업이 서비스 보증으로부터 혜택을 얻는 것은 아니다. 구체적으로 다음과 같은 경우 서비스 보증을 제공함에 있어서 신중해야 한다. (1) 우수한 서비스로 이미 명성이 있을 경우, (2) 서비스 품질이 너무 낮아서 개선부터 해야 할 경우, (3) 외부 요인으로 인해 서비스 품질에 대한 통제가 어려울 경우, (4) 서비스 구매 시 지각된 위험이 낮을 경우

**학습목표 11**

모든 불평고객이 정직한 것은 아니다. 일부 고객은 단지 그 기업을 이용할 수도 있다. 이런 고객을 불량고객이라 부른다.

- 이 유형의 고객은 일곱 가지로 사기꾼형, 도둑형, 규칙위반형, 싸움꾼형, 불화형, 파괴형, 신용불량형으로 구분할 수 있다.
- 불량고객의 개별 유형은 기업에게 다양한 문제를 발생시키고, 다른 고객의 경험을 불쾌하게 만들 수 있다. 따라서 기업은 불량고객이 해당 기업을 이용하지 못하도록 블랙리스트에 올려서라도 그들의 행동을 관리할 필요가 있다.

PART IV

## 학습 키워드

이 키워드들은 각 학습목표의 절에서 확인할 수 있다. 그들은 각절에서 학습하는 서비스 마케팅 개념을 이해하기 위하여 필수적인 것이다. 이 키워드들의 개념과 어떻게 이들을 이용할 것인가를 잘 아는 것이 이 과정을 잘 마치고, 실제 외부의 경쟁시장 환경에서 실무적으로 실행하는 데 필수적이다.

**학습목표 1**

1. 불평
2. 비구매
3. 무행위
4. 공개적인 행동
5. 개인적인 행동
6. 서비스 실패

**학습목표 2**

7. 불평행동
8. 보상
9. 다른 고객에 대한 배려
10. 고객 불평행위
11. 고객 피드백 시스템
12. 불만족 고객
13. "이중 이탈"
14. 상호작용 경로
15. 비상호작용 경로
16. 온라인상의 공개된 불평
17. 보상
18. 사회경제적 수준
19. 불쾌한

**학습목표 3**

20. 상호작용적 공정성
21. 결과적 공정성
22. 지각된 공정성
23. 절차적 공정성
24. 서비스 회복절차

**학습목표 4**

25. 불평처리
26. 고객 만족
27. 충성도
28. 서비스 실패
29. 서비스 회복

**학습목표 5**

30. 완전한 만족
31. 반복적인 서비스 실패
32. 서비스 회복 패러독스

**학습목표 6**

33. 가장고객
34. 적절한 보상
35. 불평 수집절차
36. 고객 불평장애
37. 위임
38. 공정한 보상
39. 피드백
40. 온라인상의 공개된 불평
41. 지나치게 관대한 보상
42. 계획된
43. 포지셔닝
44. 적극적인
44. 수익관리지침
45. 서비스 회복 시스템
46. 심각한 서비스 실패
47. 교육받은

**학습목표 7**

48. 불평고객
49. 대립적인
50. 효과적인 문제해결

**학습목표 8**

51. 마케팅적 힘
52. 고객 피드백
53. 지각된 위험
54. 서비스 보증
55. 표준

**학습목표 9**

56. 복합적 보증
57. 속성 보증
58. 믿을 만한
59. 신뢰할 만한
60. 적용하기 쉬운
61. 이해하기 쉬운
62. 크게 만족한
63. 의미 있는

64. 단순한
65. 무조건적인

**학습목표 10**

66. 독특한 보장
67. 부적절한 보장
68. 탁월한 서비스
69. 서비스 품질

**학습목표 11**

70. 100% 환불 보장
71. 학대
72. 고객 사기
73. 지불 지연
74. 직원 중재
75. 허위 반환
76. 허위 불만족
77. 불량고객
78. 악용
79. 물리적 학대
80. 무례함
81. 들치기
82. 싸움꾼형
83. 사기꾼형
84. 신용불량형
85. 불화형
86. 규칙위반자형
87. 도둑형
88. 파괴형
89. 파괴주의

## 학습 문제

1. 일반적으로 고객은 서비스 실패에 어떻게 반응하는가?
2. 불만족 고객 중 불평하지 않는 고객이 왜 존재하는가? 고객이 불평할 때, 그들은 해당 기업에게 무엇을 기대하는가?
3. 왜 기업은 불만족 고객이 불평하기를 원하는가?
4. 서비스 회복 패러독스란 무엇인가? 주로 어떤 상황에서 서비스 패러독스가 발생하는가? 또 언제 이러한 현상이 발생하지 않는가?
5. 기업은 불평고객이 불평하기 쉽게 하기 위해서 무엇을 할 수 있는가?
6. 서비스 회복 전략이 성과를 내기 위해서 적극적이고 계획적이며, 잘 훈련된 직원이 필요하고, 직원에게 권한이 위임되어야 하는 이유는 무엇인가?
7. 서비스 실패에 대한 보상은 어느 정도여야 하는가?
8. 서비스 보증은 어떻게 설계되어야 하는가?
9. 서비스 보증을 도입하는 것이 적합하지 않은 상황은 어떤 상황인가?
10. 불량고객의 일곱 가지 유형은 무엇이며, 서비스 기업은 불량고객의 행동에 어떻게 대응할 수 있는가?

## 참고문헌


1 "An Extraordinary Stumble at JetBlue," Business Week, March 5, 2007, http://www.businessweek.com/magazine/ content/07_10/b4024004.htm, accessed March 12, 2012; Tschohl, J. "Too Little, Too Late: Service Recovery Must Occur Immediately—as JetBlue discovered." Service Quality Institute, (May 2007), http://www.customer-service.com, accessed March 12, 2012. http://investor.jetblue.com/phoenix.zhtml?c=131045&p=irol-news Article_print&ID=1571778& highlight=, accessed March 12, 2012.

2 Even failures by other customers also have an impact on how a firm' s customers feel about the firm. See Wen-Hsien Huang, "Other-Customer Failure: Effects of Perceived Employee Effort and Compensation on Complainer and Non-Complainer Service Evaluations," *Journal of Service Management* 21, no. 2 (2010): 191-211.

3 Roger Bougie, Rik Pieters, and Marcel Zeelenberg, "Angry Customers Don' t Come Back, They Get Back: The Experience and Behavioral Implications of Anger and Dissatisfaction in Service," *Journal of the Academy of Marketing* Science 31, no. 4 (2003): 377-393; and Florian V. Wangenheim, "Postswitching Negative Word of Mouth," *Journal of Service Research* 8, no. 1 (2005): 67-78.

4 For research on cognitive and affective drivers of complaining behavior, see: Jean-Charles Chebat, Moshe Davidow, and Isabelle Codjovi, "Silent Voices: Why Some Dissatisfied Consumers Fail to Complain," *Journal of Service Research* 7, no. 4 (2005): 328-342.

5 Stephen S. Tax and Stephen W. Brown "Recovering and Learning from Service Failure", *Sloan Management Review* 49, no. 1 (Fall 1998): 75-88.

6 Kelli Bodey and Debra Grace, "Segmenting Service "Complainers" and "Non-Complainers" on the Basis of Consumer Characters," *Journal of Services Marketing* 20, no. 3 (2006): 178-187; Jean-Charles Chebat, Moshe Davidow, and Isabelle Codjovi, "Silent Voices: Why Some Dissatisfied Consumers Fail to Complain," *Journal of Service Research* 7, no. 4 (2005): 328-342; Nancy Stephens and Kevin P. Gwinner, "Why Don' t Some People Complain? A Cognitive-Emotive Process Model of Consumer Complaining Behavior," *Journal of the Academy of Marketing Science* 26, no. 3 (1998): 172-189; Technical Assistance Research Programs Institute (TARP), *Consumer Complaint Handling in America; An Update Study, Part II*, Washington, DC: TARP and US Office of Consumer Affairs, April 1986; "A Penny for Your Thoughts: When Customers Don' t Complain" in Knowledge@W.P. Carey, September 27, 2006, http://knowledge.wpcarey.asu.edu/article.cfm?articleid=1303#, accessed March 12, 2012; Customer Care Measurement & Consulting (CCMC), *2007 National Customer Rage Study*, Customer Care Alliance, 2007.

7 John Goodman, "Basic Facts on Customer Complaint Behavior and the Impact of Service on the Bottom Line," *Competitive Advantage*, (June 1999): 1-5.

8 Anna Mattila and Jochen Wirtz, "Consumer Complaining to Firms: The Determinants of Channel Choice," *Journal of Services Marketing* 18, no. 2 (2004): 147-155; Kaisa Snellman and Tiina Vihtkari, "Customer Complaining Behavior in Technology-Based Service Encounters," *International Journal of Service Industry Management* 14, no. 2 (2003): 217-231; Terri Shapiro and Jennifer Nieman-Gonder, "Effect of Communication Mode in Justice-Based Service Recovery." *Managing Service Quality* 16, no. 2 (2006): 124-144.

9 Technical Assistance Research Programs Institute (TARP), *Consumer Complaint Handling in America: An Update Study, Part II*, Washington, DC: TARP and US Office of Consumer Affairs, April 1986.

10 Thomas M. Tripp and Yany Gregoire, "When Unhappy Customers Strike Back on the Internet," *MIT Sloan Management Review* 52, no. 3 (Spring 2011): 37-44; Sven Tuzovic, "Frequent (Flier) Frustration and the Dark Side of Word-of-Web: Exploring Online Dysfunctional Behavior in Online Feedback Forums," *Journal of Services Marketing* 24, no. 6 (2010): 446-457.

11 For review on complaint handling and customer satisfaction, see Katja Gelbrich and Holger Roschk, "A Meta-Analysis of Organisational Complaint Handling and Customer Responses," *Journal of Service Research* 14, no. 1 (2011): 24-43. See also Klaus Schoefer and Adamantios Diamantopoulos, "The Role of Emotions in Transating Perceptions of (In)Justice into Postcomplaint Behavioral Responses," *Journal of Service Research* 11, no. 1

(2008): 91-103; Yany Grégoire and Robert J. Fisher, "Customer Betrayal and Retaliation: When Your Best Customers Become Your Worst Enemies," *Journal of the Academy of Marketing Science* 36, no. 2 (2008): 247-261.

12 Stephen S. Tax and Stephen W. Brown, "Recovering and Learning from Service Failure", *Sloan Management Review* 49, no. 1 (Fall 1998): 75-88; See also Tor Wallin Andreassen, "Antecedents of Service Recovery," *European Journal of Marketing* 34, no. 1 and 2 (2000): 156-175; Ko de Ruyter and Martin Wetzel, "Customer Equity Considerations in Service Recovery," *International Journal of Service Industry Management* 13, no. 1 (2002): 91-108; Janet R. McColl-Kennedy and Beverley A. Sparks, "Application of Fairness Theory to Service Failures and Service Recovery," *Journal of Service Research* 5, no. 3 (2003): 251-266; and Jochen Wirtz and Anna Mattila, "Consumer Responses to Compensation, Speed of Recovery and Apology after a Service Failure," *International Journal of Service Industry Management* 15, no. 2 (2004): 150-166

13 Oren Harari, "Thank Heavens for Complainers," *Management Review* (March 1997): 25-29.

14 Tom DeWitt, Doan T. Nguyen, and Roger Marshall, "Exploring Customer Loyalty Following Service Recovery," *Journal of Service Research* 10, no. 3 (2008): 269-281.

15 Simon J. Bell and James A. Luddington, "Coping with Customer Complaints." *Journal of Service Research* 8, no. 3 (February 2006): 221-233.

16 Customer Care Measurement & Consulting (CCMC), *2007 National Customer Rage Study*, Customer Care Alliance, 2007.

17 Technical Assistance Research Programs Institute (TARP), *Consumer Complaint Handling in America: An Update Study, Part II*, Washington, DC: TARP and US Office of Consumer Affairs, April 1986

18 For a discussion on how to quantify complaint management profitability, see: Bernd Stauss and Andreas Schoeler, "Complaint Management Profitability: What Do Complaint Managers Know?" *Managing Service Quality* 14, no. 2/3 (2004): 147?156, and for a comprehensive treatment of all aspects of effective complaint management, see Bernd Stauss and Wolfgang Seidel, *Complaint Management: The Heart of CRM*, Mason, Ohio: Thomson, 2004; and Janelle Barlow and Claus Mø'ller, *A Complaint Is a Gift*. 2nd ed., San Francisco, CA: Berrett-Koehler Publishers, 2008.

19 Celso Augusto de Matos, Jorge Luiz Henrique, and Carlos Alberto Vargas Rossi, "Service Recovery Paradox: A Meta-Analysis," *Journal of Service Research* 10, no. 1 (2007): 60-77; Chihyung Ok, Ki-Joon Back, and Carol W. Shankin, "Mixed Findings on the Service Recovery Paradox," *The Service Industries Journal* 27, no. 5 (2007): 671-686; Stefan Michel and Matthew L. Meuter, "The Service Recovery Paradox: True but Overrated?" *International Journal of Service Industry Management* 19, no. 4 (2008): 441-457; Randi Priluck and Vishal Lala, "The Impact of the Recovery Paradox on Retailer—Customer Relationships," *Managing Service Quality* 19, no. 1 (2009): 42-59; Tor Wallin Andreassen, "From Disgust to Delight: Do Customers Hold a Grudge?" *Journal of Service Research* 4, no. 1 (2001): 39-49;

20 James G. Maxham III and Richard G. Netemeyer, "A Longitudinal Study of Complaining Customers' Evaluations of Multiple Service Failures and Recovery Efforts," *Journal of Marketing* 66, no. 4 (2002): 57-72.

21 Christian Homburg and Andreas Fürst, "How Organizatonal Complaint Handling Drives Customer Loyalty: An Analysis of the Mechanistic and the Organic Approach," *Journal of Marketing* 69, (July 2005): 95-114.

22 Ron Zemke and Chip R. Bell, *Knock Your Socks Off Service Recovery*, New York: AMACOM, 2000, 60.

23 Josh Bernoff and Ted Schadler, "Empowered," *Harvard Business Review*, July?August 2010, 95-101.

24 Rhonda Mack, Rene Mueller, John Crotts, and Amanda Broderick, "Perceptions, Corrections and Defections: Implications for Service Recovery in the Restaurant Industry," *Managing Service Quality* 10, no. 6 (2000): 339-46.

25 Jochen Wirtz and Janet R. McColl-Kennedy, "Opportunistic Customer Claiming During Service Recovery," *Journal of the Academy of Marketing Science* 38, no. 5 (2010): 654-675.

26 For an excellent review of extant academic literature on service guarantees, see: Jens Hogreve and Dwayne D. Gremler, "Twenty Years of Service Guarantee Research," *Journal of Service Research* 11, no. 4 (2009): 322-343.

27 Christopher W. L. Hart, "The Power of Unconditional Service Guarantees," *Harvard Business*

*Review* (July—August 1988): 54-62.

28 L. A. Tucci and J. Talaga, "Service Guarantees and Consumers' Evaluation of Services." *Journal of Services Marketing* 11, no. 1 (1997): 10-18; Amy Ostrom and Dawn Iacobucci, "The Effect of Guarantees on Consumers' Evaluation of Services," *Journal of Services Marketing* 12, no. 5 (1998), 362-78.

29 Sara Björlin LidÈ and Per Skålén, "The Effect of Service Guarantees on Service Recovery," *International Journal of Service Industry Management* 14, no. 1 (2003): 36-58.

30 Christopher W. Hart, "The Power of Unconditional Service Guarantees."

31 For a scientific discussion on the optimal guarantee payout amount, see: Tim Baker and David A. Collier, "The Economic Payout Model for Service Guarantees," *Decision Sciences* 36, no. 2 (2005): 197-220).

32 McDougall, H. Gordon, Terence Levesque, and Peter VanderPlaat, "Designing the Service Guarantee: Unconditional or Specific?" *Journal of Services Marketing* 12, no. 4 (1998): 278-293; Jochen Wirtz, "Development of a Service Guarantee Model," *Asia Pacific Journal of Management* 15, no. 1 (1998): 51-75.

33 Jochen Wirtz and Doreen Kum, "Designing Service Guarantees?Is Full Satisfaction the Best You Can Guarantee?" *Journal of Services Marketing* 15, no. 4 (2001): 282-299.

34 Amy L. Ostrom and Christopher Hart, "Service Guarantee: Research and Practice," in *Handbook of Services Marketing and Management*, T. Schwartz and D. Iacobucci, eds., (California: Thousand Oaks, Sage Publications, 2000, 299-316).

35 For a decision support model and whether to have a service guarantee, and if yes, on how to design and implement it, see: Louis Fabien, "Design and Implementation of a Service Guarantee," *Journal of Services Marketing* 19, no. 1 (2005): 33-38.

36 Ray Fisk, Stephen Grove, Lloyd C. Harris, Kate L. Daunt, Dominique Keeffe, Rebekah Russell-Bennett, and Jochen Wirtz, "Customers Behaving Badly: A State of the Art Review, Research Agenda and Implications for Practitioners", *Journal of Services Marketing* 24, no. 6 (2010): 417-429; Lloyd C. Harris and Kate L. Reynolds, "Jaycustomer Behavior: An Exploration of Types and Motives in the Hospitality Industry," *Journal of Services Marketing* 18, no. 5 (2004): 339-357; Kate L. Reynolds and Lloyd C. Harris, "Dysfunctional Customer Behavior Severity: An Empirical Examination," *Journal of Retailing* 85, no. 3 (2009): 321-335; Kate L. Daunt and Harris C. Lloyd, "Customers Acting Badly: Evidence from the Hospitality Industry," *Journal of Business Research* 64, no. 10 (2011): 1034-1042.

37 This section is adapted and updated from Christopher Lovelock, *Product Plus*. New York: McGraw-Hill, 1994, Chapter 15.

38 Lloyd C. Harris, and Kate L. Reynolds, "The Consequences of Dysfunctional Customer Behavior", *Journal of Service Research* 6 no. 2 (2003): 144-161; Wirtz, Jochen and Doreen Kum, "Consumer Cheating on Service Guarantees," *Journal of the Academy of Marketing Science* 32, no. 2 (2004): 159-175; Chu Wujin, Eitan Gerstner, and James D. Hess, "Managing Dissatisfaction: How to Decrease Customer Opportunism by Partial Refunds," *Journal of Service Research* 1, no. 2 (1998): 140-55.

39 Lloyd C. Harris, "Fraudulent Return Proclivity: An Empirical Analysis," *Journal of Retailing* 84, no. 4 (2008): 461-476.

40 Kate L. Reynolds and Lloyd C. Harris, "When Service Failure is Not Service Failure: An Exploration of the Forms and Motives of "Illegitimate" Customer Complaining," *Journal of Services Marketing* 19, no. 5 (2005): 326

41 Lloyd C. Harris, and Kate L. Reynolds, "Jaycustomer Behavior: An Exploration of Types and Motives in the Hospitality Industry", *Journal of Services Marketing* 18, no. 5 (2004): 339

42 Jill Griffin, "What Your Worst Customers Teach You about Loyalty," January 24, 2006, http://www.marketing profs.com/6/griffin5.asp, accessed March 12, 2012.

43 Jochen Wirtz and Doreen Kum, "Consumer Cheating on Service Guarantees," *Journal of the Academy of Marketing Science* 32, no. 2 (2004): 159?175; Jochen Wirtz and Janet R. McColl-Kennedy, "Opportunistic Customer Claiming during Service Recovery," *Journal of the Academy of Marketing Science* 38, no. 5 (2010): 654-675; Heejung Ro and June Wong, "Customer Opportunistic Complaints Management: A Critical Incident Approach," *International Journal of Hospitality Management*, forthcoming (2012).

# 서비스 마케팅 체계

**제1부**

서비스 상품, 소비자, 시장의 이해

제1장 서비스 마케팅 개관
제2장 서비스 상황에서의 소비자 행동
제3장 경쟁 시장에서의 서비스 포지셔닝

**제2부**

4Ps의 서비스 적용

제4장 서비스 상품 개발 : 핵심 요소와 보조 요소
제5장 물리적 및 전자적 경로를 통한 유통
제6장 가격설정과 수익 관리
제7장 서비스 촉진과 고객교육

**제3부**

고객접점의 설계와 관리

서비스 마케팅의 추가적인 3Ps

제8장 서비스 프로세스의 설계와 관리
제9장 수요와 생산능력의 균형
제10장 서비스 환경의 구축
제11장 서비스 우위를 위한 인적 관리

**제4부**

고객 관계의 개발

제12장 관계 관리와 충성도 구축
제13장 고객 불평 관리와 서비스 회복

**제5부**

서비스 우수성을 위한 노력

제14장 서비스 품질 및 생산성 개선
제15장 서비스 리더십을 위한 조직화

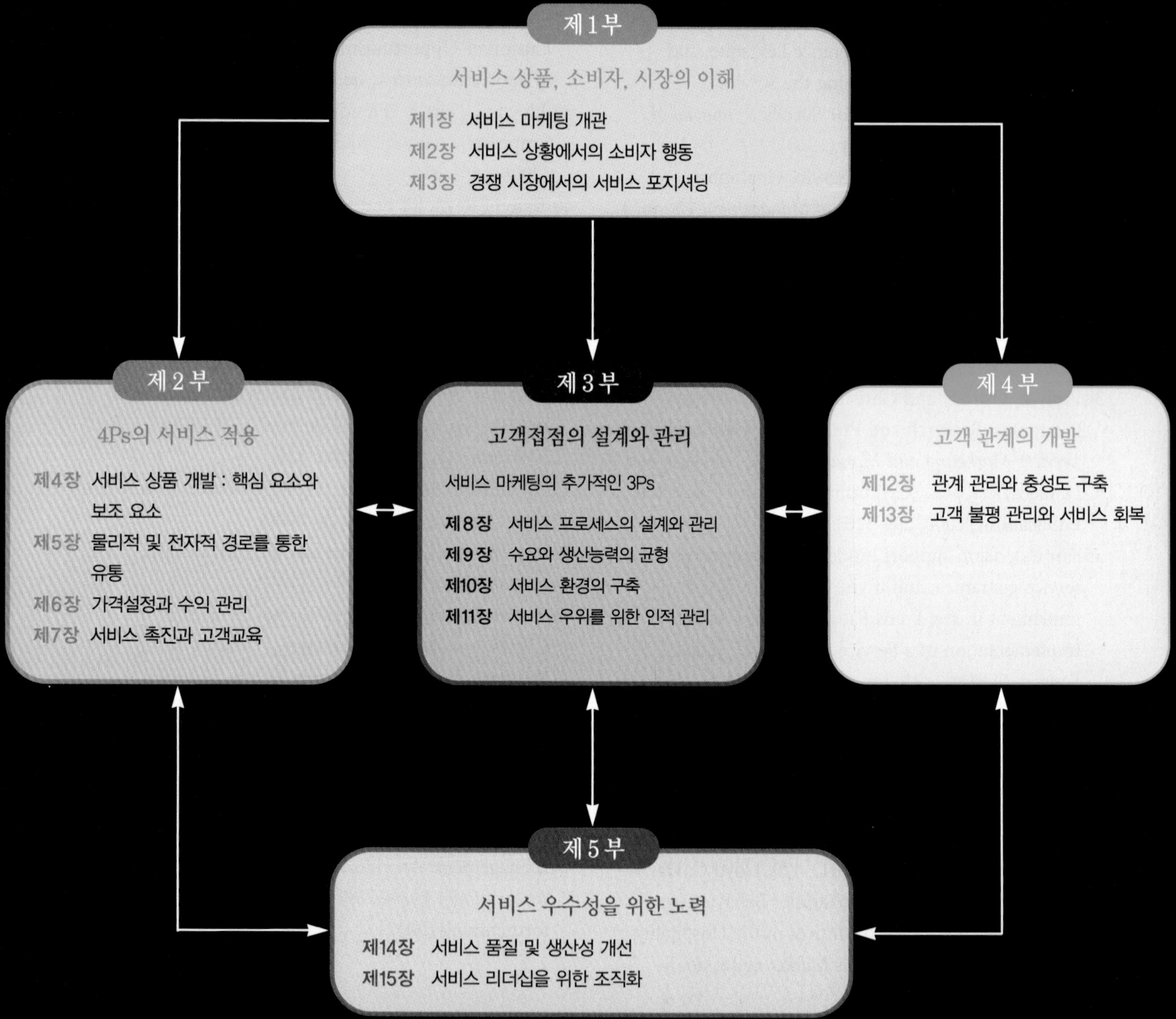

PART

# 서비스 우수성을 위한 노력

제5부는 서비스 품질과 생산성, 그리고 기업이 서비스 리더십을 획득하는 방법을 주로 다루며 다음과 같은 두 장으로 구성되어 있다.

## 제14장 서비스 품질 및 생산성 개선

이 장은 생산성과 품질을 다룬다. 생산성과 품질은 모두 서비스의 금전적 성공에 필수적 요소이다. 14장은 서비스 품질, 갭 모델(gaps model)을 활용한 품질 문제점 분석, 그리고 품질 차이를 없애기 위한 전략에 대한 고찰 등을 포함한다. 고객으로부터 체계적으로 청취하고 학습할 수 있는 효과적인 도구인 고객 피드백시스템을 소개한다. 생산성은 비용 절감과 관련 있다. 또한 생산성 향상 기법들이 논의된다.

## 제15장 서비스 리더십을 위한 조직화

이 장은 성공적인 서비스 조직의 운영에 포함된 전략 링크를 보여주기 위한 통합모델인 서비스 이익체인을 다룬다. 서비스 이익체인의 실행은 사업의 세 가지 주요 기능인 마케팅, 생산관리, 인적자원 관리의 통합을 요구한다. 각 기능 영역에서 서비스 조직이 상위 성과수준으로 어떻게 이동하는지 논의한다. 이 장은 효과적인 서비스 문화를 배양하기 위한 리더의 역할과 미래 리더에게 필요한 품질을 다룬다.

CHAPTER 14

# 서비스 품질 및 생산성 개선

## 학습목표

**이 장을 학습하게 되면 학생들은 다음의 내용을 이해하게 될 것이다.**

- **학습목표 1** 서비스 산업에서 생산성과 품질이 의미하는 것은 무엇인가?
- **학습목표 2** 서비스 품질의 차원들은 무엇인가?
- **학습목표 3** 서비스 품질 문제를 확인하고 바로잡기 위한 갭 모델이란 무엇인가?
- **학습목표 4** 서비스 품질에 대한 명시적 · 묵시적 측정의 차이점은 무엇인가?
- **학습목표 5** 효과적인 고객 피드백시스템의 공통적인 목표란 무엇인가?
- **학습목표 6** 고객 피드백을 수집하는 방법은 무엇인가?
- **학습목표 7** 서비스 품질의 명시적 측정 방법과 관리체계란 무엇인가?
- **학습목표 8** 서비스 문제를 분석하기에 적합한 방법은 어떻게 선택할 것인가?
- **학습목표 9** 품질 향상은 재무에 어떠한 영향을 미치는가?
- **학습목표 10** 서비스 생산성이란 무엇이며, 그것을 측정하는 방법에는 어떠한 것이 있는가?
- **학습목표 11** 생산성, 효율성 및 효과성 간의 차이점은 무엇인가?
- **학습목표 12** 서비스 생산성 향상의 핵심 방법에는 무엇이 있는가?
- **학습목표 13** 생산성 향상이 품질과 가치에 어떻게 영향을 미치는가?
- **학습목표 14** TQM, ISO 9000, 맬컴 볼드리지 접근(MBA), 6시그마 등과 같은 경영기법이 서비스 품질과 생산성 관리 및 향상에 어떻게 관련되는가?

# 도입 사례

## 어떤 페리(ferry) 운영기업의 서비스 품질 향상[1]

영국에서부터 아일랜드, 몇몇 유럽 국가를 뱃길로 연결해 주는 회사인 Sealink British Ferries의 서비스 품질은 형편없었다. Sealink는 선박의 운영적 측면에만 집중하는 하향식의 군대체계를 사용했고 고객들의 경험의 질에 대해선 관심 밖이었다. 그 무렵에 Sealink는 스웨덴 기업인 Stena Line에 인수되었다. Stena는 현재 가장 큰 카페리(Car ferry) 회사 중 하나이다. Sealink와 대조적으로, Stena는 서비스 품질에 대해 지속적으로 관리하는 총괄부서가 있었다.

인수되기 전, Sealink는 여객운송의 정확성이나 신뢰성을 중시하지 않았고, 그래서 운송은 자주 지연되었다. 고객의 불만은 무시되었고, 고객 서비스 관련 관리자들은 해당 불만 상황을 개선하기 위한 별다른 노력을 하지 않았다. 인수되고 난 후 이러한 상황은 변하기 시작했다. 개별적인 문제에만 신경쓰느라 발생했던 출항, 입항시간의 지연과 같은 문제들을 해결했다. 예를 들면, 개별 노선마다 모든 운영담당자는 스스로 관리자의 역할을 수행했으며, 다양한 측면의 개선에 대한 주인의식을 갖게 되었다. 그들은 출항 지연의 이유와 함께 각각의 항해에 관한 자세한 기록을 하였고, 또한 경쟁 여객운송업체들의 성과에 대해서도 지속적으로 정보를 수집하였다. 이런 방법으로 다른 직위에 있는 직원끼리 서로 밀접히 연결되었다. 고객 서비스 담당 직원 또한 경험을 통해 지속적으로 학습하였다. 2년이 경과된 후 해당 항로의 Stena 선박들의 거의 100%가 시간을 엄수하면서 운영되었다.

선상 서비스는 다른 방식으로 개선되었다. 과거 고객 서비스 관리자의 업무는 고객보다는 직원의 편의성을 위한 것들이었다. 예를 들어, 서비스에 대한 고객 수요가 가장 많을 때 직원은 식사를 하고 있었다. 한 조사자가 기록했듯이, "모든 편의시설이 폐점될 때, 선상에서 처음 30분과 마지막 30분 동안 고객은 무시되었다 … 고객은 스스로 알아서 배안을 다니도록 방치되었다 … 직원은 단지 고객이 직접적인 요구하기 시작하고, 직원의 주의를 끌기 위해 노력할 경우에만 응대하였다."

개별 선상업무를 담당하는 직원은 서비스 품질과 생산성 향상을 위한 특정 영역을 선택해야 했고, 개별 영역과 관련된 소그룹에서 일해야 했다. 초기 몇몇 팀은 다른 팀보다 성공적이었기 때문에 개별 선박마다 서비스 수준이 상이했다. 시간이 경과하면서 관리자가 서로의 성공과 실패로부터 습득한 아이디어와 경험을 공유하였고, 이를 통해 개별 선박의 개선이 가능하게 되었다.

2011년까지, Stena Line 소속의 35척의 배가 19노선을 항해하였고, 매년 대략 1,600만여 명의 승객 및 300만 대의 차량을 수송했다. 그들은 세계에서 가장 크고 빠른 3척의 페리를 갖고 있다. Stena는 모든 해상운송시장에서 선두기업이었다. 회사의 주안점은 일정한 서비스와 생산성 향상이었다… 회사의 웹사이트에 다음과 같은 글이 게재되어 있다.

> '행복한 시간의 창조'라는 구절이 Stena Line의 핵심을 요약할 수 있다. 빠르고, 즐겁고 효율적인 항해. 오늘날 고객은 더 많은 것을 기대한다. Stena Line을 이용한 여행은 단지 한 장소에서 다른 장소로 이동하는 것 이상이다. Stena Line을 이용한 여행은 일상에서의 탈출, 휴식, 함께 시간을 보내는 것, 좋은 식사로 구성되며, 다른 여행으로 대체될 수 없다.

PART V

학습목표 1
서비스 산업에서 생산성과 품질이 의미하는 것은 무엇인가?

## 서비스 품질과 생산성 전략의 통합

앞에서 제시된 Stena Line의 사례는 서비스 품질과 생산성에 대한 개선이 어떻게 기업의 성과를 향상시킬 수 있는지를 보여준 우수한 사례이다! 우리는 이 장에서 서비스 품질과 생산성이 고객과 기업 모두를 위한 가치 창출의 중요한 두 축임을 알게 될 것이다.

일반적으로 품질은 고객 측면의 편익에 집중한다. 생산성은 기업의 재무 비용에 초점을 둔다. 서비스 프로세스를 더 효율적이고 생산성을 증가시키도록 구성하더라도, 고객은 보다 나은 품질의 서비스를 경험하지 못할 수도 있다. 이러한 맥락에서 때로는 서비스 직원이 생산성을 증가시키기 위해 더 빨리 일하는 것을 고객이 좋아할 수도 있지만, 또 서비스 직원이 빨리 일하는 것을 서두르거나 불필요하다고 느낄 수도 있다. 따라서 마케팅, 운영관리, 인적자원 관리 등과 같은 업무의 관리자는 서비스 품질 전략과 생산성 향상 전략을 개별적이 아닌 동시에 고려하기 위해 협력적으로 일해야 한다. 기업의 장기 수익성을 향상시키기 위해 관리자는 반드시 서비스 품질 경험을 보다 효율적으로 전달할 수 있어야 한다.

그림 14.1 까다로운 식사 손님인 경우 서비스 품질을 관리하기 어렵다.

## 서비스 품질이란 무엇인가

서비스 품질에 대해 언급할 때 우리는 무엇을 의미하는가? 기업은 서비스 품질의 측정, 서비스 품질 문제의 원인 파악, 그리고 서비스 품질 관련 문제의 개선을 위한 설계 및 실행 등과 같은 이슈를 다루기 위해 서비스 품질에 대해 어느 정도 이해하고 있어야 한다. 그림 14.1에서 익살맞게 표현한 것처럼, 서비스 실패가 명확할 때조차도 서비스 품질은 관리하기 어려울 수 있다.

학습목표 2
서비스 품질의 차원들은 무엇인가?

### 서비스 품질의 차원

Valarie Zeithaml, Leonard Berry, A. Parasuraman 등은 서비스 품질에 대한 많은 연구를 진행했다. 그들은 고객이 서비스 품질을 평가하기 위해 이용하는 열 가지 차원을 확인했다(표 14.1). 후속 연구에서 이들 변수 중 몇몇 변수 간에 높은 상관관계를 발견하여 다시 열 가지 차원을 결합하여 다섯 가지 차원으로 결합하였다.

그림 14.2 프라이빗뱅킹 서비스를 제공하는 Julius Bär는 탁월한 서비스에 대한 그들의 헌신을 강조한다.

**표 14.1** 서비스 품질을 평가하기 위하여 고객이 사용하는 기본적인 차원

| 서비스 품질의 차원 | 정의 | 측정 항목 |
|---|---|---|
| **유형성** | 물리적 설비의 외형, 설비, 직원, 커뮤니케이션 도구 | 호텔의 시설은 매력적인가?<br>내 회계사는 적합한 옷차림을 하고 있는가?<br>나에게 전달된 은행계좌 통지서는 쉽게 이해할 수 있는가? |
| **신뢰성** | 약속된 서비스를 신뢰할 수 있고 정확하게 이행하는 능력 | 내 변호사는 약속된 시간에 나에게 다시 전화하는가?<br>내 휴대전화 요금에는 오류가 없는가?<br>내 TV가 한번에 수리되는가? |
| **응답성** | 고객을 돕고 신속히 서비스를 제공하려는 자발적 의지 | 문제가 발생할 경우, 기업이 빨리 해결하는가?<br>내 주식 중개인은 내 질문에 기꺼이 대답하려고 하는가?<br>케이블 TV회사는 설치자가 언제 설치하러 올 것인지 정확한 시간을 알려 주는가? |
| **확신성** | | |
| • 신용 | 서비스 제공자의 신뢰, 믿음, 정직 그 병원은 명성이 있는가? | 그 병원은 명성이 있는가?<br>내 주식 중개인이 주식을 사라고 강요하는가?<br>그 수리회사는 수리제품의 작동에 대해 보증하는가? |
| • 보안 | 위험, 의심, 위기로부터의 자유 | 밤에 ATM기기를 사용하는 것은 안전한가?<br>내 신용카드는 권한 외 사용에 대하여 보호받는가?<br>나는 내 보험정책이 완전한 보상 범위를 제공한다고 확신할 수 있는가? |
| • 역량 | 서비스 제공시 요구되는 기술과 지식의 보유 | 은행원은 실수 없이 거래를 진행할 수 있는가?<br>내가 전화할 경우 여행사 직원은 내가 필요로 하는 정보를 수집할 수 있는가?<br>치과의사는 유능해 보이는가? |
| • 예의 | 서비스 접점 인력의 공손함, 존경, 배려, 친절함 | 기내승무원은 상냥한가?<br>내 전화를 받을 때마다 전화교환원이 항상 공손한가?<br>배관공은 실내 카펫에 올라오기 전에 진흙 묻은 신발을 벗는가? |
| **공감성** | | |
| • 접근 | 서비스 인력에 대한 접근 가능성과 용이성 | 문제가 있을 때 감독관에게 말하는 것이 얼마나 쉬운가?<br>항공회사에는 24시간 무료 전화번호가 있는가?<br>호텔은 입지가 좋은가? |
| • 커뮤니케이션 | 고객의 소리를 듣고 고객이 이해할 수 있는 언어로 지속적인 정보 제공 | 불만이 있을 때 관리자는 이를 기꺼이 듣고자 하는가?<br>의사가 전문적인 용어의 사용을 자제하고자 하는가?<br>전기수리공이 계획한 약속을 지키지 못할 경우 전화하는가? |
| • 고객의 이해 | 고객과 고객의 욕구를 알려는 노력 | 호텔의 누군가가 나를 단골고객으로 인식하는가?<br>내 주식 중개인은 나에게 맞춤화된 재무 목표를 수립해 주는가?<br>이삿짐회사는 나의 스케줄에 따라 기꺼이 이사계획을 변경해 줄 용의가 있는가? |

▶ 유형성(tangibles)(물리적 요소의 외형)

▶ 신뢰성(reliability)(성과에 대한 의존성과 정확성)

▶ 응답성(responsiveness)(민첩성, 도움)

▶ 확신성(assurance)(신용, 역량, 예의바름, 보안)(그림 14.2 참조)

▶ 공감성(empathy) (바람직한 커뮤니케이션, 고객의 이해와 접근성)[2]

**학습목표 3**
서비스 품질 문제를 확인하고 바로잡기 위한 갭 모델이란 무엇인가?

# 서비스 품질 문제에 대한 확인 및 개선

서비스 품질이 무엇인지 이해한 후, 서비스 품질 문제의 확인 및 개선에 유용한 모델을 알아보자.

## 서비스 설계 및 전달에 있어서의 갭 모델

Zeithaml, Berry, Parasuraman 등이 서비스 조직에서 발생할 수 있는 네 가지 갭을 파악하였고, 이들 네 가지 갭은 다섯 번째 가장 중요한 마지막 갭인 서비스 품질 갭을 초래한다고 제안하였다.[3] 그림 14.3과 같이 그들은 처음 제안한 모델을 확장하고 재정의하면서 총 여섯 가지 갭을 제안하였으며, 마지막 갭은 고객의 서비스에 대한 기대와 그들이 제공받았다고 생각하는 성과와의 차이로 정의된다.

좀 더 세부적으로 여섯 가지 차원의 갭을 알아보자.

**갭 1–서비스 지식 갭** 상위 경영진이 인식하는 고객의 기대와 고객이 실제로 필요로 하고 기대하는 것과의 차이이다.

**갭 2–서비스 정책 갭** 고객 기대에 대한 경영자의 인식과 서비스 전달을 위해 그들이 설정한 서비스 기준과의 차이이다. 고객의 기대가 제대로 반영되지 않은 정책적 의사결정

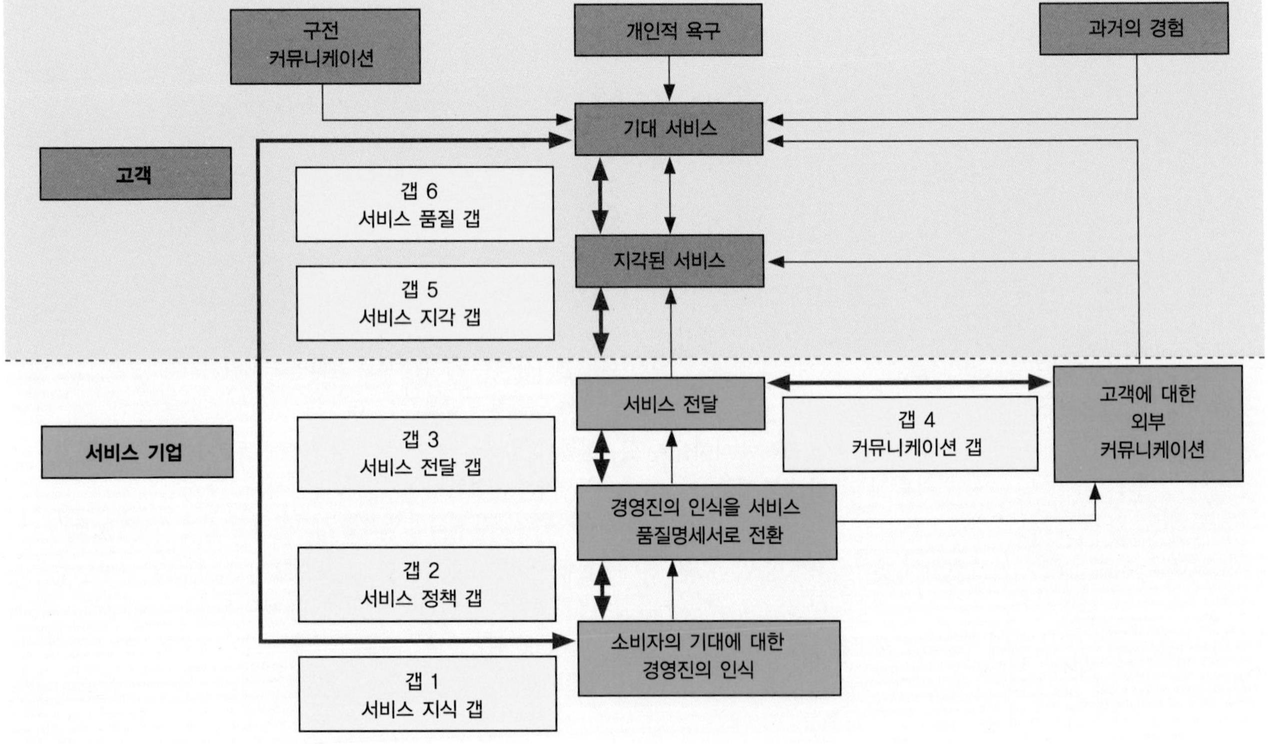


**그림 14.3** 갭 모델

출처
Adapted from the original five-gaps model developed by Parasuraman, A., Zeithaml, V. A., & Berry, L. L. "A conceptual model of service quality and its implications for future research". *Journal of Marketing* 49, Fall 1985 41?50; Zeithaml, V. A., Bitner, M. J., & Gremler, D. *Services Marketing: Integrating Customer Focus Across the Firm* (p.46.). NY: McGraw Hill/Irwin, 2006. A further gap (Gap 5) was added by Christoper Lovelock (1994), *Product Plus* (p. 112). NY: McGraw Hill.

이 이루어질 경우 발생하는 갭으로서, 통상적으로 이러한 갭의 발생은 비용과 실행 가능성에 기인한다.

**갭 3–서비스 전달 갭** 서비스 기준과 이러한 기준에 근거한 서비스 전달팀의 실행 성과와의 차이이다.

**갭 4–커뮤니케이션 갭** 기업의 커뮤니케이션과 실제 고객에게 전달되는 서비스의 차이이다. 이 갭은 하위 3개의 갭에 의해 야기된다.[4] 첫 번째, 내부적 커뮤니케이션 차이는 제품의 특성 및 성능, 서비스 품질에 대해서 기업광고의 전달내용과 판매직원이 생각하는 내용의 차이와 서비스 품질 수준과 해당 기업이 제공할 수 있는 수준과의 차이이다. 두 번째, 광고와 판매직원에 의해 발생될 수 있는 과대약속 갭인데, 이러한 갭은 광고와 판매직원이 매출에 의해 평가받기 때문이다. 마지막으로 해석상의 갭은 서비스 전달 전에 이루어지는 서비스 제공자의 커뮤니케이션의 노력이 실제로 약속한 내용과 해당 커뮤니케이션이 약속한 내용에 대한 고객의 인식과의 차이이다.

**갭 5–서비스 지각 갭** 실제로 전달되는 서비스와 고객이 전달되었다고 느끼는 서비스와의 차이이다. 이러한 갭은 고객이 서비스 품질을 정확하게 측정하는 것이 불가능하기 때문이다.

**갭 6–서비스 품질 갭** 고객의 서비스에 대한 기대와 실제로 전달되는 서비스에 대한 고객 인식의 차이이다.

이 모델에서 갭 1, 5, 6은 고객과 조직 간의 외적인 갭이며, 갭 2, 3, 4는 조직 내에서 부서 간, 기능 간에 발생하는 내적인 갭이다.

### 서비스 품질 갭을 줄일 수 있는 핵심방법

언제라도 고객과의 관계가 갭에 의해 손상될 수 있다. 서비스 품질 갭 여섯 가지가 가장 중요하다. 서비스 품질 향상의 주요 목표는 가능하면 이 갭을 없애거나 줄이는 것이다. 그러나 이러한 목표를 달성하기 위하여, 일반적으로 서비스 조직은 나머지 다섯 가지 갭을 제거하기 위해 노력할 필요가 있다. 서비스 품질의 향상을 위해 개별 갭의 발생 원인을 파악한 후 갭을 제거할 방법을 개발해야 한다. 표 14.2에서 여섯 가지 품질 갭을 제거하는 방법을 요약한다.

**표 14.2** 서비스 품질 갭 제거를 위한 제안

| 품질 갭의 유형 | 해결책 |
|---|---|
| **갭 1–서비스 지식 갭** | 제안 : 고객이 기대하는 것을 경영자가 알게 한다.<br>• 고객과 경영진 사이의 상호작용을 증대한다.<br>• 고객 접점 직원과 경영진 사이의 커뮤니케이션을 촉진하고 격려한다.<br>• 만족 연구, 불평내용 분석 및 고객 패널 조사 등을 포함하는 효과적인 고객 피드백 시스템을 운영한다.<br>• 질문지와 인터뷰, 표본 추출, 현장 조사를 포함한 엄격한 시장 조사를 실시하고, 경우에 따라서는 반복적인 조사를 실시한다. |
| **갭 2–서비스 정책 갭** | 제안 : 바람직한 서비스 프로세스를 구축하고 기준을 구체화한다.<br>• 바람직한 서비스 프로세스를 구축한다.<br>○ 고객 서비스 프로세스에 설계 및 재설계시 정밀하고 체계적이며 고객 중심적인 프로세스를 활용한다.<br>○ 기계적 기술(hard technology)을 접촉 및 업무 방식의 향상(비기계적 기술, soft technology)으로 대체하는 데 일관성과 신뢰성 향상을 위해 반복적인 업무 방식을 표준화한다. |

**표 14.2** 서비스 품질 갭 제거를 위한 제안(계속)

| 품질 갭의 유형 | 해결책 |
|---|---|
| **갭 2 – 서비스 정책 갭** | • 고객 기대에 부응하는 다양한 서비스 상품을 개발한다.<br>○ 그들의 필요에 따라 고객이 스스로 세분화할 수 있도록 프리미엄 상품, 표준 상품, 경제적 상품 등의 다양한 상품을 고려한다.<br>○ 가격 수준별로 다양한 수준의 서비스를 고객에게 제공한다.<br>• 모든 업무 단위별로 측정 가능한 고객 지향적 서비스 기준을 설정하고 공유하고 강화한다.<br>○ 고객의 기대를 충족하기 위하여 도전적이고 현실적이며 분명하게 설계된 일련의 명확한 서비스 품질 목표를 서비스 전달의 모든 단계별로 설정한다.<br>○ 직원이 목표, 기준, 우선순위를 이해하고 수용하도록 한다. |
| **갭 3 – 서비스 전달 갭** | 제안 : 서비스 성과가 기준을 충족하도록 하고, 고객이 전달된 서비스 품질 수준을 이해할 수 있도록 한다.<br>• 고객 서비스팀이 서비스 기준을 충족할 수 있는 동기와 역량을 갖추도록 한다.<br>○ 직원과 업무의 적합성을 고려하여 채용한다. 해당 업무를 잘 수행하기 위해 필요한 능력과 기술을 보유한 직원을 선택한다.<br>○ 스트레스가 많은 상황에서 고객을 응대하기 위한 대인관계 기술을 포함하여 할당된 직무를 효과적으로 수행하기 위해 필요한 다양한 기법에 대해 직원을 훈련시킨다.<br>○ 직원이 역할을 명확화하고 고객 만족에 자신의 업무가 얼마나 기여하는지 알게 한다. 고객의 기대와 인식, 문제점에 대해 교육시킨다.<br>○ 고객 대상 서비스 전달과 문제해결에 관련된 서비스팀을 상호 교차적으로 기능할 수 있도록 한다.<br>○ 조직의 의사결정권을 하위계층으로 위양함으로써 현장의 관리자와 직원에게 권한을 부여한다.<br>○ 성과를 측정한다. 정기적인 피드백을 제공하고 품질 목표를 달성한 개별 직원과 관리자를 포함하여 고객서비스팀의 성과에 대해서 보상한다.<br>• 바람직한 기술, 설비, 지원 프로세스와 생산 능력을 보유한다.<br>○ 성과 향상을 위해 가장 적합한 기술과 설비를 선택한다.<br>○ 내부 지원업무를 담당하는 직원이 접점 인력과 같은 내부 고객에게 높은 수준의 서비스를 제공하도록 한다.<br>○ 생산 능력에 따라 수요를 조절한다.<br>• 서비스 품질 향상을 위해 고객을 관리한다.<br>○ 효과적 서비스 전달을 위해 고객이 수행해야 할 역할과 책임이 있음을 고객에게 교육시킨다. |
| **갭 4 – 커뮤니케이션 갭** | 제안 : 커뮤니케이션한 약속이 현실적이고, 이러한 약속을 고객이 제대로 이해한다면 기업의 내부적 커뮤니케이션 갭은 제거될 것이다.<br>• 판매 및 마케팅 커뮤니케이션을 담당하는 관리자에게 해당 서비스 기업의 운영 역량에 대해 교육시킨다.<br>○ 새로운 커뮤니케이션 프로그램의 개발 과정에 일선 인력과 운영 직원을 참여시킨다.<br>○ 고객이 광고와 커뮤니케이션에 노출되기 전에 서비스 제공자로 하여금 검토하도록 한다.<br>○ 고객과의 면대면 미팅에 판매인력과 운영인력을 함께 참석시킨다.<br>○ 마케팅, 운영, 인적자원 관리 등과 같은 기능 사이의 통합 및 이해 강화, 다양한 지역에서의 서비스 전달 표준화를 위해 내부적으로 교육적이고 동기를 부여하는 광고 캠페인을 개발한다.<br>• 커뮤니케이션 내용이 현실적인 고객 기대에 부합되도록 한다.<br>• 약속을 명확하게 하고 커뮤니케이션 내용에 대한 고객 이해를 관리한다.<br>○ 실제로 실행하기 전에 표적 청중이 기업의 의도대로 해석하는지 검증하기 위해(만약 아니라면, 수정하고 재분석한다) 모든 광고, 브로셔, 전화 대본과 웹사이트의 내용을 사전에 확인한다. 고객에게 커뮤니케이션할 내용이 고객에게 가장 중요한 서비스 특성을 반영하는지 확인한다. 고객으로 하여금 가능하지 않은 사항과 그 이유를 알게 한다.<br>○ 서비스 성과에서 제약 요소에 대한 이유를 미리 파악하고 즉각적으로 설명하고, 기업에 의해 통제될 수 없는 것을 강조한다.<br>○ 합의 또는 계약 시 포함되는 업무와 성과보증을 미리 문서화한다. 문서화 작업 후에 서비스요금 청구와 관련되어 어떤 업무가 수행되었는지 설명한다. |

**표 14.2** 서비스 품질 갭 제거를 위한 제안(계속)

| 품질 갭의 유형 | 해결책 |
|---|---|
| **갭 5 – 서비스 지각 갭** | 전달된 서비스 품질을 유형화하고 커뮤니케이션한다.<br>. 서비스 품질을 유형화하고, 고객에게 전달된 서비스 품질에 대해 알린다.<br>o 제공된 서비스의 수준과 일치하는 서비스 환경과 물리적 증거를 개발한다.<br>o 복잡하고 신용적 성격을 갖는 서비스의 경우, 서비스 전달 과정에서 고객에게 무엇이 제공되는지 알게 하고, 고객이 그들이 받은 서비스의 품질에 평가할 수 있도록 서비스 전달 이후를 간단하게 설명한다.<br>o 물리적 증거를 제공한다(예 : 수리를 위해 제거된 부품을 고객에게 보여 준다). |
| **갭 6 – 서비스 품질 갭** | 고객의 기대를 지속적으로 충족시키기 위해 갭 1~5를 제거한다.<br>갭 6은 나머지 모든 갭의 산출물로부터 누적된 결과이다. 갭 1~5를 잘 관리할 때 갭 6은 제거될 것이다. |

출처

Adapted and extended from Valarie A. Zeithaml, A. Parasuraman, and Leonard L. Berry, *Delivering Service Quality: Balancing Customer Perceptions and Expectations*. New York: The Free Press, 1990, chapters 4-7; and Valarie A. Zeithaml, Mary Jo Bitner and Dwayne Gremler, *Services Marketing: Integrating Customer Focus Across the Firm*, 4th ed. New York: McGraw-Hill, 2006, Chapter 2. The remaining prescriptions were developed by the authors.

# 서비스 품질의 측정과 개선

우리는 갭 모델, 그리고 여섯 가지 품질 차이를 제거하는 방법에 관한 일반적인 기법을 이해하였다. 다음에는 서비스 품질 향상을 위해 서비스 품질을 측정하는 방법에 대해 논의한다. 일반적으로 측정되지 않는 것은 관리되지 않는다고 한다. 측정 없이는 서비스 품질 갭의 존재 여부뿐 아니라 그 갭이 어디에 존재하는지, 그리고 그러한 품질 갭을 개선하기 위해 어떠한 행동을 취해야 하는지 알 수 없다. 또한 측정은 서비스 개선 후에 목표했던 바가 충족되었는지 검토하기 위해 필요하다.

**학습목표 4**
서비스 품질에 대한 명시적 · 묵시적 측정의 차이점은 무엇인가?

## 서비스 품질 측정의 명시적 방법과 묵시적 방법

서비스 품질에 대한 고객주도적 기준과 측정 방법은 묵시적(soft) 방법과 명시적(hard) 방법으로 구분할 수 있다. 묵시적 기준과 측정값은 관찰보다는 고객, 직원, 혹은 다른 사람과의 대화를 통해 수집되어야 한다. Valarie Zeithaml과 Mary Jo Bitner가 언급한 것처럼, "묵시적 기준은 고객 만족의 획득을 위해 직원에게 방향, 지침과 피드백을 제공하는 것이고, 고객의 지각과 신념을 측정함으로써 정량화할 수 있다.[5] SERVQUAL(부록 14.1 참조)은 복잡한 묵시적 측정시스템의 보기이며, 우리는 이 장의 후반에서 고객 피드백 도구에 어떻게 활용되는지 살펴볼 것이다.

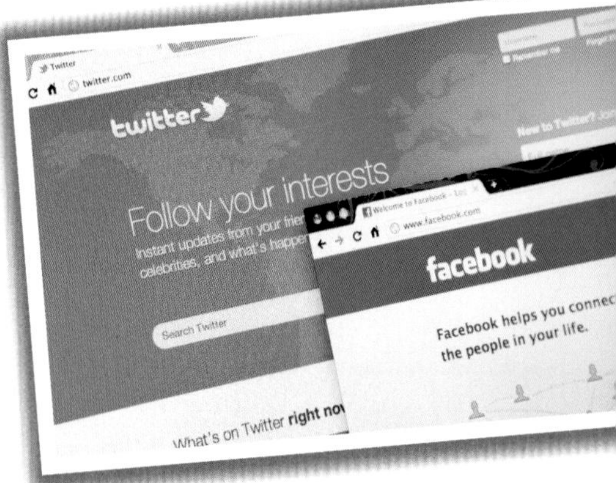


**그림 14.4** 최근 고객들로부터의 가치 있는 피드백을 수집하기 위해 페이스북과 트위터와 같은 소셜미디어가 활용되고 있다.

명시적 기준과 측정값은 횟수를 세거나 시간을 재거나 감사를 통한 측정 등을 통해 수집될 수 있는 특성과 행위이다. 이러한 기준과 측정값의 예로는 고객이 대기하는 도중에 끊어진 통화 횟수, 특정 음식물의 온도, 기차 연착 횟수, 가방 분실 횟수, 혹은 특정 종류의 처치 후 완전히 회복한 환자의 수 등이 있다. 서비스 마케터는 서비스 품질을 측정할 때 반드시 고객의 투입 요소도 고려해야 한다. 서비스 우수기업은 묵시적 측정 방법과 명시적 측정 방법을 함께 사용한다. 이들 조직은 그들의 고객과 고객 접촉 직원 모두에게 귀를 잘 기울인다(그림 14.4).

우리는 고객 피드백과 관련하여 묵시적 측정 방법에 대해 개략적으로 제시할 것이며, 이어서 명시적 측정 방법에 대해 논할 것이다.

## 고객 피드백으로부터의 학습[6]

기업은 서비스 품질의 묵시적 기준을 활용하여 그들의 성과를 어떻게 측정할 수 있는가? Leonard Berry와 A. Parasuraman에 따르면,

> 기업은 다양한 고객 집단에 대해서 복합적인 방법을 이용하여 지속적인 정보 획득 시스템을 구축할 필요가 있다. 한 가지 방법으로 서비스 품질을 측정하는 것은 특정 시간에 특정 각도에서 찍은 스냅 사진과 같다. 체계적 정보 획득을 위해 필수적인 '다양한 각도와 다양한 렌즈의 연속 촬영'(다양한 시각과 지속적인 모니터링에 대한 비유)이 선행되어야만 더 깊은 통찰력과 보다 풍부한 정보에 근거한 의사결정이 가능하다.[7]

이 부분에서는 고객주도적 학습과 서비스 개선이 이루어지 위해서 고객 피드백시스템(Customer Feedback System, CFSs)을 활용하는 방법에 대해 논할 것이다. 고객 피드백시스템을 통해 고객 피드백이 체계적으로 수집되고, 분석되며 관련 부서에 공유될 수 있다.[8]

**학습목표 5**
효과적인 고객 피드백시스템의 공통적인 목표란 무엇인가?

### 효과적인 고객 피드백시스템(CFSs)의 핵심 목표

Charles Darwin은 "살아남는 종은 가장 강한 종도, 가장 영리한 종도 아니며, 변화에 가장 잘 적응하는 종이다."라고 기록한 바 있다. 이와 유사하게 더욱 경쟁이 치열해지는 시장상황에서 기업의 최고의 경쟁우위는 경쟁보다 빠른 학습과 변화라고 할 수 있다. 효과적 인 고객 피드백시스템은 신속한 학습을 가능하게 한다.[9] 고객 피드백시스템의 목표는 다음의 세 가지 핵심 범주로 분류된다.

#### 1. 서비스 품질과 성과에 대한 평가 및 벤치마킹

"우리 고객을 어떻게 만족시킬 것인가?"라는 질문에 대답하는 것이 목표이다. 이 목표는 주요 경쟁자와 비교해 기업이 얼마나 수행을 잘 했는지, 작년(월 혹은 분기) 대비 어떤 성과를 냈는지, 그리고 다음 해에 어디에 있기를 원하는가에 대해 학습해야만 달성할 수 있다. 동종 산업의 기업을 벤치마킹하는 것만이 벤치마킹의 전부가 아니다. Southwest Airlines은 여객기의 운항시간 단축을 위해 Formula One Pit-Stop을 벤치마킹하고, Pizza Hut은 FedEx의 정시 소포 배달을 벤치마킹하며, Ikea는 군대의 탁월한 조율과 병참 관리를 연구한다.

#### 2. 고객주도적 학습과 향상

"무엇이 우리 고객을 만족 또는 불만족시키는가?"와 "우리가 유지해야 하는 장점이 무엇이고, 어떤 점을 어떻게 향상시킬 필요가 있는가?"에 대한 대답이 이 영역에서의 목표이다. 이러한 목표를 달성하기 위해 프로세스와 상품에 대한 보다 상세한 정보가 필요하며, 이러한 정보를 활용해서 기업의 품질 개선의 방향을 정하고 어떤 영역에서 품질 개선을 통한 높은 수익을 낼 수 있는지 알 수 있다.

## 3. 고객 지향적인 서비스 문화 창조

여기서의 목표는 조직으로 하여금 고객 욕구, 고객 만족에 집중하도록 하는 것과 조직 전체적으로 서비스 품질을 중시하는 문화가 형성되도록 하는 것과 관련되어 있다.

앞에서 언급된 세 가지 목표 중 기업은 첫 번째 목표에 대해서는 어느 정도 성과를 내고 있지만, 나머지 두 가지 목표에 대해서는 좋은 기회를 놓치고 있다. Neil Morgan, Eugene Anderson, Vikas Mittal은 다음의 고객 만족 정보 활용(CSIU)과 관련된 연구에서 다음과 같은 견해를 제시하였다.

> 우리가 조사한 기업 중 상당수의 기업은 그들의 고객 만족 시스템을 활용해서 충분한 고객지향적 학습을 하고 있지 않은 것으로 보이며, 이는 고객 만족 시스템을 주로 통제 수단으로 설계했기 때문이다. (전략) 그들 기업은 CSIU에 할당된 자원이 어떻게 활용되는지 재평가받을 필요가 있다. CSIU에 할당된 대부분의 자원은 주로 고객 만족과 관련된 데이터 수집에 소비된다. 이는 종종 고객 만족과 관련된 정보의 분석, 공유 및 활용을 위해 필요한 자원의 부족이라는 결과를 초래하며, 결과적으로 데이터 수집에 대한 노력을 헛되게 할 수도 있다.[10]

### 고객 피드백 수집도구의 조합적 활용[11]

**학습목표 6**
고객 피드백을 수집하는 방법은 무엇인가?

정보 획득과 학습을 위해 기업은 어떠한 수단을 이용할 수 있을까? 미국의 대표적인 성악가이자 소프라노인 Reene Fleming은 말했다. "우리 성악가들은 불행히도 우리 스스로의 노래

**표 14.3** 기본적인 고객 피드백 수집도구의 강점과 약점

| 수집도구 | 측정 수준(단계) 기업 | 측정 수준(단계) 프로세스 | 측정 수준(단계) 특정 거래 | 실행 가능성 | 대표성/신뢰성 | 서비스 회복에 대한 시사점 | 직접 학습 | 비용 효과성 |
|---|---|---|---|---|---|---|---|---|
| 전체적인 시장 조사(경쟁자 포함) | ● | ○ | ○ | ○ | ● | ○ | ○ | ○ |
| 전반적인 만족에 대한 연간 조사 | ● | ◑ | ○ | ○ | ● | ○ | ○ | ○ |
| 거래 조사 | ● | ● | ◑ | ◑ | ● | ○ | ○ | ○ |
| 서비스 피드백 카드 | ◑ | ● | ● | ◑ | ◑ | ● | ◑ | ● |
| 미스터리 쇼핑 | ○ | ◑ | ● | ● | ○ | ○ | ◑ | ○ |
| 자발적인 피드백(예 : 불평) | ○ | ◑ | ● | ● | ○ | ● | ◑ | ● |
| 표적 집단 토의 | ○ | ◑ | ● | ● | ○ | ◑ | ● | ◑ |
| 서비스 리뷰 | ○ | ◑ | ● | ● | ○ | ● | ● | ◑ |

범례 : ● 필요조건의 완전한 충족, ◑ 적당히 충족, ○ 거의 충족시키지 않음

출처
Adapted from Jochen Wirtz and Monica Tomlin, "Institutionalizing Customer-driven Learning through Fully Integrated Customer Feedback Systems," *Managing Service Quality* 10, no. 4 (2000): 210.

PART V

를 들을 수 없어요. 당신의 소리는 당신이 듣는 것과 완전히 다르답니다. 우리는 외부에서 온 다른 사람의 귀가 필요해요…" 마찬가지로 기업은 고객의 소리를 들어야 한다. 표 14.3은 전형적으로 사용되는 피드백 도구와 다양한 요구사항에 대한 충족 정도에 대해 개략적으로 나타내고 있다. 서비스 마케터는 개별 도구마다 나름대로의 강점과 약점이 있다는 것을 인지하고, 필요한 정보를 전달하는 다양한 고객 피드백 수집도구를 조합해야 한다. Berry와 Parasuraman이 말했듯이, "접근 방법의 결합을 통해서 기업이 개별 접근방법들의 장점을 활용하고 약점을 보완할 수 있다."[12]

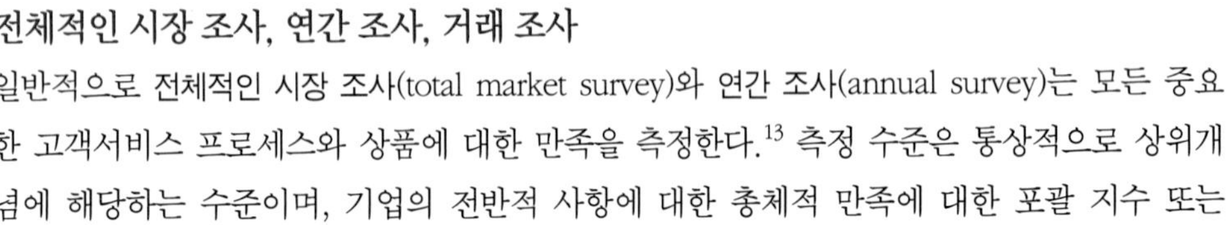

### 전체적인 시장 조사, 연간 조사, 거래 조사

일반적으로 전체적인 시장 조사(total market survey)와 연간 조사(annual survey)는 모든 중요한 고객서비스 프로세스와 상품에 대한 만족을 측정한다.[13] 측정 수준은 통상적으로 상위개념에 해당하는 수준이며, 기업의 전반적 사항에 대한 총체적 만족에 대한 포괄 지수 또는 지표를 얻는 것을 목표로 한다.

그림 14.5 거래 조사는 일반적으로 서비스 전달 이후에 실행된다.

위에서 언급했던 전반적 지수는 고객이 얼마나 만족하는지에 대해서는 말해 줄 수 있지만, 그들이 왜 만족하거나 불만족하는지에 대해서는 말해 주지 않는다. 개별적 프로세스나 상품에 대한 정보 파악을 하기에는 설문지에 한계가 있다. 예를 들면, 일반적으로 소매은행에는 30~50가지 핵심고객 프로세스가 존재한다(예를 들면, 자동차 대출 신청에서부터 창구직원을 통해 현금을 예금하는 것까지). 대부분의 조사는 각 프로세스상 단지 하나 혹은 두 가지에 대한 설문문항이 포함되며(예를 들면, 당신은 우리의 ATM기기 서비스에 대해 얼마나 만족하십니까?), 보다 많은 구체적인 사항은 다룰 수 없다.

반대로 거래 조사(transactional survey)는 일반적으로 고객이 특정 거래를 완료 후 수행된다(그림 14.5). 만약 시간이 허락된다면, 고객에게 해당 프로세스에 대한 깊이 있는 정보를 수집할 수 있다. 이 때 피드백을 통해 해당 프로세스에서 고객이 만족하거나 불만족하는 이유를 알 수 있으며, 고객만족을 향상시킬 방법을 보여 준다.

세 가지 모든 조사 방법은 적절하게 설계되었을 때, 대표성을 갖고 신뢰할 수 있다. 대표성과 신뢰성은 다음과 같은 사항들이 필요하다. (1) 품질 목표 대비 기업, 프로세스, 지점, 혹은 개인에 대한 정확한 평가(표본이 대표성과 신뢰성을 갖는다는 것은 품질 점수상의 관찰된 변화가 표본 오류 그리고/또는 무작위 오류때문이 아님을 의미), (2) 개별 서비스 직원, 서비스 전달팀, 지점 그리고/또는 프로세스에 대한 평가, 특히 인센티브 지급체계가 이러한 측정값에 의해 운영될 때 필요하다. 평가체계는 직원이 해당 결과를 믿고 받아들여야 한다면 완벽해야 하며, 특히 조사 결과가 나쁠 경우 더욱 그러하다.

### 서비스 피드백 카드

고객에게 피드백 카드(혹은 온라인 팝업 형태, 이메일, SMS)를 제공하는 것은 강력하고 저렴한 방법이다. 피드백 카드는 중요한 서비스 프로세스가 완료된 후 고객 피드백센터로 우편이나 기타 다양한 방법을 통해서 보내도록 한다(그림 14.6). 예를 들어, 피드백 카드는 개별 가계대출 승인 편지나 각 병원청구서에 첨부될 수 있다. 피드백 카드는 프로세스 품질에 대한 훌륭한 척도로 활용될 수 있으며 업무의 수행 정도에 대한 피드백으로도 활용될 수 있다. 하지만 매우 만족하거나 불만족한 응답자의 응답에는 오류가 있을 수 있으며, 결과적으로 이 측정도구의 대표성과 신뢰성을 저해할 수 있다.

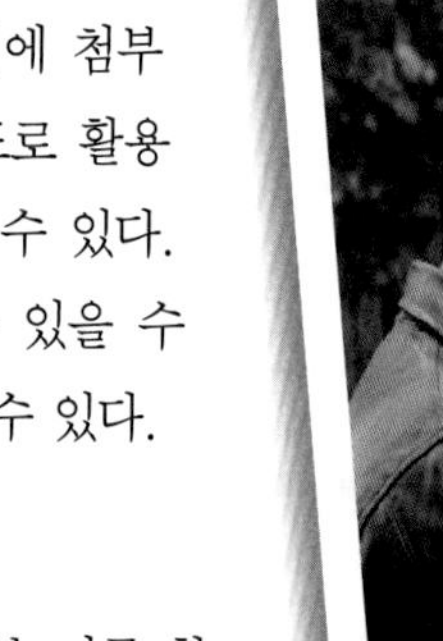

**그림 14.6** 문자메시지의 광범위한 이용으로 편리한 모바일 피드백이 가능하다.

### 미스터리 쇼핑

서비스 기업은 종종 고객접점 직원이 바람직한 행동을 하고 있는지를 확인하는 방법으로 이 방법을 활용한다(서비스 인사이트 14.1). 일반적으로 위장고객의 전화나 방문 횟수가 적기 때문에 개별적인 조사의 신뢰성과 대표성은 낮다. 그러나 만약 특정 직원이 지속적으로 높은 수준(혹은 낮은 수준)의 서비스를 제공한다면, 관리자는 미스터리 쇼핑(mystery shopping, 직원이 고객을 가장하고 서비스

## 서비스 인사이트 14.1

### 품질관리 조사관으로서의 고객?

미스터리 쇼핑은 고객접점 직원이 바람직하고 훈련된 행동을 보이는지와 구체적인 서비스 절차를 따르는지 점검함에 있어 좋은 수단이다. 그러나 이러한 목적을 위해 고객 설문을 활용하지 말아야 한다. Up Your Service! College 창립자인 Ron Kaufman은 다음과 같은 최근의 서비스 경험을 기술하였다.

"우리는 공항에서 호텔 리무진을 이용해서 이동하면서 놀라운 경험을 했다. 운전사는 매우 친절했다. 그는 차가운 타월과 음료수를 주었고, 음악을 선곡할 수 있게 해 주었고, 날씨에 대한 이야기를 해 주었고, 에어컨을 켜주어 쾌적한 이동을 가능하게 해 주었다. 그의 미소와 상냥함은 너무나 대단했다!"

"호텔에 도착한 후 나는 체크인을 하며 카드를 주었다. 그러자 카운터 직원인 어떤 양식을 작성하도록 했다. 양식은 다음과 같다.

#### 리무진 설문조사

우리의 품질표준이 지속적으로 적절하게 적용될 수 있게 하기 위해, 우리의 리무진 서비스에 대한 당신의 피드백을 받고자 합니다.

| | |
|---|---|
| 1. 공항에서 우리 직원이 마중하였는가? | 예/아니요 |
| 2. 차가운 타월을 받았는가? | 예/아니요 |
| 3. 차가운 물을 받았는가? | 예/아니요 |
| 4. 음악 선곡이 가능하였는가? | 예/아니요 |
| 5. 에어컨에 대한 당신의 의견을 물었는가? | 예/아니요 |
| 6. 운전사가 안전속도로 운전하였는가? | 예/아니요 |

Kaufman은 다음과 같은 내용을 이어서 말하였다. "양식을 읽자마다 모든 좋은 기분은 사라졌다. 그 운전사의 열정은 가식으로 느껴졌다. 그의 우리들에 대한 배려는 따라야 할 체크리스트였다. 그의 상냥함은 단지 표준을 충족시키는 행위였다. 나는 그 호텔의 품질관리 조사관이 된 느낌이었고, 기분이 좋지 않았다. 만약 호텔이 내 의견이 궁금하면, 나를 조사관이 아닌 조언자로 만들어야 했다. 이렇게 물었어야 했다. 당신은 공항에서 호텔까지 이동하면서 무엇이 가장 좋았는가?(나는 호텔의 훌륭한 운전사를 말했을 것이다.) 공항에서 호텔까지의 이동을 더욱 즐겁게 하려면 무엇을 더 필요할까?(나는 휴대폰을 사용할 수 있게 해달라고 말했을 것이다.)"

출처



PART V

접점의 서비스 수준을 평가하는 방법−역주)을 활용해서 해당 직원에 대해 충분히 판단할 수 있다.

### 자발적인 고객 피드백

고객 불평, 칭찬과 제안은 품질에 대한 지속적인 파악과 서비스 설계와 전달에 필요한 개선점 도출에 활용할 수 있다. 불평과 칭찬은 고객을 불만족하게 하는 것, 기쁘게 하는 것을 파악할 수 있게 도와주는 풍부한 원천이다.[14] 피드백 카드와 마찬가지로, 자발적인 피드백은 전반적인 고객 만족도를 측정할 수 있는 신뢰할 만한 수단은 아니지만, 개선 아이디어로 활용될 수 있다.

고객의 상세한 불평과 칭찬내용, 통화내역, 직원의 직접적인 피드백은 고객이 원하는 것을 내부적으로 전달하는 훌륭한 도구일 뿐만 아니라 모든 직원과 경영진이 고객에게 직접 귀 기울이도록 한다. 예를 들면, Singapore Airlines는 월간 사보에 고객 불평과 칭찬내용을 싣고, Southwest Airlines는 고객이 제공한 피드백 비디오테이프를 직원에게 보여준다. 서비스에 대해 의견을 제시하는 고객을 보는 것은, 직원에게 깊은 인상을 남겨 주어 지속적인 서비스 향상을 할 수 있도록 도와준다.

불평, 제안, 질문 등을 의미 있는 자료로 활용하기 위해서, 이들 정보를 일종의 중앙처리시스템으로 보낸 후 기록, 분류, 분석 과정을 거쳐야 한다.[15] 이러한 과정은 고객의 피드백을 적시적소에서 파악하여 중앙처리시스템으로 보고하는 시스템을 필요로 한다.

### 표적 집단 토의 및 서비스 리뷰

이 두 가지 수단은 잠재서비스 개선과 아이디어에 중대한 통찰력을 제공한다. 일반적으로 표적 집단 토의에서 활용되는 그룹은 핵심고객층 또는 그들의 욕구를 이해하는 사용자 그룹으로 구성된다. 서비스 리뷰는 주로 연 1회 실시하고 기업의 가장 중요한 B2B 고객과 심층 면대면 인터뷰로 진행된다(그림 14.7). 일반적으로 기업의 최고경영자는 고객을 방문하여

**그림 14.7** 서비스 리뷰는 중요 B2B 고객과 함께 진행된다.

전년도 기업의 실적을 설명하고 유지되거나 변경해야 하는 이슈에 대해서 토론한다. 조직으로 복귀한 최고 경영자는 고객 관리 인력과 고객의 피드백에 대해 토론하고, 고객 관리 담당자는 향후 고객 관리와 고객서비스 욕구에 대응하는 세부 방안을 마련하여 고객에게 우편으로 제공한다. 서비스 리뷰는 탁월한 학습 기회를 제외할 뿐만 아니라 최우수고객의 유지 및 서비스 회복에 있어서도 효과적이다.

### 고객 피드백의 분석, 보고, 공유

기업이 적절한 실무자(또는 실행부서)에게 정보를 전달할 수 없는 경우, 피드백 도구 선택과 고객 피드백 수집은 의미가 없다. 따라서 지속적인 향상과 학습을 위해, 보고 시스템은 고객 피드백과 피드백 분석내용을 접점 직원, 프로세스 소유자, 지점이나 각 부서의 관리자와 최고 경영진에게 전달해야 한다.

고객접점에서의 피드백시스템은 불평과 칭찬에 즉각적이어야 한다. 따라서 우리는 서비스 관리와 팀의 학습을 위해 필요한 정보를 제공하는 세 종류의 서비스 성과 보고 방법을 제시한다.

1) 월간 서비스 성과 업데이트는 고객 의견과 진행 중인 프로세스의 성과에 대해 시기적절한 피드백을 프로세스 구성원에게 제공한다. 여기서 피드백은 프로세스 관리자에게 제공되고, 관리자가 담당하는 서비스 전달팀에서 이 피드백에 대한 토론이 진행된다.
2) 분기 서비스 성과 리뷰는 프로세스 관리자와 지점 혹은 부서 관리자에게 프로세스 수행, 서비스 품질과 관련된 정보를 제공한다.
3) 연간 서비스 성과 보고는 기업의 서비스에 대한 고객 만족도와 관련하여 현재 상황과 장기적 동향을 최고 경영자에게 보여 준다.

보고는 주요지표 중심으로 이해하기 쉽게 설명을 붙여서, 간결하고 독자가 읽기 쉽도록 만들어야 한다.

## 서비스 품질의 명시적 측정 방법

**학습목표 7**
서비스 품질의 명시적 측정 방법과 관리체계란 무엇인가?

앞서 묵시적 서비스 품질 측정을 수집하는 다양한 도구에 대해 알아보았으니, 좀 더 세부적인 명시적 측정 방법에 대해 알아본다. 명시적 측정 방법은 주로 운영상의 프로세스 또는 성과에 대한 것이고, 실제 운영시간과 서비스 응답시간, 실패율, 전달 비용과 같은 데이터를 포함한다. 복잡한 서비스 운영 상황에서 여러 다양한 지점에서 일부 서비스 품질 측정이 이루어진다. 고객이 서비스 전달 프로세스에 깊이 관여하지 않는 저접촉 서비스 상황에서는, 후방 활동 측면에서 서비스 품질이 측정되기도 한다.

1위 서비스 기업 중 하나인 FedEx는 고객에게 영향을 미치는 모든 핵심 활동을 포함한 전사적인 서비스 품질지표가 필요하다는 것을 이해하고 있었다(서비스 인사이트 14.2 참조). 일률적이고 종합적인 지표의 정기적인 개발을 통해 FedEx는 전사적인 품질 향상이 가능하도록 했다. FedEx는 목표를 백분율로 나타내는 것이 위험하다는 것을 인지하였는데, 이는 기업이 자기만족에 그칠 수도 있기 때문이다. 매일 수백만 개의 소포를 수송하는 FedEx

## 서비스 인사이트 14.2

### FedEx의 고객 소리 경청 접근법

FedEx의 사장이자 회장이고 최고경영자인 Frederick W. Smith는 "우리는 서비스 품질이 수학적으로 측정되어야 한다고 믿는다."고 선포했다. FedEx는 품질 목표를 명확히 하는 것에 전념해 왔는데, 그런 목표에 반하는 진행사항을 계속적으로 측정해 왔다. 이것은 품질에 대해 FedEx가 접근하는 기초를 다지게 되었다. 한 중역은 다음과 같이 말한 바 있다.

> 실패 유형, 개별 유형의 발생빈도, 발생 이유 등을 조사해야만 당신의 서비스 품질을 개선할 수 있다. 우리의 비결은 품질 실패를 절대값으로 표현하는 것이다. 이를 위해 서비스품질지수(SQI)를 개발하였다.[16]

고객불평을 체계적으로 분류한 이후, FedEx는 CEO인 Smith가 '공포의 위계(Hierarchy of Horrors)'라 부르는 여덟 가지 (1) 잘못된 배달 날짜, (2) 적정한 날, 늦은 배달, (3) 픽업 되지 않음, (4) 상품 분실, (5) 고객에게 틀린 정보 제공, (6) 계산서와 문서 작업 오류, (7) 직원 수행 실패, (8) 손상된 상품인 가장 일상적인 고객불평 목록을 개발할 수 있었다. 이 목록은 FedEx가 고객 피드백서비스를 위해 만든 것이다.

FedEx는 '공포' 목록을 개선하여 서비스품질지표(Service Quality Indicator, SQI)를 개발했는데, 이것은 고객 관점에서 서비스 품질과 만족도를 12가지 항목으로 측정하는 방법이다. 개별 항목의 처음값에 고객이 평가한 개별 항목에 대한 심각함을 의미하는 가중치를 곱한다(표 14.4 참조). 그다음 그날의 지수를 산출하기 위해 모두 합산한다. 총 SQI와 12가지 항목은 매일 지속적으로 계산된다.

SQI의 개별 구성요소에 대한 지속적인 관리를 위해 FedEx는 12개의 품질 행동팀을 구성하였다. 해당 팀들은 관찰된 문제점의 근본적인 원인을 파악하고 개선해야 한다.

SQI에는 절차와 서비스, 고객의 우선사항에 대한 변경사항이 꾸준히 반영되었음에도 불구하고, FedEx는 추가적인 피드백을 얻기 위해 여러 다양한 방법을 활용하고 있다.

**고객 만족도 조사.** 전화 조사를 통해 핵심 고객층에서 수천 명을 선택하여 분기별로 실행된다. 그 결과는 회사 경영자에게 분기별로 보고된다.

**표 14.4** FedEx의 서비스품질지수(SQI)의 구성

| 실패 유형 | 가중요인X발생수=일수(daily points) |
|---|---|
| 늦은 배송-옳은 날 | 1 |
| 늦은 배송-틀린 날 | 5 |
| 응답하지 못한 요구 추적 | 1 |
| 반복 불평 | 5 |
| 배송 증서 분실 | 1 |
| 송장 수정 | 1 |
| 픽업 실패 | 10 |
| 소포 분실 | 10 |
| 소포 훼손 | 10 |
| 비행 연착(분) | 5 |
| 라벨 분실 소포 | 5 |
| 포기 연락 | 1 |
| 총실패점수 | XXX,XXX |

**표적 고객 만족도 조사.** 이 조사는 특정 고객을 대상으로 서비스 프로세스에 대해서 조사하며, 지난 3개월 안에 FedEx 프로세스 중 하나를 경험한 고객을 대상으로 반년마다 수행된다.

**FedEx센터 의견카드.** 의견카드는 각 FedEx센터에서 수집되고, 그 결과는 1년에 두 번 분석되어 센터관리자에게 전달된다.

**온라인고객 피드백 조사.** FedEx는 온라인 서비스(예 : 소포 위치 추적, 운송장 조회)에 대한 피드백을 받기 위해 정기적인 조사를 실시한다.

이런 다양한 고객 피드백 측정에서 얻은 정보는 FedEx가 산업 내 선두기업 지위를 유지하는 것과 유명한 맬컴 볼드리지(Malcolm Baldridge) 국가 품질상(National Quality Award)을 수상하는 데 커다란 역할을 했다.

출처

"Blueprints for Service Quality: The Federal Express Approach," *AMA Management Briefing*, New York: American Management Association, 1991, 51?64; Linda Rosencrance, "BetaSphere delivers FedEx some customer feedback," *Computerworld 14*, no. 14 (2000): 36; Madan Birla, *Fedex Delivers: How the World's Leading Shipping Company Keeps Innovating and Outperforming the Competition*, John Wiley, 2005, 91-92

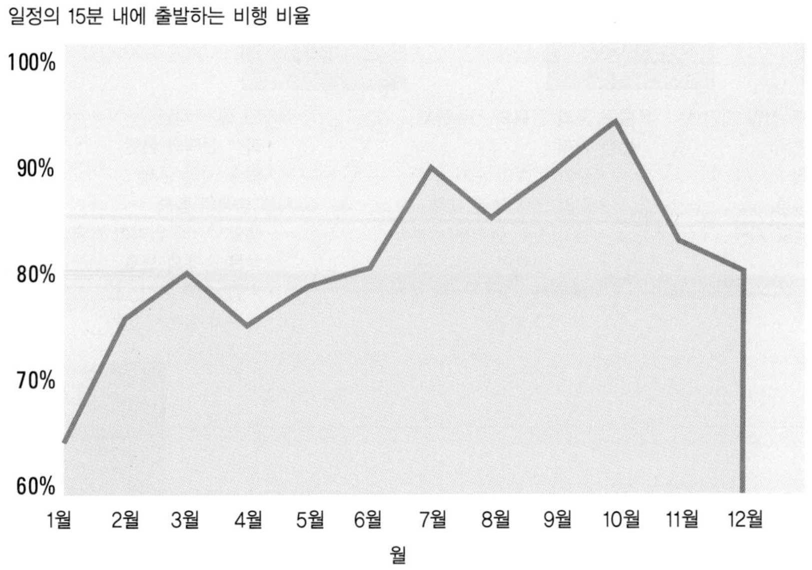

일정의 15분 내에 출발하는 비행 비율

100%
90%
80%
70%
60%
1월 2월 3월 4월 5월 6월 7월 8월 9월 10월 11월 12월
월

**그림 14.8** 출발시간에서 15분 이내에 출발하는 비행기를 백분율로 나타내는 출발 지연에 대한 관리도

같은 대기업에서는, 99.9% 정시 배달 또는 99.999% 안전 배송이라는 목표는 심각한 문제를 야기할 수도 있다. 그래서 이러한 목표치를 대신해서 FedEx는 무사고를 기준점으로 활용하여 서비스 품질을 측정하기로 결정했다. 고객에게 중요한 것이 무엇인지에 대한 포괄적인 '묵시적' 고객 조사의 성과를 '명시적' 지표 설계에 반영하였고, 지속적인 조사 및 연구를 통해 명시적 지표를 정기적으로 개선하였다.

우리는 어떻게 명시적 측정 측면에서 성과를 나타낼 수 있는가? 특정 서비스 표준과는 달리, 관리도(control charts)는 주어진 기간 동안 명시적 측정 방법을 통해 성과를 나타낼 수 있는 하나의 쉬운 방법이다. 관리도는 개별 변수나 전체 지표를 전달하고 모니터하기 위해 사용되는데, 시각적으로 추세를 쉽게 확인할 수 있다. 그림 14.8은 중요한 명시적 기준인 정시 출발에 대한 항공사의 성과를 보여준다. 도표의 추세를 보면 성과가 일률적이지 않고 아주 불만족하기 때문에, 이러한 성과는 경영진에게 문제점으로 제기될 것이다. 물론 관리도는 근거가 되는 데이터와 동등하게 여겨진다.

## 서비스 품질 문제의 분석 및 전달을 위한 도구

**학습목표 8**
서비스 문제를 분석하기에 적합한 방법은 어떻게 선택할 것인가?

묵시적이고 명시적인 측정 방법을 활용하여 서비스 품질을 평가한 후에, 우리가 현재 서비스 품질의 문제에 대한 근본 원인을 파악하고 수정 조치를 취할 수 있는 방법은 무엇이 있는가? 결국 서비스 실패 이후에도 고객 신용을 유지하는 방법은 "우리는 지속적으로 재발 방지를 위해 힘쓸 것이다!"와 같은 약속을 지키는 데 달려 있다. 예방을 염두에 두고, 구체적인 서비스 품질 문제에서 근본 원인을 발견하기 위한 도구를 간단히 살펴본다.

### 근본원인 분석 : 피시본 다이어그램

인과관계 분석은 일본의 품질전문가인 Kaoru Ishikawa가 처음 개발한 방법을 활용한다. 직원과 관리자 그룹은 특정 문제를 야기할지도 모르는 모든 가능한 원인을 브레인스토밍 과정을 통해 파악한다. 그리고 그 원인은 인과관계 차트인 피시본 다이어그램(fishbone

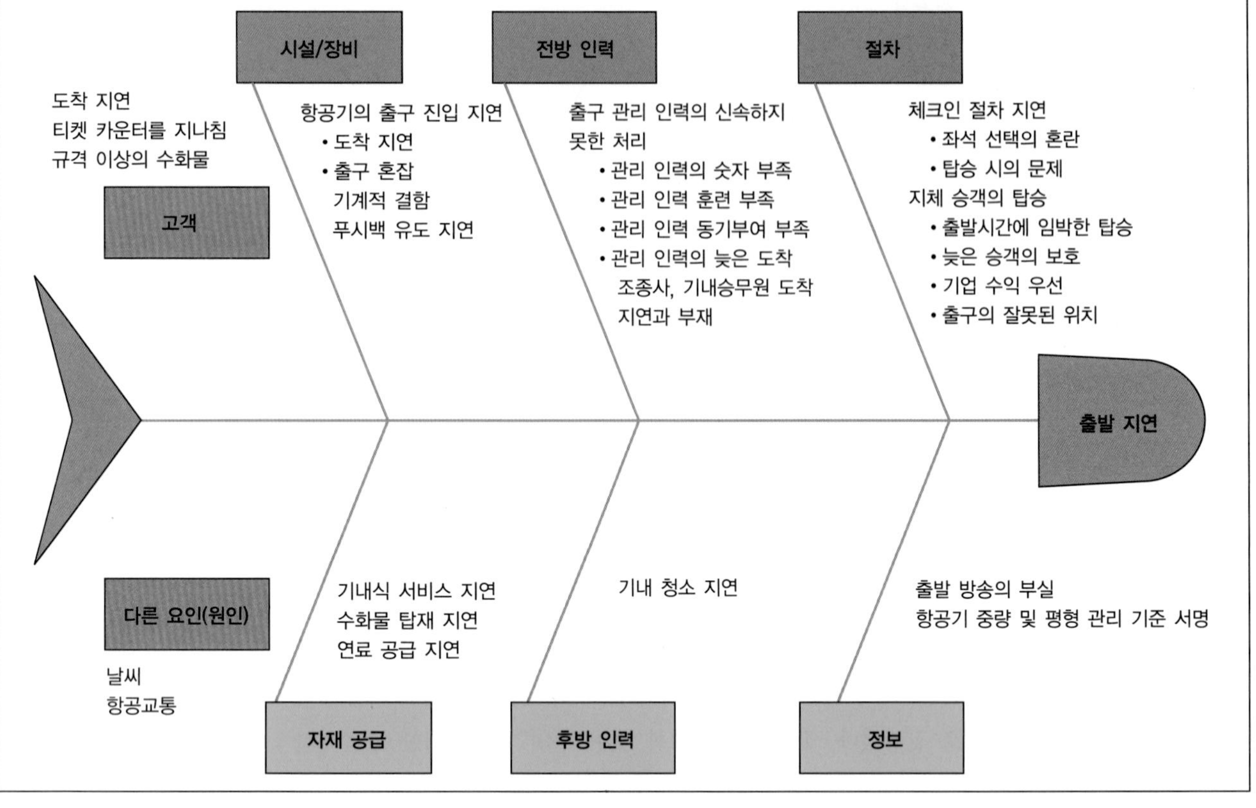


**그림 14.9** 비행 출발 지연의 인과관계 차트

diagram)에 다섯 가지 차원—설비, 인력, 원료(자재), 절차, 기타—중 하나로 분류된다. 피시본 다이어그램은 생김새 때문에 붙여진 이름이다. 이 기법은 제조업에서 오랫동안 사용되었으며 최근에는 서비스 산업에서도 사용된다.

서비스 조직에 이 도구를 더 잘 적용하기 위해, 다섯 가지 차원보다 여덟 가지 차원의 확장된 틀을 사용한다(그림 14.9).[17] '인력' 차원은 전방 인력이나 후방 인력으로 구분할 수 있는데, 이는 전방 서비스 문제가 주로 고객에 의해 직접적으로 경험되는 반면, 후방서비스 실패는 파급 효과를 통해 더 간접적으로 나타나는 경향이 있다.

'정보' 는 '절차' 로부터 얻어지는데, 이는 많은 서비스 문제가 정보 부족에서 야기된다는 사실을 보여준다. 예를 들면, 이런 실패는 전방 인력이 고객에게 언제, 무엇을 해야 하는지 알리지 않기 때문에 일어나곤 한다.

제조업에서, 고객은 일상적인 운영 프로세스에 실제로 영향을 받지 않는다. 그러나 고객 접촉 서비스 상황에서는 고객이 전방 운영에 관여한다. 만약 고객이 그들 몫을 올바로 지키지 않는다면, 서비스 생산성을 감소시키거나 다른 고객에게까지도 품질 문제를 야기할 수도 있다. 예를 들면, 고객이 화물로 실어야 하는 무거운 여행가방을 가지고 출발시간이 다 되어서 비행기에 탑승하려고 한다면 이륙이 지연될 것이다. 그림 14.9는 비행기 출발지연의 27가지 발생 가능한 원인을 보여준다.[18]

일단 비행 지연을 유발할 수 있는 모든 주요 원인이 나열되면, 실제로 각 원인이 비행기 지연에 얼마나 많은 영향을 주는지 확인하는 것도 필요하다. 이는 다음에 논의할 파레토(Pareto) 분석과 함께 빈도수 활용에서 입증될 것이다.

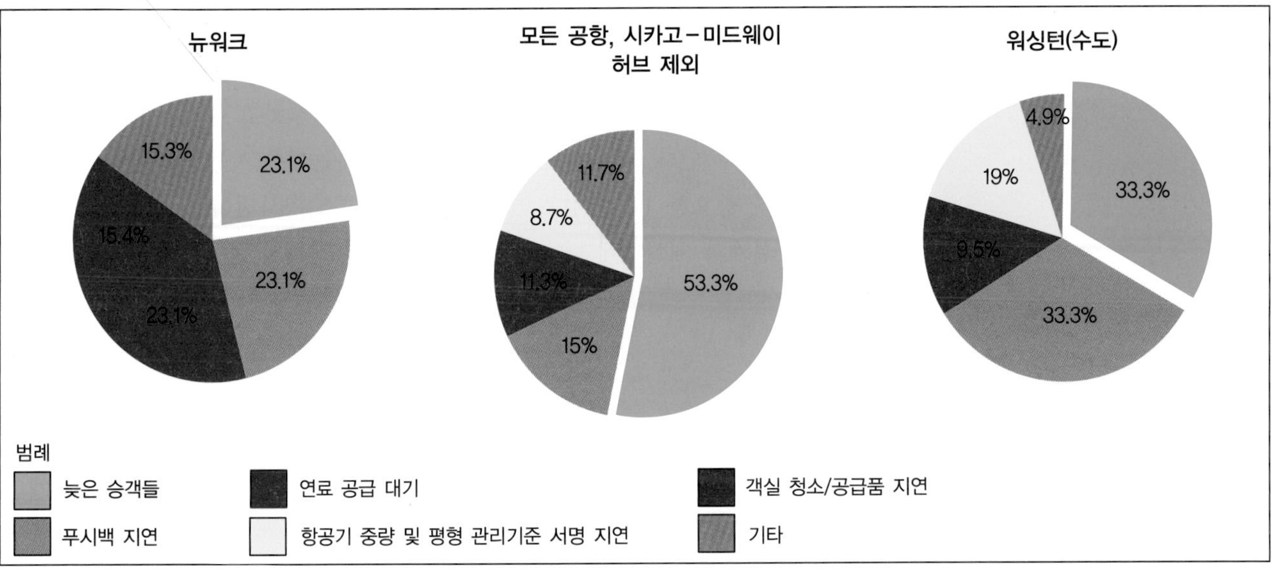


**그림 14.10** 비행 출발 지연의 원인분석

## 파레토 분석

파레토 분석(이것을 처음으로 개발한 이탈리아 경제학자의 이름에 따라 지어짐)은 관측 결과의 주요 원인을 명확히 한다. 이 파레토 분석은 단지 20%의 우발적인 변수(예 : 피시본 다이어그램에서 정의된 가능한 원인의 수)가 한 변수의 80% 값(예 : 서비스 실패 횟수)을 야기한다는 것을 자주 밝혀내곤 한다.

한 항공사의 예에서, 공항에서 88%의 출발 지연이 모든 가능한 지연 요소 가운데 단지 네 가지(15%)에 의해 야기되는 것을 알 수 있었다. 사실 출발 지연의 반 이상이 한 가지 요소인 늦은 승객의 탑승(공식적인 탑승시간 이후에 탑승수속하는 승객 1명을 직원이 비행기에 탑승시키려는 상황)에 의해 야기되었다.

이 상황에서 항공사는 늦은 탑승객을 고객으로 만들었을지 모르지만, 이미 탑승하고 비행기 출발을 기다리던 많은 다른 모든 고객을 실망시킬 위험을 감수했다. 다른 주요한 지연 요인으로는 푸시백(pushback, 비행기를 게이트에서 꺼내기 위해 활용되는 운송기구)을 기다리는 것과 연료공급을 기다리는 것, 항공기 중량 및 평형 관리기준(weight and balance sheet, 비행기의 하중분배에 관련된 안전조건)에 서명을 하는 것 등이 있다. 하지만 지연 원인은 공항마다 약간씩 다른 것으로 나타났다(그림 14.10).

피시본 다이어그램과 파레토 분석을 함께 활용하는 것은 서비스 실패의 주요 원인을 파악하는 데 도움이 된다.

## 서비스 청사진-서비스 실패 지점을 파악하는 강력한 도구

피시본 다이어그램과 파레토 분석은 우리에게 서비스 품질 문제의 원인과 중요성에 대해 알려 준다. 서비스 청사진(blueprinting)은 서비스 프로세스에서 정확히 어디에서 문제가 발생되었는지 상세히 알려준다. 서비스 청사진은 서비스 실패가 가장 발생하기 쉬운 잠재적 실패 지점을 확인하고, 이를 통해 서비스 프로세스 재설계팀이 그런 실패 요소를 시스템에서 제거할 수 있다.

PART V

서비스 청사진은 또한 한 지점에서의 실패(예 : 부정확한 검진일자)가 나중에 프로세스(예 : 고객이 병원에 도착하지만 의사가 부재중임)에 어떻게 영향을 주는지 이해할 수 있도록 한다. 실패 빈도의 계산을 통해 관리자는 가장 흔히 발생하고 주의가 꼭 필요한 실패의 유형을 파악할 수 있다. 어디서, 무슨 문제가 발생하는지를 아는 것은 서비스 품질 문제 예방에서 가장 중요한 1단계이다. 또한 무엇이 서비스 청사진이고, 어떻게 고객 서비스 프로세스의 설계와 재설계에 이용될 수 있는지는 제8장에서 좀 더 세부적으로 확인할 수 있다.

## 품질 수익률

이제 우리는 구체적인 품질 문제를 상세히 이해할 수 있고, 제8장에서 배운 대로 개선된 서비스 프로세스를 설계하거나 재설계하는 방법을 활용할 수 있다. 하지만, 품질 향상과 관련한 재무적 성과를 이해하지 못했다면 아직 미흡한 수준이다. 많은 기업은 서비스 품질을 개선하기 위해 많은 노력을 기울였다. 하지만 그중 상당수는 그 결과에 실망했다. 심지어 서비스 품질 향상으로 유명한 기업조차도 때때로 재정상의 어려움을 겪어 왔다. 부분적인 이유는, 기업이 품질 향상에 너무 많은 지출을 했기 때문일 수도 있다. 또는 이와 같은 낮은 재무적 성과는 서비스 품질 프로그램의 실행 측면에서 야기된 것일 수도 있다.

**학습목표 9**
품질 향상은 재무에 어떠한 영향을 미치는가?

### 품질 선도 비용 및 이익에 대한 평가

Roland Rust, Anthony Zahonik, 그리고 Timothy Keiningham은 품질 선도 비용과 이익을 평가하기 위해 '품질 수익률(Return on Quality, ROQ)' 이라는 접근법을 제안했다. 이 접근법은 다음의 가정에 근거한다. (1) 품질은 투자이다. (2) 품질 노력은 반드시 재무적으로 적합해야 한다. (3) 서비스 품질에 너무 많이 지출할 수 있다. (4) 모든 서비스 품질 관련 지출이 똑같이 정당화되는 것은 아니다.[19] 따라서 품질 향상을 위한 지출은 수익성 증가와 반드시 관련되어야 한다. ROQ 관점에서 중요한 점 한 가지는, 품질 향상 노력이 생산성 향상 프로그램과 조화를 이루었을 때 이익을 얻을 수 있다는 것이다.

새로운 품질 향상 노력이 적합한지 확인하기 위해 비용을 먼저 산정해야 한다. 또한 기업은 고객이 품질 향상 노력에 어떻게 반응할 것인지 예측해야 한다. 품질 향상 프로그램이 더 많은 고객을 유치할 것인가?(예 : 현재 고객의 구전 효과를 통해) 고객의 지출을 늘릴 것인가? 그리고/혹은 고객 이탈을 감소시킬 것인가? 만약 그렇다면, 얼마나 많은 추가적 순이익이 발생할 것인가?

기록 관리가 잘되어 있다면, 기업은 여러 지점에서의 서비스 경험을 조사할 수 있고 특정한 서비스 품질 개선과 수익 사이에 어떤 강점이 있는지 판단할 수 있다(서비스 인사이트 14.3 참조).

### 신뢰도의 최적 수준 결정

어느 수준까지 서비스 신뢰도를 향상해야 하는가? 서비스 품질이 빈약한 기업의 경우, 서비스 향상에 비교적 적은 투자를 하더라도 신뢰도를 크게 높이는 경우가 종종 발생한다. 그림 14.11에 나타나 있듯이, 서비스 실패를 줄이기 위한 초기 투자는 흔히 극적인 결과를 가져

### 서비스 인사이트 14.3

#### Holiday Inn의 시설 품질과 객실 수익률

호텔산업에서 서비스 품질과 재무 성과 사이의 관계를 찾아내기 위해, Sheryl Kimes는 미국과 캐나다에 있는 Holiday Inn의 1,135개 체인점에서 품질 및 운영 성과에 대한 3년간의 데이터를 수집하여 분석했다.

서비스 품질의 지표는 호텔 본사의 품질보증보고서에 근거하였다. 이 품질보증보고서의 자료는 반년마다 조사되고 공개되지 않는데, 여러 지역에 순환 배치되어 각 호텔의 다양한 품질 요소를 검열하고 평가하는 전문적인 품질검사원에 의해 얻어진다. Sherly Kimes는 열두 가지 게스트룸(침실과 화장실)에 관한 두 가지와 공용지역에 관한 열 가지(예 : 외관, 로비, 공중화장실, 식당 시설, 라운지 시설, 복도, 모임 장소, 레크리에이션 장소, 주방, 창고 영역 등) 품질 차원을 활용했다. 각 품질 차원은 주로 통과하거나 낙제할 수 있는 10~12가지 개별항목을 포함한다. 검사원은 각 차원마다 결함의 수와 호텔 전체의 총 결함 수를 기록한다.

또한 Holiday Inn은 모든 체인에서 이용 가능한 객실수익(Revenue per available room, RevPAR)을 데이터로 제공했다. 지역 상황에 따른 차이를 줄이기 위하여, Kimes는 미국과 캐나다에 있는 1,000여 개의 호텔에서 수집한 판매와 수익통계를 분석했고, 매달 스미스여행숙박보고서 (Smith Travel Accommodation Reports, 여행산업에서 널리 이용)에 기록했다. 이 데이터를 통해 Kimes는 개별 Holiday Inn의 중견급 경쟁자의 객실 수익을 계산할 수 있었고, 결과적으로 모든 Holiday Inn에서 유사한 객실 수익을 산출해낼 수 있었다. 그 당시 하루 평균 객실사용료는 약 50달러 정도였다.

연구 목적 차원에서, 만약 한 호텔이 어떤 영역에서 최소 한 목록에 결함이 있다면, 이는 그 영역에 "결함이 있다."고 간주된다. 이는 호텔의 결함수가 늘어나면 객실 수익은 감소한다는 것을 나타낸다. 외부 시설, 게스트룸, 고객 화장실이 객실수익에 매우 큰 영향력을 주는 품질차원으로 나타났다. 객실수익의 통계에서, 단 한 가지 결함조차도 현저한 수익 감소의 결과를 초래했다. 하지만 모든 세 가지 차원의 결함이 조합된다면, 시간의 흐름에 따라 객실 수익에 더욱 큰 영향을 주는 것으로 나타났다. Kimes는 결함이 있는 호텔의 연평균 수익이 결함이 없는 호텔과 비교하여 총 204,400달러의 손실이 있었음을 밝혀냈다.

품질수익률(ROQ)의 관점에서 본다면, 내부 관리 및 유지와 예방 관리를 위한 지출은 주로 호텔 외관, 객실 및 목욕탕 측면에서 증가하는 것이 바람직하다.

출처

Sheryl E. Kimes, "The relationship between product quality and Revenue per Available Room at Holiday Inn," *Journal of Service Research* 2, (November 1999): 138-144.

온다. 그러나 일정 수준이 되면, 투자의 효과는 줄어들고 더 많은 신뢰도 향상을 위해 무리한 투자가 요구된다. 그렇다면, 어느 수준의 신뢰도가 적절한 목표인가?

일반적으로 서비스 회복의 비용은 불만족한 고객의 비용보다 낮은데, 이를 통해 점진적인 서비스 개선 비용이 서비스 회복 비용 또는 실패 비용과 같을 때까지 신뢰도를 증가시킨다는 전략을 제시할 수 있다. 이 전략대로 한다면, 결국 100% 실패가 없는 서비스를 도출할 수도 있지만, 기업은 여전히 잘 계획된 서비스를 제공하고 서비스 회복에 대해 보증함으로써 표적 고객의 100% 만족을 목표로 세우고 있다(제13장 참조).

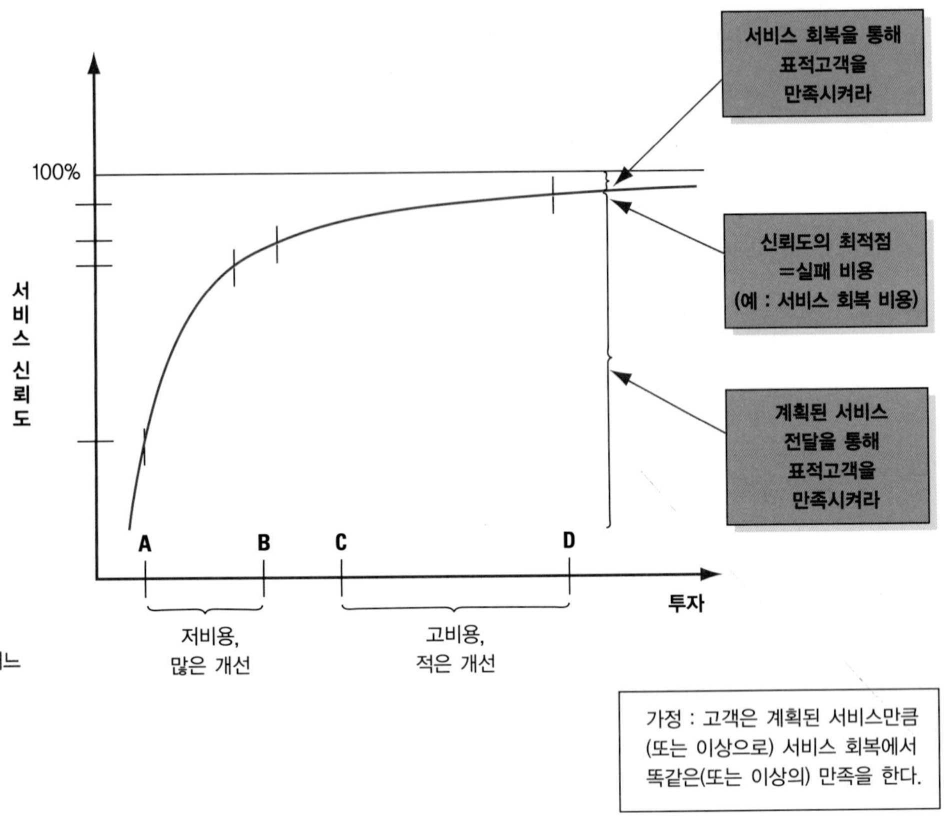

서비스 회복을 통해 표적고객을 만족시켜라

신뢰도의 최적점 =실패 비용 (예 : 서비스 회복 비용)

계획된 서비스 전달을 통해 표적고객을 만족시켜라

100%

서비스 신뢰도

A B C D

투자

저비용, 많은 개선

고비용, 적은 개선

가정 : 고객은 계획된 서비스만큼 (또는 이상으로) 서비스 회복에서 똑같은(또는 이상의) 만족을 한다.

**그림 14.11** 서비스 신뢰도 개선은 어느 시점부터 비경제적인가?

**학습목표 10**
서비스 생산성이란 무엇이며, 그것을 측정하는 방법에는 어떠한 것이 있는가?

## 생산성의 정의 및 측정

품질과 생산성 향상 전략을 분리하기보다 함께 보는 것이 필요하다고 이 장의 도입부에서 강조했다. 기업은 장기수익성을 향상시키기 위해 품질에 대한 경험을 보다 효율적으로 전달할 필요가 있다. 먼저 생산성의 정의와 측정 방법에 대해 논의해 보자.

When your offices around the globe are working in sync, the sun will never set on your ideas.

With unparalleled local support, our seamless global network can help your offices around the world think and work as one. Orchestrate and synchronize with custom document solutions from Ricoh's global network of direct local sales channels located in business hubs around the world. To find out more about our full range of products and services visit ricoh.com/thinkasone. **Create, share and think as one.**

RICOH

**그림 14.12** 기업들은 고객들의 생산성을 높일 수 있다는 점에서 Ricoh 공급설비와 서비스를 좋아한다.

### 서비스 차원에서 생산성의 정의

간단히 정의하자면, 생산성은 사용된 투입량 대비 생산된 산출량을 측정하는 것이다. 따라서 생산성 향상은 투입량 대비 산출량의 증가에 비례한다. 이 비율은 일정한 산출량을 생산하면서 투입량을 줄이거나, 주어진 일정 투입량으로 산출량을 증가시킴으로써 개선될 수 있다.

서비스 산업에서 '투입'이 의미하는 것은 무엇인가? 투입은 사업의 성격에 따라 다양하며 노동력(생산직, 사무직), 원자재, 에너지, 자본(땅/토지, 건물, 설비, 정보시스템, 금융자산으로 구성)을 포함할 수 있다(그림 14.12).

### 생산성 측정

산출(output)을 정의하기 어려운 경우 서비스의 생산성 측정도 어렵다. 병원과 같이 사람을 대상으로 하는 서비스 상황에서 1년 이상 치료받는 환자수나 병원의 평균 침대점유율을 확인할 수 있다. 하지만, 암과 같은 종양 제거, 당뇨병치료, 혹은 부러진 뼈를 고정시키는 것과 같은 다른 형태의 의료 활동을 계산에 넣는 방법은 어떠한가? 고객 간의 차이는 어떠한가? 산출의 차이를 어떻게 판단할 수 있을까? 어떤 고객은 회복되고, 일부는 합병증이 유발되고, 슬프지만 일부는 죽는다.

측정업무는 사물을 대상으로 하는 서비스에서 더 단순해질 수 있다. 왜냐하면, 대부분 제조 분야에서 투입과 산출은 쉽게 측정할 수 있기 때문이다. 제한적이고 단순한 메뉴를 제공하는 패스트푸드점, 자동차 오일이나 자동차 타이어의 교체를 하는 정비소를 예로 들 수 있다. 그러나 자동차정비사가 누수부위를 찾아서 수리해야 하는 경우, 또는 다양하고 흔하지 않은 요리로 유명한 프랑스 레스토랑과 거래하는 경우, 측정업무는 더 복잡해진다. 정보기반의 서비스는 어떠한가? 투자은행이나 컨설팅회사의 산출은 어떻게 정의해야 하는가?

**학습목표 11**
생산성, 효율성 및 효과성 간의 차이점은 무엇인가?

### 서비스 효율성, 생산성, 효과성

생산성이라는 주제를 다루기 위해, 우리는 생산성, 효율성, 효과성을 구별해야 한다.[20] 생산성은 투입에 대한 산출의 재무적 가치이다. 효율성은 주로 시간에 근거한 표준과의 비교값을 의미한다. 예를 들어, 직원이 특정한 업무를 수행하는 데 표준작업과 대비하여 얼마나 시간이 걸리는가? 효과성은 조직의 목표 달성 정도로 정의될 수 있다(그림 14.13).

"만약 당신이 우리의 연속적인 ARS에 대해 견딜 수 없어서 소리지르거나 뛰쳐나가고 싶으시면, 44번을 누르시오. 만약 당신의 기분이 나아져서 계속하고 싶으시면, 45번을 누르시오…"

**그림 14.13** 기업이 생산성 향상에 초점을 기울이다보니, 고객이 서비스 직원과 대화할 수 없는 경우가 발생하고 결과적으로 고객에게 실망을 줄 수도 있다.

생산성 측정의 전통적 방법은 성과(outcomes)보다 산출(outputs)에 초점을 맞춘다. 이는 효율성이 강조되고, 효과성은 등한시된다는 의미이다. 서비스는 일반적으로 가변적이다. 하지만 전통적인 서비스 산출 측정 방법에서는 서비스의 품질이나 가치의 차이를 무시하는 경향이 있고, 결과적으로 효과성을 무시하는 경향이 있다. 예를 들면, 화물운송업에서는 생산성을 높이기 위해 늦게 배달된 화물을 정시에 배달된 화물과 동일하게 취급하곤 한다. 단위 시간당 서비스를 받는 고객수를 세는 방법도 동일한 약점을 가지고 있다. 서비스를 받는 고객수가 증가되지만 그에 따라 서비스 품질이 저하될 수도 있다. 예를 들어 설명해 보자. 미용사가 시간당 3명의 고객을 응대한다고 가정하자. 그녀는 고객의 머리를 빠르게 손질할 수는 있지만 소음이 심한 헤어드라이기를 사용하고, 고객과의 대화를 줄이고, 고객을 서두르게 하여 시간당 산출을 4명(1인당 15분)까지 증가시킬 수 있다. 하지만 헤어스타일이 훌륭하더라도 서비스 전달 프로세스는 불편하다고 인식될 수 있고, 고객은 전반적인 서비스 경험을 평상시보다 덜 긍정적으로 평가하게 된다(그림 14.14). 이 예에서, 미용사는 생산성과 효율성은 얻을 수 있

**그림 14.14** 환자가 그룹치료에 더 만족할 수 있도록 카운슬러는 그들과의 만남에 시간을 할애해야 한다.

었지만, 효과성은 얻을 수 없었다.

장기적인 안목에서 보면, 고객이 원하는 성과를 지속적으로 전달하는 데 더 효과적인 조직은 그들의 산출에 대해 높은 가격을 받을 수 있기 때문에 효과성과 성과를 강조할 필요가 있다. 또한 생산성 측면에서 볼 경우 서비스 품질과 가치에 초점을 맞출 필요가 있다.

## 서비스 생산성의 향상

다양한 서비스 분야에서의 경쟁 심화는 기업이 생산성 향상 방법을 찾도록 지속적으로 강요한다.[21] 여기에서는 생산성을 높이기 위한 다양한 방법에 대해 살펴보자.

**학습목표 12**
서비스 생산성 향상의 핵심 방법에는 무엇이 있는가?

### 일반적인 생산성 향상 전략

전통적으로 운영관리자는 서비스 생산성 향상을 담당해 왔다. 그들은 일반적으로 다음과 같은 사항에 집중한다.

- 프로세스의 모든 단계에서 비용을 신중하게 관리한다.
- 원자재와 노동의 낭비를 감소시킨다.
- 생산 능력을 최고 수준보다는 평균 수준에 맞추어 근로자와 설비가 장기간 활용되지 못하는 것을 방지한다.
- 자동화 기계와 고객이 작동할 수 있는 셀프서비스 기술(Self-Service Technologies, SSTs)로 작업 인력을 대체한다.
- 보다 빠르고 높은 품질 수준으로 일할 수 있도록 직원에게 장비와 데이터를 제공한다.
- 보다 생산적으로 일하는 방법을 직원에게 교육한다(실수 또는 수정이 필요한 오작업을 야기할 수 있으므로, 빠른 업무 속도가 항상 좋은 것은 아니다).
- 병목지점과 불필요한 작업 중단시간을 제거하기 위해 서비스 제공자가 취할 수 있는 업무 범위를 확장한다. 또한 관리자는 가장 적합한 장소에 근로자를 배치할 수 있다.
- 기존에 고임금의 숙련된 개인이 수행했던 업무를 준전문가가 수행할 수 있도록 도와주는 전문가시스템을 설치한다.

**그림 14.15** 서비스 프로세스 설계상의 문제인 긴 대기행렬과 병목지점

생산성 향상은 작은 단계부터 접근할 수 있지만, 획기적인 향상은 주로 전체적인 고객서비스 프로세스의 재설계를 필요로 한다. 서비스 프로세스 재설계는 제8장에서 자세히 다루었다(그림 14.15).

### 생산성 향상을 위한 고객주도적 방법

고객이 서비스 생산 프로세스에 더 깊이 관여하는

상황이라면(일반적으로 가시적 서비스의 경우), 운영관리자는 고객의 투입을 보다 생산적으로 만들 수 있는 방법에 대해 심사숙고해야 한다. 마케팅관리자는 고객을 더 생산적인 방식으로 행동할 수 있도록 만드는 마케팅 전략을 생각해 보아야 한다. 이러한 방법의 몇 가지를 소개한다.

**그림 14.16** 신용카드 판독기를 이용하는 셀프주유는 주유소의 생산성을 증대하였다.

- ▶ 고객 수요의 시점을 변경한다. 공급량 변경이 제한된 서비스산업에서, 수요 관리와 관련된 이슈는 제9장에서 상세히 논의되었다.
- ▶ 고객을 서비스 생산에 더 관여시킨다. 서비스 생산과 전달 프로세스에서 더 적극적인 역할을 하는 고객은 서비스기업의 일부 업무를 대신 수행할 수 있다. 셀프서비스는 기업과 고객 양쪽에게 이익이 될 수 있다. 많은 기술 혁신을 통해 기존의 서비스직원이 수행했던 업무를 고객이 수행할 수 있도록 설계한다(그림 14.16 참조). 서비스의 협력생산자 역할을 하는 고객의 이슈는 제8장에서 상세히 논의되었다. 흔히 품질과 생산성의 향상은 고객이 새로운 절차를 알고자 하고, 지시에 따라가고자 하며, 직원 및 다른 사람과 상호 협력적인 관계를 갖고자 하는 의지에 달려 있다.
- ▶ 고객에게 제3자를 이용하도록 요청한다. 몇 가지 예에서 볼 수 있듯이, 관리자는 제3자를 이용함으로써 서비스 생산성을 향상시킬 수 있다. 전문적인 중개자는 핵심서비스 제공자보다 해당 업무를 더 저렴하게 수행함으로써 규모의 경제 효과를 누릴 수도 있다. 이것은 서비스 제공자가 자신의 전문 분야에서 품질과 생산성에 초점을 맞추도록 할 수 있다. 중개자의 예로 여행사를 들 수 있다.

### 생산성 향상이 품질과 가치에 어떻게 영향을 주는가

**학습목표 13**
생산성 향상이 품질과 가치에 어떻게 영향을 미치는가?

자원 투입은 고객이 바라는 성과를 산출하는 데 활용되어야 한다. 기업의 생산성이 향상됨에 따른 고객 경험에 미치는 영향을 검토해야 한다.

#### 생산성 향상을 위한 전방 부서의 노력

고객 접촉이 많은 서비스에서 많은 생산성 향상 효과는 상당히 가시적인 효과를 낸다. 어떤 변화는 단순히 고객의 수용을 필요로 한다. 또 어떤 변화는 고객의 행동 변화를 필요로 한다. 매우 많은 변화가 발생한다면, 첫 번째로 어떻게 고객이 반응할지 확인하기 위해 시장조사를 실시해야 한다. 고객에게 미치는 영향을 고려하지 않는다면 기업은 사업상의 손실과 예상된 생산성 이익을 기대할 수 없을 것이다. 서비스 인사이트 14.3에서 제시한 바와 같이 특히 혁신이 고객 행동의 중대한 변화를 필요로 할 때, 고객이 변화에 저항하는 방법에 대해 명확히 제시하고 있다. 일단 변화의 핵심 요소가 결정되면, 마케팅 커뮤니케이션을 통해 변화에 대한 이유와 편익, 그리고 고객이 앞으로 달리해야 하는 것을 설명하고 고객이 그런 변화에 준비할 수 있도록 도와야 한다.

## 서비스 인사이트 14.4

### 생체인식–생산성과 서비스 품질을 주도하는 최첨단기술

서비스산업에서의 극심한 경쟁 압력과 극도로 낮은 판매 수익은 품질 향상을 위한 기업의 비용 증가를 매우 어렵게 만든다. 그러나 서비스 품질과 생산성의 향상을 동시에 획득하는 방법을 찾는 비결은 언제나 존재한다. 이 비결을 Wirtz와 Heracleous가 비용 효과적 서비스 우수성(cost-effective service excellence)으로 명명하였다. 인터넷은 과거부터 많은 기업이 비용 효과적 서비스 우수성을 실행하도록 도움을 주었고, 이러한 비용효과적 서비스 우수성은 금융서비스업, 도서와 음반소매업, 그리고 여행대행업과 같은 산업을 변화시켰다. 생체인식은 서비스 분야에서 더 나은 서비스와 생산성을 추진할 차세대 주요 기술이 될지도 모른다.

생체인식은 신체적 특징이나 개인의 특성에 기초하여 개인의 신분을 증명하는 것이다. 신체적 특징은 지문, 얼굴인식, 손의 형상이나 홍채구조를 포함한다. 특성은 서명의 형태, 타이핑 패턴 또는 음성인식을 포함한다. 생체인식은 당신이 아는 것(비밀번호나 개인정보의 일부)이나 당신이 가지고 있는 것(카드키, 스마트카드 혹은 기타 증표)보다 훨씬 편리하고 안전하다. 당신의 생체인식은 지니고 다니는 것을 잃어버리거나, 잊어버리거나, 복제되거나, 대여되거나 도둑맞을 위험이 없다.

생체인식의 응용 범위는 통제수단에서부터 서비스 시설(예 : 디즈니월드)에서 시즌 입장권을 가진 사람에게 출입을 허용할 때 활용), 콜센터에서의 음성인식(빠르고 불편없는 고객 확인을 가능하게 하여 홈쇼핑이나 Charles Schwab에서 이용), 은행의 안전한 예금 금고로 접근하는 셀프서비스(First Tennessee 은행과 Hawai 은행에서 이용)까지 다양하다.

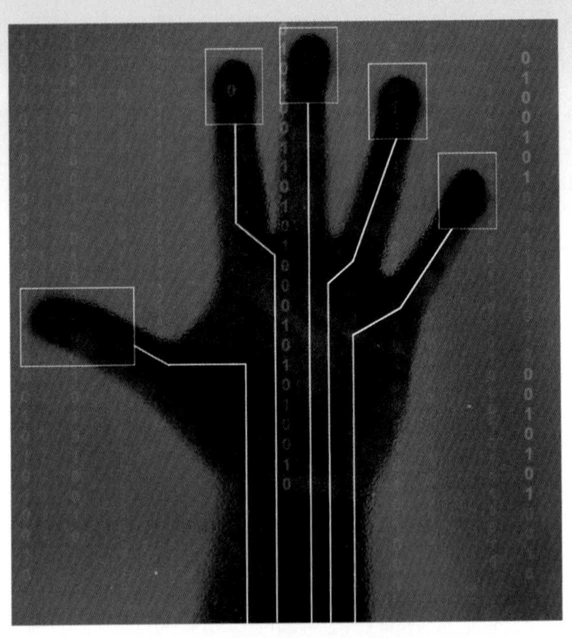

그림 14.17 고객은 자신의 생체인식을 잊거나 잃어버릴 수 없다.

지금까지는 대부분의 생체인식 기반의 실험이 보안향상에 초점을 맞추어 왔다. 하지만 생체인식은 보다 빠르고 편리한 서비스를 통해 우수한 서비스를 제공할 수 있다. ATM카드를 가져오고 비밀번호를 기억해야 하는 것 대신에 ATM에 있는 카메라를 들여다보고 당신의 지문을 스캔하는 것을 상상해 보라! 기업이 생산성과 보안향상이 아닌 우수한 서비스를 달성하기 위해, 생체인식 기술을 사용할 수 있는 또 다른 서비스를 개발할 수 있을 것이다.

출처

Jochen Wirtz and Loizos Heracleous, "Biometrics Meets Services," *Harvard Business Review*, February 2005, 48?49; Loizos Heracleous and Jochen Wirtz, "Biometrics–The Next Frontier in Service Excellence, Productivity and Security in the Service Sector," *Managing Service Quality* 16, no. 1 (2006): Catherine J Tilton, "The Role of Biometrics in Enterprise Security, "*Dell Power Solutions*, 2006, www.dell.com/powersolutions; http://en.wikipedia.org/wiki/Biometrics_in_schools, accessed March 12, 2012.

### 후방 부서의 변화가 고객에게 어떤 영향을 미치는가

후방에서의 어떤 변화는 고객에게 직접적으로 영향을 미칠 수도 있고 고객이 알아챌 수도 있지만, 그렇지 않은 경우도 있다. 항공사 수리직원이 임금 상승이나 원자재 비용 상승을 수반하지 않고 보다 빠르게 제트엔진을 수리하는 방법을 개발할 경우, 생산성 향상이 고객의 서비스 경험에는 아무런 영향을 주지 않는다.

하지만 다른 후방 변화가 전방으로 확장되거나 고객에게 영향을 주는 파급 효과가 있을 수 있다. 마케터는 이러한 후방 변화를 지속적으로 추적하고, 이러한 변화에 대해 고객이 적절하게 행동하도록 해야 한다. 예를 들면, 은행에서 새로운 컴퓨터와 프린터 설치를 하는 목적은 내부적인 품질 관리의 개선과 월간명세서 작성 비용의 절감일 수 있다. 하지만 이런 새로운 설비는 은행명세서를 보는 방법을 변화시킬 수도 있다. 만약 고객이 이런 변화를 쉽게 알아차릴 수 있다면, 이에 대한 설명이 필요할 수도 있다. 새로 발급된 명세서가 읽고 이해하기가 더 쉽다면, 이런 변화는 서비스 향상으로 여겨질 만한 가치가 있을 것이다.

### 비용 절감 기법에 대한 경고

신기술이 필요하지 않은 상황에서, 서비스 생산성 향상은 노동 비용의 감소와 낭비의 제거에 집중해야 한다. 전방직원 채용의 감소는 나머지 직원이 더 빠르고 열심히 일해야 하는 것을 의미하거나 신속하게 고객을 상대할 직원이 충분하지 않다는 것을 의미한다. 비록 직원이 단기간에 더 빠르게 일할 수도 있지만, 장기간 그렇게 일할 수 있는 직원은 거의 없다. 그들은 피곤할 것이고, 실수를 하게 되고, 냉담한 태도로 고객을 응대할 것이다. 동시에 두세 가지 일을 하려고 하는 직원은 개별업무에서 필요한 일을 불충분하게 할 수도 있다. 그러나 지나친 스트레스는 불만족과 좌절감을 야기한다. 생산성 향상과 서비스 품질을 강화하기 위해 서비스 프로세스를 재설계하는 것은 매우 좋은 방법이다. 생체인식(biometrics)은 이 두 가지를 모두 가능하게 할 수 있는 신기술이 될 것이다(서비스 인사이트 14.4 참조).

# 요약

**학습목표 1**

품질과 생산성은 고객의 가치를 창조하기 위해 동시에 향상되어야 할 필수 요소이다. 품질은 고객을 위한 편익에 집중하고, 생산성은 기업의 재무적 비용에 영향을 미친다.

**학습목표 2**

서비스 품질은 (1) 유형성, (2) 신뢰성, (3) 응답성, (4) 확실성, (5) 공감성의 다섯 가지 주요한 차원으로 구성된다.

**학습목표 3**

서비스 품질 문제를 파악하고 바로잡는 중요한 도구가 바로 갭 모델이다. 다음과 같은 여섯 가지 갭이 있다.

- 갭 1—서비스 이해의 갭
- 갭 2—서비스 정책 갭
- 갭 3—서비스 전달 갭
- 갭 4—커뮤니케이션 갭
- 갭 5—서비스 지각 갭
- 갭 6—서비스 품질 갭. 이것이 가장 중요한 갭이다. 갭 6(서비스 품질 차이)을 줄이기 위해서는, 다른 모든 5개의 갭이 먼저 해결되어야만 한다.

**학습목표 4**

서비스 품질에 대한 측정방법에는 명시적/묵시적 측정 방법이 존재한다. 묵시적 측정 방법은 주로 고객과 직원으로부터의 인식과 피드백에 근거한다. 명시적 측정 방법은 과정과 성과와 관련된다.

**학습목표 5**

고객의 피드백은 고객 피드백시스템(Customer Feedback System, CFS)을 통해 체계적으로 수집되어야 한다. 고객 피드백시스템의 목적은 다음의 세 가지로 분류할 수 있다.

- 서비스 품질과 성과에 대한 평가 및 벤치마킹
- 고객 주도적인 학습과 향상
- 고객 지향적 서비스 문화의 창조

**학습목표 6**

기업이 고객 피드백을 수집하기 위해 활용할 수 있는 다양한 도구가 있으며, 다음과 같다. (1) 전체 시장 조사(경쟁자 포함), (2) 전체적인 만족도 연간 조사, (3) 업무 조사, (4) 서비스 피드백카드, (5) 미스터리 쇼핑, (6) 자발적인 고객 피드백(예 : 불평), (7) 표적 집단 토의(FGD) (8) 서비스 리뷰.

보고시스템은 수집한 피드백을 관련된 실행부서로 전달하기 위해 필요하다.

**학습목표 7**

명시적 측정 방법으로 과정 및 성과에 대한 조작적 정의이며, 셀 수 있고 관찰할 수 있다. 관리도는 구체적인 품질 표준에 맞추어서 명시적 측정 방법으로 성과를 나타내는 간단한 방법이다.

**학습목표 8**

중요한 서비스 품질 문제를 분석하고 대처하는 핵심 도구는 다음과 같다.

- 피시본 다이어그램 : 품질 문제의 원인 파악
- 파레토 분석 : 품질문제의 빈도 평가 및 가장 공통적인 원인의 파악
- 서비스 청사진 : 고객 서비스 전달에 있어서의 실패점의 위치 파악 및 프로세스의 재설계에 도움

**학습목표 9**

서비스 품질 향상은 재무의 의미도 가지고 있다. 품질수익률(ROQ)은 품질 선도에 대한 편익과 비용을 평가하는 수단이다.

**학습목표 10**

품질 외에 생산성은 가치를 향상시킬 수 있는 또 다른 중요한 수단이다.

**학습목표 11**

다음의 세 가지를 구분하는 것이 중요하다.

- 생산성은 사용된 투입량에 대한 산출량으로 측정된다(예 : 투입/산출 비율).
- 효율성은 일반적으로 시간기반이며, 산업 평균과 같은 기준과 비교한다(예 : 전달 속도).
- 효과성은 고객 만족과 같은 목표 달성 정도를 의미한다.

보다 생산적이고 효율적이고 효과적으로 고객만족을 제공하기 위해 노력하는 기업은 경쟁사에 비해 보다 성공할 것이다.

**학습목표 12**

생산성을 향상시키는 일반적인 방법은 다음을 포함한다. (1) 비용 통제, (2) 낭비 절감, (3) 생산 시설과 수요의 조화, (4) 노동력을 기계로 대체(자동화), (5) 직원이 보다 생산적으로 일하도록 훈련, (6) 전문적인 업무를 준전문가가 실행할 수 있도록 해주는 전문가시스템 도입

생산성 향상을 위한 고객 주도적 방법은 다음을 포함한다. (1) 고객 수요의 시점 변화, (2) 서비스 협력 생산에 고객의 참여 증대, (3) 고객이 제3자를 이용하게 함

**학습목표 13**

생산성 향상이 이뤄지고 있을 때, 기업은 전방과 후방의 개선이 모두 서비스 품질과 고객의 경험에 영향을 줄 수 있다는 것을 명심해야 한다.

**학습목표 14**

TQM, ISO 9000, 맬컴 볼드리지 접근(MBA), 6시그마 등은 서비스 품질과 생산성 향상에 있어서 체계적이고 종종 상호보완적인 접근들이다.

## 학습 키워드

이 키워드들은 각 학습목표의 절에서 확인할 수 있다. 그들은 각절에서 학습하는 서비스 마케팅 개념을 이해하기 위하여 필수적인 것이다. 이 키워드들의 개념과 어떻게 이들을 이용할 것인가를 잘 아는 것이 이 과정을 잘 마치고, 실제 외부의 경쟁시장 환경에서 실무적으로 실행하는 데 필수적이다.

**학습목표 1**

1. 무형의
2. 생산성
3. 서비스 품질

**학습목표 2**

4. 평가
5. 확신성
6. 커뮤니케이션
7. 역량
8. 예의
9. 신용
10. 공감성
11. 신뢰성
12. 응답성
13. 보안
14. 유형성

**학습목표 3**

15. 서비스 품질 갭 제거
16. 커뮤니케이션 갭
17. 전달 갭
18. 지식 갭
19. 지각 갭
20. 정책 갭
21. 서비스 갭

**학습목표 4**

22. 명시적 측정방법
23. 명시적 표준
24. 묵시적 측정방법
25. 묵시적 표준

**학습목표 5**

26. 평가
27. 벤치마킹
28. 고객 피드백시스템
29. 고객주도적 개선
30. 고객주도적 학습
31. 고객 지향적인 서비스 문화

**학습목표 6**

32. 연간 조사
33. 고객 피드백 수집도구
34. 순환적 피드백
35. 표적 집단 토의
36. 미스터리 쇼핑
37. 서비스 피드백 카드
38. 서비스 성과 보고
39. 서비스 성과 리뷰
40. 서비스 성과 업데이트
41. 서비스 리뷰
42. 전체 시장 조사
43. 거래 조사
44. 자발적인 고객 피드백

**학습목표 7**

45. 명시적 측정방법
46. 조작적 과정
47. 서비스 품질
48. 서비스 품질 지수

**학습목표 8**

49. 서비스 청사진
50. 인과 관계의 성과 분석
51. 피시본 다이어그램
52. 파레토 분석
53. 품질 수익률
54. 근본원인 분석
55. 서비스 품질문제

**학습목표 9**

56. 이윤 평가
57. 비용 평가

58. 품질 개선
59. 품질 주도
60. 품질 수익률
61. 서비스 신뢰성

**학습목표 10**

62. 생산성 정의
63. 투입
64. 생산성 측정
65. 인간중심적 서비스
66. 소유중심적 서비스

**학습목표 11**

67. 효과성
68. 효율성
69. 재무적 가치
70. 생산성
71. 시간 기반

**학습목표 12**

72. 고객 수요
73. 고객주도적 접근
74. 생산성 향상 전략
75. 셀프서비스
76. 서비스 전달경로
77. 서비스 프로세스 재설계

**학습목표 13**

78. 후방
79. 생체인식
80. 비용절감 전략
81. 전방
82. 서비스 생산성 향상

**부록**

83. SERVQUAL
84. DMAIC
85. ISO 9000
86. 맬컴 볼드리지 모델
87. 6시그마
88. 전사적 품질 관리

## 학습 문제

1. 서비스 품질, 생산성, 마케팅 사이의 관계는 무엇인가?
2. 서비스 품질에서 발생 가능한 갭은 무엇이고, 서비스 마케터가 그 갭을 줄이기 위해 취할 수 있는 단계는 무엇인가?
3. 서비스 품질에서 묵시적 · 명시적인 측정 방법이 필요한 이유는 무엇인가?
4. 고객 피드백시스템의 주요 목적은 무엇인가?
5. 당신이 알고 있는 고객 피드백 수집도구를 기술해 보시오. 각 도구의 강점과 약점은 무엇인가?
6. 서비스 기업이 서비스 품질 문제를 분석하고 대처하기 위해 사용하는 주요 도구는 무엇인가?
7. 서비스 기업이 생산성 측면에서 대처하기 어려운 이유는 무엇인가?
8. 서비스 생산성 향상을 위한 핵심 도구는 무엇인가?
9. TQM, ISO 9000, 맬컴 볼드리지 접근, 6시그마와 같은 개념이 생산성과 서비스 품질의 향상 및 관리에 어떻게 연관되어 있는가? (부록 14.3 참조)

# 부록 14.1

## SERVQUAL을 이용한 서비스 품질 측정

서비스 품질의 다양한 측면에서 고객 만족을 측정하기 위해서 Valarie Zeithaml과 동료들은 서비스 품질 측정도구인 SERVQUAL(표 14.5)을 개발했다.[22] 이것은 고객이 기업

**표 14.5** SERVQUAL 척도

SERVQUAL 척도는 다음의 다섯 가지 차원－유형성, 신뢰성, 응답성, 확신성, 공감성－을 포함한다. 각각의 차원은 여러 항목으로 구성되어 총 21항목이 측정되고, 각 항목은 '매우 긍정' 부터 '매우 부정' 까지 7점 척도로 측정된다.

SERVQUAL 설문문항

주 : 실제 설문응답자를 위한 설명서가 포함되고, 각 문장은 '매우 긍정=7' 부터 '매우 부정=1' 까지 범위로 정해진 7점 척도와 함께 제시된다. 7점 척도의 양끝지점에만 매우 긍정 또는 매우 부정이 표기되어 있고, 숫자 2~6 사이에는 어떤 설명도 표기되지 않는다.

**유형성**

- 우수한 은행(케이블 TV 회사, 병원, 또는 설문 조사를 통해 적절한 서비스 비즈니스 등을 참조)은 최신식 설비를 보유할 것이다.
- 우수한 은행의 물리적 시설은 시각적으로 매력적일 것이다.
- 우수한 은행의 직원은 용모가 단정할 것이다.
- 우수한 은행의 서비스와 관련된 도구(예 : 브로셔와 명세서)는 시각적으로 매력적일 것이다.

**신뢰성**

- 기한을 정하여 어떤 것을 약속하는 경우, 우수한 은행은 약속을 지킬 것이다.
- 고객에게 문제가 발생할 경우, 우수한 은행은 문제해결에 대해 깊은 관심을 보일 것이다.
- 우수한 은행은 착오 없이 정확한 서비스를 수행할 것이다.
- 우수한 은행은 약속한 기간에 서비스를 제공할 것이다.
- 우수한 은행은 오류가 없는 기록을 강조할 것이다.

**응답성**

- 우수한 은행의 직원은 언제 서비스가 수행될지 고객에게 정확히 알릴 것이다.
- 우수한 은행의 직원은 고객에게 신속한 서비스를 제공할 것이다.
- 우수한 은행의 직원은 고객을 언제나 기꺼이 돕고자 할 것이다.
- 우수한 은행의 직원은 고객의 요청에 응대할 수 있도록 준비될 것이다.

**확신성**

- 우수한 은행의 직원의 행동은 고객으로 하여금 확신을 형성할 것이다.
- 우수한 은행의 고객은 자신의 거래가 안전하다고 느낄 것이다.
- 우수한 은행의 직원은 고객에게 지속적으로 친절히 대할 것이다.
- 우수한 은행의 직원은 고객의 질문에 대답할 수 있는 지식을 보유할 것이다.

**공감성**

- 우수한 은행은 고객을 개별적으로 배려할 것이다.
- 우수한 은행은 영업시간 측면에서 모든 고객에게 편리함을 제공할 것이다.
- 우수한 은행은 고객을 인간적으로 배려하는 직원을 보유할 것이다.
- 우수한 은행의 직원은 고객의 구체적인 필요를 이해할 것이다.

출처

Adapted from Parasuraman, A., Zeithaml, V. A., and Berry, L. "SERVQUAL: A Multiple Item Scale for Measuring Consumer Perceptions of Service Quality," *Journal of Retailing* 64, (1988): 12-40

의 서비스 품질을 그들의 지각과 기대를 비교해서 평가한다는 것을 가정하고 있다. SERVQUAL은 서비스 산업 전반에 응용될 수 있는 본원적인 측정도구이다.

기본적으로 이 척도는 표 14.5에 설명된 서비스 품질의 다섯 가지 차원을 규명하는 일련의 기대 항목과 21가지 지각 항목을 포함한다. 응답자는 특정 산업에서 구체적인 서비스 특징에 대하여 기업에 대한 그들의 기대를 측정하는 척도를 체크하여 완료한다. 이어서 그들이 사용한 적이 있는 서비스의 특정 기업에 대해 그들의 지각을 기록한다. 지각된 성과 평가가 기대보다 낮다면 이것은 품질이 낮은 것을, 반대는 높은 것을 의미한다.

### SERVQUAL의 한계

SERVQUAL은 널리 활용되었지만, 이 측정 방법에는 많은 한계점이 있다.[23] 그래서 오늘날 SERVQUAL을 이용하는 연구자의 대부분이 특정 상황에서 서비스 품질을 측정하기 위해 설문문항의 목록을 생략, 추가, 변형하여 사용한다. 다른 연구는 SERVQUAL이 주로 내적 서비스 품질(Grönroos가 말한 '기능적 품질')과 외적 서비스 품질(서비스 전달의 유형적 측면이며 Grönroos가 말한 '기술적 품질'과 유사)의 두 가지 요인으로 묶을 수 있다고 제안한다.[24]

이러한 다른 발견점은 Zeithaml, Berry, Parasuraman이 만든 서비스 품질의 주요 구성개념의 가치를 낮추는 것이 아니라 품질에 대한 고객 지각의 측정이 어렵다는 것과 연구상황에 맞게 차원과 측정 방법을 조정할 필요가 있다는 것을 의미한다.

# 부록 14.2

## 온라인에서의 서비스 품질 측정

SERVQUAL은 주로 면대면 서비스 접촉상황에서의 서비스 품질의 측정을 위해 개발되었다. 그러나 온라인 상황에서는 새로운 측정항목들을 활용한 다른 서비스 품질차원들이 필요하다(그림 14.18).

웹사이트에서의 전자적 서비스 품질을 측정하기 위해, Parasuraman, Zeithaml, Malhotra 등은 4개 차원, 22개 항목으로 구성된 E-S-QUAL이라는 서비스 품질 측정도구를 만들었으며, 개별 차원은 다음과 같다. **효율성**(efficiency)(찾기 쉬운가? 거래가 빠르게 이루어지는가? 빠르게 로딩되는가?), **시스템 유용성**(system availability)(예를 들어, 해당 사이트는 항상 사용할 수 있는가? 해당 사이트는 사용 즉시 시작할 수 있는가? 안정적인가?), **성취성**(fulfillment)(예를 들어, 약속대로 주문이 실행되는가? 제안사항이 신뢰할 수 있을만큼 기술되어 있는가?), **사유성**(privacy)(예를 들어, 개인정보가 보호되고, 다른 사이트와 공유되지 않는가?).[25] 서비스 인사이트 14.5는 이와 관련된 주제에 대한 최신 관점을 제공하고 있으며, 가상 채널과 물리적 채널 모두에서의 서비스 품질을 통합하는 문제에 대해 언급하였다.

**그림 14.18** 지속적 개선과 헌신으로 기술, 환경, 시장의 변화에 정면으로 대응할 때 성공은 더욱 확실해진다.

## 서비스 인사이트 14.5

### E-서비스 품질의 정의 및 측정에 대한 새로운 접근

"웹기반의 기업들에 속한 관리자들에게 고객들이 서비스 품질을 어떻게 지각하는지 아는 것은 자신들이 제공하는 가치를 이해함에 있어서 필수적이다."라고 Joel Collier와 Carol Bienstock은 이야기한다. E-서비스 품질은 단순히 웹사이트와의 상호작용(과정 품질로 표현됨) 이상의 것을 포함하며, 이는 성과품질, 회복품질 등으로 표현된다. 온라인 거래에 있어서 공급업체와 고객이 서로 떨어져 있기 때문에, 어떤 문제가 발생했을 때 동반되는 고객의 질문, 우려와 불만 등을 얼마나 해당 공급업체가 잘 처리하는지가 매우 중요하게 된다.

- ▶ **과정품질.** 초기에 고객은 사유성, 디자인, 정보, 사용 용이성, 기능성 등의 다섯 가지 과정 품질차원에 대해 평가한다. 기능성은 빠른 페이지 전환, 접속의 지속성, 다양한 지불 선택사항의 존재, 고객 요구(command)에 대한 정확한 실행, 장애인들과 다양한 언어 사용자들을 포함한 고객들의 사용 가능성 등을 포함한다.
- ▶ **성과품질.** 과정품질에 대한 고객 평가는 성과품질에 대한 평가에는 중요한 영향을 미치며, 성과품질은 주문실행의 적시성, 주문실행의 정확성, 주문실행의 상태 등으로 구성된다.
- ▶ **회복품질.** 문제상황에서 고객은 상호작용적 공정성(문제파악 능력, 전화상담을 포함한 웹사이트에서의 기술적 지원), 과정 공정성(불만처리과정에서의 정책, 절차, 반응성), 성과 공정성 등의 회복 과정에 대해 평가한다. 해당 기업이 어떻게 대응하는지에 따라 해당 고객의 만족수준과 향후 구매의도가 크게 차이날 수 있다.

#### 복수경로 이슈

위의 내용들보다 더욱 나아가서 Rui Sousa와 Christopher Voss는 많은 서비스들이 가상 경로와 물리적 경로를 통해 전달되고 있음을 주목하고 있다. 서비스 품질에 대한 고객 평가는 서비스 기업과 접촉하는 순간마다 모두 이루어진다. 서비스가 전달되는 여러 경로상황에서 물리적 품질, 가상 품질, 통합 품질(여러 경로에서의 균일한 서비스 경험을 제공하는 능력)을 측정해야 한다. 기존 시스템과 제대로 통합되지 못하는 경우가 종종 발생하는 전문가 지원시스템이 포함된 가상 경로가 새롭게 추가될 때 다양한 접촉점에서의 일관성은 특히 중요하다. Sousa와 Voss는 문제의 발생을 피하고, 일관된 서비스 품질을 달성하기 위해 기업의 마케팅기능과 운영기능 간 명확한 연결이 필요하다고 강조한다.

출처

Joel E. Collier and Carol C. Bienstock, "Measuring Service Quality in E-Retailing," *Journal of Service Research* 8, (February 2006): 260-275; Rui Sousa and Christopher A. Voss, "Service Quality in Multichannel Services Employing Virtual Channels," *Journal of Service Research* 8, (May 2006): 356-371.

# 부록 14.3

**학습목표 14**
TQM, ISO 9000, 맬컴 볼드리지 접근(MBA), 6시그마 등과 같은 경영 기법이 서비스 품질과 생산성 관리 및 향상에 어떻게 관련되는가?

## 생산성과 품질 향상, 프로세스 표준화를 위한 체계적인 접근

이 장에서 소개된 많은 도구와 개념은 조사적 품질 관리(Total Quality Management, TQM), ISO 9000, 6시그마와 맬컴 볼드리지 모델 등에서 비롯되었다. 다음에서 각 도구에 대해 논의하고 서비스 품질 배경과 연관하여 알아볼 것이다.

### 전사적 품질 관리

TQM 개념은 일본에서 처음 개발되었다. 주로 제조업에서 널리 활용되었고, 최근에는 교육기관을 포함한 서비스 기업에서도 활용되고 있다(서비스 인사이트 14.6 참조). TQM의 몇몇 개념과 도구는 서비스에 바로 적용될 수도 있다. 관리도(control chart), 플로우 차트(flow chart), 피시본 다이어그램과 같은 TQM도구는 서비스 기업이 특정 문제에 대한 근본 원인을 찾고 서비스 품질을 모니터링하는 데 활용되고 있다.[26]

서비스 산업에서 TQM의 성공적 실행을 위해서 다음과 같은 12가지 중요한 차원 (1) 최고경영자의 헌신과 비전 있는 리더십, (2) 인적자원 관리, (3) 서비스 프로세스 설계와 프로세스 관리와 같은 전문시스템, (4) 정보와 분석시스템, (5) 벤치마킹, (6) 지속적 향상, (7) 고객중심, (8) 직원 만족, (9) 노동조합 중재 및 노사관계, (10) 사회적 책임, (11) 서비스스케이프, (12) 서비스 문화가 도출되었다. 실제로 TQM과 마케팅은 가치의 창출 및 전달 프로세스를 보다 효율적으로 만들 수 있도록 도울 수 있다. TQM은 조직이 우수한 서비스를 달성하도록 촉진할 뿐 아니라 기업을 위한 혁신 프로세스의 제공을 통해 모든 주주에게 지속적인 가치 창출을 제공하는 근간을 제공한다.[27]

### ISO 9000 인증

90개국 이상이 ISO(스위스 제네바를 본거지로 한 국제 표준화 기구)의 회원국이다. 이 기구는 국제무역을 원활히 할 수 있도록 품질 향상과 표준화를 촉진한다. ISO 9000은 기업의 품질경영시스템 인증과 독립평가를 제공하기 위한 필수요건, 정의, 지침, 그리고 관련 표준으로 구성되어 있다. 품질에 대한 ISO 9000의 공식적인 정의는 다음과 같다. "품질은 명시된 또는 함축된 고객 욕구를 충족시키는 제품/서비스의 특징과 특성의 전체성이다." 간단히 말한다면, 품질은 고객의 욕구를 충족시키거나 초과하는 것이다. 품질 보증을 위해, ISO9000은 많은 TQM 도구를 사용하는데, 회원기업도 그 도구를 자주 사용한다.

서비스 기업은 ISO 9000을 뒤늦게 채택했다. 2001년 말까지 ISO 9000 인증을 받은 전체 510,616개의 기업의 대부분(약 3분의 2 정도)은 제조업 분야에 속해 있었다. ISO 9000 인증을 채택해 온 대부분의 서비스 부문은 도매 및 소매기업, IT서비스 제공업체, 의약품 제공자(건강관리), 컨설턴트기업, 교육기관 등이었다. ISO 9000 표준을 채택함으로써 서비스 기업, 특히 규모가 작은 기업도 그들만의 서비스로 고객의 기대를 충족시킬 수 있었고 생산성 향상도 달성할 수 있게 되었다.

PART V

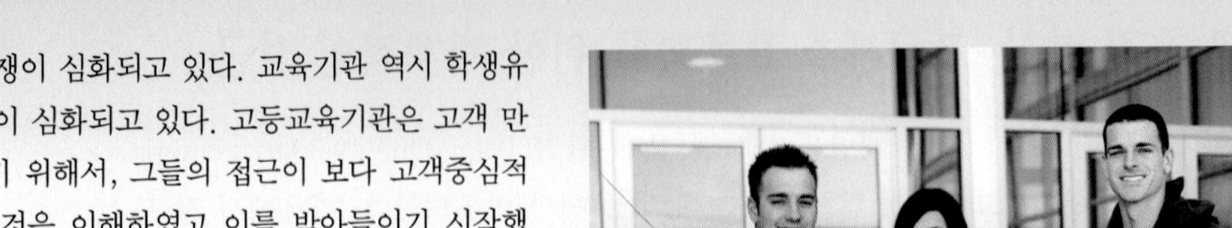

## 서비스 인사이트 14.6

### 교육기관에서의 TQM

세계는 점점 경쟁이 심화되고 있다. 교육기관 역시 학생유치를 위한 경쟁이 심화되고 있다. 고등교육기관은 고객 만족을 증대시키기 위해서, 그들의 접근이 보다 고객중심적이어야 한다는 것을 이해하였고 이를 받아들이기 시작했다. 하지만 고등교육기관의 서비스 품질이 의미하는 것은 무엇인가? Sakthivel, Rajendran, Raju는 고등교육기관의 서비스 품질의 다섯 가지 차원을 측정하기 위해 다섯 가지 변수와 함께 TQM 모델을 제시했고, 그 변수들이 학생의 만족도를 높일 것이라고 제안했다. 다섯 가지 변수는 다음과 같다.

- **최고경영진의 공약.** 최고경영진은 공약한 대로 실천해야 하고, 공표된 것이 실제로 실행되도록 보장해야 한다.
- **수업의 전달.** 고등교육기관은 전문지식을 보유한 사람을 채용하지만, 그러한 전문지식의 전달은 전문적인 전달 방법과 열정을 필요로 한다.
- **캠퍼스 시설.** 학생의 교과학습과 과외 활동을 위한 우수한 기반시설과 편의시설을 보유하는 데 초점을 맞춰야 하고, 이런 시설은 적절히 유지 · 보수되어야 한다.
- **호의.** 이는 호의적인 학습분위기를 조성하는 학생에 대한 긍정적 태도이다.
- **고객 피드백과 개선.** 학생의 지속적인 피드백은 우수한 서비스를 달성하도록 프로세스 개선을 불러올 수 있다.

**그림 14.19** 고등교육기관은 점차적으로 서비스 품질과 TQM을 강조하고 있다.

그들은 ISO기관과 non-ISO기관의 공대학생을 섞어서 연구를 진행했다. 그들은 이 다섯 가지 변수가 동시에 학생 만족도에 영향을 미친다는 예상을 했으나, 예상과 달리, 두 가지 변수만이 학생 만족에 더 큰 영향을 미친다는 것을 알아냈다. 두 가지 변수는 최고 경영진의 공약과 캠퍼스 시설이었다. 다른 변수는 학생의 서비스 경험을 개선하기 위해 제대로 실행되어야 한다는 것을 최고 경영진이 품질 보증을 통해 약속해야 한다. 전반적으로, ISO 9001 : 2000 인증기관은 TQM을 지향했었고, Non-ISO 교육기관보다 나은 교육 품질을 제공했다는 것을 알게 되었다.

출처
P. B. Sakthivel, G. Rajendran, and R. Raju, "TQM Implementation and Students' Satisfaction of Academic Performance," *The TQM Magazine* 17, no. 6 (2005): 573-589

### 서비스에 적용된 맬컴 볼드리지 모델

미국의 맬컴 볼드리지 국가품질상(The Malcolm-Baldrige National Quality Award, MBNQA)은 미국 표준기술원(National Institute of Standards and Technology, NIST)이 미국 기업을 대상으로 품질성과 공표와 인정, 품질경영 분야에서 최고의 사례를 촉진시킬 목적으로 개발되었다.

모델의 형식은 일반적이며 서비스산업과 제조산업 사이에 별다른 차이가 없지만, 이 상에는 구체적인 서비스 범주가 있다. 이 모델은 현재 진행 중인 서비스 개선 문화를 창출하기 위해 활용될 수 있다. 이 상을 받은 우수 서비스 기업에는 Ritz-Carlton, FedEx, AT&T 등

이 있다. 이 모델을 활용하여 조직의 성과를 향상시킬 수 있다는 것이 연구를 통해서 확인되었다.[28]

볼드리지 모델은 기업을 다음의 일곱 가지 영역에서 판단한다.

(1) 서비스 품질 문화에 대한 리더십 공약
(2) 서비스 기준, 사업 목표와 고객 만족 측정, 결함수, 사이클 타임(cycle-time)과 생산성을 포함한 개선계획
(3) 기업이 전략과 운영상의 지표를 수집하고, 측정, 분석, 보고하는 데 도움이 되는 정보와 분석
(4) 인재의 고용부터 참여, 권한 위임, 그리고 동기부여까지 기업의 우수한 서비스 전달을 가능하게 하는 인적자원 관리
(5) 모니터링, 지속적 개선, 그리고 프로세스 재설계를 포함한 프로세스 관리
(6) 기업이 고객 요청사항과 기대치를 결정하기에 용이한 고객과 시장에 집중
(7) 비즈니스 결과[29]

미국 이외의 국가에서는 MBNQA 모델을 흉내내는 유사한 품질상도 있다.

### 6시그마

6시그마 접근은 원래 제품 품질을 향상시키고 보증(warranty) 요청을 감소시키려는 목적으로 Motorola에서 개발되었다. 다른 제조기업은 Motorola에 이어서 다양한 영역에서 결함을 줄이기 위해 이 접근 방법을 즉각 활용했다.

이후에 서비스 기업도 결함과 사이클 타임의 감소, 생산성 향상을 목적으로 6시그마 기법을 사용했다.[30] 일찍이 1990년부터 GE 캐피탈은 고객대출 판매와 신용카드보험, 지불보증 등의 비용을 줄이기 위해 6시그마 기법을 도입했다. 사장이자 최고운영책임자(COO)인 Denis Nayden이 말했다.

> 6시그마가 본래 제조업을 위해 설계되었지만, 이것은 서비스거래(transactional service)에서도 사용이 가능하다. GE가 고객에게 보낸 수백만 개의 신용카드와 거래명세서가 모두 정확하다는 것을 재확인하는 과정은 6시그마 사용의 분명한 예가 된다. 이 예에서, 6시그마는 실수를 수정하는 데 필요한 비용을 감소시킨다. 재무 분야의 비즈니스에서 가장 큰 비용은 새로운 고객을 유치하고 유지하는 것이다. 우리가 새로운 고객을 올바로 대우한다면 그들은 우리의 고객으로 남을 것이고 우리의 고객 유지 비용을 줄일 수 있게 한다.[31]

6시그마 품질표준은 100만 번 중에 단지 3~4개의 결함 수준을 의미한다(defects per million opportunities, DPMO). 이 목표가 얼마나 엄격한지를 이해하기 위해, 우편배달을 생각해볼 수 있다. 우편서비스가 99% 정확하게 전달될 때, 300,000번의 배달에서 3,000개의 품목을 분실한다. 하지만 6시그마 실행 수준을 달성하면, 전체 배달에서 단지 한 품목만을 잃어버릴 것이다!

시간이 지남에 따라 6시그마는 결함 감소에서 총체적인 비즈니스 개선 접근으로 발전하

**표 14.6** 프로세스 향상과 재설계를 위한 DMAIC 모델의 적용

| | 프로세스 개선 | 프로세스 설계/재설계 |
|---|---|---|
| **정의(Define)** | • 문제 확인<br>• 필수요건 정의<br>• 목표 설정 | • 구체적 또는 포괄적 문제의 파악<br>• 목표 정의/비전 변경<br>• 고객 요청사항과 범위의 명확화 |
| **측정(Measure)** | • 문제/프로세스의 타당성 검증<br>• 문제/목표의 재점검<br>• 핵심 단계/투입 측정 | • 필수요건에 대한 성과 측정<br>• 프로세스 효율성 데이터 수집 |
| **분석(Analyze)** | • 인과관계에 근거한 가설 개발<br>• 근본 원인의 확인<br>• 가설의 타당성 검증 | • 최고의 성공 사례 파악<br>• 프로세스 설계 평가<br>• 필수요건 재점검 |
| **개선(Improve)** | • 근본 원인 측정을 위한 아이디어 개발<br>• 해결책에 대한 테스트<br>• 성과 측정 | • 신프로세스 설계<br>• 새로운 직원, 구조, 시스템의 실행 |
| **통제(Control)** | • 성과 유지를 위한 측정 방법 확립<br>• 필요시 문제 개선 | • 성과 유지를 위한 측정과 검토 방법 수립<br>• 필요시 문제 개선 |

출처
Reproduced from Pande, P., Neuman, R. P., and Cavanagh, R. R. (2000). *The Six Sigma Way*. New York: McGraw-Hill.

였다. Pande 등이 정의했듯이,

> 6시그마는 비즈니스 성공을 달성, 유지, 최대화하기 위한 총체적이고 유연한 시스템이다. 6시그마가 올바르게 실행되기 위해서는 고객 욕구에 대한 깊은 이해, 사건과 데이터 및 통계 분석의 전문적인 활용, 데이터와 통계 분석, 그리고 비즈니스 프로세스를 관리, 개선, 재설계할 수 있도록 끊임없는 관심이 필요하다.[32]

프로세스 개선과 프로세스 설계/재설계는 6시그마의 기초를 형성한다. 프로세스 개선은 서비스 전달에서 발생하는 문제점의 근본 원인을 확인하고 제거하여 서비스 품질을 향상시킨다. 프로세스 설계/재설계는 프로세스 개선과 함께 진행된다. 기존 프로세스 내에서 근본 원인이 파악되지 않거나 효과적으로 제거되지 않은 경우에는, 문제점을 완전히 또는 부분적으로라도 대처하기 위해 새로운 프로세스를 설계하거나 기존 프로세스를 재설계해야 한다.

비즈니스 프로세스의 분석과 개선에 가장 많이 활용되는 6시그마 개선 모델은 DMAIC 모델인데, 표 14.6에서 볼 수 있다. DMAIC는 다음을 의미한다.

▶ 기회의 정의(Define the opportunities)
▶ 핵심 단계/투입 측정(Measure key steps/inputs)
▶ 근본 원인 분석(Analyze to identify root causes)
▶ 성과 개선(Improve performance)
▶ 성과 유지를 위한 통제(Control to maintain performance)

### 접근 방법의 선택

서비스 기업의 서비스 품질과 생산성을 체계적으로 향상시키기 위한 다양한 접근법이 있기 때문에, TQM, ISO 9000, 맬컴 볼드리지 모델, 혹은 6시그마 중 어떤 접근법을 선택해야 하는지 의문이 생긴다. TQM은 다양한 수준의 복잡성이 존재하는 경우에 사용될 수 있고, 플로우 차트나 빈도 차트, 피시본 다이어그램과 같은 기본적인 도구는 어떤 유형의 서비스 기업에서도 사용될 수 있다.

몰입 정도 및 복잡성 등으로 순위를 따지자면, 그다음으로는 ISO 9000, 맬컴 볼드리지 모델, 6시그마가 차례대로 뒤를 이을 것이다. 어느 접근이든 고객 욕구의 이해와 프로세스 분석, 그리고 서비스 품질과 생산성 향상을 위한 유용한 모델이 될 수 있다. 기업은 원하는 수준의 정교함과 기업 특유의 욕구에 따라 특정 프로그램을 선택할 수 있다. 각 프로그램은 고유한 강점이 있고, 기업은 다른 것을 추가함으로써 하나의 프로그램 이상을 이용할 수 있다. 예를 들어, ISO 9000 프로그램은 절차와 프로세스 문서를 표준화하는 데 활용할 수 있고, 6시그마와 맬컴 볼드리지 프로그램은 생산성을 향상시키고 조직 간 성과 개선에 집중하는 데 활용할 수 있다.

어느 프로그램이든 핵심 성공 요인은 특정한 품질 향상 프로그램이 전반적인 비즈니스전략의 일부로서 부합하는가에 달려 있다. 사회적 압력 때문에 또는 단지 마케팅 도구로서 이런 프로그램을 시행하는 기업은, 이것을 중요한 개선도구로 여기는 기업보다 상대적으로 적은 성과를 낼 것이다.[33] 서비스 우수기업은 서비스 품질경영의 최고 성공 사례를 조직 문화의 핵심 부분으로 만든다.[34]

맬컴 볼드리지상 프로그램을 조직했던 미국 NIST에는 맬컴 볼드리지상 수상자의 '볼드리지 지표(Baldrige-Index)' 라 불리는 지표가 있다. 수상기업은 S&P500 지표보다 항상 높은 성과를 달성한 것으로 밝혀졌는데, 슬프게도 그 상을 두 번이나 받은 Motorola는 재정적인 고통을 받아 왔고 시장점유율을 잃어 가고 있다.[35] 이것은 신기술을 따라잡지 못했던 실패에 부분적으로 기인한다. 성공은 그냥 얻어지는 것이 아니다. 시장과 기술, 환경의 변화에 뒤떨어지지 않는 지속적인 열정과 개선이 성공을 유지하는 비결이다.

## 참고문헌


1 Adapted from Audrey Gilmore, "Service Marketing Management Competencies: A Ferry Company Example," *International Journal of Service Industry Management* 9, no. 1 (1998): 74-92, www.stenaline.com, accessed March 12, 2012.

2 Valarie A. Zeithaml, A. Parasuraman, and Leonard L. Berry, *Delivering Quality Service.* New York: The Free Press, 1990.

3 A. Parasuraman, Valarie A. Zeithaml, and Leonard L. Berry, "A Conceptual Model of Service Quality and Its Implications for Future Research," *Journal of Marketing* 49, (Fall 1985): 41-50; Valarie A. Zeithaml, Leonard L. Berry, and A. Parasuraman, "Communication and Control Processes in the Delivery of Services," *Journal of Marketing* 52, (April 1988): 36-58.

4 The subgaps in this model are based on the seven-gap model by Christopher Lovelock, Product Plus, New York: McGraw-Hill, 1994: 112.

5 Valarie A. Zeithaml, Mary Jo Bitner, and Dwayne D. Gremler, *Services Marketing: Integrating Customer Focus across the Firm 5/E*, New York: McGraw-Hill, 2009, 297.

6 This section is based partially on Jochen Wirtz and Monica Tomlin, "Institutionalizing Customer-driven Learning through Fully Integrated Customer Feedback Systems," *Managing Service Quality* 10, no. 4 (2000): 205-215. Additional reading on service quality measurement can be found in Ching-Chow Yang, "Establishment and Applications of the Integrated Model of Service Quality Measurement," *Managing Service Quality* 13, no. 4 (2003): 310-324.

7 Leonard L. Berry and A. Parasuraman, "Listening to the Customer—The Concept of a Service Quality Information System," *Sloan Management Review* 38, (Spring 1997): 65-76.

8 Customer listening practices have been shown to affect service performance, growth, and profitability. See William J. Glynn, Sean de Búrca, Teresa Brannick, Brian Fynes, and Sean Ennis, "Listening Practices and Performance in Service Organizations," *International Journal of Service Industry Management* 14, no. 3 (2003) 310-330.

9 Baker W. E. and Sinkula J. M., "The Synergistic Effect of Market Orientation and Learning Orientation on Organizational Performance," *Journal of the Academy of Marketing Science* 27, no. 4 (1999): 411-427.

10 Neil A. Morgan, Eugene W. Anderson, and Vikas Mittal, "Understanding Firms' Customer Satisfaction Information Usage," *Journal of Marketing* 69, (July 2005): 131-151.

11 For reading on customer feedback online tools, refer to Robert A. Opoku, "Gathering Customer Feedback Online and Swedish SMEs," *Management Research News* 29, no. 3 (2006): 106-127.

12 Leonard L. Berry and A. Parasuraman provide an excellent overview of all key research approaches discussed in this section plus a number of other tools in their paper, "Listening to the Customer—The Concept of a Service Quality Information System," *Sloan Management Review* 38, (Spring 1997): 65-76.

13 For a discussion on suitable satisfaction measures, see Jochen Wirtz and Lee Meng Chung, "An Examination of the Quality and Context-Specific Applicability of Commonly Used Customer Satisfaction Measures," *Journal of Service Research* 5, (May 2003): 345-355.

14 Note that feedback provided to the firm is very different to that posted publicly. For example, one business owner had the opportunity to meet members of an online community who had given his restaurant only mediocre ratings. To his surprise, he found that the reviewers were not in the same segment as his customer base, and even though they liked his food, they downgraded his restaurant as they felt the price was too high. It turned out that price was the issue as the reviewers

were less affluent then their normal customers. See: Duncan Simester, "When You Shouldn' t Listen to Your Critics," *Harvard Business Review*, June 2011: 42. Hence, this shows that online reviews are not reliable because we do not know if the people who are rating the restaurant are even the same as the target customer, and using the same yardsticks. In fact, we are not even sure whether the person was hired by the company to provide the feedback. Hence, it is sometimes difficult to find out whether publicly posted feedback and ratings are legitimate. Yet, customers in the market do look at the feedback in online reviews to make their purchasing decisions. See: Raymond R. Liu and Wei Zhang, "Informational Influence of Online Customer Feedback: An Empirical Study," *Database Marketing and Customer Strategy Management* 17, no. 2 (2010): 120-131.

15 Robert Johnston and Sandy Mehra, "Best-practice Complaint Management," *Academy of Management Executive* 16, no. 4 (2002): 145-154.

16 Comments by Thomas R. Oliver, then senior vice president, sales and customer service, Federal Express; reported in Christopher H. Lovelock, *Federal Express: Quality Improvement Program.* Lausanne: International Institute for Management Development, 1990.

17 Christopher Lovelock, *Product Plus: How Product + Service = Competitive Advantage.* New York: McGraw-Hill, 1994, 218.

18 These categories and the research data that follow have been adapted from information in D. Daryl Wyckoff, "New Tools for Achieving Service Quality," *Cornell Hotel and Restaurant Administration Quarterly* (August-September 2001), 25-38.

19 Roland T. Rust, Anthony J. Zahonik, and Timothy L. Keiningham, "Return on Quality (ROQ): Making Service Quality Financially Accountable," *Journal of Marketing* 59 (April 1995): 58-70; and Roland T. Rust, Christine Moorman, and Peter R. Dickson, "Getting Return on Quality: Revenue Expansion, Cost Reduction, or Both?" *Journal of Marketing* 66 (October 2002): 7-24.

20 Kenneth J. Klassen, Randolph M. Russell, and James J. Chrisman, "Efficiency and Productivity Measures for High Contact Services," *The Service Industries Journal* 18 (October 1998): 1-18; James L. Heskett, *Managing in the Service Economy.* New York: The Free Press, 1986.

21 For a more in-depth discussion on service productivity, refer to Cynthia Karen Swank, "The Lean Service Machine," *Harvard Business Review* 81, no. 10 (2003): 123-129.

22 A. Parasuraman, Valarie A. Zeithaml, and Leonard Berry, "SERVQUAL: A Multiple Item Scale for Measuring Consumer Perceptions of Service Quality," *Journal of Retailing* 64, (1988): 12-40.

23 See, for instance, Francis Buttle, "SERVQUAL: Review, Critique, Research Agenda," *European Journal of Marketing* 30, no. 1 (1996): 8-32; Simon S. K. Lam and Ka Shing Woo, "Measuring Service Quality: A Test-Retest Reliability Investigation of SERVQUAL," *Journal of the Market Research Society* 39, (April 1997): 381-393; Terrence H. Witkowski and Mary F. Wolfinbarger, "Comparative Service Quality: German and American Ratings Across Service Settings," *Journal of Business Research* 55, (2002): 875-881; Lisa J. Morrison Coulthard, "Measuring Service Quality: A Review and Critique of Research Using SERVQUAL," *International Journal of Market Research* 46, Quarter 4, (2004): 479-497.

24 Gerhard Mels, Christo Boshoff, and Denon Nel, "The Dimensions of Service Quality: The Original European Perspective Revisited," *The Service Industries Journal* 17, (January 1997): 173-189.

25 A. Parasuraman, Valarie A. Zeithaml, and Arvind Malhotra, "E-S-QUAL: A Multiple-Item Scale for Assessing Electronic Service Quality," *Journal of*

*Service Research* 7, no. 3 (2005): 213-233.

26 C. Mele and M. Colurcio, "The Evolving Path of TQM: Towards Business Excellence and Stakeholder Value," *International Journal of Quality and Reliability Management* 23, no. 5 (2006): 464-489; C. Mele, "The Synergic Relationship Between TQM and Marketing in Creating Customer Value," *Managing Service Quality* 17, no. 3 (2007): 240-258.

27 G. S. Sureshchandar, Chandrasekharan Rajendran, and R. N. Anantharaman, "A Holistic Model for Total Service Quality," *International Journal of Service Industry Management* 12, no. 4 (2001): 378-412.

28 Susan Meyer Goldstein and Sharon B. Schweikhart, "Empirical Support for the Baldrige Award Framework in US Hospitals," *Health Care Management Review* 27, no. 1 (2002): 62-75.

29 Allan Shirks, William B. Weeks, and Annie Stein, "Baldrige-Based Quality Awards: Veterans Health Administration' s 3-Year Experience," *Quality Management in Health Care* 10, no. 3 (2002): 47-54; National Institute of Standards and Technology, "Baldrige FAQs," http://www.nist.gov/baldrige/about/baldrige_faqs.cfm, accessed March 12, 2012.

30 Jim Biolos, "Six Sigma Meets the Service Economy," *Harvard Business Review* 80, (November 2002): 3-5.

31 Mikel Harry and Richard Schroeder, *Six Sigma?The Breakthrough Management Strategy Revolutionizing the World's Top Corporations.* New York: Currency, 2000, 232.

32 Peter S. Pande, Robert P. Neuman, and Ronald R. Cavanagh, *The Six Sigma Way: How GE, Motorola, and Other Top Companies Are Honing their Performance.* New York: McGraw-Hill, 2000.

33 Gavin Dick, Kevin Gallimore and Jane C. Brown, "ISO 9000 and Quality Emphasis: An Empirical study of Front-Room and Back Room Dominated Service Industries," *International Journal of Service Industry Management* 12, no. 2 (2001): 114-136; and Adrian Hughes and David N. Halsall, "Comparison of the 14 Deadly Diseases and the Business Excellence Model," *Total Quality Management* 13, no. 2 (2002): 255-263.

34 Cathy A. Enz and Judy A. Siguaw, "Best Practices in Service Quality," *Cornell Hotel and Restaurant Administration Quarterly* (October 2000): 20-29.

35 Eight NIST Stock Investment Study", (USA: Gaithersburg, National Institute of Standards and Technology, March 2002).

CHAPTER 15

# 서비스 리더십을 위한 조직화

## 학습목표

**이 장을 학습하게 되면 학생들은 다음의 내용을 이해하게 될 것이다.**

- **학습목표 1** 서비스 관리를 위한 서비스-이익체인 관점에서의 규칙이란 무엇인가?
- **학습목표 2** 서비스 조직의 마케팅, 운영, 인적자원 관리 기능 등에 대한 통합이 필요한가? 그러한 통합은 어떻게 가능한가?
- **학습목표 3** 서비스 성과의 네 가지 수준이란 무엇인가?
- **학습목표 4** 서비스 우수기업이 되기 위해 서비스 기업이 해야 할 일은 무엇인가?
- **학습목표 5** 효과적인 서비스 문화를 만들기 위해 필요한 리더의 역할은 무엇인가?
- **학습목표 6** 미래의 리더가 갖춰야 할 자질은 무엇인가?

# 도입 사례

## American Express의 변혁과 리더십

"너는 서비스 사업을 잘 해낼 거다. 서비스 사업에서는 명성이 전부다."라고 American Express의 CEO인 Kenneth Chenault가 말한다. 하지만 그는 "가끔 보면 대단히 성공할 때 오만해지게 되곤 한다. 그래서 항상 강조하는 것이 있다. "언제나 고객 욕구에 온 정신을 쏟고, 너의 동료들에 대한 존경심을 갖도록 해라."라고 경고한다.

오늘날 여행과 재정 서비스의 아이콘으로 알려진 American Express는 소위 '150년 동안의 변혁과 고객 서비스'를 통해서 진화해 왔다. 1850년 뉴욕에서 설립된 American Express는 미국의 서부 확장시대에 1위이자 가장 성공한 특송회사들 중 하나이다. 이 회사의 가장 큰 고객은 은행이다. 증권, 노트, 현금 및 기타 금융 상품들과 같은 소포들을 운송하는 것이 더 큰 화물을 나르는 것보다 훨씬 큰 수익이 발생하였다. 철도산업이 성장하면서, American Express는 운송사업보다 자신들의 금융상품들을 개발하고 판매하는 것에 집중하였다. 1882년 우편환을 판매하기 시작하였고, 1891년 세계 최초로 여행자수표를 출시하였다. American Express라는 이름은 점점 해외에서도 유명하게 되었고, 유럽에도 사업을 시작하게 되었다.

1920년대부터는 여행 서비스에 집중하며, 여행자 수표와 우편환을 판매하였다(이들 상품들에서 주로 수익이 발생하였다). 1958년 첫 번째 American Express 신용카드가 출시되었다. 개인카드 및 법인카드 모두를 포함하여 신용카드사업은 급성장하였다. 높은 금액의 연가 회비를 내면 여러 혜택과 특전을 제공하는 골드 카드와 플래티넘 카드가 뒤이어 출시되었다.

사업다각화를 위해 다른 금융 서비스 기업의 인수를 통해 '금융 슈퍼마켓'을 만들고자 하였다. 그러나, 이러한 시도는 기대한 만큼의 수익을 내지 못하였고, 1990년대 수익악화로 어려움을 겪게 되었다. 그 동안 비자와 마스터카드와 같은 경쟁기업으로 인해 카드 사업도 수익이 낮아지게 되었는데, 이들 경쟁기업들은 American Express보다 낮은 카드 수수료를 지불하게 하였다.

1991년 높은 수수료 때문에 화가 난 보스턴 외식업체 단체는 'Boston Fee Party'라는 이름으로 반란을 일으켜 American Express 카드로 결제하기를 거부하였다. 미국 국내와 해외의 다른 상인들도 이에 동참하였다. 당시 떠오르는 젊은 임원이었던 Chenault는 수수료를 낮춤으로써 이러한 문제를 성공적으로 해결하였다. 그는 대표이사이자 최고 업무 책임자가 되면서 새로운 카드 혜택과 충성도 향상 프로그램을 제공하였고, 새로운 유형의 카드를 출시하고, 월마트 같은 대형 소매업체와 계약을 체결하였다.

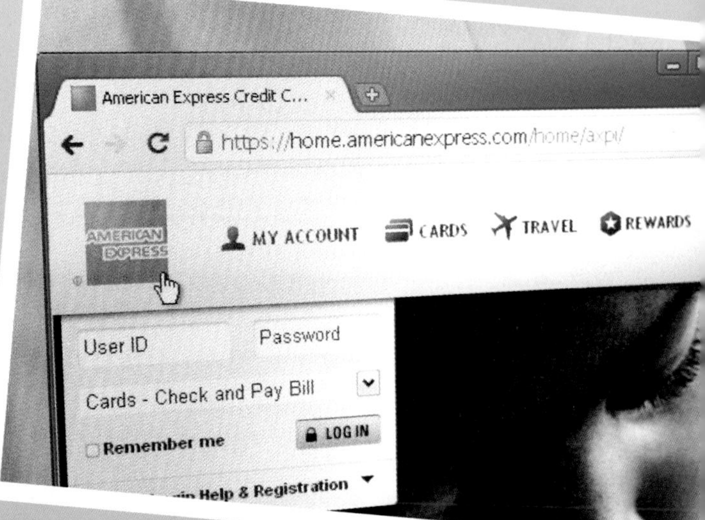


**그림 15.1** American Express는 여행과 비용 관리와 관련된 솔루션을 제공한다.

2001년 최고경영자가 된 후 얼마 지나지 않아 American Express 본사 건너편에 있던 세계무역센터 사고의 충격과 그 사고로 인한 여행자의 급감이라는 위기에서 탈출해야만 했다. 그는 자신의 기업을 보다 군살 없는 기업을 만들고, 경기가 회복됨에 따라 생기는 기회에 보다 빠르게 대응할 수 있도록 설계된 로드맵을 제시하였다. 2005년에 이르러 '금융 슈퍼마켓'의 해체를 마무리했고, 130개 국가에서 카드 서비스와 영행사업에 사업역량을 집중하였다. 결과적으로 2009년에서 2012년 사이의 세계 금융 위기 동안 American Express는 상대적으로 높은 수익을 내게 되었다.

Chenault는 2001년을 American Express의 성공에 있어서 결정적인 해로 회고한다. Chenault가 리포터로부터 리더십 철학이 무엇인지 질문받았을 때, 그는 "리더의 역할은 현실을 정의하고 희망을 주는 것이다."라고 대답했다.

출처

Nelson D. Schwartz, "What' s in the Cards for Amex?" *Fortune, January* 22, 2001, 58?70; Greg Farrell, "A CEO and a Gentleman," *USA Today*, April 25, 2005, 1B, 3B; "Our History. Becoming American Express: 150+ Years of Reinvention and Customer Service," home.americanexpress.com and http://home3.americanexpress.com/corp/os/history/circle.aspm, accessed March 12, 2012.

**학습목표 1**
서비스 관리를 위한 서비스-이익체인 관점에서의 규칙이란 무엇인가?

# 서비스-이익체인

앞선 사례에서 알 수 있듯이, American Express와 같은 서비스 리더는 변화하는 고객 욕구에 따라 자신을 변화시킨다. 컨설턴트이자 작가인 Don Peppers와 Martha Rogers[1]는 "비즈니스는 고객을 유치하고, 유지하고, 성장시킴으로써 성공에 이른다."고 기술했고, 다음과 같이 상세히 설명했다.

> 투자자는 오늘날 진부한 방법으로—기업이 고객에게 가치제안을 제공하여 수익을 얻는 방법으로—그들이 투자한 기업이 성장하고 수익을 낸다는 것을 증명하기 바란다. 투자자는 기업의 고객이 더 많이, 더 자주 구매하기를 원하고 해당 기업에 대해 더 오랫동안 충성하기를 원한다. 그들은 기업이 고객과 잘 어울려서 더 많은 고객을 확보하기를 기대한다.

직원과 고객은 동등하게 중요하다. 한쪽의 성공이 다른 한쪽에 커다란 영향을 끼친다. 이것은 다음에 소개되는 서비스-이익체인에서 명확히 알 수 있다. 여기에서 우리는 직원관리, 고객충성도의 구축, 서비스 품질과 생산성의 개선과 같은 이전의 장에서 중요한 교훈을 끌어낼 것이다. 우리는 이 교훈들을 고객중심과 시장 중심을 추구하는 서비스 기업의 주요 과제를 검토하기 위해 사용할 것이다.

## 서비스-이익체인에서의 중요한 연결고리들

James Heskett과 하버드대 동료들은 서비스 기업이 직원과 고객을 최우선으로 여겼을 때, 기업이 성공을 관리하고 측정하는 방법에 큰 변화가 생긴다고 제안했다. 그들은 서비스-이

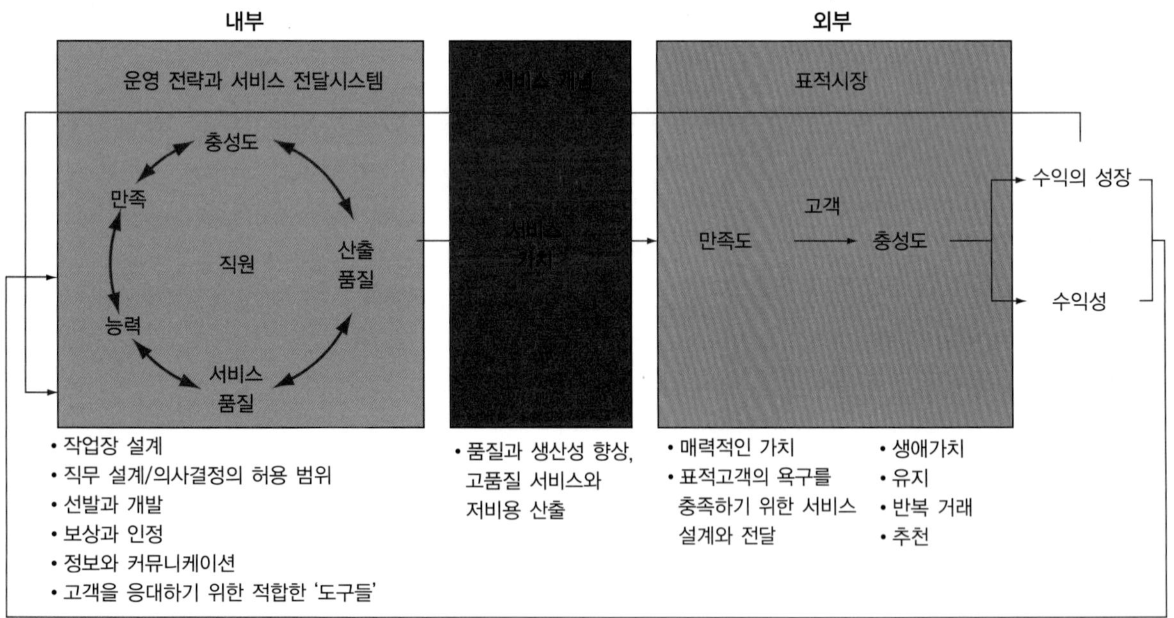


**그림 15.2** 서비스-이익체인

출처
Reprinted by permission of *Harvard Business Review*. From Putting the service-profit chain to work. By J. L. Heskett, T. O. Jones, G. W. Loveman, W. E. Sasser Jr., and L. A. Schlesinger, (March-April), 166. 

**표 15.1** 서비스-이익체인의 연결고리

| 서비스-이익체인의 연결고리 |
| --- |
| 1. 고객 충성도는 수익률과 성장의 선행 요인이다. |
| 2. 고객 만족도가 고객 충성도의 선행 요인이다. |
| 3. 가치가 고객 만족도의 선행 요인이다. |
| 4. 서비스 품질과 생산성이 가치의 선행 요인이다. |
| 5. 직원 충성도는 서비스 품질과 생산성의 선행 요인이다. |
| 6. 직원 만족도는 직원 충성도의 선행 요인이다. |
| 7. 내부 품질은 직원 만족도의 선행 요인이다. |
| 8. 최고경영진의 리더십이 성공적인 서비스-이익체인의 기초가 된다. |

출처

James L. Heskett et al., "Putting the Service Profit Chain to Work," *Harvard Business Review*, March-April 1994; James L. Heskett, W. Earl Sasser, and Leonard L. Schlesinger, *The Service Profit Chain*, Boston: Harvard Business School Press, 1997.

익체인 모델(Service-Profit Chain Model)에서 수익성, 고객 충성도, 고객 만족도의 세 가지를 만족하고, 충성적이고, 생산적인 직원과 연관지었다(그림 15.2).

> 우수한 서비스 조직의 상위경영층은 이익목표를 설정하거나, 시장점유율에 초점을 맞추는 일에 시간을 덜 들인다. 대신 그들은 새로운 서비스 경제에서 일선작업자들과 고객들이 경영의 중심이어야 한다는 것을 이해한다. 성공적인 서비스 경영자들은 수익성을 가속화하는 요인들, 예를 들어 사람에 대한 투자, 일선작업자들을 지원하는 기술에 대한 투자, 인력의 모집과 훈련에 대한 개선을 위한 투자, 모든 수준에 있어서 직원들의 성과에 연결된 보상에 대한 투자 등에 관심이 있다.
>
> 성공적인 서비스 조직을 위해 개발된 서비스-이익 체인은 '명시적(hard)' 방법의 가치를 '묵시적(soft)' 방법에 둔다. 그것은 관리자들로 하여금 서비스 리더와 단순한 경쟁자들간의 갭을 넓히면서 최대한의 경쟁적 효과를 줄 수 있는 서비스와 만족의 수준을 개발하는 데 새로운 투자를 하도록 한다.[2]

표 15.1에서 서비스-이익체인의 연결고리에 대한 개요를 설명하였다. 수익률과 성장이라는 목표를 반대로 되짚어 본다면, 연결고리 1과 2는 고객에게 초점을 맞춘다. 기업은 고객의 욕구를 파악하고 이해해야 하며 충성 고객을 만들기 위해 투자해야 한다. 또한 고객과 직원 모두의 충성도와 만족도를 지속적으로 파악할 수 있는 새로운 측정 방법이 있어야 한다. 연결고리 3은 서비스 개념에서 도출된 고객 가치와 확장된 서비스 마케팅 믹스에까지 초점을 맞춘다. 또한 연결고리 3은 서비스 품질과 생산성을 향상시키기 위해 지속적인 투자가 필요하다는 것을 강조한다.

서비스 리더십 행동양식(연결고리 4~7)은 주로 직원과 연관되며 고객접점에 대한 기업의 집중을 포함한다. 직무 설계는 직원에게 더 큰 자유를 제공해야 하고, 잠재력이 있는 관리자를 육성해야 한다. 이런 관점에서 볼 때, 높은 임금을 지불하는 것은 이직률 감소와 생산성, 품질을 향상시킬 수 있기 때문에 결과적으로 원가를 절감시킬 수 있다(제11장). 성공적인 서비스-이익체인(연결고리 8)의 성공은 최고경영진의 리더십에 달려 있다.

### 서비스-이익체인이 주주가치를 창출하게 하라

주식회사가 주식가격으로 평가를 받듯이, 서비스-이익체인을 바르게 수행하는 기업은 조직과 관련된 가치의 상승으로 평가받는다. 미국의 고객만족지수(American Customer Satisfaction Index, ACSI) 연구에서 보여주는 것처럼, 대부분의 서비스 산업에서 고객만족과 주주가치 사이에 밀접한 관계를 갖고 있다.

**학습목표 2**
서비스 조직의 마케팅, 운영, 인적자원 관리 기능 등에 대한 통합이 필요한가? 그러한 통합은 어떻게 가능한가?

## 마케팅, 운영, 인적자원의 통합

서비스-이익체인 내의 연관성은 서비스 기업의 세 가지 관리 기능이 매우 중요한 역할을 하고 서비스 고객의 욕구를 충족시키기 위해 마케팅, 운영, 인적자원이 상호 협력하고 있음을 보여준다. 그림 15.3은 부서들이 서로 어떻게 의존하는지를 보여준다.

### 마케팅, 운영, 인적자원은 어떻게 연결되어 있는가

어떤 방법으로 각 부서가 상호 의존적 관계를 형성할 수 있는가? 우리가 확인한 바에 의하면 많은 서비스 기업, 특히 사람을 대상으로 하는 서비스를 수반하는 기업은 실제로 '야전공장(factories in the field)' 이다. 고객은 서비스가 필요할 때마다 공장에 출입한다. 고객이 생산에 적극적으로 개입하는 경우와 서비스 산출물이 생산되자마자 소비되는 경우에, 서비스의 마케팅 기능은 운영상의 절차, 직원, 시설 등에 의존한다. 접촉이 많은 서비스에서 인적자원의 품질과 책임감은 경쟁우위의 중요한 자원이 된다. 서비스 조직에서 고객을 이해하지

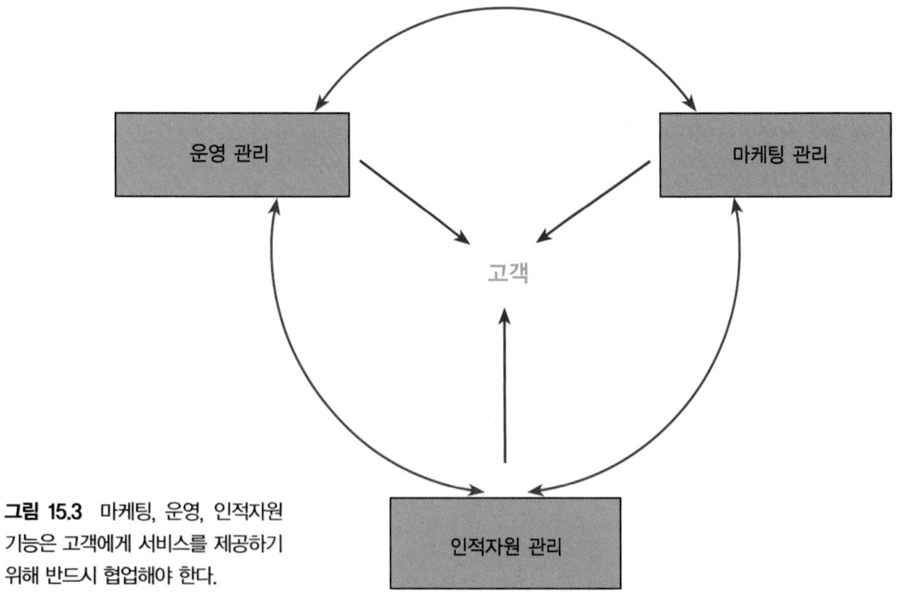


**그림 15.3** 마케팅, 운영, 인적자원 기능은 고객에게 서비스를 제공하기 위해 반드시 협업해야 한다.

못하는 인적자원 관리 전문가는 필요없다. 직원이 조직의 목표를 이해하고 지지할 때, 업무에 필요한 기술과 훈련이 충분할 때, 고객 만족의 유지와 창출의 중요성을 인식할 때, 마케팅과 운영에 필요한 제반 활동을 관리하기가 더 용이하다.

세 가지 기능은 제각각 고객과 연관된 필수요건과 목표를 지녀야 하고, 기업의 사명에도 기여할 수 있어야 한다. 그들은 대체로 다음과 같다.

그림 15.4 Verizon은 가상적으로 언제 어디서나 생산적일 필요가 있는 기업들에게 해결방안을 제공한다.

- **마케팅 기능** 마케팅 기능은 기업이 서비스를 제공하려는 고객의 유형을 설정하고 그들과 지속적인 관계를 유지하도록 한다. 이는 고객에게 명확하게 정의된 서비스 상품 패키지를 전달함으로써 달성되는데, 이 때 패키지 가격은 고객에게 가치를 제공할 뿐 아니라 기업에게도 이익을 가져다주어야 한다. 고객은 이러한 서비스 상품 패키지가 그들의 욕구를 해결할 뿐만 아니라 다른 경쟁사에서 제공하는 것보다 더 나은 서비스 품질을 가졌다고 인식할 것이다(그림 15.4).
- **운영 기능** 운영 기능은 표적 고객에 맞추어 서비스 패키지를 창출하거나 전달하는 것이다. 이는 기업이 고객 주도의 비용, 스케줄, 품질 목표를 지속적으로 충족시키는 운영기술을 선택함으로써 달성될 수 있다. 이러한 운영기술은 생산성의 지속적인 향상을 통해 사업 비용을 절감하도록 해야 한다. 선택된 운영기술은 직원과 중개자가 현재 보유하거나 앞으로 개발할 기술과 조화를 이룬다. 기업은 필요한 시설과 설비, 기술 등과 함께 운영 기능을 지원할 재원을 확보해야 하며(그림 15.5), 동시에 직원과 공공 사회에 부정적인 영향을 끼치지 않아야 한다.
- **인적자원 기능** 인적자원 기능은 기업이 접점 직원과 서비스 전달팀의 리더, 만족스러운 월급을 받으려는 성실한 관리자를 채용하고 훈련하며 동기부여한다. 해당 직원은 고객 만족과 운영 효과라는 두 가지 목표와 균형을 유지해야 한다. 직원은 회사에 남기를 원할 것이고 자신의 기술이 향상되길 원한다. 왜냐하면 직원은 근무환경을 소중히 여기고, 직면한 도전에 감사하며, 그들이 창출하거나 전달하려는 서비스를 자랑스럽게 여기기 때문이다.

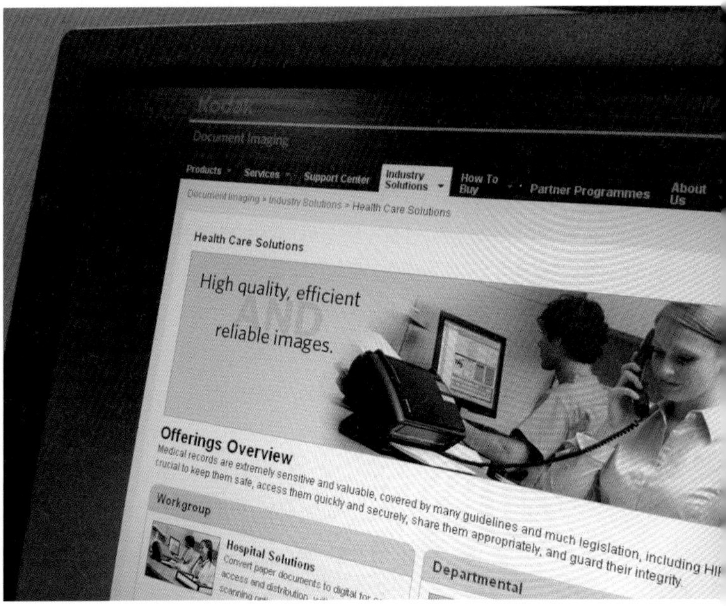

그림 15.5 Kodak은 병원이 프로세스의 능률을 높이고 기술을 통합하며 전반적인 생산성을 향상시킬 수 있는 서비스를 제공한다.

서비스 기업들이 강력한 시장지향성을 개발하고 고객을 중시함에 따라 세 가지 기능, 특히 마케팅 기능과 운영 기능 간에 잠재적인 갈등이 증가하게 된다. 서비스 사업에서 세 가지 기능들이 얼마나 잘 조화롭게 공존할 수 있는가? 그리고 그들의 상대적인 역할은 어떻게 지각되는가? Sandra Vandermerwe는 높은 가치를 창조하는 사업은 기능이 아니라 활동을

생각해야 한다고 주장한다.[3]

그러나 많은 기업에서 마케팅 기능과 운영 기능의 사람들이 갈등을 가지고 있는 것을 보게된다. 마케터들은 그들의 역할을 상품에 지속적으로 가치를 부가하고, 고객에 대한 그들의 소구를 강화시키고, 판매를 자극하는 것이라고 본다. 그러나 운영관리자들은 원가를 통제할 목적으로 직원이나 설비와 같은 서비스 제약요인을 현실에 반영하여 '추가적인' 요소를 줄이는 것이 그들의 역할이라고 생각한다. 결국 그들은 논쟁을 하게 되고, 결정을 제대로 내리지 못하면 부가가치를 만들 수 없게 된다. 갈등은 고객만족과 운영 효율성 간의 균형을 맞추어야 하는 경계관리 부서와 인적자원 기능이 다른 두 부서 간에도 발생한다.

서비스 관리의 과제 중의 일부분은 이러한 각 세 가지 기능이 서로 협력하게 하는 것이다. 기능 간 갈등을 줄이고 부서 간의 장벽을 줄이는 가능한 방법은 다음과 같다.

1. 직원을 내부에서 다른 기능으로 전환하여 보다 전체적인 관점에서 보는 능력을 기르

## 서비스 인사이트 15.1

### IBM의 서비스 과학 주도

서비스는 선진국 경제에서 GDP의 70% 이상에 공헌하고 있고, 심지어 개발도상국에서도 서비스 분야의 중요성이 커지고 있다. 그러나 기업은 마케팅이나 물류, 연구소와 같이 독립적으로 업무를 진행하는 기능상의 부서로 나누어져 있다. 심지어 경영대학원에서도 학생들은 회계, 재무, 마케팅, 운영 관리와 같은 특정 분야만을 전공하는데, 이는 주로 여러 분야의 기능이 어떻게 연관을 갖는지에 대한 무지하다는 결과를 낳는다. 게다가 학생들은 정보기술, 프로세스 엔지니어링과 같이 복잡한 서비스 시스템을 설계하고 관리하는 데 매우 중요한 분야는 아예 무관심한 경향이 있다.

IBM은 이런 문제점을 인식했고, 서비스 과학 관리 엔지니어링(Service Science Management Engineering, SSME)이라 명명한 서비스 과학의 새로운 시도 측면에서 선도적 역할을 수행했다. SSME는 컴퓨터 과학, 운영 연구, 엔지니어링, 비즈니스 전략, 관리학, 사회와 인지과학, 법학 등 다양한 분야에서 필요한 지식을 결합하고, 이로써 서비스 경제에 필요한 기술을 개발한다. 대학과 협력관계를 구축하기 위해 IBM은 전 세계 대학을 결집하는 중이다.

오늘날 서비스 과학은 전 세계의 많은 대학에서 점차 교과 과정이 되고 있다. 이런 대학은 'T' 졸업생을 배출하기 위해 협동 과정에 집중을 하는데, 'T' 졸업생이란 하나의 특정 분야에 높은 지식이 있을 뿐 아니라 다양한 분야를 통합하는 데 충분한 지식을 가진 학생을 말한다. 이런 다양한 분야의 전문가들은 업무 협조에도 매우 능숙할 것이다.

서비스 과학은 우리가 고객가치를 창출하는 효과적인 서비스 시스템을 연구하고 설계하며 관리하도록 하는 접근법이다. 이를 잘 인지하는 기업은 서비스 과학에 대한 충분한 지식과 기술을 보유한 졸업생을 고용할 것이고, 서비스 경제에서 경쟁우위를 점하게 된다. 서비스 마케팅을 공부하면서, 당신은 서비스 과학에 첫 번째 발걸음을 내딛었다. 하지만 모든 다른 분야의 학문도 중요하다는 것을 인식해야 하며 그러한 다른 분야에서도 지속적으로 핵심 개념을 포착해야 한다.

출처

"Are We Ready for 'SERVICE'?" ThinkTank, October 10, 2005, www.research.ibm.com/ssme/20051010_services.shtml, accessed March 12, 2012; M. M. Davis and I. Berdrow, "Service Science: Catalyst for Change in Business School Curricula," *IBM Systems Journal* 47, no. 1 (2008): 29?39; R. C. Larson, "Service Science: At the Intersection of Management, Social, and Engineering Sciences," *IBM Systems Journal* 47, no. 1 (2008): 41-51; Paul P. Maglio and Jim Spohrer, "Fundamentals of Service Science," *Journal of the Academy of Marketing Science* 36, no. 1 (2008): 18-20.

고, 여러 부서들의 다양한 관점에서 문제들을 보게 하는 것이다.

2. 교차기능적인 팀을 구축한다(예 : 신규서비스 개발 또는 고객 서비스 과정 재설계).
3. 교차기능적인 서비스 전달팀을 운영한다.
4. 부서간에 구체적인 목표, 활동, 과정들을 통합하는 직무를 가진 개인을 지정한다. 예를 들어, Robert Kwortnik와 Gary Thompson은 마케팅 기능과 운영기능을 통합하는 '서비스 경험관리' 를 담당하는 부서를 제안한다.[4]
5. 내부 마케팅과 훈련을 실행한다(제11장을 보라).
6. 모든 기능들의 중요한 목표가 통합되도록 최고경영자의 몰입을 높인다.

### 마케팅, 운영, 인적자원 이외에도 추가적 기술이 필요한가

서비스시스템은 점점 더 복잡해지고 있다. 많은 서비스가 정보기술, 커뮤니케이션 기반시설(예 : 글로벌 금융 서비스업), 거대하고 복잡한 설비(예 : 통합적인 공항기반시설), 복잡한 프로세스 엔지니어링(예 : B2B 환경의 복잡한 공급사슬) 등에 의해 성과가 좌우되고 있다. 보다 더 높은 수준에서 보자면 서비스는 과학으로 진화하고 있다. 이때 서비스는 정보기술, 엔지니어링, 서비스 경영 등과 같은 서로 다른 분야를 아우를 수 있는 각 분야의 전문가를 필요로 한다(서비스 인사이트 15.1 참조).

## 선도적 서비스 기업이 되는 길

**학습목표 3**
서비스 성과의 네 가지 수준이란 무엇인가?

지금까지 우리는 가장 모범적 관리를 규정하는 서비스-이익체인에 대해 논의하였다. 또한 서비스 기업을 운영하는 방법과 여러 기능을 통합할 필요성, 서비스 기업의 효과적인 서비스-이익체인을 창출하기 위한 방법에 대해 생각해 보았다. 이어서 서비스 실패기업에서 서비스 선도기업이 되기 위해서 기업이 앞으로 나아갈 수 있도록 하는 원동력이 무엇인지 확인해 본다.

### 실패기업에서 선도기업까지 : 서비스 성과의 네 가지 수준

서비스 리더십은 하나의 단일 영역에 한정된 뛰어난 성과에 기초한 것이 아니라 몇몇 영역의 성과에 기초한다. 이런 성과 스펙트럼의 파악을 위해서, 앞서 설명했던 마케팅, 운영, 인적자원의 각 기능별로 기업을 판단해야 한다. 표 15.2는 Richard Chase와 Robert Hayes가 제안했던 운영 중심의 프레임 워크를 변화시키고 확장시킨 것이다.[5] 서비스 실행자들은 다음의 4단계 실패기업(loser), 어중이기업(nonentity), 전문가기업(professional), 리더기업(leader)으로 분류된다. 각 단계마다 열두 가지 측면으로 전형적인 기업의 특징에 대해 설명하고 있다.

마케팅 기능 측면에서 마케팅의 역할, 경쟁의 매력, 고객 프로필, 서비스 품질에 초점을 맞춘다. 운영 기능 측면에서 운영의 구성요소, 서비스 전달(전방), 후방 운영, 생산성, 새로운 기술 도입에 초점을 맞춘다. 마지막으로 인적자원 기능 측면에서 인적자원 관리 부서의 역할, 노동력, 전방 관리에 대해 조사한다. 잠재력에 비해 아직 충분한 성과를 내지 못하는 기업에게 어떤 변화가 필요한지를 파악하는 것에 주안점을 둔다.

PART V

**표 15.2** 서비스 성과의 네 가지 수준

| 수준 | 1. 실패기업 | 2. 어중이기업 |
|---|---|---|
| 마케팅 기능 | | |
| 마케팅의 역할 | 전술적 역할만 수행, 목표가 불분명한 광고 및 프로모션, 제품과 가격 결정에 관여하지 않음 | 단순한 세분화 전략을 활용하며, 판매와 매스커뮤니케이션의 조합 활용, 가격할인과 프로모션을 선택적으로 활용, 기본적인 만족도 조사를 실시하고 표로 작성 |
| 경쟁우위적인 매력 | 고객은 성과보다는 다른 이유 때문에 기업과 거래 | 고객은 기업을 찾지도 피하지도 않음 |
| 고객 구성 | 구체적이지 않은, 최저가로 제공되는 대량 판매시장 | 하나 혹은 소수의 세분 시장에서 기본적인 욕구를 이해 |
| 서비스 품질 | 안정적이지 않고, 일반적으로 불만족스러우며, 운영상의 급한 일에 매달림 | 어느 정도 고객의 기대를 충족시킴, 한두 가지 핵심에 대해서만 일관적임 |
| 운영 기능 | | |
| 운영의 역할 | 민감, 비용 편향적 | 핵심적인 라인 관리 기능: 상품을 생산하고 전달하며, 생산성의 핵심인 표준화에 집중하고, 내부적 관점에서 품질 정의 |
| 서비스 제공 (전방 단계) | 필요악. 장소와 스케줄이 고객 선호와 관련이 없고, 고객이 일상적으로 무시됨 | 형식에 얽매이는 사람들, "고장나지도 않았는데 왜 고쳐야 하지?", 고객에게 엄격한 규칙 적용, 전달체계의 각 단계에서 독립적임 |
| 후방 운영 | 전방으로부터 단절, 부속품으로 취급(큰 조직 속의 하찮은 일원) | 조직에서 분리된 채, 개별적으로 전방에 대한 전달 기능에 기여, 고객에 정통하지 않음 |
| 생산성 | 막연함, 관리자는 예산 집행의 실패에 대해 처벌 받음 | 표준화에 기반, 예산 이하로 비용을 유지하여 보상받음 |
| 신기술의 도입 | 후기 채택자, 강제적, 생존에 필요한 경우 | 비용 절감이 정당화될 경우는 대세에 따름 |
| 인적자원 기능 | | |
| 인적자원의 역할 | 최저의 직무 기능을 보유한 직원을 저비용으로 공급 | 유능하게 수행할 수 있는 직원을 채용하고 교육/훈련 |
| 노동력 | 부정적 통제, 낮은 업무 실행, 상관하지 않으며, 충성스럽지 않음 | 충분한 재원, 절차를 따르지만 평범한, 직원 이동률이 빈번하고 높음 |
| 고객접점 관리 | 근로자 통제 | 프로세스 통제 |
| 3. 전문가기업 | | 4. 리더기업 |
| 마케팅 기능 | | |
| 경쟁할 수 있는 명확한 포지셔닝 전략이 있음, 약속을 명확히 하고 고객을 교육하기 위해 차별화된 흥미를 유발할 수 있도록 집중적 커뮤니케이션 기법 활용, 가격 설정은 가치에 기반을 둠, 고객의 사용 현황을 관찰하고 충성도 프로그램 가동, 고객만족을 측정하기 위한 다양한 조사 기법을 활용하고 서비스 증진을 위한 아이디어를 얻음, 새로운 전달 시스템을 도입하기 위해 운영 부서와 함께 일함 | | 선택된 세분 시장에서 마케팅 기법으로 유명한 혁신적인 리더, 제품/프로세스의 브랜드화, 일대일 마케팅과 능동적인 고객 관리에 투입하기 위해 관련 데이터베이스의 정밀한 분석 실행, 최첨단 기술의 연구 기법 활용, 신상품 개발에 투입하기 위해 콘셉트 시험과 관찰, 선도 고객의 사용 후기 활용 |
| 고객은 지속적인 고객만족으로 명성 있는 기업을 찾음 | | 기업의 이름은 서비스 우수성과 같은 의미로도 사용, 고객을 기쁘게 하는 능력은 경쟁자가 따라올 수 없는 수준까지 고객의 기대를 높일 수 있음 |
| 고객 집단이 기업에 대해 지닌 가치와 욕구에 관련된 변수를 명확하게 이해 | | 개인은 기업에 대한 고객의 미래 가치에 근거하여 선택되고 유지되며, 고객가치는 새로운 서비스 기회에 대한 잠재 구매력과 혁신을 자극할 수 있는 능력까지도 포함 |
| 다양한 분야에 걸쳐서 고객의 기대를 지속적으로 충족시키거나 초과 달성 | | 새로운 수준까지 고객의 기대를 높임, 지속적으로 향상 |

**표 15.2** 서비스 성과의 네 가지 수준(계속)

| 3. 전문가기업 | 4. 리더기업 |
|---|---|
| **운영 기능** | |
| 경쟁 전략을 수립하여 전략적 역할 수행, 생산성과 고객이 지각하는 품질 사이에서 절충 시도, 기꺼이 외부자원을 활용, 내부 긴장의 조장과 아이디어 창출을 위해 경쟁이 되는 운영 기능 주목 | 혁신, 집중, 우수함으로 인식, 마케팅 및 인적자원 관리와 동등한 파트너, 기업 내의 연구 능력과 산학 협동 능력, 지속적 실험 |
| 전통적 방식이 아니라, 고객 만족에 의해 주도, 맞춤화하고, 새로운 접근 포착/활용, 속도, 편리함, 편안함을 강조 | 서비스 전달은 고객을 중심으로 체계화된 연속적 프로세스, 직원은 그들이 응대하는 고객에 대해 알고 있음, 지속적 개선에 집중 |
| 프로세스는 전방 활동과 명백하게 연결, 외부고객을 응대하는 '내부고객'의 역할을 한다고 봄 | 지리적으로 먼 거리일 때조차도 전방의 서비스 전달 과정과 밀접하게 관련, 자신의 역할이 외부고객에 대응하는 전체적인 프로세스와 어떻게 관련되었는가를 이해, 지속적 의견 교환 |
| 후방 프로세스를 리엔지니어링하는 것에 집중, 고객 서비스 경험을 저하시킬 수 있는 생산성 향상은 하지 않음, 효율성을 높이기 위해 프로세스를 지속적으로 개량 | 품질 수익률의 개념 이해, 적극적으로 생산성 향상에 고객 참여 유도, 새로운 프로세스와 기술의 지속적 실험 |
| IT가 고객 서비스 증대와 경쟁우위의 제공을 약속할 때 조기수용자 | 선도자가 갖게 되는 우위를 창출할 수 있도록 새로운 응용기술을 개발하기 위해서 기술 리더와 함께 일함, 경쟁업체 입장에서 어려운 수준에서의 실행을 추구 |
| **인적자원 기능** | |
| 선택적인 채용과 지속적인 훈련에 투자, 직원과 친밀, 진급이 용이, 근로생활의 품질을 향상시키기 위해 노력 | 직원의 품질(능력)을 전략적 우위로 여김, 일하고 싶은 기업으로 알려져 있음, 인적자원 관리 부서는 최고 경영진이 기업 문화를 바람직하게 형성하도록 도움 |
| 동기부여, 근면성실, 선택 과정에서 약간의 재량권이 있음, 제안 활동 | 혁신적이고 권한이 위양된, 매우 충성스럽고 기업의 가치와 목표에 전념하는, 절차를 창조 |
| 고객에게 귀를 기울임, 근로자를 가르치고 준비시킴 | 최고경영진을 위한 새로운 아이디어의 근원, 멘토, 경력 개발을 매진하는 근로자, 기업에 가치가 있는 근로자 |

### 서비스 실패기업

이런 기업은 해당 업계의 순위 측면에서 하위에 위치한다. 그들은 마케팅, 운영, 인적자원 관리에서 모두 실패한다. 고객이 그들에게서 구매를 하는 이유는 다른 선택사항이 없기 때문이다. 이것이 실패자가 계속 살아남을 수 있는 이유이기도 하다. 새로운 기술은 단지 강제적으로 도입될 뿐이고, 관심이 없는 직원은 성과에 부정적 영향을 준다. 앞에서 제시되었던 실패의 순환(그림 11.6)은 이러한 조직이 직원과의 관계에서 어떻게 행동하는지, 고객에게 미치는 영향은 무엇인지를 설명해 준다.

### 서비스 어중이기업

여전히 향상될 여지가 있음에도 불구하고 어중이기업은 실패자가 가진 최악의 특징을 제거하는 것에만 초점을 맞춘다. 표 15.2에서 볼 수 있듯이, 어중이기업은 비용 절감이 표준화를 통해 가능하다는 전통적 운영 방식을 가지고 있다. 그들의 마케팅 전략은 단순하다. 인적자원과 운영 기능의 역할은 "튀지 않는 것이 좋다."와 "이게 고장나지 않았는데, 왜 고치지?"라는 생각으로 각각 요약될 수 있다. 소비자는 이런 조직을 찾지도 피하지도 않는다. 관리자들은 품질 향상과 다른 목표에 대해서 말할지도 모른다. 하지만 그들은 명확한 우선순위

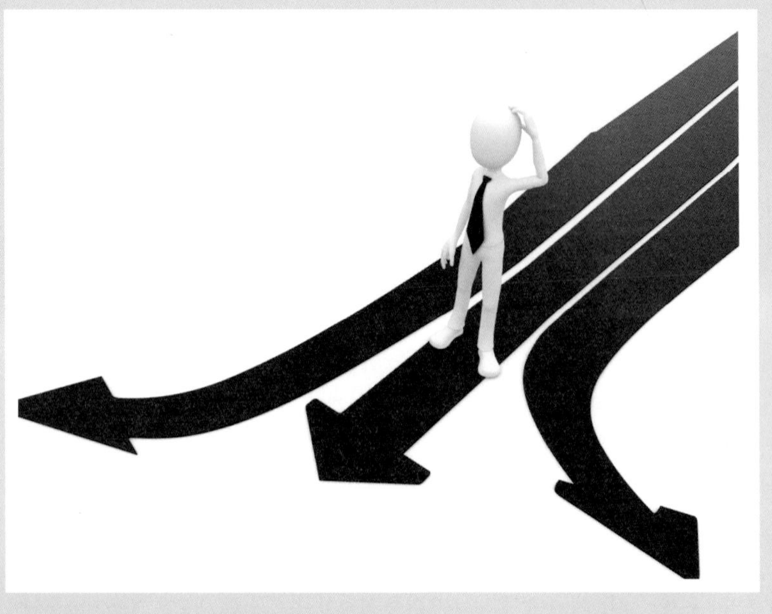

그림 15.6 만약 관리자가 명확한 방향을 갖고 있지 않다면 직원들은 혼란스러울 것이다.

와 방향을 설정할 수 없을뿐더러 직원들의 존경과 헌신을 얻지도 못한다(그림 15.6). 소수의 기업이 이런 방법으로 경쟁할 수도 있지만 서로 간에 그리 큰 차이를 보이지는 않는다. 그들은 신규 고객을 유치하기 위해 가격을 할인할 수도 있다. 평범의 순환(그림 11.9)은 그러한 기업의 인적자원 현황과 고객에 대한 그 결과물을 보여 준다.

### 서비스 전문가기업

이런 조직은 명확한 시장 포지셔닝 전략을 갖고 있다. 표적 세분 시장에 포함된 고객은 고객만족에 대한 명성을 믿고 이런 기업을 찾는다. 마케팅은 목표로 했던 전달 방법을 활용하고, 가격은 고객에 줄 수 있는 가치를 근거로 책정한다. 고객 만족도를 측정하여 서비스 향상을 위한 아이디어를 찾는 지속적인 노력이 기울여진다. 운영과 마케팅은 새로운 전달 시스템을 개발하기 위해 함께 협력하고, 고객이 원하는 품질과 생산성 사이에 상쇄(trade off)가 있음을 인식한다. 후방과 전방 활동 사이에는 분명한 연결고리가 있고, 인적자원 관리에 있어 많은 투자가 있다. 성

그림 15.7 Bank of America는 고객에게 우수한 서비스를 제공하고 있으며, 일하기에도 가장 좋은 기업 중 하나이다.

공의 순환주기(그림 11.11)는 서비스 전문가 범주에 있는 기업의 대부분 직원이 높은 수준의 성과를 이룰 수 있도록 하는 인적자원 전략을 보여 준다. 해당 전략은 고객만족과 충성도에 긍정적인 영향을 미친다.

### 서비스 리더기업

이런 기업은 속해 있는 산업 분야에서 최고이다. 서비스 전문가도 우수하지만 서비스 리더기업은 훨씬 뛰어나다. Starbucks, Ritz-Carlton, Southwest Airlines 등이 서비스 리더기업에 속한다. 해당 기업의 이름은 서비스의 우수성과 고객을 기쁘게 하는 능력과 연결된다. 서비스 리더기업은 관리의 기능별 영역에서 혁신적이고, 서비스 조직의 세 가지 기능 사이에서 바람직한 내부 커뮤니케이션 기술과 통합 능력이 있다. 이것은 비교적 수평적 조직구조와 팀의 광범위한 활용에서 가능하다.

서비스 리더기업의 마케팅 노력은, 일대일 원리로 고객에 대한 통찰력을 제공하는 CRM시스템을 활용한다. 콘셉트 테스트, 관찰, 우수고객과의 접촉은 이전에 인지하지 못한 욕구에 대응할 수 있는 새롭고 획기적 서비스 개발에 활용된다. 선도자 이점(first mover advantag)을 창출할 수 있는 새로운 응용기술을 개발하기 위해 전 세계의 기술 리더와 함께 일한다. 결과적으로 해당 기업은 경쟁자들이 오랜 기간 동안 도달할 수 없는 수준까지 실행 수준을 높일 수 있다. 내부적으로 직원이 따를 수 있는 표준화된 프로세스와 명확한 표준이 있고, 이는 직원의 업무를 용이하게 한다.[6] 상위 임원은 직원의 품질(능력)을 중요한 경쟁우위 요소로 여긴다. 인적자원 관리 부서는 서비스 지향적인 기업 문화의 유지와 개발, 최고 인력을 유치하고 보존하는 우수한 근무환경을 창조하기 위하여 직원과 협업한다. 직원은 기업의 가치와 목표에 전념한다. 직원은 높은 수준의 조직몰입을 갖고 권한이 위임되며 변화에 빨리 대응할 수 있기 때문에 새로운 아이디어의 끊임없는 원천이 될 수 있다(그림 15.8).

**그림 15.8** 우수한 인적자원 관리는 기업이 더욱 높은 성과를 낼 수 있도록 섬길 수 있는 유능한 인재를 생산한다.

**학습목표 4**
서비스 우수기업이 되기 위해 서비스 기업이 해야 할 일은 무엇인가?

### 더 높은 수준의 성과 창출

기업은 성과 사다리(performance ladder)를 올라갈 수도 내려갈 수도 있다. 현재 고객을 만족시키는 데만 집중하는 기업은 시장의 중요한 변화를 놓치거나 시대에 뒤떨어질 수도 있다. 이러한 기업의 고객은 충성스럽지만 그 수가 점차 감소할 것이고 차별화된 서비스를 기대하는 신규 고객은 찾아볼 수 없을 것이다. 특정 기술혁신을 통해 우수한 프로세스를 바탕으로 성공을 이룬 기업은 또 다른 방식으로도 성과를 창출했다는 것을 알아야 한다. 확고한 서비스 윤리를 가진 충성스러운 노동력을 양성하기 위해 수년 동안 힘써 왔던 기업은, 단기 이익에 치우치거나 인수합병의 결과로 새로운 관점을 지닌 경영진이 구성됨에 따라 그들의 기업 문화가 빠른 속도로 파괴될 수 있다는 것도 알아야 한다.

대부분의 시장에서, 우리는 성과 사다리를 올라가는 기업을 찾아볼 수 있다. 그들은 더 나은 경쟁우위와 고객 만족을 확보하기 위해 마케팅, 운영, 인적자원 관리를 조화시키려 노력한다. 예를 들어, 마이크로소프트는 만족과 충성도의 향상 측면에서 고객 및 파트너의 체험이 점점 더 중요해고 있음을 알고 있었다. 이에 마이크로소프트는 '고객 및 파트너 체험(CPE)'이라고 불리는 전사적 계획을 통해 개발중심적 문화에서 고객중심적 문화로 바꾸고 있다. CPE의 목표는 고객과 파트너들이 마이크로소프트의 소프트웨어를 시도하고, 구매하고, 다운로드하고, 이용하고, 통합하고, 업그레이드하는 동안의 모든 지각점(perception points)을 모니터링하고 관리하고 개선하는 것이다.

### 더 높은 수준의 성과창출을 위한 선도적 변화

리더는 기업을 올바른 방향으로 이끌고, 올바르게 전략적 우선순위를 선정해야 하며, 조직 구성원들로 하여금 전략을 적절하게 실행하도록 해야 한다. 조직 변화와 성과사다리를 올라가는 방법은 진화(evolution) 또는 전환(turnaround) 두 가지가 있다.

사업상황에서의 진화는 끊임없는 변화를 의미한다. 이를 위해 최고경영진은 변화하는 상황과 새로운 기술들을 활용하기 위해 기업의 전략과 목표를 적절하게 변화시키기 위해 최대한 노력해야 한다. 지속적인 변화가 없다면, 역동적인 시장상황에서 기업을 성공적으로 유지하기 어렵다.

리더(일반적으로 새로운 리더)가 조직을 보다 나은 상황으로 이끌기 위해 노력하는 전환 상황에서는 다른 종류의 변화가 이루어진다. 인시아드(INSEAD, 프랑스의 경영대학원—역주)의 교수인 Chan Kim과 Renee Mauborgne은 전환 상황에서 전략을 만들고 조정할 때 만나게 되는 네 가지 장애요인들을 제시하였다.[7]

- ▶ 인지적 장애요인은 현재 문제점의 원인과 변화의 필요성에 대해 동의하지 못할 때 존재한다.
- ▶ 자원적 장애요인은 조직의 기금이 제한되어 있을 때 발생한다.
- ▶ 동기적 장애요인은 기업 구성원들이 변화하고 싶어하지 않을 때 존재한다.
- ▶ 정치적 장애요인은 자신들의 위치를 보호하고자 하는 집단이 저항할 때 존재한다.

제한된 자원을 갖고 있는 조직의 전환을 위해서는 절실하고 성과가 가장 높을 것으로 예상되는 곳에 자원을 집중해야 한다. 리더십 분야의 권위자인 John Kotter는 성공적인 조직변화를 위해서는 복잡하고 때로는 많은 시간이 소요되는 다음에서 제시하는 8단계를 리더십 역할이 필요함을 제안한다.[8]

1) 변화의 동기를 높이기 위해 위기감을 창출해야 한다.
2) 조직변화를 선도할 만큼 강력한 팀을 조직원들과 함께 구성해야 한다.
3) 조직이 나아갈 방향을 제시할 수 있는 비전을 적합하게 제시해야 한다.
4) 새로운 비전을 모두에게 전파해야 한다.
5) 그러한 비전에 근거해서 직원들에게 권한을 위임해야 한다.

6) 신뢰를 만들고 냉소를 없애기 위해 충분한 단기 성과를 내야 한다.
7) 추진력을 만들고 변화를 저해하는 문제들을 해결하기 위해 이를 이용하라.
8) 조직문화에 새로운 행동들이 자리잡도록 하라.

**그림 15.9** 리더십과 관리 기법이 매우 밀접하게 작동할 때, 기업 문화는 역동적일 수 있다.

Rosabeth Moss kanter는 전환 상황에서는 조직의 외부에서 새로운 CEO를 영입하는 것이 낫다고 제안하였다.[9] 새로운 CEO는 이전의 경영에 참여하지 않았기 때문에 보다 정확하게 문제를 진단할 수 있다. 전환 상황에서의 모범적인 리더는 고객에게 초점을 맞추는 것이 얼나마 강력하고 효과적인지 잘 알고 있다. 고객에게 초점을 맞춤으로서 부서 간 협력을 유도할 수 있다. 또한 전환을 통해 마케팅, 운영, 인적자원 등의 기업 기능 간 장벽과 제품 또는 지역적 부서 간 장벽을 허물 수 있는 것을 물론이거니와 새로운 사업기회를 잡을 수 있도록 재무적 우선순위를 조정할 수도 있다(그림 15.9).

## 리더십, 조직 문화, 조직 분위기

**학습목표 5**
효과적인 서비스 문화를 만들기 위해 필요한 리더의 역할은 무엇인가?

이 장을 마치기 전에, 효과적인 조직 문화를 육성하는 리더의 역할에 대해 살펴보도록 하자.[10] 조직 문화는 다음과 같이 정의될 수 있다.

- 조직에서 중요한 것이 무엇인지에 관한 공유된 이해
- 무엇이 옳고 그른지에 대한 공유된 가치
- 무엇이 통용되고 통용되지 않는지에 대한 공유된 이해
- 왜 이런 것이 중요한지에 대한 가정. 즉 공유된 신념
- 업무와 타직원과의 관계에 대한 공유된 스타일

서비스 지향적인 문화는 뛰어난 가치나 서비스 품질을 전달하는 데 최고가 되기 위해 명확한 마케팅 전략과 강한 추진력을 포함한다.[11] 일단 조직의 가치가 직원의 마음과 진심의 일부가 되면, 그들은 독립적으로 일할 수 있지만 여전히 협력적일 수도 있다. 왜냐하면 그런 직원은 조직의 사명과 목표에 대해 깊이 생각하기 때문이다.[12]

위의 다섯 측면 각각에 기반하여 새로운 문화 개발을 위해 조직을 변화시키는 것은 천부적인 리더에게도 쉬운 일이 아니다. 일부 조직은 다른 분야 출신의 독립적 기질을 가진 전문가에 의해 운영되고 있다. 이런 전문가는 다른 기업에 있는 동일 분야 전문가에게 자신이 어떻게 보이는지에만 관심을 갖는다. 이런 상황은 전문기업뿐 아니라 단과대학과 종합대학, 대다수의 병원, 박물관에서도 발견된다. 서비스 인사이트 15.2에서는 보스턴 미술관의 새로운 디렉터가 겪게 되는 도전을 묘사하고 있다.

조직 분위기는 보고 느낄 수 있는 조직 문화의 가장 바깥층이다. 조직의 근무 환경에 영향을 주는 여섯 가지 핵심 요소들은 다음과 같다.

## 서비스 인사이트 15.2

### 보스턴의 순수미술 박물관에서의 과정의 반전

1870년에 세워진 보스턴 미술관은 많은 사랑을 받아 왔으나, 몇 년 동안 침체에 빠져 있었다. 그런 와중에 1994년 6월 새로운 디렉터를 모집하였다. 미술관의 채용 위원회는 미술 사학자인 Malcom Rogers를 채용하였으며, 당시 그는 런던의 국립 초상화 진열관의 부디렉터로 근무하고 있었다. 보스턴에 도착하자마다 그는 재무적 어려움과 최근의 인원 삭감으로 인한 낮은 직원 사기를 전담할 기관을 설치하였다. 기업 회원수가 급락하고 있었고, 입장관도 줄어들고 있었다.

새로운 디렉터의 첫 번째 행동 중 하나는 전체 직원들이 참석하는 아침식사를 주관하고 핵심 테마를 소개하는 것이었다. 핵심 테마는 다음과 같다.

> 우리는 여러 부서들의 집합이 아니고 하나의 미술관이다. 미술관은 경비원, 큐레이터, 기술자, 후원자, 자원봉사자, PR담당자 등으로 구성된다. 우리 모두는 각자 전문지식을 보유하고 있다. 동료들과 협력적으로 일하다 보면 우리 모두가 개선시킬 영역이 생길 것이다.

Rogers의 '하나의 미술관' 테마는 계속 반복되었으며, 전통적으로 여러 큐레이터들이 독립적으로 미술관의 서로 다른 부서를 운영하며, 구매 및 전시에 대한 우선 순위를 정하는 업무부다 하나의 미술관으로 업무가 진행되는 것이 더욱 중요하다는 메시지를 구성원들에게 전달하였다. 어떤 큐레이터는 즉각 사표를 제출하였다. Rogers는 유머러스하고 친절하며 사교적이라고 알려졌으나, 새로운 디렉터로서는 직설적이고 단호함을 보여주었다. 그는 지출에 무척 엄격했으며, 직원수의 20%를 감축하는 프로그램을 시작하였다. 그러나 미술관 방문객을 위한 서비스는 줄이지 않았다. 그 대신에 보다 환영하는 분위기를 만들고자 하였다. 그는 다음과 같이 말했다.

> 나는 미술관이 지역사회에 대해 봉사해야 한다고 확신하며, 이러한 지역사회에 대한 봉사가 보스턴에서 내가 해야 할 가장 중요한 일들 중 하나라고 생각한다. 이를 위해 우리 미술관은 대중에게 관심을 갖고, 가능하면 많은 고객들을 만족시키고자 노력하겠습니다.

경비절감을 위해 폐쇄했던 헌팅턴가에 있는 출입구는 다시 열었으며, 개장 시장을 연장하였고, 경비절감을 위해 전임자들이 했던 다른 일들도 바꿔놓았다. 매일의 근무가 연장되었고, 일주일 내내 박물관이 운영되기 시작하였다. 일주일에 3일 동안 저녁 10시까지 미술관은 운영하였다. 1년 동안 세 번의 일요일을 '커뮤니티데이'로 정하여 미술관 입장료를 받지 않았다.

매년 새로운 외부 조명미술관 시설과 이미지를 개선하는 활동에 착수하였다. 이러한 활동에는 다음과 같은 활동들이 포함되었다—밤에 보스턴 미술관의 외관을 돋보이게 하기 위한 새로운 외부 조명, 메인 레스토랑의 확장, 옥상 테라스 개장 등. 특히 보스턴이나 보스턴 근처 도시에 사는 사람들이 저녁에 보스턴 미술관을 자주 방문하도록 하는 것이 또 하나의 목표였다. 이를 위해 전시작품을 다양하게 구성하였고, 레스토랑을 업그레이드했으며, 미술관 분위기를 개선하였다. 이러한 시도들을 위해 야심차게 500만 달러를 예산을 책정하였으며, 주건물의 확장을 위한 기금도 여기에 포함되어 있었다.

Rogers는 전임자들보다 대중의 높은 관심을 즐겼다. 당시 마케팅 담당 부디렉터였던 Pat Jacoby는 "Malcom은 마케팅의 화신이다. 그는 친근하며, PR을 지지하고, 방문자들을 배려하며, 보스턴 미술관이 다른 미술관의 표준이 될 것이라고 믿고 있다."라고 말했다. Rogers는 다음과 말했다.

> 마케팅은 자신의 메시지를 알리고자 노력하는 우리 미술관에게 있어 핵심적인 부분이다. 마케팅은 우리의 교육적 봉사와 사회적 봉사의 일부분이다. 불행히도 어떤 사람은 '마케팅'이라는 단어를 좋아하지 않는다. 그런 사람들(미술관 내부에도 있는)은 뛰어난 조직은 보다 많은 대중을 사로잡아야 하고, 이들 대중이 말하는 것을 들어야 함을 인정하지 못하는 보수적인 성향을 갖고 있다. 그러나 보다 많은 대중을 사로잡아야 하고, 이들 대중이 말하는 것을 들어야 함이 당신의 미션을 달성하기 위해 필요한 모든 것이다.
>
> 분명히 이전에 수립된 미술관의 목표들에 대한 지속적인 추구가 미술관의 미션 중 일부라고 할 수 있다. 그러나 그러한 목표들을 제대로 전달하지 못하고 우리의 방문객들이 그러한 목표들을 탐탁하지 않게 생각하고 심지어 제대로 이해하지도 못하고 있다면 목표달성 정도는 50% 이하라고 할 수 있다. 이와 같이 이야기하는 것은 미션이 선행되어야 하며, 마케팅은 절대적으로 미션보다 다음 순위임을 강조하고 싶기 때문이다. 우리는 사

람들이 원하는 것을 찾고 그들이 원하는 것을 제공하는 사업을 하고 있는 것이다.

Rogers는 대중적인 인기와 학문적인 것을 결합한 전시를 추구하였다. 그는 최소한 2년에 한 번씩 폭발적인 인기를 끌 만한 대형 전시를 하고자 했으며, 이러한 그의 의도는 선임 직원들과 위원회로부터 지지되었다. 물론 보스턴 미술관이 영구 소유하고 있는 작품들부터 규모가 작은 전시회도 지속적으로 유지하고자 하였다. 15개 유럽 갤러리의 미술품들이 관객을 자극하고 보다 적극적으로 참여하도록 획기적으로 설계하여 다시 전시되었다. 그러나 보스턴 미술관의 모네 기획전에 전시된 27점의 인상파 작품들을 라스베이거스의 벨라지오 카지노에 100만 달러에 빌려준 것은 많은 비판을 받았다. 그러나 이들 전시된 작품들을 450,000명이 관람하였다.

2002년 보스턴 미술관 위원회는 '하나의 미술관—위대한 미술관—당신의 미술관'으로 명명된 장기 전략계획을 채택하였다. 장기 전략계획은 10개의 전략 목표로 이루어졌으며(표 15.3), 개별 목표는 200개가 넘는 실행계획에 의해 달성될 것이다.

2006년 중반 아직 이들 계획들이 진행 중임에도 불구하고, 335만 달러 이상의 기금이 모였고, 9·11사건 이후 다시 관람객들이 증가하기 시작했다. 미술관은 '속도, 스타일과 미: 랄프로렌 컬렉션의 자동차들(패션디자이너들이 소유한 16대의 유럽 클래식 자동차)'과 같은 비전형적인 예술형태를 주기적으로 전시하겠다는 전략을 유지하였다. 이 전시전은 '형편없지만 빛나는 유명인사의 작품'이라는 헤드라인으로 뉴욕 타임스가 비판했지만, 목표치를 초과해서 관람객들은 입장했으며, 평균 남자 관람객 비중을 뛰어넘는 남자 관람객들의 입장이 핵심 목표였는데, 이를 달성하였다.

**표 15.3** 보스턴 미술관의 열 가지 전략 목표

| | |
|---|---|
| **소장품들** | 1. 소장품들의 질을 지속적으로 개선<br>2. 소장품들에 대한 관리 및 지식의 개선<br>3. 소장품들에 대한 전 세계적인 전자적(인터넷 기반 포함) 접근의 제공 및 촉진 |
| **체험** | 4. 관람객들의 참여, 교육 및 환호<br>5. 관람객들의 욕구를 이해함으로써 관람객 유지 및 확대<br>6. 다양한 목표에 부합되는 전시 프로그램의 스케줄링 |
| **시설들** | 7. 물리적 시설의 확장 및 개선 |
| **재정** | 8. 장기 전략계획 및 목표달성에 근거한 기금 마련<br>9. 회계 안정성 |
| **조직** | 10. 관람객 평가와 같은 결과 지향적인 실험적 기획 채택 및 이러한 기획을 지지할 수 있는 조직 재정력 |

출처

Christopher Lovelock, "Museum of Fine Arts, Boston," *Services Marketing*, 4th ed. Upper Saddle River, NJ: Prentice Hall, 2001, 625-638; V. Kasturi Rangan and Marie Bell, "Museum of Fine Arts Boston," Harvard Business School Case 9-506-027; Museum of Fine Arts website, www.mfa.org, accessed March 12, 2012.

- 조직의 유연성(직원이 혁신에 대해 얼마나 편안하게 느끼는가)
- 조직에 대한 책임감
- 지키고자 하는 표준의 수준
- 지각된 보상의 적합성
- 사명과 가치에 대한 명확한 이해
- 공통 목적을 향한 참여 수준[13]

직원의 관점에서 본다면, 조직 분위기는 관리상의 정책과 절차에 직접적으로 연관이 되고, 특히 인적자원 관리와 관련이 높다. 간단히 말하자면 조직 분위기는 실행, 절차, 행동유형(특정 상황에서 보상 또는 인정을 받으려는 행동)에 대한 직원의 공통된 견해이다.

단일조직 안에서 여러 분위기가 동시에 존재하는 것은 흔한 일이다. 분위기는 반드시 어

## 서비스 인사이트 15.3

### 리더십 유형이 분위기에 미치는 영향

Rutgers대학의 응용 심리학자인 Daniel Goleman은 리더십의 여섯 가지 유형을 구체화했다. 그 는 각 유형이 얼마나 성공적으로 업무 분위기와 조직 분위기에 영향을 미칠 수 있는지 연구했다. 이것은 행동에 대한 주요 연구를 배경으로 하였으며, 수많은 경영자에게 영향을 미쳤다.

강제형 리더(coercive Leader)는 즉각적인 복종을 요구한다("내가 말하는 대로 하라."). 그들은 분위기에 부정 적인 영향을 주는 것으로 밝혀졌다. Goleman에 따르면, 이런 관리 유형은 단지 위기 상황이나 문제가 있는 직원을 다룰 때에만 유용하다. 모범적 리더(Pace Setting Leader)는 성과 기준을 높이 설정한다. 그들은 매우 활동적이다. 이 유형은 '내가 하는 만큼 하라, 지금 당장'으로 요약될 수 있다. 이 유형 역시, 분위기에 부정적인 영향을 준다. 실제로 모범형 리더는 부하들이 무엇을 할지와 어떻게 할지를 미리 알고 있기를 기대하기 때문에, 부하에게 너무 많은 것과 너무 빠른 것을 요청함으로써 사기를 저하시킬 수도 있다. 누군가가 기대했던 것보다 역량이 부족하다고 판명될 때, 모범형 리더는 세부적인 것에 집중하기 시작하고 세세한 사항까지도 관리할지 모른다. 이런 유형은 동기부여가 잘되어 있는 전문가팀에서 빠른 결과물을 찾을 때 좀 더 효과가 있다.

분위기에 긍정적 변화를 달성하기 위해 가장 효과적인 유형은 바로 권위형 리더(authoritative leader)이다. 이런 리더는 사람들에게 비전을 심어 줄 수 있는 기술과 인격을 소유하고 있고, "함께 가자."는 방식을 활용하여 신뢰를 쌓는다. 또한 연구를 통해서 분위기에 매우 긍정적인 영향을 미치는 다음 세 가지 유형을 발견했다. '사람이 최우선'이라 믿는 친화형 리더(affiliative leader)는 조화를 창조하고 정서적 유대감을 형성한다. 민주형 리더(democratic leader)는 참여를 통한 동의("너의 생각은 어떠니?")를 추구한다. 그리고 코치형 리더(coaching leader)는 "시도해 봐."로 요약될 수 있는 유형이며 미래에 대비하여 사람을 개발한다.

출처

Daniel Goleman, "Leadership that Gets Results," *Harvard Business Review* 78, March?April 2000, 78-93.

떤 특정한 것–예를 들면 서비스 지원, 혁신, 안전–과 관련되어 있다. 서비스에 대한 조직 분위기는 이런 것의 실행, 절차, 행동유형(고객서비스, 서비스 품질, 성과 등에 대한 기대와 보상)에 대한 직원의 견해이다.

리더는 서비스 문화와 분위기를 창조하는 데 책임이 있다. 분위기에 필요한 변화를 가져오는 데 있어 왜, 어떤 리더가 다른 리더보다 더 효과적인가? 서비스 인사이트 15.3에서 알 수 있듯이 그것은 방법/스타일의 문제일지도 모른다.

시장에서의 성공 요건에 대한 이해를 기초로 서비스의 새로운 분위기를 창조하는 것은, 인적자원 관리 활동과 운영상의 절차, 기업의 보상 및 인정정책에 대한 철저한 재고찰을 필요로 할 수도 있다.

**학습목표 6**
미래의 리더가 갖춰야 할 자질은 무엇인가?

## 미래의 리더십[14]

현재 사용되고 있는 리더십의 어떤 측면들이 달라질 것인가? 상호 연결되는 두 가지 주요 측면이 중요해지고 있다. 그중 하나는 집단적 능력(collective genius)으로서의 리더십이고, 다른 하나는 후방으로부터의 리더십(leadership from behind)이다. 많은 사람들은 집단적 능력을 형성하는 팀에서 일하며 그들은 당연히 유능하다. 팀을 효과적으로 이끌기 위해 팀의 리더는 뒤에서 서로 다른 구성원들을 다른 관점에서 이끌 필요가 있다(그림 15.10).

그림 15.10 리더가 미래에 대한 명확하고 흥이 나는 비전을 효과적으로 전달할 수 있다면, 사람들은 집중해서 듣고 따를 것이다.

### 집단적 능력으로서의 리더십

전통적 리더는 진로를 결정하고 사람들이 따를 수 있도록 격려했다. 미래의 리더는 다양한 이해관계자 사이의 상호의존성과 사업의 다양성으로 인하여 문제해결에 팀 접근법을 활용하는 등 더 협력적일 필요가 있다. 리더가 지위를 이용하여 권력을 행사하는 경우, 이를 따르지 않는 유능한 사람이 많을 것은 당연하다. 대신에, 우리는 집단적 능력으로서의 리더십 프로세스를 보유한다.

다른 문화권에서 온 리더는 매우 다른 스타일을 가질 수 있으며, 때로는 신흥국가에서 올 수 있다. 예를 들면, 아프리카에서 리더십은 흔히 "우리가 있기에 내가 있다."의 원칙을 기초로 한다. 한 성공적인 인도기업에서는, 직원이 첫 번째이고, 고객은 두번째이다. 이것은 다양한 집단의 리더가 CEO와 리더십을 공유하는 분배형 리더십 모델(distributed leadership model)에서 효과적이다.

### 후방으로부터의 리더십

후방으로부터의 리더십은 리더가 다른 사람과 권력을 나누는 것을 두려워하지 않는다. 그들은 사람이 자발적으로 이끄는 배경을 만들 수도 있고, 다른 사람의 지식에 근거하여 여러 시점에서 그들이 주도할 수 있는 배경을 만들 수도 있다. 이 때 리더십은 바로 집단적 활동(collective activity)이 된다(그림 15.11). 위기 상황에서와 마찬가지로, 필요하다면 후방으로부터의 리드(lead from behind)가 전방으로부터의 리드(lead from the front)의 역할을 할 수 있다.

미래에는 혁신이 경쟁 분야에서 기업이 앞으로 전진할 수 있는 방법이 될 것이다. 혁신을 위해서는 후방으로부터의 리더십을 요구하는데, 혁신은 다양한 그룹의 재능을 이용하는 창조적인 프로세스이기 때문이다. 사람들은 이러한 총체적인 노력이 개인의 노력보다 훨씬 뛰어난 결과물을 생산할 수 있다는 것을 알게 될 것이다.

그림 15.11 글로벌시장에서 혁신적인 리더십은 분화된 팀의 재능을 활용하여 개인의 노력보다 훨씬 뛰어난 성과에까지 도달할 수 있다.

# 요약

**학습목표 1**

서비스-이익체인은 산업에서 서비스 리더십이 여러 관련된 영역에서 높은 성과를 필요로 한다는 것을 보여준다.

- ㅇ 고객관계는 효과적으로 관리되어야 하고, 충성도를 확보하기 위한 전략이 반드시 필요하다.
- ㅇ 가치는 목표고객으로 하여금 경쟁자가 제공하는 것보다 더 나은 것을 제공한다고 인식할 수 있도록 창출되고 전달되어야 한다.
- ㅇ 서비스 품질과 생산성의 지속적 향상이 있어야 한다.
- ㅇ 직원은 역량이 있어야 하며 동기부여가 되어야 한다.
- ㅇ 최고경영진의 리더십은 서비스-이익체인의 모든 구성요소를 지원하고 추진해야 한다.

**학습목표 2**

성공을 위해서는 마케팅 기능, 운영 기능, 인적자원 관리 기능이 긴밀하게 통합되어 업무를 조정된 방법으로 협력하여 수행할 필요가 있다.

- ㅇ 통합이 의미하는 것은 여러 기능들의 핵심적인 전달 내용들과 목표가 호환적이고, 서로를 강화시켜 준다는 것이다.
- ㅇ 통합을 증대키는 방법들은 다음과 같다. (1) 직원을 내부에서 다른 기능으로 전환, (2) 교차기능적인 팀의 구축, (3) 교차기능적인 서비스 전달팀의 운영, (4) 부서 간에 구체적인 목표, 활동, 과정들을 통합하는 직무를 가진 개인을 지정, (5) 내부 마케팅과 훈련을 실행, (6) 모든 기능들의 중요한 목표가 통합되도록 최고경영자의 몰입을 높임.

**학습목표 3**

서비스 성과에는 네 가지 수준이 있는데, 마지막 두 가지만이 서비스-이익체인의 원리를 따른다. 그것은 (1) 실패자, (2) 어중이, (3) 전문가, (4) 서비스 리더이다.

- ㅇ 서비스 실패자가 살아남을 수 있는 이유는 이들 외에 고객이 선택적으로 구매할 수 있는 대안이 없기 때문이다.
- ㅇ 서비스 어중이는 평범한 순환에 의해 존재한다.
- ㅇ 서비스 전문가는 성공의 순환에 의해 존재한다.
- ㅇ 서비스 리더는 그들이 속한 산업에서 최고이다.

**학습목표 4**

성과 사다리를 올라갈 수 있는 기업들은 전형적으로 보다 경쟁우위적인 위치를 차지하고 그들 고객을 보다 만족시키기 위해 마케팅, 운영, 인적자원 관리 기능에 대해 조율하고자 노력한다.

변화 없이 어떤 기업도 성과 사다리를 오를 수 없으며, 지속적인 성공을 이룰 수 없다. 이 때의 변화는 진화적 변화와 전환적 변화로 구분할 수 있다. 진화적 변화는 역동적인 시장상황에 처해 있을 때의 연속적인 변화를 포함하며, 종종 전화적 변화는 조직을 실패 상황에서 빼내기 위해 새로운 리더를 영입하는 것을 포함한다.

변화의 장애물을 넘어 성공적인 변화 관리를 하기 위해 다음과 같은 8단계의 리더십 진화가 필요하다.

- ㅇ 변화의 동기를 높이기 위해 위기감을 창출해야 한다.
- ㅇ 조직변화를 선도할 만큼 강력한 팀을 조직원들과 함께 구성해야 한다.
- ㅇ 조직이 나아갈 방향을 제시할 수 있는 비전을 적합하게 제시해야 한다.
- ㅇ 새로운 비전을 모두에게 전파해야 한다.
- ㅇ 그러한 비전에 근거해서 직원들에게 권한을 위임해야 한다.
- ㅇ 신뢰를 만들고 냉소를 없애기 위해 충분한 단기 성과를 내야 한다.
- ㅇ 추진력을 만들고 변화를 저해하는 문제들을 해결하기 위해 이를 이용하라.
- ㅇ 조직 문화에 새로운 행동들이 자리잡도록 하라.

**학습목표 5**

다음 사항을 목표로 리더는 강력한 조직 문화를 만들어야 한다.

- ㅇ 모든 직원은 기업에게 중요한 것이 무엇인지, 왜 중요한지에 대해 동의한다.
- ㅇ 모든 직원은 옳고 그른 것에 대한 가치를 공유한다.
- ㅇ 모든 직원은 무엇이 통용되고 통용되지 않는지에 대한 이해를 공유한다.
- ㅇ 모든 직원은 업무 방식을 공유한다.

조직 분위기는 해당 기업 문화의 가장 바깥쪽에 위치한다. 조직 분위기는 기업의 방침과 절차와 관련되어 있으며, 특히 인적자원 관리와 깊은 연관이 있다. 서비스 분위기를 창조하는 과정은 적절한 인적자원과 보상정책에 의해 좌우된다. 조직의 근무 환경에 영향을 주는 여섯 가지 핵심 요소들은 다음과 같다.

- 조직의 유연성(직원이 혁신에 대해 얼마나 편안하게 느끼는가)
- 조직에 대한 책임감
- 지키고자 하는 표준의 수준
- 지각된 보상의 적합성
- 사명과 가치에 대한 명확한 이해
- 공통 목적을 향한 참여 수준

**학습목표 6**

집단적 능력으로서의 리더십과 후방으로부터의 리더십

은 미래의 리더십에서 중요한 두 개의 트렌드이다. 집단적 능력을 형성하는 팀에서 일하는 많은 사람들은 당연히 유능한 사람들이다. 그들을 효과적으로 리드하기 위하여 리더들은 후방에서 리드하고, 다른 사람들은 다른 방법으로 리드할 필요가 있다. 후방으로부터의 리더십은 다양한 사람집단의 능력을 이용하며, 이는 개인이 보여주는 노력보다 더 우수한 결과를 만든다.

## 학습 키워드

이 키워드들은 각 학습목표의 절에서 확인할 수 있다. 그들은 각절에서 학습하는 서비스 마케팅 개념을 이해하기 위하여 필수적인 것이다. 이 키워드들의 개념과 어떻게 이들을 이용할 것인가를 잘 아는 것이 이 과정을 잘 마치고, 실제 외부의 경쟁시장 환경에서 실무적으로 실행하는 데 필수적이다.

**학습목표 1**

1. 고객 충성도
2. 고객만족
3. 생산적 직원
4. 수익성
5. 서비스-이익체인
6. 주주 가치
7. 최고경영진의 리더십

**학습목표 2**

8. 교차기능적 프로젝트팀
9. 인적자원 기능
10. 상호기능적 갈등
11. 내부 이동
12. 마케팅 기능
13. 운영 기능

**학습목표 3**

14. 서비스 리더
15. 서비스 실패자
16. 서비스 어중이
17. 서비스 성과
18. 서비스 전문가

**학습목표 4**

19. 인지적 장애요인
20. 진화
21. 리더십 역할
22. 동기적 장애요인
23. 성과 사다리
24. 성과 수준
25. 정치적 장애요인
26. 자원적 장애요인
27. 전환

**학습목표 5**

28. 친화형 리더
29. 권위형 리더
30. 강제형 리더
31. 조직 분위기
32. 조직 문화
33. 모범형 리더
34. 서비스 지향적 문화

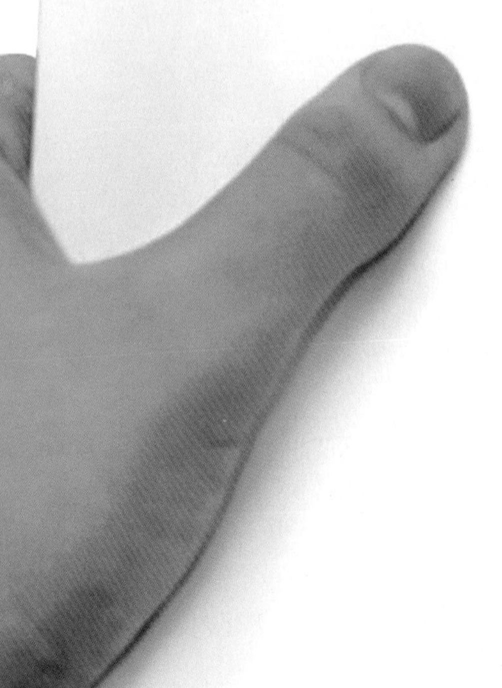

## 학습 문제

1. 서비스 관리에서 서비스–이익체인이 의미하는 것은 무엇인가?
2. 서비스–이익체인의 지지자들은 직원 만족과 직원의 충성도, 서비스 품질과 서비스 생산성, 고객만족과 고객 충성도 간에 높은 관련성이 있다고 주장한다. 당신은 이와 같은 관계가 셀프서비스와 같은 낮은 접촉수준의 서비스 상황에서도 존재할 것이라고 생각하는가? 그 이유는 무엇인가?
3. 마케팅, 운영, 인적자원 관리의 세 가지 기능이 서비스 영역에서 상호 밀접하게 연관되는 이유는 무엇인가?
4. 마케팅, 운영, 인적자원 기능 간에 발생하는 긴장의 원인은 무엇인가? 서비스 산업 간에 비교를 통하여, 이 긴장이 어떻게 변할 수 있는지 구체적인 예로 설명하시오.
5. 서비스 성과의 네 가지 수준에 대해 설명하고, 당신의 서비스 경험에 근거하여 각 범주에 해당하는 기업을 예로 들어 보시오.
6. 리더십과 관리 사이의 차이점은 무엇인가? 예를 들어 설명하라.
7. 왜 역할 모델링이 리더의 바람직한 특성인가?
8. 리더십, 조직 분위기, 조직 문화 사이에는 어떤 관계가 있는가?

## 참고문헌


1 Don Peppers and Martha Rogers, *Return on Customer.* New York: Currency Doubleday, 2005, 1.

2 James L. Heskett, Thomas O. Jones, Gary W. Loveman, W. Earl Sasser Jr., and Leonard A. Schlesinger, "Putting the Service Profit Chain to Work," *Harvard Business Review* 72, March/April 1994; James L. Heskett, W. Earl Sasser, Jr., and Leonard A. Schlesinger, *The Service Profit Chain.* New York: The Free Press, 1997.

3 Sandra Vandermerwe, *From Tin Soldiers to Russian Dolls.* Oxford: Butterworth-Heinemann, 1993, 82.

4 Robert J. Kwortnik Jr. and Gary M. Thompson, "Unifying Service Marketing and Operations With Service Experience Management," *Journal of Service Research* 11, no. 4 (2009): 389-406.

5 Richard B. Chase and Robert H. Hayes, "Beefing Up Operations in Service Firms," *Sloan Management Review*, (Fall 1991): 15-26.

6 Rosabeth Moss Kanter, "Transforming Giants," *Harvard Business Review*, (January 2008): 43-52.

7 W. Chan Kim and Renée Mauborgne, "Tipping Point Leadership," *Harvard Business Review* 81, (April 2003): 61-69.

8 John P. Kotter, *What Leaders Really Do.* Boston: Harvard Business School Press, 1999, 10-11.

9 Rosabeth Moss Kanter, "Leadership and the Psychology of Turnaround," *Harvard Business Review* 81, (June 2003): 58-67.

10 This section is based, in part, on Benjamin Schneider and David E. Bowen, *Winning the Service Game.* Boston: Harvard Business School Press, 1995; David E. Bowen, Benjamin Schneider, and Sandra S. Kim, "Shaping Service Cultures through Strategic Human Resource Management," in T. Schwartz and D. Iacobucci, eds., *Handbook of Services Marketing and Management.* Thousand Oaks, (CA: Sage Publications, 2000, 439-454.)

11 Hans Kasper, "Culture and Leadership in Market-Oriented Service Organisations," *European Journal of Marketing* 36, no. 9/10 (2002): 1047-1057.

12 Rosabeth Moss Kanter, "Transforming Giants," *Harvard Business Review* (January 2008): 43-52

13 Daniel Goleman, "Leadership That Gets Results," *Harvard Business Review 78*, (March-April, 2000): 78-93.

14 Linda A. Hill, "Where Will We Find Tomorrow' s Leaders?" *Harvard Business Review*, (January 2008): 123-129.

# 용어해설

## ㄱ

**가격과 기타 사용자 지출**(price and other user outlays) 소비자가 서비스를 구매하고 소비하는 데 발생하는 돈, 시간, 노력

**가격묶음**(price bundling) 핵심 서비스를 위한 기본 가격에 선택적인 보조 요소를 위한 추가 비용을 덧붙여 가격을 설정하는 방법

**가격버킷**(price bucket) 특정한 가격으로 판매하기 위한 서비스 자원(예 : 의자)의 배분

**가격선도자**(price leader) 시장에서 가격 변화에 주도권을 가지고 있으며 다른 기업에 의해 모방되는 기업

**가격 장벽**(rate fences) 고객을 분리하는 기술. 높은 가치의 서비스를 제공받는 세분집단은 낮은 가격의 서비스 제안을 이용할 수 없도록 하는 방법

**가격탄력성**(price elasticity) 가격의 변화로 인해 수요가 반대편으로 변하게 되는 정도(가격의 변화가 수요에 거의 영향을 미치지 못할 때 수요는 가격에 비탄력적이라고 말한다)

**가용 능력 변화 전략**(chase demand strategy) 주어진 시간의 수요 수준을 충족시키기 위해 생산 능력을 변화시키는 것

**가치 체인**(value chain) 상품과 서비스를 설계, 생산, 판매, 전달, 지원하여 가치 창조 활동을 수행하는 기업 내부의 일련의 부서 혹은 외부 파트너와 하청업체

**가치교환**(value exchange) 구매자가 제공하는 금전적인 가치에 대한 보상으로 판매자가 제공하는 이익과 해결책의 전달

**가치기반 가격결정**(value-based pricing) 고객이 지각하는 가치에 근거하여 가격을 정하는 방법

**가치제안**(value proposition) 경쟁적인 대안과 관련하여 자사 상품이나 서비스의 주요한 차이를 강조하면서 고객에게 전달하려고 제안하는 방법. 기업이 제공하려고 하는 구체적인 이익과 해결책

**가치증대 보조서비스**(enhancing supplementary services) 핵심상품에 대해 고객에게 추가적인 가치를 더할 수 있는 보완서비스

**감각적 부담**(sensory burdens) 서비스 전달 과정 동안 고객의 오감을 통해 경험하는 부정적인 느낌

**거래**(transaction) 두 집단 간에 일어나는 가치의 교환

**거래 조사**(transactional survey) 특정한 서비스 경험이 고객의 마음속에 남아 있는 동안 서비스 품질의 인식과 고객 만족을 측정하는 기법

**경계 지위**(boundary-spanning positions) 외부 환경과 조직의 내부 활동 사이의 경계에 있는 직무. 여기에서 고객이 서비스를 만나게 되고, 조직의 내부 운영이 이루어짐

**경매**(auction) 판매자가 제공하는 제품에 대해 잠재적 구매자가 서로 더 높은 가격을 호가하여 가격이 결정되며, 전문가에 의해 관리되는 판매 과정

**경쟁기반 가격결정**(competition-based pricing) 경쟁자의 가격과 비교하여 가격을 정하는 방법

**경쟁우위**(competitive advantage) 경쟁자가 현재 따라할 수 없고 미래에도 할 수 없는 기업의 능력

**경험 속성**(experience attributes) 서비스가 전달되는 동안만 고객이 평가할 수 있는 제품의 성과 특성

**고객관계 관리시스템**(CRM system) 고객관계 관리 전략의 활용과 전달을 지원하는 정보기술시스템과 인프라

**고객관계 관리**(customer relationship management, CRM) 월등한 고객가치와 만족을 전달함으로써 이익이 되는 고객관계를 형성하고 유지하는 전반적인 과정

**고객 만족**(customer satisfaction) 특정 서비스 성과에 대한 단기간의 감정 반응

**고객 상호작용**(customer interface) 고객이 서비스 조직과 상호작용하는 모든 부분

**고객 생애가치**(customer lifetime value, CLV) 특정 조직의 고객에 있어서 예상 생애 기간 동안 각 고객의 구매에서 얻어지는 미래 공헌이나 이익의 순 현재가치

**고객 이동**(churn) 기존 고객의 상실과 이를 새로운 고객으로 교체하고자 하는 욕구

**고객 이탈**(defection) 현재의 서비스 제공자로부터 경쟁자로 상표 충성도를 이전하려는 소비자의 결심

**고객 자산**(customer equity) 기업의 전체 고객을 기준으로 계산된 고객 생애가치

**고객 접점 직원**(customer contact personnel) 대인적으로 메일, 원거리 통신수단을 통해서 개별 고객과 직접 접촉하는 서비스 직원

**고객접촉수준**(levels of customer contact) 고객이 서비스 조직과 직접 상호작용하는 정도

**고객화**(customization) 각 고객의 특정 요구나 선호를 충족시키기 위해 서비스 특성을 고객에 맞춤

**고객 훈련**(customer training) 복잡한 서비스 제품에 대해 고객을 학습시키는 서비스기업의 훈련프로그램

**고접촉 서비스**(high-contact services) 고객, 서비스 직원, 장비와 시설 간에 중요한 상호작용이 많은 서비스

**고정비**(fixed costs) 생산이나 판매 수익과 연동하지 않는 비용

**공중관계**(public relations) 제3자의 의해 새로운 뉴스 제공, 기자 회견, 특별한 이벤트 개최, 뉴스 가치가 있는 행동의 스폰서 등을 행함으로써, 기업과 제품에 대한 긍정적인 흥미를 자극하기 위한 노력

**관계마케팅**(relationship marketing) 조직과 고객 간에 상호간의 편익을 위해서 장기적이고 비용효과적인 관계를 형성할 목적으로 행하는 활동

**관리 통제 모델**(control model of management) 명확하게 정의된 역할, 하향식 통제시스템, 위계적인 조직 구조, 관리자가 제일 잘 아는 가정에 근거한 접근 방법

**관리도**(control chart) 사전에 정해진 기준과 관련하여 특정 변수에 대한 서비스 성과의 정량적 변화를 보여 주는 도표

**관리의 관여 모델**(involvement model of management) 직원이 적절히 훈련받고, 동기부여되고 정보를 제공받는다면 서비스 운영 및 전달과 관련하여 좋은 의사결정을 내릴 수 있고 스스로 방향을 설정할 수 있다는 가정에 근거한 접근 방법

**광고**(advertising) 마케터가 표적 청중에게 정보를 제공하고 교육하고 설득하는 유료의 비인적 의사소통 활동

**구매과정**(purchase process) 고객이 서비스를 선택, 소비, 평가하면서 겪는 단계

**구매 전 단계**(pre-purchase stage) 서비스 구입 과정의 첫 번째 단계. 고객은 대안을 규정하고 이익과 위험을 저울질하여, 구매결정을 함

**구전**(word-of-mouth) 한 개인(보통 현재나 이전 소비자)에 의해 다른 개인에게 만들어지는, 서비스에 대한 긍정적이거나 부정적인 평판

**권한 위양**(empowerment) 상급자의 승인 없이 직원이 고객에게 적절한 의사결정을 내리거나 문제해결책을 발견해 낼 수 있도록 권한을 주는 행위

**기대**(expectations) 경험한 서비스의 질을 판단하기 위해 고객이 사용하는 내부적 기준

**기업디자인**(corporate design) 기업의 정체성을 쉽게 인식해줄 수 있도록 해주는 특유의 색깔, 상징, 문자 등의 지속적인 적용

**기업 문화**(corporate culture) 조직의 특징을 결정짓는 공유된 신념, 규범, 경험, 역사

**기회비용**(opportunity cost) 다른 대안 대신에 하나의 행동을 선택한 결과로 포기해야 하는 수익이나 이익의 잠정적인 가치

## ㄴ

**내부 고객**(internal customers) 그들 자신의 업무를 수행하는 데 필요한 투입으로서 내부 제공자(다른 직원이나 부서)로부터 서비스를 받는 직원

**내부마케팅**(internal marketing) 직원에 대한 훈련과 동기부여, 고객에 대한 집중을 고취시키기 위해 행하는 마케팅

활동

**내적 서비스**(internal services) 최종 산출물의 창출을 쉽게 하거나 가치를 더해 주는 조직 내부의 서비스 요소

**내적 커뮤니케이션**(internal communications) 조직 내에서 관리자로부터 직원에 전달되는 모든 유형의 의사소통

**ㄷ**

**대기**(queue) 자신의 차례가 되기를 기다라는 사람, 차량, 물리적 사물, 유형의 물건들의 줄

**대기 형태**(queue configuration) 대기선이 조직화되는 방법

**대량고객화**(mass customization) 비교적 낮은 가격으로 많은 수의 소비자에게 개인화된 제품 요소를 가진 서비스 제공

**대면 후 단계**(post-encounter stage) 서비스 구매 과정의 마지막 단계. 고객은 서비스 결과에 대한 자신의 만족/불만족 판단으로부터 경험한 서비스를 평가하고 미래 의도를 형성함

**대본**(script) 개인적 경험 혹은 타인과의 의사소통을 통해 얻어지는 일련의 학습된 행동

**데이터 마이닝**(data mining) 대량의 고객 정보로부터 개인, 경향, 세분시장에 대한 유용한 정보를 추출하는 방법

**데이터 웨어하우스**(data warehouse) 소비자 정보와 거래 데이터를 포함한 포괄적인 데이터베이스

**데이터베이스 마케팅**(database marketing) 고객 접촉, 판매, 교차판매, 업셀링, 고객관계 형성 등을 위한 고객 데이터베이스와 기타 데이터베이스의 구축, 유지 및 사용

**동적 가격결정**(dynamic pricing) 고객의 구매 내용, 선호도, 가격 민감도 등에 대해 수집된 정보를 기반으로 같은 제품이지만 다른 가격을 부과하는 기법

**ㄹ**

**리엔지니어링**(reengineering) 비용, 품질, 속도, 고객의 서비스 경험과 같은 영역에서 극적인 성과 개선을 만들어 내는 비즈니스 과정의 분석 및 재설계

**ㅁ**

**마케팅 실행**(marketing implementation) 마케팅 계획을 실행에 옮기는 과정, 계획의 목표를 달성할 수 있는 방향으로 실행되도록 함

**마케팅 커뮤니케이션 믹스**(marketing communications mix) 마케팅 담당자가 이용가능한 의사소통 방법의 집합. 광고, 판매 촉진, 이벤트, 공중관계, 홍보, 직접 마케팅, 인적 판매 등을 포함

**마케팅 조사**(marketing research) 조직이 직면한 특정한 마케팅 상황과 관련된 발견점과 소비자 및 경쟁자 데이터를 체계적으로 설계, 수집, 분석, 보고하는 작업

**만족**(satisfaction) 기대와 지각된 성과를 비교할 때 고객의 경험으로부터 생기는 즐거움 혹은 실망의 느낌

**무형성**(intangibility) 정신적 무형성(mental intangibility)이나 물리적 무형성(physical intangibility) 참조

**무형적**(intangible) 경험할 수 있지만 만지거나 보존될 수 없는 것

**물리적 노력**(physical effort) 서비스 전달 과정에서 얻어진 고객 신체에 바람직하지 못한 결과

**물리적 무형성**(physical intangibility) 오감에 의한 검사로 접근할 수 없는 서비스 요소, 고객에 의해 만져지거나 보존될 수 없는 요소

**물리적 증거**(physical evidence) 서비스 질에 대한 정보를 제공해 주는 시각적 혹은 다른 유형의 단서

**미스터리 쇼핑**(mystery shopping) 서비스 환경이나 고객-직원 상호작용에 대한 피드백을 얻기 위해서, 개인이 소비자인척 하도록 하는 조사 기법

**밀착도**(stickiness) 웹사용자에게 용이한 방문, 문제없는 작업 수행을 제공하고, 매력적인 상호작용으로 방문자를 유지시켜 반복된 방문과 구매를 유도할 수 있는 웹사이트의 능력

**ㅂ**

**바람직한 서비스**(desired service) 서비스에 대해 고객이 기대하고 바라는 질적 수준

**바람직하지 않는 수요**(undesirable demand) 조직의 사명, 우선순위, 능력에 상충하는 서비스에 대한 요구

**바이러스 마케팅**(viral marketing) 마케팅 노력을 지원하는 구전 노력을 만들기 위해 인터넷 사용

**배너광고**(banner ads) 브랜드를 지원하도록 문자와 그림을 포함한 웹사이트의 작은 직사각형 상자를 통해 광고하는 방법

**벤치마킹**(benchmarking) 조직의 상품이나 서비스를 같은

산업(혹은 다른 산업)의 경쟁자나 앞서가는 기업의 그것과 비교하는 기법이며, 성과나 품질, 비용 효과성을 개선하기 위한 방법

**변동비**(variable costs) 생산이나 서비스 전달의 양에 비례하여 감소하거나 증가하는 비용

**변동성**(variability) 서비스 생산 과정 동안 투입과 산출에서 일관성의 결여

**분자 모델**(molecular model) 서비스 제공의 구조를 묘사하기 위해 화학적 비유를 사용하는 체계

**불량고객**(jaycustomer) 생각 없이 남용하여 행동하는 고객으로 회사나 직원, 다른 고객에게 문제를 일으킴

**불평**(complaint) 서비스에 대한 불만의 공식적 표현

**불평로그**(complaint log) 서비스 제공자에 의해 수집되는 모든 고객 불평의 상세한 기록

**브랜드**(brand) 기업의 서비스를 규정하고 다른 회사와 차별화시켜 주는 이름, 문구, 디자인, 심볼 혹은 이것들의 조합

**블로그**(blog) 기사, 일기, 새로운 목록 등을 말하며, 공개적으로 접근 가능한 '웹 블로그'로서 자주 갱신됨. 블로거로 불리는 블로그 주인은 주로 특정 주제에 집중함

**비금전적 비용**(non-monetary costs) 비재무적 지출(non-financial outlays 참조)

**비인적 커뮤니케이션**(impersonal communications) 전달원천(광고, 촉진, 대중홍보)과 직접적인 대면 접촉이 없는 표적 청중에 대한 일방적 의사소통

**비재무적 지출**(non-financial outlays) 구입, 서비스의 사용을 위한 검색과 관련된 시간 소비, 물리적이고 정신적인 노력, 원하지 않는 감각 경험 등

**비즈니스 모델**(business model) 가격 메커니즘과 비용지불자(사용자, 광고주/스폰서) 등을 통해서 조직이 판매나 다른 자원으로부터 수입을 창출하는 수단. 이는 이상적으로 비용을 보상하고 소유주를 위한 가치를 창출하기에 충분한 수입을 창출해 줌. 예를 들어 비영리집단, 공기업을 위해서는 기부와 계획된 세금 수입이 모델의 필요한 부분임

**빈도 프로그램**(frequency program, FPs) 많은 양으로 자주 구매하는 고객에게 보상하기 위해 고안된 프로그램

## ㅅ

**사람**(people) 서비스 생산과 관련된 고객과 직원

**사람에 대한 처리**(people processing) 사람의 신체에 구체적인 행동을 연계시키는 서비스

**사명문**(mission statement) 조직이 하는 일, 표준과 가치, 서비스 대상, 달성하고자 하는 목표 등에 대한 간결한 설명

**사이버 공간**(cyberspace) 실제 경험이 없는 가상현실에서 전자 상거래나 의사소통이 발생되는 공간

**산출물**(outputs) 소비자에 의해 인지되고 가치가 부여되는 서비스 전달 과정의 마지막 결과

**상품**(product) 기업에 의해 생산되는 핵심 산출물(서비스나 제조된 제품 중의 하나)

**상품 속성**(product attributes) 고객에 의해 평가될 수 있는 제품이나 서비스의 모든 측면(유형과 무형 둘 다)

**상품 요소**(product elements) 고객에게 가치를 창출하는 서비스 성과의 모든 요소

**생산능력**(productive capacity) 기업이 고객을 위한 결과물을 만들기 위해 이용가능한 시설, 장비, 노동력, 인프라, 다른 자산의 양

**생산성**(productivity) 서비스 투입이 고객에게 가치를 줄 수 있는 결과물로 변환되는 효율성

**서브퀄**(SERVQUAL) 서비스 품질의 다섯 가지 차원과 관련하여 고객의 만족과 지각을 측정하는 표준화된 22항목의 척도

**서비스 공장**(service factory) 서비스 작동이 발생하는 물리적 장소

**서비스 대기**(in-process wait) 서비스의 전달 동안 발생하는 기다림

**서비스 대면**(service encounter, 서비스 만남, 서비스 조우) 고객이 서비스와 직접 상호작용하는 시간

**서비스 대면단계**(service encounter stage) 서비스 구매 과정의 두 번째 단계, 요구되는 서비스는 고객과 서비스 제공자와의 상호작용을 통해 전달됨

**서비스 마케팅시스템**(service marketing system) 광고부터 지불에 이르기까지 기업이 고객과 어떤 형태의 접촉을 가지는 전체 서비스시스템의 부분. 전달의 순간에 이루어지는 접촉 포함

**서비스 모델**(service model) 서비스 콘셉트(기업이 어떤 과정을 통해서 무엇을 누구에게 전달할 것인가)의 성격, 서비스 청사진(어떻게 서비스 콘셉트를 표적고객에게 전달

할 것인가), 사업 모델(수익이 비용을 상쇄할 정도로 충분히 발생할 수 있고 재정적 생존력을 보장하는 방법)을 상세히 설명하는 통합적인 문장

**서비스 보증**(service guarantee) 서비스 전달이 미리 정의된 기준을 충족시키는 데 실패했을 경우, 고객이 하나 혹은 그 이상의 보상을 받을 권리를 주는 약속

**서비스 부문**(service sector) 모든 종류의 서비스를 대표하는 국가 경제 부문, 공공조직과 비영리조직에 의해 제공되는 부분들도 포함

**서비스 사전점검**(service preview) 서비스 전달에서 고객이 수행할 역할을 교육시키기 위해 서비스가 작동되는 방법을 사전에 예시해 주는 과정

**서비스 소비의 3단계 모델**(three-stage model of service consumption) 소비자가 구입 전 단계(고객은 그들의 욕구를 인식하고 대안을 검색하고 평가하며 최종 결정을 내림)에서 서비스 만남(서비스 전달 획득), 사후 만남 단계(기대에 의거하여 서비스 성과 평가)로 이동하는 과정을 설명하는 프레임 워크

**서비스 스케이프**(servicescape) 고객이 주문을 하고 서비스 전달을 받게 되는 물리적 장소의 설계

**서비스 실패**(service failure) 서비스 전달의 하나 혹은 둘 이상의 특정한 면이 고객의 기대를 충족시키지 못하는 것에 대한 고객의 지각

**서비스 운영시스템**(service operations system) 투입이 처리되고 서비스 상품의 요소가 창조되는 전체 서비스시스템의 일부분

**서비스 전 대기**(pre-process wait) 서비스 전달이 시작되기 전의 기다림

**서비스 전달시스템**(service delivery system) 서비스 요소가 마지막으로 조립되어 상품이 고객에게 전달되는 전체 서비스시스템의 일부분. 서비스 운영의 가시적 요소 포함

**서비스 집중**(service focus) 한 기업이 일부 혹은 많은 서비스를 제공하는 정도

**서비스 청사진**(service blueprint) 청사진(blueprint), 플로우차트(flowchart) 참조

**서비스 콘셉트**(service concept) 과정을 통해서 기업이 제공하는 것

**서비스 품질 정보시스템**(service quality information system) 고객 만족, 기대, 품질에 대한 지각에 대해 관리자에게 유용한 정보를 시기적절하게 제공하는 지속적인 서비스 조사 과정

**서비스 품질**(service quality) 기업의 서비스 전달에 대한 고객의 장기적이고 인지적인 평가

**서비스 플라워**(flower of service) 핵심상품에 가치를 더하는 보완적 서비스 요인을 이해하기 위해 만든 시각적 틀

**서비스 회복**(service recovery) 서비스 실패 이후에 문제를 바로잡고 고객의 선의를 얻기 위한 기업의 체계적인 노력

**서비스 후 대기**(post-process wait) 서비스 전달이 완료된 다음에 발생하는 기다림

**서비스**(service) 임대, 접근, 제품, 노동, 전문적 기술, 시설, 네트워크, 시스템 등으로부터 소유권 이전 없이 가치를 창조하는, 한 집단에 의해 또 다른 집단에게 전달되는 경제적인 행동

**서비스 마케팅 믹스**(services marketing mix) seven(7)Ps 참조

**서비스-이익체인**(service-profit chain) 직원 만족을 고객 만족, 고객 보유, 이익 등을 만들어 내는 서비스 성과와 연결시켜 주는 전략적인 틀

**세분 시장**(segment) 공통의 속성, 욕구, 구매행동 혹은 소비패턴을 가지는 현재 혹은 가망 고객 집단

**세븐 피**[seven(7)Ps] 서비스 마케팅 믹스의 7가지 전략적인 요소, 모두 글자 P로 시작, 경쟁적인 시장에서 이익이 되도록 고객의 욕구를 충족시켜 주는 실용적인 전략을 만드는 데 요구되는 주요 요인을 나타냄

**소매 중력 모델**(retail gravity model) 표적고객의 지리적 중심을 계산하고 고객이 접근하기 쉽도록 최적의 위치에 설비를 위치시키기 위해, 소매 위치 선택에 대한 수학적인 접근

**소매 진열**(retail displays) 상품, 서비스 경험, 편익 등을 상점 쇼윈도나 다른 장소에 진열

**소비**(consumption) 서비스나 제품의 구입과 사용

**소유물에 대한 처리**(possession processing) 고객에게 속하는 제품이나 다른 물질적 소유물에 대한 유형의 행동 서비스

**수요곡선**(demand curve) 가격 변화에 따라 시장(고객)이 구매하려는 수량의 변화를 보여 주는 곡선

**수요주기**(demand cycle) 수요 수준이 예측할 수 있는 형태로 증가했다가 감소하는 기간

**수율**(yield) 판매에서 제공되는 용량 단위당 받는 평균 수익

**수율 관리**(yield management) 수익 관리(revenue management) 참조

**수익 관리**(revenue management) 특정 시간 동안 기업의 가용설비로부터 얻을 수 있는 수익을 최대화하기 위해 다른 시간대에 다른 세분시장에 다른 가격을 부과하는 가격 전략

**순가치**(net value) 모든 인지되는 이익의 합에서 모든 인지되는 경비의 합을 뺀 것

**승인마케팅**(permission marketing) 특정한 채널을 통해서 기업이 고객과 의사소통하도록, 고객이 자발적으로 허용하게 만드는 마케팅 커뮤니케이션 전략. 고객은 제품에 대해 많은 것을 배우게 되고 그들에게 가치 있거나 유용한 정보를 계속 받게 됨

**시간 비용**(time expenditures) 서비스 전달 과정의 모든 국면 동안 고객이 소비하는 시간

**시장**(marketplace) 공급자와 소비자가 거래를 하기 위해 만나는 실제 공간이나 가상공간의 장소

**시장세분화**(market segmentation) 시장을 별개의 집단으로 구분하는 과정, 각 집단의 소비자는 다른 집단의 소비자와 구분되는 관련 속성을 서로 공유하며 주어진 마케팅 노력에 대해 유사한 반응을 보임

**시장 집중**(market focus) 기업이 소수 혹은 많은 시장을 상대하는 정도

**신뢰 속성**(credence attributes) 구매나 소비 후에도 고객이 평가할 수 없는 제품 특성

**실수가능성**(opportunity to screw up, OTSU) 실패점(fail point) 참조

**실패점**(fail point) 서비스 질에 손상을 줄 수 있는 문제를 발생시킬 심각한 위험이 있는 과정상의 지점(보통 실수가능성, opportunity to screw up, OSTU)이라는 용어를 사용하기도 함)

**심리도식적 세분화**(psychographic segmentation) 개성적 특성, 사회 계층, 라이프스타일 등에 기초하여 시장을 서로 다른 여러 집단으로 나는 과정

**심리적 부담**(psychological burdens) 서비스 전달 과정의 결과로서 고객에 의해 경험되는 바람직하지 않은 정신적 혹은 감정적 상태

## ㅇ

**역할**(role) 특정 환경이나 상황에서 행동의 지침이 되는 사회적 단서의 조합

**역할 일치**(role congruence) 소비자와 직원이 서비스 만남 동안 그들에게 미리 정해진 역할을 수행하는 정도

**예상서비스**(predicted service) 기업이 실제로 전달해 줄 것이라고 고객이 믿는 서비스 질의 수준

**욕구**(needs) 장기적 존재와 정체성 문제에 관련하여 무의식적으로 깊게 느끼는 바람

**원가기반 가격결정**(cost-based pricing) 제품에 부과되는 가격을 생산, 운송, 마케팅 등과 관련된 비용에 기반하여 결정

**원가리더**(cost leader) 산업에서 가장 낮은 비용을 달성하는 것으로 가격 전략을 구사하는 기업

**원격거래**(arm's-length transactions) 메일이나 전화를 통하여 직접적 만남을 최소화시켜 주는 소비자와 서비스 제공자 간의 상호작용

**유형**(tangible) 시간이 지나도 물리적 형태로 지속되어 만져지거나 유지될 수 있는 것

**이미지**(image) 대상과 관련된 신념, 아이디어, 인상의 집합

**인구통계적 시장세분화**(demographic segmentation) 시장을 인구통계적인 변수(나이, 성별, 가족수명주기, 가족 크기, 수입, 직업, 교육, 종교, 민족 등)를 기준으로 나누는 것

**인적 커뮤니케이션**(personal communications) 마케팅 담당자와 개별 고객 간의 양방향 대화(대면 대화, 전화 통화, 이메일)를 통한 직접 커뮤니케이션

**인적자원 관리**(human resource management, HRM) 직무 설계, 직원의 모집, 선발, 훈련, 동기부여 등과 관련된 과업의 조정 과정. 다른 직원 관련 활동을 기획하고 관리하는 것도 포함

**인적 판매**(personal selling) 구매 과정에 직접적으로 영향을 미치기 위해 디자인된 서비스 직원과 고객 간의 양방향 의사소통

**인터넷**(Internet) 전 세계적으로 사용자나 방대한 정보 창고를 연결시켜 주는 대규모의 공중 컴퓨터 연결망

**인터랙티브 텔레비전**(interactive television, iTV) 시청자가 TV프로그램의 전달이나 내용을 통제함으로써 시청경험을 변경할 수 있도록 하는 절차

## ㅈ

**장소와 시간**(place and time) 서비스를 고객에게 전달하는 시간, 장소, 방법 등에 대한 관리적 결정

**재고**(inventory) 제조 분야에서는, 판매를 위한 생산 뒤에 대량으로 비축되는 유형의 산출물. 서비스 분야에서는, 주어진 날 여전히 판매가 가능한 호텔 객실수와 같이, 미리 예약되지 않은 미래 산출물

**재무적 지출 경비**(financial outlays) 서비스의 구매와 소비에서 소비자가 지출하는 모든 금전적 비용

**재포지셔닝**(repositioning) 경쟁자의 서비스와 관련하여 고객의 마음에 기업이 자리 잡고 있는 위치를 변화시킴

**재화**(goods) 소유와 사용을 통해 고객에게 이익을 제공하는 유형의 물건이나 장치

**저접촉 서비스**(low-contact services) 고객과 서비스 조직 간에 최소한의 접촉 수준 또는 접촉이 필요없는 서비스

**적절한 서비스**(adequate service) 고객이 불평 없이 받아들일 수 있는 최소한의 서비스 수준

**전달경로**(delivery channels) 서비스기업이 고객에게 하나 혹은 그 이상의 제품 요소를 전달하는 물리적이고 전자적인 수단들

**전문가시스템**(expert systems) 자료로부터 결론을 도출하고 문제를 해결하며, 고객화된 조언을 주는, 전문가의 논리를 흉내 내는 상호작용식 컴퓨터 프로그램

**전방 단계**(front stage) 고객에게 보이는 (혹은 명백한) 서비스 활동과 전달 측면

**전자상거래**(e-commerce) 인터넷에 의해 지원되는 구매, 판매, 기타 다른 마케팅 과정(e-tailing 참조)

**전자소매**(e-tailing) 유형의 상점이 아닌 인터넷을 통한 소매거래

**정보기반 서비스**(information-based services) 정보가 고객에게 전달되는 것이 중요한 가치가 되는 서비스 형태, 정신적 자극의 처리와 정보 처리를 포함

**정보에 대한 처리**(information processing) 고객의 자산에 대한 보이지 않는 행동과 같은 서비스

**정서노동**(emotional labor) 서비스 거래 동안 고객에게 사회적으로 적절한(가끔은 나쁜) 감정을 표현하는 노동 활동

**정신적 무형성**(mental intangibility) 구매 전에 경험을 시각화하고 구매 과정과 구매 결과를 이해하는 데 겪는 소비자의 어려움(physical intangibility 참조)

**정신적 자극에 대한 처리**(mental stimulus processing) 사람의 마음을 대상으로 하는 보이지 않는 행동

**정액가격**(flat-rate pricing) 서비스의 사용량에 관계없이 고정가격을 매기는 방법. 반대되는 개념으로 종량가격이 있음(역자 주).

**제3자 지불**(third-party payments) 사용자(실질적인 구매 결정을 했거나 하지 않았을 수도 있음)보다 다른 집단에 의해 사용된 서비스나 제품 비용의 전부 혹은 일부를 지불

**조직 문화**(organizational culture) 조직에게 중요한 공유 가치, 신념, 작업 스타일 등

**조직 분위기**(organizational climate) 보상되거나 지지되는 실행, 절차, 행동 유형에 대한 직원의 공유 인식

**주요 사건**(critical incident) 결과가 일방이나 양방에 만족 또는 불만족을 주게 되는 고객과 서비스 제공자 간에 발생하는 특별한 사건

**주요 사건기법**(critical incident technique, CIT) 고객과 서비스 제공자 사이에 발생하는 중요한 사건을 수집, 분류, 분석하는 기법

**중간 접촉 수준**(medium-contact services) 고객과 서비스 조직 요소 간에 단지 한정된 양의 접촉을 포함하는 서비스

**지각**(perception) 개인이 세상에 대한 의미 있는 그림을 형성하기 위해 정보를 선택, 조직화, 해석하는 과정

**지각도**(perceptual map) 고객이 경쟁적인 서비스를 인식하는 방법에 대한 시각적 설명

**지리적 세분화**(geographic segmentation) 시장을 국가, 지역, 도시와 같은 지리적 단위로 나눔

**지속가능한 경쟁 우위**(sustainable competitive advantage) 단기간에 경쟁자에 의해서 빼앗기거나 위축되지 않는 시장의 위치

**직무 지원**(enablement) 직원이 스스로의 판단을 확실하고 효과적으로 사용하기 위해 필요한 기술, 도구, 자원을 제공해 주는 것

**진실의 순간**(moment of truth) 고객이 서비스 직원이나 셀프서비스 장비와 상호작용하거나 결과가 서비스 질에 대한 평가에 영향을 미치게 되는 서비스 전달 순간

## ㅊ

**청사진**(blueprint) 서비스 전달을 위해 요구되는 일련의 행

동에 대한 시각적 지도로서 전방 단계와 후방 단계 및 이들 간의 연결을 규정

**체인스토어**(chain stores) 공동의 소유권과 통제 하에 있으며 유사한 제품과 서비스를 판매하는 둘 이상의 아울렛

**초과 생산 능력**(excess capacity) 완전히 활용되지 않는 서비스 산출을 창출하는 조직 능력

**초과 수요**(excess demand) 주어진 시간에 고객의 욕구를 충족시킬 수 있는 조직 능력을 초과하는 서비스 수요

**촉진과 교육**(promotion and education) 특정한 서비스나 서비스 제공자에 대한 고객의 선호를 구축하기 위해 고안된 모든 의사소통 행동과 자극

**촉진 보조서비스**(facilitating supplementary services) 핵심상품의 사용에 도움을 주거나 서비스 전달을 위해 요구되는 보완서비스

**총비용**(total costs) 어떤 주어진 수준의 생산에 대한 고정비와 변동비의 총합

**최대 생산능력**(maximum capacity) 특정한 시간에 고객의 수요를 충족시키기 위한 기업 능력의 상한선

**최적 생산능력**(optimum capacity) 추가적인 고객에게 봉사하기 위해 기업의 노력을 투여하면 서비스 질의 하락을 경험하게 되는 점

**충성도 바퀴**(wheel of loyalty) 가치 있는 고객 기반을 표적화, 획득, 개발, 유지하는 체계적이고 통합적인 접근 방법

**충성도**(loyalty) 장기간 동안 특정 회사에 계속해서 단골 행동을 하는 고객의 몰입

## ㅋ

**컨조인트 분석**(conjoint analysis) 고객이 제품 속성의 다양한 수준에 부여하는 효용가치를 결정하기 위한 조사 방법

**클릭 앤 모타르**(clicks and mortar) 실제 점포와 인터넷의 웹사이트를 통한 가상상점 둘 다를 경유하여 서비스를 제공하는 전략

## ㅌ

**탐색 속성**(search attributes) 소비자가 구매 이전에 판단할 수 있는 제품 속성

**태도**(attitude) 어떤 대상이나 생각에 대한 개인의 지속적인 선호 혹은 비선호적 평가, 느낌, 행동, 의도

**통합적 마케팅 커뮤니케이션**(integrated marketing communications, IMC) 조직과 제품에 대한 명확하고 일관되고 강제적인 메시지를 전달하기 위해 조직이 많은 의사소통 채널을 주의 깊게 통합하고 조정한다는 개념

**투입**(inputs) 서비스 제공에 요구되는 모든 자원(노동, 재료, 에너지, 자금)

## ㅍ

**파레토 분석**(pareto analysis) 문제가 되는 사건의 어느 정도가 몇 가지 각각 다른 요인의 의해서 발생되는가를 규명하기 위한 분석 과정

**판매 촉진**(sales promotion) 더 빨리 더 많은 구매를 자극하기 위해 고객에게 제공되는 단기 유인 방법

**편익**(benefit) 소비자가 물적 제품이나 서비스의 성과로부터 얻게 되는 이익이나 이득

**포지셔닝**(positioning) 경쟁적 제품에 있거나 없는 속성과 관련하여 고객의 마음에 명확한 장소를 차지하는 과정

**포커스 그룹**(focus group) 어떤 특성(인구통계, 심리, 제품 소유 등)을 기준으로 선택된 6~8명으로 구성된 소비자 그룹. 특정한 주제에 대한 심층면접, 토론 등을 위해 조사자에 의해 소집되고, 이들의 의견을 수집, 분석하여 의사결정에 활용

**표적 세분시장**(target segments) 고객의 욕구와 다른 특성이 특정 기업의 목표와 능력과 잘 맞기 때문에 선택된 세분시장

**표적 시장**(target market) 기업이 사업의 대상으로 하는 공통의 욕구와 특성을 가진 적합하고 이용가능한 시장

**표준화**(standardization) 서비스 작동과 전달에서 편차를 줄이려고 하는 노력

**품질**(quality) 지속적으로 고객의 욕구와 바람, 기대를 충족시켜서 서비스가 고객을 만족시키는 정도

**품질수익률**(return on quality) 서비스 품질 개선에 투자된 것으로부터 얻어지는 재정적 반대급부

**프랜차이즈**(franchise) 프랜차이저(franchiser : 일반적으로 제조업자, 도매업자 혹은 서비스 조직)와 독립 사업자 간의 계약적 연합, 프랜차이즈 시스템에서 하나 이상의 단위를 소유하고 운영하는 능력을 구입하는 주체

**프로세스**(process) 일련의 행동이나 작동의 특정 방법, 정의된 순서에 따라 발생할 필요가 있는 단계 포함

**플로우 차트**(flowchart) 고객에게 서비스를 전달하는 단계

를 시각적으로 제시

**피시본 다이어그램**(fishbone diagram) 특정 서비스 문제를 다른 유형의 중요한 원인과 관련하여 그림으로 묘사하는 기술

## ㅎ

**할인**(discounting) 정상 수준 이하로 제품의 가격을 낮추는 전략

**핵심경쟁력**(core competency) 경쟁적 우위의 근원이 되는 능력

**허용 범위**(zone of tolerance) 서비스 전달에서 고객이 기꺼이 편차를 받아들일 수 있는 범위

**확장 제품**(augmented products) 핵심 제품에 소비자에게 가치를 더해 주는 보조적인 요소가 더해진 것

**활동기반 원가계산**(activity-based costing, ABC) 실행되고 있는 활동을 정의하고 각각이 소비하는 자원을 기준으로 원가를 산출하는 방법

**회원관계**(membership relationship) 기업과 특정 고객 간의 공식화된 관계, 두 집단에게 특별한 이익을 제공해 줄 수 있음

**후방 단계**(backstage, technical core) 고객에게는 보이지 않는 숨겨진 서비스 실행

# 자료제공

제1장 —— p. 4: © Andres Rodriguez/123RF.COM; p. 5: Royal Caribbean International; p. 7: © Kobby Dagan/123RF.COM; p. 8: Rolls-Royce plc; p. 13: Used with permission by Randy Glasbergen; p. 14: © Chiramanas Jutidharabongse/123RF.COM; p. 16: Flickr/Hans van de Bruggen; p. 16: © Phil Date/123RF.COM; p. 17: © Pavel Losevsky/Dreamstime.com; p. 18: © Lisa Young/123RF.COM; p. 21: © Leloft1911/Dreamstime.com, p. 22: © Kirill Zdorov/Dreamstime.com; p. 22: Flickr/michaeljung; p. 23: © Steve Cukrov/123RF.COM; p. 23: © iStockphoto.com/Erwin Ps.

제2장 —— p. 34: David Shankbone/Wikipedia; p. 35: © Piotr Marcinski/Dreamstime.com; p. 37: © Hertz System Inc. 2012; p. 38: © iStockphoto.com/Ben Blankenburg; p. 40: © iStockphoto.com/mathieukor; p. 41: "Award Recipients at the HSMAI Adrian Awards in New York". Used with permission from HSMAI; p. 43: International Exchange Programs Pty Ltd; p. 43: ChinaBridal.com; p. 44: © Zurich Insurance Company Ltd; p.44: © kurhan/123RF.COM; p. 45: © Patryk Kosmider/Dreamstime.com; p. 46: Flickr/dave weatherall; p. 48: © Courtesy of Singapore Airlines; p. 49: © iStockPhoto.com/Edward ONeil Photography Inc.; p. 50: Used with permission by JuanJ; p. 50: © Stephen Coburn /Dreamstime.com; p. 51: Used with permission by Randy Glasbergen; p. 53: © iStockphoto.com/ugur bariskan; p. 53: © Qi Feng/123RF.COM; p. 54: © Ron Chapple/Dreamstime.com; p. 55: © HongQi Zhang/123RF.COM; p. 55: © Tyler Olson/123RF.COM; p. 58: © Progressive Casualty Insurance Company.

제3장 —— p. 66: © Anatoliy Samara/123RF.COM; p. 67: © Anatoliy Samara/123RF.COM; p. 70: © Jan Miks/123RF.COM; p. 73: Photo by Contiki Holidays; p. 74: Lcro77/Dreamstime.com; p. 75: © 123RF.COM; p. 77: Air Charter Team; p. 77: © iStockphoto.com/Remus Eserblom; p. 78: © Rentokil Initial plc; p. 80: Flickr/Alex Kwong; p. 80: Used with permission by Randy Glasbergen; p. 81: © Thomas Becker/123RF.COM; p. 82: © auremar/123RF.COM; p. 82: © iStockphoto.com/kutay tanir; p. 83: © Rene Drouyer/Dreamstime.com; p. 86: Flickr/http2007; p. 88: © Free Stock Photography.

제4장 —— p. 96: © Norman Kin Hang Chan/123RF.COM; p. 97: © iStockphoto.com/korhan hasim isik; p. 97: © CartoonStock; p. 97: © CartoonStock; p. 99: © Twitter; p. 100: © iStockphoto.com/Oxford; p. 100: Reprinted by permission of Dr. R. L. Bramble, All rights reserved; p. 101: OpenTable, Inc.; p. 101: © iStockphoto.com/Baris Simsek; p. 102: © Rramirez125/Dreamstime.com; p. 102: © iStockphoto.com/Edward Bock; p. 103: © CartoonStock; p. 104: © naiyyer/123RF.COM; p. 104: © Sabri Hakim/Dreamstime.com; p. 104: © Tatjana Strelkova/Dreamstime.com; p. 105: © Yoshikatsu Tsuno/Getty Image; p. 106: © iStockphoto.com/dra_schwartz; p. 108: Courtesy of Carol M Highsmith/Wikipedia; p. 108: Courtesy of BrokenSphere/Wikipedia; p. 110: Sun Microsystems, Inc.; p. 113: Landry's, Inc.; p. 114: © iStockphoto.com/Emrah Turudu; p. 114: Flickr/texqas; p. 115: © iStockphoto.com/Dieter Spears.

제5장 —— p. 122: © iStockphoto.com/Martin McCarthy; p. 123: Used with permission by Lauren Luke; p. 125: Prince's Landscape & Construction Pte Ltd (Singapore); p. 126: © Aggreko Plc; p. 127: Used with permission by Randy Glasbergen; p. 128: Courtesy of Emirates airline; p. 129: © iStockphoto.com; p. 129: © tito/123RF.COM; p. 130: stampsjoann.net; p. 130: © Paul Hakimata/123RF.COM; p. 131: © Hse0193/Dreamstime.com; p. 131: © Bay Area Rapid Transit District; p. 132: Flickr/B'Rob; p. 133: © Swissôtel Hotels & Resorts; p. 134: Used with permission by Randy Glasbergen; p. 135: © iStockPhoto.com; p. 135: Flickr/CiscoANZ; p. 136: © first direct; p. 138: © moneycontrol.com; p. 138: © The World Bank Group; p. 139: © The World Bank Group; p. 140: © iStockphoto.com/Tupungato; p. 141: © iStockphoto.com.

제6장 —— p. 150: © Lightkeeper/Dreamstime.com; p. 151: ScoreBig, Inc.; p. 153: © Yali Shi/Dreamstime.com; p. 154: © Erwin Purnomo Sidi/Dreamstime.com; p. 154: © tupungato/123RF.COM; p. 156: Used with permission by Randy Glasbergen; p. 156: © King Features. All rights reserved; p. 157: © Ken Hurst/Dreamstime.com; p. 160: © iStockphoto.com/Ilka-Erika Szasz-Fabian; p. 161: © iStockphoto.com/iShootPhotos, LLC; p. 164: Associated Press/Yomiuri Shimbun; p. 167: © iStockphoto.com/WendellandCarolyn; p. 168: © Dana Rothstein/Dreamstime.com; p. 168: © iStockphoto.com/Hermann Danzmayr; p. 170: © iStockphoto.com/Joel Carillet; p. 174: © iStockphoto.com/Mayumi Terao; p. 176: Used with permission by Randy Glasbergen; p. 176: © Andres Rodriguez/Dreamstime.com; p. 177: © JPMorgan Chase & Co.; p. 178: © Andre Blais/Dreamstime.com.

**제7장** —— p. 188: © Tupungato/Dreamstime.com; p. 189: Flickr/John Pannell; p. 190: © iStockphoto.com; p. 190: eBay Inc.; p. 190: Mutual of Wausau Insurance Corporation; p. 191: © iStockphoto.com/Shaun Lowe; p. 192: Adrian Michael/Wikimedia; p. 193: Flickr/sporst; p. 194: Joerg Hackemann/123RF.COM; p. 195: AT Kearney; p. 197: © iStockphoto.com/Kerstin Waurick; p. 199: © Linden Research, Inc.; p. 200: Associated Press/Ng Han Guan; p. 201: Used with permission by Randy Glasbergen; p. 202: Used with permission by Randy Glasbergen; p. 202: Jon Helgason/123RF.COM; p. 203: © iStockphoto.com/adrian beesley; p. 204: Flickr/Håkan Dahlström; p. 207: Flickr/sjsharktank; p. 208: Flickr/longhorndave; p. 209: Konrad Bak/123RF.COM; p. 211: © Google; p. 214: Wikimedia/Seo75; p. 215: Getty Image/McKroes.

**제8장** —— p. 226: Melissa Stratman/Coleman Associates; p. 227: Melissa Stratman/Coleman Associates; p. 230: © Ilene MacDonald/Alamy; p. 233: gemenacom/123RF.COM; p. 233: Ping Han/123RF.COM; p. 234: Wavebreak Media Ltd/123RF.COM; p. 234: Rui Santos/123RF.COM; p. 234: Alena Brozova/123RF.COM; p. 235: Heinz Leitner/123RF.COM; p. 235: Christos Meimaroglou/123RF.COM; p. 235: Denis Raev/123RF.COM; p. 235: bowie15/123RF.COM; p. 236: 36clicks/123RF.COM; p. 236: 123RF Limited/123RF.COM; p.236: Phil Date/123RF.COM; p. 237: Phil Date/123RF.COM; p. 237: pixbox/123RF.COM; p. 237: © iStockphoto.com/Arpad Benedek; p. 238: Buena Vista Images/Getty Images; p. 239: © Dwphotos/Dreamstime.com; p. 240: © Millan/Dreamstime.com; p. 243: © iStockphoto.com/kristian sekulic; p. 243: Wavebreak Media Ltd/123RF.COM; p. 244: Courtesy of J. Bennett; p. 245: © Jordan Tan/Dreamstime.com; p. 247: © iStockphoto.com/Holger Mette; p. 248: © Erwin Purnomo Sidi/Dreamstime.com; p. 248: Dzmitry Halavach/123RF.COM; p. 248: © iStockphoto.com/Jeffrey Smith; p. 250: Used with permission by Randy Glasbergen; p. 250: Kristina Afanasyeva/123RF.COM; p. 252: © Ivonne Wierink/Dreamstime.com; p. 253: Max Melchior.

**제9장** —— p. 264: Flickr/arnitr; p. 265: Snowbird Ski and Summer Resort; p. 266: © Gualtiero Boffi/Dreamstime.com; p. 268: © iStockphoto.com; p. 269: © iStockphoto.com/Vladimir Piskunov; p. 269: © iStockphoto.com; p. 270: Chuck Peterson; p. 271: © iStockphoto.com/Sean Locke; p. 272: © iStockphoto.com/Lisa F. Young; p. 273: Erick Gustafson; p. 274: © iStockphoto.com/sorendls; p. 276: © Karin Hildebrand Lau/Dreamstime.com; p. 278: © Sean Pavone/Dreamstime.com; p. 279: © Hertz; p. 282: © Roman Milert/Dreamstime.com; p. 282: © iStockphoto.com/Britta Kasholm-Tengve; p. 284: Used with permission by Randy Glasbergen; p. 285L © iStockphoto.com; p. 285: Cathy Yeulet/123RF.COM; p. 286: © iStockphoto.com/Chris Schmidt; p. 289: © iStockphoto.com/Nadya Lukic.

**제10장** —— p. 296: © FMGB Guggenheim Bilbao Museoa, Photo: Erika Ede, 2008. All rights reserved; p. 297: aneb/123RF.COM; p. 299: Flickr/Brian Sayler; p. 299: Used with permission from Fairmont Hotels & Resorts; p. 300: Flickr/Karen Roe; p. 300: © iStockphoto.com/4FR; p. 301: Marlins69/Wikimedia; p. 303: Suprijono Suharjoto/123RF.COM; p. 303: Ivan Mikhaylov/123RF.COM; p. 303: Lisa Young/123RF.COM; p. 303: Yuri Arcurs/123RF.COM; p. 303: maridav/123RF.COM; p. 303: © iStockphoto.com/DeborahMaxemow; p. 307: © Thomas Smith/Dreamstime.com; p. 308: © Djk/Dreamstime.com; p. 309: Paulus Rusyanto/123RF.COM; p. 310: © Monika Adamczyk/Dreamstime.com; p. 311: Malgorzata Biernikiewicz/123RF.COM; p. 312: Flickr/NNECAPA; p. 313: jeanbellon design co.; p. 313: Flickr/s.rejeki; p. 313: © iStockPhoto; p. 314: Dmitry Koksharov/123RF.COM; p. 315: Joerg Hackemann/123RF.COM.

**제11장** —— p. 322: © iStockphoto.com/quavondo; p. 323: © iStockphoto.com/quavondo; p. 324: © iStockphoto.com/iofoto; p. 325: © iStockphoto.com/claudiobaba; p. 327: © iStockphoto.com/PeskyMonkey; p. 327: © iStockphoto.com/GYI NSEA p. 329: © iStockphoto.com/Chris Schmidt; p. 331: © iStockphoto.com/coloroftime; p. 334: Used with permission by Randy Glasbergen; p. 335: Sean Ren (seanren.com); p. 335: Flickr/Robert Nyman; p. 336: Used with permission by Randy Glasbergen; p. 336: © iStockphoto.com/Radu Razvan; p. 337: Used with permission by Randy Glasbergen; p. 338: Flickr/one2c900d; p. 339: Simon Jones; p. 340: Photo Courtesy of Ron Kaufman; p. 342: Wikipedia; p. 342: Used with permission by Randy Glasbergen; p. 343: Courtesy of Singapore Airlines; p. 344: © iStockphoto.com/Ng Choon Boon.

**제12장** —— p. 358: © iStockphoto.com/Valerie Loiseleux; p. 359: kzenon/123RF.COM; p. 359: © iStockphoto.com/Jacob Wackerhausen; p. 362: © iStockphoto.com/sharrocks; p. 366: © Lisa F. Young/Dreamstime.com; p. 367: ©The Vanguard Group, Inc., used with permission.; p. 369: Associated Press/Newscast Limited; p. 371: © iStockphoto.com/GYI NSEA; p. 373: Flickr/Rachel from Cupcakes Take the Cake; p. 376: stylephotographs/123RF.COM; p. 376: Associated Press; p. 379: Getty Image/Bloomberg; p. 382: © iStockphoto.com/GYI NSEA; p. 384: kurhan/123RF.COM; p. 385: nobilior/123RF.COM.

**제13장** —— p. 394: © iStockphoto.com/Ivan Cholakov; p. 395: Associated Press/TMRRY ARROYO; p. 395: © iStockphoto.com/GYI NSEA; p. 397: Used with permission by Randy Glasbergen; p. 398: CartoonStock; p. 403: Brad Calkins/123RF.COM; p. 407: © Hilton Hotels Corporation; p. 409: © Tomasz Tulik/Dreamstime.com; p. 412: © iStockphoto.com/Ben Blankenburg; p. 413: Richard Hutchings/PhotoEdit Inc.; p. 414: © iStockphoto.com/David H. Lewis.

**제14장** —— p. 431: Flickr/Martin Pettitt; p. 430: Betsie Van der Meer/Getty Images; p. 434: Associated Press/KEYSTONE; p. 438: © iStockphoto.com/Andrea Zanchi; p. 441: © iStockphoto.com/Thomas Dickson; p. 442: © iStockphoto.com/Ravi Tahilramani; p. 444: © iStockphoto.com/endopack; p. 453: Lowe New York; p. 453: Used with permission by Randy Glasbergen; p. 454: © iStockphoto.com/clearstockconcepts; p. 455: © iStockphoto.com/airportrait; p. 455: © iStockphoto.com / WendellandCarolyn p. 457: © Samc3352/Dreamstime.com; p. 465: iofoto/123RF.COM; p. 468: © iStockphoto.com/Andrew Rich.

**제15장** —— p. 476: Shawn Hempel/123RF.COM; p. 477: © iStockphoto.com/Günay Mutlu; p. 481: Flickr/PopCultureGeek.com; p. 482: Kodak; p. 486: dny3d/123RF.COM; p. 487© Gerry Boughan/Dreamstime.com; p. 488: miszaqq/123RF.COM; p. 490: © Dreamstime.com; p. 493: © iStockphoto.com/kali9; p. 495: © iStockPhoto.com.

# 찾아보기

| ㅇ |



| ㅈ |

## 역자 소개

**김재욱**

고려대학교 경영대학 교수

**김종근**

서울여자대학교 경영학과 교수

**김준환**

청운대학교 광고홍보학과 교수

**이서구**

나사렛대학교 경영학과 교수

**이성근**

성신여자대학교 경영학과 교수

**이종호**

고려대학교 경영대학 교수

**최지호**

전남대학교 경영학부 교수

**한계숙**

유한대학 유통물류과 교수